写作三论

Xiezuo Sanlun

汤国铣◎著

中国文史出版社

图书在版编目（CIP）数据

写作三论 / 汤国铣著 . -- 北京 : 中国文史出版社，2020.12

ISBN 978-7-5205-2629-6

Ⅰ . ①写… Ⅱ . ①汤… Ⅲ . ①作文课－教学研究－中小学 Ⅳ . ① G633.342

中国版本图书馆 CIP 数据核字（2020）第 236667 号

责任编辑： 戴小璇

出版发行： 中国文史出版社
社　　址： 北京市海淀区西八里庄 69 号院　**邮编：** 100142
电　　话： 010-81136606　81136602　81136603（发行部）
传　　真： 010-81136655
印　　装： 廊坊市海涛印刷有限公司
经　　销： 全国新华书店
开　　本： 1/16
印　　张： 33.75
字　　数： 499 千字
版　　次： 2021 年 5 月北京第 1 版
印　　次： 2021 年 5 月第 1 次印刷
定　　价： 78.00 元

感谢贵州师范大学对本书出版的全额资助

——著者

前 记

1998年退休后，有充裕的时间了，想的是两件事：一是要痛痛快快地读几本书，好好满足一下自己对知识的渴求；二是我们的写作理论问题多，应该下功夫去思考思考。我把这两件事结合起来，边读书边思考，边思考边读书。这么干了两年，似有所得，于是从2000年起，在省内多家学术刊物上陆续发表一些谈中学作文教学的文章，到2003年有20来篇。对这些文章的自我感觉是观点有些“另类”，究竟这么讲行不行心头不太有底，很希望得到名家指点。于是把它们复印下来，加上此前发表的三篇，装订成一本，冒昧地寄给著名语文学者、浙江师范大学的王尚文先生。很快收到他的来信，说“看了一部分，新见迭出，如在山阴道上，应接不暇”。这是鼓励的话，是希望我继续干下去，所以他建议我“在此基础上写成一本自成体系的专著”。

尚文先生的这个建议非常好。但是，写这些文章时没有一个通盘的考虑，是想到什么问题就写什么问题，难免东一锄头西一棒子，堆在一处就显出了零乱无序。现在要将它们弄成一本成体系的专著，是相当棘手的事情。同时，我也想通过“改写”使质量有所提高，使它能成为一个比较像样的东西。于是暂时放开文章，埋头去读书，争取从理论上提高一下自己，然后再来处理这件麻烦事。整个2004年就是这样在紧张的研读中度过的。最后决定从对话论的角度来探讨中学作文教学，拟从两方面展开论述：与生活对话和与读者（潜在）对话。在这个大框架之下，原先文章可直接采用的基本上没有，是另写一部书了——这就是2005年至2006年写成的《论写作是对话》；该书稿在这里是首次刊印。

这就是本书一、三两部分的写作经过。另外，20世纪80年代前后，为了教学的需要，我曾在文学理论方面下过一番功夫，研读了一批文艺理论、美学论著和心理学等著作，同时也发表了一批文章；这次从中选出十篇收在这里，即书中的“文学创作散论”部分。

除王尚文先生先后审读了书稿一、三两论之外，贵州师大的朱伟华教授也审读了“论写作是对话”一稿。在此，特向他们表示感谢！本书的出版，还得到贵州师大文学院、社科处和离退休处诸多同志的关心和支持，这里，亦向他们谨致谢忱。

汤国铣 2020 年 12 月 3 日于贵州师大

目　录 / CONTENTS

作文教学新论

文学创作散论

论写作是对话

上　编　与生活对话

下编 与读者对话

作文教学新论

中学作文教学随谈*

语文教学中，学生认为作文难写，教师认为作文不好指导，怎么办，大家都在积极探讨前进的路子。这里，我想谈几点不成熟的意见，供同志们参考。

要学生懂得“怎么说就怎么写”的道理

作文到底难不难？也难也不难。写作没个止境，当然也就有它难的地方。作文就是说话，能说就能写，会说就会写。从这个角度讲就不难。

一件事情，一个思想，一种感情，要是用嘴说，可以讲得清清楚楚，头头是道。如果提起笔来呢，情况就变了，讲不清楚，也没条理。这当中的一个重要原因便是他们把说话当成一回事，把作文又当成一回事。

做作文时，往往不写自己熟悉的生活，而去写大题材，“政治性”强的题材；结构上，开头结尾常写一些空洞的议论，来些口号、大道理，中间随便插上些“漂亮的”写景、人物肖像和生硬的抒情语句，等等。这些都是跟他们平时说话的习惯很不相同的。要是平时这样讲话，他们自己也会感到别扭、不自在。

马克思说：“你怎么说就怎么写，怎么写就怎么说，在小学时老师就这样教导我们。”①可见在其他国家的作文教学中，一直很注意向学生讲清楚“怎么说就怎么写”的道理。这做法值得我们学习。我们要通过学习范文反复向学生强调：作文跟说话是一样的，“你怎么说就怎么写”；凡是好文章都是

---

* 此文原载《昆明师院学报》1979 年第 2 期。

大众化、口语化的，读起来上口，听起来舒服；只有读着它就像作者在我们面前自自然然、毫不做作地说话一样的文章才是好文章。

使学生懂得作文就是说话的道理，可以打消他们对作文的畏难情绪，树立写好作文的信心。能用自己的话写作文，把心头想的、嘴里说的、笔下写的一致起来，自然不会是那种开口便是套话、大话、空话、假话和“小报抄大报，大报抄梁效”的“帮八股”文章了。能够用嘴引导笔，检查笔，把嘴和笔结合起来表达自己的思想感情，作文中的许多毛病都可以得到克服。

当然，强调作文跟说话一样，也不是要把平时说话中的毛病也一齐搬到文章里去。事实上，诸如东拉西扯、重复颠倒、表达不清、讲半截话、好生造词语或好用只有少数人才懂的土语方言等平时说话中的毛病，别人听着觉得不好，说的人也感到应该克服，写文章就尤其要避免了。因此，应对口语进行提炼、加工，使文章比平时说话更清楚、更准确、更精练。

引导学生写出真实感受

怎样才能使文章写得生动形象而又准确？要指导学生学会写出真实的感受。这里说的感受，包括感觉、印象，以及由此而产生的想象和联想等。这些都是在平时生活中接触客观事物时自然而然地产生的。

夏天的晚上，明月在天，清风徐来，我们会感到非常的舒坦，觉得那白华华的月色就像秋天早晨的霜，那徐徐的清风，使人通体凉爽，觉得自己像泡在水中一样。这种感受，几乎人人有过，照实写出来，可以这样说：“明月如霜，好风如水。”这便是苏东坡《永遇乐》一词中的佳句。如果这明月的光华是静静地往江水里洒去，江水流着，我们便觉得把月光也流走了。照实写出这种感受，也是很好的描写：“明月照着南江，南江流着月光。”（梁上泉：《山泉集·致南江》）又如我们在田野眺望，脚下淌过的小溪从很远的地方流过来，源头在哪里，看不见。它曲曲弯弯地流过来，有的地方看得清楚，有的地方被遮掩了。那弯曲流来的样子，像蛇在爬行；它的两岸，又像狗的两行牙齿错开地对排着。这情景，也是许多人都感受过的。柳宗元如实地把这种感受写出来，就成了下面的名句：

> 潭西南而望，斗折蛇行，明灭可见，其岸势犬牙交错，不可知其源。
>
> ——《小石潭记》

不光是写景，别的情况也可以这么去写。譬如下边这些例子：

> 我们有些同志喜欢写长文章，但是没有什么内容，真是“懒婆娘的裹脚，又长又臭”。
>
> ——毛泽东：《反对党八股》

这是批评一种现象——写文章喜欢长而空，说它恰像“懒婆娘的裹脚”。

> 窗棂棂开花用纸糊，相思的心儿关不住。
>
> ——阮章竞：《漳河水》

这是描写相思的心情，人在家里，心儿却飞到情人身边，这心像窗户都关不住了。

> 你是一只铁手臂，高呼口号举上天；
> 你是一支大手笔，描画祖国好春天。
>
> ——《上海民歌选·烟囱》

这是描写建筑物，说工厂的烟囱高高耸立，像高举着手臂呼口号，像一支伸向天空的大笔在描绘春天的景色。等等，还可举出好些其他方面的例子来。

这样地进行描写之所以生动形象，因为它把客观事物与主观感受结合在一起了。客观的生活形象能引起人的想象，主观的感受又能唤起别人相同的生活经验。所以，它能给人鲜明、深刻的印象，感染力是相当强的。

引导学生像这样去写自己的真实感受，写出来的语句就有内容；所用的形容词语，不是硬贴上去，是从内容出发，根据表达内容的需要而选用的，因此也就准确、新颖、有力。这跟认为好的词语用得多就是好文章，不管内容怎样，任意堆砌和乱用形容词语的写法就有了本质的区别，很有助于提高学生的表达能力。

这样指导作文还有一个很大的好处，那就是培养了学生的联想和想象能力，也就是形象思维的能力。学生在这样写作的时候，脑子里是浮现着各种生活情景的，伴随这些生活形象而产生的是相应的感触、情绪、感情，学生是在积极地进行着形象思维的。久而久之，就会使学生的想象和联想丰富起来，形象思维的能力就会显著提高，从而使写的文章越加生动活泼。

那么，写出自己的真实感受，中学生办不办得到呢？事实证明，完全能够。在比较好的作文中，我们经常会看到这样写的例子。例如："像我这样的年龄才进高中，在人生道路上，算是晚点运行的'列车'了。"这是一个同学写他扛着行李搭火车去上学的时候产生的一种感受。他把自己由于受"四人帮"的迫害而不能及时升学，以致超过了适当的年龄，跟此时乘车的情景联系起来，便写出了这样新鲜有力的句子。又如一个同学在作文中写道："浪花冲击着海岸，好像一本翻不完的书。"没有生活实感，也是写不出这样生动感人的句子来的。这类语句，既没有抄书上的现成话，也没有堆砌形容词，可是写得很漂亮，表现力很强。这给了我们一个启示：只有引导学生向着这个方向走，才能发挥他们使用语言的积极性和创造性。

这种写法可以叫作"感受是怎样就怎样写"，不是什么难于掌握的技巧。学生不但有丰富的生活感受，而且也可以把它真实地写出来。问题在于他们不知道这对于作文的重要性，往往把它当作没有意思的东西丢掉了。只要教师加以引导，他们就会改变这种情况，真正写出生动活泼的文章来。

要求学生写出根据或原因

简单、空洞、抽象、概念化，这类毛病在学生作文中比较普遍。写一个同学，就是他学习努力，工作积极、肯帮助人，几句话就讲完了，像做鉴定一样。写一件事，开头也许扯得很远，中间却叙述简单，很快就讲这件事给了我怎样怎样的教育。如果写一篇论说文，没有讲出多少事实或根据，结论就出来了。总之，没有话说，不知道怎样去展开思路，文章没有内容，主题不鲜明，没有说服人的力量。这主要是由于他们不懂得文章需要写出根据或原因的道理造成的。

文章总要表达一个思想、一个观点，或者一种感情。就要把形成、产生这个思想、这个观点，或者这种感情的根据或原因写出来。

空洞是文章最忌讳的。文章写出了根据或原因，就有了实在的内容，有了说服人的力量，就能达到预期的目的；没有呢，文章就空洞、抽象，主题就不会使人信服，就是把主题硬塞给读者。而思想感情又不能强加于人，硬塞总是不会奏效的，读者只能通过切实的内容去自然而然地接受它。

凡是好的文章，都把根据或原因表达得很清楚、很充分。例如《马克思的好学精神》（见初中语文课本第一册）一文，主旨是说明马克思“为了建立科学的社会主义理论”，以毕生精力进行顽强的学习，“重新探讨、批判和检验了人类丰富的文化遗产”这样一种好学不倦的高贵品质。这个思想在文章的开头便提出来了。作者的这个思想根据就是马克思如下两个方面的事实：一是他学习的具体情况，包括马克思侨居伦敦时在大英博物院图书馆阅览室学习的情况；马克思不仅广泛阅读政治历史书籍，还阅读各种文学名著的情况，他十分重视外语学习，同时还喜欢研究数学等。二是他的学习目的和原则，这包括了马克思关于知识是进行斗争和为无产阶级解放事业服务的手段的认识，和他从来不因为努力学习而脱离政治斗争的革命实践两个内容。作者的思想来源于这两个方面的事实，写成文章，就是把这根据、这原因表达出来（当然要经过整理和提炼，不是自然主义地重复生活中的认识情况）。我们读了这篇文章，也就被它充实的内容所说服，因而产生了跟作者一样的思想，即认识到马克思表现在学习上的高贵品质和革命精神。

一篇文章，包括几个部分或几个问题，几个方面。这表现为文章的层次或段落。每一个层次或主要的段落，都有一个中心意思，也就是有作者的一个思想。对这个思想，也要写出根据或原因才不空洞，才有说服力。例如上文中的第三自然段表达的是这样一个思想：马克思还阅读了大量的、各方面的文学名著。作者的这个思想又是根据什么来的呢？是根据马克思能背诵歌德、海涅的许多诗句，他对其他的许多诗人、戏剧家、小说家的作品也很熟悉，他留下了许多精辟的文学评论——这样三个事实来的。文章写出这三个事实，思想就表达出来了，读者就信服了。

学生作文，如果抓住根据或原因写，处处注意它们，文章就是充分让事实说话的，整篇文章也就结结实实，主题鲜明突出、具有说服力了。

注释：

①《马克思恩格斯全集》第一卷，人民出版社 1979 年版，第 93 页。

对病句的征服*

学生作文写不通句子，原因有多方面，比如家庭和社会的语言影响、社会风气造成的厌学情绪等。但从教学的角度看，则是由教和学两方面造成的，其中主要原因又在教的方面，因为“教师在教学中起主导作用”。因此，努力改进语文教学和写作教学的方法，就成了解决病句问题的关键。怎么改进呢？以下几点值得我们重视：

帮助学生养成推敲词句的习惯

列宁说过：习惯只能用习惯来克服。改正文句不通、纠正思路不严密的重要方法就是让学生养成推敲词句的习惯。思路的粗疏、简陋表现在行文中就是大而化之、马虎对付。比如有一个学生写的这个句子：

这就深切地揭发了杀人者的卑劣，抒写了对被杀的爱国者的同情。

这句话中，“深切”应为“深刻”，“揭发”应为“揭露”。但念一下就会发觉，作者的意思这句话大体上是表达出来了的。但也正因为大体上表达出来了，作者也就这么对付过去了。一般病句的特点就是这样：既不低于大体上表达出意思，也不进到准确地表达意思。作者为什么不进到准确表达呢？思路的粗疏和简陋决定了他不去注意“大体表达”和“准确表达”之间

---

* 此文原载《贵州教育学院学报》（社科版）1989 年第 2 期。

的区别，而满足于大体差不多的表达。在这里，教师的任务首先就要让学生看清“大体表达”和“准确表达”之间的差异。推敲词句的作用之一就是能把这种差异突出出来让学生看清楚。但推敲的作用主要不在这里。所谓“推敲”，也就是咬文嚼字，是作一种细致的辨析，细致地比较、分析、判断、选择，这样的工作当然是治疗思路粗疏、简陋的良药，极有益于锻炼思维的缜密和周到。这便是推敲的最大效用。所以，我们强调要学生养成推敲的习惯。推敲词句的工作教师一向在作文批改和评讲中都做了，但强调学生自己要养成推敲的习惯却不是普遍都注意到的。不少学生下笔马马虎虎，不打草稿，匆匆忙忙写完就算，再看一遍都不乐意。哪谈得到推敲词句？里边的病句，学生如果作一番推敲，是能够避免的，这两句的毛病多，跟这种情况有很大关系。事情很明显，他知道“深切”，就不会不知道“深刻”这个词，因为前者“文”一点，后者更通俗。只要稍作推敲，就会觉得这里用“深刻”更能表达心头想说的意思。他知道“深切”“抒写”等一些不大常见的词，也一定知道“揭露”这个更普通的词。所以，如果有推敲的习惯，后边的毛病也能避免。事实证明，学生有推敲的能力，教师应该通过组织讨论、布置作业等多种形式积极培养学生推敲词句的习惯，让他们从中把思路锻炼得越来越严密、周到。这样，病句也就可以从根本上得到避免。

引导学生将语法知识转化为动力定型

大学有汉语课（文科），中学语文课本上有语法常识，但学了语法知识不等于作文能写得通顺。以大学中文系为例：汉语及格成绩以上的学生一般不少于百分之九十，但学生写病句却是非常普遍的现象。可见相当多的学生懂得语法而不能把它用于自己的写作实践。不少教师因此认为学习语法知识对写作没有什么帮助。我们认为不能这么看。客观地说，语法知识对写作是有帮助的，只是这种帮助不直接，是间接的。认为对写作没有帮助的人没有看见这种间接性，是从直接作用方面讲的。的确，从直接作用看，汉语语法对写通文句没有什么帮助：在提笔作文之际，谁还有那份闲功夫，耐性儿去想到语法对句子有什么要求，然后按这要求一词一句地写下去？或者写出一句就用语法知识检查一番，合乎语法就写下一句，不合就修改、改对了再写下一句？如果是这样，写文章一定非累死人不可。事实上，作者写文章的时候一门心思地想他所要表达的意思，根本不可能分心去思考怎么按语法造句。笔下的句子是随着他心中想的意思自然而然地“流”出来的；之所以流出这样一些句子而不是那样一些句子，因为他觉得这样的句子是通顺的，能清楚地表达心中的意思，如果是那样的句子他就觉得不通，不能表达清楚心中的意思。总之，这时不可能分心于思考造句，对句子全凭一种无意识的感觉办事。能把句子写通的人，他觉得通顺，那句子也真的通顺；写不通句子的人，他此时也只觉得要那么写才对，没想到那么写出来却是病句。起草的时候凭感觉行文，没有自觉地去用语法知识，修改的时候是否自觉用了呢？照理说，这时已有充裕的时间对句子作语法上的仔细推敲，但事实上这样修改文章的人很少见。因为能看出句子有毛病的作者多半都有能力凭“语感”把句子改通顺，不必一板一眼地去作语法分析。而写不通句子的人则常常不能发现句子有毛病；既然没有发现问题，也谈不到修改，就更不必说对照语法知识分析病句的问题了。所以，语法知识对写文章、对写通句子没有直接作用。

但有间接作用。“间接作用”是指语法知识转化为动力定型之后，以动力定型为中介而对写通句子起作用。巴甫洛夫提出的“动力定型”（或译为“动型”）概念，是说“刺激的‘定型’而形成的系统化和定型化的神经过程”，“也就是已经被调整好的、已经被平衡了的内部过程的系统”（见杨清《心理学概论》第195—196页）。合乎语法的语言，有主语有谓语，定语修饰名词，状语修饰动词，补语在谓语之后，“而且”与“不但”相呼应，意思出现转折用“可是”，揭示原因用“因为”，等等，等等。句子千变万化，都离不开语法的这些基本规律，这就是“刺激的‘定型’”。语法就是帮助我们从纷繁复杂的语言现象中认识到语言的“定型”（亦即规律）。但只是认识到还不能使我们运用自如，还要进而使这种“定型”化的刺激转化为我们“系统化和定型化的神经过程”。这就全靠在实践中自觉地、多次地运用语法规律。比如说一句话总要有个对象（即主语），并要说明对象是什么或怎样了（即谓语），话才清楚、完整。于是，“对象——什么（或怎样）”这两部分总是联系在一起，刺激我们大脑皮质的语言中枢部位，反复实践，久而久之，这联系便成了“系统化和定型化的神经过程”，即建立起了大脑语言中枢区的“动力定型”。以后凡写一个句子，只要写出主语部分，自然而然地就会写出它的谓语部分，觉得它必须同时有这两个部分才行，因为它们是“被已经调整好”了的心理过程的系统，只有这样心理过程才能平衡。所以，对于建立了这种动力定型的作者，主谓成分完善的句子使他有一种舒适感和顺适感；反过来说，使他有这种感觉的句子也必定是主谓成分完善的。如果缺了其中一个成分，他就会感到心理过程的系统被破坏了，平衡被打破了，于是产生别扭、不舒服的感觉。反过来说，使他有这种感觉的句子，一定是主谓成分有残缺的句子，他也就可以凭这种感觉而把它改正过来。这是说的主语谓语的情况，其他语法规律无不如此，它们都反映了语言的内部规律、内部联系，都能在我们大脑皮质的语言中枢部位建立起动力定型。一旦动力定型建立起来，一句句合乎语法要求的通顺文句就会在不知不觉中随着我们要表达的意思从笔端滔滔汩汩地流淌出来。动力定型是反复实践的结果，是由有意识向无意识转化的结果。所以，教师应要求学生严格按照语法规则训练语言。只有经过这样较长时间的反复实践，才能将语法知识转化为动力定型。进到这一步，学生的作文自然合乎语法要求。

指导学生读好范文

读范文（包括课本以外的名篇、好作品），只要得法，对写通句子也很有帮助。古时候没有语法这门学问，古代文章家们没有学过语法，文章照样写得很通顺、很漂亮，就是他们苦读范文的结果。旧时代有个流行的说法：“只要把几十篇文章读得烂熟，自然而然就能够下笔成文了。”叶圣陶说：“这个话好像有点神秘性，说穿了道理也很平常，原来这就是锻炼语言习惯的意思。”（《叶圣陶教育论集》第 41 页）叶老说的“语言习惯”指什么？他在另一个地方有过解释，说这就是“不违背语言规律”（同上第 459 页）。

可见他讲的“锻炼语言习惯”就是使语言合乎语法规律。范文最能体现语言的规律，阅读范文就是学习活的语法，所以古人能从熟读、苦读中不知不觉地摸索到古代汉语的运用规律，因而自己也能在写文章中操纵自如地运用它。今天写白话文也是同样的。我们有一批学历不高的老作家，他们只上过小学或初中，没有专门学过语法，可是文章写得通顺、漂亮，就是因为名篇名作读得多、背得多，就是在阅读实践中不知不觉地摸索到了现代汉语的运用规律。

但是，要有较理想的收获，在阅读方法上必须有所讲究，不能采用一般的欣赏性阅读。这里介绍两种方法：

一是在阅读中把自己摆进去。就是说，一方面看范文是怎么写的，一方面也设想一下：如果我写这句话会写成怎样？把自己的写法跟范文作对比，分析分析，想一想；如果自己的错了，就抛弃那种写法，同时按范文的写法当即在口头上造几个类似的句子。比如范文讲：“碰见我，他非常高兴。”这句很简单的话学生常说成这样：“在他碰见我的时候，非常高兴。”一比较便会发觉，范文的写法句子简洁完整、意思清楚好懂，后边的说法则不但啰唆，而且意思模糊，不太好懂。一分析，原来后者把做主语的“他”提到前边表时间的介词结构中去了，没有主语，是谁高兴搞不清楚，所以句子意思模糊，不好懂。这道理学生讲不出来也没关系，只要看出不能那样把“他”字提到前边去即可；看出这一点，就可按范文的写法在口头上造几句诸如“碰到老同学，他非常高兴”一类的句子以加深印象。今后再碰到这类情况就不大容易出错。阅读中能这样把自己摆进去下功夫，自己行文中种种不通的毛病就能不断地被发现，同时不断地被纠正，前边说的那种执迷不悟的怪圈就被打破了，从而能不断地得到提高，而且这种提高还会在继续进行着的阅读中得到巩固与强化。

二是要提倡朗读。朗读的可贵处在于能获得运动记忆。朗读范文的时候，唇舌、喉部肌肉和声带都参与运动；这类运动由小脑管。朗读不同的句子口腔和喉部肌肉的运动组合是不同的。尽管这类肌肉的运动不显眼，但同骑自行车、打拳舞剑、拉小提琴这类显眼的肌肉运动一样，动作反复多次，也就被小脑记住，这在心理学上叫作“运动记忆”。二岁左右的幼儿根本不知道有什么语法，“爸爸回来了”“妈妈抱我”“我要吃苹果”等话说得非常通顺，主要就是靠他们在说的实践中学会的。一个文化程度不高的成年人，一旦生活于一种外语环境中，也由于说的实践使他较快地学会了一种外语，而他对外语语法却根本不懂。朗读和说是同样的肌肉运动，都能迅速地获得运动记忆而帮助人们掌握好语言，而且以范文为材料的朗诵所掌握的语言是规范化的、纯粹的，不像从生活中学语言那么正误驳杂，不能学到纯正的语言。比之于概念符号的记忆，运动记忆还有一个很大的优点，即具有牢固性，一旦形成，能保持长久，甚至终生不忘。如一个人中学时候学会了拉胡琴，以后三四十年没再拉过，五六十岁拿起琴来照样可以奏出动听的曲子，指法弓法都没有忘记。同样，反复朗读范文，各种句式的特点、各种句子成分的结合方式、各种虚词实词运用的规律、范围，都可因口腔和喉部肌肉的运动而形成运动记忆，长时间地保留下来。从朗读中获得的这种运动记忆也鲜明地表现在“语感”上，这也是获得纯正语感的一个重要途径。就是说，它具有一种对句子扩展趋势的预测能力。比如读到“他急急忙忙地”的字样，我们就能断定下文一定是表行动的谓语成分；读到“根据心理学的研究”的字样，我们就能预测下文一定是说明一个心理学观点；读到“不是什么什么，也不是什么什么”的话，我们就能猜中接下去一定是“而是什么什么”，等等。这种语言上的预感、预期是由语言的“跟随性”决定的。句子的结构和词的联缀都有一定之规。这一定之规（语法）就表现为语言的跟随性，即有了前边的这样一个词就必然要有后边那样一个词跟随着，有了前边这样一个句子成分就一定有后边那样一个句子成分跟随着，如此等等。朗读范文使学生通过运动记忆牢固地把握了这种跟随性，便能自然而然地运用于作文。作文中，句子通顺，他的预期得到实现，看起来就有一种满足感，所以他也能凭自己舒服的感觉判断句子是通的。如果句子不通，没有这种跟随性，准备那样去接受意念的期待落了空，马上有一种别扭的感觉产生。于是，他又根据这种不舒服的感觉去发现自己的病句，从而把它改过来。总之，这时他同样也进到了凭语感来写通文句、改通文句的境地。要获得这种语感依靠看（即默读）

比较困难，而采用朗读最为有效，如能进而达到背诵则更好。

除了上面说的三种方法之外，要求学生平时说话注意准确、完整、通顺，也是帮助学生改正病句的好方法。因为正如前边提到的，白话文就是用口语写的，口语能一句句说通顺，提笔自然也就能一句句写通顺。而且，日常口语的训练就是对思维严密的训练，也是比做作业更切实，量更大而又不使学生感觉麻烦的一种训练。如果抓得好，学生真的养成了良好的语言习惯，一开口就能准确、完整、通顺地讲话，那意义就远不只是写通文句的问题了。

作文教学的方法*

写作教学的基本方法是让学生多实践，多练习，这就是《教育学》上讲的“实习作业法”——“组织学生实际操作”。这样的教学方法是由写作课的技能性质决定的。“技能”，包括“动作技能”和“心智技能”两种，写作属于心智技能。心理学告诉我们，凡技能都是“对一定知识的运用”，而且这种运用要经过练习“达到自动化”的程度才算真正获得。这里的“自动化”，心理学家把它叫作“动力定型”的表现。所谓“动力定型”，是指“大脑皮质对刺激的定型系统所形成的反映定型系统”，它体现了大脑皮质“机能的系统性”。写作技能是一种语言文字功夫，作为刺激条件的书面语言就是一个定型系统。如：凡是符合逻辑的语言，一般都有主语有谓语，主语在前谓语在后，定语修饰名词，状语修饰动词，补语在谓语之后，“不但”与“而且”相呼应，“因为”和“所以”相配合，等等，句子千变万化，总有一定规律，这规律就体现为定型的系统关系。再以专业的“应用写作”论：写一份物理实验报告，写一篇案情调查，或是写一篇教案，一篇读后感，一份通知，无不有一定的文体规律，内容尽管千变万化，都要体现出一种定型的系统关系。练习性的写作实践，就是让书面语言、专业文体的定型系统去刺激学生的大脑皮质，使它能形成“反映定型系统”，即动力定型。写作的动力定型形成了，大脑皮质的活动自动化，动作和行为达到迅速和精确，这时，学生便真正获得了写的技能。

练的目的是使写作的知识、规律、原则、要求、方法，在学生的大脑皮

---

*此文原载《贵州师范大学学报》编辑部编：《教育教学研究文集》（1992年1月）。

质形成动力定型。但这练是有要求的，否则难以达到目的。第一，实践证明，动力定型并非一次刺激就能形成，它需要反复多次地进行，究竟需要多少次呢？技能的形成“以一定的能力为前提”，重复次数的多少常常决定于操作者的能力：能力强者需要的次数少，能力弱者需要的次数多。有的学生在初中时即能达到“文从字顺”，有的学生到读高中时才能写通句子，还有部分人大学毕业仍然文理不通。这就反映了操作者的不同能力。有的人实践几次就能写出像样的教案，有的当了多年教师写的教案还不符合要求，这也是操作者能力不同所致。但就一般情况而论，凡技能的掌握都需要反复练习。所以，写作的练习不能少。大体上说，每学期最低不宜少于 18 次（略每周一次）。第二，动力定型的形成不但与刺激量（练习多少）有关，而且与刺激的强度和深度有关。刺激强、深，在大脑皮质留下的印痕不易消失，形成动力定型也就快。这就要求训练必须严格、认真。有的学生，文字功夫老是过不了关，下笔就写病句、错字，不是他的脑子不行，而是做作业不够认真。对这样的学生如果不严格要求，使他改变态度，练习的次数再多也难以形成动力定型。第三，从刺激的定型系统方面看，有大系统和微系统之分。在练的次数相同和同样认真的情况下，这两种定型系统对大脑皮质的刺激力量是不相等的：大系统的刺激力大，微系统的刺激力小。因此大系统比较容易形成动力定型，微系统则要难一些。比如新闻写作，它在结构上的基本规律是第一段（或第一句）是导语，接下去是正文；导语要概括新闻的主要事实，正文则是对导语的展开，并在展开过程中注意插写背景。这规律就是一种大的定型系统，因为它对写一篇新闻来说是关涉全篇的、最显眼的大事情。正由于这样，所以学生在练习中很容易在脑子里留下深刻印象，一般只需 2~3 次练习就能掌握（即形成动力定型）。可是，仔细推敲他们的文章，则会发现有种种别的毛病：有的一“逗”到底，不会正确使用标点符号；有的用错了词，或生造词语；有的句子残缺，或各句子成分之间配搭不当等等。这些字、词、句、标点方面的“小问题”就属于微定型系统，因为它们对大脑皮质的刺激力量小，所以正确的用法不容易在学生脑子里留下深刻印象。为什么从小学、中学到大学，学了10余年，总还有一部分学生在这些“小问题”上过不了关，除了问题本身具有相当的复杂性等原因外，道理就在这里。事实证明，除了少数学生先天素质好，对语言文字很敏感，因而微量刺激也能使他在大脑皮质留下深刻印象，所以在初中，甚至高小时就能写得文从字顺外，一般学生都需要积累数百次的刺激（在高中以后）才有可能形成动力定型。写作上，刺激的大定型系统是指有关篇、段和句群以上的写作方法、原则、要求、规律等；刺激的微定型系统是指句以下的问题，它包括字词句和标点等方面的一整套规律、原则和方法。根据大定型系统的刺激容易形成动力定型、微定型系统的刺激形成动力定型较难的规律，培养学生的写作技能，教师的精力主要应放在微定型系统方面。这里必须指出，微定型系统决不是“小问题”，教师如果认为是“小问题”，看轻它，就不是用写作的眼光去看。写作教学中普遍性的失误就在于轻视微定型系统而重方法技巧方面的东西，不少人大学毕业后文字功夫不过关，写作能力不堪用，跟这很有关系。因此，我们必须强调：对于写作技能来说，字词句和标点就是头等重要的大事情，如果这方面毛病太多，即使大定型系统方面的动力定型已经形成，他也远远没有获得写作技能。因为写作的一切都要落实和体现于字、词、句、标点，这方面功夫不过硬就不能有合用的写作技能；即使其他方面掌握得再好也如在沙滩上建高楼大厦，是不可靠的。

另外，诸如不问所学专业如何，都组织学生走出学校采写新闻报道，或集中力量抓散文写作、文学创作，以及把练的目标定在发表文章上，以有多少人在哪一级报刊上发表了多少文章来说明练的成绩等，这些做法都值得进一步斟酌。这方面问题这里不予论述。这里要指出的是，对于写作课开成知识课，只传授写作知识而不布置练习或很少练习的这种不符合写作课技能性质的做法，片面指责写作教师是不公平的。因为有些学校对写作教师批改作文、练习不计算工作量，而要使学生真正掌握写作技能，写作教师花在这方面的精力恰恰又是最多的。大量劳动不被承认，必然挫伤教师安排学生练习的积极性。而写作课一旦转化为知识课，培养学生掌握写作技能的目的也就落空，开设这门课便失去了意义。所以，在希望这部分教师加强学生写作实践的同时，更希望有关部门对这一问题给以足够的重视，并把它解决好，以利于人才的培养。

中学作文教学的着重点*

中学的作文教学应该着重抓什么？从一些资料看，有不同的说法。有的说“作文训练的重点是文体训练，文体规矩训练，文体格式的训练，也就是文体章法的训练”；有的说，重点是“驾驭常用文体”和“掌握表达方法”；还有的说，重点是抓七种能力的培养：审题能力、表现中心思想的能力、搜集材料的能力，系统地整理材料的能力、安排文章体裁的能力和语言表达能力。最权威的当然是1980年修订的《全日制十年制学校中学语文教学大纲》对作文教学重点的具体说明，其总的指导思想就是着重培养学生记叙、说明和议论的能力，使他们的文章达到观点鲜明、内容充实、结构完整、条理清楚、语句流畅。

以上这些对中学作文教学重点的确定，都很好、很有道理。这里想说的是，在这些重点中，更应该突出抓好以下三个问题：

一、语言文字的基本功

这主要包括文句通顺，文字规范、清楚，标点符号使用正确等。作文是运用书面语言写文章，作文能力就是运用书面语言反映客观事物，表达思想感情的能力。如果一个人提笔就文句不通，就写错别字和不会用标点，则无法认为他已经具有写作能力。语言文字基本功在作文中的极端重要性、在作文能力中占的极端重要的位置，我们必须充分地认识到，必须予以充分的重

---

*此文原载《贵阳师专学报》（社科版）1994年第2期。

视。如果忽略了这一条，整个作文教学便不可能收到好的效果。有一个令人震惊的现象应该引起我们深思：小学语文教学大纲中就明确规定小学毕业生的作文要达到“语句通顺，书写工整，不写错别字，会用常见的10种标点”。可是，到高中毕业仍有多数中学生写的作文时有病句和错别字，标点运用多有错误；以致中学毕业生中进了大学的这部分优秀者，如果是进文科大学，写作教师还得把语言文字的基本功列为写作教学的重点来加以解决！这就是说，小学作文教学就应该完成的任务，拖到大学的写作教学才算勉强完成，甚至仍然没有完成[①]！这不令人惊讶、令人深思吗？

这种现象的产生跟某种认识有关。不少人都认为语言文字以及标点之类是枝节问题，是不值一提的，作文教学应该抓“观点鲜明，主题正确，内容充实，结构完整，会记叙、会议论、会说明”等大问题、高难度问题，哪能在这些“鸡毛蒜皮”的细小问题上费功夫？的确，主题观点内容结构记叙议论说明等方面是应该抓好的，但这看法把“大问题、高难度的问题”刚好弄反了。如果不从“高、精、深、新”之类去要求，那么，主题正确、观点鲜明、内容充实、结构完整和会记叙议论说明等比之于语言文字基本功符合要求（通顺、正确等），究竟谁是“高难度的问题”呢？显然是后者而不是前者。一所普通的中学，抽查任何一个班级的学生作文，几乎人人都能做到“主题正确”“观点鲜明”“结构完整”，大部分学生的作文基本上都能达到“内容较充实”、中学生的知识和经验积累也已经足以使他们对一般的事物事件和道理作一番说明、叙述和议论。那么他们的作文就很好了吗？不，可能很糟——主要就糟在语言文字的基本功上头！一所普通的中学，无论抽查哪一个班级，几十个人中，又有多少学生作文的句子没有毛病、标点符号运用正确、书写规范正确没有错别字呢？毫无疑问：很少！这不正说明语言文字基本功要达到符合要求难度比那些更大，它才是作文教学中真正的“高难度”问题吗！叫一个学生掌握举例说明的方法或倒叙之类的方法，20分钟可以办到，要他把一段说明或一篇倒叙文章写得一句句通通顺顺、清清楚楚，标点不搞一逗到底，不来不明不白的小圆点，而要每处都标得准确无误，这又需要多少时间呢？很难说！多则几年，十几年（有些人一辈子也没有搞清楚），少则一年半载，绝对不是几十分钟就能学到的本领，这是每个有写作能力的人和每一个有经验的语文教师都可以证实的。可见语言文字基本功比之于作文教学的其他方面，它的确是“高难度”的问题。至于说它是细枝末节的小事，其他方面才是大事情，从文章的角度看，也许有一定的道理，但从培养作文能力的角度看则如前所述，它才真正是大问题。必须指出，如果一个人句子都写不通，错别字又多，标点符号也不会用，你对他讲怎样提炼主题，怎样使文章结构严谨，议论说明叙述有哪些方法之类，那是没有多少实际意义的：他尚未掌握书面语言，哪谈得到写文章中的这些事情？奇怪的是，不少学生语言文字基本功方面毛病百出，文章却主题正确，结构完整，表达方法也会用——可是，这样的文章拿得出手吗？能用吗？这不是说要把字词句标点的文字功夫彻底解决好了才能讲写文章中的这些道理，而是说它决不是小问题，决不可以忽视，我们在作文教学中必须狠抓这个环节。反过来，学生如果能把作文写得文从字顺，一句一句写得清清楚楚、明明白白，那么他们的作文也就过关了，他们的写作能力也就合用，能够用书面语言处理日常工作、学习、生活中的各种事务了——这不正是中学作文教学的一个最终目标吗？可见，语言文字基本功既是中学作文教学中的最大难点，抓好它也正是提高中学生写作能力的关键。上边说到学生解决这问题需要经过相当长的时间，毫无疑同，那是教学中对它重视不够造成的，如果切实下功夫去抓它，学生语言文字基本功的问题在初中阶段一般都是能得到解决的。

二、对内在世界的观察

作文教学都比较重视指导学生观察，但观察的对象一般局限于外在客观事物：不大讲观察体验内在的心灵世界，这不能不说是一个大的欠缺。其实，对于写作来说，相比较而言，对心灵世界的观察体验比对外在事物的观察还重要得多。这重要性在于：心灵世界是社会生活的直接原因——无论对个人或群体都是这样。因为人的所作所为都出自某种目的，而目的就是心灵的东西，也是心理活动的结果。所以，如果不去观察体验内在世界，便不可能对社会、人生有比较深刻的理解，提笔作文便难有深刻的思想感情。此其一。其二，文章对外在事物的描述一般都不会是纯客观的，或已涂上了心灵的色彩，或是为了揭示心灵的什么，总之除了科技文章，少有离开心灵内容而存在的。更确切地说，在一般文章中，外在事物是宾，是手段，内在心灵是主，是目的；外在事物之所以有资格进入文章，在这些情况下都是因为表现心灵世界的需要。可见只重视“宾”而忽略“主”，只记住“手段”而忘记“目的”，显然难以把作文水平提高。所以外在事物要观察，内在心灵更要观察。其三，海涅有句名言，“比海洋更广阔的是天空，比天空更广阔的是人的心灵。”人的心灵不仅比天空和海洋更广阔，而且也更深邃、更复杂多变。如果说对外在世界没有认真的观察便不可能有真正了解的话，那么对内在世界没有认真的观察更是不可能真正地了解它了。总之，中学生作文中内容空泛、肤浅、缺乏新鲜感，以及拿到题目找不到话说等常见的毛病，的确跟他们平时观察生活不够有关，但是，是他们观察什么生活不够呢？我以为主要不是由于对外在事物的观察，而是由于缺乏对内在心灵生活的观察所致。随便举个例子吧，如柯蓝的这首有名的散文诗《车轮》：

> 如果可能，我要像一个车轮，不停地向前，向前而去。
>
> 那运载着一切重任的车轮呵，你沉重而又坚强地运转，你平凡而又不倦地运转。
>
> 即使是短暂的停顿，甚至是绕道而去，或者，时而缓慢，时而迅猛，但你也是为了向前向前！
>
> 你，运载一切，运载一切历史而又运载未来的车轮啊！我永远赞美你：为了向前，碾碎一切困难，冲破一切阻力……（见许敏歧编《中国散文诗选》，广西人民出版社 1983 年出版）

不知在什么样的情况下，车轮向前运转的形象引起了诗人心情的激动。这激动意味着什么呢？是一些什么样的心理内容呢？诗人琢磨了它，品味了它，提炼和提升了它，于是写出了这首歌颂车轮精神的散文诗。所以，说这首散文诗是诗人观察体验内在心灵世界的成果是不过分的。现在的问题在这里：车轮怎样运转，怎样工作，决不能说中学生没有观察过，不了解，应该说，柯蓝写的车轮的这些情况绝大多数中学生是知道的，可是他们为什么不能写出这样的作品呢？很简单，他们对于不停地运转的车轮可能没有什么感受。但是，更重要的是：如果他们有感受又将怎样呢？由于作文教学很少强调要观察内在心灵世界，他们即使产生了丰富的、很有意味的感受也自生自灭地在心灵的原野上流失，没被发现、更没被逮住！不是吗？青少年活泼敏感的心，如果说对车轮没有在意，没有什么感受，那么对他们生活天地中别的许许多多他们很在意的事情常常是很有感受的，可是，这些感受被引进作文中去的有多少呢？几乎每一个中学语文教师都会回答：学生作文中的真切感受实在是太少了！这是怎么造成的？不是跟忽略了观察自己的内在世界大有关系吗！作家的高明之处，一个很重要的方面就是他们经常观察内在心灵世界，只要发现新鲜的、有意味的东西，就把它抓住、写出来。中学生要向他们学习，也应该这样去做。

明代诗论家谢榛说过一句很有名的话，叫作“观则同于外，感则异于内”，意思是说外在的事物在大家的眼中是相同的，但是它们引起的心灵上的感受却因人而异。如果只注意观察外在世界忽略了对心灵世界的观察，那么中学生日常生活中所接触的一切与别人的日常所见相同，还有必要写吗？还有多少写头？勉强写出来，怎能不让人感到一般化、肤浅、老套、没有新鲜感？要紧的是“感则异于内”。如果把他们的观察也引向内在世界，那情况就大不一样了，这些人所共知的日常生活中的人物、事物、事件、景物，在他们的心中所引起的感受是那样的丰富多彩、千姿百态，各个不同里边包含了多少值得写的东西啊！无数的好文章就会从这里涌现出来。所谓观察内在世界，就是观察客观事物在心中引起的反应：所谓“观察”，这里当然不是指用肉眼看，而是用心去体会、去咀嚼，去把握那外界事物所引起的心灵的反应。如果引导学生去这么做了，就为他们的作文开辟了一个无限广阔的新领域——真正的好文章必然从这里出来，也只能从这里出来。

需要指出的是，凡写作上的观察，主要都是指超越个人功利的观察。如果是在个人的功利之内，那么每个正常的人都是在认真地观察的，不然，他的事情就办不好，他的生活就不能正常运行。学生自己功利范围内的观察用不着语文教师去强调，语文教师在作文教学中要强调的观察，着重是超越学生个人功利的；但也正因为超越了他们个人的功利范围，他们会认为这种观察与己无关，是“多管闲事”、是“白操心”。这就是他们缺少认真观察的主要原因。要使学生克服这个缺点，自觉地进行“写作观察”就必须让他们懂得写文章是为社会贡献精神财富，社会的需要总是超越个人功利的（包括与个人功利的一致），如果柯蓝那段心理感受的观察只是服务于他个人的功利目的，“不停地向前、向前而去”的车轮形象对广大读者没有启发鼓舞作用，文章就不会受到社会欢迎，也不必写了。所以，文章的社会性决定了写作观察必然是包括和超越了个人功利的范围。这就是说，这种观察不是“管闲事”“白操心”，而是作文的分内事。

三、培养学生的创造精神

作文是创造性的劳作，写好作文必须要有创造精神。中学生写文章难免模仿，这是无可厚非的，但教师一定要不断地把他们往创造的道路上引，使他们的作文逐渐地有所创新：或者有新的思想见解，或者有新鲜的感情体验，或者有新的选材角度、新的表现形式，等等。一篇文章如果没有新意，没有新鲜感，只是人云亦云地弹老调子，讲老一套，不能为社会的精神财富增添新东西，严格地说，这文章就没有写的必要。中学生的作文虽然属于练习，不送出去发表，不强调对社会的作用，但也必须努力培养他们的创造精神，使他们的文章有新意，能给人新鲜感。这是因为，文章是否老套、是否人云亦云，是个文风问题，不可小看。如果在中学没有养成好的文风，以后纠正起来就比较费力，因为养成好的文风和克服不良文风都不是一天一日的事情。更重要的，正如毛泽东在《反对党八股》中所指出的，八股调会窒息生动活泼的创造精神，中学生如果只会作人云亦云、跟人学样的老套文章，反过来他们的创造精神也被窒息了。学生没有创造精神，不能独立思考，只能人云亦云地讲话，只会跟着别人的脚后跟做事情——如果我们把年青的一代培养成这样的人，他们又怎么能承担起四化建设的历史重任呢？所以，作文教学中不着重培养学生的创造精神，不强调作文要有新意，要有新鲜感是不行的。但这里有一个很奇怪的现象：每年高考作文的评分标准中对一二类试卷都要求要“有新意”，可是从初中一年级到高中三年级的全部语文课本中没有哪一册的作文知识短文讲到作文要怎样写才“有新意”、才有新鲜感。平时对学生的作文不作这方面的要求和培养，评高考作文卷子又一直把这一条列为评分标准，这不是奇怪的事吗？但是，评分标准虽然超出了教材内容，却不是它定错了、定高了；这件事只说明“作文要有新意，要有新鲜感”一直是中学作文教学中的盲点。也正因为它一直是盲点，所以就贵州而论，每年四万份左右的高考作文试卷中，有新意有新鲜感的作文实在是太少了，大量的都是平庸、老套、人云亦云的文章！这表明克服作文教学中的这个盲点已经是刻不容缓了。

那么怎样在作文教学中培养学生的创造精神呢？可以从两个方面去努力：

一是使学生实实在在地把握住什么样的文章是创新的？也就是要从这个角度去对范文作透彻的分析，以便使学生看得见、摸得着，对文章的创新问题有切实具体的理解和把握。创新无非是两个方面，即在思想内容和表现形式方面作者都有新的东西，前者叫作“有新意”，后者可叫作“有新鲜感”。文章千变万化，这两个方面都表现得纷繁复杂，不是一下子可说清楚的，这里只能简单地提一下。表现形式方面有新鲜感的，如上边提到的柯蓝的散文诗《车轮》，从思想内容方面说它并没有提供什么新东西，它只是告诉我们：不管有多少困难曲折和坎坷，我们都要坚定不移地朝着历史指引的方向一直走下去！但是，用车轮的形象来表达这一思想却从未有过，这就是它与众不同的地方，这就是诗人独创精神的表现。因为它采用了一种新的形式来表达这个主题，而且抒发了一种很美好的感情，所以尽管主题有些老，文章仍然能给我们新鲜的感觉，读来仍然是感到高兴的。通常所谓文章给人以“新鲜感”，指的就是这种情况。思想内容方面的“有新意”，且以初中语文课本第二册上的《谈“从菜篮子看形势”》②一文来说明。文章开篇就说，“‘从菜篮子看形势'，这话不假。" 那么作者从菜篮子中看出了怎样的形势呢？文章在扼要的剖析中逐一指出：看见"东西涨价了"，人们的"副食结构向良性发展了"；看见人们"钱包的票子多了，家底比过去厚了，购买力提高了"；看见买东西不用排队，可见市场供应形势好了，生产者积极性提高了，社会前进了；也看见几十年来"城市居民吃菜难的问题"在今天终于"得到了解决，可见改革收到了成效；我们必须搞改革才有出路……我们也常从菜篮子看形势，但看得简单、肤浅：东西涨价了，便说形势不好了；菜篮子的东西便宜了，便说形势好了；供应的东西不多，便说形势不好，供应的东西多，便说形势好，如此而已。不能说这样看没有一定道理，但对比一下这篇文章所讲的，人家看出了多少东西，而我们看见的就比较贫乏。文章的"新意"虽然与看问题深、看见的东西多有本质性联系，但讲"新意"的着眼点在于与一般的看法相比较，它超越了通常的看法而带来了新的认识，有新的思想见解，有新的体会或心得。像《谈"从菜篮子看形势"》这样能给人们带来新的思想认识（当然是正确的认识），就叫作"有新意"。学生懂得了新指的是什么，就为发挥创造精神树立了明确的目标，也就有助于创造精神的培养、发挥。

二是要帮助学生掌握两个方法：1. 记录灵感的方法。人们平时的思维都是在常规思想认识的范围内运行，都没有写出来的价值；常常只有在灵感爆发之际才使我们冲破常规思想认识的藩篱而获得一种新鲜的意思，这种意思有时就很值得写出来。但灵感来得突然，去得迅速，稍不注意就跑得无影无踪，再也找不回来。而且即使注意了，它来的时候多半都是在我们没有条件写的时候，（或在做别的事，或条件不允许坐下来写，等等）所以要随时带上纸笔，一有了灵感就简要记下，待有了时间再将它详细写出来。这种灵感记录可以是片断的，也可以是成篇的，但都有新东西，都可贵。学生作文的时候，如果平时记有这样的灵感材料作参考，就比较容易写出富有新意和新鲜感的文章来。2. 创造性思维的方法。创造性思维是超常规的思维，因此创造性思维的方法也就是突破常规思想认识的藩篱获得新鲜意思的方法。创造性思维的方法是多样的，比如跟常规思维方向作相反方向的思考（逆向思维），与常规的结论作对立面的思考（求异思维），用解释甲的道理来解释乙（类比思维），等等。总的说来与常规思维方法的直线性、单面性、封闭性、框定性相比，创造性思维的方法具有网状性、多面性、开放性、随机性等特点。因此，进行创造性思维也就是避免常规思维的直线性、单面性、封闭性和框定性，而使思维多向地展开、多侧面多层次地进行，不受已有认识局限，并能随实践的发展寻求新结论。上边提到的《谈“从菜篮子看形势”》一文就是作者运用创造性思维方法思考“菜篮子”的结果。作者不是单面地、直线地认为菜篮子里的东西涨价了形势就不好，便宜了形势就好，而是突破流行议论的“框定”，对事实作了多向、多侧面、多层次的思考。他由东西涨价但消费量上升看见人们“钱包里的票子多了”；他由菜篮子里的高档次东西多了看见人们的“副食结构向良性发展”的事实；他从供应的东西多看见了“生产者的积极性在提高”，“社会在前进”，并进而看见了改革的正确，必须坚持改革开放的方针……这样看，就比“站在自家的门口只注意一面”，“把复杂的问题简单化”（原文语）的常规思维方法所看出的东西要多得多、深得多，也全面正确得多了，所以能在“菜篮子”这个很寻常的话题上为读者提供一些新鲜的认识。至于《车轮》一文，则是以创造性的类比思维为基础，作跨类思考，赋予车轮以象征的含义而获得的一种新颖构思的结果，这是一眼就可以看清楚的，不必多说了。

注释：

①秦牧在中国写作学会第四届学术年会上的讲话中说：“现在社会上写作人才不足，很多人文字不过关；大学文科毕业生中文字没有过关的也有相当一部分……这是一个相当突出的问题。”（见《关于写作学科与信息》，载《写作》杂志 1986 年第 3 期）

②见国家义务教育课程标准教科书编写组七年级（下册）《语文》，人民教育出版社 1988 年版。

中学生快速作文法质疑*

近些年来，有教师在全国各地推广中学生快速作文法。他们作报告，上示范课，散发有关资料，跑遍了全国20多个省市。面对这种情况，语文教育界有必要思考一下：这种作文方法是否具有科学性？它有没有推广的价值？这里谈谈我个人对这些问题的看法，以期引起进一步讨论。

一、作文忌用“第一番来意”

作文忌用“第一番来意”。据元代文论家陈绎曾《文说》记载，有位叫戴师初的人在论作文时讲过：“凡作文发意，第一番来意，陈言也，扫去不用；第二番来意，正语也，停止不用；第三番来意，精意也，方可用之。”对此，清代著名诗论家袁枚在《随园诗话》中也提到过。他引用时人陆钱论作文的话说：“一题到手，必有一种供给应付之语，老生常谈，不召自来，若作家，必如谢绝泛交，尽行麾去。必心精独运，自出新裁，及其成后，又必浑成精当，无斧凿痕，方称合作。”

作文必须反复思考，不可一时想到什么就写什么。古人认为“第一番来意”因为是“不召自来”的陈言套话，是“老生常谈”，跟作文是“创造性劳作”的本质相违背，所以主张坚决不用，要将它“尽行麾去”，而强调“心精独运”，选用“精意”作文，以便写出“自出新裁”的好文章。

不过，作文何以要忌用“第一番来意”而必须反复思考，对这个问题讲

* 此文原载《贵州师范大学学报》（社科版）1998年第1期。

得最透彻最中肯的，是毛泽东《反对党八股》一文中的论述。他说：“文章是客观事物的反映，而事物是曲折复杂的，必须反复研究，才能反映恰当；在这里粗心大意，就是不懂得做文章的起码知识。”他还强调：“有些事情甚至想三四回还不够。”

可见，由于客观事物太曲折复杂，要对它有独创性的、准确深入的认识，不可能一下子就达到。这就从辩证唯物主义认识论高度说明了作文为什么忌用“第一番来意”的道理。

二、快速作文法是教人抓住“第一番来意”写文章

去年，笔者有幸被邀请听了一次快速作文法教学示范课。该课是向某省“中学作文教学研讨会”的400多名与会者作的示范，是由当地政府有关部门组织的。讲课人据介绍是全国快速作文法的“主要创始者”，听课人是该地区一所重点中学的初一和高一两个班临时抽出来的50名学生。示范课的教学情况如下：

学生作文之前，教师先讲快速作文的三个方法。第一个方法叫“进入意境法”。具体做法是，先叫学生“眼看黑板，双唇紧闭，屏住呼吸”——说这就是“进入意境”，这样灵感就来了。然后教师在黑板上写了一个大的“山”字，让学生看30秒钟后问他们想到了些什么？有的说，想到我们这里贫困的原因就是山多，交通不便。有的说，如果能劈山开路，我们这地方发展也很快。有的说，想到了山区人民很艰苦，但他们很勤劳。等等；有六七个同学站起来说了自己此刻想到的内容。然后教师总结道：这些就是进入意境后得到的灵感，作文就是把这些内容写成文章。教师讲的第二个方法叫“跳越障碍法”。教师讲道：在写作文的过程中，思路断了，写不下去，没话说了，该怎么办？办法就是：别管它，跳过去，另起一段就行了。那么，这样“跳越”之后文章还通不通呢？教师肯定地回答说，是通的！他打了两个比方：你看溪流遇到山包，绕过去，这不还是没断、还是通的吗！又比如电线断了，把断处剪一下，接起来，电流不是照样通的吗？！所以，不要去考虑通不通，

只管往下写。他借用歌词的话告诉同学们："妹妹你大胆地往前走。别回头！"教师讲的第三个方法是怎样写人，他把写人的方法归纳为三句话："品德定向""因德选材""视材布局"。

讲完方法之后是快速作文实践。教师命的题是《漂亮小姐》。学生完卷的速度的确很快：交头卷的是一位初一学生，写了384字，用去17分钟；交第二卷的也是一位初一学生，文章748字，用了23分钟；交第三卷的是高一的一个同学，文章605字，也是23分钟。最后交卷的还是高一的一个学生，文章986字，用了45分钟。

学生的作文完成得如此之快，那么这些文章都写得怎么样呢？教师挑出三份好的作文在课堂上讲评。这三篇作文的内容是：第一篇写汽车将要撞倒一位拄拐杖的老大娘时，一位漂亮小姐飞快上前把她推开，老大娘没出事，漂亮小姐自己却受了重伤，这位小姐是最美最美的人。第二篇写作者傍晚在路上散步，看见街边有一位穿着打扮入时的姑娘，她美得跟仙女一样。第二天中午作者放学回家，看见一位老奶奶病在大街上。一会儿有一位少女扶她去医院，这位少女正是昨天散步时看见的那位漂亮小姐，她真是模样漂亮，心灵也很美的人。第三篇作文写一位生病的老人乘公共汽车没有人给他让座，一位漂亮小姐把自己的座位让给了他，她的心灵也像她人一样漂亮。教师对这三篇作文的讲评都极简略，只说"写得很好"，至于好在何处，未作具体分析：只对第一篇另外加了一句"开头一段用错了一个词，要换一个才恰当"的话。

以上是这次快速作文示范课的全过程（共三课时）。由此可知，快速作文的"快"，主要快在教师讲的第一个方法上，即紧紧抓住"第一番来意"写文章，第二、三两个方法都是为此服务的。

三、快速作文法的弊端

第一，背离了全面提高学生素质的教育大方向。快速作文法纯粹是针对学生参加升学考试、提高学生作文速度提出来的，它的"为考而教，为考而学”的应试特点非常突出。这样，作文教学中的智育、德育、美育等必然受到严重干扰，给素质教育造成不良影响。

第二，压抑了学生的创造精神。培养学生的创造精神是现代教育的基本任务，作文教学是完成这一任务的主要方面，因此最忌“踩人脚跟”和人云亦云。快速作文法教学生抓住“第一番来意”作文，而这种“来意”不过是“陈言”套话、“老生常谈”而已，根本没有什么创造性可言。富于创造性的“精意”只能在这之后的“心精独运”中才会产生，快速作文法强调抓住“第一番来意”写文章，因而堵塞和关闭了“心精独运”的大门。就以上三篇作文而论，都是以主观虚构来对平时说的一些套话作图解。这些套话是：“人不光要外表美，更要心灵美”，“助人为乐是美德”，“尊老爱幼是中华民族的传统美德”。所以三篇作文都不约而同地从帮助老人的角度来图解同一主题：这个姑娘不仅外表美，心灵也很美；只是各人的情节稍有不同罢了。这正像有的文章所批评的那样：尽是“假话、假感想、假故事大全”，大家都“快乐地共同编着一样的故事，然后套上时间、地点、人物三要素这样的格式，去到老师那里领一个好分”，学生都成了从“一个模子里走出来的孩子”（《北京文学》1997 年第 11 期《语文教育忧思》）。其实，现实生活中的漂亮姑娘从外貌到内心，从思想感情到语言行动各有不同，哪能都是一个模子走出来似的只帮助老人做好事呢？再从作者方面说，每一个学生都有自己不同的生活经验和思想感情，对漂亮姑娘的认识、评价、感情态度都会各不相同，哪能是讲一样的故事、作一样的评价呢！但是，学生要写出不落俗套，有自己的特色，能准确、深入地反映生活真实的文章，就不是抓住“第一番来意”写所能办到的。所以快速作文法强调写“第一番来意”是对学生创造精神的压制，其后果很不好。

第三，干扰了马克思主义文风的培养。文风问题是大事，我们党历来很重视。因为不好的文风会窒息革命精神。培养新鲜活泼、生动有力的马克思主义文风必须从学生抓起。可是按快速作文法写文章只能讲些人云亦云的陈言套话，既不“新鲜有力”，也不“生动活泼”，直接干扰了马克思主义文风的养成。具体地说，这干扰是多方面的。比如，除了套话没有学生自己真实的感受与见解，这就是“空话连篇，言之无物”。不对题材作反复研究，想到一点马上抓住就写，甚至于胡编乱造，这就是搞主观主义，“不懂得做文章的起码知识”。文章总是一个有机的整体，不能随便丢下这部分，扔掉那部分，抓了这半截，抛弃那半截；所谓的“跳越障碍法”是强说不通以为通，是典型的“不负责任，到处害人”。想到什么就写什么，“拾到篮里就是菜”，则是对“不看到一点就写”的直接违背。今天的中学生是21世纪的主人，如果教他们这么写作文，以后走出学校他们也就这么写文章，那么，我们的文风又将成为什么样子呢？岂不是一个严重问题吗！

四、快速作文法缺少理论根据

教学改革需要有敢想敢干的精神和勇气，不可缩手缩脚，迈不开前进的步子。但敢想敢干不是没有根据地蛮干，否则，不会有好的效果。对于作文教学方面的改革，我们应该把敢想敢干的勇气和实事求是的科学精神结合起来。凡科学的作文教学方法都是有充分的理论根据的，不然就达不到预期的目的，最终也难以被社会所接受。从这方面说，快速作文法有明显的不足，即在学理上缺少根据，对有关的一些理论原则多有背离。这一点，上文已经涉及，这里再进一步作些说明。

快速作文法追求的唯一目标是快，而且是写得越快越好，要求每分钟最好能写出60个字（一篇作文20来分钟就写完）；除了快速度，其他什么都不必管。历来没有这么教作文的，这样的作文教学法很难找出根据来。历来谈论写文章都讲怎样把文章写好，而不去过多地强调写文章要快。从古至今的作文教学都特别重视学生的作文态度要严肃、认真、刻苦，做作文要多想，要深入思考、仔细推敲，要字斟句酌、文不厌改。而且，这些方面都有不少佳话流传，作为人们学习的榜样。诚然，历来对“倚马可待”“下笔立就”“文不加点”的“快速作文”也表示十分的赞赏。但是：①只是赞赏而已，从来没有人把“写得快”作为作文教学的主要目标来要求学生；②这种“下笔立就”的快，不是靠学一套快速作文的方法所能达到的，照传统的做法，是平时在人品、学识、才思等方面切切实实下功夫修养和锻炼而逐步养成的；这些方面的功夫下够了才能达到文思敏捷，而不是听听“进入意境法”“跳越障碍法”之类的解说就能济事的。

在考试前临时教给学生一些写快的方法，使学生在规定时间内把文章写完，并且写好，这对学生很有利。但这也仅只是“按理说”的主观猜想而已，事实上考生在规定时间内写完作文一般并不存在什么问题。无论是过去还是现在，凡是参加过高考和中考作文评卷的人都可以证实，试卷中作文没写完的人总是极少见的，顶多不过百分之一左右。以为考生在这方面问题很大、很普遍，许多人在规定时间内写不完作文，那完全是脱离实际的主观猜想。这方面既然一般都不存在什么问题，为此从上到下大张旗鼓地花大功夫推广快速作文法也就失去了现实根据，失去了针对性和必要性。其次，考生作文中普遍存在的问题不是写得不快，而是写得不好；这“不好”多集中在思想内容肤浅、一般化，构思呆板、没有特色，语言上病句多，错别字多，标点符号不会运用等问题上。这一点，参加过高考和中考作文评卷工作的教师也可以证实。面对这种情况，我们的作文教学改革应该去解决普遍存在的问题，以提高学生的作文考试成绩，而不宜在极少出现的问题上花大力气寻找解决办法。可见，即使单从应试的角度看，快速作文法对提高考生的作文成绩也没有多少实际意义。另外，如果说临考前需要在作文速度上给学生一些帮助的话，那么也只能像别的课在考前教师要帮助学生做好复习一样，帮助学生把平时学习的作文知识复习好，达到真正理解、会用。比如会审题，会找写作角度，会按结构规律展开文章，等等。这些方面处理得正确、熟练，在作文的这些环节上就避免了走错路、弯路和返工，完成作文的速度自然也就大大地加快了。平时之所以要学一些作文知识，其意义和作用也就表现在这些地方，不然，作文知识就不必学。所以，从根本上讲，作文要写得快，其方法就包含在正确的作文知识中。因为真知是客观规律的反映，求快总不能违背客观规律去追求，任何离开客观规律的方法，看起来无论多巧妙、多新鲜别致，其效果都不会好。

最后需要指出的是，快速作文的第一、二两个方法也很经不住推敲。“眼看黑板，双唇紧闭，屏住呼吸”，这不能叫“进入意境”。这分明是要学生静下来的意思，为此，向他们说声“大家不要讲话”也就可以了，完全不必神秘地采用这种气功式的做法；再生硬地把文学上的“意境”一词拉扯上来就更是牛头不对马嘴。又说“眼看黑板，双唇紧闭，屏住呼吸”，灵感就来了。这说法也不对。灵感是什么？心理学界一致认为，它是一种创造性思维形式，具有“突发性、突变性和突破性”三个特点，这儿的做法也跟它沾不上边。至于第二个方法“跳越障碍法”，否定了行文中的疏通、衔接、发展、补充、深化、完整等方面的工作，也否认了文章部分与部分、段落与段落和句子各成分之间逻辑联系的存在，更是不正确的说法，向学生灌输这样的作文方法，显然是十分有害的。

总之，无论从作文的本质特征、客观规律看，抑或是从科学性、从实际出发、发展学生能力、提高学生素质等教学原则和实际效果看，快速作文法都是一种缺乏理论根据，在理论上漏洞不少、在实践上问题较多的作文方法。因此，至少就目前情况而言，它尚不具备在全国推广的价值。

“诚中形外”*

——中学作文教学的一个基本原则

必须重申这一基本原则

中学生写作文讲假话套话已经成为普遍现象。例如，据一位家长讲，他女儿的作文几乎全是写的假话、假感想，是假故事大全。不光是她这么写，她说班上的同学写作文都是这样，大家都写过“扶老婆婆过大街，给老师送伞……那类的故事”。大家共同编着一样的故事，“然后套上时间、地点、人物三要素这样的格式，去老师那儿领一个好分。”[①]又如，某校高一新生写题为《变化》的作文，有三分之一的学生都写成了十一届三中全会以来的形势报告，从国内政治经济文化等方面的成就写到国际形势的变化，完全不是中学生的语言。问他们为什么要写成这样，回答是：“我们也不喜欢这么写，不过一直就是这样写的。”[②]最为典型的是1998年高考作文试卷，考生从《战胜脆弱》和《坚韧——我追求的品格》两个题目中任选一个写。据有关资料讲，竟有“多达百分之几的考生”“谎称自己的父母都死掉了”，以便“在这样一个假的背景下”体现自己能够“战胜脆弱”，证明自己在追求“坚韧”品格。父母是至亲至爱的人，可是为了提高考分，竟然编造他们死掉的故事，这不能不令人吃惊！[③]从孔子的“言语，立信”[④]和《周易》提出“修辞立其诚”[⑤]到韩愈“文者，必有诸其中，是故君子慎其实”[⑥]，再到刘熙载“文惟其是，惟其真”，[⑦]历代教育家对学生的作文练习总是强调一个

---

* 此文原载《贵州教育学院学报（社会科学版）》2000年第1期。

真字，对假话套话都予以坚决否定。新中国成立后，作文教学也坚持了这一基本原则。叶圣陶于1949年8月给当时华北人民政府拟订的《中学语文科课程标准》中就明确规定，学生表达意思要做到“不虚浮，不夸张，老老实实，诚中形外。”[⑧]以后的中学作文教学就是按照这一原则实施的。

但是，近些年来，随着应试教育的发展，这一原则逐渐被抛弃。为了升学、中考、高考能得高分，学生练习作文不是从真情实感出发讲自己的心里话，而是从媒体的流行观念出发，从摹仿《作文经典》之类书上的文章和《作文知识》上讲的技法出发，于是假话套话滔滔皆是，泛滥成灾。面对这一严重情况，我们必须重申“诚中形外”的基本原则，坚决摒弃作文中的假话套话，指导中学生写好真情实感，从根本上解决他们作文能力普遍低下的问题。

假话套话的危害

之所以要坚决摒弃中学生作文中的假话套话[⑨]，是因为它有巨大的，多方面的危害：

第一，背离作文的本质，使学生丧失作文能力。

扬雄说，“言，心声也”；韩愈说，“文者，必有诸其中”，都鲜明地揭示了作文的本质是把心里的话写出来，练习作文就是“诚中形外”，即训练把心里的话表达出来的能力；能够“明确、干净”“老老实实”地“写出自己的意思”[⑩]，作文训练就达到了目的。所以，如果写作文成了讲假话套话，不是表达自己心头的意思，那就违背了作文的本质和训练宗旨。这么发展下去，学生将不知道真正的作文是干什么，还以为写作文就是讲假话套话，而不知道是用书面语言来表达自己的真情实感和想说的话。这从“言为心声”的角度看，学生学习作文的结果，则是语言能力的丧失，丧失了用书面语言表达自己“心声”的能力。人生活于社会关系之中，经常需要用文字表达自己的“心声”，可是他们却不会这样来表达自己的“心声”，这将是何等残酷的事呢！所以有的家长反映，孩子做语文作业经常熬到晚上12点钟以后才得休息，可是“作文反而越来越差”，担心“以后可能会像收音机一样地讲话。"[11]想想这情景，岂不令人震惊？如果真是这样，我们作文教学的意义就成了问题。

第二，扼杀学生的创造精神。

作文本来是一种创造性的劳作，每一个学生都有跟别人不同的生活经验、书本知识和思想感情，只要他们带着自己这一份很有特色的精神财富去感受生活、处事待人，所产生的感想、体验、情感、思想认识，都将是与众不同的，用文字把它们表达出来便是独具特色的好文章，这样的写作就是创造，这样的作文便是独创性的精神产品（其道理下文还将论及）。可是现在他们却抛开自己心中所有而去讲流行的套话和瞎编，这不是将本来具有的创造性给扼杀了吗！参加高考作文评卷的老师都有一种共同的感受，那就是从自己眼底过去的卷子成百上千，可是很难碰上一篇有新意、有特色的文章，绝大多数都是像一个模子铸出来的：一样的思路，一样的语言，一样的主题！照心理学家的说法，一般人都有创造潜能，可是我们的考生为什么极少有人把这潜能实现出来呢？莫非他们都在"一般人"之下吗？六年中学作文训练的结果，情况竟是这样，能不令人深思？

第三，败坏学生的品行。

中国的传统教育历来强调"文品"与"人品"的统一，这是很对的。就写作文讲假话套话来说，现代著名语文教育家蒋伯潜早在40年代就指出过："'修辞立其诚'的话，是很有道理的。言不由衷，不但做不好文章，而且影响于青年心理修养者极大。"[12]为什么说对青年的修养影响极大呢？因为作文"言不由衷"就是欺骗，既在欺骗读者也在欺骗自己，所以是"自欺欺人"。"人无信不立"，自欺欺人是品行上很严重的问题。著名学者钱理群教授就去年高考考生在作文试卷中不少人谎称自己父母死掉一事评论说："在作文中为了得高分这样一个功利目的可以说假话，那在现实生活中为了更重要的目的就更加没有操守可言，什么事情都可以做出来。"[13]作文讲假话会把学生引向做人毫无操守，什么事情都干得出来的邪路上去，这问题是够严重的。

写到这里，不禁想起梁启超在20世纪20年代批判八股文的时候说过的一段话。他是这么讲的：

宋明以来，士大夫放言高论，空疏无真，拘墟执拗，叫嚣乖张，酿成国家社会种种弊害，大半由八股策论制造出来，久已人人公认了。现在依然换汤不换药，凡有活动能力的人都从学校出，凡在学校里总经过十几年这种奖励……奖励偏见、奖励虚伪的教育，养成不健全的性格……国家和社会的败坏，未始不由于此。⑭

这段话明确指出，无论是宋明以来的老八股还是民国以来的新八股，都是祸国殃民的，凡学校教育不纠正偏见的、虚伪的“放言高论，空疏无真”的八股文风，培养的学生就没有健全的性格，就是为败坏国家和社会种下了祸根。我们今天的学生在作文中普遍地讲假话套话，是新八股泛滥。他们是新世纪的主人，是国家民族的未来，想想梁启超这段话，这问题不能不引起我们足够的重视。

讲真心话的好处

相反，指导学生在作文中讲真心话，那好处又是既多且大的。概而言之，也有三点：

第一，变苦事为乐事，引发作文兴趣。

说假话套话不是学生内心表达的需要，是他们不想说话或无话可说而硬要他们说，这样的说话当然是件很苦的事。所以学生普遍反映“提到语文就头痛，尤其害怕作文”⑮。学习需要自觉性、积极性。学生害怕作文，讨厌作文，对写作文根本没有什么兴趣可言，在这种情况下要他们学好作文，掌握写作技能，那是很困难的。社会反映大中学生的作文能力普遍低下，其主要原因就在这里。那么怎样调动学生学习作文的自觉性和积极性，使他们的作文水平得到提高呢？这就必须坚决地贯彻“诚中形外”的作文教学原则。

所谓“诚中形外”，是说外边看得见摸得着的有形的文章，是来自心中确实有的一番意思（简言之即写真心话）。这样写作文就把心中的意思与文章的内容完全一致起来了，心中有什么意思就写什么文章，文自心中流出，心是文章之源；而不是文与心分离，不是心中有的意思不说，说的又不是心头的意思。文与心分离的搞法最使人苦恼，文与心一致却是最愉快不过的事儿。为什么文与心一致地写作文是件愉快不过的事呢？社会学解释说，因为人是社会性的存在，希望与人交流和沟通是它的本性，所以把心中的意思发表出来是对这一需求的满足，需求得到满足必然很愉快。心理学解释说，“有梗在咽，不能不吐”，凡抒发积蓄，抒发情感，都是心理能量的释放，所以身心都感到痛快。美学则告诉我们，把心中的意思写出来是自我本质力量（思想、情感、知识、经验、能力、才智等）的对象化，所以这是一种审美活动，主体在这活动中观照自我的本质力量，自然能得到审美愉快。总之，写自己的真心话是愉快的，是一种享受。所以，坚持“诚中形外”的原则，就能使学生写作文由苦事变成乐事，既然成了乐事，他们就喜欢作文了，写作文的兴趣就高了，自觉性和积极性就被充分地调动起来。有了这样的自觉性和积极性，还愁学生学不好作文吗！

第二，发挥创造性，提高作文水平。

什么是创造？创造是“根据一定目的，运用一切已知信息，产生出某种新颖、独特、有社会或个人价值的产品”。[16]作文写真心话也就是一种创造。因为那真心话是学生带着自己那份独有的经验、知识和思想情感去感受生活，所获得的是只有他才会有的感想、体验或思想认识，将这样的真心话形诸文字，也就是符合创造特征的精神产品了。大哲人熊十力在讲哲学创作时特别强调哲学家要努力开辟“自己内在的大宝藏”（或“自家无尽藏”），认为这样写的作品才有“自性、特殊性、民族性、个体性”[17]。他讲的开辟“自己内在的大宝藏”，也就是我们这里说的写“真心语”。创造是排斥一般化和公式化的，这是铁律。真心话来自各人自己的“内在的大宝藏”，一个人不同于另一个人的，所以坚持“诚中形外”的教学原则就从根本上保证了学生的作文具有“新颖性”和“独特性”品格。这样进行作文训练，学生的创造精神就得到越来越充分的培养，他们也就被塑造成为富有创造精神的一代新人。从提高作文水平上看，思想内容有鲜明特色，富有创造性，这便是水平高的表现，是“顶呱呱”的好作文。换句话说，在文章内容方面，由讲假话套话变为写心里话，就是由作文水平的最低点提到了最高点。这变化巨大而令人欣喜！而且，只要指导得法，完成这个转变还不需要多长时间。

至于表达形式方面，因为涉及技能问题，需要时间历练，不能指望一下子就有很大进步。但是，比之于搞假话套话的练习，这进步则算是很快很快的了。因为，从内容决定形式的观点来看，“诚中形外”，心中有了要说的话，怎样表达就有了目标，有了根据；无论结构布局也好，方式方法和词句的选用也好，即使出了毛病要作修改，碰到疑惑需要斟酌和选择，也容易通过努力得到解决。因为他心中有数；这么写是对的，是我心中想表达的意思；那么写不对劲，它没有把我心头的意思表达出来；那样修改可以，是我想说的话；这么措词不对，跟我心中的意思有些距离；等等，心里总有个标准，有个根据在指引、在起作用，一直使修改、斟酌、选择到文章所表达的内容符合自己心头的意思，使自己感到满意才罢手。作文的技能和本领，不就是在这样的历练中逐渐获得的吗？可是，搞假话套话的作文训练却不然，不写学生心中有的东西，而写学生心中没有的东西。套话是抄流行的话，把别人的东西抄上一百遍也提高不了自己的作文能力。假话是瞎编，瞎编是没有正确标准和根据的非科学的训练。指望从不科学的训练中提高作文水平，岂不是干缘木求鱼的傻事！所以，只有“诚中形外”的作文训练才能真正地、较快地提高学生的作文能力，这是毫无疑问的。

第三，有助于净化心灵世界和完善个性品质。

科学的作文训练遵照“诚中形外”的原则进行，学生在“形于外”的表达过程中心灵也同时得到净化。例如，一个采访报摊老人的女同学在作文中写道：

> 在我的心目中，卖报是最简单不过的活儿，谁都会干。可是，当我陪老人守了一下午的摊子以后，我才体会到这活儿的艰辛，明白挣钱的不容易。那天是星期六，老人一直守到傍晚，眼看天都擦黑了，买报的人也越来越少了，可老人还没有收摊的意思。我一问，才知道原来还有一个长期在老人这儿订报的顾客今儿不知为什么还没有下班来取报。老

人说，既然答应人家了，怎么也得等他。要不一会儿人家来了，一看摊子没了，多窝心呀！这平平淡淡一句话，教我寻思良久，我明白了什么叫“敬业精神”，什么叫“中华民族传统美德”，什么叫“平凡中的伟大”[18]。

读这篇文章我们分明感到经过写这篇文章她成熟了不少，她真的懂事了，成长起来了。正因为如此，她的老师读了这篇文章后很有感慨地说：“这才叫作文！学作文原就与学做人分不开的。”[19]由此可见，“诚中形外”地训练作文，写一次作文是净化一次心灵，个性品质也增进一次，做人也成熟一分！

有人说：“讲话的方式就是面对世界的方式，你讲话的态度是虚假的，那么你面对这个世界的态度也是虚假的。”[20]我同意这看法，还想补充一句：那么反过来说，“修辞立其诚”，心里有怎样的意思就怎样写，对世界取老实、诚信的态度，这将培养出“表里如一、言行一致”“不欺人，亦不自欺”的高尚人格。而这正是我们学校教育所追求的目标。所以，作文教学是让学生讲假话套话还是引导他们讲真心话，直接关系到培养什么人的大问题，是决不能小看的。

怎样指导学生写好真心话

坚持“诚中形外”的作文教学原则，指导学生写好真心话，需要做多方面的工作，这里择要讲两点看法：

一是要引导学生养成独立思考的习惯。这是做到心中有话可讲的根本条件。如上边那篇作文，如果从媒体的理念出发，老人守报摊等顾客的事既不涉及反腐倡廉，也跟学习孔繁森关系不大，很难说有啥写的。如果从世俗的流行观念去看，“服务周到”是为了多赚钱，就更值不得写了。可是这位同学能独立思考，从自己特有的眼光和视角去理解，就获得了一种有意义的东西，形之于外，便写出了一篇比较好的文章。有独立思考习惯的学生经常都会有新的收获，即使很平凡的生活也会为他提供写不尽的材料。所以，培养学生独立思考的习惯，“没有什么写的”这个令他们普遍感到头痛的问题也就解决了。

二是要尽量少布置命题作文。无论题目命得多好，命题作文都或多或少地对学生是一种限制，而一旦有了限制，学生尽管心头有话想说也难免不合要求、用不上。这样，假话套话又可能出现，作文训练仍然难以正常进行。所以，命题作文要尽量少布置，要多让学生按心中想表达的意思写文章，由他们写完后自己敲定题目。本来文章就是因人而异的，没必要大家共同写一个题目。一人一题符合写作的本质规律，大家共用一个题目却是写作的反常现象。平时练习应尽量按写作的客观规律去办，而不可把反常现象视为必须遵循的客观规律。作文主要由学生自己命题是否会增加教师负担呢？显然不会。因为作文不同于数理化的作业，数理化题目不一样便失去了进度与标准的一致性，会带来评改的困难。作文不是答题，它的标准的一致性不体现在大家共同做一个题目上面，而是体现在别处。胡适曾经说“最好令学生自己出题目”或用他们的日记、周记等代替作文[21]，想来也是考虑到这一点的。

附记

主张中学生作文要摒弃假话，似乎涉及虚构问题。其实二者并无关系。第一，虚构是文学创作上的事情，中学生作文不写文学作品，所以一般不涉及虚构，不需要虚构。第二，文学上的虚构也不等于讲假话，它是以虚构的形象反映作者真实的思想感情和人生感受，并真实地反映时代生活的本质；只有虚构的形象不能真实地反映而是歪曲了这些时才能说作者在讲假话——说他讲假话也不是指用了虚构手法，而是指它蕴含的东西不正确。总之，虚构属于表现形式，讲假话则是人的品行问题，二者是截然不同的两回事。所以，摒弃讲假话不等于否定文学的虚构。

注释：

①②⑪⑮⑱⑲王丽编：《中国语文教育忧思录》，教育科学出版社1998年版，第9页、

183 页、8 页、119 页、21 页、21 页。

③⑬⑳ 孔庆东等主编：《审视中学语文教育》，汕头大学出版社 1999 年版，第 18 页、19 页、20 页。

④ 孔子以德行、言语、政事、文章四科教门人，其中“言语”科即“立信”教育。见王运熙、顾易生主编：《中国文学批评通史》，上海古籍出版社 1996 年版，第一册第 71 页。

⑤ 十三经注疏本《周易正义》卷一。

⑥《韩昌黎集》卷十五：《劳尉迟生书》。

⑦《艺概》卷一：《文概》。

⑧⑫《叶圣陶语文教育论集》，教育科学出版社 1980 年版，第 199 页、199—200 页。

⑨ 不是说只摒弃中学生作文中的假话套话，本文只论中学生作文，故不涉及别处。

⑩ 顾黄初、李杏保编：《二十世纪前期中国语文教育论集》，四川教育出版社 1991 年版，第 834 页。

⑭《饮冰室文集》第十五册：《为什么要注重叙事文字》。

⑯ 董奇：《儿童创造力发展心理学》，浙江教育出版社 1998 年版，第 2 页。

⑰ 郭齐勇：《天地间一个读书人——熊十力传》，上海文艺出版社 1994 年版，第 2 页。

㉑ 林可夫主编：《高等师范写作教程》，福建教育出版社 1991 年版，第 696 页。

克服病句与学习语法*

——中学作文教学片谈

一、历史的回顾

1925年，语文教学改革家沈仲九在《初中国文教科书问题》一文[①]中说，法则（即语法）“之于国文，是很重要的”，因为它是“经济头脑的方法”。他认为，以往没有语法，学生不知道怎样写文句才通顺，怎样写就不通，“只好暗中摸索。摸索得次数多了，总有碰到通的机会，但是已经够苦了。”所以他主张“为了促进学生的国文进步起见，国文教授有大大的注意法则的必要”，并认定这就是“国文教授的科学化”。沈的这一主张一直受到一些人的质疑，理由是：“我们并不知道什么是文法，什么是作文法，但是我们也能够做文；文法作文法等何必学。”[②]鉴于学术界意见分歧较大，那时中学的国文课虽然也学点语法，但分量很少，只是结合课文偶尔点拨一下，谈不到全面和系统。对语法的这种处理，一直延续到今天台湾的中学语文教学[③]。

可是我们的情况就很不相同了。1951年6月《人民日报》发表《正确地使用祖国的语言文字，为语言的纯洁和健康而斗争》的社论，强调“只有学会语法、修辞、逻辑，才能使思想成为有条理的和可以理解的东西。”1953年12月中央语文教学问题委员会《关于改进中小学语文教学的报告》中批评“一般语文教学着重语言文字的解释方面，并没有有计划地教学生以语言

* 此文原载《黔东南民族师专学报》2001年1月，第19卷第1期。

的真正知识……其结果是使学生缺乏严格的语言训练，在写作中形成语法、修辞、逻辑上的严重混乱。”[④]有这两个文件之后，语法在中学语文教学中的分量逐步加大。到50年代末，语文教材分编为《文学》和《汉语》两本，这是在中学进行系统化语法教学的尝试但以失败而告终，分编教材也不再发行。

新时期以来，高考制度恢复，学生考场竞争一年比一年激烈。高考的命题专家们发现语法是命题的一个着力点，便在这上头下功夫，使语法试题花样越来越多。这样，随着中学应试教育的急剧强化，语法在语文教学中的分量空前膨胀，不仅追求全面、系统，而且详尽烦琐。试比较一下近年出版的《中学现代汉语知识要点及题解》和胡裕树的大学教材《现代汉语》就会发现，今天中学生学的语法知识已经跟大学本科生学的东西差不多，而习题之古怪刁钻，又是大学教材所没有的。

早在40年代就有专家指出：“有许多中学生，语文文法作法的书籍研究得头头是道……但写一篇简短的文章会感到不知从何下笔，写出的文字不合文法作法的地方很多”，“中学毕业生连普通的信札都写不通”。[⑤]我们没有重视这方面的意见，想当然地认为多学语法就可以写通句子，结果事与愿违，今天的中学生“文字基本功夫差，作文错别字多，语句不通顺”已成为普遍现象，引起了社会的“强烈反应”。[⑥]有文章甚至说：“建国初期，初中毕业生的语文水平远高于现在的高中或大学毕业生！”“报纸登载，有的理工大学提出要设立语文课程，对入学的新生进行母语再教育，这是宣布中小学12年母语教育的失败。”[⑦]

中学的语文教育很不理想，其中有不少教训需要深入总结。这里，想就学习语法与克服病句的关系问题作一些探讨。之所以把这个问题特别地提出来说，因为写通语句是中学作文教学最基本的任务，正如叶圣陶先生所说：“一般社会对青年学生”语文能力的要求，一条就是“要写得通”[⑧]，“写得通”是中学作文教学中“师生全力以赴之”的“标的”[⑨]，因为“文而‘不通’，犹如一件没有制造完成的东西，是拿不出去的。”[⑩]要是一个中学毕业的人“文而不通”，写的东西“拿不出去”，不能顺利地进行思想情感交流，其影响之大可想而知。如果真是这样，我们的作文教学就彻底失败了。所以这问题特别值得研究。

二、学了语法为什么写不通句子

历来中学生学习的语法知识都没有今天中学生学的多；同样，历来中学生语句不通的严重性和普遍性也没有达到今天中学生的程度，这究竟是什么道理？我认为这是劲没有用到点子上。那么怎样才叫劲用在点子上呢？这问题下一节再谈，这里讨论学语法与写通句子的关系。希望通过多学语法知识来帮助中学生把文句写通顺，这想法之所以会落空，道理就在于学习语法知识对写通句子本来就不会有多少帮助。这样讲的理由是：

（一）学了语法知识不等于能运用它

学习语法知识是一回事，作文时能运用这些知识又是一回事；语法知识要能在作文时运用必须经过一个中介环节——将它化为习惯。因为，阅读和写作都是一种行为，凡是行为必须养成习惯才行。譬如坐得正，立得正，从生理学看来，是有益于健康的。但是决不能到了要坐要立的时候才来想坐立的姿势应该怎样。必须养成坐得正立得正的习惯，坐立时连生理学什么的也绝不想起，这才可以终身受用。阅读和写作也是这样。如果要临时搬出一些知识来，阅读应该怎样，写作应该怎样，岂不要把整个儿的兴致分裂得支离破碎了吗？所以阅读和写作的知识必须化为习惯，必须在不知不觉之间受用着它，才是真正的受用。[11]

作文中如果每写一句话都要对主语谓语的知识想一番，对动词与宾语的配搭规律分析一通……然后才下笔，这不仅会把写的“兴致分裂得支离破碎”，而且写文章也成了忍受不了的苦役，所以这是绝对行不通的。正如著名学者周振甫所说，作文的实际情况是：“在下笔时，全神贯注的是所欲表达的情绪或意念，应该用怎样的字句怎样的形式把它表达出来，并不是在想什么是主语，什么是述语，什么是宾语，什么是补足语的。[12]心里只想着要表达的意思，根本不去考虑语法问题，但写出的句子却又合于语法，这奥妙就在于语法知识已经化为习惯。

但是，语法知识要转化为表达习惯也是有条件的，最基本的条件是必须多练，因为习惯是“巩固的暂时神经联系系统”[13]，练的次数少了习惯一定不能形成。中学生能把那么多的语法条款都逐一地“多练”到养成习惯的程度吗？肯定办不到，他们没有那么多时间。于是，语法虽然学了，用起来却半生不熟，其结果是邯郸学步，漂亮的走路样子没学到，原来的走路本领也丢了。现在中学生作文的病句特别多，不少学生说作文越学越不会写了，有的家长也说孩子的句子丧失了原来的灵气，反而添了不少毛病，其原因多半就出在邯郸学步式的语法学习。

（二）语法知识不等于语感

语感是对语句通与不通和情趣如何的感受力；我们这里涉及的只是对句子通与不通的方面。美国当代语言学家乔姆斯基说：“说母语者所具有的语感，即判断什么是语法上正确的句子的语感”，“即能判别句子之间的结构关系的语感”[14]讲的也就是这层意思。

刚才说过，写作中是不去考虑语法的。但稍加体察即可发现在行文之际却始终存在着一种感觉；语句随着心中想的意思自然而然地“流”出来写在纸上，他之所以写成这样的句子而不是写成那样的句子，就因为他觉得这样的句子能表达心中的意思，而且是通的；那样的句子不能表达心中的意思，或者是不通的。这时没有分析句子通不通的功夫，但这样的感觉却自觉不自觉地始终存在着，并监控着笔下写出的句子。所以，说这时完全是凭感觉办事是符合实情的。值得注意的是，不管事实上这个句子是通顺的还是不通顺的，他之所以把句子写成这样，在他的感觉中就以为这样写是通顺的。写病句的人总以为自己的句子是正确的，道理就在这里。可见，这就有个语感的正确与错误问题。语感正确者写出来的句子的确就是正确的，语感不正确者则会把错误的句子当作正确的句子写出来。所以，对于写出的句子通顺与否，语感在这里起着决定作用，语法知识在这里却基本上不起作用。而语感和语法是截然不同的两回事，一个是主体的感受能力，一个是客观规律。所以学了语法不等于获得了正确的语感、不等于就能把句子写通顺。

（三）学了语法知识不等于有了相应的思维能力

《人民日报》那篇社论强调“只有学会语法修辞逻辑，才能使思想成为有条理和可以理解的东西”。这个论断并不确切。的确，思维要有条理说的话别人才可以理解，思维混乱的语言别人将不知所云。但思维怎么才有条理呢？社论说只有学“语修逻”，这就讲得片面了，绝对了。它与最基本的一个事实就不相符，即从古至今，没有学过“语修逻”而说话有条理、能使人理解的人何其多呢！更主要的是，学了“语修逻”并不等于就有相应的思维能力。比如，语法告诉我们，“分句之间无主次、可以互换”的是并列复句；后面分句比前面分句的意思“更深一层”的是递进复句，等等。是否把这类定义、原则理解了、弄熟了，我们的思维就有条理了呢？显然不是。有条理有层次是思维的品质，什么是并列复句、递进复句之类是客观知识，一为主观范畴，一为客观范畴，二者的性质又是完全不同的。把这类定义、原则理解得再透彻也只是对客观知识的掌握，不等于思维品质增进了，有条理了。要思维品质增进和有条理，就得去学习、品味这样的复句，在写作中反复地运用这样的复句，即要经过实践锻炼，而不是理解和记住这类复句的定义、原则的问题。正如要当英雄不是理解和记住“英雄”的定义就行的，英雄只能从实际斗争中产生出来。修辞和逻辑的道理亦然。

诚如皮特·科德所说：“我们要培养的是使用语言的人，而不是语言学家，是能‘用这种语言讲话’的人，而不是‘谈论这种语言’的人。”[15]如果认为学了“语修逻”思想就有条理，说话就能使人理解了，就是把“用这种语言讲话”跟“谈论这种语言”混为一谈。事实上，“一个人可能对一种语言掌握了大量的知识，但却一点也不会运用这一种语言”，“语言学家对他们不会讲的语言常常能说得头头是道”就是最有力的证明。[16]我们今天中学生对自己的母语正是有点犯这个毛病，知识学了不少，用起来问题很多。

三、通过阅读达到写通句子的目的

既然学习语法对写通句子没有多大作用，那么是不是说写通语句跟语法没有关系呢？话又不能这么说。语句通顺不通顺不由谁说了算，有衡量的客观标准，这个标准就是语法。没有通顺的句子是不合语法的，也没有不合语法的句子能被认为是通顺的。要写通句子就得掌握语法，这是铁律，谁也不能超越。但是，掌握语法有两条路，一条是直接学习语法知识，一条是通过学习语言获得。上文说了，前一条路是走不通的，那样学习语法对学生写通句子并无多少帮助，所以必须走第二条路。

阅读范文的一个重要目的就是学习书面语言，通过范文学习就能使学生自然而然地掌握语法，从而把文章写通顺。这是不少语文教育家早就指出过的路子。如吴研因说："读书多了，自然会有文法上的经验"，写作文时语法自然能够活用。[17]周振甫说："熟读了字句妥帖的文章，习熟于种种变化的句式和虚字的安排，到写作时自然不会写出生硬不妥的句子，运用虚字，也在知其然不知其所以然中渐渐合乎规则了。[18]叶圣陶和夏丏尊合著的《文心》中这段话尤其中肯："读原是很重要的。从前的人读书，大都不习文法，不重解释，只知在读上用功夫，他们朝夕诵读，读到后来，文字自然也通顺了，文义自然也了解了。一个人的通与不通，往往不必去看他所作的文字，只须听他读文字的腔调，就可知道"。[19]等等，这类说法还可举出好些来。

为什么不学语法可以在学习语言的实践中不期然而然地掌握到语法呢？从客观方面说，因为语法就存在于语言中，所以学语言可以学到语法，从主观方面看，乔姆斯基提出人有先天语言能力的观点值得注意。他说，儿童在听到一些话语后就开始从中设计语法规则，随着接触话语的增多，他们的规则也日渐完善，使之"不仅能描写他们所接触到的话语样品，而且还能生成新的句子。"他认为能生成新的句子就证明儿童已掌握到了该语言的语法，因为"语法规则必须能够生成一种语言中的全部句子。[20]乔氏的观点是符合儿童学习语言实际情况的。二三岁孩子的口中有时会蹦出一二句新鲜话来，使年轻的妈妈们大为惊讶，不知他从何处学得。照乔姆斯基的说法，这就是他根据自己掌握的语法创造的句子。一个三四岁的小孩，如果他会说五百句话，那么别人教他的不过二三百句，其余的全是他自己创造的。无论大人或小孩，不可能说的每一句话都来自别人所教，必定有许多话是自己创造的，而创造就得掌握规律，否则不可能创造，或说来人家不懂。所以，凡是能创造句子的（包括幼儿和没学过语法的成人）都是掌握了该语种语法的人。乔氏关于人有先天语言能力的观点曾引起一些争论，但不管怎么说，人们在接触语言的实践中会自觉不自觉地掌握该语种的语法，并根据语法规则创造句子，则是不容置疑的事实。所以叶老也说："学语法不一定到学校去，不一定从书本（指语法书）上学。小孩子开始学话，同时就在学语法。""小孩子一进小学，语法就可以得四分五分（按五分制说），因为先生的话，学生懂，学生的话，先生懂，同学的话，彼此也懂。既然说话能让人懂，就是合乎语法，就可以得四分五分。"[21]

不过，以上讲的都是口头语的学习，是说人们从日常口语的学习中自然而然地、不自觉地掌握了语法，从而获得了口头语表达的自由。作文用的是书面语言，而书面语和口头语是有一定差异的。这差异就在于：生活中的口头语因为得到声调、表情、重复、现实语境等的帮助，往往说得并不规范、时有语病出现也不妨碍听话人的理解。而书面语因为没有这些条件可利用，必须句句规范、句句合乎语法要求，否则会造成歧义、意思模糊，读者不能正确理解。也就是说，书面语的语法严格，口头语的语法宽松（中学生不明白这区别，常用语法宽松的口头语写作文，这也是病句多的一个原因）。但不管怎么说，口头语和书面语都是同一种语法，既然口头语宽松的语法能在学习口语中自然而然地掌握到，进而自由地运用口头语；那么在这基础上更严格一些的书面语语法也能够在学习书面语（即阅读）中自然而然地掌握到，并进而自由地运用书面语言。而且应该看到，从书面语中掌握语法比从口头语中掌握语法容易，因为口头语不太符合语法规则，书面语却是符合语法规则的。所以瑞士教育家裴斯泰洛齐说："在阅读中，上下文能使儿童掌握字词的意义和字词之间的关系。[22]所谓"字词之间的关系"，正是讲的语法关系，这关系就是通过阅读自然地逐渐把握到。历来的作文教学强调多读，所谓

“熟读唐诗三百首，不会作诗也会吟’，所谓“文选烂、秀才半”，以及现代教育家讲的“苟读合法，作文勤敏，则声调日熟，方法日多，一题到手，构思则如泉涌，字句篇段必定安置妥帖而不颇”。[23]这些说法都既包括了从阅读中学到作文的方法技巧，也包括了从阅读中把握语法规律。

于是，这又逻辑地产生一个问题：语法教学对学生写通句子少有帮助，学生在阅读中不自觉地掌握了语法反而能使他们写通句子，这是为什么呢？不同样都是掌握语法吗？这是因为，学生于阅读中不自觉地掌握语法带有如下特点：

一是同时获得了语感。我们这儿讲的阅读不是一般的阅读，它可称为语文课的标准阅读。它包括两个要求：第一，充分的感受，深入的体会，一词一句都不轻易放过，要达到与作者的思想感情产生共鸣；仿佛他说的正是自己要说的话，他抒发的正是自己要宣泄的情感，他发表的见解正是自己要表达的意见。第二，对范文必须反复地诵读，达到十分熟悉，对精彩的语段和短章甚至要能背诵。这样的阅读能使书上的语句“盈耳充腹，久自安息”，与学生“化与心成”。（程颐语），就像他自己“固有”的一样。于是，学生不仅领悟了词语之间的语法关系，同时也培养起正确敏锐的语感。因为这样的阅读是“目视其文，口发其言，耳闻其音，心通其情，意会其理的综合性阅读活动；是从字词句到段篇，从文字到语音、语义，从表层意思到深层含义、潜在情味的全面感知。”[24]凡感知能力都是从实践中磨炼出来的，这样多感官、全方位地感知范文的阅读活动，必然有力地促进学生语感能力的获得。

二是同时锻炼和提高了思维能力。思维不是空的，它总是和语言紧密地结合在一起，一词一语的安排和运用都是思维活动的体现；一句话是思维活动的一个步骤，一段文章是思维活动的一个阶段，一篇文章是思维活动的一个完整过程。凡选入课本的范文，所体现的思维活动都是科学的，每一步每一阶段和整个思维过程都是符合思维规律的。因此，学生在“标准阅读”过程中，他们的思想感情与范文的思想感情共鸣，他们的心灵与课文打成一片，这样，阅读的过程也就是思维接受逻辑训练的过程，即课文以科学严密的思维训练学生思维的过程。久而久之，他们在不自觉地把握范文语法规律的同时，自己的思维也被训练得科学而严密，从而提高了思维能力。所以说“学习语文可以养成想得精密的习惯。”㉕

三是同时养成良好的语言习惯。范文的语言符合“语修逻”规则的要求，是规范语言。“标准阅读”既然使学生的心灵与范文打成一片，那么阅读必然是使学生的心灵经受规范语言训练的过程；训练既久，学生良好的语言习惯也就养成。而“语言习惯好，写的文章就通顺了”。㉖

写通语句就是这样通过阅读（当然还有多写多练配合）来解决，而不是靠多学语法知识解决的。从历史上说，在清末马建忠仿拉丁文语法写出《马氏文通》之前，中国没有语法专著，历来的读书人都是走的由读而写的路子。在今天，少年报刊上常刊登十来岁娃娃的文章，他们不可能学多少语法知识，但文章语言流畅生动，也是得力于阅读的结果。这些，又从实践方面再次证明了解决中学生作文病句的问题，正确的选择只能是搞好阅读而不是多学语法。只有这样，我们的劲才是用对了地方，解决病句才能收到理想的效果——这就是我们的结论。

注释：

①⑫⑰⑱㉓顾黄初，李杏保编：《二十世纪前期中国语文教育论集》，四川教育出版社1991年版，第8页、349页、231页、849页、3页。

②③④⑤⑮⑯王丽：《中国语文教育忧思录》，教育科学出版社1998年版，第2页、162页、137页、809页、141页。

⑥陈宝富等：《中国现代汉语知识要点及题解》，天津大学出版社1999年版，第192页。

⑦孔庆东：《审视中学语文教育》，汕头大学出版社1999年版，第138页。

⑧⑨⑩⑪㉑㉕㉖中央教科所：《叶圣陶语文教育论集》，教育科学出版社1980年版，第51页、724页、404页、226页、683页、139页、421页。

⑬杨清：《简明心理学辞典》，吉林人民出版社1985年版，第13页。

⑭⑳格林·乔姆斯基：《乔姆斯基》，中国社会科学出版社1990年版，第37页、123页。

⑲夏丏尊、叶圣陶：《文心》，三联书店1999年版，第107页。

㉒夏之莲：《裴斯泰洛齐教育论著选》，人民教育出版社1992年版，第448页。

㉔谭桂生：《熟读成诵·培养语感》，《中学语文教学》1997年第4期，第404页。

从平凡生活中发现作文题材*

——引导中学生突破写好人好事的框子

编造好人好事是中学生作文的一种普遍现象。

一位家长说，他女儿班上的同学“非常熟悉表扬稿那类文体”的写法，一写作文大家就编好人好事，“她的同学都写过扶老婆婆过街，给老师送伞，借给同学橡皮擦那类的故事”。他们的作文就是关于这种好人好事的“假话、假感想、假故事大全”；大家“快乐地编着一样的故事，然后套上时间、地点、人物三要素这样的格式，去到老师那儿领一个好分”。①

笔者两年前听过一次“快速作文法”教学示范课，50 名学生，在 17~23 分钟内先后都完成了以《漂亮小姐》为题的作文。教师为了证明用“快速作文法”写的文章质量好，挑出 3 篇当堂讲评。第一篇写汽车将要撞倒一位拄拐杖的老大娘时，一位漂亮小姐飞快上前把她推开，老大娘没出事，漂亮小姐自己却受了重伤，这位小姐真是最美最美的人。第二篇写作者傍晚在路上散步，看见街边有一位穿着打扮入时的姑娘，美得像仙女一样。第二天中午作者放学回家，看见一位老奶奶病倒在大街上。一会有位少女上来扶她去医院，这位少女正是昨天散步时看见的那位漂亮小姐，她真是模样漂亮，心灵也很美的人。第三篇作文写一位老人乘公共汽车没人给他让座。一位漂亮小姐把自己的座位让给了他，她的心灵也跟人一样漂亮。3 位作者不谋而合地都写漂亮小姐帮助老人的事——又都写好人好事！这个班另外 47 个同学写的是什么，教师没介绍，不得而知。但根据这 3 个同学的思维模式推测，大概也是写漂

---

* 此文原载《贵州师范大学学报》（教育科学版）2000 年第 2 期。

亮小姐热心助人的好事。

所以，说今天中学生作文写好人好事成风，是不算过分的。

那么这样的风气好不好呢？也好也不好。好的方面，是学生有一种正确的写作观念，即知道不是什么都可以用来写文章的，值得写的人或事一定要有意义，这样的文章才对社会有益。这种写作态度是严肃的，体现了对社会负责的精神。再者，生活中的好人好事的确也应该予以表彰和歌颂。但是，把写好人好事搞成框子，一写作文就找好人好事，只写好人好事，没有就编造，这就不好了。第一，会使学生形成一种错误认识，以为写文章要有社会意义就得写好人好事，写作文就等于写好人好事。这对发展他们的写作能力不利。因为写文章的路子很宽，远不只是歌颂好人好事，批评落后的事物，揭露丑恶的东西，揭示社会人生规律，抒写自己的真情实感，等等，都可以成为有意义的好文章。生活的需要是多方面的，中学生应该从多方面发展作文能力，如果只能写表扬稿之类的东西，就太偏狭了。第二，无论拿到什么题目都往好人好事的方面想，中学生的生活范围不大，在他们的视野中哪有那么多好人好事可写？没有写的又非写不可，这就很为难、很恼火，久而久之，就会讨厌作文，害怕作文，一旦有这种情绪，作文哪能学好？第三，没有好人好事可写又必须写，于是瞎编，大家都写过同一类的故事。学生作文不是文学创作，是不能编造的。从孔子的“言语，立信”[②]、《周易》的修辞立其诚”[③]一直到清代刘熙载的“文惟其是，惟其真”[④]，历代教育家对学生作文练习都强调真实可信，而坚决否定讲假话。因为作文讲真话还是讲假话不是小问题，是关系到做人品行的大事。著名学者钱理群就很尖锐地指出：“在作文中为了得高分这样一个功利目的可以说假话，那在现实生活中为了更重要的目的就更加没有操守可言，什么事情都可以做得出来。”[⑤]编假话会把学生引向做人无操守，什么事都干得出来的境地，可见问题多严重。第四，这种写法压抑学生的创新精神。作文是最富于创造性的活动，而且创造的天地广阔。从本质上说，任何一篇文章的写作从取材到构思，从内容到形式都应该是个性化的，有新意和独特之处。可是好人好事的写法却是一种框子，它限制了学生的眼光，使他们撇开丰富多彩的生活于不顾，只注意好人好事，所以写出来的文章从内容到形式都大同小异，学生都成了“从一个模子里走出来的孩子”[⑥]，创新从何谈起，这跟培养新世纪创造型人才的教育目标很不吻合。

鉴于这种写法对培养人才的诸多不好的影响，我们必须引导中学生走出只写好人好事的框子，其办法就是培养他们的发现能力。写作是一种发现的工作，即作者要善于从平凡的生活中发现有意义的事物。这里的“意义”，是指事物中包含的于社会有益的思想感情（它凝结为“主题”）。学生知道作文不是随便写什么都可以的，必须写有意义的事物，认识到只有有社会意义的文章才是好文章，但限于能力，他们很难独立地发现生活的意义。在这种情况下，不少学生就紧紧抓住好人好事写。他们知道好人好事值得大家学习，写这样的题材能鼓舞人们前进，所以有社会意义。而认清生活中热心助人一类的好人好事又是他们的能力很容易办到的。这两方面原因凑在一起，便促成了中学生写好人好事的风气，所以根子在于他们的认识能力不足，不能够独立地发现生活的意义。

罗丹的《艺术论》中有句名言：“美是到处都有的，对于我们的眼睛，不是缺少美，而是缺少发现。”清人潘德舆在《养一斋诗话》中也说：“天地之间，风云日月，人情物态，无一非吾诗所自出。”他们讲的虽然是文艺创作，其实写一般文章也是同样的道理，只要有一双善于发现美的眼睛，天地间的一切，无一不是写文章的好材料。所以，中学生如果有了从生活中发现意义的能力，他们就会感到生活中有许多事物值得写，他们写作文就会有非常广泛的题材，而不至于局限在好人好事的框子里，也不会再为没有东西写而犯愁。

那么，怎样培养中学生从生活中发现意义的能力呢？一般地说，生活的意义都不像寻常好人好事的意义那样浮在表面，可以一眼就看出来。它往往隐藏得比较深，不大容易看出。再者，凡意义、价值、作用之类，都是一种关系性的存在，是在事物的某种关系中产生出来的，孤立起来就难以看见。由于这些情况，培养中学生发现生活意义的能力，单是丰富他们的知识和经验是不够的，还必须教给他们一些方法，会用这些方法，他们从生活中发现意义的本事就会大起来。有哪些方法呢？方法比较多，限于篇幅，这里只介绍如下几种最常用的：

一、想象。爱因斯坦很重视想象，说，“想象力比知识更重要，因为知识是有限的，而想象概括着世界上的一切，推动着进步，并且是知道进化的源泉”。[⑦]想象的作用巨大，拿它来发现生活的意义也很有用处。如《失败是个未知数》这篇课文（见初中《语文》第二册）说“失败不是终点站，而是岔路口”，在这儿有两条路，一条是通向“心灰意冷，一蹶不振的路”，一条是通向“汲取教训，奋起拼搏的路”。前一条路通向真正的失败，后一条路通向成功。正因为失败只是个“岔路口”，不决定通向哪条路，所以它是个“未知数”，这个道理启发人们不要怕失败，在失败面前完全不必灰心失望，失败算不了什么，关键在于你怎样对待，能以正确的态度对待失败就一定能够走向成功、成功仍然是属于你的。这就是“失败是个未知数”这个观点的意义，它鼓舞人们在失败面前充满信心和勇气，百折不挠地拼搏向前。这意义是怎么发现的呢？是凭借想象发现的。因为这里的“岔路口”“两条路”“未知数”等，虽然符合事物发展的客观逻辑，却不是生活中可以指实的事物，而是作者想象中的形象。

二、对比。如获奖作文《贺卡情缘》[⑧]，写一个叫丽的同学在圣诞节前给班上很多同学都写了贺卡，可是她自己却一张贺卡也没收到。她感到同学们都不喜欢她，十分痛苦。这是怎么回事呢？原来，这个同学长得比较丑，学习也不太好，所以大家不愿接近她。她曾热心地给同学们帮这帮那，大家却不愿接受她的帮助，这更使她心灰意冷，非常自卑。文章的作者理解她的痛苦，认为长得丑不是她的错，“是所有认识丽的同学对不起丽”！作者和同学们商量，决定大家都给她写贺卡，都热情地关心和鼓励她。从这以后，丽生活得很愉快，对班上工作很积极，学习成绩也步步提高。文章记叙这些事实揭示了一个道理：人是需要感情交流的，少了它就会很痛苦，而人际之间真挚情感的力量又多么巨大，它能使人变得焕然一新。这个思想很有意义，它鼓舞人们去创造互相关心、互相爱护的和谐美好生活。作者怎样发现这意义的？就是通过丽前后变化的对比、班上同学对丽前后态度的对比发现的。

三、类比。这是就不同类的事物之间的相拟点作比较（包括比喻、比拟、象征等形式）。如《沙漠红柳》[9]，写生长在西北大沙漠中的红柳不惧干旱，不畏沙暴，不嫌土地贫瘠，顶酷日、斗严寒，默默无闻地扎根在荒漠之中生长、繁衍，为大自然创造绿色屏障，为大地增添无限春色。它“多么平凡，而又多么伟大，其品格和精神是多么易见，而又多么可贵！”作者赞美它像“生活的强者”，说“华夏五千年，有多少志士仁人、英雄豪杰，在祖国危难、民族沦亡之际，奋起保卫疆土，救国救民于水火之中，不惜把鲜血洒满大地。他们的这种品格和精神，不正是红柳的品格和精神吗？！”大漠中的一种小小的植物——红柳，本来没有什么可写的，但作者用了类比方法去思考，把它跟恶劣环境的抗争与历代“志士仁人、英雄豪杰”跟侵略者、反动派的斗争联系起来。发现了二者的相似，因此，歌颂红柳的品格和精神也就是歌颂历代仁人志士、英雄豪杰为保卫疆土和救国救民于水火之中的崇高品格和伟大精神。这一发现自然很有意义。凡咏物文章，多半都是用类比方法从某物中发现一种意义后写成的，不然，物体哪值得写？

四、升华。这个概念出自弗洛伊德的深层心理学，我们这里可以通俗地解释为把问题扩大开来或提高一步看。这也是从平凡生活中发现意义的一种简便易行的方法。如《凡人琐事》[10]的一则：

> 寒假一个人在家，她不留神打碎了一只瓷花瓶。那是爷爷给爸爸的，爸爸视之如宝，从不让人轻易碰它。她心里不禁一阵发抖。
>
> 一连几天，爸爸都没有发现。她却是成天心神不定，真不好受。终于有一天，她鼓起勇气承认了，但父亲没有像她预料的那样大发雷霆，她心中的一块石头终于落了地。

就记叙这么一点事情。文章如果就此结束，那么它毫无意义，没写的必要。好在它还有一段：

> 诚实坦荡是心灵平安的最好朋友，她得出了结论，她长大了不少。

有这么一小段，文章意思就比较大了。这是一条哲理，它告诉青少年朋友们，诚实坦荡地做人最好，这样任何时候都心安理得，任何时候都心里平静、轻松，过得愉快。这道理对青少年的成长大有好处，所以文章写得好。但“诚实坦荡是心灵平安的最好朋友”这思想从何而来？它是作者从这个同学打碎瓷花瓶这件事升华而得到的。这件事是个体的，个别的。这条哲理却是普泛的概括，所以是从具体上升到了普遍，是由个别扩大到了一般，因此这是通过升华发现了事件的意义。

五、移植。这是将用于此领域的道理移用到另一种不同的领域中去。如《不要求全责备》[11]一文，说人总是有缺点的，人才也不例外。如果我们因为人才有缺点就不用他，那就没有人才可用了，或者就会把“八面玲珑”、百依百顺的和事佬、庸人当作人才来用。那么正确的态度应该怎样呢？作者讲了园艺师的故事：米兰、茉莉花香气袭人，但花不艳丽；君子兰、牡丹雍容华贵，但又不那么香；玫瑰花色香俱佳，却又有刺。这就是说，它们优缺点都有。园艺师对它们的办法是，“鲜者取其鲜，香者取其香，对有刺者更取其鲜与香”；不是因其有缺点而抛弃，而是选择适宜环境，精心栽培，使它们都能发挥特长”。讲了园艺师怎样对待花木之后，接着笔锋一转，说“对待花木是这样，对于起用人才又何尝不是这个道理呢？”于是把对待花木的道理移过来对待人才，从而发现对待人才的正确态度是：不求全责备，不因其有缺点而不用，而是“尽量创造条件使他们的优点得以发挥”。那么对他们的缺点视而不见吗？不，“园艺师养花要不断除虫剪枝，力争改良品种”，“对于人才的缺点，也应及时防微杜渐，逐步帮助他改正，让其顺利而健康地成长”——又是借用园艺师的办法。全文就这样移用园艺师对待花木的道理来说明我们应该怎么对待人才，正确对待人才的态度就是这样用移植的方法发现的。在国家大量需要人才的今天，这发现很有现实意义。

六、演绎。如《学习领域中的普遍联系》[12]一文，说一位长者教导“我”，“看课外书影响课内学习，千万别看”。“我”听了他的话，结果“每逢作文总写不出东西来，文章空洞无物。为什么课外少阅读反而影响了语文成绩呢？后来她想通了，原来“一切事物都处在普遍联系之中，课内和课外也是互相联系着的。”比如课外读书少，知识贫乏，写作文就只能是些陈词滥调，空话套话；如果多看一些课外读物，课内学的知识就能得到印证、熟悉、巩固，视野开阔了，知识面宽了，写作文素材就丰富。而课内知识学得好，课外阅读的能力更强，对课内学习的帮助就更大，两者形成“良性循环”，可见课内与课外的学习的确“互相联系着”。“课内与课外是互相联系着的”这个观点作者是怎样发现的？就是通过对“一切事物都处在普遍联系之中”这个逻辑前提的演绎发现的，前提中的“一切事物”当然包括了学习在内，所以学习中的课内与课外也是相互联系的。作者根据这个前提还演绎了“各个学科之间也有着广泛的相互联系”，以及“智能与体质”“才能与品德”等相互之间的密切联系，以证实“学习领域中的普遍联系”这个总论点。所有这些发现都很有意义，能帮助教育者和受教育者更好地贯彻党的教育方针，培养全面发展的一代新人。

从生活中发现意义的方法就介绍这些。

最后想说明的是，这些方法不必在计划的教学内容之外去讲授，它应该包含在范文的教学之中，不少范文的作者就是用这些方法发现平凡生活的意义的。比如，除了前边讲想象发现法举的《失败是个未知数》一课而外，胡绳的《想和做》（见初二课本）是用了对比的发现法，茅盾的《白杨礼赞》和袁鹰的《井冈翠竹》（均见初四课本）是用类比的发现法，韩愈的《师说》（高二课本）是用演绎发现法，贾谊的《过秦论》是用升华发现法，等等。一般而言，课本上的散文、杂文、随笔、小品、小评论、读后感等常用文体的文章（今后的新课本加强了文学性和可读性，压缩了政论、说明文和应用文作品，这类文章将明显增多），都有可供学生练习作文时用的发现生活意义的方法。教师在范文教学中顺便把这些方法明确地揭示出来，对同学们写好作文和培养他们的创造能力是很有帮助的。另外，学生中的优秀作文常常也不自觉地用了某些发现生活意义的方法，在作文讲评时将它们提出来给予分析和肯定，效果也相当好。

注释：

①⑥ 王丽：《中国语言教育忧思录》，教育科学出版社 1998 年版，第 9 页、15 页。

② 王运熙、顾易生：《中国文学批评通史》，第一册，上海古籍出版社 1996 年版，第 71 页。

③《十三经注疏》，《周易正义》卷一，北京：中华书局 1998 年版。

④ 刘熙载：《艺概》卷一，上海古籍出版社 1982 年版。

⑤ 孔庆东著：《审视中学语文教育》，汕头大学出版社 1999 年版，第 19 页。

⑦王梓坤著：《科学发现纵横谈》，中华书局 1998 年版，第 87 页。

⑧⑨⑩⑪ 全国中学生作文大赛编委会主编：《中学生优秀作文大全精华本》，中国少儿出版社 1998 年版，第 206 页、257 页、367 页。

多写，是培养中学生作文能力的重要途径*

用加强作文技法和语法的教学来解决中学生作文能力低下的问题并不是理想的办法。我认为要切实提高中学生的作文水平，还是要以主要精力抓阅读和训练。阅读方面我已写文章作过论述，这里再谈训练方面——谈谈多写对发展中学生作文能力的促进作用问题。

加强练习是传统的作文教学方法，很多人都十分强调这一点，他们认定作文能力就是在结合读书的多写中发展起来的。如欧阳修说，作文“无他术，唯勤读书而多为之，自工。”[①]又说“为文有三多：看多，做多，商量多也。”[②]苏轼在回答别人问“学文如何？”的问题时也说：“前辈但看多做多而已。”[③]姜夔说得更明白：“多看自知，多作自好矣。”[④]比之于多读，清人唐彪则更强调多写的作用，批评“学人只喜多读文章，不喜多做文章；不知多读乃藉人之工夫，多做乃切实求己之工夫，其益相去远也。”[⑤]这看法是很深刻的。现当代教育家如叶圣陶、朱自清、黎锦熙、胡适等人也一再强调要引导学生在练习中学会写文章。

不过，由于时代局限等原因，对于结合读书的多写为什么能够使学生学会作文的问题以往人们却很少探讨，而科学是不能满足于经验性回答的。它要求从道理上揭示事物的内在必然规律。只有如此，才算获得了较圆满的认识，人们才能更好地接受和实践它。因此，在加快教育发展、努力提高全民族文化素质的今天，深入地探讨这个问题是很有意义的。

我认为结合读书的多写之所以能使学生写好作文，是因为它对发展学生

---

* 此文原载《黔南民族师范学院学报》2000 年第 3 期。

的作文能力有以下几方面的促进作用：

一、发展思维能力

作文能力也可以说主要是一种思维能力，一个思维能力低下的人要写好文章是不可能的。思维能力从哪里来？怎样才能得到发展？它只能从实际的思维活动中来，只能在实际思维活动的锻炼中发展。

思维是大脑对客观现实的抽象反映活动，它不等于语言，但跟语言的关系极为密切。简言之，思维必须在语言的基础上形成、存在和发展；而且，人们要理解和把握思维通常也要凭借语言。因此，讨论发展思维能力问题只能从思维与语言的关系中考虑。

发生在大脑黑箱中的思维过程究竟是怎么回事，至今人们并不很清楚。从当代神经语言学和心理语言学的研究成果看，思维形成和发展的情况大体是这样：思维最初或在其最深层次上不是以语言的形式出现的。它的最初形式是“语义录痕”。这种“语义录痕”仅仅是一种“有结构地联系起来的信号，它蕴含着多种可能的语言表达形式，因而既不是语句的内化形式，又不具备现成的语句形式。”作为思想，此时它“是不明确的，尚未确定的。”[⑥]所以索绪尔把它叫作“一团没有定型的、模糊不清的浑然之物”；[⑦]梅洛－庞蒂把它叫作“一个浮动的领域”，又称之为“意识中的某种空虚”或“一种瞬息即逝的愿望”。[⑧]随着思维的发展和深入，思维的内容才逐渐明确起来，并逐渐以语言的形式表达出来。这个过程极其复杂微妙，其中最关键的是语言编译机制的作用。该机制由“语义表象”[⑨]“意义模型[⑩]和“结构模型”[⑪]组成，这三者“相互制约，共同确定语言的结构和含义，从而顺利地把思维内容转换为语言。”[⑫]但此时的语言还只是存在于心中的内部语言，由内部语言再转换为外部语言，就是用日常语言将内部语言的思维内容表达出来。内部语言有不同于外部语言的诸多特点，其中突出的一个特点是它的简约性，即在量上它是简化、浓缩、跳跃和片断的。正因为如此，我们思考问题才有很快的速度，而将思考的内容说出来则要用比内部语言多得多的话。但外部语言包括口头语和书面语言，二者又有明显区别。口头语常有模糊、残缺、啰唆等毛病；书面语言是对口头语言的提炼和加工，来得更准确、更完整、更明晰、更规范，是语言的最高形态，也是思维的最高层次。

思维的产生和发展过程，经历了从“语义录痕”到内部语言再到外部语言的几次变换，从而使思维内容越来越明确，越来越丰富和深刻；而外部语言包括口头语和书面语，对于作文来说，是由内部语言到书面语言，其间又经过了对口头语言的提炼加工。所以，思维内容到用书面语言固定下来，其质量又经过了一次提升。这一系列的发展变换过程说明了什么呢？从作文教学的角度看，学生作一次文就是经过一次这样的思维发展过程；过程中的几度变换就是思维几次克服困难和阻力向前发展。多写就是引导学生一次次地去经历这个过程，也就是让学生的思维一次次地去征服这一系列的困难和阻力。俄国教育家乌申斯基说得好，精神力量和一切体力一样，“只能靠练习来增强和发展”。[13]像这样一次次地征服思维发展中的阻力和困难，中学生的思维能力也就得到了培养和发展。

为了对这个问题看得更清楚，这里不妨再提一下杜威的观点。杜威认为，在上述思维内容的发展和明晰过程中语言起着两方面作用。一方面是选择、保存和运用个别意义的作用。他说：“对于个别意义，一个语言符号，（一）从一片模糊中抽选出一种意义来；（二）保存登记和储存这种意义；（三）需要时用它去了解其他意义”。另一方面便是语言组织意义的作用，即“语言不仅是个别意义的名称，而且还能组成语句，在个别意义之间建立起某种联系。”如说“那本书是一本词典”，便是把“书”和“词典”这两种个别意义联系起来了。[14]语言的这两方面作用清楚地表明，在思维内容的形成、发展和固定过程中，思维的分析、比较、抽象、综合、概括等诸种能力都运用上了。在作文教学中引导学生多写，就是让学生多次地运用思维的这些能力。运用就是锻炼，整个思维能力就是在这样多写的锻炼中得到发展的。俗话说：“脑子越用越灵”，也就是这个道理。整个思维能力发展了，作文水平必然随之提高。因为从思维的角度看，用书面语言一句接一句地表达思想情感的作文过程，实际上就是不断地进行分析、比较、抽象、综合和概括的过程；一篇作文也就是一段严谨、科学的思维历程。换个视角看，作文是学生对客观事物认识和感受的表达，学生的分析、比较、抽象、综合、概括等思维能力提高了，对客观事物认识和感受的能力也随之增强，写的文章也就会逐渐有丰富、深刻、精彩的思想内容，就会越写越好。

二、培养创新精神

“读书贵有心得，作文贵有新意”，这是老话。作文贵创新，有创新精神就能写好文章，培养创新能力就能从根本上提高中学生的作文水平。作文教学中怎样培养中学生的创新精神？基本途径就是引导他们多写。这是因为：

第一，作文教学情境对学生进入创造境界有驱动作用。

创造心理研究表明，教学必须做到以下几点才能激发学生的创造热情：“创设挑战性的问题情境；学生有主动探究和自主学习的空间；创设有丰富反应和给学生以心理安全的教学气氛；激发学生的多方面思维；打破单一的班级授课形式；从知识与创新能力的关系出发，合理组织课堂类型与形式。[15]毫无疑问，与其他各门课比较，作文教学“天然”地符合于以上各项要求。作文最有挑战性，它要求学生表达自己独到的思想见解或情感体验，这既不能抄袭别人又是经过自己努力可以完成的；它的挑战性体现了可能性与现实性的统一。作文总是学生“自主的空间”，教师的命题与要求都不会“框死”文章的内容和表达方式。非命题作文、课外写“周记”之类，更是由学生自主写作。教师总是鼓励学生自由而充分地书写他们的思想情感，而不会限制和伤害这种积极性，即使指出学生作文中的欠妥之处也很注意这一点。所以作文教学的气氛最适于学生作出“丰富的反应”，同时也最有安全感。写作文需要学生程度不等地运用逻辑思维、形象思维、情感思维、直觉思维以及多种形式的创造思维，在运用思维多样性方面也是其他课的教学难以相比的。文章一人一个样子，教师的点拨和评改也是以个别进行为主，这就突破了单一的班级授课形式。总之，整个作文教学情境都适合于学生的创造活动，对学生进行创造具有召唤和驱动作用。多写就是让学生多置身于这样的情境，积极地去创造。这样，他们的创新精神必然得到培养。

第二，作文内容的独创性。

作文写什么？叶圣陶曾在一封信中说：“作文必有可写之材料，材料之来源为真经验真知识真感受，此类皆由自得。”[16]作文是写学生的“真经验真知识真感受”，这里的关键是这个“真”字是什么意思？它显然不是指学生亲历的经验，正确的知识和确实有过的感受；否则，作文成了经历过什么写什么，有什么知识讲什么，有什么感受说什么——“拾到篮里都是菜”，作文的创造本质便丧失了。这里特别值得注意的是“此类皆由自得”一句。所谓“自得”是一个传统的说法，最早见于《孟子·离娄下》：“自得之，则居之安……”朱熹《四书章句集注》对这个“自得”的解释是：“默识心通，自然而得之于己也。”即对事物作融会贯通的思考，自然而然地会产生自己的心得。所以他解释这句话的意思是：“自得于己，则所以处之者安固而不摇。”即它是自己的心得，是自己去认识体会到的东西，不是盲目地接受别人的说法，所以照这么去做就特别坚定而不会动摇。可见，“自得”就是自己从生活或读书中产生的心得、体会、见解。这就是叶圣陶说的“真经验真知识真感受”，也就是作文要写的内容或材料。

凡心得体会都具有独创性。如获奖作文《家乡啊，你是条男子汉》[17]，写家乡苏州“惯以‘小桥流水人家’享誉全球，像个纤纤女子，柔弱妩媚”，可如今却变成了“潇洒摩登威武雄壮的男子汉”。为什么这样说呢？作者把苏州的平面图比成一个男子，说它“头顶”火车站，“脚踩”吴县新区，“怀揣”人民路；又是“左手”托起什么，“右手”端着什么，“双肩”挑着什么；还写到它的“腰带”“御衣”“血液循环”和“腹内宝藏”，等等。那形象的确不再像“纤纤女子”，而是一个“名副其实的男子汉”了。通过这样的描写，充分展示了苏州改革开放以来工业、交通、商业、文教卫生、城市建设、人民生活等各方面的巨大变化，也表达了作者对家乡的热爱之情和自豪感。说苏州变成了“潇洒摩登威武雄壮的男子汉”，就是这个学生的独创，这样来构思文章和描写苏州今天的面貌也是这个学生的独创。文章对苏州面貌的新颖概括，对它作“男子汉”的独特定性，就是作者对苏州的多方面情况“默识心通”后产生的心得体会，而不是套用人家的东西或照抄生活中的苏州面貌。写“得之于己”的内容之所以都有独创性，因为每个学生在经验、知识、情感、性格等方面都各不相同，即使面对同一事物，他们“默识心通”的所得也一定各有特色。所以，引导他们多写也就是让他们不断地去进行创造，从而培养和发扬其创新精神。

第三，书面语言的创造性。

按照乔姆斯基的说法，“掌握一种语言就是能说出过去从未说过的句子，能听懂过去从未听过的句子。”他把这种情况叫作语言功用的“创造性方面”。[18]卡西尔从语言与思维关系的角度对这问题也作了论述。他说，在思维的形成和发展过程中，内容的明确“与语言的创造不可分离。语言的功能并不是简单地重复已经呈现在心中的各种定义和区别，而是系统地阐述它们能够按照本身的样子被理解。这表明主体思维内容的表达需要借助于语言的创造，在语言的创造性使用中，思维的内容通过语言的意义而被确定下来。”[19]他还从语言反映客观世界的角度指出：“所有的语言表达形式，都不是给定的感觉和直观世界的单纯模本。”即任何语言都是对表述对象的一种抽象和选择，因此都是“对外部世界的一种创造性的重构，是主体思想的创造性表现。”[20]如说“这桌子是木质的”，反映的就仅是桌子诸多方面的内容中的一点，所以是对“桌子”的抽象和选择。另外，杜威还指出，“语言使人们随时联想起许许多多的情境，从这个意义上说，人们脑海里出现的情境质量的好坏与数量的多寡，能够规定人们思维效果的优劣。”[21]这说明在语言运用中人们的联想和想象能力都得到锻炼和发展，而联想和想象是创造力中最基本、最重要的因素，它们的发展必然使整个创造能力随之得到发展。凡此，都说明语言的运用能有力地促进创造力的发展；口头语言的运用如此，运用书面语言的作文训练更是如此。所以引导学生多写能有效地培养他们的创新精神。

三、掌握语法和逻辑

从作文是运用书面语言的角度看，作文能力的一个很重要方面就是熟练运用语法和逻辑规则的能力。

语法和逻辑的关系很密切。希腊哲学中的“逻各斯”一词，就“暗含言语活动与思维活动有着根本的同一性，语法和逻辑被看成同一对象的知识的两个不同分支”。在近代，密尔等哲学家认为，语法是逻辑最基本的部分，因为它是对思维过程进行分析的起点，语法的原理和规则就是使语言形式和思维的普遍形式相结合的手段。[22]乌申斯基也指出，“理性的人所特有的言语基础，在于正确的逻辑思维”，而“语法本身不是别的，正是语言的逻辑。”[23]所以，语言和逻辑虽然不是一回事，但大体上说，语言合乎语法也就符合逻辑规则，反之亦然；一个方面能力的提高另一个方面的能力必然随之提高。

发展作文能力必须掌握语法和逻辑规则，否则语言不能有效地完成表达思想的任务。但怎样去掌握语法和逻辑规则呢？有些人认为就是要给中学生多讲理论知识，其实这办法并不妥当，这里需要的不是知识，而是能力。也许有人会说，能力正是由知识转化来的。但是，“转化”论用在这儿并不太对劲。语言哲学家指出，“语言知识，从很大程度上说，不是一种自觉的知识。语言系统——语音、结构、意义、词汇，以及将它们合为一体的规则——都不是下意识地学会的，我们丝毫不会察觉到这些规则正在被我们所习得。正如我们察觉不到我们得以站立、行走、跳跃、接棒球或骑自行车的那些物理规则一样，我们对于那些使我们能够说话、理解、判断句子正确与否的语言规则也习焉不察。”[24]正因为语言知识（语法的和逻辑的知识）是自然地习得的，所以叶圣陶说：“学语法不一定到学校去学，不一定从书本上学。小孩子开始学话同时就在学语法。”小孩子一进小学语法就可得四分五分（按五分制），因为师生和同学之间说的话彼此能听懂：“既然说话能让人懂，就是合乎语法，就可以得四分五分。”[25]据此，他又说：中学生“不学论理学（即逻辑学）、文法、修辞学，也未尝不可。”[26]

口头语言符合语法逻辑规则的能力不是从学习语法逻辑的知识中来，而是在口头语环境中不自觉地习得的；对于作文的书面语言（它的语法逻辑要求比口语严格）来说，它主要不是来自语法与逻辑的知识，而是来自读和写的语言训练。这就是叶圣陶反复强调的“平时留心锻炼语言习惯，写起文章来，就可以减少一些不通”。[27]作为一代文章大家，毛泽东也明确指出：“人们是按照习惯写文章，按照习惯讲话的，不学语法也可以。我国几千年来，就是没有语法这门课的，但是古人的文章有些写得相当好。”（1964 年 8 月 29 日与外宾的谈话）但习惯不可能一下子养成，得靠一点一滴的积累，传统的语文教学强调多读多练，其道理就在于通过一点一点的积累而养成纯正的书面语言习惯，从而达到下笔能合乎语法逻辑规则的语言表达功力。换句话说，多写就是这样来达到掌握语法和逻辑规则的。

四、逐步领会作文奥妙

理论是对事物的概括和抽象，比之于丰富生动的实践活动，它显得苍白无力。所以歌德说：生活之树常青，理论却是灰色的。《庄子·天道篇》中的轮扁讲得更透彻，他告诉齐桓公：比起实践来，书上的东西都只是“糟粕”而已，实践中的奥妙根本不可能从书本上学到。比如他“斫轮”时“不疾不徐，得之于心而应之于手”的道理是“口不能言”的，所以他不能告诉自己的儿子，他的儿子也不能从他那里学到。他把书本知识说成是“糟粕”未免过火，但他做车轮时何以会如此得心应手的奥妙的确只能由自己从实践中去体会，而不可能从书本上学到。

作文是实践性、操作性很强的技能，其奥妙也只能靠学生自己从多写中去领会，而不能依靠老师讲的作文方法。因为书本上的只能是一般的共性的道理，而作文完全是个体实际操作。共性不等于个性，一般不等于个别，其间的差异便会带来一系列意想不到的问题。比如怎样叙述好一件事情，教师可以讲出一套方法技巧来。但每个学生的写作基础、知识水平、生活经验、兴趣爱好、性格气质等都各不相同，各自带着自己这一套不同的东西去对待和运用那些记叙的方法技巧，就会表现出不同的长处和短处、难点和疑点、问题和障碍；各自应该发扬的长处和应该避免的短处是什么，各自的疑难、问题、障碍的解决办法何在，还有一些意想不到的问题该怎么处理，等等，老师都只能作原则性的指点，主要靠学生在实践中自己去领悟去发现，从而摸出自己的路子来。作文的奥妙何在？可以说处处都有奥妙：有使语言生动形象的奥妙，有使叙述曲折有致的奥妙，有使描写逼真如画的奥妙，有使文章深刻新颖的奥妙……什么是作文的奥妙？它不是僵硬的东西，它是流动变化的。如何达到生动形象、曲折有致、逼真如画、深刻新颖等，途径远远不止一条。各人从自己的实际情况出发，于实践中摸索出了自己的路子，就算领会和把握到了使语言生动形象、使叙述曲折有致，使描写逼真如画等的奥妙。书本上共性化、一般化的方法技巧，到了实践中一切都得个性化、具体化；各人有各人的主客观情况。因此各人应该有各人的路子。写作的奥妙就在于这具体化个别化的过程中各人摸出自己的路子。所以，领会和掌握写作的奥妙主要靠自己多写，多实践。唐彪说："盖常作则机关熟，题虽甚难，为之亦易；不常作，则理路生；题虽甚易，为之亦难。"[28]他说的"机关""理路"，都是指各人的那条路子。摸出自己的路子，又很熟悉，文章必然写得好。所以欧阳修说："艺之熟者，必精，理势然也。"[29]

五、结束语

多写对促进作文能力的发展有上述作用，因此，中学作文教学必须坚持让学生多写的原则。怎样贯彻好这一原则，以下几点值得注意：

一是努力使作文生活化。中学现在一般是每学期安排八次课堂作文，这个数字显然少了。但扩大的办法不是增加课堂作文的次数，而是应该将作文生活化。生活中学生每天都少不了提笔，作文生活化就是要求学生，凡提笔就要像写作文那样认真对待，无论是作读书笔记、写日记还是给同学留条、给朋友写信以及写别的什么，都要做到文从字顺、意思明确、层次清楚、中心突出、标点正确等，并养成习惯。把写作与日常生活结合起来，这是使学生乐于多写的最方便有效的办法。

二是指导学生办好班级的墙报或黑板报，为学生发表文章提供园地。朱自清很重视学生办"壁报"，说"那倒是鼓励学生写作的好法子"。[30]这看法是很对的。办壁报、黑板报能激发同学们的课余写作热情，能造成浓厚的写作氛围，对发展他们的作文能力作用不小。

三是做好评改工作。评改作文是件繁难的工作，其效果也众说纷纭，因此既有人主张精批细改，也有人主张不必评改。我对这问题的看法是区别对待。对学生课堂作文之外的写作要提倡，要关心，但不一定看他们的文章，一般地讲讲多练的意义和有关知识，注意督促，必要时抽查一下即可。对课堂作文可以部分评改、重点评改、轮流评改，但总要评改，并根据评改把握班上作文的实际情况，再就普遍的优点和不足之处进行讲评。学习心理学上的“效果律”强调把练习中的正确和错误区分开来是条件反射的分化过程，而分化是通过强化起作用的。教师评改、讲评，正是为了让学生对作文中正确的地方有明确的认识从而使之得到强化，得到巩固；对不正确的地方有明确的认识从而使之受到抑制，以后不再出现。同时，对课堂作文的评改会对学生的课外写作起指导和辐射作用，因为学生写作的能力、水平在课内外写作中的表现是比较一致的。所以，学生的作文必须评改，只是评改的方式还须进一步研究。

注释：

①②③④⑤㉘南京大学等四院校编：《古人论写作》，吉林人民出版社 1981 年版，第 63 页、64 页、65 页、64 页、67 页、67 页。

⑥⑫⑲⑳王晓升著:《语言与认识》，中国人民大学出版社 1994 年版，第 135 页、146 页、184 页、188 页。

⑦⑧⑭㉑㉒涂纪亮著:《现代西方语言哲学比较研究》，中国社会科学出版社 1996 年版，第 269 页、232—233 页、231 页、230 页、157 页。

⑨“语义表象”：语义在思维活动中所引起的能代表这个意义的感性形象。

⑩“意义模型”：以信息代码的形式表示和贮存，编译语义的系统。

⑪“结构模型”：表现语句的顺序和词语的配搭关系等。

⑫⑬㉓郑文越编选，张佩珍等译:《乌申斯基教育文选》，人民教育出版社 1991 年版，第 421 页、452 页、453 页。

⑮ 2000 年 1 月 26 日《教育文摘周报》（中央教科所主办）第六版，《创新能力培养中的若干问题》。

⑯㉕㉖㉗中央教育科学研究所编：《叶圣陶语文教育论集》，教育科学出版社 1980 年版，第 732 页、683 页、606 页、448 页。

⑰见《中学生优秀作文大全精华本》，中国少年儿童出版社1998年版。

⑱㉔［美］维多利亚·弗洛姆金、罗伯特·罗德曼合著：《语言导论》，北京语言学院出版社1994年版，第8页、13页。

㉙魏庆之编：《诗人玉屑》卷五。

㉚中央教育科学研究所编：《朱自清语文教育论集》，河南教育出版社1985年版，第25页。

中学作文教学与情感教育*

针对中学生作文能力普遍低下的状况，中学作文教学主要应该抓什么？这些年的实践证明，用加强语法知识和作文方法教学来提高中学生作文水平的做法是收效不大的；我们必须回到传统的“多读多练”上来，并努力搞好情感教育，才能使中学生的作文水平尽快得到提高。多读多练方面已有不少文章论述，这里谈作文教学应搞好情感教育的问题。

（一）

“情感教育”是个新概念。是几年前在英国沃里克大学召开的一次国际情感教育学术研讨会上才正式提出的。针对不少国家（包括中国）的教育侧重开发人的左脑（即“左脑教育”、“唯理智教育”）而忽视右脑教育所带来的诸多弊端，情感教育旨在开发人的右脑以作补救，从而为人的全面发展奠定基础。情感教育不是一个独立的教育科目，它贯穿在各门课的教育之中，即各门课的教学都要密切关注学生学习的态度、情绪、情感以及信念，使学生快乐地学习。我国情感教育的目标是：“通过在教育过程中尊重和培养学生的社会性情感品质，发展他们的自我情感调控能力，促使他们对学习、生活和周围的一切产生积极的情绪体验，形成独立健全的人格特征，真正成为品德、智力、美感及劳动态度和习惯都得到全面发展的有社会主义觉悟的有文化的劳动者。”①

---

* 此文原载《贵阳师专学报》（社会科学版）2001 年第 1 期。

正如多读多练是我国传统的作文教学方法一样，情感教育也是我国传统的作文教学方法。孔子说，“有德者必有言，有言者不必有德。”[②]朱熹解释说：“有德者，和顺积中，英华发外；能言者，或便佞口而已。”[③]可见孔子强调文自心中流出，要有美好的心灵才能写出漂亮的文章。司马迁评论屈原，说他“其志洁，故其称物芳”，[④]指出屈原作品之美来自他志向的高洁。欧阳修说，“充于中者足，而后发乎外者大以光”，[⑤]指出人品修养高写的文章才能气魄宏大，光芒四射。陆游说，“必有是实，乃有是文。夫心之所养，发而为言”，所以“人之邪正，至观其文，则尽也决也，不可复隐矣。爝火不能为日月之明，瓦釜不能为金石之声……天下岂有器卑识陋而文辞超越者哉！[⑥]这番话充分说明了怎样的人写怎样的文章，要文章好必须人品好的道理。古人的这类论述很多。心理学揭示，“情感与人的全部个性相关，拥有个性的典型特征”；“高尚的个性和人格一定相伴着高尚的情感，高尚的情感也总是相随着完善的个性和人格。”[⑦]可见，古人的以上论述都可以用“情感教育”概括之。所以，历来教人作文都是紧紧抓住情感教育这个主要环节进行的。

古人这方面的论述对我们启发很大。不过他们对这个问题的认识都偏重于一种宏观的、根本性的把握，由于时代局限，尚缺少深入的具体分析。这项工作，需要我们利用今天的科学成果从学理上对它进行探讨。

（二）

根据上述情感教育目标，从现代教育心理学的角度看，情感教育对作文的作用是巨大的、多层次和全方位的，针对中学生作文的现状，特别值得提出的有如下几点：

1. 有助于获得题材与思想

题材与思想都是“写什么”的问题。“找不到写的”“没有什么可写”，这是当前中学生写作文普遍碰到的一大障碍。正是这一关过不去，不少人都害怕作文，认为作文是最头痛的事。这不仅极大地挫伤了他们作文的积极性，而且也是他们作文公式化、概念化和瞎编好人好事甚至抄袭别人文章的根本原因。在这种情况下，希望他们写好作文、提高作文水平是很困难的。而解决这个问题依靠语法知识固然不行，依靠学一大堆作文方法也难以奏效（因为他无话可说，无文要作）。最好、最根本的办法是搞好情感教育。

情感教育的核心是“尊重和培养学生的社会性情感品质”，“促使他们对学习、生活和周围的一切产生积极的情感体验。”只要在这上面见到效果，学生作文中“写什么”的问题就逐步解决了。

这里，最关键的是学生的“社会性情感品质”。社会性情感包括一般社会情感（亲情、友情、爱情等）和高级社会情感（道德感、理智感和美感）两个层次。情感品质指情感的丰富性、稳定性和深刻性。培养学生的“社会性情感品质”，就是使学生具有丰富、稳定和深刻的社会情感（特别是高级社会情感）。社会情感的两个层次都有一个共同点，那就是超越了个人的恩怨得失与自私性。即使是亲情、友情、爱情，都不可强调一己私利，否则就变味了。至于道德感、理智感和美感，更是排斥个人功利的。所以，凡社会情感都是纯洁美好的感情；天下一切好文章都是表达这种感情的，中学生的作文也不例外（中学生也意识到这一点）。但是这种感情不可能自然地获得，必须下功夫培养才成。人不学而具有的自然情感只能是囿于一己利害得失的个体情感。中学生写作文为什么老是苦于找不到东西可写，问题主要出在这里。由于这些年来应试教育的冲击，学校放松了育人工作，学生的社会性情感品质没有得到应有的发展，他们中的不少人基本上是以个体情感对待生活。是以个体情感对待生活还是以社会情感对待生活，对一个人的成长关系很大，对于作文获得题材与思想的关系显得尤其巨大。如一个采访报摊老人的女同学在作文中写道：

在我的心目中，卖报是最简单不过的活儿，谁都会干。可是，当我陪老人守了一下午的摊子以后，我才体会到这活儿的艰辛，明白挣钱的不容易。那天是星期六，老人一直守到傍晚，眼看天都擦黑了，买报的人也越来越少了，可老人还没有收摊的意思。我一问，才知道原来还有一位长期在老人这儿订报的顾客今儿不知为什么还没有下班来取报。老人说，既然答应人家了，怎么也得等他。要不一会儿人家来了，一看摊子没了，多寒心呀！这平平淡淡一句话，教我寻思良久，我明白了什么叫“敬业精神”，什么叫“中华民族传统美德”，什么叫“平凡中的伟大”！⑧

中学生很清楚，不是什么东西都可以写进作文的（不然就不存在“找不到写的”这个问题），能写进作文的只能是感动过自己、有一定意义的生活。这里写的报摊老人守候顾客的事，既平凡又简单，作者如果抱着个体情感去对待就决不会受到感动，更不可能看出其中的意义。因为这事与我何干呢？从个人利益的角度看也只能说明这老头太傻：顾客自己取报不按时，干吗还辛辛苦苦地等候下去？不等他对自己并无损失。如果这么对待，这件事就毫无写的价值。可是这位同学怀着社会情感去对待，一下子就从这件小事中发现了老人可贵的敬业精神和传统美德，从而使她深受感动，于是写出了一篇比较好的作文。具体地说，这一收获就是她较丰富、稳定、深刻的道德感和社会美感不自觉地发挥作用的结果。艺术大师罗丹有句名言：“美是到处都有的，对于我们的眼睛，不是缺少美，而是缺少发现。”这儿的“眼睛”不是说的肉眼，而是指心灵。正如西方哲人说的，人总是“喜欢从他们自身来判断”。只有具有社会性情感品质的美好心灵才有发现美的能力，才能发现平凡生活中到处都有美的存在。相反，个体情感则是雾障，有它笼罩心灵再美好再有意义的社会事物也难以感受到和“看”清楚（甚至雷锋也被一些人认为是“傻子”就是典型的例证）。所以作文的题材和思想的问题是由社会情感解决的，社会性情感品质发展越好，这问题就解决得越好。

2. 促进顺利行文

学生写感动过自己的题材，带着情感写作文，就能使行文顺利进行。如学生在作文过程中容易出现的精神分散，注意力转移、不感兴趣、缺乏激情等，都会使作文写得很苦，难以进行下去，勉强拼凑成篇，则内容干巴、生硬枯燥，情感做作、虚浮。如果带着真挚的情感写自己切身的感受，作文成为内在积蓄的抒发，则行文轻松有趣，一气呵成，文章也生动和谐，自然流畅。

这道理就在于情感是有感染力、吸引力和拒斥力的。怀着真挚的情感写作，凡进入视野的材料都被这情感浸润，被染上特定的色调，此即“感染力”。情感激动，想象活跃，有关生活表象纷至沓来，即是被这情感吸引。但正如庄严情绪不容纳嬉笑打闹一样，情感是最不能接受异质事物的，这又是情感拒斥力和选择性的表现。所以，怀着真挚情感写作文，文章的情调、气氛、文采、详略、连贯、自然等都容易得到解决。如获奖作文《家乡景物记》中的一节《孩子坐在娘怀中》：

> 沿着沟畔往北走，迎面矗立着一座高大的山峰。到达峰顶，极目四望，到处是绿油油、黄澄澄的庄稼，在秋风的吹拂下，传来阵阵芳香。远处，群峰起伏，连绵不断，像江海里的波浪与蓝天相接。有时忽然从某一个沟岔里传出一阵阵欢快的笑声。这是劳动休息时小伙子和姑娘们在说笑、嬉闹。有时突然一个姑娘戴着草帽，欢叫着从沟岔里跑出来，左手拿着一把野草，右手握着镰刀，丰满圆润的脸上挂着串串汗珠。他们在给羊打青草。当他们看见前面的来客时，总是自然大方地报之以微笑，回答你要问的事。
>
> 我的家乡处在群山的环抱之中，她恰似一个娇惯的孩子坐在母亲怀中，骄傲地享受着母亲的抚摸。
>
> 朋友，看到这些，你能说我的家乡不美丽可爱吗？⑨

这位同学对家乡一草一木、一山一水都怀有深厚的情感。单是登上山顶一望，眼前的一切就使他沉醉，感到都美极了！当然，这是坐在教室里写作文，不是真的站在家乡山顶上眺望，一切都不是真的出现在眼前，而是由对家乡的深情从记忆中召唤出来的一串表象。作者写这一节文章，只是对这些表象的记录，所以写得既生动有味又轻松自然，颇有可读性。但事情很清楚，在“极目四望”的范围内，生活中的实情比这纷繁得多，也不一定就这么美、这么有趣，这是我们的经验可以证实的。但是，尽管有不一定美的、甚至是负面的东西存在，却没有给作者的行文造成困难，因为它们都被作者对家乡的深情自然地作了处理：或忽略，或拒斥，或改造，或同化，或加以突出和强调。所以作者的整个行文过程是顺利的。

3. 培养创新能力

文章以有新意为贵，最容不得陈腐老套、人云亦云、随人脚跟。作文是创造性的劳作，它最需要创新精神，而这正是今天中学生比较缺少的。

教育心理学指出："从表面上看，创造力是个理智问题，但从过程看，创造力却是情感与理智共同作用的结果。情感贫乏与创造力的萎缩是有内在联系的。"所以，"情感教育的实施，会在根本上为学生创造性素质的提高及创造能力的形成打下深厚的基础。"[⑩]一般的创造活动不能缺少情感，写作文这种精神创造更少不得情感。因为"文章不是无情物"，作文就是表达思想情感的。具体地说，这体现在两个方面：一方面情感是作文创新的动力；另一方面真情实感的表达就是一种独创性的作品。如获奖作文《凡人琐事》中一则：

> 数学期中考试，教室静如无人。她突然发现自己圆规未带，可考卷上偏偏有两道作图题。望了望监考老师，趁其不注意，小声对前排的A说："圆规借借。"A毫不犹豫抬起手把它递了过来。就在这一刹那，老师的余光注意到了这个动作。不待谁辩解，毫不客气地说了声"零分处理"。
>
> 她傻眼了，知道是自己害了A。下课铃一响，她冲出去追上老师，向她解释，可无济于事。他不相信她的话，并警告别袒护A。
>
> 她为这事内疚了很久。她懂得了，在这个世界上，有许多事情是难以说清的，她对生活有了更多的思考。她似乎长大了很多。[⑪]

文中的"她"，对A因为自己借圆规而期中考试数学得零分，自己是怎样内疚、难过、恼火，但又无可奈何，那复杂的感情我们完全能够体会到。文章的作者（很可能就是"她"或A）正是受到那种感情的强烈冲击，心里无法平静才提笔将它表达出来。所谓"有梗在咽，不能不吐"，就是讲的情感驱使作者这样去写作。而这感受的本身就包含着独特的创造。文章要表达的意思是："在这个世界上，有许多事情是难以说清的。"这个意思也许不少人已模糊地意识到，但像文章这么作简明生动的表达却是第一次，这就是"人人心中有，个个笔下无"的独创性。另外，说"她"经过这件事"似乎长大了很多"，这话显得有意味。事情像是监考老师主观武断，却又并非这么简单；"她"的做法像是很合情理，但也并非没有一点责任（如对考试准备不周到，如要借圆规未先请示老师）。说"她"经过这件事"长大了很多"，就是指她从中获得了经验与教训，领悟到了今后应该怎样避免这类事的道理，从而提高了适应社会生活的能力。由此又可以看出，正确对待委屈、挫折和烦恼，是有助于青少年成长的。文中包含的这些意思同样具有创造性。可见，文章在材料、认识和表达方式上都有它新颖、独特的地方。

每个人的经历、经验、知识、情感等都各不相同。每个人的真情实感就是各人带着自己这一份独特的精神财富去感受生活的结果，所以它也一定是独特的；这就决定了表达真情实感的文章必然有一定的独创性。这就说明，作文只要沿着这个路子走，中学生的创造能力就会得到培养和发展，他们的作文就能越写越好。

4. 形成创造条件

情感教育不仅能培养中学生作文的创新能力，而且能为他们写作文形成创造所必需的条件。这后一点值得单独地提一下。

创造活动是非同寻常的活动，不是在一般的平常心态下能够做到和完成好的。它需要创造主体发挥全部心理能力（感知、表象、联想、记忆、想象、情感等），还包括对心理潜能的激发与调动。为此，主体就必须处于一种特殊的心态——创造的心理状态。与此同时，它必然要求外在物理环境和内在心理环境的完全宁静，以免干扰——这叫作特殊环境。作文是一种创造性的劳作，它也要求这些条件。而要具备这两方面条件在一般情况下都是不可能的，只有主体进入情感的高峰体验时才办得到。因为人处在高峰体验的时候达到了物我两忘、物我合一的圆融状态，主体的"内在精神"与客体的"外在精神"这时"完全没有什么差别"。[12]马斯洛用了大量篇幅来描写人处在高峰体验中的这种情况。苏东坡说文与可画竹“见竹不见人；岂独不见人，嗒然遗其身”[13]也是讲的这种状态。既然此时主客体已“不存在”，就谈不到自己心理因素对写作的干扰，也谈不到外在环境对写作的干扰了。这就是全身心沉浸在写作之中的入迷状态。巴尔扎克在描写高老头（《高老头》）被两个忘恩负义的女儿抛弃而惨死时，自己竟昏厥过去了；福楼拜写到爱玛（《包法利夫人》）服毒自杀时自己嘴里也有砒霜味。作家们这类“荒唐事”很多，这正是他们创作时的入迷状态。马斯洛指出，在高峰体验中的主体“最大限度地摆脱了阻滞、抑制、谨小慎微、畏惧、疑虑、控制、自责、制动”等一切束缚，“他变得更加当机立断，更加专心致志，更加锐不可挡，他更具有攻无不克的气势，坚定不移的信心，他更能给人以这样的印象：要想阻止他，那是投鞭断流。仿佛他现在毫不怀疑自己的价值和做任何想做事情的能力。”[14]所以高峰体验是最佳的创造状态，这时候主体的全部创造力都得到了超常的、最彻底的发挥。庄子说，“用志不分，乃凝于神”（“凝”通“拟”）[15]，说人在这时候像上升到了“神”的境地，能完成只有神才能办到的事。科学家、发明家在高峰体验中能完成最艰巨的发明创造工作，作家在高峰体验中能写出最好的作品，道理就在这里。中学生的作文不能跟这些人的事业相提并论，但作文既然是一种创造性活动，在本质上就跟它们是相通的，一致的。凡是学生最满意的作文，必定是他们写得最投入最入迷的文章，这就是最好的说明。而高峰体验不是别的，它正是最高层次的情感状态，它的作用正是情感的一种特殊作用。

（三）

综上所述，搞好情感教育，培养和发展学生的社会性情感品质，是提高中学生作文水平的关键，作文教学必须在这上面下足功夫。

那么在作文教学中怎样抓好情感教育呢？新近出版的《情感教育》一书有全面的、专门的论述；虽然那是对一般的情感教育而言，但对中学作文教学中的情感教育也有参考价值，这里不去重复，下面只根据作文教学的特点补充几点意见：

1.更新课文教学方式

如前所述，情感教育的目标是培养学生的社会性情感品质，形成健全的人格特征。在这方面范文教学最有作为。不过，范文教学决不能再按照“作者介绍——时代背景——段落大意——思想分析——写作特点”的传统模式进行，这种机械的、支离的、冷漠的处理方式必然将范文教育感染人的力量彻底消解，而必须代之以引导学生自己走进范文中去感受和领悟的方法。范文都是伟人、大师和优秀作家的作品，必须让学生自己走进范文中去和他们进行心灵的交流，精神的对话；去和他们一起关注思考人生万象、宇宙万物，去一起感受生存的痛苦与欢乐、斗争的艰难与胜利的喜悦。这里有博大的情怀、崇高的心灵，有精深的思想见解，也是令人流连的美的世界。这一切只能由学生自己在阅读、诵读、品味中直接去感受、领悟、思考，才能使他们在不知不觉中发展自己的智慧、思考力、想象力、审美力、创造力，拓宽精神空间，提升人生境界，从而达到培养社会性情感品质和形成健全人格特征的目的。在这个过程中，教师只应该起引导作用，而不能嚼饭喂人。否则，再精彩的分析讲解也达不到预期目的。

2.坚持作文写真情实感

情感教育强调学习的兴趣性。要使中学生对作文普遍产生兴趣，必须坚持作文写真情实感的原则。学生只有把写作文作为讲心里话、作为抒发真情实感的一种最佳方式才会有倾诉的愉快和表达的乐趣。因此，一方面要引导学生学会写真情实感，努力摒弃假话空话套话和胡编乱造，同时在命题上一定要紧贴学生的生活实际，并尽可能地让他们自己命题，以便为他们抒写真情实感创造更方便的条件。

3.放宽作文“成功性”的评价尺度

成功性是情感教育强调的又一个重要方面。为此，必须让学生明确，作文的成功决不仅仅是文章的发表、获奖、被推荐之类。一个词用得恰到好处，一个句子的生动有味，一景一物描写的真切具体，一个观点表达的明晰充分，都是一种成功。甚至原先病句较多，错别字较多，现在少些了，这都是可喜的成绩。特别是在文章的思想性方面，有比较新颖深刻的见解固然值得表扬，即使很一般的观点只要有自己的体会（哪怕这体会仅是一点一滴）也是很好的；在情感上，只要真实而没有错误，也应该给予充分的肯定。总之，成功的尺度要放宽。放宽了尺度去看，则人人都有进步，人人都有成绩，每一次作文都有新的进步，都有新的成绩。教师以不同的形式肯定每个同学的成绩和进步，每个同学因此也这么肯定自己的成绩和进步，从而得到真切的成功体验，并由此不断增强自己前进的勇气和写好作文的信心。这样，他们就能逐步提高作文水平。

注释：

①⑩鱼霞：《情感教育》，教育科学出版社 1999 年版，第 16 页、32—33 页。

②③朱熹集注：《四书》，上海古籍出版社 1995 年版，第 78 页、78 页。

④⑤⑥徐中玉主编:《才性编》，中国社会科学出版社 1999 年版，第 328 页、331 页、333 页。

⑦胡敏中：《非理性：创造认识论解读》，北京师大出版社 1998 年版，第 174 页。

⑧王丽编：《中国语文教育忧思录》，教育科学出版社 1998 年版，第 21 页。

⑨⑪全国中学生作文大赛编委会编：《中学生优秀作文大全精华本》，中国少年儿童出版社 1998 年版，第 4—5 页，257—258 页。

⑫⑭［美］马斯洛著，许金声等译：《自我实现的人》，三联书店 1987 年版，第 263、260 页。

⑬夏承焘等选注：《苏轼诗选》，百花文艺出版社 1982 年版，第 161 页。

⑮王弼、郭象注：《老子庄子》，上海古籍出版社 1995 年版，第 205 页。

论阅读对发展中学生作文能力的促进作用*

要切实有效地提高中学生的作文水平，加强作文技法和语法教学看来不是好办法，还是要以主要精力抓好阅读和训练。作文训练方面另有文章论述，这里谈阅读对发展中学生作文能力的促进作用。

一个传统的方法

从阅读中学会作文是传统方法。扬子云说："能读千赋则善赋"①；欧阳修说："作诗须多诵古人诗。不独诗尔，其他文字皆然"②；方东树说，"能多读书，隶事有所迎拒，方能去陈出新入妙"③等等。这方面的说法非常多，而且说这些话的人多半都是大文章家，其看法是他们的经验之谈，其成就就是他们论点的最好论据。所以"从读书中学会作文"这个观点很能服人。

不过，科学不满足于事实证明，它还要求从学理上讲清楚"为什么"？读书为什么能够使人学会作文？古人从道理上的回答就相当粗略了。如桓谭说，"能观千剑则晓剑"④，即作文和铸剑一样，读的文章多了自然知道怎么写。陆游说："文章要法，在得古作者之意"，"熟读暗诵"，"久之，乃能超然自得"⑤。说熟读古人文章，自然会领悟到古人作文的用心与方法。这些说法都很正确，但太空泛。还是清人李沂的话较实在。他说："诗须识高，而非读书则识不高；诗须力厚，而非读书则力不厚；诗须学富，而非读书则学不富。"又说通过读书，"识见日益高，力量日益厚，学问日益富，诗之

---

* 此文原载《贵州教育学院学报》（社会科学版）2001年第1期。

神理乃日益出。”[6]说写好诗需要“识高”“力厚”“学富”，而这些条件只有努力读书才能达到。他说的是作诗，写一般文章的道理也一样。他的意见是很中肯的，但仍然是一般化的说明，不能算是深入具体的论述。古人有他们的时代局限，不能苛求。在科学高度发展的今天，我们应该以新的眼光来揭示“从读书中学会作文”这一命题所蕴含的深刻道理，从而给我们的作文教学以有力的指导。

阅读对学会作文、写好作文的作用十分巨大，也很全面。这里，限于篇幅，仅从以下几方面谈一谈看法。

养成书面语言习惯

毛泽东在 1964 年 8 月 29 日与外宾的谈话中指出：“人们是按照习惯写文章，按照习惯讲话的，不学语法也可以。我国几千年来，就是没有语法这门课的，但是古人的文章有些写得相当好。”关于人们是按照自己的语言习惯写文章而不是按照语法写文章的问题，叶圣陶、朱自清等语文教育家也一再提到过，而每个会写文章的人想想自己写文章的实际情形，也会认识到这一点。

不过，语言习惯有两种，一种是生活语言习惯，一种是书面语言习惯。这两种语言习惯的差别比较大，必须加以区分。生活语言习惯是人们日常生活中口头语的习惯。口头语总是不太规范的，表达意思常有模糊、错乱、不完整等毛病，但它不影响人们交流思想感情，因为这些毛病可以通过手势、声调、表情、现场情境等得到补救。书面语言不同，它没有这些补救条件，所以一定要规范，表达意思一定要准确、清楚、完整，否则妨碍思想感情的交流。所谓书面语言习惯，也就是这种表达意思准确、清楚、完整的语言习惯。上面讲的“按照习惯写文章”就是指按照书面语言习惯写文章，而不是说按照生活语言习惯写文章。

任何人写文章都是按照自己的语言习惯写，中学生做作文亦然。问题在于，他们是按照哪种语言习惯写？看他们在表达上相当普遍地存在着的诸如词语使用不当、句子成分残缺、语序颠倒、逻辑混乱、表意含糊等毛病，就知道他们至少是将两种语言习惯混杂着用的，书面语言习惯还没有真正培养起来。作文教学的基本目的就是要学生获得驾驭书面语言的能力。因此，培养他们的书面语言习惯是头等重要的事情。那么怎样培养呢？很简单，不是让他们花大量宝贵时间去学语法（这些年的事实证明这样做效果并不明显），而是让他们直接去感知书面语言——读书，诵读课文（范文），让他们“浸淫”在书面语言之中。叶圣陶说：“以前的人学作文都注意诵读，往往说，只要把几十篇文章读得烂熟，自然而然地就能够下笔成文了。这个话好像含有神秘性，说穿了道理也很平常，原来这就是锻炼语言习惯的意思。”[⑦]毫无疑问，诵读是养成书面语言习惯的最好办法。小孩子的生活语言习惯不是从学习语法知识中获得，而是在日常语言的“浸淫”中习染成的；同样的道理，中学生养成书面语言的习惯也只能通过书面语言的习染才能达到。

那么，为什么养成书面语言的习惯就能下笔成文、会写文章呢？这是因为，在读书养成书面语言习惯的过程中，学生已不知不觉地获得了以下几种能力——也可以说，正是因为获得了这些能力才养成了书面语言习惯；而所谓能“下笔成文”，也就是由于这几种能力在起作用：

一是对词语的理解能力

罗素说，一个人读书越多，“文字的世界和感官的世界的距离也就越大”；随着知识的丰富，他就能“对词的意义作更准确、更深刻的理解。”[⑧]如“雨”这个词，只见过毛毛雨的小孩子就只能理解为毛毛雨，这就是受到他感官世界的局限。随着在阅读中文字世界的建立，他不仅把雨理解为毛毛雨、倾盆大雨之类，而且还知道雨是“从云块落到地面上的水点”，等等，对“雨”的理解就越来越准确、越来越深刻了。可见，读书能增强对词语的理解力，读书越多理解力越强。

西方语言哲学家在讨论词语的意义时又进一步指出，词语的意义不是僵硬地存在于每个词语中，而是存在于词语的关系和语言系统之中。也就是说，“不能绝对地规定一个词语的意义”，词义决定于语境，而语境又有“多样性、多变性和广泛性”。[⑨]这又从另一个角度说明，要正确、充分、深刻地理解词语必须多读书，单靠工具书和老师解释词语是非常不够的；同时，这也表明阅读是提高词语理解能力最重要的途径。

维特根斯坦的观点也很值得注意。他说："理解一个词语就是具有正确使用这个词语的能力。"[10]比如一个人理解了"红色"这个词，就表明这个人能够正确使用这个词，即把它用于表达任何红色的东西。他把词语的理解力和运用能力一致起来，这是很正确的，揭示了二者同步发展的规律。

综上所述，必然得出如下结论：通过读书增强学生对词语的理解能力，这同时就是发展他们运用词语的能力；而对词语能够正确运用，他们作文中由词语理解错误造成的种种毛病也就克服了，这就从一个很重要的方面形成了学生正确使用书面语言的能力，当然也是从一个方面养成了书面语言习惯——因为书面语言的一个基本特征就是词语运用正确、准确。附带说一句：由此可见，如果学生读书功力差，对词语理解能力低下，对一些平常词语理解似是而非，或不能随语境变化灵活处理，不具备运用它们的能力，在这种情况下，语法知识学得再多作用也不大，纯正的书面语言习惯照样不能养成，作文中的语法错误照样不能避免。

二是增强语感能力

所谓语感，就是对语言的通与不通和情趣如何的感受力。乔姆斯基说："说母语者所具有的语感，即判别什么是语法上正确的句子的语感"，"即能判别句子之间的结构关系的语感。"[11]这就是讲语感是对句子通与不通的感受能力。夏丏尊说："在语感敏锐的人心里……见了'新绿'二字，就会感到希望、自然的化工、少年的气概等等说不尽的旨趣；见了'落叶'二字，就会感到无常、寂寥等等说不尽的意味。"[12]这又是讲语感是对语言情趣的感受力了。有人说，在作文过程中，"思维和语感始终参与判别、调节，以保证操作的准确性并提高表达效果"。[13]可见语感能力的强弱对于运用书面语言十分重要。

敏锐的语感能力从哪里来？主要从阅读中来，特别是从诵读中获得。因为诵读是一种"目视其文，口发其声，心通其情，意念其理的综合性阅读活动；是从字词句到段篇，从文字到语音、语义，从表层意思到深层含义、潜在情味的全面感知。”[14]凡感知能力都是在实践中磨炼出来的，这样全方位、多角度地感知范文语言的阅读活动，必然有力地促进学生对语言感知能力的发展。乔姆斯基说得好：“一套描写讲话者语感最好的规则，和讲话者自己得到这种语感时的实际过程，这两者之间没有必然的联系。”[15]这就是说，语感是从阅读中来的，而不是从学语法规则中获得的，诵读是培养和发展语感最重要的途径，而语感能力增强，能正确地感受语言的通与不通和情趣如何，必然促进学生正确运用书面语言的能力，并同时养成纯正的书面语言习惯。

三是增强运用“语修逻”的能力

诵读能使课文的语言与学生的心灵交融，打成一片，在这种情况下，课文中的语法修辞逻辑规则便被学生不自觉地逐渐掌握。瑞士著名教育家裴斯泰洛奇说，“上下文能使儿童掌握字词的意义和字词之间的关系。”[16]这“字词之间的关系”就是“语修逻”规则。学生的口头语大体符合“语修逻”规则，他们能做到这一点是他们不自觉地从人们的口头语中学得的。书面语言有严格的“语修逻”规则要求，相应地，达到这要求的能力也是在与书面语言的直接接触（阅读、熟读、背诵）中不自觉地学到的。所以叶老说：“诵读养成习惯，使语言不期然而然近于完善”，因此，“不学论理学（即逻辑学）、文法、修辞学也未尝不可。”[17]通过阅读，语言即已不知不觉地符合了“语修逻”规则，说明自己运用“语修逻”的能力已大大增强，自己的语言已经书面化，书面语言的习惯当然也就已经养成。

获得作文方法

阅读使学生把握范文内容，真切地感受到范文的形象美、思想情感美和语言之美，那些深深打动自己的词句、段落以及与此相联系的文章的结构框架、发展脉络、表达形式等，都会在他们心中留下一定印象，并不时地去回顾、品味。摹仿是人的本性，以后一旦提笔作文，他们就会自然地去摹仿这些。如《谁是最可爱的人》一文，作者讲的三个故事激起了学生对志愿军的无比热爱，随后文章在结尾一段将这种情感自然地予以升华，使学生深受感动。

尽管他们不一定知道这段文章是用的排比、示现、呼告等相结合的抒情方法，但教师们发现，不少学生在自己的作文中都摹仿过这种写法。

摹仿只是学习作文方法的初步，但有了这个基础再运用迁移原理，就能创造性地运用范文的写作方法。心理学上的迁移原理告诉我们，会推磨就会推碾。乔姆斯基说为了适应新的情况，人们总是自觉不自觉地使用迁移原理，“对于复杂的技能尤其如此。”如一个人“试开一辆陌生的汽车时，他已往使用驾驶规则的能力可以对他的手脚的运作进行新的组合。”[18]“进行新的组合”就是在创造性地运用已往的方法来适应新的情况。学生作文正是这样，正是将已经掌握的方法“进行新的组合”来适应新的写作任务。所以语文教育家早就指出：“读书愈多，可摹仿者愈广，前后错综之，而生变化焉。”[19]读书多，可资摹仿和迁移的方法越多，于是作文时无论碰到什么内容都可以通过这些方法“前后错综”的变化而得到恰切的表达。作文的方法问题，就是这样在阅读过程中不知不觉地解决的。鲁迅在《我怎么做起小说来》一文中说：“‘小说作法’之类，我一部都没有看过，看短篇小说却不少。”怎么写小说尚且可以通过阅读小说来解决，中学生习作一般文章，通过阅读来掌握方法自然不会有多大问题。

阅读帮助掌握作文方法还表现在使学生从阅读中认识到文章的表达方法与生活语言的表达方法相一致的道理。必须肯定，中学生表达思想感情的方法是相当丰富的。生活中他们会讲各种有趣的事，讲得清清楚楚，生动形象，如果加以分析研究，其中运用的记叙描写方法一定不少。生活中他们也争论，也讲道理，常常讲得有理有据，逻辑严密，令人首肯，如果加以分析研究，其中运用的议论说明方法也很丰富。他们的这些方法是自小学习说话就开始从生活中逐渐习得的，如果不掌握这些表达方法他们就难于适应生活。方法掌握得不少，但他们往往误以为作文的方法不是平时生活中说话的方法；在他们的心目中，作文的方法技巧似乎是一种非常高级和神秘的东西。通过阅读，他们逐渐领悟到文章原来跟说话是一样的，平时讲话怎样表达思想感情在作文中也就怎样表达思想感情。一旦明白了这个道理，将生活语言的表达方法用于作文，作文的方法对他们也就不再是什么问题了。历史上王充八岁作文令人称奇，曹植十岁下笔成章，梁启超九岁“能缀千言”，文笔生动……今天各种少年报刊上经常有初小学生的文章发表。这些几岁、十来岁的娃娃能写出漂亮文章，成功的秘诀就是在阅读的启发下懂得了生活中口语表达的方法也就是作文的表达方法这个道理，从而把自己讲话的方法运用到作文中去了。不然，他们的作文方法从何而来便不可能得到科学的解释。

思想的形成和创新

作文最宝贵的是要有自己的思想见解，有这一条便是上乘之作，否则，即使其他方面很好也是平庸文章。而文章要有独到的思想见解就得多读书。因为思想得有学识来营养、孕育、支撑，空白的头脑是无法产生新鲜思想的。这方面道理无须多说，下面只从语言的角度谈一下读书对形成和创新思想的作用。

一般地说，思想离不开语言，没有经过语言表达的“思想”索绪尔把它叫作“一团没有定型的、模糊不清的浑然之物”[20]；梅洛－庞蒂说它只是一个“浮动的领域”，只是“某种空虚”，一种“瞬息即逝的愿望”[21]。可见，它还根本不是思想。思想是思维的成果，而思维必须凭借语言，必须在语言材料的基础上进行。所以梅洛－庞蒂又说：“没有找到使思想具体化的表达方式，就不能说我们找到了自己的思想。”[22]思想和语言的这种关系启示我们：语言越丰富越容易形成思想，思想就越活跃越丰富越深刻；语言越贫乏越难于形成思想，思想就越僵直越简单越肤浅。具体地说，当心中涌起被索绪尔称为“一团没有定型的、模糊不清的浑然之物”的时候，语言贫乏者只能对它作一种粗疏的思维，给它一个大体的定型，使它稍微清楚一些（中学生作文中似是而非的思想，含混不清的思路，零乱杂沓的结构、模糊残缺的语句等，无不与此相关）；语言丰富者却能对它进行细致深入条理清晰的思维，从而形成准确鲜明深刻缜密的思想。语言丰富的人为什么能做到这一步？还可以用杜威的观点作进一步解释。他说语言在这里有两方面的作用：一是从这团“浑然之物”中“抽出一种意义来”，并“保存、登记和储存这种意义”，同时还用这意义“去了解其他意义”，二是语言在这里“还有组织意义的作用。”[23]一句话，语言丰富者的思维能将那一团“浑然之物”所包含的意思全部抽绎出来予以固定，并将它们组成一个有机的统一体。读语言丰富者的文章常使人产生一种感觉：这意思我也有过，但没说出来，他帮我说出来了。这是思想的差异，其根子是语言的差异。语言能丰富到严格意义上的“意到笔随”的时候，形成准确鲜明深刻缜密的思想也就是自然的事了。

思维与语言的关系问题，梅洛－庞蒂还指出：“语言本身具有生产力”，它“具有创造出新思想和新语句的能力。”这就涉及语言创造思想的问题了。他举例说当我们与他人进行生动的谈话时，“他人的语言能够使我们突然想起以前未曾想到过的东西，并使我们说出以前从未使用过的句子。”[24]这道理在于，语言有开启和引导思路的作用，即我们说的话常常有一定的逻辑指向性。说“他这人很不错”，接下去必然就是列举他的优点；不管你是否想到他的优点，你说了这句话接下去就应该是这样。这就是语言的逻辑指向性。每当这时，说了上句就意味着有下一句，而且下一句的意思也由上句大体规定了。思维的连贯性就是这么来的。梅洛－庞蒂说的“创造出新思想和新语句”，就来自语句的逻辑指向性。但这时上边语句的逻辑指向不是指向寻常的一般意思，而是指向我们“以前未曾想到过的东西”，我们的思维沿着这个方向前进，将它捕捉住，并表达出来，这就是“创造出新思想和新语句”。人们写文章，有时写着写着会突然有意想不到的精彩思想从笔端流出（古人把这叫作“神来之笔”），这就是由上边的句子创造出来的思想，你的思路只要沿着上边语句隐含的逻辑指向前进，就一定会写出这样的话来。有的教师说讲课中有时对某个问题突然来个临场发挥，结果比事先做了认真准备的讲课还要精彩，收到意想不到的效果，也是同样的道理。当然，这类情况都是可遇而不可求的（所以创造心理学很强调无意识在创造发明中的巨大作用），但都跟语言的丰富性分不开。清楚地表达意思是思想创新的基础，在这个前提下，语言越丰富创新思想的能力越强。不然，语言贫乏，表达不清，逻辑指向模糊，思想创新无从谈起。

思想的形成、创新都离不开语言，语言越丰富越好。丰富的语言从哪里来？毫无疑问，读书当然是最为重要的一条途径。所以，仅从语言的角度看，思想的形成和创新问题也仍然要归结到读书上来。

阅读对发展中学生作文能力的促进作用，还通过丰富学识、促进联想和想象力的发展，陶冶情操，提升人的品格等方面发挥出来。这些人们已多有论述，就不赘言了。

注释：

①②③④⑤⑥ 南京大学等院校编：《古人论写作》，吉林人民出版社 1981 年版，第 52、54、59、52、56、60—61 页。

⑧⑨⑩⑳㉑㉒㉓㉔ 凃纪亮著：《现代西方语言哲学比较研究》，中国社会科学出版社 1996 年版，第 243 页、285 页、243 页、269 页、232 页、233 页、231 页、233 页。

⑦⑰ 中央教育科学研究所编：《叶圣陶语文教育论集》，教育科学出版社 1980 年版，第 419、606 页。

⑪⑮⑱ ［美］格林著，方立等译：《乔姆斯基》，中国社会科学出版社 1990 年版，第 37、127 页、17 页。

⑫《叶圣陶论创作》，上海文艺出版社 1983 年版，第 136 页。

⑬ 曹明海主编：《语文学习心理学》，青岛海洋大学出版社 1998 年版，第 227 页。

⑭ 谭桂生：《熟读成诵，培养语感》，《中学语文教学》1998 年第 4 期。

⑯ 夏之莲等译：《裴斯泰洛齐教育论著选》，人民教育出版社 1992 年版，第 448 页。

⑲ 顾黄初、李杏保编：《二十世纪前期中国语文教育论集》，四川教育出版社 1991 年版，第 23 页。

中学作文教学的两个失误*

中学生的作文普遍存在着内容空泛，多假话套话，编造好人好事，仿制甚至抄袭《获奖作文》一类书上文章；文字基本功差，多病句，多错别字，不能正确使用标点等毛病。从总体上看，作文能够做到文从字顺、有切实内容、有新意、有一定特色者，不过百分之十左右，绝大部分中学生作文的水平都没有达到教学大纲的要求。

造成这种状况的原因主要是作文教学中存在着两个大的失误，即迷信语法知识和作文技法。下面，对这两个问题分别予以论述。

一、对语法知识的迷信

不少人认为，写文章是运用语言。只要懂得语法，能把语言用好，文章也就写得好了。因此，大量向中学生灌输语法知识，词性、词类、词法、短语、单句、复句，等等，通通搬进中学语文课堂，而且都详细讲，有的还反复地学。如复句，初中讲复句的定义、单句复句的区别、复句的类型、关联词语；高中再讲复句定义、各类关联词语、复句及其构成与类别、复句的判别、紧缩复句、多重复句及考查方法等①。大学中文系现代汉语课所涉及的内容中学语文教学中都有（就是说，学生如果上大学将再重学一遍）。姑且不说许多内容一再重复（如词性、词类、句子成分、紧缩句等还跟小学语文课重复）浪费了青少年多少宝贵的时光，这里只想指出：这样多的语法知识教学对提

* 此文原载《六盘水师专学报》2001 年 9 月第 3 卷第 3 期。

高中学生的作文水平其实并没有多大作用。这样讲的理由是：

1. 中学生并不缺少语法

这话听起来稀奇，但道理实在平常，叶圣陶早就指出：“学语法不一定到学校去学。不一定从书本上学。小孩子开始学话同时就在学语法。”“小孩子一进小学，语法就可以得四分五分（按五分制），因为先生的话，学生懂，学生的话，先生懂，同学的话，彼此也懂。既然说话能让人懂，就是合乎语法，就可以得四分五分。”[②]对这个问题，西方语言哲学家讲得更清楚。他们深入研究并揭示：“语言知识，从很大程度上说，不是一种自觉的知识。语言系统——语言、结构、意义、词汇，以及将它们合为一体的规则——都不是下意识地学会的，我们丝毫不会察觉到这些规则正在被我们习得。正如我们察觉不到我们得以站立、行走、跳跃、接捧球或骑自行车的那些物理规则一样，我们对于那些使我们能够说话、理解、判断句子正确与否的语言规则也习焉不察。”[③]叶说的刚入学的小孩子语法能得四分五分，就是他们从小在生活中“习焉不察”地获得的。刚入学的小孩子语法尚且达到四分五分，中学生的语法决不会比他们差，肯定要超过他们。这就说明，中学生并不缺少语法，我们完全不必向他们大量灌输语法知识。

当然，这里说的语法成绩都是从他们生活中运用语法的角度看，如果拿语法规则的理论知识去考，他们的分数多半不及格。但是，作文教学需要的正是运用语法的能力，而不是要中学生掌握多少语法知识。在这个问题上，有人又认为，不懂语法知识而能用语法，那是不自觉的运用，学了语法知识而会用语法，那是自觉的运用；自觉的运用要比不自觉的运用好，所以中学生还是要学好语法。这观点是不对的，不能这么看问题。比如刚才提到的“站立、行走、跳跃”等，我们能不能说懂得物理规则的人就比不懂得物理规则的做得好呢？显然不能。对于语言，也是同样的道理，不能说学了语法知识就能把语法用得更好。还是俄国杰出教育家乌申斯基说得对：“语言能力是人天生的一种精神力量，因此，它像一切体力和精神力量一样，只能靠练习来增强和发展……精通语法虽然可以丰富学生的智慧，但并不能发展他们的语言能力。”[④]所以，语法知识即使学到“精通”，对发展语言能力也没有多少帮助。

2. 不能走“知识转化为能力”的路子

诚然，上边所说的只是问题的一个方面，即侧重从中学生的口语表达方面看他们需不需要学语法，问题还有更重要的一个方面，即作文不等于口语，作文是运用书面语言，书面语言比口语更准确生动，更简洁畅达，因而对语法的要求更为严格；相比之下，口语则时有含混不清，重复啰唆，残缺不全等不规范的种种毛病。所以，书面语言虽来自口语，是口语化的，但它是对口语的提炼和规范化。这样，从书面语言的要求看，中学生语言上存在的问题就相当大。大到什么程度？总体上看，他们的口头语言中常见的毛病在他们作文中都有，只是程度稍轻一些罢了。这说明什么呢？正说明从小学四年级学习句子基本成分开始一直到高中，这么多年的语法学习对提高他们运用书面语言的能力并没有发生多少作用。这是一种多么惊人的浪费，是一个多么尖锐的事实！它再次证明了乌申斯基关于语法知识不能发展学生语言能力的论断是科学的，我们不能不予以重视。

这些都揭示了发展语言能力的一条规律：无论是运用口语还是运用书面语言的能力，都只能在语言环境、语言实践中去习得，而不能走“知识转化为能力”的路子。须知，“知识转化为能力”的规律并不是涵盖一切能力发展的普遍规律，人类的很多能力都是自然习得，而不是由知识转化来的。否则，人短暂的一生将没有足够的时间去掌握适应生活所必需的那些基本能力。例如一两岁的娃娃就会“站立、行走、跳跃”的能力，如果要等到掌握了有关的物理规则后才能学会，那将推迟到上完中学之后！如果真是这样，人生将变得何等荒谬！可见，对自然习得的能力我们只能引导其自然习得，如果硬要去走由“知识转化为能力”的路子，那就是费力不讨好，难以收到成效。学生运用书面语言的能力就是这样的情形。那么中学生应该怎样去习得运用书面语言的能力呢？诗云：“伐柯伐柯，其则不远。”很简单，就像他们的口语能力是在听人说话和自己学着说话中自然习得一样，他们运用书面语言的能力也应该从范文阅读和自己习作中去获得。范文阅读（特别是熟读、美读、吟诵、背诵）会使中学生获得书面语言的语感，写作实践则使他们把这种语感又在书面语言中体现出来，历练既久，运用书面语言的能力便自然形成。传统的作文教学方法总是强调“多读多写”，道理就在这里。毛泽东 1964 年 8 月 29 日与外宾的谈话中说：“我国几千年来就是没有语法这门课的。但是古人的文章有些写得相当好。”这些文章写得“相当好”的古代学者，他们运用书面语言的能力不也就是从阅读和写作练习中自然习得的吗？

二、对作文技法的迷信

不少人又认为，作文跟木工活或开机器之类差不多，只要掌握了方法技巧就行。因此，在作文教学中大量传授作文技法知识。仅以高中而论，从《高中语文学习手册》一书[⑤]“写作篇”归纳的内容来看，已囊括了大学中文系写作课的全部教学要点，甚至有所超出。如记叙文写作部分，不但讲了大学中文系写作学记叙文写作部分的“立意”“选材”“线索”“顺序”“表达方式”等问题，而且另辟三节对记叙文的“写人”“叙事”“咏物”分别予以专门论述，这就比大学中文系写作课的记叙文写作讲得更多更繁。难怪有人提醒说：“别把中学生当成研究生来教，他们是学写作文，不是研究写作理论！”作文教学像这样在技法上使劲是很难提高中学生作文水平的，其理由是：

1. 中学生并不缺少作文技法

何以见得中学生不缺少作文技法？在平时生活中他们讲一个故事，说一件事情，会叙述得清清楚楚，生动有趣；如果留心一下这方面的情况，从中总结方法技巧，人们会惊讶地发现：它并不比《写作知识》上讲的记叙、描写的技法少到哪里去。在平时生活中，他们也争论，也议论问题，讲的道理或令人首肯，或驳得对方无言以对；如果留心一下这方面的情况，从中总结方法技巧，人们同样会惊讶地发现：它并不比《写作知识》上讲的议论技法要少好多。从古至今，十来岁的娃娃就能写一手漂亮文章的成千上万！王充八岁作文令人称奇，曹植十岁下笔成章，徐渭“十岁作文，轰动全城”，梁启超九岁“能缀千言”，文笔生动……今天各种少年报刊上经常有几岁儿童的文章发表，还有更多的娃娃很会写作文，只因为文章没发表而不为世人所知。毫无疑问，这些娃娃并没有读过什么《写作知识》，作文的方法技巧大概都没听说过，但他们会写文章，也有一套作文技法。他们的技法从哪里来？是从说话中来的。作文的方法也就是说话的方法，二者没有差别（不像口头语和书面语有一定差别）。因此，会说“成片”的话，会说“一番”话，又掌握了相应的字和词，照理说也就会写成段、成篇的文章。不少人之所以做不到这一点，那是受了一种错误看法的影响，即认为说话是寻常事儿，写文章却是神圣的、了不得的大事，因而断定二者的方法有天壤之别。所以，他们总是要抛开说话用的种种技法去另外寻找一套作文的技法。只有少部分人从阅读中自觉不自觉地感到作文的方法也就是说话中用的那些方法，于是本着“怎么说就怎么写”的原则办事，作文很快入了门。中学生的作文就是这样的情形，他们并不缺少技法，只是不一定知道把那些方法在作文中用出来罢了，因为他们讲“成片”的话，讲“一番”话并不感到有方法上的困难。这些技法是他们自小学习说话就不知不觉地从生活中学来的，不然，他们很难适应生活。

2. 技法就是一切的“唯技法论”

有些人总是把作文问题简单地看成是个方法技巧问题，以为只要掌握了技法作文的一切问题就都解决了。这就是对作文技法的迷信。叶圣陶曾经指出：“不顾主要的，根本的，光凭所学的写作技巧，怎么能想什么就写什么呢？如果套用‘唯武器论’‘唯成分论’的说法，这可以说是‘唯技巧论’了。‘唯技巧论’不切实际，对认真练习写作是有妨碍的。”[6]这段话是他 1964 年在评改一位机关干部写的《读和写》一文时说的，针对作者的实际，他这里说的写文章的“主要的、根本的”东西是指“深切领会党的方针政策”和“深入实际”，得到真实的经验和明确的观点”，说只有存了这些“主要的、根本的”条件，才能写成好文件好作品”，[7]技法倒是很次要的。他的这些话对中学作文教学很有启发。根据中学作文教学的实际，我们还可以把话说得更切实具体一些，即中学生作文的如下这些问题都是技法无能为力而只能从别的方面去寻求解决，而这些方面才是作文中“主要的、根本的”东西：如文章老套、一般化还是有新意，这决定于创造素质的高低；文章写得深刻还是肤浅，这决定于思想认识水平如何；行文是否上下连贯、层次清楚，这是逻辑思维能力强弱的问题；记叙是否翔实具体、描写是否准确生动、议论是否说服力强，这取决于掌握材料是否充分、观察体验是否细致和学识是否达到应有的程度；文章是否有文采、有感人的力量，则根本在于是否有情感和情感是否真挚深厚；而是否能从生活中发现和抓住可写的题材，闯过“没有东西可写”的难关，这又取决于对待生活的态度与看法；等等。可惜我们常常忽略了这些道理，放松了这些方面的工作，总把文章的老套、一般化、肤浅、抽象、行文生硬、枯燥乏味、没有东西可写等问题，通通归之于是学生没有掌握作文的方法技巧，以为学好了方法技巧这一切问题都会自然得到解决，学生的作文水平自然也就上去了。这是认识上的一大误区，这正是搞的“唯技法论”，它大大地妨碍了中学生作文能力的发展。

3. 将作文技法从外面强加于文章

写文章是表达自己的某种真情实感，提笔之际，只是一门心思地想到要表达的意思形之于文，别的都无暇顾及。如果说这当中也有技法问题，那技法也只是不自觉地随意思的产生而产生，随意思的发展变化而被自然地运用，正如上边说的中学生平时讲一件有趣的事里边有一些记叙描写的技法，但它们是被不自觉地自然而然地运用到一样。这些技法是潜在于意思之中的，是随意思的发展、明确、表达自然地被明确、定型和实现出来，而不是从这意思之外硬加上去的，这一点每一个有写作实践的人都可以从自己的经验中得到证实。亚理士多德在论述他的“四因”时说：“形式潜在于质料之中，质料追求以求实现，达到目的，潜在形式成为现实，形成了个别事物。因此，质料和形式的关系，可说是发展过程中的关系。”[8]作文技法属于形式范畴，要表达的意思就是这儿说的质料，用亚氏“潜在形式”的观点来解释写作中的所谓技法问题最为贴切：它不是随便加上去的，它早已隐含在“质料”（内容、意思）之中，随着质料的实现而实现出来。我们讲的“内容决定形式”，就是说的这个道理。

可是，不少人的看法则刚好相反，好像写文章不是在表达自己心头的意思，而是在搬弄技法；不是有话要说才有文章，而是按照一定的技法在拼凑、组合文章，不是内容决定技法，而是技法摆布内容。这情况，使人想起叶圣陶六十年前批评一些人八股式地讲解范文时说的一段话。他说：

> 如讲李白《春夜宴桃李园》，便说“古人秉烛夜游”点“夜”，“况阳春召我以烟景”点“春”，“会桃李之芳园”点“桃李园”，“开琼筵以坐花，飞羽觞而醉月”点“宴”：这样逐字点明，题旨才没有遗漏。

叶老说，这么讲解《春夜宴桃李园》，好像李白并不是“自己有话要说”，而是“老师出了那个题目”，他掌握了呼应题目的技法，所以“既不遗漏又酣畅”的点明题旨”，因而“交得出那样超等的卷子。”这是多么荒谬的解释，它跟李白写这篇文章的实际情况不沾边，跟写作的客观规律也相差十万八千里！这么教范文产生什么效果呢？他接下去说：

> 学生从此推想开来，自然觉得写作是一种花巧：遇到任何题目，不管能说不能说，要说不要说，只要用胸中所记得的一些（技法）来对付过去就行。为对付题目而作文，不为发表心中积蓄而作文；根据程式而决定形式，不根据内容而决定形式，这正是地道的八股精神。⑨

我们作文教学中多年来存在的一个大问题，正是抱住这种八股精神不松手，像这么颠倒内容和形式关系的作文教学，怎么能指望中学生提高作文水平呢？

三、结束语

根据上述，语法方面，我认为至少要大大压缩教学内容，完全不必学现在这么多、这么细，让学生知道一些基本概念，修改作文时对推敲语句能有所帮助即可，系统的语法知识放在大学的有关专业中去学。

关于作文技法知识的教学，我认为宜代之以讲一点作文的基本规律。王若虚说得好，写文章是“定体则无，大体须有。”[10]他说的“定体则无”，是说写文章具体的方法技巧完全随情况而变化，并非一定要怎么写才行，即所谓“方法随事而变，难以隅反也。”[11]这方面的东西由学生在课文学习和课外阅读中自己去领悟、去吸收，而不应当成为一种确定不移的教条由教师去传授，否则有害无益。古人说，作文法“不可举以示人”，又说“诗话作而诗亡”，[12]道理就在这里。王若虚说的“大体须有”，是说写文章有一定的基本规律，这些规律却是初学者应该知道的。那么这基本规律包括哪些内容呢？历来有不同的说法。如《论语》说的“草创之，讨论之，修饰之，润色之”，被后人认为是“千古为文之大法”。《周易》上说的“言有文”“言有物”“言有序”和“修辞立其诚”，也是历代遵循的作文规矩。到清代，姚鼐、章学诚等人又把作文的基本规律概括为“义理”“考据”“辞章”三项；而叶燮则提出了“当乎理”“确乎事”“通乎情”三条原则；等等。现当代语文教育家提出的是写文章要“扣准自己的用意”、要“针对读者打动读者”、要“表达准确，通篇连贯，繁简得当”等几项必须注意的问题。[13]毛泽东作为一代文章大家，先在《反对党八股》一文中把“言之有物”“实事求是”“要看对象”“语言生动”等八条作为马克思主义文风的基本要求提出来；50年代又提出一切文章和文件都应“具有三种性质：准确性、鲜明性、生动性。”[14]以上这些提法看似差别较大，其实大同小异，基本精神是一致的。根据这些，我们大体上可以将文章的基本规律概括为表达真情实感，文章贵有新意，密切联系生活，人品决定文品，勤读多练，认真修改，多为读者着想等。中学生掌握了这些基本规律，就能做到“根本定，原则立，自能左右逢源，自由应肆。”[15]从而达到真正提高写作水平的目的。

注释：

①参阅陈宝富等编：《中学现代汉语知识要点及题解》，天津大学出版社1999年版。

②⑥⑦⑨⑪⑬⑮中央教育科学研究所编：《叶圣陶语文教育论集》，教育科学出版社

1980年版，第683页，554—555页、71页、442页、344页、554页、344页。

③［美］维多利亚·弗洛姆金、罗伯特·罗德曼合著：《语言导论》，北京语言学院出版社1994年版，第13页。

④ 郑文越编选，张佩珍等译：《乌申斯基教育文选》，人民教育出版社1991年版，第427页。

⑤ 匡建浩主编：《高中语文学习手册》，上海科技教育出版社1996年版。

⑧ 金增嘏主编：《西方哲学史》（上册），上海人民出版社1990年版，第192—193页。

⑩ 南京大学等四院校编：《古人论写作》，吉林人民出版社1981年版，第33页。

⑫ 顾黄初、李杏保编：《二十世纪前期中国语文教育论集》，四川教育出版社1991年版，第658页。

⑭《毛泽东新闻工作文选》，新华出版社1984年版，第207页。

引导学生写什么*

——略谈中学作文教学的题材问题

一

中学生写作文普遍碰到的困难是没有话可说，怎样解决这个问题？人们普遍认为有两个办法：一是引导学生写自己熟悉的生活，即叶圣陶说的作文题要“切近他们的见闻、理解、思想等等”，也就是要“切近他们的生活。”[①] 第二个办法是让学生写他们观察到的事物，即在可能的条件下，尽量做到让学生先作观察然后再写作文。实际上这是第一个办法的延伸，即观察成为将陌生的或不太熟悉的事物熟悉化的措施。这两个办法都有存在的一定理由，因为一般地说，作者很难写自己不熟悉和没见过的事物。但这两个办法的效果并不好，可以说基本上没有什么效果。大家一直就是这么做的，可是学生至今写作文仍然普遍感到无话可说，仍然普遍感到没有东西可写，这就是没有效果的最好说明。

这两个办法为什么不解决问题？主要原因在于它们跟学生的心灵较少关联，缺乏一种心灵的关切性。古人说得好，“言为心声”，写文章是“诚中形外，自然流露”[②]，也就是把心中想说的话自然而然地表达出来。“熟悉的生活”和观察到的事物并不等于就是中学生想说的话，也很难说它们能使中学生产生出一番想说的话，所以面对这样的生活与事物他们仍然感到没有东西可写。这里边隐藏着我们一种不正确的理念，即认为文章就是抄录生活，

---

* 此文原载《遵义师范学院学报》2001 年 9 月第 3 卷第 3 期。

中学生只要把熟悉的生活和观察到的事物抄录下来就是一篇作文了。

其实，从熟悉的生活、观察到的事物到写出文章，这中间还有“想说的话”这个不能缺失不能超越的中介环节；熟悉的生活，观察到的事物能引起一番想说的话，文章就写得出来，否则就写不出文章。而事实上，面对熟悉的生活或观察到的事物，即使是作家、文豪也不一定都能产生想说的话，至于中学生，这种可能性就更小得很了。所以，写熟悉的生活，写观察到的事物，并不能很好地帮助中学生走出“无话可说”“没有东西可写”的困境。

二

如上所述，“言为心声”，要解决中学生“下笔无言”的困难，必须引导他们写与自己心灵相关切的东西，即引导他们写出自己的心里话。具体地说，这包括三个方面：

（一）引导写心灵的碰撞。语文教育学者王尚文先生从“作文教学生活化”的观点出发，主张让学生写自己“作为一个人源于生活中的碰撞”。的确，作为一个人，中学生也常会在生活中遭遇到跟自己“生活意志”相对立的某种现象，“因而发生碰撞”。每当这时，“心灵活动便在这种碰撞中激起了浪花，像河流突然碰上礁石一样，他困惑、迷惘、兴奋、激动、痛苦、思考……产生了自我疏导的需要，正如巴金说的那样，如果不是拿起笔把它写出来，就会感到一颗心无处安放。”[③]所以引导学生写心灵的碰撞，称得上是作文教学的一个好点子。

（二）引导写出感想。这儿的“感”，不仅指眼耳鼻舌身等生理感官，也包括马克思说的精神的实践的“社会器官”；“感想”就指这些器官在接纳信息后引起的情感、想象、联想、分析、思考、各种意念等。人们常把“感想”说成“感受”，如教学生“把参观 ×× 后的感受写出来”，“把阅读 ×× 后的感受写出来”，或者说“有什么感受就写什么”，这些地方的“感受”都是指的“感想”。事实上，“感想”和“感受”并不相同，不宜通用。“感受”仅是“感官领受”的意思（朱光潜解释），即止于感觉器官对“心外信息”

（主要是客观外在信息）的接纳、知晓。如果真的只是“把感受写出来”，又是把写作文等同于记录客观信息、照抄客观事物了。而感想则是侧重于接纳客观信息后产生的心理反应。所以，强调写感想也就强调了作文与学生心灵的关切性，强调写出自己对客观信息的反应。所以应将二者加以区分，而在作文教学中强调写出感想。

（三）引导写对生活的感悟。所谓对生活的感悟，是指在生活中我们的感官在接触客观事物时有所领悟——领悟到某种事理、道理或哲理，或领悟到事物的某种关系、联系、意思或意味等等。感悟生活需要一定的悟性，即对生活能举一反三，触类旁通，见微知著，透过现象把握事物的本质；需要认识有一定的穿透力和超越性，不孤立、静止、浮面地看待事物。悟性越好，领悟越多，一个悟性好的人随时随地可能有某种领悟。但感悟生活也不是高不可攀的事。叶圣陶和夏丏尊两位先生在他们合著的《文心》一书中把它叫作“触发”，并作了十分通俗的解释，说它就是“由一件事感悟到其他的事。你读书时对于书中某一句话感到与平时所读过的书中某处有联系，是触发；觉得与自己的生活有交涉，得到一种印证，是触发；觉得可以作为将来某种理论说明的例子，是触发。这是就读书说的。对于目前你所经验着的事物，发现旁的意思，这也是触发。这种触发就是作文的好材料。”④他们列举的读书与生活中的这类事例，中学生普遍都有过。另外，中学生在生活中也不时地总结经验教训，而经验教训中就不乏对生活的感悟。所以感悟生活并不神秘，中学生都有感悟生活的能力，只是以往没有自觉地去重视、利用和发展它罢了。

学生写以上三个方面内容，他们的作文就不再是抄录外在生活和客观事物，而是在讲自己的话了。

三

讨论写什么，也就是在讨论写作的题材问题。这里，我们不妨再从题材的角度进一步探究一下为什么要引导中学生写心灵碰撞、写对事物的感想和对生活的感悟。

什么是题材？这是写作学上一个有争论的概念。有人说，题材是从生活素材中选择和提炼出来的一组生活现象；有人说，题材是文学创作上的一个专门术语，写非文学作品用的是“材料”，不叫“题材”，等等。写作是一种复杂的心理现象和社会行为，这些说法都反映了题材的部分事实，因而都有一定道理。不过，我认为解释得比较好的还是《辞海》上的说法：题材是作品中“体现主题思想的一定社会、历史的生活事件或生活现象。它来源于生活，是作者对生活素材经过选择、集中、提炼、加工而成的。”[5]说这个解释比较好，是指它突出和强调了融合在题材中的思想感情和为此而进行的“选择、集中、提炼、加工”工作；更确切地说，我认为它好在突出和强调了题材问题上作者的主体意识和主观努力。为什么突出和强调了作者的主体意识和主观努力就好？因为这是题材问题上最为重要的一点，也是最关键的地方，是作文教学中需要特别注意之处。

正如我们一再指出的，文章不是照抄生活；“言为心声”，文章是作者心里话的表达，即作者思想感情的表达。所以王充说“论发胸臆”[6]，陈师道说诗文“正须胸肚中泄尔”[7]；屠隆也说：“夫文者，华也，有根焉，则性灵是也。”[8]一句话，就像俗话说的那样：“文章是心头发派出来的。”正因为文章来自心头，而不是抄录生活，所以几十个学生看一场球赛然后写作文，几十篇文章才各不相同；如果大家写来一模一样就不正常了。明代诗论家谢榛论诗强调“观则同于外，感则异于内”[9]（即客观存在的事物在大家眼里都一样，但由它引起的思想感情却因人而异），就是指出写作文必须紧紧抓住自己独特的思想感情下功夫，而不是抄录外在的客观事物。所以，从本质上讲，文章是作者思想感情的对象化，而不是客观事物的再现。

但是，人们心头的思想感情是虚玄之物，看不见摸不着，不能将它赤裸裸地传达于人，那样不可能达到目的。空洞地说“我很高兴”，别人不可能真切地感受到高兴的心情；空洞地表达一种思想，别人也不信服，不会接受，等于没有表达。所以思想感情不能赤裸裸地表达，而必须有所依凭，这作为依凭的东西（事实）便是题材。但这作为凭借的事物不是主观设定的，它本来就跟思想感情有密切的联系。因为在生活中，人们的思想感情不会无缘无故地产生，它总是由某种事实而引起，是某种事实的反应。这样，无论从哪方面看，思想感情与事实都不能分离，而这事实一旦作为思想感情的依凭而出现在写作过程中，它便成为题材了。所以，关于题材的定义，我以为更恰当的说法应该是：它是文章中用来表达思想感情的一种事实。这个定义，避免了当前写作界和语文学界关于主题的有无、主题与中心思想关系之类的争论，也避免了题材是生活事件还是材料，非文学作品涉及的是题材还是材料等问题的争论。但更为重要的一点则是，这个定义更符合写作的本质规律。也就是说，其他说法跟写作的客观规律尚有不够吻合之处。如大家都比较同意的题材是指文章"写什么"的这一说法，它强调文章是写客观存在的东西——前边说的"写熟悉的生活"，"写观察到的事物"就是从这一理念产生的，这就跟"言为心声"，文章是表达思想感情的宗旨相违背了。我们说《辞海》的那个解释比较好，就因为它强调和突出了作者的主体意识、主观努力，从而使题材走出了对客观事物的抄录而与"言为心声"的写作本质比较一致。

从对题材的以上认识出发，于是我们清楚地看到，关于中学生作文写什么的问题，正确的回答只能是：写他们自己的思想感情，而不是写他们熟悉的生活与观察到的事物。然后，紧随而来的是，一方面，这思想感情不会凭空产生，必然与一定的事实相联系；另一方面，思想感情乃虚玄之物，必须凭借一定的事实才能得到真切的表达。于是有了题材问题，表达思想感情与题材有了不解之缘。但学生写作文仍然是为了表达自己的思想感情，而不是为了把题材写出来，正如魏巍的《谁是最可爱的人》不是为了写松骨峰战斗、马玉祥烈火中抢救朝鲜小孩、和蹲防空洞的战士交谈这三个故事，而是为了表达作者自己"思想感情的一段重要经历"（即认识到"谁是我们最可爱的人"）一样。我们上边说的引导学生写心灵碰撞，写对事物的感情和对生活的领悟，正好符合了作文教学的这一本质规律。具体地说，这里突出的是心灵的碰撞，心头的想法，心中的领悟，都是学生自己心里的东西，而不是客观存在的事物，这正符合了"言为心声"，文章是表达思想感情的写作本质。但它们都不是凭空产生的，"碰撞"必有跟主体意志相对立的客观事物；

而“感情”和“感悟”中的“感”，已表明有作用于感官的客观对象存在。这些，又自然地联系上了作文的题材，从而符合于思想感情表达的客观规律，使这种表达成为可能，得以实现。所以，引导中学生写这三方面的内容，是带领他们走上写作的正确道路，使他们对写作能迅速入门，水平能不断地得到提高。

四

在解决中学生写作文“下笔无言”的问题上，引导他们写心灵的碰撞，写对事物的感情和对生活的领悟，还能收到以下几方面的效果，这也是很重要的：

首先，容易把文章写好。写这三方面的内容，学生不但有东西可写，而且都是写自己的真情实感，这就从根本上避免了讲大话空话套话和编假故事假感想的现象，就从根本上避免了文章的公式化概念化和八股调，而有了切实的内容，是写真正属于自己的东西。学生的作文能做到这些，就是很大的进步。而且，“修辞立其诚”[⑩]，文以真为贵。正如庄子所说，“真在内者，神动于外”[⑪]，写真情实感的文章，必然有它的精彩动人之处。所以，引导学生写这三方面的内容，能有效地提高作文质量，提高学生的作文水平。

其次，有助于培养学生的创造能力。所谓创造能力，是指能够生产出具有某种新颖独特的有价值的产品的能力。“新颖”是说不墨守成规，能除旧布新，产品为前所未有；这是相对历史而言，是将产品作纵向比较。“独特”是说不同凡俗，能独出心裁；这是相对他人而言，是将产品作横向比较。作文教学引导学生写心灵碰撞，写对事物的感情和对生活的感悟，都突出了每个学生的个人特点。因为，每个学生都有他独特的生活条件与生活内容，都有他独特的内心世界与个性特征，所以每个学生遭遇的生活问题，引起的心灵碰撞；接触的客观事物，引起的心理反应；所处的生活情景，引起的理性感悟，这一切都必然因人而异，各有特点，而绝不会雷同，恰如他们各自都是独特的个体一样，所以，他们把各自的心灵碰撞、对事物的感情和对生活的感悟写出来，也必然是具有新颖性和独特性的文章，因而也就是有独创性的文章。同时，在这一富有独创性的写作过程中，无论是“心灵碰撞”还是对事物对生活的“感想”与“感悟”，学生的感知力、记忆力、联想和想象力、分析概括判断推理的思维能力，都十分活跃，从而使他们的智能受到锻炼，得到发展。而“碰撞”激起强烈的情感，“感想”和“感悟”中包含着丰富的直觉，因而又使他们的情感、体验和直觉等非智力因素在写作过程中得到锻炼和发展。创造力是大脑左右半球协同运作的体现。学生在写作上述三方面内容的作文练习中，智力因素（左脑）和非智力因素（右脑）同时都得到了锻炼和发展，这就培养和发展了他们的创造能力。

最后，写碰撞、感情和感悟能使作文由苦差事变为乐事，引起学生作文的兴趣。从本质上说，写作文是件愉快的事，而不是令人讨厌、使人痛苦的事。因为作文就是表达思想感情，把想说的话表达出来总是愉快的，只有有话不能说而憋在心头才是讨厌的、痛苦的。当然，如果没有什么思想感情却硬要倾诉，没有可说的话却硬要讲一番话，那又是十分讨厌、非常痛苦的事情了。写心头的碰撞，写对事物的感情和对生活的感悟，之所以是乐事而非苦事，就因为这碰撞、这感情和感悟本身就是心头想说的话。比如遭逢上跟我们生命意志严重碰撞、尖锐对立的事情，使我们坐卧不宁，感到困惑、迷惘、不知所措的时候，我们多么希望向人倾诉。这种渴求，实质上是对问题的清理、认识和解决办法的渴求。而将它写出来就是一种极好的倾诉，就是对问题作清理、认识和明确解决办法的一条很好的途径。巴金说不写出来就感到一颗心无处安放，意思也就是写出来能达到这些目的，因而能使那颗困惑、迷惘、激动痛苦的心恢复平静。成年人如此，作为青少年的中学生亦然，也需要表达——把它写出来，而且是更为需要（他们性急，不够成熟，心头更“装不住”东西）。写出来既是内心的一种需要，写既是对内心需要的满足，写的过程自然也就充满了愉快。人对事物有了一定的感受，对生活有了领悟，同样也很希望表达出来。人们喜欢与知心朋友在一起摆谈，并以此为一大乐事，多半也就是为了表达这种感想与感悟，享受其中的乐趣。中学生也喜欢结交“谈得来”的朋友，这不但反映了他们常有对事物的感想和对生活的领悟，也证明他们有同样强烈的表达愿望。而提笔将这种感想、感悟写出来，也就是满足这一愿望的好办法。所以，写这样的作文是快乐的。令人感到快乐的事人们总愿意经常地做，这叫作兴趣。写作文既已成为中学生的乐事，他们的兴趣也就产生了。无论做什么事，有了兴趣就能做好，学生对作文有了兴趣，就一定能把文章写好。

注释：

①③ 王尚文：《语文教育学导论》，湖北教育出版社 1999 年版，第 309 页、310 页。

②⑥⑦⑧ 徐中玉主编："中国古代文论专题资料"《才性编》，中国社会科学出版社 1999 年版，第 285 页、102 页、103 页、103 页。

④ 叶圣陶、夏丏尊：《文心》，北京三联书店 1999 年版，第 99 页。

⑤ 辞书编委会编：《辞海》，上海辞书出版社 1980 年版，第 4647 页。

⑨ 丁福保：《历代诗话续编》（下册），中华书局 1983 年版，第 1180 页。

⑩ ⑪ 谭令仰：《古代文论萃编》，书目文献出版社 1985 年版，第 178 页、178 页。

中学作文教学与创新教育*

中学作文教学必须突出创新教育。其理由一、作文是创造性劳作，创新是作文的本质，突出创新是作文的题中之义。二、当前中学生作文水平普遍低下，在创新方面尤其不足，内容一般化公式化，构思老套呆板，语言多空话套话，等等，在中学生作文中随处可见，必须下功夫扭转这一局面，提高中学生的作文能力。三、创新教育是素质教育的核心、灵魂，各门课的教学都必须突出创新教育，作文教学也不例外。

一、明确文章的创新样态——让学生懂得什么是创新

写文章是创造性劳作，但无论是大学写作教材还是中学语文课本上的作文知识，都没有关于创新问题的论述。

创新的文章究竟是怎样的呢？创造心理学告诉我们，凡是创新的产品都具有新颖、独特、有价值三个特点。“新颖”是纵向比较而言，即时间上的前所未有；“独特”是横向比较而言，即跟他人比是独出心裁的产品。“有价值”是指该产品于社会或他人有益，这不是创新的本质特征，但它是创新产品必须具备的性质。看一篇文章是否有创新特点，也是用这三条标准衡量。创新产品分物质和精神两类，各有其特点。文章属于精神产品，它的创新包括诸多方面。从内容看，有题材的新颖（别人没有写过），即从生活中发现了别人不曾注意的题材；有思想认识的独到见解，包括于平凡生活中发现新

* 此文原载《贵州师范大学学报》（教育科学版）2001 年第 3 期。

的意义，有情感上新的体验，有形象上新鲜的特色，新的角度，手法运用有别致的地方，语言有新奇之处，有个性色彩等。另外，文章的创新可以说有全篇性的（如主题或题材的新颖牵涉全文）、局部性的（如精彩的段落），以及一词一语的（如所谓“闪光的词句”）。文章创新样态的多样性、多侧面和多层次性，正反映了人类心灵世界的丰富多彩和复杂微妙。

以上这些都是学生应该明白的。他们切实理解了文章创新的情形，真正懂得了文章创新，心中就有了目标，就会根据自己的情况努力去写出有创新特色的作文。

二、强调对生活的社会感知——为学生创新提供认识前提

中学作文教学一向强调对事物的观察。有它合理的一面，即文章是客观事物的反映，要写好作文就必须观察了解客观事物。但在接触客观事物时只强调观察是很不够的。因为观察主要是视觉活动——曾有人提出“五官开放”的说法，把耳鼻舌身的活动也纳入观察之中；即便如此，观察仍然只是一种感官活动。感官的功能不可能超越事物的现象层面；事物的内在蕴含是思维等心理过程的领域，感官不可能抵达。如果对事物的把握仅仅停留在现象层面，文章的创新就无从谈起。明代诗论家谢榛说得好，在客观事物面前，人们是“观则同于外；感则异于内”的[①]，比如一棵树；你看它是怎样的枝干树叶，别人看也是那样的枝干和树叶，难有多少区别。这就是“观则同于外”。但“感则异于内”，面对这棵树所产生的感想却是各人不相同的。对于写文章，尤其是文章的创新，最重要的不是“观则同于外”，而是“感则异于内”的这一方面，可惜它恰恰在“观察”的范围之外。

在作文教学中不宜太强调观察，而应该更强调社会知觉。

“社会知觉”是社会心理学上的名词。比之于普通知觉（观察属于普通知觉）它有三个特点：一是在形成知觉时，“不仅受知觉对象物理特征的影响，而且受知觉对象社会性质的规定。比如知觉一棵树，不仅要知觉它的物

理特征，还要考虑它的社会价值，如它可以作建筑材料，可以为人们遮风挡雨，它的形象有某种象征意味而给人以思想启迪，等等，其价值极其宽泛。同样，社会知觉对于人也不仅是知其高矮胖瘦等自然属性，主要还在于知觉他的“人格特点、要求、愿望、目标，他的社会生活态度以及与他的关系”，等等。而且不仅知觉他人，也包括知觉自我、知觉人际关系。社会知觉的第二个特点是在知觉过程中知觉主体的“人格因素和价值观念参与知觉活动，影响知觉品质。②比如对“学雷锋标兵”的知觉，“由于人们的思想感情、责任感、价值观、目标追求不同”，所形成的观念、态度、情感也就各不相同。第三是具有选择性。即在社会知觉过程中有以往的知识和经验参与进来并成为知觉活动的背景，知觉对象首先落在这背景上被有关经验或知识“选中”，然后才能形成社会知觉。对同一件事，由于经验和知识水平的不同，形成的社会知觉会有差异。

可见，社会知觉虽然为知觉，其实它已不只是感性的东西，而是含有理性等多种心理因素的；它虽然反映客观存在，但其知觉内容是主客观相互作用的结果，甚至更多地包含了主体的心理内容。这样，比之于观察一棵树就是了解为一棵树，观察“学雷锋”就是了解到他学雷锋的事迹，观察辍学捡垃圾的小孩就只知道他辍学捡垃圾的事，社会知觉获得的信息要多得多，并包括了主体许多的想法和感受，它更切合于写作的本质规律，更能把中学生的作文引向创新。再者，观察在普通心理学中是认知的起点和基础；同样，社会知觉在社会心理学中也是社会认知的起点和基础。但这两个“起点和基础”很不相同：普通心理学是对人的心理作孤立静止的考察，因而使观察（感知）处于封闭之中；而社会心理学则把人的心理放在“社会”中研究，因而使知觉处于活泼开放的情势之中。所以对于作文来说，观察不是创新的“起点和基础”，而是堵塞了创新之路；真正可以成为创新“起点和基础”的，应该是社会知觉，因为它给作文的创新提供了广阔天地。

所以，超越“观察”说，强调和坚持社会知觉，是引导中学生写出创新文章的认识论前提。

三、引导感悟平凡生活——培养学生创新思维能力

对生活的社会知觉孕育着对生活的感悟。所谓“感悟生活”，是指在生活中我们的感官接触客观事物时有所领悟——领悟到某种事理、哲理，或领悟到事物的某种关系、联系、意思或意味，等等，总之是一种新的发现，新的收获。

对生活的感悟力是作文创新最重要的条件。如果学生的悟性好，能举一反三，触类旁通，见微知著，透过现象把握事物的本质，认识具有超越和穿透力，不再孤立地、静止地、浮面地看待事物，那么，他们在平凡的生活中也会不时地有新的见解、新的发现、新的体会产生，抓住生活的这些馈赠写出来，不但彻底解决了“没有东西可写”“文章空洞无物”等作文教学中的这类老大难问题，而且写出来的都是富有创新特色的好文章。

感悟生活似乎神秘，其实很平常，在叶圣陶和夏丏尊两先生合著的《文心》中把它叫作“触发”，并做了通俗浅显的解释：

> 所谓触发，就是由一件事感悟到其他的事。你读书时对于书中某一句话，感到与平时所读过的书中某处有关联，是触发；感到与自己的生活有交涉，得到一种印证，是触发；感到可以作为将来某种理论说明的例子，是触发。这是就读书说的。对于目前你所经验着的事物，发现了旁的意思，这也是触发。这种触发就是作文的好材料。[③]

又说：

> 诸君（几位中学生）每日在街上行走会碰到各种各样的人物和事件，平时读书或独坐，会起各种各样的心念和情绪，这种时候，事物的新鲜意味会电光似地忽然自己投入到头脑里来，随时随地把它捉住了就是题材。[④]

感悟生活的能力之所以特别重要，因为它是一种综合性的创造思维能力，

培养学生对生活的感悟能力也就是从多方面培养和发展他们的创造思维能力。在创造活动中，灵感、直觉、联想、想象都是被特别看重的。创造就是突破常规思维，如果没有这些因素发挥作用，思维就不可能突破常规，走出寻常的思维轨道，创新就不可能实现。所以无论科学家还是文学创作家都很看重它们，认为它们是创造思维的几个侧面或几大要素。所以，引导中学生领悟平凡生活能全面地培养和发展他们的创新思维能力。创新思维是创新活动的关键与核心，发展学生的创新思维能力就是最有效地提高他们的创造素质。当然，创造也离不开逻辑思维。以对生活的领悟而论：领悟中的核心点的获得只能靠灵感、直觉等非理性思维和想象、联想等形象思维，但获得之后检查它是否真有道理，是否有社会价值，以及最后将这一切用文字表达出来，又必须借助理性逻辑思维，否则读者不信服、不理解。这一点，刚才这个例子也体现得很清楚。心理学指出，创新能力的充分发挥有赖于非理性思维与理性思维的配合，形象思维与抽象思维的协调，也就是需要左右脑的配合与协调。以上分析表明，引导学生领悟生活和表达对生活的领悟，正是在开发学生全脑，充分地发展他们的创造力。

四、要求抒写真情实感——使学生把握创新的正确途径

中学生对作文普遍存在着一种误解，即认为写文章是件大事情，自己平素的真情实感太平凡琐碎，没有资格写进文章。什么东西有资格写进文章呢？他们也不甚明了，只模糊地觉得那应该是不简单的、闪光的、自己所没有的材料。因此，他们作文时常抛开自我去编造假故事，写假感想，以致讲假话成风。比如，很多学生都编过扶老奶奶过大街、给老师或同学送伞一类的故事。现在讲作文创新，在他们看来更是非同小可，如不“将无作有，强不知以为知，大唱高调，多说大话套话，加些“花言巧语”，哪谈得到创新？可见，必须纠正他们的这些误解，创新才不致误入歧途，才能收到好的效果。

作文是怎么回事？作文就是用书面语言表达思想感情。人是一种社会存在，与人交流思想感情是生存发展的基本条件；而用书面语言进行交

流的能力是需要专门培养的，所以中小学生有作文课，以便培养这种能力。人立身处世讲究诚实，也就是与人交流思想感情要讲实话，这体现在作文上便是表达真情实感。古人讲“修辞立其诚”，“修辞就是写文章”，“诚”，即可信的实在话，合起来就是讲写文章是表达自己的真情实感。所以，写作文如果不是“实话实说”就背离了作文教学的宗旨。那么作文的创新跟表达真情实感的关系如何呢？创新不是在真情实感之外加些什么东西，更不是将它抛弃另外去讲一套什么高级的好听的话，它们的关系很简单，创新就是写出真情实感，写好真情实感就是创新。中学生作文，乃至一般的文章，其创新都跟科研的创新不一样。科学研究是揭示客观规律、客观真理，不掺入创造主体的思想感情。在科学研究中研究者的思想感情只影响研究的方法和风格，不可能把思想感情带进研究成果中去构成创新成果的一个部分或因素。作文却不同，要创新就必须写自己的真情实感，写出真情实感就自然达到创新。进一步说，其根据就是天下的人各有不同的出身、环境、经历、经验、文化教养、理想、追求、气质等等，普天之下找不出在这些方面完全相同的两个人来。这一切的不相同，使人们在接触人物、处理事情、对待生活时各自产生的思想感情都不会相同。这就是说，各自的思想感情都是“独特”的、“新颖”的；因此；如实写出来都具有创新的特色。如一个叫徐昕的中学生写的《暖阳》这篇作文[5]，说自己在一个春寒料峭的周末带一盒精致的糕点去看姑妈，车上人很多，“我”个子矮小，很担心糕点被挤压成“点心渣”，好在售票员帮了“我”的忙，她用挂钩将它挂在车上。过了几站，上来一位提着一盒蛋糕的老爷爷，我把挂钩让给了他挂蛋糕。正在“我”担心糕点又会挤坏时，一个高个子叔叔伸过手来帮“我”，“我”把糕点盒递给了他。文章的结尾是：“汽车向前行驶，一缕暖阳透过车窗，照在车厢里，照在人们身上。”这篇作文写的事情平凡而琐细，但作者的注意力不在事情本身，而在通过这些事表达自己此时的真情实感，即表达自己在互相关心、体贴的文明车厢里感受到的愉快和幸福像初春暖和的阳光照在身上一样美好。这种感受新颖、独特，是别人写不出来的。因为思想感情随情境变化，别人没有处于这种情境之中就不可能有这样的感受。具体地说，如售票员把“我”的糕点盒挂在车上，我获得了解放转忧为喜，所以“看看那制作并不精致的挂钩，心里暖暖的”。没有经过这件事的人就不会有这种感受。“我”把挂钩让给了老爷爷，感到是帮了他的忙心里产生一种愉快，所以“我再次举起糕点盒”（避开挤压）时，不是感到吃力，而是“异常轻松”，这同样是没有亲历其事的人写不出来的。文章写得很生动就因为随处都有这类真情实感的抒写。当然，在这个特定情境中会产生这样一些感受又跟他是一个独特的个体分不开的。另外，通过写车厢内人们互相关心、体贴来表达精神文明之风吹拂祖国大地这个大主题在表达形式上也是有创新特色的。

表达真情实感就是作文的创新，也是作文创新的正确道路。真情实感人人有，所以每个学生都可以写出富有创新特色的好文章。而创新是一种自我实现，自我的潜能得到实现是快乐的。所以走表达真情实感的创新之路学生较容易品尝到创新的情趣，从而激发创新的欲望，强化创新的动机；历练稍久，就会培养起较强的创新意识和创新精神。到这一步，学生就会真正成为创新人才。

五、改革教学内容与方法——为学生创造多方面的创新条件

传统的作文教学对创新问题关注不够，因此必须改革，这需要广大语文教育工作者在实践中摸索和积累经验，这里略提几点供参考：

第一，少布置命题作文。命题总是对学生的一种限制。再切合学生实际的题目也不会完全切合每一个学生的“内在经验”（体验与心得），再好的题目也不可能抓住每一个学生心头想说的话。至于脱离学生生活实际的题目就更是为难学生，促使他们讲假话空话套话。创新是各人根据各人实情的创造。各人有不同的内容，就应该有不同的文章题目，这是作文的客观规律。

第二，少写应用文和说明文。这些年来，中学作文教学中应用文和说明文的训练占了不小的比例，这是受了市场经济一切都强调使用价值的影响，认为这两种文体最实用。这是一种很不正确的认识与做法，从创新的角度看

尤其显得错误。叶圣陶六十多年前就指出："公文之类，实在只是公式文而已。"[⑥]他反对强调练这类东西。的确，应用文只是个"公式而已，能够写通句子的人只要知道格式就会写，哪用得着专门去练？它既有固定的格式（'公式'），又哪有创新的余地？它也根本用不着去创新。再者，如条据之类连文章也算不上，反复去练只能是浪费光阴。至于说明文，无论是说明商品还是其他事物，都只是'如实反映'对象的机械说明居多，学生创新的空间几乎没有，这种训练同样抑制创新精神，也应该尽量少写。那么中学生的作文应该练什么呢？"我同意叶老的意见，写"小品、随笔、杂感、速写、特写、杂文"这一类文章。这类文章不仅"质地单纯，写作起来便于照顾，借以训练手腕最容易达到熟能生巧的境地"，[⑦]而且它们是一种非常灵活的文体，最适合中学生表达思想感情，同时从内容到形式都给他们留下了很大的创造空间。

第三，突破流行的作文指导模式。受应试教育的影响，当前流行的作文指导模式是："教师讲授作文的知识，学生按作文知识写作文，教师根据作文知识评改作文。"在这样的模式里，学生写作文不是创新，只是在印证和体现作文知识。一般地说知识与创新并不矛盾，但这里的作文知识和作文创新却有对立的性质。如讲了写议论文的类比论证知识后布置一个作文题要学生用类比方法论证自己的某个观点，这不是一种极狭窄的框子和很严格的限制吗？没有自由就没有创造，在这样狭窄的框子里和这么严格的限制下学生还有多少自由？还能够很好地创新吗？所以必须突破当前流行的作文就是印证作文方法的教学模式。布置作文要尽可能多地为学生留出自由创造的空间。

第四，拓宽评改视野。以往的作文评改是以作文知识为标准对学生作文进行评判，常用的评语是"主题集中""题材典型""结构严谨""描写生动形象""论证逻辑严密""叙述线索清楚"，或与这些评语相反的一类话。这种评语即使包含有是否创新的评价因素，也是不自觉、不明确的。今后应该改变这样做法，无论文章的哪一个方面，只要有创新特色都要明确指出，即使是一个词用得有特色，一个比喻用得新奇，都要明确指出和表扬其创造性。同时，对公式化、概念化、八股调、套话、假话、空话这类东西也要提出来加以指正。只有这样，才能鼓励和促进学生去创造。

注释：

①丁福保辑：《历代诗话续编》（下册），中华书局1983年版，第180页。

②④沙香莲主编：《社会心理学》，中国人民大学出版社1997年版，第104页、257—258页。

③⑥⑦叶圣陶、夏丏尊：《文心》，三联书店1999年版，第99页、99页、100页。

⑤张梅主编：《三好作文》，陕西旅游出版社1999年版，第43—44页。

中学作文教学与审美感知 *

感知是写作的前提和基础，没有感知到的东西我们是不可能把它写出来的，感知得不好也一定不可能写好。所以说“写得好是因为感知得好”这话是正确的。当然，这里说的感知不仅包括五官感知，也包括马克思说的精神感官和实践感官的感知。

那么怎样才算感知得好呢？对于科学研究来说，最好的感知当然是最客观的感知，因为它能最真实地反映客观事物。但对于写一般文章来说，最好的感知却是审美感知（即美感），因为一般文章的宗旨是表情达意，而不是抄录客观事物，所以审美感知是最符合于写一般文章表情达意的规律的。

鉴于审美感知对于写作的重要性，鉴于当前中学生作文能力普遍低下的事实，这里就谈谈中学作文教学中的审美感知问题。

（一）

审美心理学告诉我们，审美感知跟一般感知是很不相同的，其根本区别在于它“超越了一般感知的功利性和实用性”。这就是说，一般感知很重视功利和实用，即对我有利、有用的事物就予以关注，否则就不闻不问，不去感知。审美感知却不考虑功利和实用。我们欣赏一朵花，根本不去想它对自己有利无利、有用无用，只是聚精会神地沉浸在观赏之中，力求对它作最充分的感知。这一根本区别使审美感知不仅具有感知事物外部形态、接收事物外部信息的一般感知功能，而且还有情感性、深刻性、创造性等特点。正是

---

* 此文原载《乌蒙论坛》2002 年第 1 期。

这些特点，使审美感知能从以下几个方面有效地提高中学生的作文能力。

1. 提高情感层次

审美感知是对美的感知，其前提是美的存在，那么美是什么呢？“美是人的本质力量的感性显现。”①“人的本质力量”又是什么呢？美学家们是这样解释的：

> 它是人类生活中的能动因素，是促进人类进步、推动历史前进的求真、向善的力量……正因为人具有这样一种积极的、向上的本质力量，人类的生活才会如此欣欣向荣，充满蓬勃的生气。所以，并非任何个人的任何属性或行为，都可纳入人的本质力量的范畴。②

可见，所谓审美感知，其实就是对人类求真向善促进人类进步推动历史前进这一本质力量的感知。说审美感知具有情感性特点，就是指我们在直观（感知）人类本质力量时那种欣喜激动的情感体验。如听孔繁森事迹的报告、读陈景润事迹的文章，我们都会激动不已，就因为这些事迹是人类本质力量的感性显现。同样，登临高山大海也会使我们感情充盈，那也是由于我们直观到人类的本质力量——高山“雄伟高大的形态象征着人的精神的博大”，海洋的“浩瀚表现了人的精神的宽广。”③这宽广博大的精神就是促进人类进步、推动历史发展的人的本质力量。

那么说审美感知能提高中学生的情感层次，其道理又在哪里呢？道理就在由审美感知引起的感情是“一种超功利而含功利”的感情。“超功利”是说对个体而言无功利的成分在内；如我们被雷锋的事迹所感动，这感动并不意味着我们获得了什么个人利益，所以车尔尼雪夫斯基把美感叫作“无私的快感”。但从另一方面看它又是“含功利”的，即包含着群体的利益——我们被雷锋的事迹所感动，就意味着我们热爱雷锋，决心向雷锋学习；我们心中的这种感情鼓舞我们前进，这就对人类的发展进步有好处。鲁迅说审美快感的根底里藏着功利，这功利就是针对群体而言的。说审美感知能提高中学生情感的层次，就在于它使中学生的感情摆脱个人功利的束缚而为别人的忧乐而动感情，为人类的本质力量而动感情，这就是一种高层次的感情。

文章不是无情物。没有感情写不好文章，有感情而感情不对头、层次低下也同样写不好文章。在审美感知中提高感情层次，对当前中学作文教学实在是太重要了。比如中学生写作文经常苦于找不到东西写，教师告诉他们，就写生活中感动过你的人和事。这指导非常正确，可是许多同学仍然找不到写的。这是为什么呢？莫非他们在生活中就不曾动过感情、不曾有过感动自己的人和事？这当然不可能。那么问题在哪里？就在于这些年来中学放松了素质教育，使不少学生只关心自己的分数、考试、升学、个人的前途等，除此而外都不闻不问。他们的情感世界被一己功利紧紧束缚住了，一到作文的时候，他们也知道，那些由个人恩怨得失荣辱引起的仅仅属于个人的喜怒哀乐之情不适于写作文，这种感情层次太低，写它们没有意义。那么就写有社会意义的感情吧，可他们又难以从心灵世界中搜索出这类感情经验来。他们为什么难有这类感情经验呢？因为这类感情不是随便可以产生的。具体地说，所谓有社会意义的感情，就是由人类求真向善的本质力量引发的审美感情，这是超越个人功利的高层次感情，要有这样的情感产生，必须对生活作审美感知才行。如高建伟同学的《修车》一文④，写他的自行车脚蹬坏了，楼下一个年龄和自己差不多的少年在摆摊修车，便去请他修，见他沾满油污的双手，作者产生了一种优越感，故意打趣他“有经济头脑”“会挣钱”。对方笑笑而已，作者更得意了。一会对方自言自语地说，“里边的钢珠都快掉完了。”作者想，这是要多敲我几个钱呢，不屑地冷笑一声，表示不上他的当。车修好后问他要多少钱，回答说“不收钱”。作者感到很惊讶。对方又说：“我是高三年级的，我们是同校同学呢。我是抽空出来给社会尽点义务。”说完笑了笑。文章的结尾是：“我也笑了，不过，笑得很不自然。”这篇作文就是作者写了一件感动过自己的事情——他被那位同学热心为社会服务的精神所感动。很明显，要能抓住这个题材写文章，不用审美感知是办不到的。因为用带着个人功利的一般感知去对待这件事，那么，给人修车不收钱将被看成是傻瓜；自己找人修车不花钱，将被看成是捡了个大便宜而十分高兴……

这种俗陋的思想感情还值得写文章吗？不能写了，这件事本来具有的社会意义完全丧失了，一个很好的题材就被毁掉了。反过来，高健伟同学能抓住这个题材写作文，则完全不是出于修车者不收钱对自己有利这个角度去考虑问题，他纯粹是被修车者热心为社会服务的精神所感动，这就是不带个人功利的高层次感情，它是只有对生活超越功利的审美感知才会产生的。于此我们可以清楚地看到，不少中学生写作文之所以没有东西可写，主要原因就是他们用个人功利的一般感知去看待生活，从而使生活中本来很值得写的许多题材都从眼皮底下溜掉了。而中学里的“作文能手”之所以总有写不完的题材，则是他们以审美感知对待生活的结果。做作文有题材写，取决于对生活是否用审美感知，这是写作的一条基本规律。

审美感知的情感性对于作文教学的意义远不止于从根本上解决中学生作文的题材问题，而是多方面的。从表达方法上说，无论是描写、叙述，还是抒情、议论，它们对正确的情感体验都有不同程度的依赖性。比如要写一篇《谈学雷锋》的作文，用审美感知去感知雷锋的，觉得他伟大、高尚，是时代英雄，因而对他充满了热爱之情。用个人功利的一般感知去感受他的，认为帮助别人不图回报是只有傻瓜才会干的事，因而对他很不以为然。怀着这两种很不相同的感情态度去描写、记叙雷锋的事迹，去议论雷锋的精神和抒发自己学习他的事迹的情感、感受，是谁的记叙准确生动、描写真切感人、议论深刻独到、抒情真挚深厚呢？答案不言而喻。再从文风方面看。在《谈学习雷锋》这个题目之下，持上边这两种不同感情态度的人，是谁的文章在讲真话，只怕无法把心头的话充分地表达出来？是谁的文章唯恐把真心话说出来了会挨批评，因而把它掩藏起来而去说一通假话、空话和流行的套话以应付老师？答案同样是不言而喻的。总之，说中学生作文的许多优点都与高层次情感（审美感知）密切相关，中学生作文的种种毛病基本上都来自情感层次较低（一般感知），大概这话不算过头的。

2. 使文章深刻

文章忌肤浅，中学生的作文也要写得深刻才好。怎样才叫深刻？各种写作书都告诉我们，深刻，就是通过事物的表面现象揭示出它的本质。这说法是正确的，但这里边有一个怎样理解“本质”的问题，如果理解不对，用这话来指导写作就行不通。“本质”是什么？认识论指出，它是“事物的内在联系”，是事物的“本性”“实质”；又说事物的本质是多样的、多方面的。毛泽东的《矛盾论》又指出，事物的本质是由事物的矛盾的主要方面决定的。这些，就是认识论关于事物本质的基本知识。但是，如果按这些说法去指导中学生写作文，肯定他们没法写，更不用说把文章写深刻了。比如要写眼前的这棵树，按以上说法自然要先看它的现象是什么？这好办，一眼就能看清楚，是树干、枝叶，长在地角边，在一片阳光下……但它的本质是什么呢？它的矛盾及矛盾的主要方面是什么？这主要方面又怎样决定了这棵树某一方面的本质？……想到这一串问题我们就头痛，就傻眼了。不要说中学生说不清楚，语文教师也很难说清楚，能说清楚这些问题的恐怕只有植物学家了。本质是什么尚不明白，哪谈得到通过它的现象来表现本质、写出深刻的文章？自然景物如此，社会生活也一样。比如老人对待孙儿孙女普遍比他们当年对待子女还要周到、耐心、宽容，你说这现象后面的本质是什么？中学生不一定说得好，我们一般人也不一定说得好，恐怕只有社会学家才能真正说清楚。因此，要中学生拿它去写深刻的文章肯定十分困难。问题出在哪里呢？就出在对“本质”这个概念的理解上面。笔者认为，写作学上讲的本质与认识论讲的本质在内涵上是有根本区别的，不能照搬后者的说法。这区别是什么？审美心理学对美感深刻性的论述对我们很有启发：

> 美感与一般感觉的最大区别之一是它的深刻性。所谓深刻性，即指美感不只是对对象表面现象的一般感觉，而是通过对对象外在现象与内在意蕴整体的把握，实现人对自身本质力量的观照。⑤

从美感深刻性的这个定义我们清楚地看到，对于写作学——至少是对于非科学论著的一般文章的写作来说，“本质”这个概念不是指“事物的内在联系”或“本性”“实质”之类的东西，而是指“人自身的本质力量”；所谓文章的深刻，不是说通过事物的表面现象而揭示出“事物的内在联系”或事物固有的“本性”“实质”，而是指“通过对对象外在现象与内在意蕴整体的把握实现人对自身本质力量的观照”。

写作学和一般文章写作中的所谓本质与深刻性，必须作如是解才符合写作的实际。例如郑小蕾同学的《沙漠红柳》一文⑥，写生长在西北大沙漠中的红柳不惧干旱，不畏风暴，不嫌土地贫瘠，顶酷日，斗严寒，默默无闻地扎根在荒漠之中生长繁衍，为大自然创造绿色屏障，“它多么平凡而又多么伟大，其品格和精神又多么可贵！”作者赞美它像“生活的强者”，说“华夏五千年，有多少志士仁人，英雄豪杰，在祖国危难，民族危亡之际，奋起保卫疆土，救国救民于水火之中，不惜把鲜血洒向大地。他们的这种品格和精神，不正是红柳的品格和精神吗！”这里，对沙漠红柳品格和精神的描写正是通过对它“外在现象与内在意蕴整体的把握实现了对人自身本质力量的观照”，即通过红柳的形象看见了华夏五千年志士仁人、英雄豪杰的品格与精神。所以这描写凸显了红柳的本质，文章是深刻的。但这本质并不是由红柳的“矛盾的主要方面”决定的“内在联系”，并不是红柳固有的“本性”“实质”。如果要写出红柳固有的这些东西，只有植物学家才办得到，一个中学生是毫无办法的。不过，那样写出来的文章是关于红柳的自然科学论文，而不是我们说的一般文章了，一般文章不需要那样去写，也不需要那种深刻。咏物类的文章如此，一般记叙文、议论文也如此。如上文《修车》，从科学（比如从心理学或经济学、社会学）的角度去考察，一个中学生抽空为群众义务修车，其本质是什么，也不是一个中学生（作者）或一般人能够说清楚的。但作者抓住他热心为社会服务着笔，就是抓住了这个人的本质，因为这种精神是“促进人类进步、推动历史前进的求真向善的力量”；文章能充分地写出这一本质力量，让读者真切地感受到它，这也就是比较深刻的了。对于议论文来说，只要能抓住人的本质力量去议论、去揭示，就是抓住了问题的本质，文章就会有一定的深度。

总之，审美感知既然“是通过对对象外在现象与内在意蕴整体的把握实现人对自身本质力量的观照”，所以审美感知本身就具有深刻性。可见，中学生如果能用审美感知去感受生活，作文时又能忠实于自己的感知，那么他们的文章就会是深刻的。笔者认为，解决中学生作文肤浅、一般化、概念化和公式化等问题，主要办法就在这里。

3. 具有创新特色

“由于美感是人在对象中直观自身本质力量的活动，充分显示了人的能动性，因此它决不是主体对对象被动的接受，而是对对象深刻的审美创造。”[⑦]这创造的具体表现就是面对审美对象时主体总是把自己的理解、经验、理想、愿望、情感等熔铸于自己的审美感知之中，从而使审美感知中的对象不同于客观存在的对象，而是一种审美创造了。如《沙漠红柳》中的红柳，就是作者根据自己的经验、情感、理想对他所见到的生活中的红柳作的一种创造，已经不等于红柳的原生形态了。比如作者是在暑假看见红柳的，说它“顶酷日”或许是事实，说它“斗严寒”则是根据经验作的想象；作者是不时地见到“一株小小的红柳”，写它们创造“绿色屏障”显然有诗化的成分，而不是作客观的说明。至于说“不惧”干旱，“不畏”沙暴，“不嫌”土地贫瘠，更是拟人化的描写。所有这些变形处理都只有一个目的，就是为了从红柳的形象中直观人的本质力量——“可贵的品质和精神”，也就是“华夏五千年来的仁人志士、英雄豪杰在祖国危难、民族沦亡之际，奋起保卫疆土、救国救民于水火之中，不惜把鲜血洒向大地”的这种品格和精神。通过红柳揭示人的这一本质力量，正表达了作者的理想、愿望和情感，他希望华夏子孙都成为具有这种品格和精神的人，他崇敬这样的人，更希望自己成为这样的志士仁人、英雄豪杰。所以，文章虽然是写沙漠红柳，但它是熔进了作者思想感情的红柳，是一种审美创造，不是沙漠中真实红柳的仿制品。

对自然景物的审美感知如此，对社会事物的审美感知同样具有创造性。如唐晓娟同学的《奶奶的小锤子》一文[⑧]。开头就说：“清明，我坐在空荡荡的屋子里抚摸一把锤子，泪流满面。这是奶奶生前用过的小锤子。”从审美的角度说，作者此时的审美对象是一把“奶奶生前用过的小锤子”，这把小锤子竟然使她深情地“抚摸”，以至于“泪流满面”，可见在这物件上她有多么丰富的思想感情，所以在她的审美感知中它已不是一般的小锤子，而是她的一种创造：奶奶的最后一段岁月寂寞难耐，就拿这把小锤子在木椅上砸核桃，一砸一响，成了她消磨时光的唯一方式，小锤子成了她生活和精神的支点，少不得了。可作者这时正面临中考，时间一分一秒都宝贵。奶奶的核桃不时滚落地上。她行动不便，没法捡起来，得由作者帮一把。每当这时，作者总是很不情愿；而且有时刚捡起来递给她，一转身核桃又落地上了。碰到这种情况，作者会气愤地抄起小锤子在椅子上使劲敲几下，使奶奶不由得一哆嗦。更恼火的是，作者的古文背不过来，正在拼命记，那敲核桃的“当当”声在感觉中就像长满刺的毛毛虫在心上爬，实在没法忍受，于是大喊：“奶奶！你歇会儿好不好？！”但稍清静一会“当当”声又响了起来。小锤子成了作者最讨厌最要命的东西。无可奈何之下，她把它藏了起来，但看着奶奶板滞发愣的样子，又责备自己没孝心，甚至同情心也没有。想到升学考试将决定一生的命运，又原谅了自己的举动。作者决定考试完了什么都不干，好好陪奶奶玩，天天给她砸核桃。可谁知考试结束，奶奶已在医院去世了。于是，这把小锤子成了作者抱憾终身的象征。这样，一把本来十分平常的小锤子，由于作者写它时融进了自己一段生活与情感的经历，它变成了有血有肉的审美形象，能从中直观自己的“本质力量”——对奶奶的理解、怀念和对自己隐藏小锤子的悔恨。所以文中的小锤子已不是生活中的普通锤子，它是作者的创造。

郑板桥谈他的作画经验时说：“江馆清秋，晨起看竹，烟光、日影、露气，皆浮动于疏柯密枝之间，胸中勃勃，遂有画意。其实，胸中之竹并不是眼中之竹也。因而研墨展纸，落笔速作变相，手中之竹又不是胸中之竹也。”[9]他的“胸中之竹”（即审美感知中的竹之所以不同于“眼中之竹”（即客观存在的竹），就因为它是融进了作者生活经验与思想情感的一种创造。至于“手中之竹”，则是这种创造的修改和定型，自然又有所不同。德国哲学家卡西尔论述审美创造时说：“艺术家的眼光不是被动地接受和记录事物的印象，而是构造性的。并且只有靠着构造活动，我们才能发现事物的美。”[10]他把审美感知的创造性称为“构造性”，是讲得很好的。没有构造哪有创造，构造是创造的具体化，是创造的进行状态。审美感知就是在构造，就是在将生活经验、思想感情等融进事物形象的过程中创造出新的形象——审美的形象来。审美感知具有创造性，这就是它能够培养中学生的创新精神，使他们的作文具有创新特色的原因所在。

（二）

综上所述，中学生一旦运用审美感知去感受生活，他们的作文水平就会得到全面的、显著的提高。那么怎样才能使他们做到以审美感知去感受生活呢？可以教给他们一些方法，比如叫他们对生活中的人物事物要多观察多思考，而且不带个人功利地去观察和思考，并赋予情感，展开丰富的想象和联想，等等，都能收到一定成效。不过，最根本的还是要培育他们的美感能力。最后对这问题说一点看法。

培养中学生的美感能力是美育的首要任务，而美育不光是作文教学的事，也不只是语文教学的事，整个学校教育都有对中学生进行美育的任务。所以，培养他们的美感能力需要学校各个方面共同努力，同时也涉及语文教学的方方面面。但就语文教学而言，我这里想强调一点，就是更新文学教学观念，正确进行文学教学的问题。因为在整个语文教学中，文学教学是对学生进行美育的主要环节。而且，随着教学改革的深入，文学课文在课本中的比例显著增大（现已有几种新教材文学课文已达 70% 以上），这就为语文美育和培育学生的美感能力提供了很好的客观条件。但要利用好这些美育资源必须更新传统的文学教学观念。传统的文学教学都只是思想政治教育、道德品质教育和知识教育，而恰恰没有审美教育。这种教育的理念是古老的“文以载道”，认为文学作品和一般文章一样，都是“载道”的，文学课文的教学目的就是让学生通过接受课文这个载体去把握住“道”——由课文的人物形象、情感倾向所体现出来的思想政治之道和道德品质之道。因此，文学教学的任务就是分析课文中的人物形象和感情倾向所蕴含的思想政治观点和伦理道德思想，然后将分析归纳为主题，并要求学生记住这些分析与归纳。此外，课文涉及的重要的文学和语言知识学生也要掌握。至此，文学课文的教学任务也就完成了。美学是感性学，离开感性就谈不到美育。这种传统的文学课文教学却主要是一系列理性活动，所以基本上没有美育。应该怎样对待文学课文？文学课文究竟该怎样教？其教学目的究竟是什么？这应该是当前中学语文教学改革中很值得重视、很值得深入讨论的问题。鲁迅说得好：“文艺之所以为文艺，并不贵在教训，若把小说变成修身教科书，还说什么文艺。”[11]笔者认为文学课文的教学主要就是进行美育，其他都是次要的，否则我们就没有按文学的规律来对待文学，而是按理论的规律来对待文学了，这种错位必然会使我们的教学少有成效。须知，美育并不比思想政治教育和道德品质教育低，并不比它们次要。相反，它是对人最高、也是最深刻的教育。因为美育的目标是塑造完美的心灵。毫无疑问，一个有美好心灵的人，无论在思想政治方面还是在道德品质方面都必然十分优秀，而且所达到的高度也绝非理性教育可比。美是什么？是真与善的和谐统一；把文学课文上成美育课我们不会丢失什么，我们应该毫无顾虑地抛弃文学教学上陈旧的观念与做法。

把文学课文上成美育课这是文学课回归本位，必须强调引导学生走进课文，让他们自己去感受课文的形象、意象、情感、情调、神韵、气韵、氛围、意味、境界等等；引导他们去课文的字里行间幻想、想象、联想、猜测、感悟，使他们心驰神往，沉吟感叹，低回流连，情感激荡。这样才是感受美、鉴赏美，才是在接受美的感染与熏陶，心灵才会逐渐变得丰富、细腻、敏锐、纯正、高尚和美好。在这个过程中，中学生的审美感知能力必然得到迅速的发展。因为感受美的过程就是发展审美感知力的过程；就像我们在运用体力的过程中必然使体力得到锻炼和发展一样。无论肉体能力还是精神能力都是“用进废退”的，所以美感能力只能在感受美的实践中发展。同时，在感受美的过程中学生的心灵得到美化，这就是增强了他们的“本质力量”。而美感正是“人对自身本质力量得到实现时在精神上感受到的一种欣喜”[12]。学生随着自己本质力量的发展、增强，感受美的能力也必然得到发展与增强。总之，文学课文的教学，教师应该尽量少讲，少作理性的阐释和抽象的演绎，应该让学生有充裕的时间去朗读、美读、默读、吟诵、涵咏、品味课文；主要应该让他们走进课文中去感受、体验、领悟。教师必要的讲解仅在于引导学生进入课文，而不是代替他们对课文的感受、体验和领悟。

注释：

①②刘叔成等著：《美学基本原理》，上海人民出版社1988年版，第37页、48页。

③⑤⑦⑨⑩⑫蔡正非著：《美育心理学》，中国社会科学出版社1999年版，第87页、135—136页、140页、66页、140页、141页。

④高长梅主编：《中学生三好作文》，陕西旅游出版社1999年版，第2—3页。

⑥⑧全国中学生作文大赛编委会主编：《中学生优秀作文大全精华本》，中国少年儿童出版社1997年版，第167—168页、289—291页。

⑪《鲁迅论文学与艺术》（上册），人民文学出版社1980年版，第113页。

作文：中学生成长的反映*

——中学作文教学谈

“作文难，难作文，下笔无言难成文；头儿空，肚儿空，空来空去空对空。”这首流传在中学校园里的顺口溜，反映了中学生写作文普遍碰到的困难是“下笔无言”，即没有东西可写，找不到话说。这个问题很值得重视。没有东西可写就谈不到练习写作，更谈不到写得好不好。当然，教师布置了作文任务，学生没有写的也得写，怎么写？瞎编，敷衍一通大话空话假话了事。这样的练习，不仅谈不上发展作文能力，还养成不良文风，同时也伤害了他们做人的品行，结果比不写更糟。可见，帮助学生解决作文无话可说的问题，是中学作文教学的一个重大任务。

怎么解决？下面谈谈我的看法。

一、中学生为什么无话可说

寻求解决问题的办法常常需要探究问题产生的原因，根子找到了，解决的办法就容易出来。那么中学生为什么会出现无话可说的现象呢？这得从“作文是什么”说起。

作文是什么？叶圣陶在1949年为华北人民政府拟定的《中学语文科课程标准》的第五条中说：“能够写出自己的意思，像第二条所说的”——叶拟的“第二条”即“说话又能够不违背论理（即逻辑）和我国的语言习惯，明确、干净、不含糊、不啰唆”。根据这两条，我们可以认定：中学作文就

---

* 此文原载《贵阳师专学报》（社会科学版）2002年第2期。

是训练中学生用书面语言把“自己的意思”合乎要求地表达出来。这个界定包括两方面，一是作文的内容是表达“自己的意思”（也就是古人说的“言为心声”，讲自己心头想说的话）；一是作文的形式要合乎《课程标准》上“第二条”的要求。两个方面相比较，要说难易，如果只对文章作很一般的要求，那么显然内容方面还比较容易做到——你看，“自己的意思”，多平易的事情，每个正常的人都会时时有“自己的意思”，要想没有自己的意思反而很难。但形式方面却不太好解决。别的不说，单是不违背“我国的语言习惯”一条就有不少人没完全办到——如有的记者、作家甚至学者笔下都出现病句，更何况中学生。可是现在却倒过来了，中学生写作文的最大困难不是在语言形式方面，而是在内容上没有话说，好像他们一个个都傻了，没有了“自己的意思”。

他们是怎样丧失自己“意思”的呢？这跟我们的引导有关。我们教学生写作文，不是引导他们写自己心中的意思，而是强调他们去写生活，比如：“写自己熟悉的生活”（包括熟悉的人和事等），这类话就是我们在作文教学中经常提到的。当然，讲写生活并不错，但需要作进一步的解释。也就是说，写生活不等于照抄生活，重复一遍生活（如果是这样，文章成了多余的东西），而是指写出作者对生活的理解、看法，对生活的感受、体验等。总之，也就是写出作者“自己的意思”；所谓“写生活”，不过是一种通俗的说法罢了。但“意思”跟生活的关系又十分密切。首先，“意思”就是一种生活，只不过它是内在的心理生活，而我们通常讲的生活则是侧重于外在的实际生活。其次，“意思”不会凭空地产生，它只能由外在生活所引起，它是外在实际生活的反映。第三，它的表达不能脱离外在实际生活，只有通过对外在人物事件场景事物等的记叙描写议论说明等才能把我们心头的“意思”表达出来，不然它就是空洞玄虚之物，无法为读者所理解和把握。所有这些都说明讲“写生活”也有道理，可以这么提。但是“意思”与“生活”毕竟不能画等号，对于不了解底里的中学生，不给他们把差别、联系讲清楚，只强调“写生活”，他们就两眼只向外寻找而不管自己心中的“意思”，而且以为作文就是写外在的生活，而不是写自己心中的“意思”，于是造成了他们“意思”

的丧失。

中学生以为作文就是写生活，那么什么生活都可以写成作文吗？他们很清楚，事情并非如此简单。因为我们在课文教学中经常讲到作者“反映时代生活”“歌颂伟大时代”“紧扣时代脉搏”“描写英雄业绩，推动时代前进”等一类的话；这些提法也非常好，但中学生不懂得这同时就是作者在表达自己的思想感情（即写出他们自己心中的“意思”），于是又产生一种错觉，以为文章就是要写一种极不平凡的生活，而这种生活是他们所没有的。他们觉得自己所拥有的生活真是太平常、太平淡，也太琐碎、太没意思了，于是，他们认定自己拥有的生活产生不出文章，跟写文章没有关系，它们没有资格被写到文章中去。怨恨自己没有置身于时代的洪流之中，没有从事伟大的事业，没有生活在英雄们中间，这同样是中学生中普遍存在的现象。

由于我们的引导工作有缺陷，中学生对“作文是写什么的”这个问题没有解决好，本来应该写“自己的意思”他们不去写，他们以为作文是写不平凡的生活却又认定这是自己所没有的。在这种情况下，他们写作文时除了“意思”失落，“下笔无言”，找不到可写的东西之外，恐怕很难有别的结果了。

二、让中学生反映自己的成长

作文就是“写出自己的意思”，那么写中学生的什么“意思”比较恰当呢？我认为可以概括为写他们自己成长中的感受，套用习惯的说法，可以叫作反映他们自己的成长。

所谓“成长”，不是指生理上的长高长大，而是指心理上的发展与成熟，指人格和个性的成长。进一步说，这里主要是指中学生在需要动机、理想信念、价值观世界观人格倾向性和能力气质性格等人格心理特征方面的发展与成熟。中学生处在迅速成长阶段，在这些方面他们经常会有感受和心得，让他们写自己的成长，决不会无话可说，相反，他们会有说不完的话，而且这也是他们最愿意讲的。为什么这样说呢？因为成长大体可概括为“顺利地发展”

和“挫折中前进”两类情况，但无论处于哪种情况时学生的心中都难以平静，都希望表达出来，如能给他们用文章表达的机会，他们自然是很乐意写的。且看两个例子：

属“顺利地发展”的，如陈伟恒同学的抒情散文《篝火·星星·心》，这是小作者在一次露营活动中躺在沙滩上仰望星空，突然有所领悟的真实记录。文章这样描写篝火：“无论燃烧得多么旺，多么热烈，它毕竟是篝火，不多久就会熄灭，熄灭后的灰烬留给你的却是寒冷。”然后他写星光，说“星光，虽小，虽弱，却无私，恒久。它的奉献是默默的，往往不为人所觉察，然而它却给人们带来永久的温暖，永久的希望。”文章最后说：“我想做的，不正要像一点星光么？默默地奉献自己的光和热，尽可能地给予人们温暖和希望。这就是我的理想，我会因此而感到无限的快乐。”这位同学从星星与篝火的比较中获得了一种人生的领悟，明确了自己的人生理想，我们阅读这篇文章会真切地感受到他的心灵在走向成熟，他的人格发展顺利地跃上了一个台阶。这是成长中的一大收获，使作者非常高兴和激动，就像魏巍在朝鲜战场上有了“思想感情的一段重要经历”之后急于要把它告诉给“祖国的朋友们”而写下了《谁是最可爱的人》一样，中学生在这种时候也急于要把自己的收获表达出来，所以陈伟恒同学写了这篇散文，并说每当脑海中出现这类领悟时他都会“急切地拿起笔来”，而且一种“欣悦之情便一下子传遍全身”。

至于写自己在受挫中前进的这类题材，语文教育学者王尚文先生提倡中学生作文“写碰撞”时讲过一段很中肯的话。他说，人在遭遇与自己生命意志相对立的事情时，“心灵活动便在这种碰撞中激起了浪花……他困惑、迷惘、兴奋、激动、痛苦、思考……产生了自我疏导的需要。正如巴金所说的那样，如果不是拿起笔把它写出来，就会感到一颗心无处安放”。巴金如此，中学生碰到这类情况也是这样。如张晓煜同学的《尽吾志而无悔》一文，写她参加全国中学生作文竞赛“惨遭失败”的心情变化。语文教师的评价文章告诉我们，张晓煜的“许多佳作在全国各地的报刊上发表，并多次在全国全市（南京）的作文大赛中获奖”。可是这位“少年作家”在这次全国中学生作文竞赛中却失败了。班主任在班上念了《中学生日报》寄来的两封信——班上杜慧和殷美两位同学在这次竞赛中分别获二、三等奖的通知，全班同学热烈鼓掌祝贺，而她这位“获奖呼声最高”的人却名落孙山了！此刻，她呆若木鸡地坐在那里，只感到“心里隐隐作痛”，“产生了一种屈辱感。”放学后杜慧来安慰她，反而使她感到“尖刀般地刺伤了我的心”，忍不住大叫“我不在乎！真的，我一点也不在乎！”声音出奇的大，使同学们看清了她的镇定全是伪装的，她更觉得无地自容，赶忙骑上车走掉！回到家里，放声痛哭。在这种情况下她该怎么办呢？必须自我疏导，使自己走出痛苦。她父亲找她下棋，并开导她，说“下棋输了还可以重新摆，何必耿耿于怀，关键在于下局。其实无论输赢，只要尽心尽力就是成功，又何必在乎呢？”她品味着父亲的话。想起了王安石《游褒禅山》中的句子：“尽吾志而不能至者，可以无悔矣，其孰能讥之乎？”这次参加竞赛自己也尽了全力，即使没有得奖也是“无悔”的，谁又会讥笑我呢！文章说：“多么简单的道理，但我直到这时才真正想通。”她把那张写着座右铭“成功是努力者唯一的追求”的纸撕去，换上了六个大字：“尽吾志而无悔。”于是，她写了这篇文章，把这番认识固定下来，使自己的一颗心有了安放处，以一种新的姿态投入生活。张晓煜写《尽吾志而无悔》一文的经过表明，中学生在成长中受到挫折的时候，写作便成了心灵上自我劝慰、自我救护和疏导的好办法。所以这时候他们需要写作，愿意写作。让学生写自己的成长，是因势利导地将他们本来就急于表达的心里话在作文中写出来，这样做作文真可谓是“投其所有，投其所需，投其所好”；他们还愁写作文没有话说而胡编乱造、消极应付吗？当然不会了。

那么让中学生写自己成长的做法会不会导致他们只写自我的小感情、视野狭窄而脱离时代生活呢？这担心是不必的，中学生写作文是一种训练，是为了培养写作能力；他们不是作家，不能要求他们去反映广阔的时代生活和歌颂人民的英雄业绩。何况他们的生活也就是时代生活的一部分，写他们自己的成长也正是从一个方面反映出时代跳动的脉搏。

三、中学生写自己成长的意义

让中学生写自己的成长，不仅是解决他们作文“下笔无言”的问题，而且有多方面的意义，所以很值得提倡。择要言之，其意义还有：

（一）进一步落实教书育人的精神。作文教学必须突出它的育人特点，可是以往由于教学观念上的偏颇，片面强调写文章的技能技巧，以致遮蔽了作文的人文本质，只管按某种技法去编织文章，而忽视了文章是否有真切的思想内容。

在这种情况下，不少学生写作文只拣大话套话和好听的话说，脱离了自己的心灵实际，使作文教学失去了育人的功能。提倡学生写自己的成长，就是让他们关注自己的心灵，恢复和弘扬作文教学的人文精神。毫无疑问，这样的作文教学必定能够有力地促进学生的健康成长。因为成长中的每一点收获、进步、感受、心得、体验，写出来与不写出来很不一样。不写出来只是心头的一种模糊的感觉，容易消失，写出来就经过了一番认识，一番整理，这样就明晰了、深化了、提高了，并且得到了巩固、突出和强调，就使学生在人格成长过程中结结实实地迈出了一步。恰如走路，有了结结实实的这一步，才能稳稳当当地迈出下一步，没有结实的这一步下一步就难以走好。写自己的成长，就是帮助中学生结结实实地走好每一步。所以有学者说：“人的精神世界会由于旨在把自己的心掏出来的写作而变得明朗清晰，真善美的因素会升浮上来，假恶丑的因素会沉淀下去，从而得到净化。写作往往是自我超越的形式……通过写作，人们往往能够站在一个新的起点上精神抖擞、满怀信心地，重新出发。”这些话很中肯，阅读上边提到的《篝火・星星・心》和《尽吾志而无悔》，我们就会真切地感受到这两个同学写文章时都实现了一次自我超越，“站在一个新起点上精神抖擞、满怀信心地重新出发”了。这就是写成长的巨大力量，巨大作用。

（二）能较快提高作文水平。明代文论家王文禄说得好：“作文不是辞句之工，而在性情之正。”可见作文不是一个方法技巧和摆弄、编造丽辞佳句的问题，从根本上说它就是一个学习做人的问题，亦即所谓“先器识而后文艺”，所谓“作文先做人”“人品决定文品”的问题。因为既然“言为心声”，文章好必须“心”好，文章平庸必是“心”里平庸，“心”丑文章必丑。有怎样的文章决定于有怎样的“心”。河水不会高过源头，文章不会高过其心，这是确定不移的。所以，提高作文水平的根本条件就是提高“心”的水平。“心”是什么？就是做人问题。既然引导学生写自己的成长能有力地促进他们人格的迅速发展与成熟，那么他们的作文水平也必然会随之得到较快提高。这主要体现在：

养成讲真话的优良文风。古人论写作强调“修辞立其诚”（《周易》），即写文章要讲真话；马克思主义文风主张实事求是，强调讲真话。中学生有了积极向上的健康人格就有了实事求是和敢讲真话的品质。因为对自己心灵世界中哪怕是消极的东西这时他也能以积极的态度去正确对待，所以敢于讲出来。“作文尖子”叶轶尘的语文老师说她发表的一些文章“就是她不断解剖自我，不断完善自我的记录”。另一个在写作上成绩也很突出的汪洋同学正是克服了“无病呻吟”“文中无我”的毛病，能“像鲁迅那样严于解剖自己，像巴金那样挖掘自己的灵魂，像卢梭、托尔斯泰那样暴露自己的隐私”才开始发表文章的。任何一个努力修养自己的中学生也都是敢于直面自己，直面生活，因而也都是敢于讲真话的人。而文章能讲真心话，有真情实感，就有了动人的力量，养成写真话的良好文风就是写作走上了正确的路子，所以是很大的进步与提高。

使文章有比较好的思想内容。如丁莹同学在红灯亮时自行车的前轮刚压过停车线，被警察处罚打 15 分钟的小白旗。她感到别扭、委屈，认为自己只超过停车线一点点。经过一番教育，她认识到“如果每个人都不小心闯一闯红灯、越一越线，交通事故又要上升多少”，真理超过一步就是谬误！想到这里，“思想触动很大”，并由此悟出了人生之路该如何走的大道理，于是写出了“那篇在全国中学生读者中产生较大反响的《越线》。”生活纷繁复杂，千头万绪，它们究竟有什么意义与写文章的人站在什么角度去看有很大关系。对于积极进取的人来说，即使越线受处罚这类事也可以写出很有意义的文章，就更不用说写美好事物了，这就保证了作文有比较好的思想内容。

使文章有创新特色。如黄煜的《伤口》一文，写自己削苹果伤了手指就借口有伤不帮妈妈抬煤气罐，使她独自一人扛煤气罐上五楼闪伤了腰。晚上，作者“细想以后，才知道自己的伤口主要不在手上，而是在心上——‘小公主’式的娇惯养成了我的慵懒与自私”。深夜，她“噙着泪花，在母亲闪伤的腰间轻轻地一遍又一遍地擦着红花油，也为自己抚平心灵上的伤口。”文章写得很动人，里边的心理描写、细节描写和环境烘托都很有特色，结尾处由手上的伤口升华为心灵的伤口，既深刻有力，也很独特。这些都说明人的心灵世界各不相同，只要如实地描写自己心灵的成长，文章就一定会有独到新颖的创新品格。

（三）培养和发展中学生的作文兴趣。如上文所说，让学生写自己成长是他们真正在讲自己的心里话，他们不仅愿意写，而且在写的时候会感受到释放真情实感的快乐。这样，写作文就由苦差变成了愉快的事，就会喜欢作文，对作文产生兴趣。无论做什么事情，只要有兴趣就能够做好。写作文也不例外，有了兴趣学生就能较快地提高水平。

四、怎样引导中学生写好成长

怎样引导中学生写好自己的成长，以下几点可参考：

第一，抓住心灵的震荡。人的成长，心灵的成熟过程，这些听起来给人抽象、空泛、不好把捉的感觉。其实它是中学生不时地经历着的。它就直接体现为一种思想认识和情感波动，不过，它是心灵深处的震荡，不是浮面的一般的思想感情。比如回家有伴同行很高兴，快上课了自己还在途中很着急，这类肤浅的思想感情跟成长的关系就很小，它们很难促进人格个性的发展与成熟。应该特别注意的是那种使灵魂深处受到震动的思想情感，如前面提到的《越线》中的委屈与思考，《伤口》中的内疚之感，《篝火·星星·心》里边的人生领悟，等等。这类思想感情掀动着整个心灵世界，使你难以平静。如果是痛苦的情感，它迫使你寻找抒解的途径；如果是事理的领悟，它迫使你明确如何付诸行动，等等，然后心情才能平静下来。正是在这个过程中主体向人的成长前进了一步。所以，应该捕捉住这种思想感情去写作文。

第二，要写生活札记。处在迅速成长中的中学生，不时地有震撼心灵的思想情感涌现，不时地有心得体会产生。为了不使它们“溜掉”，提倡和鼓励中学生写生活札记（有的叫“日记”，有的叫“随笔”或“灵感偶录”等，名称不一）是十分必要的。事实上，写札记不只是为写作文积累材料的问题，它是发展作文能力、提高写作水平很有效的措施。《作文个例》[①]一书检阅了全国 86 个中学生“作文尖子”的成绩，其中在语文教师的评介和小作者谈写作经验的文章中明确讲到写生活札记的占了一大半。如“洋洋数十万言的日记、随感，记录了他对生活底蕴探求的历程。”如“仅高二上学期，他就写了厚厚一本札记。”如“林肇泉也用《灵感偶得录》为自己的写作捕捉灵感。他的身上总揣着一个本子，及时记下偶尔闪现在脑海中的写作灵感作为以后写作的酵母。”如“他把课外笔记办成‘周刊’，刊名叫‘云之梦’……其栏目千奇百怪，给人耳目一新的感觉，如什么‘纸上涂鸦’‘牛刀小试’‘茶余饭后’‘男生俱乐部’‘众生相’‘积字斋’‘乱弹曲’等。”如“她的课外笔记习作量多达 30 万字，许多习作已陆续在报刊上发表。”书中的这类例子随处可见，不胜枚举。这些“作文尖子”的札记有四个特点：自觉写，写得勤，数量大，进步快。写札记之所以能有力地促进写作水平的提高，因为它在积累素材的同时也就训练了思维，训练了语言，丰富了情感，提高了认识能力，磨炼了笔头；而且这就是心灵的一种观照与自省自悟形式，所以又能有效地促进他们的成长。

注释：

①《语文学习》编辑部编：《作文个例》，上海教育出版社 2000 年版。本文所引学生作文及有关说明，均见此书。

中学作文教学与理想教育*

改变中学生作文水平普遍低下的现状需要从多方面做出努力，其中尤其要注意理想教育。这里，拟对理想与写好作文的关系作些分析，然后说说怎样在作文教学中搞好理想教育。

一、一个传统的写作学思路

理想，旧时候叫作“志”（又叫“怀抱”之类）。传统的写作论很强调志。陶渊明在《五柳先生传》中说自己“常以文章自娱，颇示己志”，说明他的文章都是自己志向的表达。唐代文论家柳冕说得更明白：“在君子之心为志，形君子之言为文。”[①]说文章就是心中之志的语言表达。古代文论家正是出于这样的认识，又引出了“志趣高洁，言必合道”，“胸次脱俗，文自超绝”，“人品不同，文品亦异”等观点。如司马迁评屈原作品时说：“其志絜，其行廉，其称文小而其指极大，举类迩而见义远。其志絜，故其称物芳，其行廉故死而不容自疏……推此心也，虽与日月争光可也。”[②]说屈原志趣高洁，所以他的作品堪与日月争光。萧统评陶渊明也说：“其文章不群，辞采精拔，跌宕昭彰，独超群类，抑扬爽朗，莫之与京……自非大贤笃志，与道污隆，孰能如此！”[③]认为没有“大贤笃志”，陶渊明的作品不可能达到这样高的水平。所以李贽断定：“世未有其人不能卓立而能文章垂不朽者。”[④]袁枚引别人的话说，如果“胸境龌龊，相对尘俗”，即使“终日咬文嚼字，连篇累牍”，也决不能写出好文章。[⑤]循着这样的思路，古代文论家们论写作学习总是强调要立志。韩驹说，学作诗文要先正其心志，“心志正，则道德仁义之语、高雅淳厚之义自具。”[⑥]叶燮说：“有胸襟然后能载其性情智慧，聪明才辨以出，

---

* 此文原载《黔东南民族师专学报》2002 年 4 月第 20 卷第 2 期。

随遇发生，随生即盛。”[7]袁枚指出，“人必先有芬芳悱恻之怀，而后有浓郁顿挫之作”[8]。

强调树立远大理想的文论传统在现当代文论家中得到了进一步发扬。鲁迅在《革命文学》一文中说：创作革命文学的“根本问题是在作者可是一个‘革命人’，倘是的，则无论写的什么事情，用的什么材料，即都是‘革命文学’。从喷泉里出来的都是水，从血管里出来的都是血”；如果自己并不是一个真正的革命者而要“‘赋得革命，五言八韵’，是只能骗骗盲试官的。”[9]他希望作家们立志做“革命人”。毛泽东在著名的《在延安文艺座谈会上的讲话》中明确要求文艺工作者要“学习鲁迅的榜样”，立志“做无产阶级和人民大众的‘牛’，鞠躬尽瘁，死而后已”，指出必须这样才能把“文艺运动推进到一个光辉的新阶段”[10]。其后，茅盾在论创作技巧与思想水平的关系时又强调：“作品的思想与技巧应当是同时成熟的。思想成熟时，技巧也就成熟了。”[11]因此，“人格的修养应当是文艺家所有修养中最重要的一项，而人格修养则可被包含在思想修养之内的。”[12]他号召文艺作家努力把自己修养成“思想正确，真正彻底的人”，即要做彻底的革命者。20世纪五六十年代，“做革命人，写革命文”的口号一直提得很响，新时期开始以后才不这么讲了。回过头去看，这口号虽然似有“极左”的色彩，但它包含的理想与文章的关系却是符合写作规律的。

一个人的理想有多方面，如生活理想、职业理想等。写作学讲的理想是指人格理想，上边所论都是说的这种理想。人格理想属于伦理道德范畴，是在处理自己与他人、与集体、与社会、与国家民族等关系方面的一种崇高的志向与追求。它有三个显著的特点：一是高于其他理想，是其他各种理想的灵魂。如某人的职业理想是当一个作家，他就有一个做什么样的作家的问题，是做为名利而写作的作家还是做为社会贡献聪明才智的作家？是做写媚俗作品的作家还是做代表先进文化发展方向的作家？等等，这就看他是否树立高尚的人格理想了。二是具有普遍性。生活理想、职业理想等可以“百花齐放”，各人有各人的追求，社会对人格理想的要求却是统一的。如为人正直，热爱集体，遵守社会公德，热爱社会主义祖国，树立为人民服务的精神，立志为我国的现代化建设作出贡献，具有民族自尊心、自信心、自豪感，等等，这些就不是向某一部分人提出的，而是一种普遍的要求，每一个人都是应该努力做好的。三是超越个人利益。生活理想、职业理想等多半侧重于各人利益的考虑，人格理想却是为他人、为集体、为社会、为国家民族利益考虑的，虽然里边也间接地包含了个人的利益，但确定人格理想的出发点却不是为了个人利益。正因为如此，古人才用“脱俗”“高洁”“高尚”等来形容具有理想人格的人，毛泽东才说这样的人是“一个高尚的人，一个纯粹的人，一个有道德的人，一个脱离了低级趣味的人，一个有益于人民的人”[13]。

只有树立人格理想并努力去实现它的人才能写好文章，这是历代文论家们一致的结论。但为什么要这样才能写好文章呢？除了上文说的文章是心中之志的语言表达之外，还有一个原因就是：“文章本于教化”[14]，“文须有益于天下”[15]。没有人格理想，人格平庸、低下的人不可能写出有益于天下、有益于世风教化的文章。这些观点都是很深刻很正确的。但人格理想在写作中究竟有怎样的作用前人却没有作具体论述。为了在作文教学中加强理想教育，以便更有效地提高中学生的作文水平，这个问题却是必须回答的。下面，我们就对人格理想与作文的关系作些具体分析。

二、理想对作文的全方位影响

理想一旦树立，整个心志便集中在它的实现上面。对与理想有关的种种事物都自觉不自觉地格外地予以留意和关心，并努力去思考它、研究它，与理想无关的事情都放在了第二位或干脆放弃了。整个心灵世界都因为理想而发生了深刻的变化，所以伦理学家说“理想可以提升现实人格的境界和心理感受”[16]。苏联著名教育家苏霍姆林斯基也说：“没有志向，就没有公民的觉悟”[17]，崇高的理想能唤起“感情上的敏锐性、注意力和感觉上的精细。”[18]理想能“提升现实人格”，能提高人的感受力，这两点对作文的作用都特别巨大。简言之，文章既是作者人格的体现，人格境界提升了文章的质量必然随之提升，而理想之所以能使文章质量得到提升，是因为理想提升了人的“心理感受”，提升了人的“觉悟”，使人的情感变得“敏锐”了，注意力和感觉“精细”了。这些都说明理想激活了人的写作潜能，增强了人的写作能力。它对作文的影响是全方位的。但限于篇幅，这里只能从以下三方面进行考察：

（一）对主题思想的作用

先看《文章病院》一书上分析到的一篇病文《旅途见闻》[19]。文章的大意是：星期天我骑车去市郊的姥姥家。路上，车辆行人川流不息，我只得放慢车速，好容易才出了城。城郊是宽阔的柏油路，车和人不多，我全速行驶。一小时后我来到一个小镇，街道两旁摆满了摊子。有蔬菜、花生、鸡鸭、烟叶……叫卖声，讨价还价声，灌满了耳朵。还有吵架的：“你尝了半天，到底买不买？”“要尝出味我才买！”“这种人我没见过！”“今儿就让你见一见！尝你东西是看得起你，别不要脸！”“你干嘛骂人呀？！”“今儿就是要骂你！”围上去好多人看热闹，我要赶路，只好离开。又骑了一小时的车，望见姥姥家那村子了，我高兴极了，飞快地向目的地骑去。

《文章病院》的编者对这篇作文的评语是：“中心意思不明确”，“作者想通过这篇文章说明什么？想告诉别人一个什么道理？读者看不出来，恐怕作者也说不出来。”编者讲了写文章必须要有明确的中心思想，“使读者产生共鸣，受到启示和教育”的道理，指出作者写这篇文章应该对材料（如集市上的种种情况）“认真加以分析、认识，形成某种观点（如集市的兴旺，反映出党的经济政策深得人心；社会上尚有个别害群之马，损人利己，无理取闹，应该群起而攻之……）”，说这样去写“文章的中心意思就明确了”。

编者对这篇作文的问题看得很准，但对“中心意思不明确”这个问题原因的解释还需再作推敲。编者认为是这个同学“分析和认识生活”不够，如果“能够认真加以分析、认识”，形成诸如“集市的兴旺，反映出党的经济政策深得人心”，或“社会上尚有害群之马……应该群起而攻之”一类的观点，那么中心意思就明确了。应该说，人们一般都是这么认识主题不鲜明这类问题的，而且这样看也有一定道理。但我认为真正的原因并不在这里。我们不妨问一句：这个同学骑车经过小镇的集市时，看见集市的兴旺景象，他为什么只是看到而已，而不想到这是“党的经济政策深得人心”的结果，以至于写这篇作文时还没想到这一点？或者看到集市上有损人利己、无理取闹的个别害群之马时，他为什么只是看到而已，而不想到“应该群起而攻之”，而且到写这篇作文时还想不到这一点？这是偶然的疏忽吗？不是的。我认为正好应了一句俗话，叫作“事不关己，高高挂起”。党的经济政策怎么样，收到了怎样的效果；社会秩序怎么样，有害群之马该怎么解决，这个同学对这类问题并不怎么关心，因此，即使事情摆在面前他也不会去想。他对这类问题显得比较麻木，感觉迟钝，这就是问题的关键所在。与此相反，还有一句俗话，叫作“事情切己，格外关心”。假如有某件事关系到这个同学的学习成绩，那么他一定不是感觉迟钝，而是显得很敏感；他不是不去想，而是会想得很多。这么一对比，我们就会认识到，解决作文“中心意思不明确”的办法主要不是指导他们怎样对见到的情况“认真加以分析、认识，形成某种观点”，而是要使他们关心社会，关心党和国家大事，等等。就这篇作文而言，如果这个同学对党的经济政策和社会秩序很关心，并有“切己”之感，那么见到“集市的兴旺情景”，他自然会想到“党的经济政策深得人心”；见到“集市上有损人利己、无理取闹的个别害群之马”，自然会想到“应该群起而攻之”——不，他不仅会产生这类一般化的想法，他还会想得更深、更远、更有特色，从而写出一篇更加深刻有力、更有思想见解和有特色的好文章来。

那么要怎样才能使这个同学把党的政策或社会秩序看成是“切己”的事呢？这就是进行理想教育，使他树立人格理想。因为人格理想的超越性会使人超越个人利益，使人有广阔的胸怀，把社会的事情，把党和国家的事情当成自己的事情（即所谓“以天下为己任”），对包括社会秩序、经济政策在内的“天下事”都很关心（即所谓“家事国事天下事，事事关心”）。有了这份可贵的关心，对包括社会秩序、经济政策在内的“天下事”就有了“觉悟”能力，情感也变得“敏锐”，注意力和感觉也变得“精细”了。这样，这个同学面对集市的兴旺或有无理取闹的“害群之马”就不是感觉迟钝麻木，而是思维活跃，情感丰富，想得很深很远，一旦作文，便能写出好文章来。

可见，作文的主题思想是否明确、深刻，是否有独创性和有重要意义，跟是否具有人格理想的确有十分密切的关系。

（二）对题材的作用

文章是“志”（人格理想）的表达，而表达必须有所凭借，即要通过一定的题材来实现。写什么是题材问题，通过题材表达什么则是人格理想问题。所以，写什么不是随便决定的，不是生活中有什么就写什么，见到什么就写什么，生活中的人物也好，事件、场景、景物也好，只有它们跟作者的人格理想对上号、能表达其人格理想的时候才能被作为题材写进文章。如陈伟恒的《篝火·星星·心》一文[20]，是写作者在一次露营活动中躺在沙滩上仰望星空时产生的感想，身旁是熊熊燃烧的篝火，天上是微弱的星光，他突然想到：“无论那篝火燃烧得多么旺，多么热烈，它毕竟是篝火，不多久就会熄灭，熄灭后的灰烬留给你的却是寒冷。”而星光“虽小，虽弱，却无私，恒久。它的奉献是默默的，往往不为人所觉察，然而它却给人们带来永久的温暖、永久的希望”。文章的结尾是：“我想做的不正是一点星光么？……默默地奉献自己的光和热，尽可能多地给予人们温暖和希望，这就是我的理想，我会因此而感到无限的快乐。”正如人们常说的，题材是一种发现，这发现其实就是指从某种生活现象中发现它直接或间接地蕴含了自己的人格理想。陈伟恒同学如果没有为人们默默奉献光和热的人格追求，而对篝火和星星就不会有上边的感想，也就决不可能发现篝火与星光这个题材。

（三）对表达方式的作用

主题、题材都涉及文章的整体，表达方式则是侧重文章的部分。我们以表达方式为例，来看看文章的部分怎样受人格理想的影响。总的说来，无论何种表达方式，之所以被采用，首先是作者感受或体验到、认识到了什么，如果没有这样的感受、体验或认识，也就不需要表达，就用不着这种表达方式。而作者要能感受到或体验、认识到某种东西，必然就涉及人格理想问题。

先看抒情。如姚渊《火》[21]中的一段：

火，它乐于奉献，亮暖人间。有自然的火，更有中华英灵之“火”。苏武的北海牧羊，诸葛武侯的《出师表》，岳飞的《满江红》，两弹元勋邓稼先的远见睿智，焦裕禄的鞠躬尽瘁……这些贤人志士不正如一簇簇炽烈的火团，照亮着社会，温暖着后人吗？……他们国而忘家，公而忘私的高风亮节是火的升华，不正如火一般流传千秋吗？

作者在《后记》中说：“人活着，就应如同火，这是我《火》一文的意境升华，也是我久有的心声。”可见作者所具有的人格追求。正因为有这样的人格追求，他才会对苏武等人的业绩有“烈火照亮社会，温暖后人”的体验，才能写出这段深刻的抒情文字。

再看描写。如刘旸同学在《读心》一文[22]中对树叶的“心”的描写：

一片叶子枯萎后，它的使命并没有完成。它纯洁的心驱使它把自己的全身献给养育它的大地母亲。这种奉献或许是对大地终生的许诺，或许是对大地母亲的报答。

作者如果没有报效祖国母亲的远大志向，对落叶的“心”怎能产生这样的感受，对它哪会有这样动人的描写？

再看记叙。如唐占军同学《春联的故事》[23]，记叙农民“秀才”福伯写春联的故事：在“国弱民穷”的日子里，他写的春联是：“今日债超千，来年全还清”，横批“送走穷神”。粉碎“四人帮”那年，他写的春联是：“十载风霜浸岁月百花凋零，一朝春雨洗山乡万木峥嵘”，横批“富在眼前”。土地承包到户后他家成了“冒尖户”，他写的春联是：“唢呐同奏喜迎包字到户，鞭炮齐鸣恭贺富字扎根”，横批是“小康之家”。现在，福伯一家正走在“共同富裕奔小康的金光大道”上，今年他写的春联是：“昔时乡村闭塞遇年景差无施才处，今日信息灵通政策明有用武地”，横批是“振兴中华”。文章以“春联”为线索记叙福伯一家30多年来生活的变化过程，从而反映了“祖国、家乡的发展变化”，并展示了“祖国和人民生活蒸蒸日上的前景”。很明显，用这样开阔的视野来记叙这个很有典型意义的小故事，没有“胸怀天下”的兴趣是做不到的。

三、怎样搞好理想教育

对学生进行人格理想教育，培养学生的理想人格，是学校教育的本分，是学校所有工作和全体教师的共同任务，作文教学和语文教师也不例外；从人格理想与写好作文的关系来看，语文教师更应该自觉做好这一工作。那么，如何在作文教学中搞好人格理想教育呢？这需要大家在实践中探讨，这里只提出几点参考意见。

（一）充分信任学生。市场经济冲击人格养成是事实，但不能因此认为中学生接受不了人格理想教育。实践证明，中学生处在人生观开始形成的时候，思想较单纯，容易接受高尚的事物，容易树立人格理想。所以朱熹说："学者要立大志，才学便要做圣人。"又说："学者要立大志。所谓志者，不道将些意气盖他人，只是直接要学尧舜。"[24]俗话说，"有志不在年高"，"人小志气大"，也是这意思。苏霍姆林斯基最反感用年龄小做挡箭牌而不对青少年进行人格理想教育。他说："多年的教育经验使我深信，把孩子总看成是孩子，这是学校教育、特别是家庭教育的一种不幸。"他说，我们的教育必须使"小公民精神生活的本质包含对人的美和思想美的惊讶、赞美和充满崇高精神，追求和渴望成为一个真正的爱国者，真正的战士。"[25]对中学生树立人格理想具有充分的信心，是搞好理想教育的前提。

（二）改进课文教学方式。课文教学是怎样影响学生作文的？这是当前很值得探讨的一个问题。在这个问题上，影响最大的是叶圣陶的一个观点，即认为课文是写作的范例（所以课文叫作"范文"），或者说是作文方法的一个示例。所以学习课文的目的是从中获得写作技法，从而影响、提高学生的作文能力。他曾对此作过明确的解释，说"教师辅导学生认真诵习课本，其意乃在使学生渐进于善读……果能善读，自必深受所读书籍文篇之影响，不必有意摹仿，而思绪与技巧自能渐有提高。我谓阅读为写作之基础，其意在此。"[26]这个观点并不正确，它的失误有二：一是误以为学生从课文中学了方法技巧就能写好作文，这看法很成问题，因为会不会写文章并不决定于是否掌握了作文的方法技巧。最简单的一个事实就是每个中学语文教师都掌握了每篇课文的方法技巧，他们掌握的方法技巧可谓既多又熟练，但是真正能写文章的又有多少呢？能有30%吗？恐怕难说。即使达到了（这个数字）也不能说这部分人是由于掌握了作文方法而会写文章的。关于提高中学生作文能力不能走学习作文方法的路子，这问题我另有文章论述，这里仅指出这一点就够了。二是认为学习课文就是为了获得作文方法，这个观点导致了几十年来的语文教学越来越偏离语文课的人文性质，其后果是严重的。近几年来，语文教育界对此已有深刻的醒悟，认识到语文教师不是“教技艺的师傅”，而是“培养人的灵魂的工程师”。[27]语文课的意义在于育人，即“通过一篇篇凝聚着作家灵感、激情和思想——代表人类创造的精神财富的文字，潜移默化地影响一个人的情感、情趣和情操，影响一个人对世界的感受、思考及表达方式，并最终积淀成为他精神世界中最深层最基本的东西——价值观和人生观。”[28]人文精神在语文教学中开始得到恢复和强调，这是我国语文教育思想的重大发展。课文教学怎样影响中学生的作文？不言而喻，根据以上关于人格理想全方位地影响作文的观点，我们的结论是：通过它的育人作用，通过它培养学生的人格理想来影响和提高学生的作文能力。因此，从培养学生的人格理想出发，从语文教学的育人本质出发，必须改变以往只强调“划分层次段落、分析人物情节、归纳主题思想、总结写作特点”的做法，要突出一个“读”字，让学生在诵读、熟读中直接、充分、深入地感受课文，以达到潜移默化地受其影响，以课文中的领袖人格、英雄人格、作者人格激发他们树立人格理想并塑造其理想人格的目的。因为在道德教育中主要不是靠理性说服达到目的，它更需要形象和情感的感染熏陶。

（三）强调作文写真情实感。作文与人格理想是相互走向对方的关系。一方面，要写好作文须树立人格理想；另一方面要培养人格理想又必须认真地写好作文。前一方面已如上述，至于认真作文有助于培养人格理想则因为作文是个人内心生活的自省自助形式。如黄煜同学的《伤口》[29]，写削苹果划破了手指，便以此为借口不帮助妈妈抬煤气罐，使她独自一人扛煤气罐上五楼闪伤了腰。听着妈妈的呻吟作者深感自责，认识到“自己的伤主要不在手上，而是在心上——‘小公主’式的娇惯养成了我的慵懒与自私。”“深夜，我噙着泪花，在母亲闪伤的腰间轻轻地一遍遍擦着红花油，也为自己抚平心灵上的伤口。”所谓“自省”，就是能这样地以正确的思想感情对待自己与他人，与社会国家关系中的不足与问题，从而在今后能更好地处理这些关系。这个同学有上述想法非常好，但有了这种想法之后是否写成文章大不一样。如果不写成文章，它就只是一种朦胧的意识模糊地存在于心中，印象浅，容易消失；而把它写成作文表达出来，它就经过了一番整理、发展、丰富、深化，并得到明确，留下的印象就深刻，就不容易消失，这样，写作的过程就是一次很有力的心灵美化和提升的过程。所以通过写作文这样一次次的自省，必然使学生一步步的“从个体走向整体，走向‘类’”[30]，从而树立和实现人格理想。所谓“自助”，是指作文能从正面为自己开辟前进的道路，以帮助自己前进。如上文说的《篝火·星星·心》《读“心”》《火》等都是学生对自己心灵美的一种发现。同理，通过写作文，学生就使这种发现得到发展、丰富、深化、强化和明确；一次次这样的作文就是在一步步地走向理想人格。但作文的自省自助作用都必须以书写自己的真情实感为前提，而不能是写“假话，假感想，假故事”。作文一讲假话，不但无助于培养理想人格，反而伤害学生品行，故须坚决纠正。

注释：

①⑥⑭谭令仰：《古代文论萃编》，书目文献出版社 1986 年版，第 84 页、727 页、84 页。

②③④⑤⑦⑧徐中玉：《才性编》，中国社会科学出版社 1999 年版，第 328 页、262 页、265 页、271 页、270 页、274 页。

⑨鲁迅：《而已集》，人民文学出版社 1973 年版，第 112 页。

⑩⑪《茅盾论创作》，上海文艺出版社 1980 年版，第 511 页、519 页。

⑫《毛泽东论文艺》，人民文学出版社 1968 年版，第 621 页。

⑬《毛泽东选集·合订本》，人民出版社 1967 年版，第 621 页。

⑮顾炎武：《日知录》，陕西人民出版社 1998 年版，第 125 页。

⑯⑰⑱㉔㉕㉚檀传宝：《信仰教育，道德教育》，教育科学出版社 1999 年版，第 201 页、132 页、143 页、107 页、186 页、117 页。

⑲中学生杂志编辑部：《文章病院》，中国少年儿童出版社 1997 年版，第 248—250 页。

⑳㉑㉒㉙语文学习编辑部：《作文个例》，上海教育出版社 2000 年版，第 49—50 页、

188页、200页、573—574页。

㉕全国中学生作文大赛编委会：《中学生优秀作文大全精华本》，中国少年儿童出版社1997年版，第248—250页。

㉖中央教育科学研究所编：《叶圣陶语文教育论集》，教育科学出版社1980年版，第726页。

㉗王尚文：《语感论》，上海教育出版社2000年版，第379页。

㉘王丽：《中国语文教育忧思录》，教育科学出版社1998年版，第2页。

发现题材与培育人品*

——中学作文教学侧议

中学里流传一首叫作《作文难》的顺口溜："作文难，难作文，下笔无言难成文；头儿空，肚儿空，空来空去空对空。"[①]从这首顺口溜看，中学生写作文的最大难点是"下笔无言"。

那么怎样解决中学生作文的题材问题呢？细加审视会发现，题材问题颇复杂，要较好地解决它必须"综合治理"，即需要从方法、心理、人品三个层次上下功夫。这里只着重讲第三个层次的问题——从人品方面去解决说的话有积极意义的问题。比较起来，我认为这是解决题材问题最根本的途径。

题材：主客观的统一体

在写作实践中，题材问题显得既复杂又神秘。同一事物，你能写出文章，我却感到没有文章可写，或者你能写出文章，我也能写出文章，但各自写的文章大不相同。就是同一个人写同一事物，前些年写的跟现在写的内容也并不完全一样。

要解决题材问题，最要紧的是别把它跟客观事物等同起来，切不可认为某种客观事物或某种生活就是作文的题材。如果题材就是客观事物或熟悉的生活，那么启眼就是，只是写不完，哪还有没有题材可写的问题？要学生写某种事物或某种生活的做法之所以效果不好，就在于它是把题材与这一事物、这种生活等同起来了。

* 此文原载《贵州教育学院学报》（社会科学）2002 年第 6 期。

题材不等于客观事物，不等于客观生活，只有当它们与写作主体的思想感情相融合并成为写作主体思想情感表达形式时它们才可能成为题材。清代诗论家叶燮评论杜甫说："千古诗人唯杜甫，其诗随所遇之人、之境、之事、之物，无处不发其思君王、忧祸乱、悲时日、念友朋、吊古人、怀远道之情感。凡欢愉幽愁离合今昔之感——触类而起，因遇得题，因题达情，因情敷句"[②]。说杜甫凡遇到的"人、境、事、物"都触发了他"思君王、忧祸乱、悲时日"等情感而被他作为题材写成诗篇，虽有夸大成分，但说那"人、境、事、物"之所以能成为他作诗的题材，是因为它们表达了诗人的感情（"因题达情"），则是很正确的。"人、境、事、物"只要能表达某种思想感情便可能成为题材，否则就不可能成为题材，诗人写诗如此，中学生写作文也完全是这样。且看一个初中生写的《摔跤》一文：

村东小河边软绵绵的沙滩上，曾留下我童年的足迹。

每逢傍晚，我就和阿狗、阿超、阿权等几个小伙伴来到河边的沙滩上。一声令下，我们扭成一团摔起跤来。好多次我搂住阿狗的脖子想将他摔倒，怎奈得他力气大，我却被重重地摔在沙滩上。有时膝盖碰在一块小石上，忍不住疼痛会掉下几颗银豆来。伙伴们看着我，很扫兴："不和你玩了，哭的，不是男子汉，是狗熊。"我一听，是狗熊？我用手左右一擦鼻涕又向对手冲去……

哦，我这好胜的童年！[③]

小娃娃玩摔跤是很寻常而琐细的事，也能作为题材写文章？能。这里的关键就在于它表达了小作者不服输，不怕挫折，敢于向困难挑战的倔强性格，否则哪值得写？

题材是什么？它是表达写作主体某种思想感情的客观存在。它既是客观的事实，又是主观的思想感情，是主客观的统一体；只抽取其中的任何一个方面都是对题材概念的割裂，在实践中都是行不通的。

“发现题材”与社会知觉

在题材这个主客观的统一体中，起决定作用的是哪一方呢？显然是作者的思想感情，而不是客观事实。人们说“发现题材”，这个“发现”是什么意思？就是看出了某一客观事物能够表达自己的某种思想感情，从而打算写这一事物，以便把自己的这种思想感情表达出来；而不是指看见某一事物，仅仅看见某一事物绝对谈不到“发现题材”。但更重要的是，“看出了某一客观事物能够表达自己的某种思想感情”这句话有两点值得提出来说：第一，这个“看”字是什么意思？第二，“客观事物能够表达作者的某种思想感情”是怎么一回事？我们先说“看”的含义，第二个问题下一节讲。

这里的“看”只是一个通俗的说法，并不真的就等于用眼睛看，其意思远不只是用眼睛观看的问题，它更是一种复杂的心理活动。更准确地说，这里的“看”应该叫作“社会知觉”。社会心理学告诉我们，社会知觉是对社会生活的认知，它跟普通心理学上的知觉是有很大区别的。这区别在于：

首先，普通知觉只用五官感知事物的外在现象，而社会知觉不仅要把握对象的外在特征，还要感知对象的“社会性质”。比如认识一个人，不仅要看到他的“高矮胖瘦等自然属性”，还要了解他的“人格特点、要求、愿望和目标”等④，这就不是单靠眼睛等感觉器官能够办到的，而必须运用记忆、联想、想象以及分析、思考等多种心理方式，所以有复杂的心理活动。作文的知觉只能是社会知觉，不能是只用眼睛等生理感官的普通知觉。因为作文要反映的是社会生活，它不能只知觉对象物理或生理层面上的物质特性或生理特性，而要知觉对象的社会特点。所以，从文章源于社会生活并反映社会生活的角度讲，作文需要的不是普通知觉，而是需要社会知觉。让学生先看一场球赛然后写一篇作文，这做法之所以不能收到预期的效果，其中一个重要原因就是把“看”理解成了“用眼睛观看”，而没有把它理解为社会知觉。能看见什么？只能看见运动员的衣着、模样、动作、姿势，运动场上各种人与物的生理性物理性特征，只能看见种种表面现象。以这些信息为基础作文，至多只宜写《什么是球赛》之类的说明性文字；它没有把握住球赛中的社会特性，所以不可能写成一篇思想深刻、热情洋溢、想象丰富、特色鲜明的好文章。是用普通知觉还是运用社会知觉，从客观对象中获取的信息大不一样，做出的文章也很不相同。

其次，从主体在知觉过程中发挥的作用看，普通知觉和社会知觉还有另一个重要区别，那就是普通知觉基本上不包含主体作用，只强调对客观信息的如实接纳。这朵花是红的，知道它是红的就完成了知觉任务，至于红的好不好，是否喜欢等等，都不是知觉要管的事了。社会知觉却不然，知觉过程中不仅有记忆、联想、想象、分析思考等多种心理活动参加进来，而且有主体的“人格因素和价值观念参与知觉活动，影响知觉品质。”如“在大体相同的社会生活，比如战争生活条件下，由于人们的思想感情、责任感、价值观、目标追求不同，对社会事件的知觉特点和由此形成的有关观念也不同。”⑤在社会知觉中，主体从对象获得的知觉特点是主体人格因素和价值观念作用于对象的结果，这是社会知觉的一个很重要的特征。雷锋乐于助人，人们说他“毫不利己，专门利人，是我们学习的好榜样”；但也有人说，“市场经济搞有偿服务，雷锋不是我们学习的榜样了。”甚至有人说，“人总是有私心的，雷锋是傻子，学雷锋的也是傻子”。同是一个雷锋，不同的人对他做人特点的感知相差竟会如此之大，这就是知觉主体人格因素和价值观念参与社会知觉活动的结果。中学生的作文常常出现大同小异的现象，这跟他们没有让自己的人格因素和价值观念参与知觉活动的做法有很大关系。诚然，这不是说中学生在人格因素和价值观念上互相之间有好与不好、正确与错误的多大差异没有在作文中体现出来，而是说作文没有反映出他们在这方面各自的个性特点。作文应该“文如其人”，文章应该有“我”在，这才是写作文的正确方向。所以作文教学应该引导中学生运用社会知觉去感知对象，而不能仅仅局限于用眼睛观看的普通知觉。

强调对社会生活用社会知觉去感知，是不是要中学生另外学一套本事呢？不，这套本事他们早就有了。如他们平时爱说“这人一看就知道很善良”“这事一听就发觉很有意义”“这玩艺一定很贵吧”……这类话中的“善良”“意义”“贵”（价值）都不是眼睛能直接看出耳朵能直接听到的，它们不是视听的感知对象，这些都是他们用社会知觉获得的信息。中学生的社会知觉能力本来很强，以往出于“题材等于客观事物”的误解，在作文教学中老是强调观察，使他们一直只注意用眼睛去客观地察知事物，结果抑制了他们的社会知觉能力，也影响了他们智力的发展。现在，应该是强调社会知觉的时候了。

题材：作者本质力量的对象化

现在说“发现题材”中的第二个问题，即“看”出的那个“客观事物能表达主观的思想感情”是指的什么。

在题材的“发现”过程中，客观存在的事物怎么成了表达作者思想感情的东西呢？上边论述“看”是社会知觉已经表明，社会知觉的过程也就是写作主体思想感情向知觉对象渗透的过程。用哲学语言表达，这渗透也就是主体本质力量的对象化问题了。

马克思指出：“随着对象性的现实在社会中对人来说到处成为人的本质力量的实现，成为人的现实，因而人成为自己的本质力量的现实，一切对象对他说来就成为他自身的对象化，成为确证和实现他的个性的对象，成为他的对象，而这就是说，对象成为他自身。”[⑥]怎么理解这段话呢？关键是“对象性的现实在社会中对人来说成为人的本质力量的实现”一句。为了透彻理解这句话，不妨仍以上面提到的《摔跤》一文为例来作说明。我们要认识儿童摔跤这件事，在认识结构中摔跤就成了认识对象，我们就成了认识主体。但我们只有具备认识摔跤这件事的能力才能进入该结构而成为主体，才具有主体性；摔跤也只有能被我们认识才能成为我们认识的对象，才具有对象性，但说我们有能力认识它是有不同水平的。比如，只是从生理上认识到摔跤的动作姿势等，它还不算真正的社会人的认识对象，我们这时也不能算真正的社会人的认识主体。马克思在这句话中提到的“人的本质力量”，就是指社会人所独具的，而为动物、自然人、刚开始社会化的婴幼儿都不具备的那种人的文化精神力量，它包括理解追求、价值观念、思想认识、道德情感等只有社会人才具备的东西。小作者从他童年参加摔跤这件事中认识到自己不怕失败、勇于战胜困难的倔强精神，这就是在社会人的水平上认识摔跤这件事了，这样，这件事也就成了他本质力量的对象化。凡是我们作为社会人对客观对象进行了认识，它都会“成为他本质力量的实现”。对社会中的事物都这么去认识，那么一切社会事物都是我们自身的“对象性”的存在，都是我们“本质力量”的实现。马克思说的“对象性的现实在现实中对人来说到处成为人的本质力量的实现”这句话，就是这个意思，其中的“人”即“社会人”。当然，以上只是从认识的方面去理解这句话，从实践方面说，一切实践的产物就更是“人的本质力量的实现”了。但我们论发现题材的问题只能从认识的角度去说它，从而说明被认识了的对象是认识主体本质力量的实现。马克思接下去说，这既是人的“本质力量的实现”，同时也就是“成为人的现实”，对象成了他的“现实”，也就是“对象成了他自身”。

所以，题材的实质就是题材发现者本质力量的对象化，即作者本质力量的对象化。发现题材，其实就是作者在客观事物中发现了自己，写怎样的题材自己就是怎样；同一件事被处理成不同的题材，因为是不同的人去处理，它正反映了人的不同。“文如其人”这句老话，正包含有“题材即其人”这层意思。这样，将题材的问题归结到人自身上来，也就抓住了问题的根本。

人的本质力量与人品

题材是作者本质力量的对象化，是作者本质力量的展现。但人的本质力量在层次、性质等方面都是有差异的，并非无论展现什么本质力量的题材都能写成好文章。中学生为无话可说而苦恼，并不是他们什么话也没有，而是指没有有意义的事可讲，如果去掉“有意义”这个前提，他们跟任何人一样，可讲的话并不少。说到写的题材要有意义，这就跟人品密切相关了。

2000 年 4 月，上海举行第 13 届中学生作文比赛，参加人数达 40 万之多。据一位组织者兼评委的老师说，在以《介绍一种技能》为题的作文中，竟有 20% 的参赛者满有兴味地介绍说谎、欺骗、吹牛、算命、作弊、骂人、扒窃的技能。其他的如“企求自己成为一条乞讨肉骨头的狗”（赛题《求》）；幻想自己成为吸毒者，因为那时可以“腾云驾雾，如入仙境”（赛题《我的幻想》），这些都给这位教师留下了“刻骨铭心”的印象。[7]他认为这是中学生喜欢“标新立异”的结果，我以为这样认识未免肤浅一些。中学生的人格正在形成和发展中，对写这些题材的同学不能说人品上就有多大问题，但以题材不等于客观事实，它是作者本质力量对象化的观点看，这些学生在思想意识上是明显地有不足之处的，对这一点我们决不应该忽视。

如上文所说，将客观事物提升为作文题材，中间需要作者赋予意义，需要作者本质力量的对象化。在这个提升过程中，知识和经验起着很重要的作用，但起决定性作用的却不是这些，而是人品。

黄庭坚说：“天下清景，不择贤愚而与之，然吾特疑端为我辈而设。”[8]这是说天下的美景在一切人面前都是存在着的，它供大家欣赏；但是，他怀疑它是只为我们诗人准备的，因为只有我们诗人才能感受到它的美。王国维进一步说：“一切境界，无不为诗人设。世无诗人，即无此境界。”[9]这些话都讲诗人“看”到的东西跟常人所见的不一样，使人听来似乎有点刺耳，但他们都正确地揭示出一个规律：即在写作题材（不只是诗的题材）问题上，凡是能将自己好的人品对象化于客观事物，那事物就上升为有写作意义的题材了。这里，人品是至关重要的。王夫之对这一点讲得很透彻，他说写作有个眼光问题，要有美的眼光看事物才能看出事物的美，才能看出事物有值得写的意义，如果是“俗子肉眼，大不出寻丈，粗俗如牛目，所取之景亦何堪向人道出？”[10]说鄙俗之人，目光短浅，只能看见自己鼻子尖下的一点私利，那眼睛即使大如“牛目”，所看出的东西又哪值得写成诗文向读者讲呢！眼睛是心灵的窗户，以怎样的眼光看待事物，也就体现了怎样的心灵、怎样的人品。所以要敏锐地发现有意义的题材，必须有较高的人品。

为了使我们对这一点看得更清楚，不妨进一步谈一下人品在题材发现中究竟有哪些作用。

人品这个概念包括人的需要、动机、兴趣、理想、价值观、世界观、性格、素质、能力等。所有这些因素，在题材发现过程中都有不同的作用，同时又相互影响、渗透，情况较复杂，不可能逐一地展开论述，这里只能从总体上指出人品对发现题材的决定性作用主要体现在如下几个方面：一是对认知方向的影响。面对某一事物，究竟从哪一个方面去认识它和能否获得写作所需要的意义或意味，常常是由人品决定的，因为认知的方面不同，同一事物显示出的意味或意义也就不一样。二是对情感性质的影响。面对同一事物，以何种感情去对待就决定了它有什么样的意味；而它能不能成为写文章的题材就决定于它有什么样的意味。那么是什么决定我们对待事物的感情性质呢？主要也是人品。三是对追求的影响。人们的追求纷繁复杂千差万别，但归纳起来无非三类：美好的，一般的，不好的。面对同一事物，有不同追求的人赋予它的意义也是不同的，因而也决定了它能否作为题材写成文章。人的追求又是什么决定呢？同样决定于人品。

题材是人的本质力量的对象化，人品对发现题材有决定性的作用，我们必须在作文教学和整个语文教学中努力做好育人工作，只有育人工作做得好，题材问题才能从根本上得到解决。

注释：

① 王尚文：《语文教学导论》，湖北教育出版社 1994 年版，第 309 页。

②⑧⑨⑩ 徐中玉主编：《才性编》，中国社会科学出版社 1999 年版，第 269 页、101 页、98 页、96 页。

③ 高长梅主编：《三好作文》，陕西旅游出版社 1999 年版，第 49 页。

④⑤ 沙香莲主编：《社会心理学》，人民大学出版社 1997 年版，第 103—104 页、107 页。

⑥ 陆梅林辑注：《马克思恩格斯论文学艺术》，人民文学出版社 1982 年版，第 78 页。

⑦ 潘鸿新：《部分“出格”文章令人惊诧——看中学生比赛作文有感》，《文摘报》2000 年 4 月 13 日第 6 版。

作文题材与价值观教育*

——中学作文教学一议

中学生写作文普遍碰到的困难是没有话说，找不到可写的题材，教师布置了作文任务又非写不可，于是瞎编故事，讲假话套话，拼拼凑凑应付差事。这样对待作文，不但谈不到提高写作水平，还影响到诚实做人的品行，也败坏文风。所以，这是作文教学中亟待解决的问题。

怎样引导中学生走出没有题材可写的困境，使他们写作文有话可说？这里从价值观的角度讨论这个问题。

一、题材与“主—客相关律”

题材的实质，是作者价值观的问题。但要说明这一点，得从认识论的“主—客相关律”讲起。因为题材是同时关系着作者与生活这两个方面的。

认识论的“主—客相关律”，是说在认识活动中，无论是认识的性质方面还是在认识所达到的范围、程度和采用的方式上，认识主体与认识客体之间都具有某种内在对应的相关性。

客体在主体的“眼”里呈现出怎样的性状，取决于“主体的需要”和他“把握客体的能力”，认识论“主—客相关律”的这个道理对我们认识作文题材的问题很有启发。不少中学生说，我们写作文之所以没有题材，是因为我们的生活太平淡了。有些语文教师也持这样的观点，也认为中学生写作文找不到东西写是必然的，他们的生活太贫乏太简单了。从认识论的“主—

* 此文原载《六盘水师专学报》2003年3月第15卷第1期。

客相关律”看，这种说法显然不正确。中学生生活在这些学生和教师的眼里之所以呈现出平淡、贫乏、简单因而无东西可写的样子，那是由他们的“需要和把握客体的能力”决定的，并非生活真的就是这样。客观地说，中学生的生活看似平淡、贫乏、简单，其实它丰富多彩，激动人心，因而有永远写不完的东西。远的且不说，单是看新时期以来出现过多少中学生的作文佳作，出现过反映中学生生活的多少散文、小说、诗歌和影视作品就可以明白了。必须看到，人类生活的任何一个方面都不会是平淡、贫乏和简单的，因为作为生活主体的人不是平淡、贫乏和简单的。所以人类生活的任何一个方面都有写不完的文章，只是要看“主体的需要和把握客体的能力”是否达到相应水平罢了，这才是问题的关键。换句话说，中学生生活中肯定有写不完的题材，认为它没有什么可写的，问题必然出在写作主体方面，我们只能从主体方面去寻找问题的解决办法。

二、题材与价值观念

中学生生活中本来蕴藏着写不完的题材，之所以认为它没有东西可写，是因为中学生的“主体需要和把握客体的能力”不具备相应的水平，但这是需要作具体分析的。

我们且以曹辉同学的《冬天里的草兰》一文①为例来作些说明吧。作者说，春天，“每当眼前出现一片姹紫嫣红的时候”，他就会想到杨老师家窗台上那棵“冬天里的草兰”。这是一种“极普通的花”；在这里，它“没有精致的花盆；只有一只搪瓷饭碗和半盆碎泥。”“尽管它十分清瘦，却显得精神矍铄”，看见它你就会觉得“纵使没有肥料，没有合适的温度，它也一定不会忘记献出自己仅有的一切”。而且，哪怕“窗外寒风呼啸”，只要你看一眼那盆草兰，它就会“带给你春的温暖”。作者觉得这盆草兰在“默默地向人们展示着主人平凡的生涯”：“年逾 60”的杨老师每天就坐在窗台下的一张旧桌子前备课改本子。他在“文革”中受迫害，身体很虚弱，子女又不在身边，平时陪伴他的就只有这盆草兰。室内的陈设简单到跟草兰“竟如此协调”；他也跟草兰一样，总是带给人们春的温暖。比如作者初二时他们班是“全校有名的乱班，很多老师都不愿接这个班”，杨老师却主动承担下来。他是“拼着老命把我们班搞上去的，成绩一跃为年级组第二名”，运动会上又获得“女子年级组冠军”，还夺得了“市先进集体”称号。文明班级的“一张张奖状，一面面奖旗”，使全班同学一次次“在心中升起的就是这种温暖”。文章的结尾是：

> 我崇尚身处困境，摆脱小我，将全部力量献给祖国的人。杨老师不正是这种人吗？虽然他平凡，其品格与这株草兰多么相似，没有惊天动地的勋业，只有默默无私的奉献……

作文题材是写进作文的生活事实（或材料）。生活中的事实随处都有，无穷无尽，但它们能否作为题材被写成文章，如上所说，决定于中学生的“主体需要和把握客体的能力”这两条。但很明显，在这两条中，对于中学生来说，从认识论方面去“把握客体的能力”（达到所需要的认识范围、程度、层次以及恰当的认识方式等），一般都是没有问题的，在这上头他们基本上不存在写作文的困难和障碍。因为中学生写作文不是搞科学研究，不要求他们有广博深厚的学识，更不要求在对事物的科学认识上达到新的水平和高度，作文对客观事物的把握只要求有最一般的生活常识和经验就足够了。而这最一般的生活常识与经验，不但中学生人人具备，连小学生也是有的，所以小学生写作文在这方面也不存在多少困难和障碍。还以这篇《冬天的草兰》而论，里边有什么高深的知识？一点也没有。草兰的形象、特点，杨老师的工作与生活，统统都平常极了，哪一个中学生都会说“我都懂得，我都知道”，根本谈不到他们认识能力达不到的范围、程度、层次，也谈不到有中学生不具备的认识方式。但是，要写出这么一篇作文来却又不是每个中学生都能办到的。那么这是为什么呢？这就涉及题材要求的另一个条件——“主体的需要”问题了。

“需要”联系着人的价值观念。因为“价值”是从人们对满足他们需要的外界事物的关系中产生的，“是客体具有满足主体某种需要的属性”[②]；客体能满足主体的一定需要它就对主体有价值，否则它对主体没有价值。价值观念就是人们对事物的评价标准。作文所涉及的价值观念基本上是人生价值观念问题，即怎样回答人生价值，认为人生价值在哪里、做一个什么样的人才有价值的问题。对于中学生的作文来说，正确的价值观念是获得作文题材的决定因素。一定的生活事实触动了价值观念就很可能成为作文题材，否则不能成为题材。在《冬天的草兰》这篇作文中，草兰和杨老师的工作与生活之所以引起曹辉同学的关注，使他感动而成为他的作文题材，正如文章结尾所表明的：“我崇尚身处困境，摆脱小我，将全部力量献给祖国的人。”因为他有这样的人生追求，所以草兰的形象和杨老师的事迹使他受到感动。相反，如果他是另外的价值观念，比如认为人生的价值在于个人的物质生活享受，获得的物质享受越多人生越有价值，那么杨老师的清贫生活与无私奉献就不会被注意到，更不会使他感动，即使听到介绍杨老师的事迹也会很不以为然。在这种情况下，草兰和杨老师的工作与生活都不可能拿来作题材写文章；如果硬要写，那只能作为批判的题材，但中学生也知道，批判“摆脱小我，将全部力量奉献给祖国的人”是不行的，结果这一生活事实仍然不能成为作文题材。中学生写作文没有题材，问题正出在这个方面。报上有文章说：“相当一部分中学生以自我为中心的倾向比较严重，还未能学会很好地处理个人与他人、个人与社会、个人与国家的关系……不关心国家利益，普遍不愿为国家利益放弃个人追求。”[③]价值观念上的这些不足，正是他们难以在生活中发现题材的根本原因。

文章是作者价值观念的表达，因此作文题材必然是触动了学生价值观念的事实。

所谓作者的价值观念被触动，是指某些生活事实对作者的价值观念有印证、丰富、深化、发展、修正、启迪等作用。那些写好人好事、英雄模范人物事迹的好文章，那些好读后感、观后感和写景状物以及生活感悟的佳作，都是作者的价值观念受到这样的触动之后写成的，否则那些人和事、景物和生活就不会成为题材被写成作文，只是作者的价值观念在有的文章中表现得比较明显、直露，在有的文章中表现得含蓄、隐晦一些，形态有所不同罢了。

三、题材回归本位

题材，在写作学上是回答文章写什么的问题。这个观点是对的，但需要正确理解，否则会发生移位。

作文是写什么的，按写作学的传统观点，是写自己熟悉的生活，这说法也有一定道理，自己不熟悉的事物的确没法写。但是，凡是熟悉的事物就可以做题材写文章吗？不见得；不要说学生做不到，教师也办不到，大作家也没这本事。可见，这说法会造成学生的作文困难；不仅如此，它还造成题材的错位。因为从本质上讲，作文并不是写熟悉的生活。

文章究竟写什么？《吕氏春秋·淫辞》说，“凡言，以谕心也。”扬雄《法言·问神》也说，“言，心声也”。这都说明文章不是写外在的生活，而是写作者自己心头的声音。但“心声”不会凭空而来，必然是由外在事物的触动而引起。同时，“心声”乃虚玄之物，直接写它也没法写，只有通过写触动它的生活事实才能将它表达出来；这时触动它的事实就成了题材。所以，题材是“心声”的实现和形态化；作者写题材不是目的，而是为了表达心声，写心声才是目的。更准确地说，在生活中，题材是触动作者心声的事实；在文章中，题材是作者心声的体现。只有这样理解作文的题材，才能使题材回归本位。

题材与“心声”的关系如此密切，那么心声又是什么呢？必须明确，它决不是浮泛的一般言语，它是来自心头的声音，是心灵受到震动时最想说出来的话；而这常常就是在价值观念受到触动时才会有的。为什么这样说呢？奥地利著名心理学家弗兰克尔说得好，“人是追求意义（即价值）的生物”，人“完全能够为所信奉的理想和价值准则而生，甚至为此而死”，“人对意义的渴求与对其他方面的渴求相比，是更为强烈而迫切的。”可见价值观念对于人是多么重要，所以在它受到触动时必然使人情感激动、思绪万千，有种种的感受。这些就是我们的心声，我们最想说出来的心里话，所以上文说题材就是触动我们价值观念的生活事实，即引起并表达这种心声的生活事实。

对“文章写什么”的问题作如上理解，使题材回归其本位，也因此使作文回归本位。一旦回归本位，诸多关系便随之理顺，写作文之提高作文水平也就不再是件很难的事。具体地说，从价值观念角度解决中学生写作文的题材问题，能够收到多方面的效果：

（一）题材容易获得。既然“人的本性是追求人生的意义”，“人无论在什么样的生活环境下都要拷问生命的意义”，那么，在千变万化、纷繁复杂的生活中，其价值观念必然会不时地受到触动，这就决定了中学生随时可以获得题材，而且这些题材几乎是自动找上门来。因为在价值观念受到触动时人不能不去想个究竟，以便“拿定做人做事的态度”，然后“才能放心地生活和创造”④，不然心里无法平静。这个想明白的过程多半就是获得题材的过程。从《作文个例》一书看，中学的“作文尖子”们几乎人人都写有二三十万字的生活札记，他们能有这么多的题材可写，道理就在这里。

（二）消除“作文痛苦”。作文是表达心声的，把心头想说的话说出来是一件挺愉快的事，所以自古以来就有不少人“以文章自娱”。写作文只有走错了路子才会变成苦差事。中学生的“作文痛苦”，主要就是在题材问题上走错了路（如“写熟悉的生活”之类）造成的，没有想说的话又不能不说一番话，没有可写的题材又必须写文章，这样写作文怎能不十分痛苦。他们讨厌和害怕作文的主要原因也就在这里。抓住价值观念受到触动时写文章，题材自己送上门来，写作中又有“一吐为快”的感觉，写作文就成了一件轻松愉快的事。所以蔡静芳同学说：“能够静下心思写东西，的确是件愉快的事。”⑤写作文成为愉快的事就会喜欢作文，就会对作文产生兴趣。无论什么事情，有了兴趣就能够做好。中学生一旦对作文产生兴趣，作文能力必然会较快地得到提高。

（三）培养创造型人才。创造型人才就是有创造性思维能力的人，创造性思维能力就是能产生创造性成果的能力。创造性思维能力有四个特点：⑥积极的求异力（对已有认识结论的怀疑和分析态度，发掘事物的差异性、局限性、不一致性等）；创造性的想象力（思人所未思想人所未想）；[7]敏锐的洞察力（洞见事物的本质、真相）；开阔的思维力（思维具有广度和纵深度，看得深看得远看得全）。人在价值观念受到触动时，他的思维最容易带上这些特点。因为价值观念的触动对每个人都不是一件小事，而是一件很大的事情。哲学家们说："人对生活意义的追问，使人或是肯定自己目前的生存状态，或是否定自己目前的生存状态"；对生活意义的追问或使人"追求生活的光明面，创造一个更有价值的人生"；或使人"对生活抱消极悲观的态度，甚至自己结束自己的生命——彻底否定自己的人生"[8]。可见是何等重大的事情。因为价值观念的触动会引起目前生存状态的改变，个体面对如此重大的事情必然会调动全部聪明才智去努力把它想清楚、想透彻。这时，为了准确把握追求的生活，他勇敢地怀疑已有的认识，最深入地分析一切事物；他的想象力空前活跃，他的洞察能力得到空前的发挥；比之于平时，这时他站得最高，看得最深最远最全面。他的聪明才智这时处于最激烈的拼搏之中，因而自然而然地获得了创造性思维的以上特点。如施蕾同学的《过年是什么》一文：

过年了。

每个人都盼着过年，可过年究竟是什么？

是穿着新衣服，走在人群中吸引行人的目光，炫耀自己美丽？

是噼里啪啦地放鞭炮、烟花，增添节日的喜庆气氛，把世界点缀得更加美妙神奇？

是给长辈们拜年，然后揣着压岁钱去买自己梦寐以求的东西？

是全家团圆、合家欢乐，围着桌子吃个痛快，喝个一醉方休，让平日的辛劳消融在这香醇的美酒中？

是放开手脚，玩它个翻天覆地，来个大闹天宫，把烦恼与忧虑赶得一干二净？

是盯着电视机屏幕一动不动地欣赏盼望已久的春节联欢晚会和精彩的电视节目，享受其中的乐趣？

是打雪仗，堆雪人，在皑皑白雪中寻找春天的足迹？

……

这些都对，又不尽对。

我想，过年是给每个人播下希望的种子，忘却过去一年的遗憾；过年是每个人又长大了一岁，又将迎接新的挑战；过年是意味着更加忙碌，需要全身心地投入到工作中去；过年是成功与荣誉都已属于过去的标志；过年是意味着再攀登、再进取；过年是意味着要将更耀眼的光变成热散发出来，去温暖每个人的心怀；过年是严寒的冬天给明媚的春天留下的一份美好的回忆！

我终于明白了过年的真正含义，明白了在新的一年里用新的眼光看待周围一切，用火一样的热情去面对生活。因为我清楚地知道：

过年了！

过年意味着什么？文章给出了创造性的回答。作者思维的创造性特点在这里体现得很充分、很鲜明。人们心中的过年是穿新衣、玩鞭炮之类，她说这些“都对又不尽对”，这就是创造性思维的求异性。

她说过年是迎接新挑战，再进取再攀登等等，这就是创造性思维的敏锐洞察力，即从过年这一寻常事中悟出了这么深刻的东西。至于想象的丰富，思维的开阔，从七个过年不是什么和七个过年是什么得到了生动的体现。文中体现的这些创造性思维特点，都由于作者努力思索过年意味着什么这个问题激发的。她在过年的时候突然想到新的一年又到了，时光就这么一年一年的过去，我们究竟应该怎样理解过年这件事呢？思考过年的意义，也就是在思考生活的意义、人生的价值。这个绝大的问题一时浮上心头，于是她自觉不自觉地用上全部聪明才智从各方面去追求解答，最后终于获得答案，从而明确了“在新的一年里用新的眼光看待周围的一切，用火一样的热情去面对生活”。可见，正是过年这一事实触动了作者的价值观念，使她不仅抓住了这个题材，而且通过写这一题材锻炼了创造性思维能力。作文教学培养创造型人才，主要就是在这样的写作中达到的。这也正体现了“写作是创造性劳作”的本质。

（四）提高学生的人格水平。使学生学会做人，促进学生的人格成长，这是人本教育的基本理念。所谓做人，也就是言行符合道德规范，能正确处理自我与他人、个人与集体与社会的关系，对人对事对生活有正确的态度。这一切的根本都是个价值观念问题，树立了正确的价值观念，学会做人和养成好的人格也就容易办到，从前边的几个例子可以看出，从价值观念去解决题材问题，学生随着题材的一次次获得与写作，其价值观念必然越来越正确，越来越得到巩固、发展、丰富和深化，于是人品（做人或人格所达到的品位、高度）也不断得到提升。这是作文教学的最大收获，也是整个教育的根本目标。

四、余论

从价值观念角度解决中学生写作文的题材问题，教师应该注意什么呢？这里说两点想法供参考。

首先是切实做好价值教育的问题。对中学生进行价值观教育不光是德育课教师的任务，每一个教师都应该做好这个工作，语文教师自然也不例外。但语文课的价值观教育不是凭借理论教材，语文课本上的课文就是最好的教材；它的价值观教育也不是理性说教，而是让学生从生动形象的课文中受到感染和启迪。这里，最要注意的是必须克服多年来形成的“庖丁解牛似的肢解课文，依赖教参讲深讲透”的教学方式。必须强调学生诵读课文，教师只是引导，引导学生自己去课文中感受思想与情感之美，形象与语言之美，人物个性与品格之美，从而深切地理解到课文中鲜活的价值观念，并受到启迪、鼓舞和激励。这才是语文课的价值观教育，这比空洞的理性说教更能收到实效。同时，在作文的批改和讲评中教师要把价值观念作为一个重要的维度，让学生从作文实践中切实体会到价值观念与获得题材、写好作文的密切关系，从而使他们更自觉地关注这个问题。对学生作文中不正确的价值观念教师必须加以引导，但更要善于引导，要讲究方式方法，以免产生副作用。

其次，提倡学生写生活札记，以札记代作文。中学生写了多年作文，但对“言为心声”的道理并不明白。教师要引导他们对“作文究竟是写什么的？”这个问题有正确的理解，懂得写作文需要面向外在生活，更需要面向自己的内心世界，要留心外在事物引起了我们内心怎样的思想情感，特别是要抓住价值观念受到触动时的思想情感写生活札记。学生写生活札记既然是最好的写作训练，用它代替命题作文自然是可以的，胡适曾经就主张中学生用日记、周记代替作文[⑨]。当然，也不是一概不要命题作文，它也是练习方式的一种，笔者是主张命题作文要尽量少些，一般都可以用生活札记代替。只要组织得好，相信这样做一定能收到更好的效果。

注释：

① 高长梅主编：《中学生三好作文》，陕西旅游出版社 1999 年版，第 344—345 页。

②⑤⑦ 龚群：《人生论》，中国人民大学出版社 1991 年版，第 134 页、136 页、135 页。

③《当代中学生的观念取向五年后影响社会主流》，《教育文摘周报》2002 年 2 月 27 日第 2 版。

④ 刘翔平：《寻找生命的意义——弗兰克尔的意义治疗学说》，湖北教育出版社，1999 年版，第 42—43 页。

⑥⑧《语文学习》编辑部：《作文个例》，上海教育出版社 2000 年版，第 349 页、第 550—551 页。

⑨ 林可夫：《高等师范写作学教程》，福建教育出版社 1991 年版，第 696 页。

中学生写作文“下笔无言”的原因与对策*

一、题材与意义

“下笔无言”这是中学生写作文普遍碰到的一大困难，这问题该怎么解决呢？解决问题需要探究原因，原因明确了解决办法自然容易找到。

中学生写作文为什么“下笔无言”，找不到话说？他们自己的解释是，生活太平淡，没有值得写的题材。这样的认识当然是不正确的。因为文章虽然是生活的反映，却不是照抄生活；并非生活平凡就没有可写的题材，生活不平凡就能写出好文章。写文章是创造，不是抄袭生活。

不过，中学生之所以认为平凡生活写不出文章，是觉得平凡生活中的那些人物、事物、景物，等等，没有写的意义。这就是说，他们认为文章题材必须有意义才行，不能见啥写啥，不是写什么都可以。这个观点却是很对的。但不能认为平凡生活就没有写的意义，问题只在于我们是否把握住了这种意义。因此，他们“下笔无言”的真正原因不是生活太平淡，而是他们不会把握生活的意义。事实正是这样，一件很平淡的事，你抓住了它的意义就觉得它值得写，它就成了作文的题材；你没有把握住它的意义就觉得它不值得写，它就不能成为作文的题材。平凡的生活如此，不平凡的生活也一样，是否值得写不决定于别的什么，就决定于你能否把握住它的意义。同样一件事，你认为它根本不值得写，别人却抓住它写成了漂亮文章，反之亦然，你认为某

* 此文原载《安顺师专学报》2003 年 12 月第 5 卷第 4 期。

件事是写文章的好题材，别人又觉得写它没意思。总之，客观生活本身无所谓值得写不值得写的问题，说它值得写值不得写是针对写作主体而言的。大艺术家罗丹有句名言，“美是到处都有的，对于我们的眼睛，不是缺少美，而是缺少发现。”所以，对于善于发现的眼睛，“天地之间，风云日月，人情物态，无往非吾诗所自出。”一切都是写诗作文的好材料。而对于缺少发现力的眼睛，则什么都难以成为写诗作文的材料。

那么怎样才能把握住生活的意义呢？这问题后边谈，这里先说在写作学上“生活的意义”是指什么。

“生活的意义”也就是指我们生活中所接触的人物、事件、场景等的意义。所谓“意义”，可解释为“作用”或“价值”。生活中的人物事件等有无意义，就是指它有无作用，有无价值，但写作学上的意义不是指一般的作用与价值，它有其特定的含义。首先它不只是对象对自身的意义。比如树叶长得很好，能有力地进行光合作用，对这棵树的生存很有作用，很有价值，但这只对这棵树本身有意义，写文章一般不采用对自我这种意义。又如某人买了一件价廉物美的衣服，这对他很有作用，很有价值，但这只对他自己有意义，对于写文章却没有意义，或者说文章一般不写这种意义。其次，它不是指对象的科学意义。如树叶提前枯萎了，这对科学研究有意义，研究它提前枯萎的原因对于保护林木有意义。但学生写作文就不写这方面意义，因为学生由于受到种种条件限制，写作文一般都不写科技论文。同理，买衣服一向价昂物次，眼下变动为价廉物美，从经济学上弄清这变化的原因是有意义的，但学生写作文却不去揭示这种意义，道理在于学生一般不写这类科研文章，作文所需要的“生活的意义”究竟是什么呢？简单地说就是伦理道德的意义，即对于和谐人与人、人与社会、人与自然的关系有促进作用的那种价值、那种意义。比如能从一片树叶悟出一种人生哲理，而这哲理对人们（读者）和谐伦理关系有所助益，那么它对于写文章可能是有意义的。这时这树叶就可能成为作文的题材。同理，能从买到一件价廉物美的衣服这件事中看出有和谐人伦关系的意义，那么这种事也就可能成为作文的题材。这就是说，写作学对生活意义的把握，不是取对象自身的角度，也不是取科学研究的角度，而是取伦理道德的角度；只要对象具有伦理道德的意义它就可能成为作文的题材，否则就不行。这里只说“可能”，是因为从写作学上把握事物的意义，不仅指它是伦理道德上的意义，而且在这个大前提下还要求“新”——是新的意义或有新的感受；否则，仍然不太适宜做题材写文章。比如写碧绿的树叶过不久就会败落，以此象征人的生命很有限，我们要珍惜时光，抓紧时间学习和工作，这虽然有伦理意义，但意思较一般，缺乏新鲜感，严格地说，还要能写出新意来才好。买衣服的例子亦然，如果只说搞改革开放解放了生产力，形势大好，服装行业产量大增，新款式也多，所以人们能买到价廉物美的衣服。这虽然体现了人与社会的和谐发展的关系，有伦理意义，但同样缺乏新鲜感，如果要用这个事实写文章，也得进一步发现它的新鲜意味才好。至于新鲜的意义或新鲜的感受是怎样的，下文将会提到。

二、获得意义的基本方式

解决中学生“下笔无言”的问题，有必要让他们掌握获得生活意义的如下方式：

（一）发现意义

人们爱说“写作是一种发现”，又说“从生活中发现题材”，“从生活中发现美”。在这些发现中，最根本的是发现生活的意义，其他方面的发现都由此而来，都由此决定。“发现生活的意义”是指那意义本来就包含在生活中，但尚未为人所知道，现在被你“看”到了。如刘旸同学的《难观日出》一文，写作者来蓬莱旅游，目的就是了却海上看日出的夙愿，可是头两次看日出都因天公不作美没看成。到第三次，同伴们都灰心不去了，只有妈妈陪作者去看。他们来到海边，海上又生起了厚厚的黑云，以为这次又是白辛苦了。不料过不多久，“在黑云前露出一弯红红的月牙，一蹦一跳地露出水面”，接着“跳跃着无数的金光，显得格外壮观。”母亲说：“没想到太阳会从云前升起，真是有心栽花花不发，无心插柳柳成荫。”作者不同意这看法，认识这次能看到日出是“持之以恒的结果”。文章的结尾说，这几天看日出的事实说明，“付出了并不一定有所得，但是想有所得必须付出”。这话说得好，有哲理味，它能帮助人们正确地对待一些事情，所以有意义，而这条哲理就包含在三次看日出的事实中，从这样的事实中揭示出这条哲理，是作者新的、独特的发现。

这里有一个问题：意义本来就在生活事实之中，为什么不容易被人们发现呢？这就是眼光问题了。在生活中，人们习惯于只用“生活眼光来看事物，这种眼光有强烈的私人功利性，即只管按照对我有利无利的观点去对待事物。在这种眼光之下，生活中的一切都不可能有写作上的意义，更不可能去发现这种意义了。以观日出为例，以生活眼光去看便成了这样：我想看日出，又可能看见日出，所以我就去看日出，否则我就不去看日出，事情就这么简单，还有什么可想的呢？如果几次去都没看成，我不甘心，就再去直至看见为止；看见了，事情也就结束了，还想什么呢？看日出就是看日出，别的都与此无关；凡与此无关的都别去管、别去想。写作不能仅用这种功利态度对待生活，不能仅用生活眼光去看待事物，还得用写作眼光去看待生活，即要注意生活中人物、事物、事件、场景等是否包含有有益于社会人生的东西，而不是只看于我眼下办具体事怎样才有利，怎样就无利之类。刘旸同学从三次看日出的经历中发现了“付出并不一定有所得，但是想有所得就必须去付出”这一很有意义的思想，就是只有用写作眼光去看生活才能获得的发现。

（二）赋予意义

并不是只有本身包含了写作意义的人物、事物、事件等才可以成为作文的题材，有些时候，生活中的人物事物等本身并不包含有值得写的意义，但它们却可以被赋予这种意义，然后它们也就可以做作文的题材了。如徐好好同学的《从文化遗产日想到的》一文，说报载每年的九月第三周周末是法国的“文化遗产日”，人们在这一天可以免费进国家博物馆，私立博物馆也减价开放。这规定来源于戴高乐总统在50年代提出的“保证法国公民有条件接受人类文化遗产”的号召。在他的号召下，法国公众很重视文化遗产的保护，“许多古老的房屋、教堂，乃至于工业作坊”都被保护得很好。他们认为，“只有文化精神的复兴，才能使一个民族的精神振奋起来。”作者由这些事实想到我国文化遗产的保护工作做得很差，“四大发明”的文化遗产和“郑和率领船队下西洋时所乘的62条船的出发地”都不知哪里去了；为了修建公路修建高楼和建设小区而摧毁文化遗产的事件时有所闻。文章的主题是我们必须保护好文化遗产，不能让“世界文明的天倒向西方”。这正是文章的意义之所在。文章的题材是法国文化遗产日和法国保护文化遗产的情况，说这题材本来就包含有中国必须保护好文化遗产的意义，显然是说不通的；法国只管法国事，它哪能管中国人保护文化遗产的工作。那么这意义是从何而来的？是作者通过联想到中国保护文化遗产的情况而使那题材与这意义关联了起来，所以是作者通过联想赋予那题材以这个意义，即它对我们保护文化遗产有启发意义。

联想虽有广阔的空间，有很大的自由度，但又不是任意的，它赋予对象以写作的意义须有一定的逻辑根据。只有这样，那联想与赋予才合于情理，才显得自然，才能为读者所接受。如这篇《从法国文化日想到的》，它的根据就在法国保护文化遗产的精神有其普遍意义，中国是个别，包含在普遍之中，所以法国保护文化遗产的效果，从情理上说就包含了中国应该保护好文化遗产的结论。所以作者的联想和赋予的意义是自然的，有道理的也是独创而新颖的。

赋予意义最典型的例证还是咏物类的文章，如陈伟恒同学的那篇《篝火·星星·心》一文，说“无论那篝火燃烧得多么旺，多么热烈，它毕竟是篝火，不多久就会熄灭，熄灭后的灰烬留给你的却是寒冷。”而天上的星星“虽小、虽弱，却无私，恒久。它的奉献是默默的，往往不为人所觉察，然而它却给人们带来永久的温暖，永久的希望。”写篝火和星星有什么意义？文章的末尾是：“我想做的，不正要像一点星光么？默默地奉献自己的光和热，尽可能多地给予人们温暖和希望，这就是我的理想，我会因此而感到无限的快乐。”星光是自然界的事物，它哪会包含有这样的人生哲理。所以，它的这种意义完全是作者赋予的。但这赋予也有其逻辑根据，不过不是理性逻辑，而是情感逻辑了，即出于情感表达的需要，作者通过拟人、象征的手法赋予了星光独创的、新颖的意义。

除上述两种获得生活意义的基本方式之外，还有一种情况有必要提一下。写作中，有些时候题材体现意义比较一般（在表达亲情、友情、爱国主义等所谓“永恒主题”的时候常会有这种情况），但它能使你对这意义获得新的感受，从而有丰富、美化、深化人们心灵的作用，这样的题材也有价值，也值得写。如汪洋同学的《夜路》一文，写儿子带着一包书下了车，天已黑了，还得走二十多里崎岖的山路才能到家。正在愁路难走时，前边岔路口上站着一个黑影，那是来接他的父亲——儿子什么时候回来他总能猜个准。他接过儿子的包走在前边，回头看见儿子蹒跚的身影便把他不太明亮的电筒递给儿子照路。一会发现儿子走在后边感到害怕（他毕竟还小），便叫他走前面，并说“别怕，有爹在呢！”走到山口，风很大，父亲又叫儿子走后面，他想用自己的身体给儿子挡住山风，尽管效果并不大……文章就通过这些细节写父亲对儿子无微不至的爱。写父爱的文章很多，《夜路》没有为这个主题提供新的意义，但通过以上细节来体现它，使读者对这一主题有了一种新的感受，这样的文章仍然是比较好的。这里，关键是要能提供新的感受，不可一般化。

三、人格的决定作用

在生活中获得意义从而抓住作文题材，上边说的基本方式是重要的，但起决定作用的还是人格。

意义在哪里？是在客观生活中，不是在主观头脑里面。作者凭什么去获得它？从认识论的角度考察，当然要凭感官，感官没有感觉到的东西我们就无法获得。但凭什么感官呢？马克思指出，人的感官具有多样性，不仅有肉体感官（眼耳鼻舌身等），还有思维：“人不仅通过思维”，还通过“愿望、信仰、意志、爱等社会性的感官”感知对象，人是“以全部感觉在对象世界中肯定自己”的。在写作中要获得生活的意义，生理感官、理性感官（思维）、社会性感官都要用上，而起决定作用的是社会性感官，而不是生理感官和理性感官。但人们往往只讲前边两种感官（写作学更侧重于生理感官），忽略的恰恰是社会性感官。因此，这里主要谈谈社会性感官在获得生活意义中的决定作用。

马克思说的“愿望、信仰、意志、爱等社会性的感官”，实际上是讲的人格感官，而人格除“愿望、信仰、意志、爱”之外还包括价值观、人生观、世界观，马克思这句话中的“等”可以理解为包括这“三观”在内。说人格是一种感官，是说它有一种感觉的力量，它具有感觉的作用。如从雷锋无私奉献、助人为乐的事实中，有的人感觉到他的心灵很美，他很伟大；有的人却觉得他很傻，是个傻子。这是两种截然不同的感知，而且，感觉到“他心灵很美，他很伟大”的人就感觉不到“他很傻，是个傻子”；反过来，感觉到“他很傻，是个傻子”的人也感觉不到“他心灵很美，他很伟大”。这说明人格的确是一种感官，它有感知事物内在质地的能力，就像眼睛有感知事物色彩、耳朵有感知事物的声音一样。但人的生理感知大家都是一样的，这朵花是红色的大家去看都是红色，他的声音洪亮大家听来都是洪亮的（否则视听不正常）。人格这种感官就不是人人相同了，它有高低不同的层次，所以对社会事物（人物、事件、事物等）的感觉会有不同。比如对于雷锋，人品好的、高尚的感觉到“他的心灵很美，他很伟大”，人品差劲的、低下的，觉得“他很傻、是个傻子”。两种感觉截然不同，但他们都没有说谎，他们感觉到的的确就是他们各自说的那样；而且，他们各自也只能有那样的感觉。

生理感官、思维感官和人格感官共同构成人的感知系统。生理感官是最基础的，思维感官凭它提供的材料去思考对象；但在思考之前有个思维的起动（雷锋是怎样的人这问题是否需要去思考一番）和定向（思考往哪个方向展开）问题，这就是人格感官的任务，所以人格感官是在生理感觉之后、思维感觉之前开始发生作用的。但在思维感官开始活动之后它并没有完全停止工作，它还对思维起着维持和监控作用，使思维能够沿着它定的方向工作下去。人格属于深层的心理，其作用多半是无意识地发挥的，常常不被主体意识到。感觉到雷锋心灵很美、很伟大的人意识不到自己为什么会从这个方向上去认识雷锋，而且越想越觉得他很伟大；感觉到雷锋“是傻子”的人也没意识到自己为什么会从这个方向去认识雷锋，而且越想越觉得他是傻子。正因为它的作用经常是无意中发生的，所以写作学一般都不讲它的作用。但它的作用毕竟太大了，它左右了作者的理性感官，是决不可以忽视的。下面，按人格的几个基本要素，我们分析一下人格对获得生活意义的决定性作用。

（一）情感（包括爱、意志）。如徐好好同学的作文《电话铃响了》，写父母得知自己数学考了90分的消息后都责骂他，怪他考前还练琴，骂他学习不扎实，说他不懂得这次考试的重要性；母亲又骂爸爸不负责任，儿子考试还到人家家里去“一坐几个钟头，死不回来，老子儿子一个样！”作者“心里烦得要死，越听越急”，顶撞道：“你们考试全都一百分？从没失过手？有完没完啊？”文章就写成绩并不差的90分引起的家庭内战，反映了当前学生不堪重负的学习压力，具有“针砭时弊”的意义。作者为什么会捕捉到这个题材？写这个题材为什么不去表达“父母责骂孩子也是为孩子好”这个思想，而是写成了一篇批评性文章？就因为父母对学习要求过高过严、不符合实际使他非常反感。正是这样气愤的情感使他抓住了这个题材，并从批评的角度去认识它，从而写出了这篇作文。

（二）理想。如上边提到的《篝火·星星·心》一文，那内容是作者在一次露宿时躺在沙滩上仰望星空突然想到的。为什么对热烈燃烧的篝火他感受的不是生命的光华之美、他突出的感受却是它很快会熄灭而留给人以寒冷？为什么对星星的感受不是“众星捧月”或“星星跟随明月走”之类，而是突出地感觉到微弱的星光是“无私、恒久”，给人“温暖、希望”？这正是由于他有“尽可能多地给予人们温暖和希望”的崇高理想决定的。

（三）信仰。如胡翼青同学的《切不断的文化血脉》一文。写叔公回大陆探亲，带来一本台湾邮册，打开一看，有孔子、屈原、李白、杜甫等文化名人的纪念邮票，有整套的生肖邮票，有中国传统的名画邮票……鉴赏这本邮册，引起作者注意的不在邮票的艺术性方面，也不是它提供的丰富知识，他首先感觉到的是大陆也一再发行过这类邮票，海峡两岸为什么会这样的不谋而合？作者说这是“心电感应”的结果。接着论述了“民族文化血脉将两岸紧相缩连的事实。”文章结尾是指出“台独”阴谋必将彻底破产，坚信祖国完全统一定会实现。作者鉴赏台湾邮册产生这样一番感想，根子就在于对爱国主义的信仰，是这一信仰成了他鉴赏时的思维活动方式，决定了他思维展开的方向和路线。

（四）价值观。这是一个人对人对事对社会的评价标准和尺度。它不仅是对对象意义的判断、评价和看法，它还“发动、推动、调整人的行为，使人向价值目标前进。它对获得生活意义的决定作用如赵晨同学的《一群小“老外”》写英语教师送给每个同学一个英文名字，大家觉得很新鲜，课后兴奋地叫来叫去，还对每个名字评点一番。老师又叫他们举一反三，能用英语的地方都尽量讲英语。于是“校园里充满了大洋彼岸的气氛，好听的英语如音符在树荫下和草叶尖上欢快地跳跃”，不知道的人还以为“这儿住了一群小老外呢。”文章写得颇有情趣，表现了中学生的求知欲和学习热情。这个题材为什么会引起作者的注意？很明显，在他的心目中学习是青少年最重要的事情，旺盛的求知欲和饱满的学习热情是十分可贵的，所以他对同学们喜欢用英语讲话这件事特别感兴趣。认为生活中什么是重要的，有意义的，什么是不重要的、没意义的，这就是价值观的体现。换句话说，一个厌学的中学生是绝对写不出这篇作文的。

（五）人生观。它是关于人生的根本观点，如人生的意义、目的、道路等。它对获得生活意义的决定作用，如朱晨同学的《燕儿飞飞》，写一对燕子“每天往返飞行千百次”，先是一点点地衔泥筑巢，现在是衔食物喂小燕子。四五只雏燕的嘴“最大限度”地张开，等老燕“把一丁点食物塞入其中的一个‘黑洞’时，另外那些则叫嚷着，驱使父母再去寻找更多的食物。”作者写道：看着这情景，不禁“感慨自己何尝不是这样的一只‘没良心’的小燕，只懂得心安理得地消受，却不想自己有所付出和回报。”人生是心安理得地享受呢还是也要付出和回报，这就是人生观问题。作者正是初步意识到了也要付出和回报的人生观，才抓住老燕子给小燕子喂食这个题材做文章的。

（六）世界观。这是人们对整个世界的根本看法，它决定了人们对一切具体问题的认识、态度和处理。这种决定作用当然也体现于作文的选材和处理上。如孙未同学的《50个人一锅饭》一文，写语文教师出了一个叫《烧饭》

的题目叫大家做作文，全班 50 个人没有一个知道饭怎么煮。闹出了不加水做成了爆米花、用“文火煨”、只讲煮饭的悠久历史不谈饭怎么煮等各种笑话。老师说全班只有语文课代表（即作者）一人“成功地烧出了一锅饭”，只是“忘了淘米”，得和着石子吃！这使作者感到十分惭愧，认为这是人类的退化，她下决心要尽快学会煮饭，说她不久就会请老师和全班同学吃到一锅“真正的饭”，“届时请务必光临”！历史唯物主义哲学的基本观点是劳动创造世界，劳动人民是历史的主人。作者之所以能注意到这个题材，把握住它的意义，正因为她对劳动和劳动者有了正确的哲学观点。而哲学也就是我们的世界观。

人格是获得生活意义，从而获得作文题材的决定因素，所以清代诗论家叶燮评论杜甫时说：“千古诗人推杜甫，其诗随所遇之人、之境、之事、之物，无处不发其思君王，忧祸乱，悲时日，念朋友，吊古人；怀远道。凡欢愉幽愁离合今昔之感——触类而起，因遇得题，因题达情，因情敷句”。说由于他有“思君王，忧祸乱，念朋友，吊古人，怀远道”的高尚人格，所以他所遇到的人、境、事、物都成了他写诗达情的好题材。黄庭坚又说：“天下清景，不择贤愚而与之，然吾特疑端为我辈而设。”说天下的美景是为一切人准备的，它供所有的人欣赏，但他认为它只是为我们诗人准备的，因为只有我们诗人才能感觉到它的美，从而写出美妙的诗篇。这些都是说的写诗，其实作文也是一样的道理，是什么人看见什么东西，说出什么话来，人格修养不够就难以把握住生活的意义，难以抓住作文的题材。所以，解决中学生写作文“下笔无言”的根本途径，就在于彻底摆脱应试教育的影响，坚决贯彻素质教育方针，搞好教书育人工作，在培养学生人格上扎扎实实地下功夫。

文学创作散论

略谈《记一辆纺车》的艺术特色*

吴伯箫同志的《记一辆纺车》（见初中《语文》第三册），是一篇“文情并茂”的好散文。我院中文系编写的《初中语文课本教学参考资料》（第三册）对它已作了全面的分析，这里想仅就文章的艺术特色谈谈体会。

这篇散文以纺车为线索，从一个侧面歌颂了延安大生产运动的辉煌胜利，抒发了“跟困难作斗争，其乐无穷”的革命豪情。文章的感染力是很强的。阅读之后，我们对纺车也会产生亲切的情感，向往着克服困难的战争生活，向往着这种生活的幸福和乐趣。

《记一辆纺车》能收到这样好的效果，跟它在艺术上的成功是分不开的。

首先，作者善于从日常事物中捕捉住自己的独特感受，加以深入开掘，抒发无产阶级的革命之情。如文中所说的，作者所记的这辆纺车是很“普通”的。“它的车架、轮子、锭子跟农村用的手摇车没有什么两样”，当时在延安到处可以看到这样的纺车，它只是“延安上千上万辆纺车中的一辆”。对这种纺车，许多人都熟悉。但“想起它，就像想起旅伴，想起战友”，这感受却是作者所独有的，是作者生活感受的高度浓缩，也是作者后来时时地“怀念”它的原因。于是，作者紧紧抓住它，以它为关锁展开全文的内容。这样，文章就独特而新颖了，能给读者新的感受。

但是，散文还不是只要写出独特的感受就一定好，根本在于这感受包含了怎样的思想意义。就是说，它应该是典型的。《记一辆纺车》之所以具有激动读者的艺术力量，正是因为作者对自己独特的感受进行深入开掘，充分

* 此文原载《贵阳师院学报》1979 年第 2 期。

揭示了它的典型意义。

对一辆普通的纺车，为什么作者会有对“旅伴”“战友”那样的深情？文章告诉我们，在当时，延安的纺车“是作为战斗的武器使用的”。国民党反动派发动反共高潮，“配合日寇重重封锁陕甘宁边区，想困死我们”。结果，我们响应毛主席的号召，“自己动手，丰衣足食”，彻底粉碎了敌人的阴谋；我们“不但吃得饱，穿得暖，而且坚持了抗战，取得了抗战的最后胜利”。原来，这普通的纺车关系着革命事业的胜败。对纺车的感情，实际上也就是对毛主席伟大号召和延安战斗生活的感情了。在这种感情里面，渗透着延安的战斗精神和光荣传统。这是典型意义的一个方面。

接下去，文章以大量篇幅描写了纺线劳动的情景，深情讴歌了同志们在纺线中不但学到了技术，增长了才干，而且树立了更健康的“美的观念”，享受着劳动的各种愉快和开展纺线竞赛的欢乐。然后文章归结道：“凭着崇高的理想、豪迈的气概、乐观的志趣，克服困难不也是一种享受吗？”为革命事业的胜利而艰苦奋斗是一种享受，这是感人至深的无产阶级革命豪情，它充分体现了革命战士“以苦为乐”“斗争就是幸福”的高尚情操。这就是作者从独特感受中发掘出的第二个方面的典型意义。

这样，作者对纺车的感受也就是特定环境中的典型感受，它包含了深刻而又丰富的思想内容，把它充分地抒发出来，也就抒发了无产阶级的革命之情。

诗意浓郁，意境优美，是《记一辆纺车》艺术上的第二个特色。高尔基曾经期待着一种新的散文——与诗结合的散文。他说：“我们的青年是否也可以试一下，热情地用散文来写人们，使得散文也自然而然地变成诗。”（《回忆高尔基》）说《记一辆纺车》正是高尔基所期待的这种散文，是不为过分的。它“热情地”去“写人们”，创造了优美的意境，洋溢着浓郁的诗情，使散文获得了诗意的美。

我们且读一读文中描写纺线“是一种很有趣的生活”的一段文字吧：

纺线的时候，眼看着匀净的毛线或者棉纱从拇指和食指之间的毛卷里或棉条里抽出来，又细又长，连绵不断，简直有艺术创作的快感。摇动的车轮，旋转的锭子，争着发出嗡嗡嘤嘤的声音，像演奏弦乐，像轻轻地歌唱。那有节奏的音乐和歌声是和谐的，优美的。

这是一幅动人的图画，它散发着浓厚的生活气息，是美的劳动，也是劳动的美；几个准确的比喻，有力地表达了纺线的乐趣。作者把对纺车和纺线劳动的深情，跟鲜明生动的形象融合在一起，创造出了诗的优美意境。

又如文章写纺线竞赛的情景：在宽阔的河边坪坝上，“三五十辆或者百几十辆纺车摆在一起”，“天地是厂房，深谷是车间，幕天席地，群山环拱”，“沙场秋点兵”也只能勉强比它的阵容，而不能比它的气派。到底是怎样的情景呢？文章写道：

整齐的纺车行列，精神饱满的竞赛者队伍，一声令下，百车齐鸣，别的不说，只那嗡嗡的响声就有飞机场上机群起飞的气势。那哪里是竞赛，那是万马奔腾……

美丽的想象，动人的诗情，构成了一个宏伟、深远的意境。在这里，广阔的背景映衬着气势雄伟的竞赛者队伍，人物的英雄气概力透纸背。笔墨不多的描写，使意与境相应和，将情与外物融合为一，生动地概括了当年轰轰烈烈的延安大生产运动，再现了革命战士斗志昂扬地投入运动的战斗英姿。

质朴、自然而又优美、传神，是《记一辆纺车》在语言上的特色。它写的人物、事物是美的，它抒发的感情是美的，因此不必用大红大绿的华丽词藻去装饰，只要朴朴实实、自自然然地把它们描写出来，也就有了动人的力量。

比如下面这段文字：

同志们亲手纺的线织的布做成的衣服，穿着格外舒适，也格外爱惜……总是脏了洗洗，破了补补，穿了一水又一水，穿了一年又一年。衣服只要整齐干净，越朴素穿着越称心。

这是再质朴不过的语言了，没有用任何形容词语，可是美极了，很有味道，同志们对自己劳动成果特有的感情溢于言表。又如写初学纺线的人，两手动作不协调，用力不适当，纺线出毛病，弄得手忙脚乱，性子急一些的同志就会生纺车的气："人急得站起来，坐下去"。生气地"站起来"，又毫无办法地"坐下去"，这六个字何等质朴，何等自然，又何等传神，不止写出了形象，而且写出了心理状态，真是把人写得活灵活现。这些质朴而又自然的语言，是作者生活感受的结晶，是作者从心窝里掏出来的，所以表现力很强，感染力很强。它是美的，是朴素的美，自然的美。

质朴、自然只跟华丽、繁绮、堆砌、雕琢相对立，它不排斥采用恰当的形容和必要的修辞手段，问题只在于怎样地使用它们（完全不用形容词语和修辞手段的好文章恐怕是没有的，我们不能提倡不用它们〔注〕）。《记一辆纺车》也用了形容词语，也用了比喻、拟人、排比等修辞手段，但因为作者注意了精当、浅近和大众化，文章仍然不失质朴、自然的特色。如描写纺手生气的时候：

> 纺车总是安安稳稳地呆在那里，像露出头角的蜗牛，像着陆停驶的飞机，一声不响，仿佛只是在等待，等待。

这里，用"安安稳稳"来形容纺车"呆在那里"的神态，用"蜗牛""飞机"比喻此时纺车的形象；"等待，等待"是"反复"和"拟人"修辞格的结合，目的在于突出纺车的"耐心"。整个句子的手法是复杂的，语言却质朴而自然。它借用的形象都是生活中的平常事物，而且都像是作者毫不经意地从生活中随手摄取的，没有一点雕琢的痕迹；这些形象的色彩都不是"纤秾"，而是"朴淡"，跟文章的情调很相宜。可就是这样的描写，起到了唤起读者丰富联想、并在联想中体会到纺车对纺手的那种"旅伴""战友"般的动人感情的作用。其他如写纺车的声音像"有节奏的音乐和歌声"，写纺手对纺车的感情有如"骑士对战马""射手对良弓"等比喻，都是同样的情形。

《记一辆纺车》在艺术上的成功，总起来说便是：抓住了典型的感受，文章立意就高；诗情浓郁，文章便含蓄动人；质朴、自然而优美、传神的语言，又收到了生动地再现生活、引导读者去体验作者曾经经历过的感情变化的效果。于是，内容和形式达到较好的统一，文章获得了感人肺腑的艺术力量。我想，这些就是写一件平凡事物的《记一辆纺车》之所以成为名篇的原因。认真研究这篇文章的艺术成就，对于我们提高散文教学质量和阅读、写作散文的能力，无疑都是有启发的。

1979 年 6 月 29 日完稿

注释：

老舍《出口成章·关于文学的语言问题》中说：“那个人耳朵像什么，眼睛像什么……这样的文章单调无力，要不用任何形容，只是清清楚楚写下来，又写得好，这才是最大的本事和功夫。你真正明白了你写的东西，就会不用无聊的修辞和形容，而直截了当地写出来。”苏联安东诺夫《论短篇小说的写作》一文说：语言十分准确了，“那时你就不需要补充形容语，不需要隐喻，不需要比拟来增强表现力了。”这两种说法我觉得都偏激了一点，似乎真正好文章是不用形容和修辞的。这个问题，我认为还是郭沫若同志说的恰当。他在《关于文风问题答〈新观察〉记者问》一文中说：“要使文章生动，我想少用形容词是一个秘诀。”又说：“一加不恰当的修饰，反而不准确了。现在一般的毛病是爱修饰，修饰得恰当当然好，修饰得不好可就糟了。”不反对形容和修饰，但要少用，要用得精当，我认为这是通达之论，符合写作的规律和实际。

论语言的美[①]

语言要怎样才美？现有四种说法：一种认为朴素才美，朴素最美；一种认为要有“丰富的颜色”，华丽的语言才美；第三种观点从风格的角度立论，认为“朴素的文字”“华丽的词藻”，都是美的，可以百花齐放；第四种看法认为语言的美包括“壮丽美，含蓄美，绚丽美，朴素美”等等，是丰富多彩的[①]。

我认为，要回答这个问题，先得回到“美”的含义上来。这里说的“美”，显然是指它在美学上的含义，不单是色彩上的事。美学上比较一致的看法：“凡是美的东西，必须具备两个特点：一、令人沉浸在里面，全身心地受到它的感染；二、在受到感染的时候，我们又全身心地感到喜欢，感到高兴”[②]。根据这两个特点，凡是能给人艺术感染、使人感到愉悦的语言，我们便可以说它是美的语言。我们把“沁人心脾”“感人肺腑”“有诗情画意”“令人荡气回肠”“有艺术感染力”……的语言叫作美的语言，就是这个道理。

马克思主义语言学告诉我们，没有离开思维的语言，也没有离开语言的思维；离开思维的语言不成其为语言，赤裸裸的思维也是不存在的。刘勰在《文心雕龙·情采》篇中说：“木体实而花萼振，文附质也”；“虎豹无文，则鞟同犬羊；犀兕有皮，而色资丹漆，质待文也”。这说明，语言和任何东西一样，它是内容和形式的统一体。因此，研究语言怎样才美，的确需要从内容和形式两个方面去考察。

---

* 此文原载《昆明师院学报》1980 年第 4 期。

首先，我们从内容方面来看，以下几种情况是造成语言美的主要因素：

1. 反映新鲜的思想。如《武帝求茂材异等诏》：

> 盖有非常之功，必待非常之人。故马或奔踶而致千里，士或负俗之累而立功名。夫泛驾之马，跅弛之士，亦在御之而已。其令州郡察吏民，有茂材异等，可为将相及使绝国者。

这篇六十余字的短文，语言相当美。它的美就在于表达了一个新颖独到的思想："非常之功"待"非常之人"；"奔踶"之马可"致千里"，"负俗之累"的士可"立功名"，这关键就在"御之而已"。这个深刻的见解，至今还保持着它新鲜活泼的生命力。

反映新鲜思想的语言，多半富有哲理，揭示了事物的本质或规律。它充满智慧，光芒四射，读着它心里会一下子亮堂起来，感到痛快得很。如从字面看，它们也许不怎么漂亮，然而的确给人美的享受。叶燮说："人未尝言之，而我始言之，故言者与闻者诚可悦而永也。"[③]可见，只有包含了"人未尝言之"的新鲜思想的语言，才是可以使人"悦而永"的美的语言。正是这样，那种思想老套的"陈言"，无论以什么形式出现，历来都是认为不美的，总是遭到反对的。

2. 反映真挚的情感。古罗马美学家郎加纳斯说过："我要满怀信心地宣称，没有任何东西像真情的流露得当那样能够导致崇高，这种真情如醉如狂，涌现出来，听来犹如神的声音。"他又说，真挚崇高的感情有着"横扫千军，不可抗拒的作用；它会操纵一切读者，不论其愿从与否"[④]。这充分说明，语言一旦成功地传达了某种真挚的感情，有着多么巨大的艺术感人力量。晋朝李密那篇著名的《陈情表》可以充分说明这一点。这篇文章写的不是什么惊天动地的大事情，无非是历数家境苦况，表明祖孙二人相依为命，自己不能抛下祖母入朝做官而已。可是它充溢着真挚动人的情感，以致晋武帝读了深受感动，不但同意他在家奉养祖母的请求，而且"嘉其诚款，赐奴婢二人，使郡县供祖母奉膳。"《古文观止》评点这篇文章时说它语言的特色是"历叙其事，俱从天真写出，无一字虚言驾饰”，“至性之言，自尔悲恻动人”。这是很确当的评语。的确，那语言之美就在于是“俱从天真写出”的“至性之言”。如文中写道：

……生孩六月，慈父见背；行年四岁，舅夺母志。祖母刘，悯臣孤弱，躬亲抚养。臣少多疾病，九岁不行；零丁孤苦，至于成立。

这些无一“虚饰”的语言，真是一字一泪，声泪俱下，读来怎不叫人悲悯同情，“全身心地受它的感染”！

文学是作用于人的感情的，它的语言必须是充满感情的语言。布瓦洛说：“你既想你的作品叫人越看越鲜妍，在十年、二十年后还有人要求上演，那么，你的文词里就要有热情激荡，直钻进人的胸臆，燃烧，震撼着心房”[⑤]。剧本的“文词里”要有这样的激情，才能叫人“越看越鲜妍”，其他文学作品的语言也是这样。要是没有激情，哪怕字面挺好看也不会感动人。杨格批评爱狄生的作品时说，他的语言，“美在闪光，但不温暖，好像霜夜里星星在闪光”[⑥]。这样的美不是文学所要求的，它不能“钻进人的胸臆，燃烧，震撼着心房”，它所缺乏的正是作为艺术的文学所特别需要的“操纵一切读者”的魅力。

3. 反映事物的特点。发现特点，抓住特点，写出特点，被人们称为文学创作中“公开的秘密”。反映事物的特点，对于语言的美也是非常重要的。老舍说：写人写事写景，抓住了“特点，特质”，“便出语惊人，富有诗意”[⑦]。如魏巍的散文《我的老师》中描写女教师蔡芸芝老师：

她从来不打骂我们。仅仅有一次，她的教鞭好像要落下来，我用石板一迎，教鞭轻轻地敲在石板边上，大伙笑了，她也笑了。我用儿童的狡猾的眼光察觉，她爱我们，并没有存心要打的意思。

作家抓住一迎一落这个极有特征的细节，生动地描写了蔡老师对孩子的爱和“我”的天真，两个人物都活跃在我们面前。这段文章的语言是优美的，动人的，是一般化描写所不能比的。

《矛盾论》告诉我们，“成为我们认识事物的基础的东西，则是必须注意它的特点”。因此，语言生动地反映了事物的特点，事物就会活灵活现地浮现在读者面前，而不会跟别的同类事物混成一片，无从区别。这样的语言就达到了“写情则沁人心脾”，“写景则在人耳目”，“述事则如出其口”[⑧]。我们讲的“传神”，实际上就是生动地描绘事物的特征的语言。比如朱自清的《匆匆》一文中的这段描写：

> 早上我起来的时候，小屋里射进两方斜斜的太阳。太阳它有脚啊，轻轻悄悄地挪移了，我也茫茫然跟着旋转。于是洗手的时候，日子从水盆里过去；吃饭的时候，日子从饭碗里过去；默默时，便从凝然的双眼前过去。我觉得它去的匆匆了，伸手遮挽时，它又从遮挽着的手边过去；天黑时，我躺在床上，它便伶伶俐俐地从我身上跨过，从我脚边飞去了。等我睁开眼和太阳再见，这算又溜走了一日。

这段描写，作家化抽象为形象，把时间不可挽留、一刻不停地流逝的本质特征和“我”惋惜时间不断逝去的心理特点逼真地传达了出来。

美的一定是真的，也一定是善的。语言的美，必须以准确地反映客观事物的真和善为基础，否则，仍然不会是美的语言。

其次，我们再从形式方面来考察语言的美。语言的美主要来自内容，但形式也不能忽视。形式不是消极地反映内容，它必然作用于内容，或者增加内容的美，或者削弱以致破坏内容的美。我们应该努力做到以美的形式去反映美的内容，达到内容与形式尽可能完美的统一。从形式方面看，语言的美表现在：

1. 形象的语言。

语言反映一定内容的时候，应尽量避免抽象而做到形象化。16 世纪英国文学批评家锡德尼指出形象语言的长处在于更能“打动和透入人们的心灵”，更能“占据其心目”[⑨]。形象能给人具体感受，最能唤起读者的联想和想象，最能打动人的情绪，可以说：越是生动形象的语言就越美。

2. 含蓄的语言。不直接讲出要表达的意思，使人“思而得之”，语言就有了味道，就变得美。

优秀散文的语言之美，很多时候就是通过含蓄达到的。如韩愈的《送董邵南序》，意思是劝这位落第士子不要去投奔河北藩镇找出路，但不便说出，于是文章的结尾写道：

为我吊望诸君之墓，而观其市，复有昔日屠狗者乎？为我谢曰：“明天子在上，可以出而仕矣。”

今天的皇上英明，像昔日乐毅从燕国逃到赵国那样的人，像昔日隐于屠狗那样的人，都该归顺朝廷，出来做官了，你呢，就更不应该离开京城去投奔河北藩镇了——这意思读者自然能够思而得之。因此语言显得含蓄隽永，令人回味。

3. 精练的语言。所谓精练，是指语言对于要表达的意思来说，经过锤炼，汰去了一切杂质，就像铣铁经过熔炼变成纯钢，真正成了语言的精华。“对多余的净化，便是美”，便产生了“美学价值”[⑩]。这样的语言，就能以一当十，表现力和感染力都很强。试看苏轼《后赤壁赋》中的这些句子：“山高月小，水落石出”，八个字描绘出深秋月夜特有的景色。“仰见明月，顾而乐之，行歌互答”，十二个字不仅写出月色之美，也写了人物的举止，喜悦的心情，欢乐的歌声。“月白风清，如此良夜何？”情与景交融，历历如画。

亚理斯多德说：“人天生都喜欢轻而易举地把握新的思想”，能够使我们这样去把握新思想的语言“是最为我们所喜欢的语言”。他从这个观点出发，进而指出语言的生动性“与它们使我们把握新思想的速度成正比例”[⑪]。这说法对我们不无启发意义。语言越精练越美，哪怕只多一个两个可有可无的字也会使语言的美受到损害。

4. 自然的语言。康德说：艺术作品“尽管它是有意图的，却须像是无意图的。这就是说，美的艺术须被看作是自然，尽管人们知道它是艺术。”这是说艺术要像生活本身一样自然才美。他又说，艺术家在创作中尽管要按照艺术的“法则”对生活作加工改造。但又要“不露出一点人工的痕迹来，叫人看到这些法则曾经悬在作者的眼前”[12]。这些都是就整个艺术创作而言，语言的运用当然包括在内。我们强调创作中要炼字炼句，其目的不是要语言变得矫揉造作，而是要使它更像生活本身一样自然。语言不能离开自然去图漂亮，那样会适得其反：“穿着礼服的牛或系着彩带的猪是装饰得很好的，我们因其怪相而笑话它们，因为所谓装饰是加上一些适合的东西”[13]。“没有什么比简单的自然更纯真、更雅致的了”[14]。因此，自然，是优秀文学作品在语言上的共同特点。或嬉笑怒骂，或娓娓叙谈，或彩笔描绘，或淡淡勾勒，无不纯真自然，使读者享受到天然的情趣。

5. 通俗的语言。为什么优秀的文学家都喜欢用通俗的语言呢？因为“大家都愿听自己所熟悉的话，不高兴听带洋味儿的话和不大好懂的话，用他们熟悉的语言写的东西他们就感到亲切”[15]。赵树理等作家的作品之所以深受广大读者欢迎，语言的通俗化、大众化是一个很重要的原因。它使读者“听起来有劲，读起来有味”。

6. 流畅的语言。我们说的语言的流畅，就是指的语言形成一种“强烈而优美的旋律”，像诗一样，“叮咛作响，成为闪光的河流”[16]。著名语言学家陈望道指出，讲究了语言的音乐美，就比一般语言更其“贴切有味”。他说：“长音有宽裕、纡缓、沉静、闲逸、广大、敬虔等情趣；短音有急促、激剧、烦扰、繁多、狭小、喜谑等情趣；清音可以引起小、少、强、锐、快、明、壮、优、美、圣、善、静、虚、轻、易等联想；浊音可以引起大、多、弱、钝、慢、暗、老、劣、丑、愚、恶、动、实、重、难等联想”[17]。这些说法不一定完全准确，但是，由高低、长短、轻重、急徐等音调变化，确实能构成语言的音乐美，具有音乐那种表达情感、描绘形象的性能。我们如果充分发挥这种性能，语言就一定会变得更美。欧阳修的《醉翁亭记》在采用骈文句式的同时，一连用了二十一个互相呼应的“者”和“也”字，形成回环往复、有收有勒、高低激荡、热情欢快的旋律，大大增强了语言的咏叹意味。李白、杜甫“在用哪个字的时候，他们便抓住了那个字的声音之美”[18]；鲁迅写完文章“总要看两遍，自己觉得拗口的，就增删几个字，一定要它读得顺口”[19]。历代文章家对语言的音乐美是高度重视的。

另外，就文章的整体而论，还需要保持语言的和谐与统一，是用古的？今的？中的？外的？文的？白的？官的？土的？生的？熟的？难的？易的？繁的？简的？[20]要考虑通篇的统一与和谐，避免驳杂。如果把语言的美仅仅局限于朴素或华丽，显然是太简单了。从风格的角度来谈语言的美，也不完全恰当。诚然，语言和风格有十分密切的联系，风格的形成是运用语言成熟的表现，而风格形成后的语言也一定是美的，但二者终究有区别。风格可以百花齐放，而语言要达到美则必须遵守一定的规律。如果再把语言风格局限于朴素与华丽两类，就更不恰当了。总之，不从语言的内容和形式两个方面去进行探讨，语言美的问题很难得到满意的揭示。

1979 年 1 月中旬草，1980 年 4 月改定

注释：

①参看《笔谈散文》一书徐迟、秦牧、菡子、李蕤等同志的文章。

②见蒋孔阳：《谈谈文艺批评中的艺术标准》，《光明日报》1979 年 10 月 3 日。

③叶燮：《原诗内篇》。

④⑤⑥⑨⑪⑫⑬⑭分别见伍蠡甫、蒋孔阳编：《西方文论选》上册，1979 年版，第 125 页、295 页、502 页、235 页、94 页、409 页、172 页、431 页。

⑦⑮见老舍《出口成章》：《学习语言的方法》、《话剧的语言》。

⑧王国维：《人间词话》。

⑩《迎接好新闻的好收成》，《新闻战线》1979 年 6 期。

⑯郭小川：《谈诗》，第 119 页。

⑰⑳陈望道：《修辞学发凡》，第 236 页、62 页。

⑱老舍：《我热爱新北京·关于文学的语言问题》。

⑲《鲁迅全集》第四卷，第 394 页。

丽藻片谈*

我们的文学理论批评，在语言方面比较地强调朴素，不太重视丽藻。这情况，跟古代文论家们的某些说法有关。比如，老子说的“信言不美，美言不信”[①]；孔子说的“辞达而已矣”，“绘事后素”[②]；杜牧说的“辞愈朴而文愈高”[③]；袁宏道说的“古之为文者，刊华而求质”，“夫质犹面也，以为不华而饰之朱粉，妍者必减，媸者必增也”[④]，等等，都是我们强调语言必须朴素、不可华丽时常常引用的话。因此，为了正确对待文学的语言，考察一下古代文论家们有关丽藻的一些论述，是有意义的。

在我国文学理论批评史上，反对丽藻、崇尚质朴的论述较多，有时甚至发展到用行政力量达到这一目的的程度。比如隋朝，据李谔《上隋高祖革文华书》载：

> 开皇四年，普诏天下，公私文翰，并宜实录。其年九月，泗州刺史司马幼文之文表华艳，付有司治罪。自是公卿大臣，咸知正路，莫不钻仰坟索，弃艳华绮。

在李谔等人看来，“华绮”“华艳”不是作文的“正路”，写了这样的文章，是应该“付有司治罪”的。类似的情况，宋朝也有过。

认真分析一下有关论述，我们会发现，古代一些文论家们反对丽藻只是现象，坚持文学创作的正确方向，才是问题的实质。具体地说，大致包括三

* 此文原载《贵州社会科学》1982 年第 2 期。

个方面：

第一，坚持文学创作必须“以意为主”的原则，反对片面追求语言形式的绮丽、华美。就说李谔吧，他之所以上书“革文华”，主要原因就是文学创作中“捐本逐末”之风达到了“流遍华壤”的严重地步，再也不能容忍了。他先说齐梁文风：

> 江左齐、梁，其弊弥甚。贵贱贤愚，唯务吟咏。……竞一字之奇，争一字之巧，连篇累牍，不出月露之形；积案盈箱，唯是风云之状。世俗以此相高，朝廷据此擢士。禄利之路既开，爱尚之情愈笃。……捐本逐末，流遍华壤。递相师祖，久而愈扇。

齐、梁如此，隋朝时候又怎样呢？他一方面说由于开国初采取过行政手段，情况有所改变，一方面指出问题仍很严重：“学不稽古，逐俗随时，作轻薄之篇章”云云。我们知道，齐梁的形式主义文风一直蔓延到唐初，在隋代的确是没有多少改变的。李谔上书“革文华”，目标非常明确，就是要“革”这种徒有藻绘、空洞无物的形式主义文风。再比如李白，他蔑视绮丽，也是同样的情形。他曾经以十分鄙夷的口气说过：“自从建安来，绮丽不足珍。”陈友琴同志指出：“李白这话，无非是反对六朝徒然的绮丽而已，不是绝对不允许绮丽的境界的。”[5]这话说得对。刘勰早就讲了：“繁采寡情，味之必厌。”[6]古代文论家们反对丽藻，只不过是从这一观点出发，对轻视思想内容，只在语言形式上下功夫的不良倾向作坚决的否定罢了。

第二，坚持文学创作的真实性原则，反对追求丽藻而失真。老子说，“信言不美，美言不信”。这话本身就表明他的崇尚质朴、反对丽藻是为了坚持文学创作的真实性。所以《文心雕龙·情采》解释说：“老子疾伪，故称‘美言不信’。”古代反对丽藻的不少文论家，往往都是站在这一立场说话。例如反对丽藻最坚决的韩非说：“夫恃貌而论情者，其情恶也；须饰而论质者，其质衰也。”[7]可见他反对丽藻、藻饰，是因为本质不好的东西，怕露出本色，多爱来一番装饰、打扮以进行掩盖。

第三，坚持文学创作必须重视社会作用的原则，反对因追求语言形式的美而影响作品的社会效果。这是韩非坚决主张质朴、反对藻饰的另一个重要原因。他讲过一个有名的故事，叫作“买椟还珠”。说有个楚国人把玉珠卖给一个郑国人，他在装饰玉珠的盒子上下功夫：用珍贵的“木兰”做成盒子，然后又“薰以桂椒，缀以珠玉，饰以玫瑰，辑以羽翠。”[⑧]这样，盒子比玉珠更漂亮、更珍贵了，于是郑人“买其椟还其珠。”韩非写道：“此可谓善卖椟矣，未可谓善鬻珠也。”他想用这个故事说明追求藻饰、文采，文学作品就会使读者“怀其文，忘其直”，结果“以文害用”。所以他要反对“文”。这种“以文害用”的事实在文学史上也真有过，扬雄的《大人赋》便是一例。汉武帝好神仙，扬雄上《大人赋》作规劝。可是由于文章“极丽靡之辞，闳侈巨衍”，以致武帝读了不但没接受规劝，“反缥缥然有凌云之志”[⑨]，更想当神仙。所以扬雄不禁发出了“文丽寡用”的慨叹。

古代文论家们所坚持的以上原则无疑都是对的；如果不能正确对待文辞的华美，丽藻的确会和这些原则对立起来，而走向淫丽、华伪，以至于“以文害用”。他们在这些方面作了深刻的论述，是对我国文学理论批评的重大贡献。但是，用今天的观点去看，问题很清楚：丽藻与“文以意为主”，与文学的真实性和社会作用等原则，在本质上并不是对立的，不但不对立，处理得好，还大有助于这些原则的实现；同时，丽藻和形式主义的淫丽等弊端毕竟也不是一码事，它们之间并无必然联系，关键仍在于作家如何对待和处理。因此，如果为了坚持这些原则和杜绝这些弊端，就反对文辞的华美，否定丽藻，那就很不恰当了。

不恰当的主张在实践中必然行不通。我们看一些有趣的事实吧。老子一方面说“信言不美”，一方面自己写的《道德经》却又“五千精妙，非弃美也”[⑩]。孔子一方面说“辞达而已矣”，“绘事后素”，一方面又说“言之无文，行而不远”[⑪]；而且自己编订《六经》“必金声而玉振”，“雕琢情性，组织辞令”要犹如“木铎起而千里应，席珍流而万世响”，于是写出了“天地之辉光”，达到了“独秀前哲”[⑫]的境界。李白说“绮丽不足珍”，而他“自己的诗文就非常‘绮丽’而‘足珍’，这是大家所同声赞美的。”[⑬]

杜牧更怪，他既主张“辞愈朴而文愈高”，并声明自己的创作“不务奇丽”[14]，可是他在《李贺集序》中又赞扬李贺的诗“时花美女，不足为其色也”，是“奇丽”到极点了，他自己的《阿房宫赋》也被人们称为“宏壮巨丽”[15]的名篇。这些事实很值得我们玩味。在古代文论家中，赞扬和肯定丽藻的人比反对者要多得多。研究一下他们何以要热情地赞扬和充分地肯定，对我们颇有益处。

概括起来，他们主要有如下几方面的观点：

第一，认为这是文学的本质和文学反映生活的客观规律所决定的。现实生活和客观事物是多么富有文采啊：

> 夫玄黄色杂，方圆体分；日月叠壁，以垂丽天之象；山川焕绮，以铺理地之形……
>
> 傍及万品，动植皆文：龙凤以藻绘呈瑞，虎豹以炳蔚凝姿；云霞雕色，有逾画工之妙；草木贲华，无待锦匠之奇。夫岂外饰，盖自然耳。至于林籁结响，调如竽瑟，泉石激韵，和若球锽：故形立则章成矣，声发则文生矣。夫以无识之物，郁然有采，有心之器，其无文欤？[16]

既然从天地到万物，从自然界到人类都莫不“郁然有采”，那么，作为反映现实生活的文学作品，需要丽藻，需要文采，也就是很自然的了。所以说：“言之文也，天地之心哉！”

“无论时文、古文、诗歌、词赋，皆谓之文章。”[17]看古人对“文章”的解释，我们会进一步明白他们对文学本质的认识。《说文解字》云：“彣，䰃也”；“䰃，彣彰也。刘师培《广阮氏文言说》解释道：“盖彣彰即文章别体……是文以藻绩成章为训。”这就是说，“文章”即古时写的“彣彰”，“彡”表示郁然有“彩”，“藻绩成章”。《释名·释言语》云：“文者，会集众采以成锦绣。”《广雅·释诂》云：“文，饰也。”古人对“文章”的这些解释，表明他们对文学的本质具有深刻的认识：既然现实生活文采富丽，文学作品就应该有丽藻，如果没有藻饰，就说不上是“文章”。

第二，他们认为，文采丰富，是文学发展的规律决定的，是文学进步的表现。这有两方面的道理。从文学方面说，生活绚丽多彩是一回事，文学能否把它充分反映出来又是一回事。就后者而言，它受着多种条件的影响，其中的主要条件便是文学经验。只有文学创作的经验积累到一定程度，文学创作发展到一定水平之后，文学作品才能以一定的文采比较充分地反映生活的绚丽多姿。

> 黄歌《断竹》，质之至也；唐歌《在昔》，则广于黄世，虞歌《卿云》，则文于唐时；夏歌《雕墙》，缛于虞代，商周篇什，丽于夏年。……暨楚之骚文，矩式周文；晋之辞章，瞻望魏采。⑱

刘勰这段话，把从黄帝到晋朝时代的文学发展情况作了准确的概括。几个时代的文学，就是这样一代一代地在前人的基础上逐渐由质朴走向繁丰富丽的。

由简朴日益走向繁丰富丽的另一个道理便是社会生活的发展变化。葛洪说，同样是政治性文章，《尚书》“未若近代之优文诏策军书奏议之清富赡丽也”；同样是抒情状物之作，“《毛诗》者，华彩之辞也，然不及《上林》《羽猎》《二京》《三都》之汪濊博富也”；同样是“美祭祀，而《清庙》《云汉》之辞，何如郭氏《南郑》之艳乎？”那么，这发展变化的原因是什么呢？他认为：“古者事事醇素，今则莫不雕饰，时移世改，理自然也。”⑲社会生活是由“醇素”向着“雕饰”发展（他指出，如“蓑衣”发展为华美坚韧的“罽锦”，“椎车”发展为漂亮坚实的“辎耕”等），反映它的文学作品当然也就日益富丽起来；这不是坏事，是文学的进步。

第三，他们认为，生活丰富多彩，作家的个性多种多样，因此语言风格也应该百花齐放。风格是作家个性的表现。作家在成熟之前，需要寻找适合于自己个性的语言风格，而一旦找到了这样的风格，是不宜随意改变的。因为人们的性格具有较强的稳定性。如果一个作家的个性本来与华丽的风格相宜，硬要他放弃丽藻而转向质朴，这只能降低他的艺术水准。薛雪说：

> 悒快人诗必潇洒，敦厚人诗必庄重，倜傥人诗必飘逸，疏爽人诗必流丽，寒涩人诗必枯瘠，丰腴人诗必华赡。[20]

按这说法，宜于丽藻的作家是“疏爽人”和“丰腴人”。他说的也许不很准确，但我们完全可以肯定一点：性格与丽藻相宜的作家历代都大有人在。因此，古代文论家们对文学风格的分类无论怎样多种多样，都不废弃丽藻。比如，《文心雕龙·体性》篇分风格为八体，其中第五体“曰繁缛”，即所谓“博喻酿采，炜烨枝派者也”。司空图《二十四诗品》分风格为二十四品，其中第三品为“纤浓”，即所谓“纤秀秾华”“色泽润厚”；第九品为“绮丽”，即所谓“富丽华美”，“丝丝入扣，灿烂可观”。姚鼐在《复鲁絜非书》中分风格为“阳刚之美”和“阴柔之美”两类。从他所描绘的景象看，壮丽、宏丽显然属于“阳刚之美”，婉丽、秀丽等则属于“阴柔之美”。

风格必须多种多样，丽藻不容废弃，也是反映生活的要求。袁枚对这一点看得比较清楚：

> 即以唐论，庙堂典重，沈宋所宜也，使贾岛为之则陋矣，山水闲适，王孟所宜也，使温李为之则靡矣；边风塞云名山古迹，李杜所宜也，使王孟为之则薄矣，撞万石之钟，斗百韵之险，韩孟所宜也，使韦柳为之则弱矣；伤往悼来感时记事，张王元白所宜也，使钱刘为之则仄矣；题香襟当舞所弦吹师低徊容与，温李冬郎所宜也，使韩孟为之则亢矣。天地间不能一日无诸题，则古今来不可一日无诸诗。[21]

他给温庭筠、李商隐等人所代表的绮丽风格派的用场是“题香襟当舞所弦吹师低徊容与”，从丽藻的角度和今天的生活看，他划的范围显然太狭小了。但他说得对：所举出的这些风格都是少不得的，因为天地间存在着各自所宜反映、也需要反映的生活。

第四，他们认为，讲究丽藻，可以使文学作品更好地赢得读者。文学作品要获得读者的喜爱，思想内容固然起着主要作用，但文采也不可忽视。既然是文学作品，读者阅读它总是自觉不自觉地抱有审美要求的。满足读者的这种审美需求，使之受到强烈的艺术感染，丽藻是一个不可忽视的方面。杨振刚在解释司空图《二十四诗品》为什么在"冲淡"一品之后继之以"纤秾"一品时说："冲淡矣，又恐绝无彩色，流入枯槁一路，则冲而漠，淡而厌矣，何以夺人心目，故进之以纤秾。"[22]这话从两方面作了论述。一方面说，哪怕是"冲淡"的风格，也不是"绝无彩色"的"枯槁"，也就是说，它也必须有"彩色"，只是"淡"一些罢了，否则就会流入"枯槁一路"而使人"厌"；第二方面是指出了丽藻的艺术力量就在于能"夺人心目"。从这两个方面我们可以看出丽藻的审美价值和在赢得读者的作用上，都是不容低估的。这一点，袁枚《随园诗话》卷七说得更明白：

> 人莫不有五官百体，而何以男夸宋朝女称西施？昌黎《答刘正夫》云："足下家中百物，皆赖而用也；然其所珍爱者，必非常物。"皇甫持正亦云："虎豹之文必炳，珠玉之光必耀。"故知色彩贵华也。

古代文论家们赞扬和肯定丽藻，当然不是片面地主张华美，而是有前提的。强调以思想内容为主，文采要服务于思想内容，这是前提之一；贵自然，反对堆砌藻绘和矫揉造作，这是前提之二。关于"以意为主"如颜之推论文主张"以理致为心胸，气调为筋骨，事义为皮肤，华丽为冠冕"[23]；王若虚主张"文章以意为之主，字语为之役"[24]，等等，都把文辞的位置摆得很恰当，作用表达得很准确，无须多说。这里着重谈一下贵自然的问题。

"木体实而花萼振。"[25]古代文论家们多认为文章的华美主要来自思想内容，文辞的推敲、琢磨，无非是将内容固有的美突现出来，恰当地做到这一点，表达就是自然的了。譬如水，"石激渊徊，纷然而龙翔，宛然而凤蹙，千变万化，不可殚穷"[26]，这"天下之至文"，都是水的固有特征在一定情况下"出之于自然，任其所至而无不咸宜"[27]的表现。如果内容低劣、虚假，缺乏内在的美，人工地以美言装饰，便是"犹用文锦覆陷阱也"[28]，不但背离了自然的要求，其用心也很不好了。如果文采超过了内容固有的美，形式与内容不一致，使人感到浮艳，结果就会适得其反，把美的内容丑化了，这就是所谓“锦非不佳，不可为帽。金貂满堂，狗来必笑”[29]。也离开了自然的要求。古代文论家们所理解的自然，多是指语言形式与作品内在之美的和谐一致。

自然既是仅指语言形式对内容之美作恰好的表现，创作文学作品还需要雕饰不呢？否定丽藻的文论家们主张“率直”之言，反对雕饰，认为丽藻的毛病往往是跟雕饰分不开的。韩非认为，凡物至美，就无需雕饰：“和氏之璧，不饰以五采，隋侯之珠，不饰以银黄：其质至美，物不足以饰之。”[30]那意思是，只有不美的东西才需要雕饰。袁宏道认为，雕饰在任何情况下都只能起坏作用，它使“妍者必减，媸者必增”。这些说法的片面性是很明显的：

第一，“和氏之璧”“隋侯之珠”之所以这样美好，是已经过人工琢磨的了，它们在自然状态的时候，并没有什么好看。第二，红花还得绿叶扶持，装饰只要是为了突出被装饰者的美，又装饰得恰当，有时候还是必要的，不可一概抹煞。因此《续诗品·振采》说：“明珠非白，精金非黄。美人当前，烂如朝阳。虽抱仙骨，亦由严妆。”“西施蓬发，终竟不臧。”指出珠玉精金不经过琢磨熔炼，哪能有灿烂光辉；西施不经过严格的修饰打扮，蓬头垢面，哪能显出倾国的美貌？驳得很有力，很有道理，没有艰苦的推敲、琢磨、修饰、加工，就没有丽藻，就没有惊人之句，内容之美就不能充分表现出来。文学史上留下不少艰苦创作，苦心修改的佳话，那功夫决不是没有意义的，也没有影响作品的自然。实践证明，自然到“无斧凿之痕”，不是不经斧凿，而是斧凿的功候到了家而复归自然罢了。矫揉造作不是斧凿之过，恰恰是斧凿的功夫不够所致。自然与斧凿决不是对立的，只有经过斧凿才能显出内在之美；只有经过斧凿之后所达到的自然才是艺术所要求的自然，而不是生活原型的自然。

以上，我们从两个方面考察了古代文论家们关于丽藻的一些论述，虽然这考察是粗略的，但我们已经能够清楚地看出：忽视、轻视或否定丽藻是不恰当的，它应该得到充分的肯定。至于说到百花齐放的今天，那么作为一种语言风格，它更应该在社会主义文学的百花园中占有一席之地，更应该得到人们的爱护和培育，从而使它开放得更加绚丽，以便使它更好地为人民服务、为社会主义服务。这就是我们的结论。

1981年11月13日至18日草，12月18日改。

注释：

①《老子》八十一章。
②两句分别见《论语》的“卫灵公章”和“八佾章”。
③《答庄充书》。
④《行素园存稿引》。
⑤⑬陈友琴：《长短集》，第28页。
⑥⑩㉕刘勰：《文心雕龙·情采》。
⑦㉚韩非：《解老》。
⑧韩非《外储说左上》。
⑨《汉书·扬雄传》。
⑪《左传·襄公二十五年》。
⑫⑯《文心雕龙·原道》。
⑭杜牧：《献诗启》。
⑮胡应麟：《诗薮》卷四。
⑰郑燮：《潍县署中与舍弟第五书》。
⑱《文心雕龙·通变》。
⑲葛洪：《抱朴子·钧世》。
⑳薛雪：《一瓢诗话》一八一章。
㉑袁枚：《再与沈大宗伯书》。
㉒杨振刚：《二十四诗品解》。
㉓颜之推：《颜氏家训·文章篇》。
㉔王若虚：《滹南遗老集》卷三十八。
㉖赵秉文：《竹溪先生文集引》。
㉗刘开：《与阮芸台宫保论文书》。
㉘柳宗元：《答吴武陵论非国语书》。
㉙袁枚：《续诗品·选材》。

略论意境中的形象*

在我们谈论诗歌的文章和著作中，好些同志都把意境解释为诗人主观之“情”与生活的客观之“景”二者的交融，只是各人的说法稍有不同而已。比如柯岩同志说：

> 我认为意境就是文学典型化原则在诗歌创作中的具体运用。所谓“意”就是诗人的思想感情；所谓“境”就是诗人所描绘的客观事物[①]。

李远洛同志在《诗歌漫沦·“诗中有画”》中也说：

> 只有“画”与“诗”（即“景”与“情”）的完美融合，才能构成美好感人的意境。

尹在勤同志在《新诗漫谈·诗的构思》中说，诗的意境就是司空图在《与王驾评诗书》里边讲的“思与境偕”，接着解释道：

> 这里所谓的“思”就是指诗人的思想感情；这里所谓的“境”就是指诗人所描绘的客观事物。

等等，类似的说法不少。总而言之，这些同志所说的意境中的“境”，就等于“景”或“客观事物”，而且是诗人在诗篇中直接地描绘出来的形象。

---

* 此文原载《昆明师院学报》1984 年第 1 期。

这样来理解意境中的“境”和意境中的形象，我认为很有提出来商榷的必要。

我们知道，诗歌是抒情的。从抒情的方式上看，大致可以分作“借景抒情，寓情于景”和“痛快淋漓，直抒胸臆”两类。上述的意境说固然大致符合于“借景抒情，寓情于景”的一类作品，对于“痛快淋漓，直抒胸臆”的一类诗篇，则不一定能够概括了。比如著名诗人公刘同志最初发表于 1981 年 10 月号《人民文学》、今年 4 月 11 日《文学报》的《公刘诗选》又收入的那首很受读者欢迎的《解剖》一诗：

我并不胆小，但渴望平安；
我更不鲁莽，但喜欢冒险；
我襟怀坦荡，无事不可对人言，
我感情冲动，像爆仗一样容易点燃；
我难免耿耿于怀，同时还宽厚愚憨；
我自然地充满乐观，而毕竟少有笑颜；
我天真赛过婴儿，却多虑胜似老汉；
有人嫌弃我绷着合缝的嘴，
又有人讨厌我眨着淘气的眼；
真的，我从来酒不沾唇，
奇怪，何以会如醉如癫；
……

下边还有几十行，都是这样的自我“解剖”。这里，连形容词语和比喻都很少，哪谈得到对客观之“景”或生活画面的描绘。类似这样的诗还多，诸如郭小川同志的《投入火热的斗争》《向困难进军》《祝酒歌》《秋歌》，夏明翰的《就义诗》，闻一多的《一句话》等著名诗篇，都是这种意境说解释不了的。意境是诗的艺术生命，是我国传统美学中的一个十分重要的范畴，这是大家公认的结论。既然如此，它就应该能够概括一切比较成功的诗歌作品，而不是只能解释一部分诗作。那么，这问题出在哪里呢？

我认为，问题就出在我们对意境的“境”作了不太正确的解释，对意境中的形象作了比较狭隘的理解。

意境的“境”，就是客观之“景”或“客观事物”吗？不一定。为了说明这个问题，需要粗略地考察一下我国文学理论批评史上诗论家们对“境”这一词的运用情况。“意境”一词，来源于六朝时候佛家的“境”和“意界”之说。佛家把他们所希望达到的某种悟道的境地称作“境”或“境界”。如《成唯识论》所说的“觉通如来，尽佛境界”；《楞伽经》所说的“非言说妄想境界”；《隆兴编年通论·赐谥碑》所说的“入佛境异，于取非取”；等等，都是这样的意思。境界说对文学艺术理论的影响，最初是在书法理论中被借用。如南齐王僧虔的《论书》中说：“谢静谢敷，并善写经，亦能入境”。这里的“境”也是“境界”的意思，是说二谢的书法造诣高，达到了一定的艺术境界。一直到唐代，“境”的概念才被一些诗论家引入诗论中来。这时的“境”，仍然是作为“境界”的意思被引用，即指诗人创造诗美所达到的境界。如僧皎然《诗式》中说的“取境偏高，则一首举体便高”。这里，“境”是决不能理解为“景”的，否则，便成了“取景偏高，则一首举体便高”。说客观之“景”有这么大的作用，显然是不通之论。他讲的是诗人的触发问题。诗人的思想感情从境界上说有高低之分，客观景物触发诗人诗思的时候，也就表现为价值有高低之差。然后，诗情虽有提炼，但体现在诗篇中仍有境界高低的不同。所以他说诗篇的艺术境界（即思想艺术风貌）的高低是由触发诗人时思想感情的境界高低决定的。又如王昌龄的《诗格》把“诗境”分为“物境”“意境”“情境”三种，如果“境”就是“景”的意思，那就只有“物境”一种了，谈不到“诗境有三”。其实，他的“诗境”就是诗美所达到的艺术境界的意思，他是根据诗人为了达到这种境界有的诗篇侧重于写“物”，有的诗篇则侧重于写“意”或“情”而加以区分的。可见，当佛家的“境”这个概念被唐代的一些诗论家们引入诗论的时候，它还是保持着“境界”的意思，即指诗人创造诗美所达到的艺术境界。

诚然，作为诗歌意境中的“境”，的确与“景”有相当密切的关系。诗论家们早就认识到诗是“言志”的[2]，是“持人情性”[3]“吟咏性情”的[4]。但无论表达感情还是作用于人的感情，常常都借助于对客观事物的描绘来达到目的。于是，从这里出发，不少诗论家便从“景”的方面去强调意境中的“境”。这方面的说法很多，其中以谢榛的“景乃诗之媒，情乃诗之胚，合而为诗，以数言而统万形，元气浑成”[5]；王夫之的“情景名为二，而实不可离，神于诗者，妙合无垠”[6]等说的影响为最大。如前所述，我们在谈到“境”的时候，一些同志把它与客观之“景”等同起来，都是从这些观点中来的。但是，古代的这些诗论家也只是从“景”的方面去强调而已，并没有把“境”与“景”等同，也没有把“境”是“境界”的意思换成是“景”的意思。至少，直到现在我们还没有发现这方面的史料。

正因为“景”只是创造诗美艺术境界的途径之一，所以在历史上的诗论家中，有的人就看出了“境”可以脱离“景”的一面，认为不去直接描写生活中的客观之“景”，诗篇同样可以获得动人的意境。如上边提到的王昌龄《诗格》中提出的“诗境有三”之说，就认为在“物境”之外尚有“意境”和“情境”，即通过情意的直接抒写也可以创造出意境来。这类“直抒胸臆”的诗篇一般都免不了议论，如果《诗格》不是后人托名王昌龄的伪作的话，那么稍晚于王氏的韩愈“以文入诗”，大胆地把议论引入诗中，很可能是受了这一著作的影响。本来，直接抒写情意要能达到创造出意境，就得对于“娱乐愁怨”“深得其情”。这是王昌龄《诗格》所指出的。可是宋人进一步发展“以文入诗”的时候一些人则忘了这一点，以致使诗歌创作脱离了形象思维的轨道。特别是邵雍一流的道学家们，写出了一批似“语录讲义之押韵者”的诗作赝品，遭到了后人的尖锐批评。以后的谢榛等人之所以特别强调意境创作中“景”的重要作用，可以说是对这种情况的反驳。但是，如果因此认为意境创造离不开客观之“景”，认为通过直接抒写情意创造不出意境来，或者说诗中就不应该有议论，又是走到了另一个极端。针对有的人就是这样地看问题，于是出现了沈德潜的如下一段有名的驳难：

人谓诗主性情，不主议论，似也，而亦不尽然。试思《二雅》中，何处无议论？杜老古诗中，《奉先咏怀》《北征》《八哀》，近体中《蜀相》咏怀诸葛诸作，纯乎议论，但议论须带情韵以行，勿近伧父面目耳！⑦

应该说，在我国意境说的发展过程中，这段话是有其重要意义的。它直接继承了王昌龄《诗格》中的“情境”“意境”之说，但是又纠正和发展了王氏的论点。严格地讲，王昌龄把诗境分作三类并不科学。“情”能造成意境是很对的，“意”能造成意境吗？“意”是一个含糊的说法，从它跟“物”“情”并举来看，显然是“理”的意思。抽象的“理”，既背离了“诗主性情”的宗旨，也脱离了形象思维的轨道——艺术的形象思维与科学的抽象思维之间的重要区别就在于前者是充满激情的，后者则是冷静的。这样的“意”不能创造诗境，在今天看来是很明白的了。沈德潜的“议论须带情韵以行，勿近伧父面目”，不但避免了这些弊病，而且使直抒胸臆也能创造出诗的意境的观点显得更准确、更科学了。所以，此说多被人们称引，是很自然的。以后，王国维在他的《人间词话》中，对创造诗词意境的两条途径作了更为明确也更为简练的概括：“境非独谓景物也，喜怒哀乐亦人心中之一境界”。可惜，这一十分重要的观点没有引起我们足够的重视，以致有些同志仍然把“境”当成“景物”来看。

从以上粗略的考察我们可以清楚地看到，诗歌意境中的“境”，它就是“境”，而不是“景”或别的什么，它就只能解释为“境界”，即诗人创造诗美所达到的艺术境界，而不能解释为“景物”或“客观事物”。这就是我们文学理论批评史上的一贯用法。从创造意境的途径方面看，既可以通过“情景交融”来达到，也可以通过“直抒胸臆”来形成，认为只有前者一条道则是片面观点。这也是我们的文学理论批评史作出的结论。文学理论当然在发展，包括其中使用的名词术语和概念、范畴等的内含与外延。但是，当我们在解释和论述这些传统说法的时候，态度应该是严肃的。特别是像“意境”这样十分重要的美学范畴，我们在作解释和论述的时候，更需要充分注意传统的用法和观点，对其合理的部分必须加以继承和吸取，切忌带有随意性，忽视前人资料而轻易下判断、作结论。不然，势必会造成理论上的混乱。

谈论意境，有些同志之所以特别强调“景”，把“境”与“景”等同起来，目的在于要求意境必须具有形象性。这用意是很好的，也是正确的。的确，如果意境中没有形象，不能使人从中感受到形象，这样的意境我们是不能承认的，这样的诗我们不能说它有意境。所以，以“景”为“境”之说，从根本上看，还是一个如何理解意境中的形象的问题。

“诗在回味中。”这话很对，意境的确不在诗篇的字面上，而是在诗篇引起的想象和联想里面。钟嵘《诗品》中提出的“滋味”；戴容州说的“不可置于眉睫之前”[⑧]；司空图说的“味外之旨”“韵外之致”[⑨]等都是这个意思。意境在诗外，在读者的想象和联想之中；意境中的形象当然也是如此。所以说它是“空中之音，相中之色，水中之月，镜中之相”[⑩]；是“象外之象，景中之景”[⑪]；有如“蓝田日暖，良玉生烟”，无可把捉[⑫]。这些都说明，诗句描写的形象不等于意境中的形象。意境中的形象范围要比诗句描写的形象范围广，诗句中描写的形象只是它的一种情况。说得更明白些，能够在读者的心中唤起形象的想象和联想的，除了富于形象的诗句之外，还有并不描绘客观的生活景象但却写得很有感情的那些诗句、诗章。比如郭小川《秋歌》一诗中的这些句子：“我曾有过迷乱的时刻，于今一想，顿感阵阵心痛；/我曾有过灰心的日子，于今一想，顿感愧悔无穷。/是战士，决不能放下武器，哪怕是一分钟；/要革命，决不能止步不前，哪怕面对刀丛。/见鬼去吧，三分杂念，半斤气馁，一己声名；/滚它的吧，市侩哲学，庸人习气，懦夫行径。……读着这些句子，诗人斗志昂扬、热情如火、襟怀坦白的革命战士形象，不是赫然地浮现在我们眼前了吗？我们再看一首旧诗——陈子昂的《登幽州台歌》：“前不见古人，后不见来者，念天地之悠悠，独怆然而涕下！”这首诗，古代文论研究专家舒芜同志曾在一篇文章[⑬]中说它是一首“多么抽象”的诗，然而又是“无人否认”的名篇。是的，从字面上看它的确写得很抽象。但是，如果加以仔细的品味，我们就会体会到它的形象何等鲜明、生动！唐弢同志曾对这首诗作过分析，且摘录一段在下面：“这是一幅感情的图画。出现在画面中的不只是一个浩渺无际的天地，一个危然耸竖的高台，一个苍茫独立的诗人，还有诗人涂在上面的从自己心底泛起的色彩：想到宇宙的久长，人事的飘忽，古人已远，后人未来，他以‘怆然涕下’四字注入眼前的景色，勾出了全诗的灵魂，这是墨色非常浓厚的一笔。没有这一笔，画面是死的、静止的；有了这一笔，画面就活了，动起来了。”⑭这首“多么抽象”的诗，原来含蕴着这样生动的形象！“浩渺无际的天地”，“危然耸竖的高台”，“苍茫独立的诗人”，涂上特定感情色彩的画面，一切都浮现在我们眼前，使我们“看”得清清楚楚！

高尔基曾经极口称赞巴尔扎克通过语言描写人物的高强本领，说他在《鲛皮》里写一个银行家在公馆里开晚会，并没有描写他们的相貌和动作，但从语言里，不仅让人听到，仿佛也看到每个人说话时的眼神、笑容和姿势：各逞辩才的模样⑮。字面没有的人物形象，却能在读者的心中唤起生动传神的人物形象来，这不是很奇怪吗？其实没有什么可奇怪的，人们早说过了：“闻其声如见人。”个性化的语言，在小说中就能收到这样的艺术效果。诗歌也有类似的情形，诗句中没有写出的形象，却能在读者的心中唤起某种形象。不过，这里要求的主要不是个性化的语言，而是真挚的、深厚的、富于个性特色而又是典型的情感。心理学早已指出，情感是想象的动力。所以，当诗篇写出了这样的情感、并使读者的心灵因此受到震动的时候，读者是会在想象中“看”到诗句没有写出的生动形象的。

描绘形象的诗句能够唤起读者对形象的想象，没有描绘形象的动人诗句同样能够唤起读者对形象的想象，它们都是构成意境所需要的形象的因素。对于意境中的前一种形象我们给予了足够的重视，对于意境中的后一种形象我们则往往重视不够。我认为，我们一些同志对意境的解释往往失之偏颇，以为没有客观之“景”的描写便不可能有意境中的形象，便不能形成意境，因而过分地强调情与景的融合，这不能不说是一个很重要的原因。所以，对意境中形象的理解，应该避免狭隘性，力求看得更全面些。

总之，意境这一美学范畴，长期以来，被广泛运用于我们的文学、绘画、书法、音乐、舞蹈等艺术门类。如果对它的阐述失之偏颇，比如像有些同志那样去理解意境中的“境”和意境中的形象，那么，不但有背于意境这一范畴本来的含义，而且势必使它不能概括某些（如书法等）艺术门类的作品；

对于诗歌本身来说，则会重新蹈入排斥“议论入诗”的狭隘圈子，把“直抒胸臆”的一类作品拒于诗歌艺术的大门之外，含蓄之外的其他诗歌风格很可能也因此被遭到否定。这些，对于我们繁荣社会主义的文学艺术事业显然都是不利的。因有感于此，故不揣浅陋，略抒己见如上，以就教于各位方家和读者。

注释：

① 柯岩：《漫谈儿童诗》，《文学评论》1979 年第 2 期。
②《尚书·尧典》。
③ 刘勰：《文心雕龙·明诗》。
④⑩ 严羽：《沧浪诗话·诗辨》。
⑤ 谢榛：《四溟诗话》。
⑥ 王夫之：《薑斋诗话》。
⑦ 沈德潜：《说诗晬语》。
⑧⑪⑫ 司空图：《与极浦书》。
⑨ 司空图：《与李生论诗书》。
⑬ 舒芜：《希望古代文论研究水平能有新的突破》，《思想战线》1979 年第 3 期。
⑭ 唐弢：《谈诗美》，《文学评论》1978 年第 1 期。
⑮ 转引自唐弢：《创作漫谈》，第 59 页。

意境内涵初探*

意境不是诗人的凭空创造之物，它是生活境界的反映。“社会生活中常有各种不同的方面，各种不同的高度，从而有各种不同的境界。甚至对一个人来说，他的思想、行为、情感乃至一颦一笑，也都是社会生活的产物，可以是一定生活境界的反映。”[①]各种生活境界反映在诗篇中，就成为诗的意境。这一点，诗人兼诗论家的司空图在指导李生写诗要讲究“韵外之致”时谈得最明白。他说：“近而不浮，远而不尽，然后可以言韵外之致耳。”[②]并说，他的诗中那些有意境的好句，都是直接从某种动人的生活境界中得来的。欧阳修《六一诗话》云：孟郊《谢人惠炭》诗中“暖得曲身成直身”一句，“人谓非其身备尝之不能道此句也。”为什么不能“道”？因为别的诗人没有对“以诗穷至死”这种生活境界的切身体验。这又从另一个角度说明了生活境界和诗歌意境的关系。正因为意境是生活境界的反映，所以才有“郑启诗思，在灞桥风雪中、驴子上；唐求诗，所游历不出二百里”[③]一类的佳话。为了创造出动人的意境，诗人们总是不辞辛劳，勤于去生活中捕捉。

但是，意境并不是生活境界的抄袭，它熔铸着诗人的思想情感和美学理想。皎然说，“缘境不尽曰情”[④]，说明诗人的情感弥漫和渗透在诗的意境中，只不过要读者在对意境的不尽寻味中才能体会到。“作诗本乎情”[⑤]，“诗与情一也”[⑥]，“诗缘情而托物者也”[⑦]，等等，都指出了诗与感情的本质关系。感情在诗中表现于何处？怎样表现？叶燮说，“不可径达之情……惝恍以为情”[⑧]，进一步指出感情在诗中不能直接表达，必须“对象化”，转化为

---

* 此文原载《贵州师范大学学报》1985年第4期。

“惝恍”的意境才能传达给读者。可见，意境就是诗人感情的具象化和集中表现。而且，唯其意境中饱含诗人的情感、情思，意境才能“生气远出，不着死灰”，达到“妙造自然，伊谁与裁”[⑨]的境地。不然，意境活不起来。但这感情又不能是一般的、平庸的，必须是渗透着诗人美学理想的情感。“境界有二：有诗人之境界，有常人之境界”，二者都是诗人描写的境界：只有“阳春白雪”与“下里巴人”之分，要求都不低，前者要能使人“高举远慕”，后者要能“入于人者至深”。这样，灌注在意境中的思想情感如果没有美学理想的光芒是不能达到的。总之生活境界之所以能上升到诗美的境界，有“摇荡性情”“持人情性”[⑩]的巨大艺术力量，正因为它熔铸了诗人真挚美好的思想感情、愿望和理想。所以沈德潜说：“有第一等襟抱，第一等学识，斯有第一等真诗”[⑪]；何绍基说，学诗最要紧的是“先学为人”，诗人应该有“临大节而不可夺”的思想境界和高风亮节[⑫]。古代诗论家们认为，要创造出动人的诗美境界，在诗人应该是怎样一个人的问题上，要求都相当高。

“生活有各种不同的方面，各种不同的高度，从而有各种不同的境界。”这话说得好，表明生活境界的内容非常之丰富。试想，从一定的方面或高度去“看”生活，就从生活中切取了一个完整的部分。《说文解字》：“境，疆也。”在这“视线”所能达到的疆界之内的一切，都是它的内容，简直是一个小天地。诗歌意境自然也是这样，是一个美的小天地，是生活完整的一角或一个方面在诗中的艺术反映，内容丰富极了。皎然写道：“夫境象非一，虚实难明，有可睹而不可取，景也；可闻而不可见，风也；虽系乎我形，而妙用无体，心也，义贯众象，而无定质，色也。凡此等，可以偶虚，亦可偶实。”[⑬]“可以偶虚（因为只存在于想象中）、“亦可偶实”（想象中又确实存在着）的“境象”（意境状况），皎然在这里只举了“可视”的景物，可“闻”的风声，激动着我们而又无可把捉的思想情感，以及变化无穷、各种有形之物都具有的色彩。他感到意境的内容太丰富而无法遍举，有些也实在难于述说，最后用了“凡此等”三字作概括；意境中诸如生气、气氛、气象、风致、韵味、情调、情趣等都省略了——我以为这是意境中很重要的部分。王国维说：“昨夜西风凋碧树，独上高楼，望断天涯路”；“衣带渐宽终不悔，为伊消得人憔悴”；“众里寻他千百度，回头蓦见，那人正在灯火阑珊处”——这是“古今成大事业大学问者”必经的“三种境界”[14]。试想，用几句话概括一个人的理想、奋斗、挫折、苦闷、彷徨、摸索等等，直到最后取得胜利，做出成绩的全部情况、情景、情绪、情态，内容何等丰富！正因为意境是一个内容非常丰富的完整天地，所以才意味深长，让人把玩不止。意境跟贫乏、空虚、简单易尽是相对立的。

由于内容的丰富，意境具有多义性。就是说，它的含义往往是多方面的。例如刘禹锡有两首写玄都观桃花的诗，其前首《元和十年自郎州至京，戏赠看花诸君子》云：“紫陌红尘拂面来，无人不道看花回。玄都观里桃千树，尽是刘郎去后栽。”说草木葱茏的大道上人马喧阗，川流不息，尘土飞扬；人们都是从玄都观看了桃花归来，一路上都高兴地谈论桃花开得好，饱了一次眼福。诗人想到自己十年前在长安时，玄都观还没有桃树，而今归来，不但有桃树，而且繁花如锦，已是另外一番春色：“物犹如此，人何以堪。”诗由桃花的美好写到年华易逝的感慨，意境鲜丽而深沉。很明显，这是写观桃花的。这意思，刘禹锡自己也讲了。他说：“居外十余年，召至京师，人言有道士手植仙桃，遂有前篇，以识一时之事。”点明这是“识一时之事”——记观道士仙桃的诗。但诗成之后，有人把它抄去向“执政”者告状，致使刘禹锡再贬连州。“告状者”想必是诗人的政敌，拿它去告状确实也厉害，因为意境中的思想感情完全可以作这样的解释：千树桃花，象征十年来靠投机取巧愈来愈得意的新贵们，那些看花的人，暗指一班趋炎附势、攀高结贵之徒。于是，最后两句就成了这样的意思：你们这些新贵有什么了不起，也不过是十年前我被排挤出朝廷之后趁机钻进来的罢了。意境中的这种轻蔑和讽刺，辛辣而尖锐，使政敌们非常难受，遂复得罪。当然，根据刘禹锡的政治经历和思想性格看，诗的主旨也应当是这样；而且标题《戏赠看花诸君子》也颇值得玩味。可以说，这首诗就是意境多义性的一个典型例子。又如李商隐的那些《无题》诗，历来争论不休。有人说是爱情诗，有人说是政治诗。其实，从诗的意境看，理解为政治诗有道理，当成爱情诗去欣赏也未尝不可。正如晏殊的《蝶恋花》、柳永的《凤栖梧》和辛弃疾的《青玉案》三词，分明是咏男女爱情（辛词又另有政治寓意），王国维却各摘二句，说写出了“古今之成大事业大学问者”必经的“三种境界”，是晏殊三人当初想都没想到的一样；王国维的解释不但不被人们否定，而且为大家所引用。薛雪说：杜诗“兵家读之为兵，道家读之为道，治天下国家者读之为政，无往不可”[15]。这就是指出意境的多义性。从这个角度说，汉儒解《诗》，把国风中的情诗都说成是政治诗，并和政治上的人物事件一一扣合，这做法虽然多穿凿附会，但总的说来也不无一定道理。董仲舒提出“诗无达诂”[16]的著名论点，证明汉儒对诗歌意境的多义性是有相当认识的。当然意境有多义性，并不是说诗人创作没有确定的主题。王夫之说得好：“作者用一致之思，读者各以其情而自得。”[17]由于读者各人情况不同，往往会从不同的角度去理解作品，这就出现了“为欣赏者所发现，但未必为作者本人所充分认识和理解”[18]的情况。对意境的品味不是一加一等于二的逻辑思考。因为它“包含无穷”，读者“随其性情浅深高下，各有会心”[19]，也就是必然的事情。所以，这正是“形象大于思想”这一普遍规律的表现，只是在诗歌意境上更为突出罢了。另一方面，“各有会心”也不是随便的“自立意见，勉强求合”[20]。诗句总是在暗示领会意境的渠道，思路离开了这渠道而别作解会，就难免附会牵强，不足取了。意境的多义性并没有给领解的随意性开方便之门，它仍然要求美的探索者付出必不可少的劳动。

需要特别指出的是，意境还有不可言传的性质。讲不可言传，容易被认为是不可知论。其实这是误会。正如有的文章所指出的：“不可知论是认识论的问题，认识论所讨论的是认识与实践的关系，而这里谈的是语言的表达能力问题”；它跟认识论有联系，但毕竟是两回事[21]。语言可以表达一切吗？不，黑格尔说“语言定质上只表达普遍的东西，但人们所想的却是特殊的东西、个别的东西。”列宁很重视这个观点，摘下它，并在旁边的批语中作了精辟概括：“在语言中只有一般的东西。”[22]“一般的东西”是什么？是上升到概念的理性思维的东西。而我们在生活中的情绪、感受、感觉等是具体的、个别的。它们当中，有少部分很难上升到概念上来用语言加以表达。如庄子讲的“轮扁”得心应手地“斫轮”，就是“言之所不能论”的[23]。轮扁运斤如风的表象很清楚，他“不徐不疾”的速度也可看见。这些都能言传。但运斤过程中的手感，即手上参加运斤的每一块肌肉、骨骼的运动情况，轮扁就只能实实在在地感觉到，却因为模糊不清、变化莫测，只得承认“得之于手，应之于心，口不能言”了。莱辛在论戏剧时，讲到了另外一些不能言传的感受。他说：“漂亮的身段，迷人的表情，寓意丰富的眼神，兴味盎然的步态，讨人喜欢的风度，娓娓动听的声调——所有这些，都不能够用语言来表达。[24]”庄子所说的“不能言”的“物之精者”，在生活中并不少见。对于它们，将来也许“能言”，现在“不能言”却是确定无疑的。

在古代诗论家们看来，意境就是这种“物之精者”。它“微而难能”，“精而寡合”[25]，精微极了。因此纷纷指出它“只可意会，不可言传”的性质。皎然说：“天真挺拔之句，与造化争衡，可以意会，难以言状”[26]。司空图说“象外之象，景外之景，岂容易可谭哉！”[27]颇感慨于难言之苦。至宋以后，谈的人更多。如梅圣俞说“含不尽之意见于言外”的意境，是“作者得于心，览者会以意，殆难指陈以言”[28]的。徐渭说词的妙处是“在人领悟妙解，未可言传”[29]。袁宏道说诗趣“如山中之色，水中之味，花中之光，女中之态，虽善说者不能下一语，唯会心者知之”[30]。李渔论曲也指出“非可言传，只堪意会”，并说明“非不欲传，不能传也”[31]，等等。古代诗论家们的这些说法，其中虽然难免有过头之处，但他们从丰富的创作和欣赏实践中得出的经验总结，包含着真理，是不容抹煞的。我们只能承认事实，对问题作进一步的探讨，而不能加以否认。

我认为，在意境这个独创的、个别的、内容既丰富又生动的美的天地中，那部分生活形象可以通过“内视”“看”清楚，也就大致上可以用语言加以表达，笼统地说意境不能言传就片面了些。但其中如生气、气氛、气象、风致、韵味、情趣、情调等等，的确是“物之精”者，很难用语言表达。人们说的诗味就是指的它们。它们是什么？是意境中的形象给我们造成的一种特殊的感觉。袁宏道对“韵”的解释是：“夫叫跳反掷者，稚子之韵也；嬉笑怒骂者，醉人之韵也。醉者无心，稚子亦无心，无心故理无所托，而自然之韵出焉[32]”。韵，既不等于形象（如“叫跳反掷”）本身，又不是与形象无关的东西。它是形象自然而然地流露出来，确实可以感觉到但又是既不可视听，更不可触摸的东西。生气、气氛等也是这样的情况。但它们是意境中最为重要的部分。如果意境中的形象不能形成气氛，产生情调、情趣，没有生气、韵味，等等，这形象就不是生动活泼的，而是枯燥的、僵死的，整个意境也就失去了耐人寻味的艺术魅力。因为我们说的耐人寻味，主要还不在于意境中的形象，而在于形象所形成、所产生、包括了全部虚而又虚的东西的诗味。意境中的形象，读者凭着自己的生活经验，可以在内视中较快地把它们“看”清楚；而这形象所形成和产生的诗味，却是一个神秘的果子，总是令人品味不尽。恰如一片风景，那山水林木，本来一眼就看完、看清楚了，可是它形成一种情调、韵味，就有了巨大的吸引力量，使你总想看它，总觉得看不够，使你忘却一切地沉醉于其中。所以，意境有“只可意会，不可言传”的因素，不是它的短处，正是它的长处。“艺术欣赏要讲究味道，艺术恰恰要表现一般语言表现不出的东西。中国很讲究艺术的味道，但味道是什么，你不一定讲得出来”[33]。因为有讲不出来的成分，意境才具有神秘的艺术魅力和浓厚而深长的审美情趣。如果可以一是一二是二地讲个清楚明白，意境还有什么韵味可谈？而且：“艺术给人的，不单单是认识什么，并且远远不止于认识……就认识说，艺术远远比不上科学。那么还要艺术干什么？艺术给人的恰恰是影响你，不仅仅是影响你的理解，而且影响你的想象、情感、感知，它是多方面影响你的，使你这个人化的自然，使你这个内在的五官，使你的情感、感知、想象越来越丰富，它起着全面的作用[34]。”对于诗歌来说，它能够起到潜移默化、全面地陶冶人的性情、全面地影响人的作用，起到一般认识所不能起到的作用，主要是由意境中不可言传、只可意会、令人沉浸于其中、被称为诗味的东西来完成的。生活、思想、感情等等，化为意境中丰富多彩的形象，而诗味，则是全部形象的结晶和升华，也是全部形象形成的风貌。所以，这不可言传的部分，应该是诗歌意境研究者的重要对象。而且，它决定了诗歌的艺术风格。因为诗的风格就是诗歌意境的风格。所谓诗歌的不同风格，也就是从诗味的不同侧面——或侧重于气氛、情调，或侧重于生气、韵味，等等，所作的概括。所以，风格也是“只可意会，不可言传”的。

在这一点上，司空图《二十四诗品》很高明。不能言传他就生动地描绘出一幅幅的图景，让读者从这些图景中去意会什么是风格的“雄浑”，什么是风格的“冲淡”，什么是风格的“纤秾”“沉着”“高古”……他的高明在于，这一切都是由灌注着诗人思想感情的形象显示出来的，生动地描绘出某种形象，就能让人领会到那“说不出什么的什么”。这方法影响很大，以致逐渐形成为赏析意境的传统方法。

意境不在诗句之中，而在诗句之外，即刘禹锡说的“境生象外”[35]。司空图对刘说加以发挥，用“象外之象，景外之景”[36]，“韵外之致”“咸酸之外”“味外之旨”[37]等语描写“象外”之境的各种情状。严羽又从另一角度作了发挥：既然意境在诗句之外，那么诗句对于意境就是“不落言筌”、“羚羊挂角，无迹可求”的了；或者说，因为意境不能直接从诗句中切实把握住，所以它很像“空中之音，相中之色，水中之月，镜中之象”一样“不可凑泊”[38]。意境是在诗句之外，从这里可以引出两点结论：第一，这使意境和“言外之意”的“含蓄”联系起来。苏轼说：“句中有余味，篇中有余意，善之善者也”[39]。这是讲含蓄，也是讲意境。司马光说：“古人为诗，贵于意在言外，使人思而得之”。接着，他举了杜甫的《春望》一诗，指出诗中的词语：“‘山河在’明无余物矣；花鸟，平时可娱之物，见之而泣，闻之而恐，则时可知矣。”[40]这是讲含蓄，更是讲的意境。当然，一般地说意境不等于含蓄，它们之间有高低之分，精粗之差，丰吝之别。但是，它们都在“言外”。从这个角度讲，意境说的起源似不应该为通常所说的南北朝时期的佛学和画论，而可以上溯到更远的先秦时代。如孟子说的“言近而指远者，善言也”[41]；《周易》说的“其称名也小，其取类也大；其旨远，其辞文”[42]等等，跟司空图描写意境时说的“近而不浮，远而不尽”[43]何其相似。至于《礼记·乐记》中说的“清庙之瑟，朱弦而疏越，一唱三叹，有遗音者矣”。这可“绕梁三日”的“遗音”，更是指的音乐意境了。所以我认为意境说的源头应追溯到先秦。这并非好古，而是为了理清意境说的历史脉络。另一方面，唐代正式提出意境说之后，用的概念仍很不统一，除了有“境”“意象”“兴趣”“神韵”等名称之外，还有不少人是用“含蓄”

来谈论意境的，比如除了上边举的苏轼，还有张表臣、释洪惠、吴可、张戒、吴乔、沈龙祥、沈德潜诸人，他们对意境说的发展都有一定贡献，不应该被排斥在意境说之外，而要通过深入的研究给予他们科学的评价。第二，因为意境在言外，从诗歌创作方面讲，诗不能像散文那样直说”，“诗要用形象思维”“比兴两法不能不用”[44]，等等。总之一句话，用侧面的、间接的、形象暗示的方法去刺激读者想象，便必然地成为诗歌创作的根本方法。正是在这一点上，使诗歌创作和散文、小说、报告文学等文学样式的创作区分开来。从阅读赏析方面讲，既然意境在诗句之外，而把握意境又是追求的目标，就不能拘于诗句，止于诗句，而要在诗句的启发导引下，在展开丰富的联想和想象中去捕捉，也就是在这捕捉的过程中，诗歌带给了读者想象的愉快，追求的愉快，咀嚼诗味时满足的愉快，使读者沉浸于意境美之中，受到启发、熏陶和感染；也就是在他们得到巨大的审美享受中，诗歌完成了自己的艺术使命。

综上所述，对于诗美境界是什么的问题，我们可以这样回答：它是一个丰富多彩、生动活泼的美的天地，是诗人凭着高强的表现力对生活境界作的艺术概括和表现，但又并不存在于诗人写出的诗句之中；它真实可感地存在着，但又惝恍模糊而难于把握；它由有限的诗句造成，意蕴却又是难于穷尽的；它饱和着思想认识和美学理想，却又有“只可意会，不可言传”的性质——这也就是我们对意境内涵的认识。

意境是诗歌艺术的生命。诗人致力于意境的创造，读者醉心于意境的玩味，批评离不开意境的把握。探讨诗歌的意境，是诗歌理论研究中一个极为重要的方面。而且，那意义还远不止于诗歌。朱光潜先生说：“一切艺术到精妙处都必须有诗的意境。”[45]可见，对诗歌意境的探讨，有助于促进整个艺术各部门创作、鉴赏和批评的发展。我们应该对意境这一传统的美学范畴作更加深入的研究。我们期待着这方面研究出现一个新的局面。

注释：

① 李泽厚《美学论集·意境杂谈》。

②⑨ 司空图《与李生论诗书》。
③ 魏庆之《诗人玉屑》卷三十。
④⑮㉘ 皎然《诗式》。
⑤ 谢榛《四溟诗话》。
⑥ 王彝《王徵士集》卷二。
⑦ 宋濂《刘兵部诗集序》。
⑧ 叶燮《原诗》。
⑩ 王国维《人间词话》“附录”。
⑪ 钟嵘《诗品·序》。
⑫ 刘勰《文心雕龙·明诗篇》。
⑬ 沈德潜《说诗晬语》。
⑭ 何绍基《使黔草自序》。
⑯ 王国维《人间词话》。
⑰ 薛雪《一瓢诗话》。
⑱ 董仲舒《春秋繁露·精华》。
⑲ 王夫之《薑斋诗话》。
⑳ 王朝闻主编《美学概论》，第 315 页。
㉑㉒ 沈德潜《唐诗别裁·凡例》。
㉓《古代文学理论研究》第一辑《魏晋玄学中的言意之辩与中国古代文艺理论》。
㉔《列宁全集》第 38 卷《黑格尔哲学史讲演录一书摘要》。
㉕《庄子·秋水》。
㉖ 莱辛《汉堡剧评·预告》。
㉗㊲ 刘禹锡《董氏武陵集记》。
㉙㊳ 司空图《与极浦书》。
㉚ 欧阳修《六一诗话》。
㉛ 徐渭《南词叙录》。
㉜ 袁宏道《叙陈正甫会心集》。
㉝ 李渔《闲情偶记》。
㉞ 袁宏道《寿存斋张公七十叙》。
㉟㊱ 李泽厚《美感的二重性与形象思维》，见《美学与艺术讲演录》。
㊴ 严羽《沧浪诗话诗辨》。
㊵ 姜夔《白氏诗说》。
㊶ 司马光《迂叟诗话》。
㊷《孟子·尽心章句下》。
㊸《周易·系辞下》。
㊹ 毛泽东《给陈毅同志谈诗的一封信》。
㊺ 朱光潜《艺文杂谈》。

生活美的发现*

清人潘德舆在《养一斋诗话》中说："天地之间，风云日月，人情物态，无往非吾诗所自出。"天地间的一切，无一不是写诗的好材料；但要做到这一点，有个前提，即首先得从"风云日月，人情物态"中发现诗意。所以，罗丹在他的名著《艺术论》中说："美是到处都有的，对于我们的眼睛，不是缺少美，而是缺少发现。"他又进一步指出："所谓艺术大师，就是这样的人：他们用自己的眼睛去看别人见过的东西，在别人司空见惯的东西上能够看出美来"，而"拙劣的艺术家永远戴别人的眼镜"，谈不上自己有什么发现。

对于文学创作来说，谈谈作家在生活中独立地作出发现，善于捕捉生活的美，是颇为必要的事情。但这里有一个问题，发现生活的美有没有方法呢？对这问题，有人持否认态度。理由是：发现多半表现为灵感，而灵感是"来无踪，去无影"、"不期然而然"的东西，不是着意追求所能获得的。我认为，这说法有一定道理，但却并非完全如此。就说灵感吧，国内外学者正在对它作深入的研究，已经掌握了它出现的一些规律，提出了促成灵感产生的方法。可见产生灵感也有方法可寻。再从技能（技巧、能力）方面看，问题就更清楚。曹日昌主编的《普通心理学》"技能"一章指出：人们掌握某种技能，都有一个"从'有意识'转变为'自动化'的过程"。比如汽车驾驶员开车的技能，开始必须学会怎样开动机器，怎样转动方向盘，怎样刹车等一套驾驶汽车的方法。待这套方法在实践中练习纯熟以后，它"就从意识中解放出

---

* 此文原载《贵州师范大学学报》1987 年第 3 期。

来，变为‘自动化’的动作”。行车中，“他无须再考虑怎样开动机器、向哪个方向转动方向盘、如何刹车等等”，而能根据情况，敏捷地、准确地、自然而然地处理这一切，从而出色地完成运输任务。这就是掌握了开车的技能。但没有考虑，决不能说这里边没有如何开动机器等方法，只是这些方法变成了无意识的、自动化的动作罢了。可见无意识的自动化的技能都是对某种方法有意识的运用，通过一定实践锻炼之后，达到纯熟的结果。所谓“熟能生巧”也正是这个意思。换句话说，技能不是没有方法，而是方法的运用达到了自动化、无意识的程度。写作、文学创作，也是一种技巧、一种能力，当然也是对写作方法的运用达到了自动化、无意识的表现。因此作家们在生活中发现主题、发现题材、发现人物、角度、构思等等，虽然常常是不知不觉的、突如其来的，就像屠格涅夫等人所说的：“作品像草儿那样长出来”，但我们仍然必须充分肯定：在发现的背后，隐藏着作家们发现生活美的方法。任何一个作家，在成为作家之前都有一段较长的苦练时期。从发现的角度看，这个时期也就是在自觉与不自觉地训练从生活中作出独立发现的方法。这就是人们所说的锻炼出一双会观察生活的眼睛。以后方法纯熟，一双会观察的眼睛已经养成，获得了善于从生活中发现美的能力、技巧，方法的运用便不再被意识到，但这决不是说里边没有方法存在。

总之，发现后边隐藏着方法，这是不容置疑的客观事实。

那么，这里边隐藏着一些什么样的方法呢？从优秀作家们的创作经验看，以下几种方法带有普遍意义：

1. 找出事件背景

我国话剧创始人之一、著名戏剧理论家洪深先生，在谈到戏剧创作时，曾经指出：普遍的、平凡的生活加上“特殊的背景，就成了戏剧的人生”，就获得了“‘戏剧’意味”。他举例说：人们日常的生活起居，洗脸、梳头、擦皮鞋、吃早点、上班……如果就这么描写，戏不会有人看。你必须把这些平淡的事情放在一个特殊的背景之中，使之产生“戏剧的”特征。例如，一个人起床之后，洗脸、梳头、擦皮鞋，但有一个背景，他要到火车站去接人，接的是他的未婚妻。在这种背景下，就有了“戏剧”的意味，将会引起观众的兴趣。他告诉我们，“‘戏剧’的意味”要靠我们这样去挖掘。[①]洪深先生这话说出了一个道理：事物的意味、意义、美，常常包含在它的背景之中。我们如果不就事论事，而是努力找出它的背景，那么，很可能就会对平凡的生活事件作出新的发现。这话不仅适于戏剧创作，也适于整个文学创作。如小说，何士光的《乡场上》的创作就是一个例证。乡场上，两个妇女为孩子的事发生纠纷，找冯幺爸出来作证，看到底是谁家孩子打骂人了，这位证明人当然也就把自己见到的情况说上几句。这类事情太多、太平凡，有什么意思？里边藏着美吗？值得描写给读者看吗？但在作家的眼里，他却发现里边有意思，有美，值得写。因为他把冯幺爸不怕罗二娘、敢讲公道话这件事的背景看得很清楚：十一届三中全会以后，农村实行家庭联产承包制，冯幺爸在经济上开始翻身了，再不需要向梨花屯的上层人物乞讨了，何必再怕罗二娘这个“贵妇”呢！这样，作家欣喜地发现：由于经济地位的急剧变化，农民开始挣脱捆缚精神的绳索，逐渐恢复了人的尊严和价值，“庄稼人的腰杆挺起来了！”这就是事件的意义，这就是生活的美。于是作家抓住它，写出了获奖小说《乡场上》。

2. 深入一层探求

人们对事物的认识是不断加深的。按照辩证法的观点，事物的本质具有层次性，人们的认识透过现象接触到本质并不会终结，将由一级本质进到二级本质，往更加深入的方向发展。认为对事物本质的认识有终结的时候，不是辩证唯物主义的认识论，而是形而上学的观点。因此，作者如果善于向事物本质的深处钻探，即使是别人写过的题材，也可以在已有认识的基础上更深进一层，从而有自己新的发现，写出更新颖、更深刻的作品。陈建功说他写获奖小说《丹凤眼》的时候，反映矿工爱情生活的作品已有人写过，“其主题是“时代变了，矿工可以找到对象了，或矿工好，应该爱他们，等等。”陈建功说，如果自己的“认识只停留在矿工应该有对象，姑娘应该爱矿工”，那么，“《丹凤眼》还是不能写。”怎么办？他想，“文学是面向社会读者的，是干预人生的，干预灵魂的，……应该让读者感到灵魂的震颤和感染，得到人生的启迪。”于是，他向人物模特的内心深处发掘，最后发现：一个矿工和一个卖饭姑娘（后来成了作品的男女主角）的自尊，“由于社会的压制而变得格外敏感，近乎畸形，他们都认为对方瞧不起自己”，实际上，大家身上都流着“那种自尊的血液”，都“有着站起来做真正的劳动者的愿望”。所以，一对“一直顶牛”的男女青年，终于沟通感情相爱了，结合了[②]。对主角内心世界的这一发现，就是在已有作品的基础上作者作更深入的探求的结果。

3. 从另一侧面思考

对一个事物，“你从一个方面去考虑得不到结果时你就应该从另一个角度去思考问题。这样，你就可能产生新颖的设想。”[③]不同侧面、角度的思考，使不少自然科学家产生奇思妙想，为人类作出了杰出的贡献。同样，优秀的作家，能对人们司空见惯的事物，或别人已经写过的事物发掘出新意，发现新的美的方面，常常也是对对象从另一个侧面、另一个角度思考的结果。历史上只有一个严肃威风、铁面无私的黑包公，从明清到现在，人们写了多少包公戏！这些戏，有的自然失败了，淹没了，但是站得住脚的也不少。它们所以同时受到群众的喜爱，就因为作者们各自从不同侧面去认识这位包大人，都有自己独特的发现和贡献。川剧传统戏《告贫》，写一位怀才不遇的“文丐”化郎来向包相爷告“五殿阎君和朱笔魁星克扣功名富贵”，意在显示才学，求得自己的富贵功名。包公面对难题，别出心裁，考了化郎的才学，又巧妙地处理了自己不能去阴曹地府惩罚五殿阎君和朱笔魁星的问题。戏的结尾，暗示包公将擢用化郎，但处理得相当慎重。这出戏，发掘了包公才学过人，富于科学精神的一面。吉剧近作《包公赔情》又是一种写法，谈的是包公判斩亲嫂子的独生儿子，从而受到“恩如慈母”、从小抚养自己成人的嫂子责备的故事，是从家庭骨肉至亲这个侧面来写包公感情世界中忍辱负重这一崇高品质的。两出戏各异其趣，比之历史上众多的包公戏，它们也不“随人脚跟”，而是有自己的独特发现，因而都受到群众的欢迎。

4. 展开丰富的联想

普希金指出：“我们说的机智，不是深得评论家青睐的小聪明，而是那种使概念相接近、并且从中引出正确的新结论来的能力。”[④]这里说的使概念相接近的能力就是联想的能力。普希金根据自己丰富的创作经验，深刻认识到机智的联想可以获得“正确的新结论”。这种“使概念相接近”的联想能力，从今天的心理学观点看，如果能够充分发挥，真可谓神通广大。当代苏联心理学家哥洛万和斯塔林茨从实验中发现，任何两个毫不相关的概念都可以经过思路发展到四或五个阶段建立起联想关系来。如“木质”与“皮球”两个概念其间相距有如“胡越”之遥远，可是经过几步联想，它们便“合则肝胆”了。你看：木质—树林—田野—足球场—皮球[⑤]这联想不是顺理成章吗？联想不仅有直线的，也有曲折的；不但有远距离的，也有近距离的，而且各种情况常常又互相错综。这样，只要善于联想，什么不相关的东西也可以联想到一块。狄德罗说过，美在联想之中[⑥]。从这里我们窥见了优秀作家在生活中经常产生奇思妙想，不断有新的发现，善于捕捉生活中的美，写出新作品的又一个重要规律。比如刘禹锡的七绝《乌衣巷》：“朱雀桥边野草花，乌衣巷口夕阳斜。旧时王谢堂前燕，飞入寻常百姓家。”这首诗的诗意是怎样发现的？靠的是联想。诗人由乌衣巷的眼前景物想到曾经居住这里的东晋王谢大族，再想到两家的衰败，而今住乌衣巷的已是寻常百姓，最后又由住家联想到筑巢梁上的燕子，今天只能飞进寻常百姓家了。通过这样一番联想，诗人便从眼前的平凡事物之中发现了时代变迁，人事沧桑的诗意。臧克家的散文《毛主席向着黄河笑》，由毛泽东同志视察黄河的照片联想到黄河在历史上给人们带来的灾难，从灾难又联想到历史上的治水英雄，由英雄为征服黄河所作的斗争最后联想到我们一定能够叫黄河变清，为人民造福的动人远景，从而在一张照片中发现了今天时代的伟大和制度的优越。

5. 在想象中捕捉

西方当代科学方法论的代表之一、阿根廷学者郑奇指出：创造性的想象“能够创造概念和概念体系”，“孕育着新奇的思想”。因为想象有这样可贵的作用，所以“善于认识现实现象和想象它的发展，善于把握性格并设想把它安排在各种环境中，由此阐明它全部完整的特点，这构成文学创作过程的心理发展”。[⑦]18世纪意大利美学家维柯论述神话故事雷神产生的过程时写道：当天空轰起炸雷，闪着疾电的时候，居住在高山森林里的人类的祖先大惊大骇起来。他们抬头一看，看见了天空。于是，根据人的本性，他们想，这“大半是一些体力极强壮的人在发火，用咆哮来发泄他们的暴躁情绪。这样一来，他们就发现一个秘密：天上有“雷神”；也发现了它与他们的关系——打雷闪电是雷神“在用电驰雷鸣来设法向他们说些什么”。维柯说：“就是用这种方式，最早的神话诗人创作了第一个神话故事，一个最伟大的故事，即天神或雷神的故事。”[8]这是人类祖先通过想象，获得了对雷神的“认识”，对打雷的秘密作出了发现，因而创造了关于雷神的神话故事。认识虽然幼稚可笑，却非常可贵。黑格尔说：“真正的创造就是艺术想象的活动。”[9]神话故事的创作是如此，一般文学作品的创作多半也是如此，生活中没有现成的诗歌、散文、小说、戏剧摆在那里，可供作家抄写。作家在生活中，常常都是根据一点现象、印象去想象人物的行为和生活，事件的来龙去脉与前因后果，用大量的想象去使事物的意义充分地显示出来，从而获得独到的认识，新颖的看法和感受，然后再写出作品来。

6. 善于提出问题

自然科学上的重大发现，多以提出问题为先导：牛顿的发现万有引力定律，居里夫人的发现放射性元素，爱因斯坦的发现相对论，等等，都是这样。有人说，问题把科学家“引进发明创造的科学之宫”，一部科学发展史，“正是人们在提出问题，证实问题，解决问题中前进的历史。”[10]不能提出问题，思想难于深入，难有发明发现。自然科学的研究是这样，文学创作中的发现往往也是先提出问题。蒋子龙说，他创作《乔厂长上任记》是由于《人民文学》编辑部来向他约稿。当时提出的要求是：“要写实现四化的阻力，要写出怎样克服这种阻力，给人以信心和力量。”这就提出了两个问题：发现四化的阻力是什么？怎样克服它？蒋子龙有丰富的工厂生活经验。现在，问题明确地提出来了，他就以此为根据，回忆、分析、研究自己积累的生活材料。于是他发现和创造了乔光朴、冀申等内涵相当深厚的人物。比如其中的冀申，蒋子龙说是根据自己生活经验中一个十一级的老干部、一个十九级的中年干部和“哪一个单位大概都有一两个只会做官不会做事”的那种干部创造出来的。他认为要实现四个现代化，绝不可低估“只会做官，不会做事”的翼申们的阻力。[11]从作者对翼申这一人物的酝酿创作过程，可以充分地看到“提出问题”能帮助作家从丰富的生活经验中找出要点来，帮助他把有关的生活经验聚集拢来，因而对作家从生活中发现人物、发现生活的内在底蕴起着巨大的促进作用。

7. 灵活地进行类比

类比法又叫作移植法。在自然科学研究中，它是“最有效、最简便的一种方法，也是运用最多的方法之一。”[12]自然科学中不少新的发现，都是通过类比获得的。例如，巴斯德关于有机物的腐败是由于微生物的猖狂活动引起的发现，被英国医生李斯特移植过来，用于外科病人的治疗，从而解决了手术后的感染化脓问题，使千百万手术病人免于死亡，为现代医学发展作出了杰出贡献。这种类比、移植的方法作家用于对生活的观察，进而作出对生活美的发现的事例也很多；凡属于象征、暗喻一类的作品，当初作家对生活的观察、发现大概都是用的这种方法。比如臧克家要是把那匹北方的老马只看成是拉车的牲口，不把它比喻成是重压下的劳动人民，便不会发现诗意，《老马》这首脍炙人口的诗便不会产生；如果许地山只把落花生看成物美价廉的食品，不把它类比为品德高尚的人，也不可能捕捉到其中的诗意，我们也就不可能读到《落花生》这篇难得的好散文了。

8、运用分析综合

透过现象探讨事物的本质，少不了对感性材料作分析、综合。科学研究是这样，文学创作也不例外。比如创造典型人物，按高尔基的说法，作家得“从 20 个到 50 个，以至于几百个小商人、官吏、工人的身上，抽出他们最有特征的阶级特点、性癖、趣味、动作、信仰和谈风等等，把这些东西抽取出来，再把它们综合在一个小商人、官吏、工人的身上——那么，这个作家依靠了这种手法就创造出‘典型’来——而这就是艺术。”[13]这就讲了用分析（从小商人等的身上分析特征，抽取出特征）和综合（把同类人的特征综合起来）的方法从生活中发现典型，然后创造出典型人物的问题。这里讲的“综合”，前几年我国文艺理论界不少同志曾提出异议，认为典型不应该是许多个别人的“阶级特点、性癖、趣味、信仰和谈风”等简单地相加或凑合。这观点我很同意。但分析才能发现个性特征，综合才能发现典型却是不能否定的。阿Q这个杰出的典型，决不是几十、几百个贫雇农民个性特征的相加或凑合，但他的发现，却必定少不了鲁迅对许多人的观察，以及对这观察的分析与综合。不然“精神胜利法”就无从发现，无法概括出来，它也不会成为“国民性”的弱点，阿Q这个典型就更不会使有些人怀疑鲁迅在骂自己。因此，分析综合是作家在生活中发现典型人物的一个十分重要的方法。

以上，我们略述了优秀的作家们在生活中发现美，作出自己独立的发现时常用的一些方法。这自然是很不全面的。而且，随着思维科学和心理科学的发展，将会有更多的方法被逐渐揭示出来和加以运用。

需要指出的是，能从生活中作出发现的这种“眼光”，从根本上讲，是由作家的政治思想水平、对文学本质特征的把握、丰富的知识与生活经验相结合、并经过实践锻炼而产生的一种对生活美的辨识能力、判断能力、发掘能力，但是，如前所述，这决不排斥方法，决不缩小探求方法的意义。人类的一切实践活动都离不开方法，有实践活动就有方法论的问题。方法对实践活动的重大作用是不容忽视的。就自然科学来说，不用摄谱仪的方法就发现不了放射性同位素，不用元素发射光谱分析法，就发现不了众多的新元素……对写作、创作来说，没有一定的方法，要从生活中作出独特的发现也是不可能的。“科学的方法孕育科学发现和科学真理”[14]，这话不仅适用于自然科学的研究，同样适用于写作和创作。

应该说，我们对写作、创作中方法的研究是很重视的，谈各种描写、抒情的方法，谈人物塑造的各种方法，谈怎样安排情节结构，怎样组织矛盾冲突，怎样提炼语言，等等，有不少文章，也有一些专著。可是对怎样从生活中发现美的研究却不够。著名美学家王朝闻说得好：“读者要不要读你的作品，就是要看你对生活有没有独特的见地。”[15]从这个角度说，有没有对生活的发现，直接关系到作品的生命问题，也是写作、创作中最根本、最关键的问题。没有自己的发现，作品都不必写了，描写、抒情之类的方法也就无从谈起。所以，无论从文学创作来看还是从一般写作与写作教学看，探讨优秀作家从生活中发现美时所运用的方法，都是一件很有必要、很有意义的事情。

注释：

①② 黄会林：《名家谈剧作》、陈建功《关于小说创作的几个问题》，均见中国写作学会华北分会编、北京师大出版社出版《论写作》。

③④ 董英等著：《发明者的思路》，中国青年出版社出版，第 78 页、102 页。

⑤⑦⑫ 周昌忠编译：《创造心理学》，中国青年出版社出版，第 28 页、30 页、244 页。

⑥ 朱光潜著：《西方美学史》下册，人民文学出版社版，第 277 页。

⑧［苏］A. 科瓦廖夫著，程正民译：《文学创作心理学》，福建人民出版社出版，第 39 页。

⑨ 黑格尔著，朱光潜译：《美学》第一卷，商务印书馆出版，第 47 页。

⑩ 张贻民、吴曼华著：《成功之路》，广西人民出版社出版，第 734 页。

⑪ 蒋子龙：《“乔厂长上任记”的生活帐》，文化艺术出版社出版《获奖短篇小说创作谈》。

⑬ 高尔基著，戈室权译：《论文学》《谈谈我怎样学习写作》，人民文学出版社出版。

⑭ 姚炎祥等著：《科技人才修养十二讲》，红旗出版社出版，第 303 页。

⑮ 王朝闻：《谈谈短篇小说的艺术风格》，《人民文学》1977 年第 11 期。

艺术直觉：潜意识向显意识的审美报告*

一

艺术直觉是文艺理论上的一个重要问题，美学家和文论家们不时地提到它。但什么是艺术直觉，学术界却众说纷纭。归纳起来，大体有以下几种：

一是“感觉”说，认为艺术直觉也就是艺术感觉。如有同志写道：

> 科学家钱学森则认为：很多杰出的作家和艺术家，他们的艺术发展，不但依靠自己的理性，而且也需要借助于自己的“天才的直觉”（这里的“天才的直觉”就是指“艺术感觉”）[①]。（着重号是引者所加，下同。）

作者在“天才的直觉”后面用括号加的注，就表明了“直觉”即“艺术感觉”的观点。

二是“知觉”说，认为艺术直觉即艺术知觉。把“艺术直觉”说成“艺术感觉”已成不少人的习惯，有同志察觉了二者之间的错位，便用“艺术知觉”代替“艺术感觉”，说道：

> 流行的“艺术感觉”一词，实在是一个超载负荷的概念。有时它指的是“感觉”，有时被说成是一种“敏感”，有时指一种“体验、感受的能力”，有时则指的是一种“直觉”，从心理学的意义上看来是非常混乱的。确切地，人们在使用这一概念时，很多情况下指的是一种“知觉”，一种“艺

* 此文原载《贵州社会科学》1987 年第 6 期。

术的知觉”。[②]

有趣的是，作者在文章中举的事例很难用知觉理论讲清楚，所以他又写道：

“艺术知觉的实际情况，要比这种知觉理论复杂得多”，知觉理论“已经远不足以解释艺术知觉”了。[③]

三是“直观”说，认为艺术直觉就是对审美对象的直接观察、观照。如说：

直觉是只有形象，而且是只注意于形象。主张直觉说的克罗齐，说小孩睁眼看物，只看到物的形象，而不知其为何物，这就是直觉。……审美欣赏时的特点，就是直接与形象打交道。[④]

四是“想象”说，认为艺术直觉是一种奇特的想象。如说：

不是艺术的直觉（即普通所谓“感觉”或“知觉”）最基层的知解活动，而艺术的直觉却不是，它是熔铸知觉、直觉概念于一炉的想象。[⑤]

五是“灵感”说，认为艺术直觉就是灵感。如说：

我想诗人的心境譬如一弯清澄的海水，没有风的时候，便静止着如一张明镜，宇宙万汇底印象都涵映在里面；一有风的时候，便要翻波涌浪起来，宇宙万汇底印象都活动着在里面。这风便是所谓直觉、灵感。[⑥]

如果说这里只是把直觉与灵感并提，二者的等同关系尚不清楚的话，那么有同志在论述无意识的时候说道：“古代思想家称之为‘灵感’，当代美学家称之为直觉，现代艺术心理学家称之为‘无意识的能力’[7]。这话便分明认为“艺术直觉与灵感，无意识”是等同了。

六是“美感直觉”说，认为审美判断是不经过推理的直接判断。如说：

> 无论是观赏梅花也好，看京剧也好，读诗也好，并不是先通过一大段理智的考虑才来决定：是不是应该欣赏它，是不是应该产生美感；恰恰相反，而是根本没有顾得及考虑、推理，而立刻感到对象美或不美，甚至感到美或不美后还一时说不出个道理来。这就是美学家常说的“美感直觉”。[8]

在科学研究中，概念的多解表现了理论的不成熟。西方科学哲学认为，弄清要解决的问题是什么，等于解决了问题的一半。以上六种解释并存，表明对“艺术直觉”是什么的问题我们尚不十分清楚，这种情况必然导致理论探讨的混乱，从而影响研究的定向深入。因此，对“艺术直觉”这一概念的内涵和外延须作进一步的思考。

二

什么是“艺术直觉”？我认为“艺术直觉”就是“艺术的”或“审美的”“直觉”。我们先看“直觉”是什么，然后再讨论“艺术的”或“审美的”是指什么？

“直觉”是一种直接的发现。黑格尔有一个观点，他把知识分为“直接知识”和“间接知识”两类。照这种分法，艺术直觉是不经过推理过程的审美判断，所获得的知识（美）自然属于“直接知识”类。黑格尔论述“直接知识”时说：

> 直接知识实际上乃是间接知识的产物和结果……譬如，我在柏林，我的直接存在是在这里，然而我之所以在这里，是有间接性的，即由于

我走了一段旅程才来到这里的。[⑨]

艺术直觉对美的判断也是一样，表面看是直接获得对象美不美的判断结果，不经过推理过程，实际上还是“走了一段旅程”才获得的。这段“旅程”是谁“走”的？钱学森认为是潜意识所完成的工作。他指出有时候显意识停止了某项工作，潜意识却在暗中继续进行，一旦获得结果，“它就通知显意识”，这就是我们说的“直觉”了。所以，对显意识来说，是省了那一段“旅程”而直接进行判断；对潜意识来说，那一段“旅程”却没有省，艺术直觉正是它工作的产物和结果。“就是这样，潜意识、显意识，相互协调地进行工作”，一起完成了艺术直觉的任务[⑩]。所以，说到底，“艺术直觉”是潜意识将自己所作的审美发现向显意识作出报告，即向显意识传出审美信息。（这信息就是艺术直觉意识，也可以借用克罗齐的说法，叫艺术直觉品）柏格森说的艺术直觉是“挣脱理性分析而直捷、整体、本能地把握对象的能力”[⑪]；苏珊·朗格说的“艺术直觉是指人们对艺术品的含义的直接把握和评价，是借助艺术符号对人类感情的直接判断”，“它不同于推理，不借助概念……”[⑫]。这些说法，都是就潜意识向显意识报告发现结果的那一瞬间说的，没有给潜意识的那一段工作以应有的注意和肯定。对艺术直觉的解释如果没有包含潜意识的一面就不是完善的解释，就不能充分揭示出直觉的潜意识本质。诚然，潜意识的那一段工作，既未被显意识所察觉，往往又在极短的时间内完成，因此极容易被忽略。我们在很长一段时间内斥直觉为唯心论，否认直觉的存在，也跟这种情况有极大关系。[⑬]但今天必须结束历史的迷茫，科学地对待艺术直觉了。

现在回过头去看上面六种解释，便觉得第六种说法比较中肯，其余则多少有些偏颇：它们或者失之简单（如“直观”说），或者失之含混（如“感觉说”“知觉说”），或者失之片面（如“想象”说偏于显意识）。而六种说法共同的明显不足都是未能突出艺术直觉中“直”的真义。事实上，这里的“直”是与“间接”相对的，暗含了潜意识的工作。这里，特别值得说的是艺术直觉与灵感的区别。因为将二者混淆的情况尚不少见，而事实上它们也较容易使人混淆。不过，只要稍加分析，直觉不同于灵感之处还是不难看出的。比如潜意识的那段工作只能算是灵感的产生原因，不能说那就是灵感，而艺术直觉的“直觉”二字却暗中包含了它，它“是直觉的一半”。这就是区别。又比如讲“直觉是什么”，不能换成说“灵感是什么”，这区别不只是动词与名词的词性差异，而是语言对应物的明显不同。但二者的主要区别究竟在哪里呢？新近出版的《灵感学引论》在讲到顿悟在灵感中的作用的时候，说顿悟只是“在循轨思维、传统思路范围之外的方向捅开喷射口”⑭，从而让灵感奔涌而至。从这里可以明白，与其说“直觉”等于灵感，不如说直觉近于顿悟。说“近于”，指顿悟相当于直觉中潜意识向显意识作出的报告，而不包括它在前一段的探索过程。潜意识向显意识报告，使显意识一下子发现了什么，这就是顿悟。直觉对灵感的作用与顿悟相同，也只是为灵感“捅开”一个超越“循轨思维、传统思路”进行创新活动的“喷射口”。捅开了“喷射口”，直觉的任务即完成，而灵感的活动则刚刚开始。即直觉的终点与灵感的起点重合。具体看两个例子。曹禺说：“有时候，我被一个人或一件事所震动，在心里激起一种想写的欲望，这大概就是所说的灵感吧。”⑮又如郭沫若说他写《凤凰涅槃》时的情况：

> 上半天在学校课堂里听讲的时候，突然有诗意袭来，便在抄本上东鳞西爪地写了那诗的前半。在晚上即将就寝的时候，诗的后半的意趣又袭上来了，伏在枕头上用着铅笔只是火速地写……⑯

这两个材料讲的是灵感到来后的状态。前者说的“被一个人或一件事所震动”，后者说的“有诗意袭来”，都是指艺术直觉的闪现。从这里开始，前者是“心里激起写作的欲望”，后者是“东鳞西爪”地写，伏在枕上“火速地写”。这些就是灵感活动，也只能叫灵感活动，而不能叫“艺术直觉”。灵感是对直觉品的意味进行咀嚼和发展、深化、丰富、完善。所以除了写“思想火花”一类的作品有时可以直录艺术直觉品而成，一般地说，要成功地进行艺术创造，艺术直觉都离不了灵感。反过来，灵感也离不开艺术直觉，没有艺术直觉做先导，去点燃它，灵感就成了无本之木，无源之水，不可能爆发了。这些，便是二者之间的区别与联系。

艺术直觉毕竟是“艺术”的或“审美”的，非同于一般直觉。这就涉及到艺术直觉的特征了。根据我们把艺术直觉分成潜意识的工作和它将工作结果向显意识报告两个阶段的观点，探讨艺术直觉特点的最好办法是对两个阶段都作考察，而把重点放在潜意识工作阶段。因为，艺术直觉与科学直觉的区别主要是由潜意识工作的不同特点造成的。可惜要对它作直接观照目前尚不可能，我们只能像弗洛伊德通过分析梦来研究潜意识的工作一样，也通过艺术直觉品来间接地回视它。这样，下面的考察是抓住艺术直觉品而将两个阶段结合起来看的。

目前学术界对艺术直觉的特点的看法是：认为它不同于科学直觉的地方在于它的“具体性、丰富性、敏捷性、细腻性、深刻性”；在于它的“主观性、情绪性、多样性、独创性”，[17]“体验性、情感性、想象性”[18]。这里提出的诸项，除“独创性”“敏捷性”“想象性”“深刻性”为艺术直觉与科学直觉所共有之外，其余的都程度不等地认为是艺术直觉的特点。但我认为艺术直觉的主要特征是如下几点：

1. 多义性。让我们从一个具体例子说起。胡万春说他的近作《蛙女》开始创作时的情况是这样：那天晚上他在室外乘凉，然后走进屋里——

> 不知怎么的，当我在写字台边坐下时，我头脑里始终映现着这样的画面：在细雨濛濛的黄浦江中，有一叶小舟缓缓摇来，摇船的是蛙女的父亲哈良，正在舱下做饭的是十四岁的蛙女。水上警察的汽艇叶叶叶地驶来，靠近小船，请父女俩为一位阔太太到黄浦江中去打捞一枚金戒……我想象中的人物就这么出现了，小说的情节就这么开始了。[19]

这个画面就是一个艺术直觉意象。潜意识为什么捕捉住这么一个意象向显意识报告呢？当然，要回答这问题得联系作者的生活经历：他抗日战争时“在黄浦江、苏州河边无休止地徘徊过”，对那些“善良的水上人家”的生活非常熟悉；作家当年和船家孩子比赛游泳，“洋人阔佬为了取乐，把银角子与铜板向黄浦江撒去，逗引成群小船上的孩子扑通扑通跳下去，去捞银角子与铜板”[20]等等。同时，还要联系《蛙女》整个作品的内容来看。但是，即使这样就能找到上述问题唯一正确的解释吗？不然，可以有种种解释，而且不同的解释者都可以说自己讲的很对。比如，可以说因为它反映了社会生活的某种本质，或具有典型意义，可以说因为它是人的本质的对象化，还可以说它是“有意味的形式”，或“生命的形式”，或者说因为它包含了深沉的人生意味或人生哲理，等等。在“什么是美”“怎样才美”的问题上有多少种解释，在这里就会有多少种解释。而且，谁也很难说只有某种解释正确，其余的都错了。因为在这里，“谁也不能并且无权证明对方的错误，因为判决是无效的，而且你也找不到裁判权的根据”[21]。这就是艺术直觉的多解性特征。

2. 模糊性。科学直觉是客观规律的精确认同，所以一般都是明晰的，否则无法付诸实践。艺术直觉则常带模糊性。比如曹禺说他写《雷雨》，开初只有“一个模糊印象的时候，逗起我的兴趣的，只是一两段情节，几个人物，一种复杂而又原始的情绪。”至于里边包含什么意思，一直到作品发表过后他也不明白，人家问到“怎样写的”“为什么写”一类的问题，他感到“自己也莫名其妙”，“并没有明显的意识到我是要匡正、讽刺或攻击些什么，也许写到末了，隐隐仿佛有一种情感的汹涌的流来推动我……”[22]。写到末了尚且“隐隐仿佛”，开初对“一两段情节，几个人物”的直觉形象中包含的“兴趣”和“原始的情绪”是什么，恐怕就更加模糊了。

3. 非理性。科学直觉尽量排除情感干扰，因此是理性的直觉。艺术直觉由于情感的渗透，则合情而往往不合理。“感时花溅泪，恨别鸟惊心”这是推理得来的句子吗？花会下“泪”，鸟会心“惊”，这是用理论推导不出来的。它只能是诗人怀着国破家亡、妻离子散的忧愤情感，在眺望沦陷的长安城郊的春景时一时直觉到的意象。这意象是非理性的、变形的，背离了生活的物理真实。但正因为如此，它才成功地传达了诗人深广的忧愤情感，成了千古传诵的名句。审美情感虽然以理性为基础，它本身却常是非理性的。

4. 整体性。阿恩海姆一再强调“人的精神是一个完整的，不可分割的统一体，它的各个组成部分总是互相渗透、相伴相生、同生同灭的”，把它们作这样那样的划分“是不符合事物本来面目的，虽然这种划分有利于科学研究。但这种划分出来的东西总是一种人为的东西”。[23]美国科学哲学家汉森也说，“看东西的是人，而不是他们的眼睛”。就是说，是用这人的整体去看，“涉及眼球以外的东西”[24]。这些观点都非常正确。但是在这里来说，艺术直觉的整体性显然比科学直觉的整体性来得突出。科学直觉主要由大脑的左半球完成，该半球的功能偏重于理性抽象。所以科学直觉总是把人的感觉、知觉、想象、意志、性格、兴趣、欲望、情感等统统理性化了。在这里，感知是如实的映象，想象是合理的推测，兴趣、欲望、感情化为工作的热情，意志是克服困难的坚定……一切都转化为理性认识的力量，以致在直觉成果中很难找出理性认识之外的其他心理成分了。所以，它的整体性很不鲜明。艺术直觉则不然，艺术直觉主要由大脑的右半球完成，该半球是感情活跃的领域，处理信息的特点是具体性、综合性。[25]这就使艺术直觉显得特别宽容，它虽然放纵情感，使情感冲击、扭曲其他一切心理活动，但并不让感情吞没一切，而是也允许它们活动。这就形成了有主有次的、多种成分共存的整体局面。心理活动的这一特点，使我们在直觉成果中感受到情感的同时，也分明能看出作者在其中留下的感觉、知觉、想象、记忆、思想、意志、性格、人品、兴趣、愿望等迹象。“人的精神是一个整体”在这里得到了充分的体现。

5. 不可言传性。科学直觉是理性的，容易说出来、说清楚，艺术直觉则难以用语言表达。柏格森说，艺术直觉使我们钻进对象的内部，以便与对象中那个独一无二、不可言传的东西相契合。就是说，艺术直觉是与对象直接打成一片，化为一体的。而语言就不同了，它只是一种分析、一种转述：

> 分析的做法，则是把对象归结为一些已经熟知的，为这个对象与其他对象所共有的要素。因此进行分析就是把一件东西用某种不是它本身的东西表达出来。所以，任何一项分析都是一种转述，一种使用符号的

阐述，一种由于采取一连串观点而获得的表述。

他指出，分析式的语言表达只是在绕着对象转，在“包围”对象，而始终不能抵达对象本身：

> 它无穷无尽地增加观点的数目，以便使那个老是不完全的表象完全起来，它也无休无止地变换着各式各样的符号，以便使那个永远不完满的转述完满起来。[26]

是的，我们直觉到的表象（比如某处的美好风光）和要转述的某个意思（如看电影中直觉到的某种美），无论增加多少形容词去讲它，我们都不能抵达本体，都感到与本体有一定距离，老是在围绕它打转，总不能直接抵达它，不能使接受者获得亲身直觉时那样的审美效应。因为一用语言表达就是在概括和抽象，就是“把对象归结成一些已经熟知的”要素。这就在一定程度上脱离了特定的对象。也就是说，能直接抵达对象的只有艺术直觉，即只有艺术直觉才能把握美，语言不能把握美。这就是后来黑格尔所说的知性不能把握美的观点。如“红杏枝头春意闹”，作为概念符号它只能告诉我们“杏树的枝头有火红的杏花，给人热闹的感觉。”可是宋祁写这句词的目的不是要告诉我们这件事，而是要我们透过它去品味一种春光的美，那美，则是用多少形容词都不能讲清楚的，它只能由我们的艺术直觉去把握。词语在这里只是一种符号，而不是美本身。符号派美学正是根据这一事实建立起来的。但是科学直觉则可以用语言表达，因为它需要的不是个别、特殊，而是需要带有普遍性的、本质性的东西。这恰恰跟语言的本性相符。

6. 审美的愉悦性。无论是生活中获得艺术直觉或是在艺术鉴赏、艺术创作中涌现出来的艺术直觉，都带给你审美的愉快。诚然，直觉总是一种发现，新的发现总是令人欣喜的，所以科学直觉也会带来很大的愉快。阿基米德在澡盆里直觉到浸在流体中的物体受到浮力的大小等于排开流体的重量，高兴得跳出澡盆，赤身裸体跑上大街，边跑边喊“我胜利了！我胜利了！”就是很典型的例子。但是，两种愉悦之情有本质上的不同。科学直觉的愉悦具有鲜明的实用性和功利性。按英国美学家克莱夫·贝尔的说法，它还是“日常感情”一类的东西，因为我们平常生活中的感情，都生于实用、功利目的上的是是非非。艺术直觉的愉悦则是一种非实用性、非功利性的，是一种“不知所以”的沉醉、入迷，就像车尔尼雪夫斯基说的那样，它“类似于我们当着亲爱的人面前时洋溢于我们心中的那种喜悦”。不能把艺术直觉的愉快混淆为科学直觉的愉快，否则就像贝尔批评的那样，我们的艺术品就会使观赏者“从超凡脱俗的审美境界回到尘世，从审美感情回到日常感情”。[27]不能完成美化群体内在自然的任务。

艺术直觉的特点主要是上述六项。至于“主观性”“体验性”“多样性”“丰富性”“细腻性”等，虽然是它的特点，但显然次要一些。歌德说，美“是一种犹豫的、游离的、闪耀的影子。它总是躲避着不被定义所掌握”；当代英国美学家阿诺·理德也说，美“是一种微妙的不可捉摸的东西，稍一接触它就消失了”。[28]很明显，艺术直觉的多义性、模糊性、非理性、整体性、不可言传性和愉悦性等六大特点，正是美的上述特征的反映。正因为这样，我们才说艺术直觉是“艺术”的，即“审美”的。换言之，我们讲艺术直觉是“艺术”的，“审美”的，正是由这六大特点决定的，而不是由“主观性”“体验性”“多样性”“丰富性”“细腻性”等决定的。感觉、感知或感受只停留在“主观性体验性丰富性”等上面，还是一般的感觉、感知、感受的状态，还没有上升到“艺术”的“审美”的境界，因而还不是艺术直觉。而多义性、模糊性、非理性、整体性、不可言传和审美愉悦等状态却只能是艺术的、审美的，因而它是艺术直觉而非一般的感觉、感知或感受。

三

艺术直觉是艺术的、审美的发现，艺术直觉品几乎包含了艺术品的一切特质，所以它是艺术品的胚胎。这样，艺术直觉对于艺术创作就有很重要的意义了。有的文章详细论述了它对于小说刻画人物、描写景物以及议论、叙述等方面的作用[29]，是很好的微观考察。这里，我们换一个稍高一些的视点，则发现它对文学艺术创作还有如下三方面的巨大作用：

第一，从艺术创作的发生上看，艺术直觉是艺术创作的起点，它对后边的发展有着巨大的驱策力，后边常常是不能不紧接着它继续发展下去的。很多时候，随着它的出现，整个作品也就自然地在作家的脑子里浮现出来了。不少作家都谈到过这类经验，如王汶石说：

> 往往由于某一个偶然的机遇（比如听了一个报告，碰到某一个人和某人的几句闲谈，甚至只是到了一个新地方或旧地方重游等等），忽然得到了启发，它像一根擦亮了的火柴投到油库里，一切需要的生活记忆都燃烧起来，一切细节都突然发亮，互不相关的事物，在一条红线上联系了起来，分散在各处的生活细节，向一个焦点上集中凝结，在联系和凝固的过程中，有的上前来，有的退后去，有的又消失，有的又出现，而且互相调换位置，有的从开头跑到末尾，有的从末尾跑到中腰……一篇文学作品就这样形成了。[30]

“艺术直觉”是向“油库里”投进“擦亮了的火柴”，决不是投下就完事了的，它一定要引起燃烧和爆炸，而且，真如燃烧和爆炸那样，是自然而然的事情，不必格外地做什么努力的。难怪马克思说弥尔顿写《失乐园》像春蚕吐丝一样，是出于天性；歌德说他的《少年维特之烦恼》是在“不知不觉”中完成的；王蒙说他写《海的梦》“一切都好像从笔端自己流出来的”，“似乎小说是奇妙地自动完成的”。[31]胡万春在谈《蛙女》的创作时也说：“使我吃惊的是《蛙女》似乎是我即兴式的，极偶然的想象的产物。”[32]至于美术家们的即兴挥笔和舞台艺术家们的即兴表演，更是抓住了艺术直觉完成创作的著例。所以，抓住了直觉意象往往就抓住了整个作品的构思，就抓住了一个作品。反过来，让一个直觉意象溜掉了就很可能是失掉了一个作品。

第二，艺术直觉是作品获得艺术性，使作品成为艺术品的决定性条件。我们经常接触到一些故事情节非常紧张、曲折、新奇，很出人意外的小说或影视作品。开始确实被这类情节吸引住，但不多一会儿，我们就感到没一点味道，不想再看下去，即使硬着头皮看完了，仍然没有感到一点艺术的味儿。这样的作品实际上不具备艺术的性质，不能算艺术品。创作这类作品靠两条：生活经验和逻辑力量。依靠逻辑推演构成作品的骨架，凭着生活经验给骨架穿上形象的外衣，于是作品便诞生了。制造这类艺术赝品非常容易，可要创作出真正的艺术品就不太容易了。真正的艺术品不是凭逻辑推理编故事，它不仅要有生活经验，更尤其需要艺术直觉。正是从生活中涌现出来的艺术直觉使作品超越了平庸而成为真正的艺术品，因为艺术需要创造美，表现美，而艺术直觉不是别的，正是主体潜意识捕捉住的一种美。如前所述，美，只能由艺术直觉把握，知性是不能把握美的。抓住艺术直觉创作和按照逻辑推理编故事，两种作品都有生活内容，但前一种作品中的生活洋溢着生活的气氛、情调、情趣、意味、是活泼泼的，芬芳迷人的；后一种作品中的生活则是僵硬的，枯燥乏味的。

第三，使创作家独辟蹊径，写出具有鲜明独创性的作品。这一点，可以从艺术直觉的涌现情况中清楚地看出来。平时的生活积累、思想感情的积累和追求艺术表达的愿望，使大脑受到刺激，造成诱发态势。在这种情况下，一接触到外部的某种信息，艺术直觉便涌现了。如奥地利音乐家舒伯特一次走进一家小酒店，随手拿起莎士比亚诗集读起来，忽然拍桌自语道："啊，有了，有旋律了！"[33]又如屠格涅夫有次躺在小船上，经过一个瓦砾场，瓦砾场旁边有座两层楼的小屋，一个老太婆从下层屋的窗子里朝外张望，上层楼的窗子里探出一个标致的姑娘的头。屠格涅夫说："这时，我忽然被某种特别的情绪控制了。我开始思索，我想着，这个姑娘是谁，她是怎样的一个人，她为什么在这个小屋里，她和老太婆是什么关系——这样，我在小船里立刻构思好了短篇小说的整个环节。[34]小说《阿霞》就是这样写出来的。这一类直觉意识都是主客体奇妙的遇合、碰撞后产生的。还有一类是无须客观诱发的艺术直觉，它完全来自主体的潜意识。如契诃夫说的：

平时注意观察人，观察生活……那么后来在什么地方散步，例如在雅尔达岸边，脑子里的发条就会“突然咔的一响”，一篇小说也就准备好了。[35]

这是说把“平时注意观察人、观察生活”的工作搁下来之后，脑子松弛了，可在散步中脑子里却突然“咔的一响”，涌现了直觉意识。这种情况，巴甫洛夫所揭示的高级神经活动的“诱导规律”告诉我们，它最富于独创性。某种工作的优势兴奋中心区一旦被抑制，该中心区的外围皮层细胞就会自发地兴奋起来，在循轨思维的路子之外的潜在观念、知识就会被激发起来，引起打破循轨思维的“智力叛逆”。中心区的兴奋是循轨思维，其外围皮层细胞的兴奋是另辟新路的思维。所以，这一类艺术直觉更是独创的、崭新的。福克说：“伟大的以及不仅是伟大的发现，都不是按逻辑发现的。……换句话说，凭创造性的直觉得来的。[36]科学是这样，艺术也是这样。以上两方面，都说明艺术直觉是艺术独创性的决定性条件，根本性的前提，舍之难有独创性可言。

注释：

①⑱ 张德林：《作家的艺术感觉与小说创作》，见《评论选刊》1987 年第 3 期。

②③⑰ 鲁枢元：《创作心理研究》：《作家的艺术知觉与心理定势》，黄河文艺出版社 1985 年版。

④《美学与艺术评论》第二辑：蒋孔阳《审美欣赏的心理特征》，复旦大学出版社 1985 年版。

⑤《朱光潜美学文集》第二卷，上海文艺出版社 1982 年版，第 451—452 页。

⑥⑯ 彭放编：《郭沫若谈创作》：《论诗三札》，《我的作诗经过》，黑龙江人民出版社 1982 年版。

⑦ 滕守尧：《审美心理描述》，中国社会科学出版社 1985 年版，第 394 页。

⑧ 李泽厚：《美学论集》，上海文艺出版社 1980 年版，第 77 页。

⑨ 黑格尔：《小逻辑》，三联书店 1954 年版，第 172 页。

⑩《钱学森与本刊编辑部座谈科学、思维与文艺问题》，《文艺研究》1985 年 1 期。

⑪㉖ 余秋雨：《艺术创造工程》，上海文艺出版社 1987 年版，第 177 页、181 页。

⑫ 苏姗·朗格：《感情与形式》，中国社会科学出版社 1986 年版，第 26 页。

⑬ 不仅在建国后的前十七年中美学界、文艺理论界忌讳讲直觉，新时期开始后的头几年

也有一些同志否认艺术直觉。如 1982 年书目文献出版社出版的何洛、周忠厚等四同志编写的《实践与美学》一书中就说："……因此在刹那之间立即可以做出的一切判断，其中包括审美判断，根本不是什么不需要经验与理性的直觉，而是一种从感性认识上升到理性认识的认识过程。"（见第 130—131 页）这里，不仅否认了艺术直觉在艺术创作与艺术欣赏中的存在，而且对艺术直觉的理解也比较混乱。

⑭㉕㉝㉞㊱陶伯华、朱亚燕：《灵感学引论》，辽宁人民出版社 1987 年版，第 36 页、203—204 页、70 页、197 页、81 页。

⑮㉒曹禺：《雷雨·序》。

⑲⑳㉜胡万春：《关于艺术想象》，见《文学报》1984 年 3 月 18 日。

㉑㉘高尔泰：《美是自由的象征》，人民文学出版社 1986 年版，第 39、38 页。

㉓《美学》第四期，上海文艺出版社 1982 年版，第 151 页。

㉔吴思敬：《写作心理能力的培养·观察篇》，北京出版社 1985 年版。

㉗克莱夫·贝尔：《艺术》，文联出版公司 1986 年版，第 10 页。

㉙张抗抗在《小说创作与艺术感觉》一文中，结合自己的创作实践，对这些问题讲得相当透彻。另外，张德林的《作家的艺术感觉与小说创作》、钱中文的《艺术直觉和直觉描写》，都作了很好的微观研究。

㉚王汶石：《答〈文学知识〉编辑部问》。

㉛《王蒙谈创作》：《漫话小说创作特性探讨中的一些思想方法问题》，文联出版公司 1985 年版。

㉟契诃夫：《论文学》，第 404 页。

略论无意识的文学创造功能*

一

现代心理学认为，人格结构中对立的两极——如思维与感情、感觉与直觉、人格面具与“阴影”、男人的自我与阿尼玛（女性心象）、女人的自我与阿尼姆斯（男性心象），等等，它们之间都存在着互补关系，一种结构可以弥补另一种结构的不足。意识（或叫有意识、自觉意识）和无意识（或叫潜意识、非自觉意识等）也是人格结构中对立着的两极，它们之间互补关系是很明显的：比如心态，如果在意识中是外倾心态占主导地位，在无意识中就会以内倾心态来作补偿，以便意识中的外倾心态遭到某种挫折时，无意识中的内倾心态能起主导作用而表现在一个人的行为中，使自我能成功地应付这一特殊情景。又如，一个人如果在意识中过分强调思维功能的话，他在无意识中便是一个直觉型的人。人格诸结构之间（包括意识与无意识）的互补关系是人类作为种群在漫长的发展、进化过程中自我完善所取得的伟大成果，使个体的生命活力和生存能力大大提高。

互补即长短相济。对立的两极只有各有所长，又各有所短才需要互补，才能实现互补，如果二者长处短处相同，便只有同一种功能的加强或相互的拒斥，不可能有对立的补偏救失。那么，对于意识和无意识，在文学创作这一特定问题上，是何者之所长，又为何者之短呢？答案很明显，是无意识之所长，而为意识之所短。实践证明，优秀的文学作品多半都是无意识创作出

---

* 此文原载《花溪文谈》（即《花溪》理论版）1988 年第 2 期；原稿中 20 多条注释编者编稿时删去，今已无法补出，特向有关引文的作者、译者致歉。

来的。比如胡万春说他创作《蛙女》时，“不知怎么的”，人物和情节就从想象中涌现出来了，这部长篇小说完全是“即兴式的、极偶然的想象的产物”。王蒙说，“我突然写了《海的梦》，自己也不知道怎么回事。”柯勒律治在梦中写成了长达二三百行的著名诗篇《忽必烈汗》。华兹华斯说，“诗是强烈感情的自然流露”，而不是“做”出来的。屠格涅夫说，“我的文学作品的产生，是像草儿那样长出来的”。马克思说弥尔顿写《失乐园》“如同春蚕吐丝一样”，是“天性的本能”。这种自然而然、不知不觉地就写出了作品，就是创作中无意识的表现。作家在创作中和他虚构的想象中的人物休戚与共地“生活”在一起，是无意识的又一种表现。比如福楼拜描写包法利夫人服毒之后自己也病了，口中有砒霜味；狄更斯有一次泪流满面地从工作间走出来，因为他的主人公死了；巴尔扎克大骂他作品中的人物是“混蛋”，就像在跟他吵架一样；阿·托尔斯泰写《两个生命》中将军之死，一连数日忧心如焚；巴金说《家》是他含着热泪写的，姚雪垠说他写《李自成》时也是这样……为什么说这些是无意识的表现？因为无意识的一个特点就是不辨真幻，不像意识那样“清醒”，把真实的东西和虚幻东西分得清清楚楚，并用不同的态度去对待，上述作家都把虚构的人物事件当作真实的来对待了，所以是无意识的活动。车尔尼雪夫斯基说得好：“最好的蜜是从蜂巢中自动流出来的”，这就是说，最好的文学作品是无意识地写出来的，而不是凭意识的理性分析和逻辑推导得出来的结果。人们常说，创作要有灵感（无意识），这就说明没有灵感，凭理性意识是写不好作品的。葛立方《韵语阳秋》载有人问潘大临“近日曾作诗否？”潘云“昨日提笔得‘满城风雨近重阳’之句，忽催租人至，令人意败，辄以此一句见赠。”刚写出一句，催租人找上门来收租败了诗兴，后边就再也续不上了。如果是演算数学题，做了一半，搁上几小时再接着做，照样可以做好。文学创作却不行，灵感过去了，意识就不能接下去做。无意识干的活儿意识干不了。这就说明，在文学创作问题上，无意识的能力比意识大得多，文学创作是无意识之所长，而为意识之所短。所以鲁迅说：“写小说是不能够休息的，过了一夜，那个创造的人脾气也许会两样，写出来就不像预料的一样，甚至会相反的。”按意识的分析推理，潘大临的后边三句诗何尝不能写出来，但那就差远了，绝不可能跟首句的神采韵味相匹配。潘大临不愿“狗尾续貂”，只好“以此一句”赠人。

“文学创作”，顾名思义，是创造性的工作。看来，凡属于创造性的工作都是无意识之所长，而为意识之所短。这一点，在自然科学的创造发明中也充分地体现出来。这些发明创造多是通过直觉、顿悟、灵感，甚至是做梦等无意识获得的。笛卡儿在梦中解决了把数学和哲学统一为一门新的学科的问题。哀·维纳由于在梦中获得灵感，从而创立了配位化学，罗扎诺夫梦中得到启发，发明了留声机的蜡制圆筒，都是最典型的例证，这些成果，都是意识经过艰苦的努力而未曾获得的。所以凯库勒提出：“先生们，让我们学作梦吧！”汉密尔顿发现“四元素”，劳厄发现关于晶体原子和入射电磁波相互作用的几何学理论，费密发现量子物理学中著名的费密统计，卢瑟福提出原子结构的行星模型，罗巴切夫斯基和黎曼创立的非欧几何，则依靠了灵感、直觉和顿悟。所以另一些科学家又十分强调直觉和灵感。如爱因斯坦说：“我相信直觉和灵感。”玻恩认为，“实验物理学的全部发现都是来源于一些人的直觉”。凯德洛夫也断言：“没有任何一个创造性行为能离开直觉活动。”

正如肉体的手与脚有做事和走路的分工一样，心理的意识和无意识也有明确的分工：大量的一般事务由意识处理，艰巨的创造性工作由无意识承担，所以科勒律治认为在文学创作活动中，意识是搜集材料和修改作品，无意识的作用才是创造。这跟我们平时说的“没有灵感写不出东西”是一个意思，都肯定了意识和无意识的这种分工。当然，也正如手和脚的分工不是绝对的，也有互相替代的时候一样，意识和无意识的分工也不是绝对的，也有互相渗透、交叉的时候，但是，各有所司，各有所长，则是确定无疑的。

二

为什么在文学创作活动中无意识的作用会大大优胜于意识，创造性任务基本上由它担任而不是由意识承担？这是现代心理学的难题之一，要彻底揭开无意识活动的奥秘才能完满回答，而这，显然还得经过一段相当长的时间多学科的共同努力才能达到。目前，依据心理学的研究成果，我们对无意识的创造何以大大优于意识的问题，只能作一个大体的描述：

1. 占有材料的多寡

苏联心理学家文斯洛乌讲过一个著名的事例：一个不识字的青年女仆，有一次患了急性疟疾，在说梦呓时反复地背诵着一些拉丁语、希腊语的各种句子，声调还带有相应的情感，显得慷慨激昂。周围的人由于无知，认为她是被魔鬼迷住了。后来做了一番调查，终于弄清了这个奇特的现象。原来姑娘曾被一位牧师教养过。这位牧师在读自己所喜欢的书时有个习惯，即顺着通向厨房的走廊慢慢地走来走去。而这姑娘的大部分时间就在这间厨房度过的。当了解到牧师读的书的内容时，也就证实了病人在梦呓中所诵读的正是牧师读的那些句子。这表明姑娘对这些句子虽然不理解，却在潜意识中保留了下来。这个材料只存在于她的深层的无意识之中，在她的意识里是没有的。所以她只能在梦呓（无意识活动）中说出来，而不可能在她清醒时有意识地讲出来。柏格森说“我相信我们既往的生活，以至于微细的节目，都仍然保存，丝毫未有遗忘；自我们一有意识起，凡所知的，所思的，都永远存在。存在于这些深奥的地方的记忆。”他又说：“假使我睡着了，这些被压迫的记忆，最初本拘禁于意识域之下，觉得此时我已把障碍物除去了，遂升至活动板门那里，起首活动”。上面那位女仆的故事，充分论证了柏格森看法的正确性。弗洛伊德、荣格等精神分析家们的观点跟柏格森完全一致，都认为自我所经历的一切和种种不能满足的欲望都藏在无意识里面，保存在意识中的仅是极少数的一点点。用弗洛伊德的话说便是，“人的心理犹如一座冰山”，意识只是它的表面，“大部分存在于意识的表面之下”，可见，二者量上之差何止千万倍呢！空洞的头脑无法思索，没有知识、材料便无从创造发明；在其他条件相同的前提下，掌握的知识、材料越多，创造能力越大、越强，反之越小、越弱。无意识掌握的知识、材料既然为意识所根本不可比拟，它的创造能力大大超过了后者也就是必然的了。换言之，无比丰富的知识、材料，是无意识巨大创造力的基础。灵感袭来时写出来的佳句美文，文学家们往往感到惊讶，想不到自己会写得如此之好。其实，这创造力自有来头，它是无意识中丰富的知识、材料孕育的产物，只不过它们不存在于意识之中，所以使作者自己也感到惊讶。如果不是有这样的来头，就只能像柏拉图那样解释为“神的帮助”，也就跌进了唯心主义的泥坑。

2. 思维方式的不同

意识的思维方式是循轨的，即遵循分析、归纳、演绎、推理、判断等一套逻辑的线路前进，所以叫循轨思维。这种思维方式是在人人皆可趋而赴之的阳关大道上行进，即所谓“人同此心，心同此理”。因为它是平常的群体思维方式，行进在这条道上只能达到人人都必然到达的目的地，所以很难有新套套，很难结独创之果。无意识的思维方式（如直觉的、顿悟的、灵感的、情感的、“原始”的、睡梦中的等思维）则是越轨的，即没有固定的逻辑线路，它完全是个体的、偶然的、不可重复的。所以人们常称之为非逻辑、非理性的思维。无意识的思维为什么是越轨的，因而特别富于独创性呢？大体上由于这些原因：一是诱导作用，巴甫洛夫高级神经学说的诱导规律是说意识集中思考某一问题的时候，在大脑皮层的有关部位形成兴奋中心，意识长时间的紧张工作之后，兴奋中心区一旦抑制，中心区外围的皮层细胞便受到先前中心区工作的诱导而自发地兴奋起来，于是潜存在中心区外圈的观念、知识就可能被激活。中心区的思维是循轨的；所谓“外围”，其活动也是在正常轨道之外，所以是越轨思维，叫作对循轨思维的“智力背叛”，思维的成果，当然也就是非同寻常的独创性的了。二是另辟“岔道”。所谓“岔道”之说，可以看作是心理学家们对巴甫洛夫诱导规律的进一步申说。它指出大脑皮层的兴奋中心处于抑制状态的时候，活跃起来的无意识可能闯入意识领域中去，从而把意识的思维“引上岔道”，为它思考、研究的问题“开辟一条崭新的道路”。这条新路一开，“正如接通电源一样，会立刻大放光明，即大脑马上会高速度高效率地工作，把智力提高到一个崭新的水平，从而使问题得到解决”。这便是灵感爆发时的情景。无意识这样独辟蹊径地解决问题，当然思维及其成果都是创造性的。三是“重新组合”。柯勒律治在《文学传记》中论创造性想象时说形象的“突然闪现”是这样造成的：以往积累的知识、材料沉入“下意识领域之中，在这个领域里，这些材料原有的那些内部关系消失了，经过无意识的重新组合，形成了一种全然意想不到的全新关系”。阿恩海姆也持相同观点，他认为：“有意识的推理往往把自己固着于某些图式，而这些图式却恰恰又不包括解决这个问题所需要的那些联系和区别”。但是，“这样一些先前固定的图式在下意识中就开始放松和溶解，从而使得我们想要解决的问题诸因素之间发生了自由的吸引和排斥等作用”，在这样的作用下，问题便得到了解决。“原有的那些内部关系”和“固定的图式”都是指材料之间必然逻辑关系，它们按逻辑关系结成板块，限制着人们的思维。现在，这种关系在无意识中解体了。结构决定功能、性质，不同的结构具有不同的功能，不同的性质。无意识将这些材料重新组合，结构变了，成果必然也获得了崭新的功能与性质，所以是独创的。四是“建构”关系。无意识将材料重新组合和材料间的吸引和排斥，都是怎样进行的呢？阿恩海姆认为：“是依照那些支配和控制大脑力场的平衡的那些规律的行动，而有关这些神秘的控制活动，却在有意识的精神领域中找不到相应的东西。”作为格式塔心理学派的代表人物，阿恩海姆说的“神秘的控制”“支配和控制大脑力场平衡的规律”，显然都是指格式塔的建构规律。这些规律，常常都是无意识的活动。比如“简略合宜”的补足规律，是说我们对有缺陷的刺激物作不自觉的完形建构，如看见△缺了一条边，在我们的无意识中会很自然地把它补足为一个三角形。又如“同构”律，也是在无意识的深层中自发地进行的。所谓胸中怀着柔和优美的感情会自然地想到清风、垂柳、流云；如果是崇高、雄浑的感情便会自然地想到奔驰的骏马、汹涌的江河、莽莽的群山。这是因为这些形象和那感情在大脑生理电力场中所产生的力的图式相同，它们有着同构关系。再如“变调”规律（一个基本的格式塔变换，即集一主题的发展或展开），其动力也是无意识的，即对一个好的“形”会产生一种无意识的矛盾反映——既想保留，又想改变，于是有了重复、对称、平衡等变调现象发生，等等。因为这些情况都是在“有意识的精神领域中找不到相应的东西”的，所以材料是逻辑关系解体之后，无意识将材料重新组合和材料间的吸引与排斥这样进行的结果，也必定是创造性的成果。五是梦似的运作。一方面，弗洛伊德根据文学创作像做梦一样，都是创造一个虚幻的世界，他把文学创作叫作作家的“白日梦”；另一方面，他在《梦的解析》中又强调指出“梦的解析是了解潜意识活动的大道”，梦的运作实际上代表了整个无意识的运作。因此，无意识的工作大体上相同于梦的运作。在梦的运作中，诸如改装、替换、凝缩、象征、转移，等等，跟理性意识的思维方式都是相去很远的，弗洛伊德一再指出：“梦思的各部分之间没有逻辑关系”，梦无法表现逻辑关系、“梦思之间的逻辑关系在梦中没有任何独立的表示”、“存在于梦思之间的相关把它们连成一个事件”。这些都充分说明，梦，无意识是非理性、非逻辑的越轨的思维，所以它能获得理性的、逻辑的、循轨思维所不能获得的创造性的成果。

3．思维指向的差异

依照精神分析家们的观点，人类思维可分为有指向的和无指向的两种。有指向的思维又可叫智力思维，它自觉地追求一个目的，力求使自己适应现实，并对它施加影响。无指向的思维又叫我向思维，它不求适应现实，不去寻求真理，它只为自己制造一个梦境、一个幻想和幻觉的独立自我的封闭系统，它只求满足欲望。很明显，指向思维和我向思维并不分别跟意识和无意识完全相对应；也就是说，意识的思维必然具有指向性，但我向思维不仅包括意识，也包括相当大一部分无意识活动。这部分无意识活动中，就有科学家们的种种发明创造的无意识活动在内。这部分无意识活动如果不具有指向性，科学家们的发明创造便会因不符合客观实际、背离客观规律而失去意义。反过来，我向思维不包括整个无意识的活动，而只是它的一部分，它不为自然科学家们所利用，而只为文学艺术家们所重视，因为正如荣格所说，我向思维实际上是一种“幻想思维”，它引导我们离开现实而进入过去与未来的幻想，而且是一种“感情生感情”，完全“随感情的引力而自由浮动、升沉”的幻想。所以别林斯基说：“指向思维是实用的，我向思维是非实用的。”这种非实用的、“感情生感情”的幻想思维，刚好符合了以抒发情感为本质特征的文学艺术的需要，所以为文艺家们所特别珍视。更重要的是，文学艺术家们的情感丰富，是一个极为广阔的世界，这种“感情生感情”、随“感情的引力而自由浮动、升沉”的幻想，比之于容易“撞车”的那种线性的指向思维，它为文学艺术家们提供的独创天地，真是无限宽广了。

4.“情结”的巨大作用

“情结”属于无意识，意识不存在“情结”问题，在这一点上，意识也就没法去跟无意识作比较。“情结”是精神分析学的一个有趣而重要的特征，是一组一组的心理内容可以聚集在一起，形成一簇心理丛，这便是“情结”，情结好像自我完整人格中一个个彼此分离的小人格一样，也是一个完整的结构，里边包括彼此联结的情感，思想和记忆。这联结不是意识的那种逻辑关系，只是某方面内容的认同，有如一个粮食仓库中存放着各种粮食一样。情结总是顽强地表现自己，但又是无意识的表现，别人能够分明地看出，自己却往往意识不到。比如有“权势情结”的人，对权势方面的事不自觉地感到很大兴趣，也显得特别的敏感，言谈中不知不觉地老爱扯到这方面来，行动中也不自觉地仿效权势者。所以荣格说，“不是人支配着情结，而是情结支配着人”，它是一种很强大的内驱力，强有力地控制着自我的思想和行为。荣格认为，情结不一定是坏事，它“往往就是灵感和动力的源泉，而这对事业上取得显著成就是十分重要的”。从荣格的这些观点可以看出，在文学创作家的无意识中存在着关于文学的情结，正是这一情结使他们对文学活动有极高的兴趣，在这方面显得特别的敏感，并赋予了他们文学创作的灵感和强大动力。我们平时讲的文学创作的才能和素质，我以为主要就是由这些构成的。这样的素质当然可以通过有意识的努力培养，但如果没有具备这方面的无意识情结，培养的效果不会太大。否则，人人都可以通过有意识的自觉努力而成为鲁迅和高尔基了，而事实上根本不可能。现代心理学关于情结的理论，从更深的层次上揭示了无意识的创造力何以大大超过意识的原因。

根据上述，我们说无意识是创造意识，是文学创作意识，它的文学创造功能远非意识可比是符合客观实际情况的。著名的马克思主义文艺理论家卢卡契曾经一再强调：“在创造活动中，无意识的过程是主要的，剥夺这样一个过程就等于是完全取消创造”；一个能够控制内在形象形成的艺术家，不能成为真正的现实主义者和一个有意义的作家”：“创造者把握的社会联系不是有意识的把握，而是自动地本能地把握。”这些说法，跟席勒劝他的朋友去掉“理智加在你想象力上的限制”，让“意念自由地，毫无限制地涌入”的名论完全一致，都是极深刻的见解。

三

至于在文学创作中怎样充分地开发、利用无意识的创造潜力的问题，近年出版的《灵感学引论》所论述的灵感激发过程与规律，也适用于整个无意识的开发和利用，所以这里不再赘述。最后需要指出的是另外一点：无意识虽然是创造意识，有些时候却不一定可靠，对它不可相信过分。

在科学研究中，意识的推理方法被称为“强方法”，直觉、灵感等无意识的方法被称为“弱方法”。这是因为，前者运用的理性逻辑是强而有力的，几乎就像解方程一样一个等式一个等式地“等”下来，虽然缺乏创造性，但是它环环紧扣，结论很难出错。后者虽然富于独创性，结论却常有错误。贝弗里奇在《科学研究的艺术》的“直觉”一章中引用了一个数据：根据普拉特和贝克的调查，只有百分之七的科学家报告说他们的直觉一贯正确；其余的人估计：有百分之十至百分之九十不等的直觉日后证明是正确的。这个统计表明，百分之九十的科学家的直觉都有靠不住的时候，而且不可靠的幅度相当大——“百分之十至百分之九十”。科学家如此，文学创作家的情况不会好些。“乘兴而作”，刚开个头，或写到一半，甚至写出了初稿，冷静审视，发现生产的是废品，于是扔进废纸篓了事，这种情况恐怕每个作家都经历过。至于从初稿中抹去原先乘兴写出的某些部分，这类事就更多了。乘兴而作又全部正确，“一贯正确”的，不但不占“百分之七”，恐怕根本就没有。戏剧大师斯坦尼斯拉夫斯基把不正确的灵感叫作“臆测灵感”，说“人们常被它‘压’得喘不过气来，结果证明是把你引上歧路”。

可见，柯勒律治提出的无意识的创造成果让意识去修改、校正、润饰的观点确实很有见地。只有让本来就互相补充的意识和无意识在创作活动中互相配合、长短相济，才能创作出真正的好作品来。任何忽视或否定意识在创作中的修改、校正、润饰等作用的做法，看来都有失明智。

略论美感中的悲感因素*

钱钟书先生在《管锥编》（第三册）中以大量材料论证文艺欣赏中美感与悲感相伴而生的现象，从而充分肯定了美感中悲感的存在。那么美感中何以会有悲感呢？林兴宅在《一个值得研究的文艺心理现象》一文中论证了两方面的原因：一是社会根源方面，“阶级社会的历史是悲剧性的，苦难是普遍的现实……在苦难的土壤上开放出来的文艺之花，必然会有深刻的悲剧性因素。文艺与苦恼意识历史地联系在一起。”二是心理根源方面，美是一种“可望而不可及”，“幽远难据的自由境界”，“因而人们在执着的追求中总是伴随着意志受挫的痛感”。[①]林文的解释有一定道理，不过，我认为更重要的还是如下三方面的原因：

1.“拒美”现象

马斯洛在讲“约拿情结”时谈到一种很奇妙的心理现象——“反尊重”现象，即人们对值得尊重的人所具有的“热爱和敬仰”之情中又含有相反的“敌意”。这就很类似于审美活动中美感愉悦里边又含有相反的悲感成分。不过，对我们确有启示的还是他讲的为什么会有“反尊重”现象出现。他说：“我们的确敬佩和爱慕那些体现了真、善、美、正义、完美的人，以及最终取得成功的人，但他们又使我们感到不安、焦虑、慌乱，也许还感到有些嫉妒，感到自惭形秽、笨手笨足。他们通常使我们失去自信、沉着、自重”。“伟大的人物仅仅以他们本身以及他们的存在就会使我们自己的价值低人一等，而且不管他们是否有意这么做。假如这是一种意识的作用，……那么，我们

* 此文原载《贵州师范大学学报》1989 年第 3 期。

的反应往往是一种投射心理。……这样，我们产生的敌意就是可以理解的了”。[②]他论断“反尊重”现象的原因是由于我们爱和敬仰的非凡人物的出现和存在，使我们无意识地感到“自愧不如”“自惭形秽”，因而使我们“失去自信、沉着、自重”，“成了靶子”。生活经验表明，这论断是正确的。我认为审美中产生悲感也是类似原因，即美的人、美的事、美的思想和感情，或美的自然、美的形式的出现、存在，使我们在无意识的深处感到了自己的“丑”和平庸，感到“自愧不如”，因而“失去自信、沉着、自重”，不觉之间，生出一种与审美愉快相反的悲感来。套用马斯洛“反尊重”现象的说法，这可叫作“拒美”现象，它是造成审美愉快中有悲感成分的一个原因。

2. 人生痛苦

“社会”“人生”常常并提，这有道理，因为人生离不开社会。但就二者与审美中悲感的关系论，人生的悲剧本质（痛苦）比社会、特别是阶级社会的悲剧性质来得更重要、更深刻。如果仅仅把审美的悲感与“物质生活的困难和阶级压迫、剥削的酷烈”“历史地联系在一起”[③]，必然得出一个结论：一旦物质生活富裕了，阶级的压迫剥削不存在了，美感中的悲感也就随之而大大减弱（只剩下别的悲感根源）。事实上情况并非如此。关于这个问题，王蒙同志有过中肯的议论。他说：“解放后我们往往只从社会的观点讲痛苦，就是我们只承认杨白劳、喜儿或者《天云山传奇》里的宋薇或者罗群的痛苦……似乎社会不公正消失了，人的思想觉悟提高了，就不会有痛苦。”他认为不能这么理解，还有一种更内在的、人类根本无法摆脱的痛苦，即“与生俱来的一种积极的痛苦”，这种“积极的痛苦”是极为普遍的：“生是痛苦的，死也是痛苦的，饥饿是痛苦的，爱情也常常是痛苦的……，希冀的、要求的做不到达不到得不到是痛苦，做到了达到了又会立刻为已逝的时光与下一个目标而痛苦。……这种痛苦便是生命的内在的及与外界对象的矛盾冲突的表现。”[④]为什么叫这种痛苦为“积极的痛苦”呢？因为“它不是消极的、它不因痛苦而遁入空门，而惧怕生活，它恰恰因痛苦而追寻而探求而行动而激扬而积极运转。”也就是说，它是生命的动力，它使生命具有活力而运转起来，所以是“积极”的。

人生的本质就是痛苦，这是历史上不少哲学家共同的观点。王蒙也这么看，但他从痛苦中看出积极意义来，这就跟叔本华、尼采、弗洛伊德等人从痛苦中引出消极的人生观有了区别。不过，消极论者有些看法也很透辟、很精彩，对我们仍有启迪的意义。比如叔本华说："就像我们的身体一旦抽去空气压力后会立即爆炸一样，同样，假如让人脱离他生活中的欲念、苦役、烦恼以及他们那番趾高气扬之态，此时，即便他不会一发变为最不可一世的愚蠢甚或发疯的话，也至少会大肆膨胀直至崩溃。""假使每一欲望在其产生之时就全被满足，那么，人们又怎样填充他们的生活、打发他们的时间呢？假设把人类推移到这样一个乌托邦，在那里万事万物和谐一致，……可是，正是在这个地方，有些人一定会无聊得要死或急于自杀，有些人会挑起事端，在争斗中互相残杀。因此，他们自身就会创造比自然原来赐予他们的苦难还要多的苦难。"⑤显然，这些话是叔本华以哲人的敏锐眼光和出色智慧观察、分析、思考人类历史和各种社会生活的结果。因此他坚信"就像船只需要压舱物一样"，人类必须有一定的烦恼、痛苦和忧伤，以"保证正确的方向"。当然不是故意去寻找和制造，而是人生本来如此。他认为，人的追求没有最终的目标，在任何时刻都有需要和欲望，这是人的本性。而需要、欲望的追求过程总是常常受到阻抑（痛苦），而它们的满足（幸福）总是暂时的，因为如果因满足而不再追求，马上就会被无聊所折磨。所以"人生的本质就是一个一贯不幸的状况"。⑥

无论"积极的痛苦"说还是人生的"不幸本质"论，都是指的同一个内容，即痛苦是人生的本质、生命的本质，是与生俱来、人生不可避免的东西，而且是必不可少的、普遍的；"社会可以愈来愈进步愈来愈合理愈来愈完善，直至世界大同共产主义，但生命的躁动不安的积极的痛苦却永远与生命同在"。⑦毫无疑问，审美中的悲感正是人生痛苦的一种反映或表现。

3. 主客体失落

美感的显著特征是"忘我"。在审美感受中，主体对现实的自觉意识一下子被截断，在不知不觉中进入虚幻情景，以假当真，全神贯注于审美对象，从而达到与对象交融、融合、主客不分的境界。如果意识清醒，物我分明，主体和客体的对立依然存在，就没有“进入”艺术，谈不到审美。

从主体方面说，这时的“忘我”可以理解为主体融进了客体，也可以理解为主体被客体占有；可以理解为对主客体对立的超越，也可以理解为主客体的同时失落，所谓“物我双忘”。但不管怎样，主体、“自我”，在美感中是丧失了。丧失即意味着“死”。实际上，美感、性爱等一切高峰体验都是一种生死交融的状态，既可说是生的状态，也可说是死的状态，还可看成是对生死对立的超越。这就是《庄子·大宗师》讲“坐忘”时说的“形如槁木，心如死灰”的一种“齐死生”境界。四川人讲的“舒服死了”“安逸死了”“好死了”一类的话，里边的“死”就指的是这种境界。这种境界心理学家叫作“美丽的死亡”：“许多人声称，不知为什么他们的高峰体验近于一种美丽的死亡”[⑧]；处于高峰体验的人，“常说‘够了’，‘我受不了啦’，‘我会死的’等话”。[⑨]有人说，甜蜜的爱情使人“进入非理性的心理涅槃境界”，[⑩]这“涅槃”二字最有味道。佛家修道至“入灭”“圆寂”这种最高境界才叫“涅槃”。这种境界就心态而论，清净寂灭，真是近乎“死”，所以又以“涅槃”称僧人的谢世。然而这又是一种“至乐”的境界，因为它已经“寂灭”一切烦恼。性爱和佛家高峰体验中的“死”，可作为审美中“忘我”之“死”的有力参照。据说，“艺术”最初被认为是坟墓的意思，像埃及的金字塔，中国的墓道艺术，都与死密切相关。[⑪]把艺术与死联系起来，恐怕就因为美感中的“忘我”是一种“美丽的死亡”吧！乌纳穆诺说：“每一个事物，只要在它自身范围之内，它必得努力坚持自身的存在”，这就是事物的“真正本性”。人也一样，即使是很不幸的人，他也“宁愿选择不幸也不愿选择不存在”，这就是人的“真正本性”。[⑫]所以，“死生亦大矣，岂不痛哉。”刘再复在一篇评《红与黑》中的性爱描写时说：“人处于爱的面前，有时是主人，能够支配自己的感情和命运；有时则是奴隶，表现出理智和意志力量完全被情感所摆布，只能在爱面前呻吟与歌泣”。[⑬]如果说“理智和意志力量”被“摆布”、被剥夺、丧失，会给性爱的欢乐带来悲感成分（“呻吟与歌泣”），那么，“美丽的死亡”给美感的愉悦带来悲感的因素更是确定无疑的了。

审美状态既然是“主客交融”“物我双忘”，从客体方面说客体自然也丧失了。此时此刻，不但审美的具体对象被主体融合，“万物皆备于我”，连整个世界都不存在了。正是在这样的意义上高峰体验又叫作“超越体验”“宇宙体验”；它超越主客体，超越时空，超越一切，达到真正的心灵自由状态，进到真正的“逍遥游”境界。对客体、时空的超越，也可以理解为客体、时空的丧失。上面说的“美丽的死亡”就逻辑地包含有这层意思：对“死者”来说，一切都消失了，不复存在。处于这种境界，固然能获得超越一切的逍遥游之乐，但社会是社会人赖以生存的根据，自然界是人的“无机的身体”（马克思语）；客体的丧失给主体带来的何止是巨大的孤独感、寂寞感和失落感，更是从根本上否定了主体的存在。这一致命的打击，在审美中必然也以悲感的形式表现出来。

以上三个方面原因都直接来自人类的本能：拒美现象来自心灵避免伤害的本能，人生痛苦来自生命欲求的本能，主客体丧失来自惧死的本能；当这些本能受挫或受到威胁时悲感也就产生。按照精神分析家们的观点，凡本能、本性都属于无意识领域。审美快感中的悲感直接来自人的本能，没有经过意识层面的匡正、选择、整理、过滤，于是，它们的活动都难以被察觉，更不能用语言和逻辑加以把握。所以我们只能感觉到它们活动的结果：悲感在美感中的存在。

有同志说，“审美和艺术常以激发的悲哀为特征和极致”。[14]这话说对了一半，另一半不太准确。说审美和艺术以激发人的悲哀为特征是很对的。是不是真正的审美，是不是真正的艺术品就看是否能激发悲感。最简单的例子，看电影流泪，就证明这影片是真正的艺术品，也证明这是真正的审美活动。作品要达到激发人的悲哀的境界，必须能激活上边讲的那几种引起悲感的无意识（或叫本能、本性）。为此，作品必须有抑制、排除自觉意识的力量，否则无意识不能活跃起来，悲感无由产生。这当然不是容易的事，但必须达到这一境界才能称为艺术，欣赏者必须进到这一境界才能称为审美，说审美和艺术“以激发人的悲哀为特征”就是这意思。至于说审美和艺术“以激发人的悲哀”为“极致”，则讲得不太准确了：“极致”者乃“到顶”之谓，无复加矣。但悲感（悲哀）是一种感情，而感情是有强度和浓度的，从比较弱、比较淡到很强、很浓的感情，其间有相当大的幅度。这个幅度，对审美中的悲感也是存在着的，而且从某种意义上说，艺术品和审美有高低不同的层次正是由于这幅度决定的。如果只要能激发悲哀便是审美和艺术的“极致”，高低层次便不能见出，都一般高，就不符合审美活动的实情了。所以，悲感（悲哀）中有幅度存在不应否认，也不能否认。艺术品的高低层次在这里就可以从它激活引起悲感的无意识的力量的大小来区分。力量大产生的悲感强烈，使接受者很想痛痛快快地哭一场，这就是感人至深的上品；而这样的接受者也就是精于审美，能得艺术家之心的鉴赏者了。如果只是略有悲哀，就作品言，也许是一般化之作；就接受者言，很可能是刚入门的审美者。

这样讲，是不是艺术作品的魅力大小、美感强弱就取决于悲感，而不决定于美感中的另一极——审美愉悦的强弱了？审美愉悦在这里就不起作用了？不，不是这样。美感是对自我的超越，愉快则是理性（意识）松弛而精神获得自由的表现。二者关系密切，但毕竟有区别。审美中的超越自我是自我脱离理性控制、摆脱功利是非真伪等一切精神束缚而获得的“忘我”状态。而愉快的起点要低得多：理性松弛一分，精神就获得一分自由，这一分自由也就产生一分愉快，并不必一定要达到摆脱理性而使精神获得彻底解放的程度。比如听别人耍贫嘴说些逗趣的话，我们会因此而理性松弛，精神获得一定自由，所以感到心情轻松愉快。但此时的理性也只是松弛而已，并未达到失控的程度，所以我们未进入“忘我”境界。可见愉快的下限很低，只要理性稍微松弛即可。但它的上限却很高，可以高到我们前边讲的临近“死”的程度。有首歌叫《真是乐死人》，从心理学的角度看，这倒是划出了愉快的上限。愉快程度的加大来自理性松弛程度的加大，当理性松弛到失控的时候“忘我”状态便出现了，于是美感出现，获得了更大的愉快，但同时愉快也发生了质的变化，成为审美快感了。因为一旦“忘我”，引起悲感的三种无意识开始被激活，悲感也就随之而生；有悲感掺合和的愉快便是审美的快感了。这之后，如果快感的程度再加大，悲感也会随之加浓，二者成正比例同时增长。所以，不存在审美愉快在美感强弱变化中不起作用的问题。事实上，相对悲感而言，如上所述，美感中的快感始终是主要的成分，始终在美感中处于主导地位，起着主要作用。所以美感的基调总是愉快的，即使是美感中的悲感很强烈，因为受到更强烈的快感的掺合、影响，整个美感给人的体验也是巨大的愉快，而不是巨大的痛苦。正因为如此，审美永远都是一种享受而不是别的。当然，快感与悲感也是相辅相成的。从悲感方面讲，正因为有它的烘托、映衬、加入，愉快才上升为审美快感，审美快感才显得深沉、厚重，更加有味；正因为有悲感的作用而不是光有快感的体验，美感才显得神秘、模糊、丰富、深厚，浓烈而不可把握，真切而又不可言传，从而获得了震撼人心的魅力。可见，美感中悲感的作用十分巨大，可以说它改变了审美心理的整个局面。

不过，把快感和悲感从美感的统一体中单独抽出来分别加以讨论，只是为了研究方便而已，事实上它们是水乳交融、不可分割、不可抽取的一个整体存在。但这种研究很有必要，它有助于揭示美感的奥秘，有助于我们对审美规律的进一步理解、把握和运用。

注释：

①③林兴宅：《艺术生命的秘密》《一个值得研究的文艺心理现象》，海峡文艺出版社1987年版。

②⑧⑨马斯洛：《自我实现的人》，许金声、刘锋等译，三联书店1987年版，第145、268页、147页。

④⑦王蒙：《文学三元》，《评论选刊》1987年4期。

⑤叔本华：《意欲与人生之间的痛苦》，李小兵译，三联书店上海分店1988年版，第4页。

⑥叔本华：《爱与生的苦恼·前言》，陈晓南译，中国和平出版社1986年版。

⑩［保加利亚］瓦西列夫《情爱论》，赵永穆等译，三联书店1986年版，第175页。

⑪关鸿：《诱惑与冲突》，上海人民出版社1988年版，第144页。

⑫乌纳穆诺：《生命的悲剧意识》，北京文艺出版社1987年版，第7页。

⑬⑭李泽厚：《走我自己的路》，三联书店1986年版，第326、373页。

写作与气质*

考察一下写作与气质的关系是一件颇有意思的事情。

所谓气质，是指个人“表现于心理过程的速度和稳定性（如知觉的速度、思维的灵活程度、注意集中时间的长短）、心理过程的强度（情绪的强弱、意志努力的程度）以及心理活动的指向性特点（如有的人倾向于外部事物，喜欢从外界获得新印象，有的人倾向于内部，经常体验自己的情绪，分析自己的思想和印象）等动力方面的特点”。[①]按照传统的分法，气质有多血质、胆汁质、抑郁质和黏液质四类，各类有不同的特点。比如说，多血质的人敏感性很低，反应性主动性和平衡性很高，可塑、外倾，情绪兴奋性高，反应速率快；胆汁质的人敏感性很低，反应性和主动性很高，但反应性占优势，刻板、外倾、情绪兴奋性高，反应速率很快；抑郁质的人孤僻、落寞、行动迟缓、情绪体验不活跃，但体验深刻、有力、持久，感情内向，善于觉察别人不易觉察到的细微事物；黏液质的人的特点是：敏感性很低，反应性也低，但主动性很高；刻板，内倾。当然，这都是大体上的区分，现实生活中的人是很复杂的，一般都以某种气质为主，同时或多或少地有别的气质类型的特点，纯粹属于某种气质类型的人极难找到。

在写作与气质的关系上值得写作者们注意的主要有如下三点：

一、一般地讲，四种气质类型的人都可以成为很好的作者，不存在某种气质的人不适于搞写作的问题。苏联的心理学家在研究气质问题时曾经明确指出：“苏沃洛夫和赫尔岑是多血质，彼得一世和巴甫洛夫是胆汁质，果戈

---

* 此文原载《黔南民族师专学报》（哲社版）1992 年第 1 期。

理和柴可夫斯基是抑郁质，而库图佐夫和克雷洛夫是黏液质。”[②]这里，赫尔岑是杰出的作家、哲学家，巴甫洛夫是伟大的心理学家，有多卷本《巴甫洛夫全集》传世，果戈理是饮誉世界的小说家，克雷洛夫则是久负盛名的寓言大师；他们都是杰出的写作者，但他们分别属于四种不同的气质类型。可见，无论何种气质类型的人都不必为自己是否适于搞写作或在写作上能否做出成绩烦心，只要作出努力，都可能在写作上取得很好的成绩。

二、说任何气质类型的人都适于从事写作并不意味着写作行为没有气质要求，恰恰相反，写作对气质的要求、选择是颇为严格的；这一点，每一个写作者都必须予以充分的注意。我们说任何气质类型的人都适合于从事写作是从宏观上讲的。整个写作的领域非常宽广，有记叙文、议论文、说明文、文学创作、影视作品和应用文等不同体裁，每类文体又包括许多种类，每一种里边又有不少分支。比如，单是文学创作中的小说一类，就包括长篇、中篇、短篇、微型、复调、独白、全景、随笔、新闻、惊险、言情、推理、意识流、荒诞、现实主义、准现实主义、新现实主义、超现实主义、浪漫主义、古典主义、抽象、象征、文化、心理的、实验的、新潮的，等等，有数十个品种、样式。这样，由于品类繁多、天地广阔，这行不宜干那行，有充分的选择余地，所以不论何种气质类型的人都可以在写作这一宏伟事业中找到自己的一个比较恰当的位置。但是从微观上看，每一个品类又要求特定的气质，不是这种气质的人是不太适合于从事这种写作的。这一点，如果用巴甫洛夫关于气质的“三分法”观点审视，问题会更清楚。巴甫洛夫根据个体的“第一信号系统”和“第二信号系统”的不平衡性分气质为三类：第一类是艺术型的，这种气质的人是第一信号系统占优势，特点是从外界获得的直接印象鲜明、清晰，记忆和知觉的形象性突出，想象丰富、生动。第二类是理智型的，这种气质的人是第二信号系统占优势，特点是在认识过程中倾向于进行分析、抽象、概括，善于运用概念进行推理判断。第三类是中间型，两种信息系统比较平衡，兼有艺术型和理智型的特点。很明显，这三种气质类型的人在整个写作事业中是各擅其长的：艺术型的人适于从事文学创作，搞理论写作就不太恰当；理智型的人刚好相反，很适合于从事理论写作，从事文学创作就不会有多大成绩；而中间型的人则适合于从事文学批评和各种新闻体裁的写作，如果从事文学创作和学术理论研究，则一定不如艺术型和理智型的人有成绩。

由此可见，每一个写作者都要注意根据自己的气质特点选择恰当的文体下功夫，而不能不择文体或什么文体都写。实践证明，气质与文体错位不但难于出成果，而且最容易伤害写作积极性。值得指出的是，选择好主攻文体是一件不太容易做好的事情。一位从事文学理论写作的同志曾这样介绍他选择主攻文体的经过：他很早就喜欢写作，读初中时就有了驾驭语言文字的本领，那时就很想在写作上做出成绩来。但写作的领域太宽广，自己究竟适于写什么并不明确，只是瞎摸瞎撞。开始时对诗很感兴趣，习作的诗语文老师也说不错，可是弄了很长时间一首诗也没有发表，倒是发表了几篇纪实性的小故事。这之后，觉得能写小故事就能写小说，因为小说是讲故事的，于是又钻研小说。但用功了好长一段时间一篇小说也没写成功。转念想，还是写散文吧，散文短小、自由，好把握，结果也只发表过两篇叙事短文。自己到底搞什么合适？不禁惶惑起来。以后，又写过杂文、散文诗、“思想火花”之类的东西，也都发表过一点作品，但都觉得不很对劲，最后才搞文学理论，这下子算对上号了，逐步弄出了好些名堂。他感慨地说，前前后后地这样瞎摸瞎撞就将近去了20年！他的结论是：“写作的道路真是难摸准，但不摸准又不行！”[③]这里说的写作道路也就是指找准写作的主攻方向。从事写作的人，一般都走过一段曲折的道路才找准主攻文体的，即使是大文章家大作家也多半如此。比如，周立波先是搞文学批评，最后以小说创作著名于世；朱自清早年写诗，也尝试过小说，后来写散文，写诗有些成绩，散文的成就则更大；郭绍虞早年也写新诗，也尝试过小说创作，但最有成就的还是他中年以后对中国古代文学批评理论的研究；鲁迅开始是写文学论文，最后主要以小说和杂文的杰出成就成为现代文学史上的巨人……可见，名家们虽然是多面手，但他们最拿手的却只有一个方面，这个方面是他们经过一番摸索之后才找到的。为什么找准写作的主攻方向常要经过一段曲折呢？这是因为：第一，从主观方面看，开始写作时作者由于缺乏经验与知识，不知道写作需要寻找自己的主攻方向（有的人一直都未认识到这个问题），以为只要写就行了。第二，由于种种原因，某种文体会对作者产生诱惑作用。比如文学作品的艺术感染力，使人读了一些作品之后便喜欢上文学创作：比如家人或同学朋友中有写诗或别的什么体裁的，受其影响，自己也跟着写起诗或别的什么来，等等。这些偶然因素都可能使作者离开自己的气质特点在写作中作出不恰当的文体选择。而一旦文体选择失当，就必然会造成精力和生命的浪费，使写作才能的充分发挥受到局限，从而影响写作成就的取得。换言之，写作成绩的大小，在一定程度上取决于是否找准了适合于我们气质特征的主攻文体，是否尽快地找到了它。所以，通过实践的体会，通过在实践中的发现和总结经验教训，尽快地找准最适合于发挥自己写作才能的主攻文体，从而早出成果，多出成果，在写作事业中尽可能做出大一些的成绩，这是每一个写作者的一件大事情，也是他们人生智慧的一个重要方面，是每一个写作者都应该努力做好的。

三、四种气质的人都可以在写作的广阔天地中找到自己的位置，但是，正如四种气质都各有优缺点一样，从写作的角度看，每一种气质也都有不足之处，都不是完全适合于写作的，这就向每一个作者提出了优化气质的任务，即发扬气质中适合于写作需要的方面，克服气质中不适合于写作需要的东西。在这个问题上，前边提到的赫尔岑是一个典型的例子。这位杰出的思想家、理论家，从他多血质的气质类型看有一个大弱点，那就是“对于任何事物所形成的印象总是相当肤浅而不很深刻”。[④]可是，他却写出了《科学上的一知半解》《自然研究通信》等整整教育了一代俄国知识分子的哲学名著，可见赫尔岑并不“浮浅”，他倒是很“深刻”的。这是为什么呢？原来，多血质的人有一个特点，即“活泼敏捷”。赫尔岑正是利用了这一优点博览群书（在大学时他已广泛阅读了西欧文学名著和黑格尔、费尔巴哈等人的哲学著作），从而成功地弥补了“浮浅”这个不小的缺陷，成为博大精深的学者，被列宁誉为“走到了历史唯物主义大门口”的哲学家。这一事实充分说明，气质虽然是一种先天性的心理素质，但在后天仍可以通过某种努力对它不利于写作的方面作出相当满意的补救。正因为每一种气质都有不适应某种写作的弱点（只是多少不等和程度有别而已），所以每一个写作者都有进一步优化自己气质的任务。有人说，“事业的成功从一个方面看便是对自己缺点、弱点、不足的征服。”套用这句话，我们大概可以这样说：写作上的成功便是对自己气质方面的弱点、不足的弥补与克服，便是自己优化气质的成果。写作中的种种问题，我们一向是从方法技巧、生活经验、知识学问等方面去找原因的，这固然不错，但更深的原因却很可能是气质上的弱点。一个作者，如果他气质中的弱点得到了补救，他这个“写作主体”的面貌就会焕然一新，他的写作行为也就会随之进入新的境界。所以，优化气质是在写作上取得成绩的又一个关键性问题，同样是每一个写作者应该予以充分注意到的。

注释：

① 《心理学》，华东师范大学出版社 1983 年版，第 246 页。
② ［苏］彼得洛夫斯基主编：《普通心理学》，人民教育出版社 1981 年版，第 458 页。
③ 好年《灯下谈文》，《新闻写作》（贵州）1988 年第 3 期。
④ 杨清：《心理学概论》，吉林人民出版社 1987 年版，第 584 页。

论写作是对话

引　言

谈论作文教学，面对的是十分严峻的事实：语文课，特别是写作文，学生普遍都不太喜欢。写作能力在整个语文素养中占有最重要的地位，可是中学生语文素养中最差的就是写作能力。书店里《中学生获奖作文选》《中学生优秀作文选》一类的书很不少，可是从总体上看，中学生作文水平真正达到《课程标准》要求的不过百分之十左右。作文学了十来年，竟然是大多数学生的作文不合格，而且长时期如此，这问题实在是太大、太尖锐了！

这情况是怎么造成的？不是学生不用心，教师不努力，德国学者赫尔德说得好，“把问题弄得一团糟，都为错误的观念和含混的概念所缠绕”。中学作文教学的问题正是观念上出了毛病，从根子上说就是对“写作”、对“文章”的理解不够正确。

写作是咋回事？写作教科书一般不作解释，大概以为这是不言而喻的，无须解释。但在教材之外的其他写作论著（专著、论文、一般议论文章）中则不时有对写作的解释。总的说来，对写作的理解有如下几种：一是“写作是一种精神劳动，是一种复杂的创造性的脑力劳动”。二是“写作是思维过程”，或者说“写作是表达过程”，“是心理转换过程”。三是说“写作是一种技能”。毫无疑问，这些理解都有相当的道理。但都没有揭示出“写作”概念所反映对象的特有属性或本质属性。如写作是“复杂的创造性的精神劳动”，说的就不是写作特有的属性：教师备课，建筑师设计高楼大厦，都是“复杂的创造性的精神劳动”。又比如，写作的确有技术性，但不能说“技能”就是它的本质属性。着眼于心理过程的解释显得宽泛，反映写作的本质属性也不够准确。

《辞海》等大型工具书一般也没有“写作”这个条目，只有《现代汉语词典》收了这个词条，解释是“写文章”。这个极为简明通俗的解释正代表了大多数人对写作的理解，许多人认为它无须解释，它是“不言而喻的”，其原因也在于此。但这不是问题的解决，而是把“球”踢给了“文章”。“写作”与“文章”关系密切，二者一是过程，一为结果，从后者去理解前者不失为一种方法。那么什么是“文章”呢？最流行的解释是二种：一是说“文章是组成篇章的书面语言”，或者“是以文字为媒介，或宣事理，或表情达意的信息传递”。二是毛泽东的名言，“文章是客观事物的反映。”前者侧重主观的表达，后者侧重客观的反映，其片面性都很明显。由前者引出的写作概念是，写作是用书面语言组成篇章以“宣事理”或“表情达意”；由后者引出的写作概念是，写作就是反映客观事物。由对文章的如上认识引出对写作的片面理解，用以指导中学作文教学便是从现成文章中归纳出“组成篇章”的种种方法技巧指导学生作文；同时以外在的“客观事物”抑制学生的主体精神，结果便是中学生作文能力的普遍低弱。

究竟该怎样理解“写作”和“文章”？西方后结构主义课程论认为，“写作就是对话，即一方面与自己对话，对自己提出的问题作出解答；另一方面与文本对话，作者以读者身份出现，从文本中寻找新的问题，作出新的解答。”①“写作就是对话”，这是很重要的观点，我们应予以充分的重视。“对话”是解释学的术语，其涵义远远超出了“人与人交谈”这种寻常意思。虽然也有“双方围绕共同话题进行交流”这一根本含义，但它是“比喻解释者与解释对象之间关系”的②。这个“解释对象”包括人，但也可以是物；这就是说，物也可以跟人“对话”，与人建立起对话关系。狄尔泰说得很清楚，“整个人文世界都是解释学的对话或文本”③。写作是人文世界的事，当然写作就是对话，就是作者与人、与事、与物、与生活、与文本、与读者的对话。“对话”即解释、解读、理解、思考，是人文社会科学的一种新的研究方法。钱理群、王尚文等学者将它引进语文教育研究中，指出“听说读写实质上都是

① 见钟启泉：《现代课程论》，上海教育出版社 2003 年版，第 143 页。

② 万中航等编著：《哲学小辞典》，上海辞书出版社 2003 年版，第 241 页。

③ 尹星等编著：《现代西方人文哲学》，江西人民出版社 2003 年版，第 261 页。

一种对话活动，听说读写能力实质上都是一种对话能力，它主要来自学生自身在听说读写活动中的对话实践”，来自“多重对话之间相互碰撞、相互推动、相互补充、相互促进、不断进入新的精神境界”；指出解读对象时你的“提问、回答、质疑、反驳、肯定、否定、赞许、批评、补充、延伸等等”，都是在跟对象对话[①]。又说“作文（写作）就是对话，是与他者（他人、社会、以至自然）的对话，也是自己和自己对话”[②]。“写作就是对话”，为我们深入理解“写作”与“文章”，为我们解决作文教学中的种种难题提供了重要思路。

写作不是无病呻吟，总是心头先有某种意思然后再考虑写文章；这“某种意思”就是与生活对话的结果。所以写作是由两部分组成的：先是与生活的对话得到某种意思，即所谓写作来源于生活，然后才是以这意思为话题与潜在读者的对话。虽然都是对话，但二者并不相同。与生活对话时生活是文本，写作者是读者，与生活对话即写作者解读生活这本大书。它包括两个侧面，一是倾听生活，一是自己言说，二者相互作用、交流，从而达到读出生活的意味。与读者对话时写作者就是写作者，是把解读生活获得的意味通过与潜在读者的对话，将它提炼上升为书面语言形式（文章）提供给现实读者解读。这也包括两个侧面：自己言说与倾听潜在读者的声音，二者亦相互作用，交流、沟通，以完成文章的写作。那么怎样才能搞好这两种对话呢？这就需要有比较好的素质和能力。换言之，写作就是这种素质和能力的发挥、外化，写作教育就是使学生形成和发展这样的素质与能力。当然，将写作的“对话”分为两个阶段只是大体上的划分。事实上与生活对话中会有与读对话的成分，在与读者对话时也会有与生活对话的因素。所以，作大体的划分只是为了论述的方便而已。

根据对“写作”“文章”的上述理解，本书分为上下二编：上编“与生

---

① 王尚文主编：《中学语文教学研究》，高等教育出版社 2002 年版，第 126、127、129 页。

② 钱理群：《语文教育门外谈》，广西师范大学出版社 2003 年版，第 399 页。

活对话”，着重讨论理解生活的“基本条件”——“前结构”① 问题，即论述如何才能有效地与生活对话，也就是探讨怎样从根本上解决中学生写作文没有话说的问题，包括“培养健全人格”“发展智力因素”和“倾听生活言说”等章。下编“与读者对话”，论述怎样才能与读者对好话，亦即从生活中获得想说的话之后怎样才能使之上升为与现实读者对话的文章（文本）；包括“鲜明的读者意识”“合格的思想内容”和“恰当的表达形式”三章。

长期以来，中学生写作文普遍存在两个问题，一是丧失了自我话语权和写作的主体地位，要么无话可说，要么讲假话、套话、空话，人云亦云。二是不懂得尊重生活、尊重读者、只管自己讲自己的，不管这话与生活的实际、实情、规律是否相符合，不管读者对自己讲的同意不同意，满意不满意，喜欢不喜欢，明白不明白，有没有什么疑问，等等。这两个问题不解决，他们的写作能力很难得到发展。强调写作是对话，坚持对话的“双主体”（“主体间性”）原则，可以较好地解决上述问题。一方面，它使中学生重视自己在对话中的言说侧面，获得写作的主体地位，拥有自己的话语权，真正用自己的眼睛观察生活，用自己的心灵拥抱它，抓住和表达好自己对生活独特的感受与体验；同时，也使学生尊重生活与读者（潜在）的主体地位，使自己的思想感情及其表达贴生活实际与读者对象更紧，更符合生活的客观规律与读者的接受规律。这样，中学作文教学也就能够帮助学生踏上学习写作的正确道路，切实有效地提高他们的作文水平。

以上思考究竟怎么样，是否确有助于改进作文教学，还望读者批评、赐教。

著者 2006 年 9 月

于贵州师范大学

① 海德格尔提出的概念，指理解事物之前人们头脑里“先有”“先见”“先把握”并将积极参与理解活动的东西，包括知识经验、情感意志、思想倾向、审美趣味、人格品质、生命意味，以及直观力、想象力、感悟力、发现力等等。

上编 与生活对话

解释学的对话理论，把我们一向说的“读生活这本大书”具体化了，作了更明确更透彻的揭示；“读生活这本大书”也就是与生活对话。对话是怎么回事？该理论指出，“对话具有问答的形式”，通过问答，双方就某个话题进行交流、沟通，在问答中相互“检查对方的得失，补充对方的论点，推动对话前进，从而推动解释的发展，解释本身没有止境。”[①] 对于写文章来说，通过对话创生了某种值得写的意义，对生活的解读也就暂时告一段落。

具体地说，作者与生活的对话是这样进行的。如生活中有某同学在损坏桌椅，另一个失过足的同学看见了提出批评。可是这位同学反唇相讥：“贼骨头还配管我？你的老底谁不知道？”一句话“噎”得对方面红耳赤，顿时语塞。旁边有个同学目睹了这件事，即“倾听了生活的言说”，模糊地感觉到里边有什么值得注意的东西。于是，在对话论看来，他（下称“同学”）便与生活对上话了：

同学：甲（损坏桌椅者）这样揭人的“短”恐怕不好吧？

生活：你说得对，这样说太伤人的自尊心，何况人家早改正了，还提它干吗？要允许别人改正错误，要用发展眼光看人。

同学：我看他这样讲对自己也没什么好处。

生活：这样讲是堵人家的嘴，拒绝人家批评错误行为，把自己的错误保护起来。保护错误是养痈遗患，到头来还是害了自己。

同学：当然，反对“揭短”也不能“护短”。比方说，犯过错误的人如果旧病复发，这时候是不是也要“旧事重提”呢？

生活：旧病复发证明老毛病没真正改掉，这时重提旧事是为了帮他找到思想根源，以便更深刻地认识问题，彻底改正过来。这样做是对同

---

①《哲学小辞典》，上海辞书出版社 2003 年版，第 241 页。

学的爱护，不叫“揭短”。

以上对话内容，就是辽宁李沈华同学《“揭短”小议》[1]一文的内容梗概（原文570余字）。也就是说，从对话论的角度看，这番意思（怎样正确对待别人犯过的错误）就是在与生活的如上对话中创生的。很明显，随着对话的展开，这番意思经历了一个由模糊到明晰的过程，也是一个发展、深化、完善的过程。写不同文体的文章，与生活对话有所不同，但其过程大体上就是这样。

“对话”是个比喻。上例表明，“与生活对话”实际上就是作者自个儿在心头咀嚼生活中的某件事（或某种现象、问题、关系等）；作为对话一方的“生活”，不仅指眼前的实际生活，也包括作者有关的知识、经验；与生活对话，也包括与这知识、经验交流、沟通；而对话创生的意义，也就是我们平时说的对生活的感受，心得，生活的意味，意义等。不过，说咀嚼生活（即解读、思考、品味生活）太笼统、含糊，不如说与生活对话来得切实、具体，因而使我们对里边的情况看得更加清楚。比如，从这个例子便能清楚看到，与生活成功的对话至少需要这些条件：一是对生活的敏感（如李沈华同学敏锐地感受到桌椅损坏者的话中有值得注意的东西），否则对话不可能展开。二是展开对话须有正确方向，否则不能创生积极意义（李如果认为桌椅损坏者说的话是出于正当防卫，人之常情，那对话结果就将无写作价值）。三是要有动力和足够的空间，对话才能充分展开和走向深入，等等。这些都不是“咀嚼生活”“读生活这本大书”等说法能清楚告诉我们的，“对话”却能明显地体现出来，这正是它的长处。

中学作文教学一个最基本的任务就是发展中学生与生活对话的能力（属于“前结构”）。为此，须破除种种障碍，引导他们自觉地倾听生活的言说，主动地与生活对话，并能够正确地进行下去，从而创生出值得写文章加以表达的意义。本编试就这些问题展开讨论。

---

① 见全国名校联合编写：《高中600字作文》，吉林教育出版社1999年版。

第一章 应对“无话可说”

一位语文教师讲，每次把作文题目写在黑板上时，同学们都会无可奈何地长叹一声“唉——！”表示这个题目难得很，没有话说，没法写文章。面对一张张苦脸，有时候他就说，“如果你们觉得这个题目不好写，没有写的，就自己命题写一篇，随便写什么都行！”这下子大家该高兴了吧？没这回事，“这时谁也不吭声，一个个照样苦着脸”。这就是说，教师命题学生感到没有什么可写的，他们自己命题又会感到没有可写的题目——仍然是没有话说。

这个情况决不是个别的，而是相当普遍的现象，大多数语文教师都有类似经验。

但是，不管怎样，教师布置了作文任务，学生“没有话说”也得说出一篇话来，教师也或迟或早都会收到同学们的作文本子，没有不交的。那么这些作文写得怎样呢？就一个五六十人的班而言，大体是这样：确实写得好的不过三五人，最多不过七八人；大多数人是程度不同的讲套话、空话、假话，甚至东拼西凑，胡编乱造。内容一般化、公式化、概念化、八股调、随处可见。几十本作文教师批阅下去，很少能读到新鲜的感受、真切的体会、独到的见解和有特色的细节。一句话，属于学生个人的东西很少，同写一题，几十本作文虽然互有区别，但基本内容大体都差不多。读这样的文章提不起劲，看上一二十篇之后头脑会麻木、迟钝。所以，教师批阅作文会特别累，有时难免大致扫描一下就给分下评语。除此而外，还有个别学生是以最简单的办法来完成作文任务，那就是从《获奖作文》一类书上找到相关的文章抄下来交上去，甚至花钱请人代写一篇了事。

“没有话说”，是中学生与生活对话能力低下最集中的反映。以上情况表明，解决好这个问题在整个中学作文教学中是何等的重要和紧迫。那么我们是怎么解决的呢？

第一节 治标方法四种

“没有话说”不可能正常地写作；不能正常写作也就很难真正地发展中学生的作文能力、真正提高他们的作文水平。“没有话说”成了搞好中学作文教学的最大障碍。怎么解决这个问题呢？毫不夸张地说，它耗费了好几代语文学者、语文教师的心血，直到今天大家仍然在苦心地探求着。这里，就几种主要的方法略作评述。

一、写“自己的经验”或者叫写“熟悉的生活”。这是影响最大，也是比较早的一种方法，是叶圣陶先生提出的。他明确指出，“写作材料都是自己的经验”；“因为根据经验，说起话来就头头是道，没有废话，没有瞎七搭八的无聊话。如果超出了经验范围，都去空口说白话，没有一点天文学的知识，偏要讲星辰怎样运行，没有一点国际政治经济的学问，偏要推断意阿战争、海军会议的将来，一定说得牛头不对马嘴，徒然供人家作为嗤笑的资料。一个人如果有自知之明，总不肯做这样的傻事，超出了自己的经验范围去瞎说。他一定知道自己有多少经验，什么方面他可以说话，什么方面他不配开口。在不配开口的场合就不开口，这并不是难为情的事，而正是一种诚实的美德……因此作文自然应该单把经验范围以内的事物作为材料，不可把经验范围以外的事情勉强拉到笔底下来”；并说“顺着这个方向走去，是一条写作的平坦大道。”[①] 说了这番话之后，他希望每一个语文教师都“平心静气问问自己：（一）平时对于学生的训练是不是适应他们当前所有的积蓄（即经验），不但不阻遏他们，并且多方诱导他们，使他们尽量拿出来？（二）平时出给学生作的题目是不是切近他们的见闻、理解、情感、思想等等，总而

① 中央教育科学研究所编：《叶圣陶语文教育论集》，教育科学出版社 1980 年版，第 410—411 页。

言之，是不是切近他们的生活，借此培植‘立诚’的基础？”[①]

叶圣陶关于“写作材料”的上述思想，在当代被不少人概括为“写熟悉的生活”，这是需要辨析的。叶讨论写作材料的着眼点的确比较偏重于客观生活，只不过他划出了一个明确的范围——是自己经验过的，自己所熟悉的生活。但是，他的意思并不是简单地认为这样的生活就是写作的材料，并不是简单地认为文章就是反映或表现这样的生活。首先，他对“自己的经验”，作了具体解释。他说，“我们写作，正同说话一样，总希望写上一些深切的正确的经验，不愿意涂满一张纸的全是一些浅薄的错误的经验”。[②]所以他关于“写什么”的结论是：“要写出自己的经验，经验又必须深切、必须正确”。[③]这里的“深切”“正确”就使经验带上了一定的主体意味，使文章在“反映”客观生活时获得了一定的超越。其次，如果说以“深切”“正确”来限制“经验”对突出写作的主体意味尚不够鲜明的话，上文提到的他强调作文题目要切近学生的“见闻、理解、情感、思想等等”，这儿的“情感、思想”等语就弥补了这一点。到了20世纪60年代，他在致读者的一封信中又说：“作文必有可写之材料，材料之来源为真经验真知识真感受，此类皆由‘自得’。”[④]他在这里强调了“真”，特别强调“自得”。“自得”之说最先出自《孟子·离娄下》，说读书人追求高深的造诣，就是为了自己心有所得（“君子深造之以道，欲其自得之也”）。“自得”，也就是我们今天说的有自己的“心得体会”。“心得体会”虽然由客观事物所引起，但它是因人而异、纯粹属于个人的东西。这就是说，叶圣陶在这里已经比较明确地认识到，文章要写的应该是自己独有的心得体会。至此，他对作文“写什么”这个问题的回答，终于把重心由写作客体移向了写作主体，作出了他最好的回答。当代人对叶老作文教学思想的学习、继承，在这个问题上，

① 中央教育科学研究所编：《叶圣陶语文教育论集》，教育科学出版社1980年版，第439—440页。

② 同上，第414页。

③ 同上，第415页。

④ 同上，第732页。

以“写熟悉的生活”来概括显然不够准确，而“写自己的感受”或“写自己的心得体会”等说法则比较符合他的本意。

二、先观察了解，然后写文章。如写一篇以《球赛》为题的作文，教师先组织学生去观看一场篮球或足球比赛，然后再写文章；如组织学生先去参观某工厂，然后回来写一篇“参观记”，等等。这也是历来语文教师比较常用的一种作文方法。有位教师布置作文时，先请语文课代表把全班同学和任课老师的姓名写在纸条上，然后让全班同学抽签，每人抽一个纸条，抽到哪位同学的名字，抽签者就在一周内认真地观察那位同学的言行举止及平时的兴趣爱好，并在课余时间和他交流，“从他的内在素质和外在形象上挖掘闪光点”，写一篇《我和 ××× 同学》的“纪实”文章。如果是抽到了老师的名字，就要求这位同学认真回忆老师上课的“外貌、服饰、言行、精神面貌、授课内容、授课风格和技巧”，以及自己听课的体会和感悟，“写一篇融记叙、抒情、议论为一体的‘写真’文章”。[①] 这位老师的做法，可以说是把传统的“先观察后作文”的方法用得更灵活了，是对这种方法的丰富，使之更加便捷，也有一定情趣。

三、“在活动中写作”。近几年贯彻新《课标》以后，语文教学的实践性明显增强，出现了“在活动中写作”的形式。这样的写作会收到多方面的效果，但解决“没有话说”仍然是其中的重要目标。如厦门金尚中学的白春雷老师安排学生在国庆期间游览景点，然后每人写一篇解说词、导游词和游记。[②] 具体做法是：将全班 47 人分为 12 个小组，由组长率领于课余时间和节假日开展活动，历时两周。教师的指导是：介绍解说词、导游词和游记三种文体的知识，建议学生在网上查阅这三种文体的材料，召开家长会争取家长支持；指导学生开展活动。然后，各小组到各自选定的景点参观，拍摄图片，再写作文，制作课件，上课交流。课堂交流不是学生读自己的文章，而是表演。学生 12 个小组，每组 4 人，其中 1 人为导游，另外 3 人为游客（可以扮

①《指导学生写真话》，《语文建设》2002 年第 1 期。

②《“在活动中写作”语文实践活动设计》，《语文建设》2004 年第 5 期。

成老人、小孩、男人、女人、工人、农民、干部、知识分子等不同角色，各组根据情况决定）。表演时，“导游”拿着话筒向“游客”介绍景点，“游客”也有各自的实物道具，要作情境性表演。全班对各组的活动作评议，主要是分析评议导游词（文章未介绍解说词和游记的写作和交流情况）。整个写作活动，如果单从解决“没有话说”这方面看，其实跟“先观察后作文”差不多。因为这里的关键是各小组去自己选定的景点参观，通过参观掌握了景点的情况，所以无论写导游词、解说词还是写游记，也就有话可说。

“在活动中写作”的作文教学方式正在推广开来，虽然大家都突出了“活动”，走出课堂，沟通生活，但往往也各有特点。如浙江慈溪中学刘亚元老师在教说明文写作时，决定让学生写一篇关于杨梅的说明文[①]。其教学过程是先把全班学生分成诗歌、传说、生物、展望四个组，让他们通过各种方式分别去诗歌、传说中搜集有关杨梅的资料，去搜集杨梅的生物学知识，向梅农了解杨梅生产今后的发展。然后带全班同学到杨梅山上，在杨梅树下“师生一起观杨梅、话杨梅、写杨梅”，也就是先由各组介绍收集资料的成果，然后由教师启发同学的写作兴趣。老师是这样说的：“作为一个慈溪人，如果能够向更多的人介绍家乡的特产，那该是一件多么幸福的事啊！假如你现在受杨梅节组委会的委托，写一篇介绍杨梅的文章，你认为该怎样写最生动形象呢？”于是同学们兴致勃勃地谈自己的想法：

“生 1：我觉得一定要写关于杨梅的传说，以便增强文章的生动性，《神奇的极光》就是这样。

生 2：我认为还可以引用一些诗歌，这样既能充实文章的内容，又能增强文章的文学色彩，《南州六月荔枝丹》便是如此。

生 3：《南州六月荔枝丹》中作者采用打比喻的说明方法，把荔枝比作‘绛囊’‘红星’‘珊瑚珠’，我觉得介绍杨梅也可以这样。

生 4：我认为还要在文章的开头描写慈溪六月杨梅成熟时的盛况，以

①《让“说明”在生活中生长》，《语文建设》2004 年第 12 期。

便吸引更多的人来到慈溪。

……”

看来，同学们的确对写这篇说明文很有话说了。在解决“没有话说”这个问题上，比之于上边白春雷老师的做法，搜集资料下的功夫更大、更全面，除了通过“观杨梅”获得对杨梅的感性认识之外，又通过查找文字资料（诗歌、传说、生物学书等）和采访梅农，掌握到更多的关于杨梅的知识。

总的说来，尽管“在活动中写作”的形式丰富多彩，但就掌握写作材料而言，也就是直接观察和查阅资料两种，只是有的侧重于这个方面，有的侧重于另一个方面，有的则将二者结合起来。但即使只侧重在直接观察上面，比之于传统的“先观察后作文”也有很大的区别，它更强调实践性，更突出学生的主体性活动。至于这种写作的效果，“没有话说”的问题看似解决得相当好，但还是有值得进一步研究的地方。这里说说训练说明文写作的问题。在介绍上述做法的文章后面，附有一位语文教育学者的评点文章《语文课到底有多大》，该文在充分肯定这个教学案例后说：“学习写说明性的文字，应该是中小学生所有写作活动中最受重视、练习最多的一个教学项目。理由是这类文字用途最广泛，训练的可控制性也比较强；就一个人语言表达的生长而言，说明在学习说话和学习作文的过程中，起着一定的基础和桥梁作用。从宏观上看，忽视训练‘说明’，将要犯下难以弥补的教学过失。”“说明”训练的确忽视不得，它的确用处比较广泛，对于学习作文也真的有“一定的基础和桥梁作用”。但是，如果因此就认定“写说明性质的文字应该是中小学生所有写作中最受重视、练习最多的一个教学项目”（略而言之，即主张中小学的作文训练主要就是写说明文），这个观点却是不正确的。“说明”作为一种表达方式，中学生必须掌握，但作为文体训练，正如叶圣陶等人所主张的，主要应该是写随笔、杂感、散文，主要是写一般的记叙文、议论文。说明文当然也要训练，但那是其次的事，绝对不能以它为主，不能把它作为“训练最多的一个教学项目”，否则，作文教学真要“犯下难以弥补的教学过失的”。练习为什么不能以写说明文为主？一是因为写起来不方便。无论是何种说明文字，都以说明客观事物的性质、构成、作用、特征等为宗旨，这就得先去了解客观事实，了解相关资料，而不能提笔就写，这就颇费时间，像上面对景点的说明介绍，整个写作活动占用了包括“国庆长假”在内的前后两周的课余时间和节假日。眼下的中学教学都具有明显的“应试”性质，中学生忙得不可开交，如果这样去解决写说明文的材料，不要说经常写不可能，一学期进行二三次也很困难。二是说明文要求说明的客观性使这种文体的科学性太强，而容纳的人文性又太少。说明文就是说明文，即使作文学性说明（或叫生动形象的说明），它都跟咏物散文有本质的区别，跟一般散文更是相差十万八千里，它极大地妨碍了学生的想象力和创造力的发挥，它排斥学生思想感情的自由表达，疏离了学生的生活感悟和精神成长，它的育人功能实在有限。在谈论解决“写作材料”问题时这一点是需要注意到的。三是“说明”作为一种表达方式，几乎一切文章都少不了它，所以它重要：“说明”作为一种文体，却多半都称不上是“文章”，药品说明书，影视广告上的内容介绍，礼品盒上的商品说明，等等，一般都不当作文章看待。当然，也有不少说明文是很漂亮的文章，甚至作为范文被收进语文课本。但在一般文章中，说明文并不是主要文体，而是属于次要一些的文章体裁。因此，作文练习如果不把主要精力放在更重要的文体上，而是在次要的文体上投入最多的精力，要是没有别的特殊原因那就是举措失当。四是说训练写说明文“可控制性比较强”，这话正确，完全符合实际。为什么会有比较强的“可控性”？就因为说明文的客观性、科学性比较强。全班几十个人说明同一事物，无论怎样去想象、去创新，无论有多大本事，写来总要符合这一事物的实际情况，不然就丧失了说明的科学性和客观性，就不是写这一事物，就是失败的说明文。这样，几十个人的作文就固定在一个框子里，所以“可控制”。也正因为它变化小，不太复杂，一则使学生掌握“说明”这种方式相对容易，二则也是他们最厌烦最反感的一种训练；厌烦于写这种文字的单调、枯燥、乏味，反感于并不复杂的东西还老是去练，使人头痛。更重要的是从写作的本质规律上说，文章就是要求新求变，就是要千变万化、变幻莫测、出人意料，喜出望外，生动活泼，一人一个写法，这才是本事，这才是上品妙文。因此我们决不能反其道而行之，不能去强调作文的“可控性”，去偏爱说明文的客观性和科学性，进而主张中小学生的作文练习应当以写说明文为主。

这些话似乎扯远了，其实讨论的仍然是写作文有没有话说的问题，讨论怎样解决才更恰当的问题。更明白地说，“在活动中写作”的上述做法，我认为对于写说明文这类客观性科学性强的文体来说，解决写作的材料问题是比较好的（两个教案主要都是讲的写说明文，道理正在于此）；而对于旨在表达主体思想感情的其他文体的写作练习，虽然也可以“在活动中写作”，但在操作上则需要有所改变，以切合文体特点才能收到好一些的效果。

四、写生活中的“碰撞”，反映精神成长。让学生写自己生活中的“碰撞”，是著名语文教育学者王尚文先生提出来的。他说“在人的生活过程中，往往会遇到‘非连续现象’，遭遇和人的生命意志无关的甚至对立的某种现象，因而发生‘碰撞’，于是原来沿着连续性方向运动的生命活动、心灵活动便在这种碰撞中激起了浪花，就像河流突然碰上礁石一样，他困惑、迷惘、兴奋、激动、痛苦、思考……产生了自我疏导的需要，正如巴金所说的那样，如果不是拿起笔把它写出来，就会感到一颗心无处安放。”实践表明，“任何作品的写作，最初无不源于这种碰撞”；“没有在生活中大大小小的碰撞，就绝不会有写作的欲望、动机、需要、热情，当然也就写不出任何作品。”因此，写碰撞不但解决了中学生写作文，“下笔无言难成文”的材料问题，同时也使作文由外在的“学习的需要”转变为学生自己生活的内在需求，从而使作文变成他们“非常自然的不做不快的事”；再者，它能促进中学生“在写作中更快更好地成长、发展”。因为出现“碰撞”后寻求自我疏导是一个“自我解剖、自我升华的过程”，是一种“反思自己、审视生活，从而深化广化自己的生命活动、心灵活动”。而“人的精神世界会由于旨在把自己的心掏出来的写作而变得明朗清晰，真善美的因素会升浮上来，假恶丑的因素会沉淀下去，从而得到净化。写作，往往是自我超越的形式。”“通过写作，人们往往总是能够站在一个新的起点上精神抖擞、满怀信心地‘重新出发’。”[①]王尚文先生的这些论述，是笔者所接触到的所有这方面资料中最出色的见解，这样来解决中学生写作文的材料问题，符合写作是表达思想感情的本质特征，效果会比较好。

写文章是有感而发，感之于心，发之于外。这“感”即感受，它不会凭空产生，而是与生活对话的结果，即必然与一定的生活内容（人物事件等）密切联系。所谓写什么的问题，所谓题材问题，有无话可说的问题，也就是指的那部分生活——使作者有所感的人物事件等。在这里，“感”与“人物事件等”是统一不可分割的两个维度，少一个方面都不能成为题材，都会使作文无话可说。以上诸法，基本上都顾及了这两方面，只是有的侧重于客观生活，有的侧重于主观感受，所以都有其价值，都值得重视，使作文没有话说的问题都得到了一定程度的解决。特别值得注意的是，在题材的二维结构中，关键是“感”，只有获得质量较高的感受，相关联的那部分生活才能进入题材，才能用来写文章。不然，启眼一看，哪样不是生活，哪样不是写文章的材料，何来无话可说的问题。说到底，中学生写作文没有话说，不在于“没有生活”[②]，也不在于没有感受。“生活”者，生命之活动也，人（包括中学生）岂有“缺乏生活”（没有生命活动）的？这在逻辑上就讲不通。人有思想感情，在生活中接触种种人物事件，碰到种种情况，经常都会有这样那样的“感受”产生，所以中学生也不缺少对生活的感受。但是他们非常清楚，并非什么感受都值得写成文章。人是追求意义的存在，毫无意义的感受谁愿意去写？写成文章谁又愿意去读？更不用说在老师那里不可能得到高分。中学生写作文没有话说的问题，根子就在于拥有的生活感受质量不高，有意义的太少。所以，解决他们无话可说的根本途径还在于怎样提高他们对生活

---

① 王尚文著：《语文教育学导论》，湖北教育出版社 1994 年版，第 308 页、309 页、310 页、313 页。

② 所以有人批评道：“说学生作文不好是因为缺乏生活，这个说法是不合逻辑的”，“我们不可能想象没有生活的人还叫人。”（孔有君主编：《高考作文批判》，百花文艺出版社 2006 年版，第 200 页）

感受的质量，与生活对话的质量。从这个角度去看，以上诸法基本上都是“治标”，所以收效并不很大。在这个问题上，必须标本兼治而又侧重于“治本”，这样才能收到更满意的效果。

第二节 质疑两种方法

这里说另外两种方法：“快速作文”法与“思想健康”否定法。这两种方法的提出尚有别的原因，但解决写作材料仍是其重要目标，所以在这里有必要提到它们。不过，这两种方法都是笔者所不敢苟同的。

关于“快速作文法”，本书前边《中学生快速作文法质疑》一文已谈论过，这里只提一下，不再重复，读者可再翻阅那篇“质疑”。下面只说“思想健康”否定法。

著名学者王元化先生在接受《中国语文教育忧思录》一书编者王丽的采访时说：

> 我还听说现在的孩子写作文，老师都要求什么思想健康、中心突出等等，这比八股文还糟糕。八股里面还有一定的空间，个人的见解还可以阐发出来，而现在这一套把思维也八股化了，这是最糟糕的。①

这种否定作文要“思想健康”的观点在王荣生的《语文科课程论基础》一书中被进一步发挥：

> “老师都要求什么思想健康、中心突出等等，这比八股还糟糕”，“造成学生自己真正想说的话，找不到语言来表达，不想说的他却说得出来，甚至说得头头是道，但往往是空话、套话、假话。”②

① 王丽编：《中国语文教育忧思录》，教育科学出版社1998年版，第83页。

② 王荣生：《语文科课程论基础》，上海教育出版社2003年版，第268页。

王元化先生对语文教育改革发表过很好的意见，但否定学生写作文要“思想健康、中心突出”的观点却是我们不能苟同的。“思想健康、中心突出”，可以看成一个意思：写健康的思想，并将它突出出来。王元化先生反对这样做，认为一要求思想健康学生的思维空间就受到限制，而且限制得比八股还厉害；也就是王荣生所称的“造成学生自己想说的话找不到语言来表达”，结果只能写“空话、套话、假话”[①]。这就是说，中学生写作文之所以没有话说，之所以讲“空话、套话、假话”，正是因为要求写作文要“思想健康”，如果没有这条卡住，他们写作文是有话可说的，他们是有“自己想说的话”的。如此说来，“学生自己想说的话”即不能写进文章的话都是不健康的思想了。如果这么来估计中学生的思想状况，则是很不正确的。这里必须严格区分两个概念：不值得用文章来表达的思想和不健康的思想。不健康的思想，是有害于自我成长进步的思想观念。不值得用文章来表达的思想虽然包括了不健康的思想，但它的范围更宽泛，还包括正确而无新意的一般化认识，有特点而肤浅的领悟，有意义但未经论证的观点，等等。在中学生里面，不健康的思想肯定是有一些的，甚至还不少，但那毕竟不是他们思想意识的主流。从作文的角度说，他们的情况是值得写成文章的思想感情太少，不值得用文章表达的东西太多，所以写作文往往没有话说。因此，认为他们“自己想说的话”即不能写进文章的话都属于“不健康的思想”，只要放弃“思想健康”这条要求他们写作文就一定有话可说，——这样评估当代中学生的思想状况，显然是不符合实际情况的。

问题的关键还在于，是不是为了让学生写作文有话可说我们就应该放弃“思想健康”的要求？不行，决不可以这样做。“我们的写作，不仅是为了表达自己，也是向社会发言”，学习去“尽到一个公民的责任”。因此，要学习以高度的社会责任感去从事写作，“决不允许用自己的文章玷污人类的文明”。[②]写作是文化创造活动，“人类文化必须为自己树立正面肯定的价值

---

① 这两句话是王荣生引王富仁《只有真实的表达才有健康的人格》一文中的话，该文见《中国语文教育忧思录》。

② 钱理群：《语文教育门外谈》，第422页。

坐标”[1]；写作者应该“有崇高的理想追求和真诚、高尚的人格”，“向公众说话理应崇尚伟大、崇尚真理、崇尚信念，与虚伪卑劣、投机绝缘。”[2]要求学生作文“思想健康”，正是要求他们向着这些目标努力，如果放弃这条要求，教育的超前性和作文教学的育人功能又体现在哪里呢？语文课本中一篇篇优秀范文，莫非只供中学生学习写作方法、修辞技巧，而不应该哺育他们精神成长，并将成长在作文中体现出来吗？如果作文教学支持学生表达“不健康思想”，为其大开方便之门，语文教师又怎么能为国家培养出社会主义事业的接班人和建设者呢？

那么是不是要求“思想健康”就没有“个人的见解”可以阐发的空间了呢？这是一个古怪问题。“思想健康”的天地无比广阔，一切已有的和未来的正确思想都是“健康”的，一切已有的和未来的正确的、独创性的“个人的见解”都是“健康”的，它都可以涵盖，怎么说它使学生没有阐发个人见解的空间了呢？它只限制了一种思想——“不健康的思想”。我们和王元化等同志的分歧不在于“个人的见解”有没有阐发空间，而在于“不健康”的个人见解有没有阐发的空间。王元化等同志的观点是“不健康”的“个人的见解”应该在作文中写，这不应该是个问题，我们的意见则是在作文里不应该写“不健康”的“个人的见解”，也就是在作文里没有阐发这种见解的空间。这两种观点在实践中的区别主要体现在作文中出现了“不健康”的“个人的见解”该如何对待？按照应该写的观点，则写了没什么不对，因此不能批评；因为你不能既允许人家这么说又批评人家这么说。按照不应该写的观点，写了就不合要求，就是错的，就要加以引导，使其认识错误加以改正。这两种不同的对待和处理将导致两种多么不同的结果是不说自明的，我们该作何选择还用得着争论吗？

鉴于后边论述文章思想内容时还将涉及这个问题，对否定“思想健康”

① 尤西林：《阐释并守护世界意义的人——人文知识分子的起源与使命》，河南人民出版社 1996 年版，第 23 页。

② 陈传才、魏汉柏著：《文学理论新编》，人民大学出版社 1999 年版，第 387 页、388 页。

的做法我们暂时就讨论到这里。

中学生写作文没有话说是个很大的问题，大家都在积极地探索解决的办法，这是必须的、可贵的，使作文教学走出低谷的希望也正在这里。但是，不能为了有话说就引导他们去写“不召自来”的陈言套话，更不应该为表达不健康的思想开方便之门。我们需要切切实实地下一番功夫，去寻求真正有效的科学的解决办法。

第二章　培养健全人格（上）

“人格”是翻译名词，其涵义有多种解释，据说“人格心理学家阿尔波特曾综述过五十个定义”[①]。国内心理学界对该词的解释也不尽相同，比较一致的看法是，人格即“个性”，“就是一个人的基本的精神面貌”[②]。本书采用这一解释。

解释学理论指出，“前结构”“预控着解读活动的基本走向”[③]，而起这种作用的主要因素是“前结构”中的人格成分。所谓解读是“读者向文本的敞开”，主要也是读者“基本的精神面貌”（即人格）向文本的敞开。对于与生活的对话来说，也就是人格因素决定着对话的“基本走向”，在对话的过程中敞开作者“基本的精神面貌”，即所谓各自“都要站在自己所处的立场以各自的观点和视界”[④]去展开对话。通俗地说，我们的精神面貌是怎么样的，与生活也就有怎么样的对话，对话的过程也就是我们精神面貌敞开的过程。这么一来，作文的有无话说，其实也就是在与生活对话过程中作者敞开的精神面貌是积极的、美好的还是消极的、不美的问题；是前者便值得写文章，作文就有话说；是后者，学生也知道它没有写的价值，作文就没有话说。我们姑且把前者叫作与生活对话的成功，把后者叫作与生活对话的挫折。所以，人格是决定与生活对话成败的主要因素，是决定写作文有无话说的主要原因。

---

① 陈仲庚、张雨新编著：《人格心理学》，辽宁人民出版社 1986 年版，第 2 页。

② 杨清主编：《简明心理学辞典》，吉林人民出版社 1985 年版，第 4 页、16 页。

③ 曹明海：《文学解读学导论》，人民文学出版社 1997 年版，第 48 页、32 页。

④ 同上，第 48 页、32 页。

那么，中学生的人格建设如何呢？毫无疑问，当代中学生的主流是好的，他们视野开阔，思想活跃，学习努力，积极进取。但社会处在转型期，情况比较复杂，某些腐朽没落的生活方式，一些领域的道德失范，部分成年人价值观的扭曲，都给中学生的成长带来不可忽视的负面影响。与此同时，学校教育重智育轻德育的偏向，家长教育子女在认识上的误区，也给中学生的成长带来一些新的问题。由于种种消极因素的存在，反映在中学生的人格形成和个性发展上便有这样那样的欠缺，有些问题还相当严重。北京师范大学劳凯声教授的调查表明，“相当一部分高中生以自我为中心的倾向比较严重，还未能学会很好地处理个人与他人、个人与社会、个人与国家的关系。高中生的家庭责任感不强……不关心国家利益，普遍不愿为国家利益放弃个人追求。”他们在“社会公德的认识和公共道德行为的培养方面表现出一些欠缺，如考试作弊是目前普遍存在的一种行为”；对“捡到东西如何处理”的问题认识模糊，“说明许多高中生还未形成正确的道德准则。”[①] 据中新网 2002 年 7 月 8 日讯，“上海六成中学生崇拜歌星，崇拜科学家的不到两成”；“科学家、政治家这些昔日父辈们的偶像，已被今日部分少年淡忘，占据他们心灵的是舞台上光辉的影视歌星”。这是“对上海市 344 名中学生进行抽样调查显示的结果。”有篇《中学生普遍情感贫乏》[②] 的文章，公布对“某中学情感状况调查”的结果，“约有 63% 的学生不知道父母的生日，近 43% 的学生不知道父母的年龄，还有 4 名学生不能准确写出父母亲的名字，76% 的学生从未给父母祝贺过生日。另外 72% 左右的学生不了解父母亲的情趣爱好、生活习惯等。”在“十大崇拜偶像”一栏中，只有 6.5% 的学生填上崇拜父母，绝大多数崇拜的都是“当红的歌星、明星”。调查的结论是：“中学生较为普遍地存在着心理冷漠化现象。”对父母尚且感情冷漠，对其他人可想而知。由此可见，诸如“嫉妒同学成绩好一高三女生泼硫酸”被判死刑[③]，三个初中

---

①《当代高中生的观念取向五年后影响社会主流》，《教育文摘周报》2002 年 2 月 27 日第 2 版。

② 见《中国妇女报》2004 年 8 月 11 日，作者陈文杰、边际。

③ 何正权《嫉妒同学成绩好，高三女生泼硫酸》，《服务导报》2003 年 11 月 1 日。

生将一女性乞丐活活折磨致死[1]，这一类的事件虽然都是极个别的，但也绝非偶然的事情。

中学生普遍地、明显地存在着这样那样的人格缺陷，必然要影响到他们与生活的对话。比如一个对父母亲感情冷漠的孩子，他能感受到父母亲对他无微不至的爱吗？他能发现父母亲身上动人的东西吗？他会觉得父母亲值得感激、值得颂扬、值得写吗？在与父母相关话题的对话中他们敞开的精神面貌会是积极美好的吗？拿到《我爱我家》一类的作文题，除了“没有话说”他还能够有别的什么反应呢？又比如一个以自我为中心的学生，要他写一篇《谈谈学习雷锋》的感想，即使他聪明透顶，对作文的方法技巧也背得烂熟，但是他能写出一篇情感真挚、确有心得的颂扬雷锋精神的好文章吗？绝对不可能的，他只能是“无话可说”。因为在这样的对话过程中他敞开的精神面貌不可能是积极美好的。再如，一个“不关心国家利益”的中学生，国庆期间教师布置一篇歌颂伟大祖国的作文题，他胸中会有热烈的情感涌动、急于抒发吗？会感觉到有说不完的话需要向祖国倾诉吗？不可能，他是“无话可说”的。因为他在与祖国的对话过程中不可能敞开一种美好的精神面貌。

不敞开精神面貌没有好文章，敞开它没有值得写的文章，不少中学生做作文经常处于这种尴尬情境之中。怎么办？解决这个矛盾的唯一办法就是加强对他们的人格教育（做人教育）。人格比较健全了，精神面貌优化了，对生活中的一切都会有新的态度、新的感受、新的体认，也就是能与生活正确地展开对话，能创生积极的意义，写文章的题材、材料问题也就自然解决，自会有想说而又值得说的话。怎样才能把中学生的人格教育搞好，使他们的精神面貌发生深刻变化，从而从根本上解决写作文没有话说的问题呢？说到底，办法只有一个，即引导他们树立正确的人生观。人生观是对人生总的、根本的看法，与世界观、价值观密切联系，它是人生关系、人生活动、人生过程的反映，主要包括人生境界、人生态度、人生理想、人生价值、人生需要、人生与审美等。本章和下章拟从这几个方面论述人生观与作文教学的关系。

---

① 陶明、梁娟：《乞丐之死、社会之痛》，《中国妇女报》2003年8月7日、9日。

这里必须插一句：在语文教学、作文教学中对学生进行人生观教育，自然不是要对他们讲授人生哲学；这种教育就在课文的教学中，就在各种范文的学习中。一切优秀的文章都是最生动的人生教材，只要教师善于引导学生从人文性的角度去解读，而不是用传统的阶级观点去理解，都可以使他们受到鲜活的人生观教育。同时，作文的指导、评改、讲评等也是人生观教育的重要途径。当然，也不能奢望就此解决好中学生的人生观问题，但至少应该使他们对先进的人生观心存向往，有所追求，而不是漠视、否定它。而这样的教育，其意义自然也不仅仅是为了写好作文而已。

第一节　人生境界

人生境界是做人达到的高度，也就是人的社会化所达到的高度，人的精神成长、发展所达到的高度。人生是有不同高度的，希望达到什么高度是每个人必须回答的问题，并不折不扣地体现在他的人生实践（生活）中。人生境界是人的超前意识，是整个人生实践的最终目标，所以又叫作人生目的；它要解决人为什么活着这个人生的根本问题，所以又是整个人生观的核心。人生境界使全部人生实践有遵循的宗旨，它使人生的根本方向和道路、人生态度、人生价值等重大问题也随之得以确定。所以它标志着个体自我意识的成熟。

对于人生境界（人生目的）的划分，当代学者一般分作四个层次：一是大公无私，全心全意为人民服务的境界；二是先公后私，先人后己的境界；三是主观为自己、客观为他人的境界；四是自私自利、一切只为个人利益的境界。我们是以公有制为基础的社会主义国家，只有大公无私、全心全意为人民服务才是最正确的人生目的，才是最能体现时代精神的人生境界。因此，处理好“义”与“利”、“公”与“私”这两对矛盾，树立正确的义利观和公私观，努力提升人生境界，树立正确的人生目的乃是今天精神文明建设根本性的任务。

关于人生境界问题，著名哲学家冯友兰先生20世纪40年代在《新原人》

等论著中提出的“境界”说，今天读来仍然感到亲切有味，仍然是最精彩的论述，对人们树立正确的人生观很有启发，而且其中蕴含的写作学思想相当丰富，所以很值得介绍。

冯氏论述人生境界的突出特点是紧扣人类的特征，以之为基石，为逻辑起点展开。他问：“人是怎样一种东西呢？我们可以说，人是有觉解的东西，或有较高程度觉解的东西。”那么动物（如禽兽）有没有觉解呢？冯氏回答，虽然动物和人一样都有心，但动物却只有本能而没有觉解，只有人才有觉解。比如“人于吃时，自觉他是在吃。禽兽则不过见可吃者，即吃之而已，它于吃时未必自觉它是在吃。”也就是说，“我们于有活动时，心是明觉底”，知道自己是在从事什么活动；禽兽则“虽有某种活动而不了解某活动是怎么一回事，于有活动时，亦不自觉其是从事于某活动。”[①] 有觉解能力不仅使人与动物区别开来，而且奠定了人类在宇宙中的崇高地位。宇宙中的一切，虽然不管有没有人类都是那样地存在着，但“没有人底宇宙，即是没有觉解底宇宙。有觉解底宇宙与没有觉解底宇宙，是有重大底不同底。”人的觉解就是“明”，就像一盏灯照亮事物。有人类的宇宙，就像一间有桌椅等家具的房子里有一盏灯，室内的一切都被照亮，都有了意义。换言之，“宇宙间底事物，本是无意义底，但有了觉解，则即有意义了”。如果没有人，这间房子的一切都没入黑暗之中；没有人类，整个宇宙也都处在“无明”之中。所以说：“天若不生人，万古长如夜。”[②] 以自己特有的觉解照亮了宇宙的一切，可见人类何等伟大，何等高贵，而有幸成为人类中的一员，又该多么自尊自负，多么值得骄傲和自豪。

冯氏在充分论证人的本质特征是觉解之后，接着转入对人生的论述。“若问：人生是怎么一回事？我们可以说，人生是有觉解底生活，或有较高程度底觉解底生活。这是人之所以异于禽兽，人生之所以异于别底动物的生活者。”[③] 虽然“人生是有觉解底生活”，但不同的人对生活、对人生的觉解程

---

① 冯友兰：《觉解人生》，浙江人民出版社 1996 年版，第 20 页。

② 同上，第 24 页、20 页、38 页。

③ 同上，第 24 页、20 页、38 页。

度是不一样的，各自的觉解所达到的高度是不一样的，于是也就有各自不同的人生境界，即人生境界“高低的分别，是以达到某种境界所需要底觉解的多少为标准，以其需要觉解多者，其境界高；其需要觉解少者，其境界低”。按这个标准，冯友兰把人生境界由低到高概括为四种[①]：

第一种是自然境界。“在此种境界中底人，其行为是顺才或顺习底。”“所谓顺才，其意义即是普通所谓率性”，也就是顺着“人的生物学上底性”行事。如肚子饿了想吃便吃，身子累了想歇便歇，也就是顺着生理需要行事。“所谓顺习之习，可以是一个人的个人习惯，亦可以是一社会的习惯”。所谓顺习行事也就是个人习惯于怎么做就怎么做，人们怎么做自己也就跟着怎么做，一概“照例行事”。这一境界中的人，“他对于其所行底事的性质，并没有清楚底了解”；“他的境界，似乎是一个浑沌”。这就是孟子说的“行之而不著焉，习矣而不察焉，终身由之不知其道者，众也。”

第二种是功利境界。“在此种境界中底人，其行为是‘为利底’。所谓‘为利’，是为他自己的利。凡动物的行为，都是为他自己的利底。”动物为自己的利是出于本能；自然境界中人也是为自己的利，他对自己的利“并无清楚的觉解”，功利境界中人为自己的利却是自觉的，“他了解他的行为是怎样一回事。”

第三种是道德境界。“在此境界中底人，其行为是‘行义’底。……求自己的利底行为，是为利底行为；求社会的利底行为，是行义底行为。在此种境界中底人，对于人性已有觉解。他了解人之性是涵蕴有社会底……知人必于所谓‘全’中，始能依其性发展。”“在功利境界中底人，大都以为社会与个人，是对立底。”在道德境界中的人，觉解到“人不但须在社会中，始能存在，并且须在社会中，始能完全，社会是一个全，个人是全的一部分，部分离开了全，即不成其为部分。社会的制度及其道德底政治底规律，并不是压迫个人底，这些都是人之所以为人之理中，应有之义。人必须在社会的制度及政治底道德底规律中，始能使其所得于人之所以为人者，得到发

---

① 冯氏对“境界”有多种表述，它们大同小异，各有详略，这里主要据《冯友兰选集》（涂又光编选，天津人民出版社 1994 年版）介绍，见该书第 191—205 页。

展。”“在功利境界中，人的行为，都是以‘占有’为目的。在道德境界中，人的行为，都是以‘贡献’为目的。”

第四种是天地境界。“在此种境界中的人，其行为是‘事天’底。”他“了解于社会的全之外，还有宇宙的全；人必于知其宇宙的全时，始能使其所得于人之所以为人者尽量发展，始能尽性。在此种境界中底人，有完全底高一层底觉解……他知人不但是社会的全的一部分，而且是宇宙的全的一部分。不但对于社会，人应有贡献；即对于宇宙，人亦应有贡献。”对社会作贡献好理解，人如何对宇宙作贡献？这就是“与天地参”，即“赞天地之化育”。而“所谓‘赞天地之化育，并不是帮助天地刮风或下雨。‘化育’是什么？能够在天地间生长的都是化育。”[①]这就表明，对宇宙作贡献，“赞天地之化育”，就是帮助天地间的事物按照它们固有的本性或客观规律生长、发展。

很明显，上述四种人生境界中，“自然境界，需要最少底觉解，所以自然境界是最低底境界。功利境界，高于自然境界，而低于道德境界。道德境界，高于功利境界，而低于天地境界。天地境界，需要最多的觉解，所以天地境界，是最高底境界。”

比较冯友兰先生的人生境界说与当代学术界对人生境界的划分法，应该说二者是有一定区别的。当代着眼于公私关系划分的四种境界，扣现实更紧，有鲜明的时代特色，也通俗简明。冯先生着眼于人的类特征（觉解）划分的四种境界，视野开阔，概括得更深刻、全面，特别是在人类自觉调整与自然界关系的今天，“天地境界”的提出显得难能可贵。所以他的境界说很有生命力。

冯氏关于人生境界的论述中，还有如下几点也值得重视：

一、人生必须追求高境界。其道理是，既作为人就应该充分发展人的本质特征，以无愧于“人”的称号，这就是他的“尽心”“尽性”观点。他说，“充分发展其心的知觉灵明是‘尽心’。”“知觉灵明”即人区别于动物的觉解能力。如上所述，四种人生境界中自然境界需要的觉解极少，功

---

① 冯友兰：《一种人生观》，中国人民大学出版社 2005 年版，第 86 页。

利境界虽然比自然境界高，但低于道德境界。所以人生不应该停留在自然境界和功利境界。冯指出，至于天地境界，“人的觉解，已发展至最高底程度。”所以，从“尽心”方面说，人生应该追求道德境界和天地境界。所谓“尽性”，即充分发展和发挥人性，努力使之达到极致。他说：“一类物底性，即一类底物所以成此类底物，而且别于别底物者。所谓人性者，即人之所以为人，而以别于禽兽者。”那么什么是人性呢？这里他没有说明，但从下文的论述可以清楚看出，他指的是人的社会性和宇宙性。其根据是，人是社会和宇宙的一部分，所以必须具有社会性和宇宙性。这样，“不但对于社会，人应有贡献；即对于宇宙，人亦应有贡献。人不但应在社会中，堂堂地做一个人；亦应于宇宙间，堂堂地做一个人。”如此，“始能使其所得于人之所以为人者尽量发展，始能尽性。”所以，从“尽性”方面说，人生也是必须追求道德境界和天地境界的，即人生目的应该是成为圣贤。他解释说，“中国的‘圣贤’应该有一个分别，‘贤’是指道德境界的人，‘圣’是指天地境界的人。”[①] 在这里，冯氏又把人生分为两个级次：自然境界和功利境界的人，因为对“人之所以为人者并无觉解”，那样的人生还没有过“梦觉关”，他们的人生如在梦中，所以是在“梦的一边底境界”，是“无高一层底觉解。”道德境界和天地境界因是“知觉灵明发展至知性的程度”，对“人之所以为人”有觉解，“知性知天”，所以是“高一层底觉解”，其人生已过“梦觉关”，是在“觉的一边底境界。”同时，冯先生又区别了不同境界中的“我”（主宰、主体），指出自然境界中的人行事“顺才顺习”，谈不到有“我”；功利境界中的人，行为比较自觉，是有主宰的，可以说有“我”，但这个我“未必是依照人之性者”，所以“未必是‘真我’。”这就是说，只有自觉地按“人之所以为人”的精神办事的“我”才能叫作“真我”。所以“人的‘真我’必在道德境界中乃能发展，必在天地境界中乃能完全发展。”这个观点，跟我们历来把对人民、对社会作出无私贡献的人称为“真正的人”“大写的人”的精神是一致的。通过以上几个方面阐

① 冯友兰：《一种人生观》，中国人民大学出版社 2005 年版，第 85 页。

发，冯氏深入地、充分地论述了人生应该追求高境界（道德境界或天地境界）的道理。

二、“每人各有其自己底世界”。世界是大家所共有的，但事实上大家并没有一个共同的世界，“各人的世界，是各人的世界。”这好比地质学家和历史学家同游某一名山，地质学家在这山中“看见些地质底构造等”，历史学家在这山中“看见些历史遗迹等”。“同是一山，而对二人的意义不同”。人生亦然，“有许多事物，有些人视为瑰宝，有些人视同粪土。有些人求之不得，有些人，虽有人送他，他亦不要。这正因为这些事物，对于他们底意义不同。事物虽同是此事物，但其对于各人底意义，则可有不同的。”[①]扩而大之，同一世界，对各人的意义也是不同的。这不同的意义便是不同的境界，境界不同，人们表现于外的“举止态度”，表现于内的“心理状态”都不相同。处在不同人生境界中的人是“质”的不同，互相的沟通和理解非常困难，比如损人利己者和大公无私的人之间就难以沟通和理解。当然，“境界有久暂。此即是说，一个人的境界，可有变化。”[②]即每个人都可以创造自己高境界的人生。

三、创造人生高境界的途径。冯先生写道：“自然境界及功利境界是黑格尔所谓自然的产物。道德境界及天地境界是黑格尔所谓精神的创造。自然的产物人不必努力，而即可以得到底。精神的创造，则必得人之努力，而后可以有之。”[③]那么怎样才能走出低境界，创造人生的高境界呢？这就是他说的“极高明而道中庸”的著名观点。这个观点讲的是“各种境界，并不是于日常行事外，独立存在者。在不同境界底人，可以做相同底事；虽做相同底事，但相同底事，对于他们底意义，则可以大不相同。此诸不相同底意义，即构成他们的不相同底境界。所以上文说境界，都是就行为说。在行为中，人所作底事，可以就是日常底事。”而所谓“日常底事”，进一步说，也就是“各人都站在他自己的‘岗位’上，做其所应做底事。任何‘岗位’上底事，对

①《觉解人生》，第23—33页。

②《冯友兰选集》，第203页、200页。

③同上，第203页、200页。

于觉解不同底人都有不同底意义的。”① 他举了个例子，说“同样是大学教授，因为了解不同，亦有几种不同的境界：属于自然境界的，他们留学回来以后，有人请他教课，他便莫名其妙地当起教授来，什么叫作教育，他毫无理会。有些教授则属于功利境界，他们所以跑去当教授，是为着提高声望，以便将来做官可以铨叙较高的职位。另外有些教授则属于道德境界，因为他们具有‘得天下英才而教育之’的怀抱。有些教授则系天地境界，他们执教的目的是为欲‘得宇宙天才而教育之’。”② 同是做大学教授的工作，这工作对不同的人有不同的意义，因为他们各自的人生境界不同。所以，他说的“极高明而道中庸”就是讲即使是“圣人有最高的觉解，而其所行之事，则即是日常底事。”“极高明”指“最高的觉解”，“道中庸”指以这样的觉解去把握住“日常底事”的意义③。所以他又说，“并不是干出特别的事，始能成为圣人。所谓‘迷则为凡，悟则为圣’，就是指做圣人的容易，人人可以为圣贤，其原因亦在于此。”④ 归纳以上论述，创造人生高境界的途径就是正确领悟自己所从事的“日常底事”的意义，力求对它有高的觉解。

以上人生境界理论，对中学作文教学解决与生活对话问题的意义，就在于它启示我们：

第一，没有过“梦觉关”的人难以正确地与生活对话，因此难以解决好写作文没有话说的问题。

没过“梦觉关”，或叫作“在梦的一边”的人，是处在“自然境界”和“功利境界”的人，这两种境界的人为什么难以正确地与生活对话呢？分别说明如下：

自然境界中的人，是“顺才顺习”者，是“照例行事”者，并没有自己独立的思想，也用不着有自己独立的思想，生理上需要怎么做就怎么做，社会和个人的习惯要他怎么做他就怎么去做，何须有自己的思想？冯友兰说这

---

①《冯友兰选集》，第 205—206 页。

② 同上，第 205—206 页。

③ 均见《一种人生观》，第 86 页。

④《冯友兰选集》，第 205 页。

种人谈不到有“我”——连“自我”都谈不到哪能用自我的思想去跟生活对话？所以，这种人也谈不到有跟生活对话的能力，对话是两个主体之间平等地交流、沟通，他不是对话主体，谈不到在与生活的对话中解决作文的题材、写作材料问题。但他的行动虽然没有自我主宰，却有代替自我去做主宰的习惯。一旦有作文任务，他不可能通过自我去完成，代替自我的习惯便在这时承担起任务。作文，不管是命题的还是非命题的，总对应着一定的习惯（主要是社会习惯），这时他就会搜罗许许多多的社会习惯用语来敷衍成篇以完成作文任务。比如题目是《故乡》，他会找到一大堆赞美故乡、对比故乡今昔、决心回报故乡之类的社会习惯语料，将它们编织成一篇作文交卷。“故乡”在社会习惯（一般人的印象）中是怎样的，一般文章是怎么写“故乡”的，他这篇作文就会写成怎样。他是按“习惯”写作；做作文就是按社会习惯的思路来，对这个话题习惯是怎样说的、想的，他就写成怎样，这是一种与生活虚假的、不正确的对话。中学生作文中为什么套话、空话、一般化、八股调之类的东西总是比较普遍而又长期解决不了。其根本原因就在这里。

功利境界中的人是为“利”的，而且是自觉的，知道自己的行为是怎么一回事，所以他有主宰，他是有“我”的，但这不是“真我”，因为他不理解“人之所以为人”者。这就决定了他虽然能与生活对话，却不能正确地对话，因此也不可能解决好写作文的题材问题。说他能与生活对话，因为他有“我”，有自己对人对事的思想认识，能跟生活把话对起来。说他不能正确地对话，因为他的那个“我”不了解“人之所以为人”者，跟生活对话总是仅仅从一己私利出发，这样的对话展开的方向不对，创生的意义是低俗的，甚至是有害的，所以这样的对话不可能解决写作文没有话说的问题。对这类文章，教师应予以正确引导。这类学生往往避开写自己这个非真之“我”与生活的对话，而去编织社会流行的大话空话套话以成文，结果跟自然境界中的学生殊途同归。这就是说，中学生作文中套话、空话、一般化、八股调之类的东西，主要出自这两类学生。世俗之所以认为写文章不是讲心里话，不是表达真情实感，而是唱高调，拣漂亮话说，文章就是用这类话编成的，原因就在于这两类人的确在这么写作。

这里要提一下学生讲真话的问题。前边说过，2000 年 4 月，“上海举行第 13 届中学生作文比赛，参赛人数达 40 万人之多，据一位组织者兼评委的老师说，在以《介绍一种技能》为题的作文中，竟有 20% 的参赛者满有兴味地介绍说谎、欺骗、吹牛、算命、作弊、骂人、扒窃的技能。其他的如‘企求自己成为一条乞讨肉骨头的狗’（赛题《求》）；幻想自己成为吸毒者，因为那时可以‘腾云驾雾，如入仙境’（赛题《我的幻想》）。这些都给这位教师留下‘刻骨铭心’的印象。”[①] 可以肯定，这里提到的这些学生都是功利境界中人，因为他们跟生活的对话都扣紧一己私利。他们关于《介绍一种技能》的对话是“满有兴味”地大谈说谎、欺骗、吹牛、算命、作弊、骂人、扒窃，因为这些技术都是自己少费事就能获利，而且可能获大利益的，但都是不正当的，不好的，甚至是违法的行径。（这种学生竟占参赛者的 20%！）有的人关于与《求》的对话是希望成为一条乞讨肉骨头的狗，这就是说，只要能得到“肉骨头”，做狗也无所谓；有人关于《幻想》的对话是自己“成为吸毒者”，以便享受到“如入仙境”的美妙。为了得到利益和享受，可以无视国家法纪，更可以不讲人格，这正是功利境界中人的突出表现。这些作文，是作者讲的真心话。他们之所以敢讲出这样的真心话来，多半不是出于做人的诚实；功利境界的人很难诚实地做人，他们的诚实表现是以利益为转移的，有利或无损于自己利益就诚实，否则一定诚实不了。他们在这里为什么会“诚实”？因为这是在做上海市组织的参赛作文，不是在班上做语文老师要批改的作文，说了不好的话有谁会找到头上来？哪会被老师批评？对自己的操行表现也毫无影响；而把自己心头的话痛痛快快讲出来不仅是件舒坦的事，还能出风头，收到标新立异的效果。这一番计算也正符合这类人的心理特点。有的人批评现今的作文教学，说学生作文之所以讲假话、不讲真话，是老师对作文的思想内容有这样那样的要求，学生达不到，只好讲假话。这话看似很有道理，其实很荒唐。这等于说高考之所以老是有一些人作弊，原因就在于国家要划录取分数线，如果没有分数线，参加了考试就能

---

①《部分“出格文章”令人惊诧——看中学生比赛作文有感》，《文摘报》2000 年 4 月 13 日。

上大学，谁还会去作弊呢——这批评不是很荒唐吗！录取分数线要划，高考作弊也必须严加禁止，解决办法只能是努力使自己成为优秀人才。同理，对作文的思想内容就是要有符合写作规律的一些要求，讲假话，胡编乱造也必须克服，解决这个矛盾的办法也只有一个，就是好好学习做人，努力提高人生境界，而不是为了让学生讲真话就给写“出格文章”大开方便之门，对它鼓掌欢迎。真话必须是“思想健康”的话，“思想健康”的话必须是真话，任何时候都必须将二者同时提出，并将它们统一起来，少了哪一个方面的要求都是不正确的教学，少了哪一个方面的文章都不能算是好文章，这是我们始终必须坚持的观点。

第二，已过“梦觉关”的人，与生活的对话常有写作意义，写文章一般不会没有话说。

已过“梦觉关”的人，是处在道德境界和天地境界中的人，即他们“处在觉的一边底境界”。他们为什么写文章会有话说？因为他们对“人之所以为人”有较高的觉解，努力“尽人之性”（发展和发挥人的“社会性”和“宇宙性”），因此追求给社会和给宇宙作贡献（“赞天地之化育”），其人生目的就是要在社会和宇宙中“堂堂正正地做一个人”。这样，他们就是一个具有“真我”的人，他们的所思所想、所作所为，多是希望对社会和宇宙有所贡献，这就决定了他们跟生活的对话常有写作意义。因为写作的意义、写作的存在价值，说到底就是为社会作贡献，在今天，这同时也包含了为宇宙作贡献（人类已认识到不保护自然环境、不按自然规律办事，社会不可能持续发展下去）。因此，文章的内容不过就是扶持、倡导于社会有利的事物，抨击、抵制对社会有害的东西，这也是他们那个“真我”心声的表达，文章不过是把他们与生活的对话转换为书面形式而已。在这里，文章与人合而为一了，不是两码事，就是一回事。袁枚说：“诗如鼓琴，声声见心。心为人籁，诚中形外”[①]，说的就是这个意思。叶燮论诗强调“胸襟”讲的也是这个道理。他说：

---

① 袁枚《续诗品·斋心》。

我谓作诗者，亦必先有诗之基焉。诗之基，其人之胸襟是也。有胸襟，然后能载其性情智慧聪明才辨以出，随遇发生，随生即盛。千古诗人推杜甫，其诗随所遇之人之境之事之物，无处不发其思君王、忧祸乱、悲时日、念朋友、吊古人、怀远道。凡欢愉幽愁离合今昔之感，一一触类而起，因遇得题，因题达情，因情敷句，皆因甫有其胸襟以为基，如星宿之海，万源从出，如钻燧之火，无处不发。如肥土沃壤，时雨一过，夭乔百物，随类而兴，生意各别，而无不具足。①

说大诗人杜甫因为“有胸襟”（“诗之基”），自然就能“因遇得题，因题达情，因情敷句”，即他“所遇之人之境之事之物”，无一不被他写成诗篇以抒发“思君王、忧祸乱、悲时日、念朋友、吊古人、怀远道”的情怀。那么什么是“胸襟”呢？冯友兰对此也有过解释。他说：“一个人所处底境界不同，其心理底状态亦不同。此不同底心理状态，即普通所谓怀抱、胸襟或胸怀。”②可见，胸襟就是由人生境界决定的心理状态。叶燮这儿说的“有胸襟”显然是指道德境界和天地境界，因为他举的杜诗所抒发的“思君王、忧祸乱、悲时日”等思想情感，只能是这两种境界中的人才会有的。而杜甫能将所遇的一切（略夸张）转化为诗篇，这不正说明“处在觉的一边底境界”的人，与生活的对话常常有写作的意义，因此有写不完的诗篇，哪还会有没有话说的问题呢？这里虽然说的是诗，但正如高尔基所说，“诗是文学的代表”——从与生活的对话角度看，也可以说诗是一般文章的代表，所以它所体现的写作规律，一般文章也不可能例外。

道德境界和天地境界中的人，冯友兰明确指出是贤人和圣人。所以，他们与生活的对话常具有写作意义，能转化为文章，这也就是中国古代文论家说的“作者曰圣，述者曰贤”的意思。这两句话出自《礼记》中的“乐记”章，刘勰在《文心雕龙·征圣篇》里引用了这两句话。它的意思是说，在文章中提出原创性思想的是圣人，在文章中对圣人思想加以阐发的是贤人。这

① 叶燮《原诗》。

②《冯友兰选集》，第198页。

两句话合起来就是，写文章的人都是圣贤。所以刘勰又说，“陶铸性情，功在上哲”，意思是用文章塑造读者心灵（即教育人、改造人）是圣贤的功业。后来韩愈在《争臣论》一文中发展了这个思想，说“君子居其位，则思死其官；未得位，则思修其辞以明其道。”这是说君子如果做官，就把自己的生命奉献给所管的社会事务（可见这“君子”是圣贤一流人物）；如果没有做官就致力于写作，在自己的著作中把“道”向社会阐发明白，使人们“遵道而行”（即按正确的人生观、价值观行事）。由这儿的“文以明道”又发展为后来的“文以载道”“文以贯道”等说法。凡此，都表明一个观点：文章是圣贤的事业。所以旧时候有“圣贤之言”“读圣贤书”一类的话。今天，我们有时也会在一些文章中读到“先贤”怎样说，“时贤”怎样说的话。我们称国外作者有时也用类似名词，如上海三联出版社 20 世纪 90 年代前后出版的那套“猫头鹰文库”就是叫“世界贤哲名著选译”；同时期的吉林教育出版社也出版了一套“世界贤哲箴言集萃”。这些都表明“圣贤之言”的观点仍为今天所肯定。事实上，正如前头所分析的，除了道德境界和天地境界中的圣贤能够“立言”之外，自然境界和功利境界中的人还能“立”什么“言”呢？那“言”哪会有什么“陶铸性情”“明道”“载道”“贯道”的作用可讲呢！袁枚说：“言者心之声也。古往今来未有心不善而诗能佳者。”从《三百篇》到唐宋元明的“大家名家”，“何一非有心胸有性情之君子哉！”其中没有一个是“阴贼险狠、妨民病国之人。至若唐之苏涣作贼，刘叉攫金，罗虬杀妓，须知此种无赖，诗本不佳，不过附他人以传耳。”[①] 诗歌如此，一般文章的写作也是同样的道理，境界说更清楚、更深刻地揭示了“圣贤立言”的写作规律。中学生写作文是练习写作，既不发表，也不是“立言”，但总是在写作，所以写作的这一规律也是值得我们注意的，至少它能加深我们对作文与做人关系的理解。

第三，引导中学生追求人生的高境界，使他们走出写作文无话可说的困境。

---

① 袁枚《随园诗话》，卷十三。

写文章是圣贤的事，而中学生不是圣贤，这是否表明他们根本不可能把文章写好呢？事情又并非如此。中学生不是圣贤，但不说明他们都没有圣贤的思想感情，更不说明他们不可能有这样的思想感情。冯友兰指出，“一个人的觉解，虽有时已达到某种程度，因此，他亦有某种境界。但因人欲的牵扯，他虽有时有此种境界，而不能常驻于此种境界。”这时，必须通过学习去“增进觉解”，并在“涵养”上下功夫，才有“维持此种境界，以使其常驻于此种境界。”可惜“平常人大多没有此种功夫，故往往有时有一种较高底境界，而有时又无此种境界。所以一个人的境界，常有变化。其境界常不变者，只有圣贤与下愚。”[①] 毫无疑问，中学生所处境界的情况正是这样，是变化着的，有时处在人生的高境界，在“梦觉关”的“觉底这一边”，有时处于人生的低境界，在“梦觉关”的“梦底那一边”。如上章所指出过的，今天的中学生由于各方面的影响，总的说来，处于高境界时间比较多的人只占少部分，处于低境界时间比较多的人占了大部分。这就决定了他们中与生活对话经常都有写作意义的人少，而多数人跟生活的对话常常都没有写作意义。这就是他们普遍反映写作文没有话说的原因所在。解决这个问题的办法不是使他们都成为圣贤（这恐怕没有可能），而是引导他们逐步走出不学而能、自然赐予的自然境界和功利境界，努力去追求人生的高境界——道德境界和天地境界（或者简明通俗一点说，就叫作先公后私、先人后己，大公无私、为人民服务的人生目的），使他们能够较多地处于人生比较高的境界之中。

第四，作文题材就在日常生活中，不需要格外去四处寻找。

文章是表达作者思想感情的，思想感情体现于待人处事中，体现于对事物的看法、态度上，体现它的事事物物如果被写进文章，这些事物就是题材。这就是说，事物被作为题材写进文章，不是因为它是某事某物，更不是因为它是某种稀罕难得之物，而是因为它体现了作者的一种有意义的思想感情。中学生不太了解这一点，常常盲目地到处寻找题材，似乎觉得世间有一些事物是专门供写文章用的，只是很难找到它们。其实世间何尝有这类事物。人

---

①《冯友兰选集》，第 200 页。

与事物的对话是在日常生活中随时进行着的，我们的思想感情也随时地体现出来。冯先生指出，“人的境界，即在人的行动中”，也就是在“日常所作底事”或“‘岗位’上底事”中。这些事，对于境界不同、“觉解不同的人，都有不同的意义”。从写文章的角度说就是，人生境界低者，与日常生活中事事物物的对话所体现的思想感情没有什么意义，这些事物都不宜做题材写成文章；人生境界高者，与日常生活中事事物物的对话所体现的思想情感往往有意义，值得写，所以那些事物就成了题材被写进文章。契诃夫说，“怎么会没有题材呢？一切都是题材，到处都是题材呀！”清人潘德舆《养一斋诗话》说：“天地之间，风云日月，无往非吾诗所自出。”这些话就是讲的这个意思。中学生里面的“作文尖子”们就属于这后一种情况，所以他们总是有写不完的题材，而且那些题材就像是从日常生活中随手拈来的。其原因就在于他们经常是处在比较高的人生境界之中。且举二例：

如江苏杜锋同学的《谈“接棒”》一文[①]，写在400米接力赛中，“我班的接力棒刚要传给第三名运动员时，由于他一时疏忽，没有接稳，棒掉在地上了！后来他虽想亡羊补牢，如离弦的箭向前飞奔，但毕竟耽误了时间，结果我班没有获得好名次。”这事“引起了我的思索：接力赛中接棒的好坏只不过影响了比赛成绩的优劣，然而在事业上能否接好老一辈传下来的‘接力棒’，则关系到中华的盛衰。”接下去，文章论述了中华民族的“勤劳与淳朴、勇敢与坚强、富于创造与善于思考”等优良传统就是像“接力棒一样一棒一棒传下来的”；“最可贵的是每一代人都接好了爱国主义这一‘棒’。”我们一定要把这些优良传统接过来，传下去。作者又说，几年、十几年后“我们将成为革命事业的接班人”，更要“接稳接好革命事业的‘棒’”，把祖国建设得“更加繁荣昌盛”，使“社会主义江山永远巩固”。接这个“棒”决不允许疏忽，因为这是“关系到国家前途命运的大问题”。为此，我们今天就要从各方面做好“接棒”的准备，“做到德智体全面发展，又红大专。”接力赛跑中交接时棒落地上的事时有发生，是寻常的事，同学们很少去思考

① 见王学礼主编：《中学生分类议论文大全》，海南出版社2002年版。

它，因为里边似乎没有什么值得深思的东西；如果去想，一般也是就事论事地责怪当事人注意力不集中或责任心不强，给班上成绩造成损失，希望他今后改正，否则取消今后参加比赛的资格，等等。杜锋同学却从这件事一下子想到了我们应当怎样努力接好革命的班，将来“担起时代的重任，完成振兴中华的大业。”这么一想，没有多大意思的事就有了大意思，不值得写的寻常事成了很值得写的好题材，所以写成了一篇受到欢迎的文章。回过头去看，对这件事他为什么会远离一般想法，去思考怎样才能当好革命接班人、“振兴中华”这样的大问题呢？是谁在要求或启发引导他这么想的吗？没有，没有人这么做。他为什么会“无缘无故”地去往这样的大事上想，而且想得这么认真，这么深入呢？答案就是，他处在比较高的境界中；处在高境界（道德境界、天地境界）中的人，“举止态度”“心理状态”都决定了他所思所想常是与对社会作贡献相关，所以杜锋同学会这样去想。这就叫作同样的事对于他来说都会有不同于别人的意义，即常有值得写的意义，也就是在与生活对话中他敞开的精神面貌值得写成文章。

再如我们前面提到过的广东陈伟恒同学的《篝火·星星·心》一文，[①]说“无论那篝火燃烧得多么旺，多么热烈，它毕竟是篝火，不多久就会熄灭，熄灭后的灰烬留给你的却是寒冷。”而天上的星星“虽小、虽弱，却无私、恒久。它的奉献是默默的，往往不为人所察觉，然而它却给人们带来永久的温暖，永久的希望。”文章的末尾说：“我想做的，不正要像一点星光么？默默地奉献自己的光和热，尽可能多地给予人们温暖和希望。这就是我的追求，我会因此而感到无限的快乐。”这篇文章，写的是作者参加暑假的一次露营活动，躺在沙滩上仰望星空时，脑子里突然浮现出的一个意念。微弱的星光、熄灭的篝火，这也是写文章的题材吗？陈伟恒同学由于脑子里出现这“电光石火般的一闪”，竟然以此为题材写成了“这篇含有哲理的抒情散文”[②]。如果没有这一“闪念”，这星光与篝火的确没法做文章。那么他为什么会有这一闪念呢？看似偶然，其实里边有必然性，文章写得很清楚：作者要想

① 见《语文学习》编辑部编：《作文个例》，上海教育出版社 2000 年版。
② 同上，第 49 页。

做的，正是“要像一点星光”，“默默地奉献自己的光和热，尽可能多地给予人们温暖和希望。”可见，他追求的正是人生的高境界。所以在与生活的对话中，他所敞开的精神面貌也值得写成文章。

正是追求人生的高境界，使陈伟恒、杜锋等中学生中的“作文尖子”，在与日常生活的对话中有化腐朽为神奇的力量，各种不起眼的事事物物在他们笔下常常都会成为生动的题材，被写成一篇篇漂亮文章。对于他们，的确“美是到处都有的”，何愁做作文“无话可说”呢！

第二节 人生理想

所谓理想，就是以客观可能性为依据作出的关于自己未来的美好构想、愿望。理想给漫漫人生定下一条明确的路，避免了盲目乱窜；理想以美好的希望鼓舞人满怀激情奔向未来。有了理想，生活就有了阳光，生命就有了动力。“有志者事竟成”，“认定一个目标就专心致志地向那里走，”这是人生成功的“秘诀”。“譬如登山，先须存念头去登，然后一步步地走上去，最后才会达到目的地。如果根本不起登的念头，登的事实自无从发生。”[①] 所以人生必须有理想。

人生理想根源于人的需要。人的需要是多方面的，概括起来有四大类，因此人生也就有四个方面的理想：一是生活条件方面，这是人的基本需要，它包括物质生活、精神生活和家庭生活等。这方面的目标与追求，叫作生活理想。二是劳动方面。这是人的本质需要。照传统观点看，劳动是人与动物的根本区别所在；而且“人生来好动，好发展，好创造。能动、能发展，能创造，便是顺应自然，便能享受快乐，不动，不发展，不创造，便是摧残生机，便不免感觉烦恼。”[②] 同时劳动是满足人的一切需要的基础。在社会分工出现以后，劳动是以职业的方式进行的，人的劳动需要表现为对职业的需要。这方面的追求和向往，叫作职业理想。三是人际交往方面。需要的满足方式把

① 朱光潜：《谈修养》，广西师范大学出版社 2004 年版，第 7 页。

② 朱光潜：《给青年的十二封信》，广西师范大学出版社 2004 年版，第 8 页。

人们联系起来，形成相互交往的关系，人不可能脱离这种关系而存在。相互交往的关系必须以道德规范来加以调节，个人也需要用道德标准来塑造自己的人格，以便适应于这种交往活动。对未来道德关系、道德规范和理想人格的追求、向往，这便是道德理想。四是与社会的关系方面。满足人的需要的实践活动必须以现实社会提供的物质和精神条件为前提，同时又受到现实社会的生产力水平和社会制度的制约。“人们为了最大限度地满足自己的需要，就必须为完善现有的社会制度或建立新的更为合理的社会而努力。”[①]这种追求和设想就是社会理想。生活理想和职业理想是人生理想的基础，人首先认识到个人生活的需要和满足这种需要必须进行的生产劳动方式，从而形成生活理想和职业理想。“在生活理想和职业理想形成过程中，人们发现生活和事业上追求的成功，依赖于现实社会人与人之间的交往关系和社会的政治、经济条件；而人与人之间的关系和社会制度又在不同程度上制约着自己生活理想和职业理想的实现。为此必须建立新型的人与人之间的关系和变革社会现实，从而逐渐形成道德理想和社会理想。”[②]这就是人生理想形成的过程。

由于各人所处的社会地位不同，对客观事物和社会生活的认识不同，人们的人生理想有不同的层次。在生活理想方面，高层次的生活追求是希望有丰富的物质生活条件，有充实的精神生活和美满的家庭；有高尚的生活情趣，不满足于一般的生活享受，能把创造美好生活与自身发展、为社会进步作出贡献统一起来，在发展自身和为社会做出贡献中实现美好生活的创造。低层次的生活理想侧重或只追求个人生活的安逸，重物质生活轻精神生活或只追求物质生活，注重享受放松发展或只管享受而无视发展。在职业理想方面，层次高的人选择职业时把个人生活的幸福与满足社会的需要结合起来，把社会需要放在首位，有强烈的事业心，有比较高的成就目标，工作中勤勤恳恳，勇于开拓，表现出高度的责任感和献身精神。层次低者选择职业以个人利益作唯一标准，没有成就目标，对工作消极应付，缺乏进取和创新精神，责任心不强。在道德理想方面，最高的当然是共产主义道德理想，追求以共产主

① 王殿卿主编：《人生哲理》，首都师范大学出版社 1991 年版，第 176 页。

② 同上，第 176—177 页。

义道德标准塑造自己的人格。这样的人在处理个人与他人和集体利益的关系时，把集体利益和他人利益放在首位，个人利益服从集体利益，做到毫不利己，专门利人，大公无私。第二层次的道德理想是社会主义道德，它以社会主义的集体主义为原则，“把国家、集体、个人的利益有机地结合起来，倡导顾全大局、诚实守信、互助友爱和扶贫济困的精神。”[①] 以社会主义道德标准来塑造自己的人格就是社会主义道德理想，有这种道德理想的人，其主要人格特征是公私兼顾、先公后私。低层次的道德理想是以“合理利己主义”作为道德原则，以“利己不损人”的道德标准来塑造自己的人格。不损人只是做人的最低要求，仅仅做到这一点而无益于他人和社会，显然是不够的。因为作为社会的一员，任何人都有他一份不可推卸的社会责任。至于在“合理利己主义”层次以下者就无所谓道德理想了，对这部分人社会应予以更多的关心和教育，帮助他们培养和发展“道德心”。在社会理想方面，最高层次的是共产主义理想，即为实现共产主义社会而奋斗。我国现在处在社会主义初级阶段，当前的首要任务是大力发展社会生产力，努力建设有中国特色的社会主义，把我国建设成为高度文明、高度民主的社会主义现代化国家。这就是社会主义的社会理想，它与共产主义的社会理想是一致的。社会主义是共产主义的初级阶段，献身于中国特色社会主义建设，就是共产党人和先进分子为共产主义理想而奋斗的具体体现。第二个层次的社会理想是热爱祖国，希望祖国繁荣富强，并愿为之尽心尽力。除此而外，无所谓社会理想。

伦理学家们指出，在一般情况下，“生活理想和职业理想是人们确立人生理想的出发点，不同的生活理想和职业理想，往往会导致不同的道德理想和社会理想，形成不同的人生理想之间的差异。”比如，“一个把物质享受和庸俗的感官刺激作为追求目标的人，很难具有正确的道德理想和社会理想。只有在追求丰富物质生活的同时追求高雅的精神生活，并准备用自己的辛勤劳动创造新生活的人，才有具备高尚的道德理想和崇高的社会理想的可能。”反过来，社会理想一旦形成，“就会引导人们调整自己的道德理想

① 同上，第 180 页。

和生活理想，使它们升华到更高的境界。”因为社会理想既然是对美好社会的向往和追求，它既要求人们用新的道德规范调整相互之间的关系，用新的道德标准塑造自己的人格；同时职业理想也会从为个人而上升到为建设美好社会努力工作的高度。在这种情况下，人们自然地又要以新社会的要求重新设计自己未来的生活。所以，“一个有了崇高社会理想的人，就会有高尚的道德境界和强烈的事业心，就会有健康的生活情趣。”可见，社会理想“在较高层次上指导着道德理想、职业理想和生活理想，决定了人生理想的性质，是人生理想的核心和灵魂。”[①] 所以爱因斯坦特别强调“发展青年人中那些有益于公共福利的品质和才能”，使他们“把为社会服务看作是自己人生的最高目的。”[②] 中国的传统教育强调立大志，立志要高远，也就是强调要树立服务社会，使社会变得更加美好的社会理想。如顾炎武说，“君子之为学也，以明道也，以救世也。”[③] 岳麓书院的院规说：“生员立志，当为忠臣清官，书史所载忠清事迹，务须互相研究，凡利国爱民之事，更宜留心。”[④] 清人张潮认为最理想的人生应该是这样：“十岁为神童，二十、三十为才子，四十、五十为名臣，六十为神仙。”[⑤] 这里的核心是“四十五十为名臣”，前面的神童才子都是为成为名臣创造主观条件。“名臣”者，为社会作出杰出贡献，因而声名远扬之谓也。能做到这一步，退休后回顾平生，对自己非常满意，所以不会有任何牵挂，能快快乐乐地过晚年生活；这就是“六十为神仙”，六十岁后过神仙一样的日子。文学家、教育家们强调社会理想的确立，就因为它是整个人生理想的核心和灵魂，它能有效地、有力地升华道德理想、职业理想和生活理想。当然，在树立明确的、正确的社会理想之前，道德理想、职业理想和生活理想也完全可以达到比较高的层次，而且也很可贵，但那性质跟有正确的、先进的社会理想指导是不一样的。

---

① 同上，第 177 页。

② 辛立洲：《人生设计原理》，天津人民出版社 1987 年版，第 260 页。

③ 冯天瑜主编：《学规类纂》，湖北教育出版社 1994 年版，第 23 页、13 页。

④ 同上，第 23 页、13 页。

⑤ 张潮：《幽梦影》，江苏古籍出版社 2001 年版，第 67 页。

人生理想对写作具有重要意义。王夫之有言，“志者人心之主”①。人的特点是有心灵，凡说话做事都要用心思。但心思不是随便运用，而是有主宰的，也就是要听从主宰者的安排、调遣。对于文明人来说，这个主宰者就是人的志向，也就是他的理想。曾国藩的老师唐鉴说：“所趋远大，则其成也必远大；所趋卑陋，则终于卑陋——志岂可不立哉！”②认为“志”一旦确立，整个心灵就发生变化，都趋向“志”的目标，所以立志要远大而不可卑陋。这是对“志者人心之主”的另一种表达。正因为整个心灵世界由于理想的确立而发生了深刻变化，所以伦理学家说“理想可以提升现实人格的境界和心理感受”③；说“立志越远大，就越能充分调动智力，使观察敏锐，记忆持久，思维深刻，想象丰富。立志越远大，就越能充分发挥非智力因素的效能。”④又有学者指出，志向影响人的“思想观点、逻辑思维方法、直觉判断能力、情感的制约力量等。”⑤苏联著名教育家苏霍姆林斯基指出，崇高的理想能唤起“感情上的敏锐性、注意力和感觉上的精细。”⑥古人说，“诗言志”，其实一般文章也是“言志”的，但都不是直接去“言”，而是通过一定的客观事物表达出来。以上资料表明，人生理想不仅通过一定的客观事物表达出来，对于写作来说，它对这一定的客观事物还有强烈的趋向性、很高的敏锐性和巨大的发现力、捕捉力。通俗地说，确立了正确的人生理想，便无形中使他很容易获得表达理想的题材，或者说使他跟生活对话的能力空前提高，使他从生活中获得题材的能力于不知不觉中大大增强了。所以，树立正确的人生理想是解决中学生写作文无话可说的有效途径。下面举几个例子：

生活理想方面，如江西洪峰同学的《没钱也潇洒》一文⑦，说家里每月给的生活费紧巴巴的，每到月底“照例出现财政赤字，穷得丁当响。”在这种

① 冯天瑜主编：《学规类纂》，第 10 页。

② 同上，第 13 页。

③ 檀传宝：《信仰教育与道德教育》，第 201 页、143 页。

④ 何娟、于志明著：《青年行为学》，解放军出版社 1988 年版，第 52 页。

⑤ 辛立洲：《人生设计原理》，第 262 页。

⑥ 檀传宝：《信仰教育与道德教育》，第 201 页、143 页。

⑦《限字作文》，内蒙古少年儿童出版社 2001 年版。

情况下，生活消费就只能简而又简了。但是：

面包可以不吃，洋装可以不穿，电影可以不看，没书可不行。每月初揣着现钱像孔乙己似的上街溜达时，便一直警告自己只许看不许买。可最终还是“英雄难过好书关”，顾不上肚子叽里咕噜抗议，不知死活地抱回几本诗集、散文集乐悠悠地啃。美过这阵子，一想糟了：一星期的伙食没了，怎么办？于是自我解嘲：节食减肥，不食鱼肉，虽然自己并不胖，体型甚至算得上苗条。到白菜汤也喝不上的时候，便不得不像猪八戒讨斋式的跑到哥儿们那里嬉皮笑脸凑合一顿。惨极啦！

可这毕竟不是长久之计。于是赶旧书市，那儿还挺适合我们这些书瘾大钱包小的角色！钻到书堆里翻腾一阵，挑出一叠70年代的“出土文物”，一拍胸脯很豪迈地问多少钱一斤？当废纸买来，“啃”成纸浆消化在肚子里。

接下去说，“书看多了忍不住想写”，便开始投稿，偶尔也发表“豆腐干”文章。得了稿费本来想“改善改善境遇”，可是：

领的稿费最多半小时之内便换成了新书。之后常有哥儿们大大咧咧地跑来翻口袋，说“有福同享”。我规规矩矩等他们搜刮出几枚硬币后，幽默了一句：“哥儿们能不能凑个份子，买张报？”

如果碰上朋友生日：

送不起那印刷精美与真情实意成反比的生日卡，画一张人模鬼样也叫“贺卡”的东西送给他，挺真心实意地说：“祝你生日快乐。”竟也使对方激动不已，当宝似地藏着。

文章的结尾是：

没钱。天正凉，大眼别找健力宝瞧，白开水咕咚咕咚也差不了多少。与“耐克”绝缘，愁啥？解放鞋同样领你走光明大道！

穷窘生活中一些琐琐碎碎的事之所以能写成这样一篇生动感人的文章，完全是因为它真实地展现了作者高层次的生活理想。或者说是因为他高层次的生活理想照亮了这些琐碎事儿，使它们有了意义，有了光彩，成为题材。他也希望物质生活能有所改善，但对他最重要的还是精神生活的追求和满足。物质生活匮乏可以忍受，精神生活贫乏他却不能允许，所以宁愿以“一星期的伙食费”为代价，也要“抱回几本诗集、散文集”来“美”一阵子。对于旧书市按斤出售的旧书，他也啃得十分起劲，要把一大叠“出土文物”都“消化在肚子里”。得了稿费本想改善一下生活，可是到底经不住书的诱惑，稿费搁不上半个小时又被“换成了新书”。可见作者对精神生活的需要多强烈，胃口有多大。读书学习是学生的任务，跟一般人满足精神生活不一样，但作者这儿的阅读是课余的，所以它是一种满足精神需要的行为。应该说，作者的精神生活既是高尚的，也是丰富的。比之于只喜欢言情武打一类书，他喜欢诗歌、散文，层次就高一些了。他不但喜欢读书，还喜欢写作，喜欢创作“所谓‘散文’往报社寄”，能“侥幸发表”“豆腐干”文章。他不但能“文”，也能“画”，碰上朋友生日，能画一张“人模鬼样”的画送给他。人家收到后“激动不已，当宝似地藏着”，可见他的画也有相当水平。高尚的生活追求使这篇作文富有情趣，有较强的可读性。

职业理想方面。职业根源于劳动，中学生的劳动就是学习；今天怎样对待学习，直接影响到明天怎样对待工作和职业。所以，他们的职业理想可以从今天怎样对待学习上看出来。如河南张霞同学的《对待分数种种》一文[①]：

同学甲看着手中30分的数学卷子，愁眉紧锁。他牙一咬，“哧啦”

①《限字作文》，内蒙古少年儿童出版社，2001年版。

一声，把试卷撕成了两半，随即趴在桌子上哭了。

同学乙看着比上次多得1分的数学卷子，虽然才60分，但他没哭也没撕，而是仔细地审查着试卷，不断地向别人请教那些自己不懂的地方，产生错误的原因。

对待数学成绩不好的这两种态度引起了作者的注意，她分析道：

同学甲把卷子撕掉，就能意味着他已经知道错误的原因，并保证以后不错吗？不，这只能表现出他的虚荣，而他的哭，又意味着什么？难道眼泪能告诉他失误的地方，以便他下次注意吗？不，眼泪只能说明他是分数的奴隶，考试对他毫无促进，也毫无意义。

同学乙对待分数的态度是端正的，就应该这样，每次考试不管分数高低，都应该总结经验、教训，找出失误的地方和产生失误的原因，以便今后更好地学习。

文章接下去写道：

虽然有这样一种说法："分，分，学生的命根。"但是，当你尽了最大的努力而得不到高分数时，或者当你分数低而落榜时，却无须悲叹，更无须轻生。须知："三百六十行，行行出状元。"这一行不行，就改其他一行，"英雄"总有用武之地。古时的李时珍不就是屡试不第而从事医学研究，才使《本草纲目》得以问世的吗？蒲松龄不也是三考举人不得志而后深入民间，广泛收集故事，才使《聊斋志异》赫然出世的吗？

总之，我们要正确对待分数。虽然分数是衡量学生成绩的一个标准；但无论如何，我们决不应该去做分数的奴隶！

作者对待分数的态度是正确的，这说明她对待学习的态度也是非常正确的。她理想的学习就是：第一，时时总结自己学习的经验教训，正确的就保持和发扬，不正确的就找出原因及时改正，从而使自己学得更好。考试是检查学习的一种形式，是为自己总结学习的经验教训提供机会，只要正确地利用它来总结学习情况，学习就会不断进步。至于分数的高低，完全不必过分在意，因为无论高与低都只是促进学习的手段而已，而不是学习的目的；只要把不懂之处弄懂了，总结出经验教训，能促进今后学习，目的就达到了，又何必去计较分数的多与少。第二，学习不能偷懒耍巧，必须尽到自己“最大的努力”。只要做到这一条，潜能得到充分的发挥，一般都能把学习搞得比较好。如果仍然“得不到高分”，那也“无须悲观”，它只说明你的长处不在这里，而在别处。这对于学生来说，就是某一门功课——比如数学可能学得不很满意，而别的功课则可能是强项，完全可以学得非常出色。这对于走出校门的人来说，就是在工作中要尽自己“最大的努力”，如果这样努力了还是不能令人满意，那就扬长避短：“改其他一行”，在适合自己的岗位上大展宏图，做出一番事业来。面对试卷上的低分数，有的人哭了，把试卷撕了；有的人不灰心，不气馁，仔细检查错误，向同学请教，把不懂的地方弄明白，把错误的原因找出来。这样的事在学生中司空见惯，太平凡，很少有人想到这里边也有文章做，作者为什么能写出这篇作文？因为她心中有如上所说的“学习理想”（“职业理想”），见到这样的事自然而然地就会拿心头的这把尺子去比量，一比量就会觉得对这两种表现自己都有话说（即明白“同学甲”错在哪里，“同学乙”对在何处，以及应该怎样对待学习和考试）。所以，是“职业理想”使她感觉敏锐，及时抓住问题，并在这个问题上能与生活成功地对话，从而写出了这篇文章。

道德理想方面，如天津学生温玉玲的《留下，在别人需要你的时候》一文[①]，先写自己的一次经历：外出旅游“在火车上突然病倒了”——

车上原来互相陌生的旅客却那么热心肠，主动地为我让座、寻药、倒水。两位叔叔把他们的位置让给我，我躺了七个小时，他们就站了七

① 见全国名校联合编写《高中600字作文》。

个小时！他们毫无怨言，还背我下车。每当想起这件事，我的心里就充满了无比感激之情。

她由此深切地体会到“我们的社会其实很美，我们的人民其实很美，他们都有一副古道热肠。”文章接着写道：

我觉得人不是孤立的，而是彼此联系的。如果每个人都怀有一份爱心，去爱每一个甚至不相识的人，那么社会将会变得更美好。可是，社会上毕竟还有人不乐于助人。某单位在一些青少年中作不记名问卷调查：“你如果遇到别人碰上麻烦事时会怎样对待？”回答“悄悄走开”的人不少。我要说：“不能走开！”张华，一个大学生在遇到老翁落入粪池时，没有走开，他用自己的生命挽救了老人；赖宁，一个少年在恐怖的山火面前，没有走开，他用自己的生命维护了国家财产；徐洪刚，一位战士在凶狠的歹徒面前，没有走开，他用鲜血和生命保卫了人民的生命财产！……

我们也没有理由走开！……每个人都需要别人理解、同情和关怀。在别人需要你时，请不要走开！你的留下，会为社会人情画又添上动人的一笔！

文章表达了这样一个观点：要去关爱“每一个甚至不相识的人”，在他们需要的时候不要走开，要像张华、徐洪刚等英雄人物那样伸出援助之手去救助他们，这样，“社会将会变得更美好”。这个观点体现了相当高的道德理想。但这不是唱高调，而是作者的心里话。因为它是作者从自己在火车上突然病倒、得到陌生旅客周到的关心和帮助，使她每次想到心里就“充满了感激之情”的这件事中感悟出来的，是她真切的体会。换句话说，如果没有这段真实的感受，她的道德追求可能没达到这个高度，这篇作文也就写不出来了。

社会理想方面。如江苏胡翼青同学的《切不断的文化血脉》一文[①]：

我是个集邮迷。在一大抽屉邮册中，我最钟爱的便是叔公前年回大陆探亲时带来的那本台湾邮册。为什么？这不仅因为台湾邮票大多印刷精美，而且与大陆的邮票竟有那么多相似之处，简直像孪生兄弟。

真的，无论是题材、用纸还是印刷版别、种类，台湾邮票与大陆邮票之间都有异曲同工之妙。除在政治内容上两地邮票泾渭分明之外，在题材的其他领域，却是大同小异。我们崇拜的思想家、教育家、文学家，如孙中山、孔子、屈原、李白、杜甫、白居易等，两岸都发行过纪念他们的邮票。我们一年一套的生肖邮票，他们已发行过几轮。我们发行了种类繁多的图画邮票，他们也大量发行中国传统名画邮票……有些邮票甚至连图案都不谋而合。我细细鉴别过，他们发行的京剧脸谱中一张张飞的图案，与我们发行的那张张飞脸谱完全是一码事；他们发行的古钱币邮票中绝大部分的图案，与我们发行的两套古钱币的图案如出一辙；更有意味的是，他们发行的一枚防烟害邮票，竟与 1980 年我们发行的戒烟的第一张，构思完全吻合。

写到这里，作者问道："台湾和大陆对峙了 40 年，但在两岸互不往来的情况下，印刷的邮票却有着惊人的相似，原因何在？"他的回答是：

繁衍了数千年历劫而不衰的中华文化，这使炎黄子孙傲然昂首于世界民族之林的不朽根基，却一直深深埋藏在海峡两岸的土地中，千丝万缕无形的民族文化血脉穿过海底紧相绾连。……这正是"心电感应"取之不尽、用之不竭的力源！这一方小小的邮票便清清楚楚地传达出了历史的信息。

---

① 见《作文个例》。

接下去，作者将笔锋转到对“台独”势力的批判，指出他们“至今仍不肯正视这一现实”，他们阻挠“三通”，外交上搞什么“双重承认”，等等，“妄图将宝岛永远从祖国的版图上裁割出去。这些，无不令人痛心疾首，无不遭万人唾骂！”两岸交流逐年增加的种种事实已经充分表明，“文化血脉中的‘血栓’正在日渐消解。”作者坚信：

> “一国两制”必将实现，人民的意志终将赢得祖国完全统一，这是不可逆转的历史大趋势！
>
> 抽刀断水水更流。海峡两岸的文化血脉是谁都切不断的，海峡两岸的手足亲情是谁也割不尽的！龙的传人必将携手团结在一起，为使金龙腾飞于寰宇而共同努力！

这篇作文在上海《语文学习》杂志上刊出时（1993 年第 1 期）附了作者的《后记》，其中说：“去年，‘台独’浊流甚嚣尘上，我每接触到这方面的报道，总是愤懑不已。适逢华东六省一市作文竞赛，赛题范围又恰包括了时政与集邮，我便一‘大’一‘小’糅在一起写下了这篇文章，想借此说明台湾回归祖国是不可阻挡的历史大趋势，因为中华民族文化的血脉是谁也切不断的。”又说，自己对这篇文章虽然“并不十分满意……但是它毕竟真实地表达了我的一颗时时跃动着的中国心，我还是把它投寄了出去。”用不着再作什么分析已经很清楚，作者之所以能抓住集邮这件“小”事来表达祖国必将完全实现统一这个“大”主题，主要原因不在于作者“脑子活”，“会写”，而在于对“‘台湾’浊流甚嚣尘上”“总是愤懑不已”这种感情，在于他的那一颗“时时跃动着的中国心”。这是一种爱国主义的激情，也体现了一种美好的社会理想。

与以上诸例相反。人生理想有毛病，写作文就是另一回事了。如报载“广东某校一学生在题为《我最敬佩的人》的作文中，详细描写了他当高工的爸爸如何在家接待一名大款，在收受大款的各种厚礼后又如何满口答应帮忙的过程。文章末尾写道：‘我立志长大以后也要做像爸爸那样的人’……”[①]写文章只要说的是心里话，就没有不“言志”的，这篇作文好就好在从反面证实了这条真理。这个学生也“言”了自己的“志”，只不过这个“志”太错误了，于公于私都有害无益。但我们站在他的角度想一下，他是必然要这么写的，他只能与生活这样对话，只能这么写。试想，一个以获得物质利益、追求物质享受为人生理想的人，他“最佩服的人”是自己受贿的爸爸不是理所当然的吗？不是做这个作文题最便当的选材吗？难怪清人杨绳武说，“若立志不高”，必定是“委琐龌龊之思缠绕于胸中”[②]。不过若换一个“聪明人”，就不愿意将自己心头的这种秘密公之于人，而要代之以假话之类去搪塞敷衍了。而一旦加了这番手脚就会把“文言志”的事实搞复杂，一些作文研究者也被它迷惑住，以为“文”是可以与“志”无关的。其实，那不过是“志”的另一种表现形式而已。

毋庸讳言，当前不少中学生的人生理想都不够明确。有人研究当代中学生的心态，综合已发表的一些资料后得出的结论是：道德行为是“由社会本位走向个体本位，主体意识强烈，讲求风度个性，不愿循规蹈矩。”生活观念是“在现代消费意识的刺激下，羡慕时尚，向往舒适美好的现代化生活，但缺乏艰苦奋斗的思想准备。”人际关系是“赞赏‘人人为我’，希望得到别人更多的关心和帮助，却缺乏‘我为人人’的内驱力。”总而言之，他们的人生理想是：“有职业理想（少实干精神），缺乏政治理想和道德理想”，生活理想的层次不够高。[③]很显然，在这种人生理想状况下，希望中学生普遍能与生活成功地展开对话，解决好题材问题，做到写作文都有话说是很不现实的。这些都说明在语文教育中加强对中学生树立正确人生理想的引导很有必要，任务也十分艰巨。

---

①《儿子最敬佩的竟然是受贿的爸爸》，《新华每日电讯》2003年3月15日。

②冯天瑜主编：《学规类纂》，第11页。

③《语文学习》编辑部编：《写作指引》，上海教育出版社2000年版，第58—59页。

第三节　人生价值

人是有理性、能思维的存在物，说话做事都追求有意义：有意义的话、有意义的事，就说，就做，否则便不说，不作。所以奥地利心理学家弗兰克尔说，“人是追求意义的生物”，“人对意义的渴求与对其他方面的渴求相比，是更为强烈而迫切的。”[①]没有意义的生活容易使人患上精神病，弗兰克尔就是治疗这种病的著名心理医生，他开创的意义心理学派就来自他的治疗经验。这个意义，也可以说是“价值”。在我们日常语言中，“价值”和“意义”很少加以区别，因为它们同样都涉及人与外在事物的关系，即涉及主体与客体的关系。但二者也有所不同，“价值”已从一个经济学的名词上升为一个普遍概念，在社会学、政治学、文学、伦理学、哲学等领域中被广泛运用；“意义”却没有上升到这个高度，还是限于对人的具体行为的评价。因此，“一般人问到生活，是问‘生活是有意义的吗？’而探讨人生……从整体上探讨人生时，则直问人生的价值。”[②]可见，“意义”与“价值”实质相同，但在范围上有大小之别。所以人生价值就是人们在社会实践生活中所创造的价值，是对人的生活意义的概括。人只有意识到自己的生活是有意义的，自己的人生是有价值的，“才能放心地生活和创造”。如果提出“生活是值得的么？”这样的问题，则表明他感受到了生活意义的困惑，对自己的现存状态提出了质疑，这便是走到了人生的重要关口。在这种时候，要么开辟新的生活，去创造更有价值的人生，要么对生活抱消极态度，甚至因忍受不了无意义的生存状况而结束生命——彻底否定自己的人生。所以，人生价值是跟“创造与毁灭相关联的问题。”[③]不过，“不少人的自我价值肯定还是盲目的”；“人们只管按照自己的需要去生活，从中追求自己的一定目的”，认为生活（人生）“不过如此而已”。殊不知他们这样的感受就

① 刘翔平：《寻找生命的意义——弗兰克尔的意义治疗学说》，湖北教育出版社1999年版，第42—43页。

② 龚群：《人生论》，中国人民大学出版社1991年版，第145页。

③ 同上，第136页。

是“在做着自我价值肯定”，只不过是一种盲目的，不自觉的人生价值肯定，是“将自己的价值肯定在极可怜、极狭隘的水平上”罢了。[①] 所以，讨论人生价值，进行人生价值教育，正是帮助人们克服这种盲目性而提高自觉性，树立正确的人生价值观念。

价值是关系范畴，表示客体属性与主体需要之间满足与否的关系。开水有解渴的属性，它能满足解渴的需要，所以它对人有价值。人的价值虽然也是一种需要与满足的关系，但它跟物的价值有本质区别，它要复杂得多。物的价值是单向的、单重的，即物只对人（主体）形成价值关系，离开人的自在之物无所谓价值，物自身无所谓价值关系。人却不同，它既是主体又是客体，是集主体与客体于一身的创造物。如在认识上，人既是思维者、认识者，又是被思维者、被认识者，是主客体的统一。在实践上，人既是改造者，又是被改造者，也是主客体的统一。所以，人作为客体它对作为主体的人具有价值；人作为主体，它又对作为客体的人有价值要求。人是价值主体与价值客体的统一，应该在主客体的统一中去把握人的价值。这是人的价值的第一个特点。第二，物的价值是人赋予的，人的价值却只能来自自身。自然界的事物，除了阳光、空气等可供直接享用之外，其他一切自然物质都要经过人的加工改造之后才能满足人的需要，才对人有价值，所以它们的价值是人赋予的、创造的，是来自人的。人的价值却不能来自别处，只能来自人自身；创造价值的是人，享用创造成果的也是人。人是世间一切价值的创造者，人的价值就在于它是创造价值的价值。第三，物的价值不超出它的属性，人的价值却必须超越它的属性。马克思说，价值是“表示物的对人有用或使人愉快等等的属性”[②]。人对自然物质的加工只是使它的这种属性纯化或强化，一般不会超出这种属性。如把水烧开后饮用，不是改变它本来具有的可饮用性，而是使之更适合于饮用。而人的品德、学识、才能、体力等本质属性却不能直接与人的需要形成价值关系，它们必须在实践活动中实现出来转化为物质产品或精神产品，成为各种价值物，才能满足人的需要，实现其价值。这就

① 远志明、薛德震：《社会与人》，山西人民出版社 1985 年版，第 326 页、328 页。

②《马克思恩格斯全集》第 26 卷，人民出版社 1979 年版，第 326 页。

是对属性的超越，是属性外化、对象化为产品了。

个人和社会的利益关系（包括物质利益、精神利益等多种利益关系），是人生价值的核心。价值既是关系范畴，孤零零的个人就无所谓价值，人的价值首先体现在他与社会的关系中，即个人通过实践、认识等对象化活动，为社会创造物质财富或精神财富，以满足社会的需要。通常说的“人的价值在于贡献”就是这个意思。所以，在个人与社会的关系中，人生价值的大小取决于个人对社会贡献的大小，取决于个人满足社会需要的程度和他对社会发展、历史进步所起作用的大小。这叫作人的社会价值。人的价值的另一个方面是自我价值，即在作为主体自我与作为客体自我的关系中，作为客体的自我对于作为主体的自我需要的满足。人有多方面的需要，包括对维持生命的存在与延续的物质生活资料的需要，对物质享受与精神享受的需要，以及对自尊、自强和全面自由的发展的需要。人的这些需要都只能由自己来满足，也就是由作为客体的自我来满足作为主体的自我的这些需要，这种满足就是人的自我价值的体现，这种满足的水平越高、越充分、越合理，人的自我价值也就越高、越大。人的这些需要只能由自己去满足，但这种满足又只能是间接的，不可能是直接的。因为个人一无所有，不可能直接去满足自我的这些需要。这就是说，作为客体的自我对作为主体的自我各方面需要的满足，是通过给社会作出贡献，然后从社会获得一定报偿来实现的。于是，在这里我们看见了人的社会价值与人的自我价值的沟通：社会的一切财富靠全体社会成员去创造，离开了社会成员的创造、贡献、社会将一无所有；个人离开了社会同样一无所有，个人必须努力为社会创造价值，然后以回流的价值满足自己的一切需要。所以，有人说人的价值的实质是“以创造为索取之源泉，以享用为贡献的保障”，其真谛是“贡献和享用”的关系。[①] 这说法是有道理的。但个人为社会创造的价值与从社会获得的回流价值不可能相等，因为社会的维持、完善和发展必须有库存和一定的支出，不能全部回流给个人。人的自我价值应该是自我充分发展和广泛的合理的需要，都得到最好的满足，

① 薛克诚等主编：《人的哲学》，中国人民大学出版社 1992 年版，第 261 页。

人的社会价值应该是自我的本质力量的高度发挥，为社会作最大限度的创造和最大限度的贡献。人是社会的人，自我价值的创造过程其实就是为社会为他人作贡献、履行社会责任的过程。每个人都只有把自己这个小我自觉地融进社会的大我之中才会有更高的价值。所以马克思说："历史承认那些为共同目标劳动因而自己变得高尚的人是伟大人物，经验赞美那些为大多数人带来幸福的人是最幸福的人。"①

人生价值的大小主要取决于自我塑造。无论从社会价值看还是从自我价值看，人生价值都只在于作为价值客体的个人能够满足价值主体的需要（这个价值主体包括社会、他人和自己）；他用什么去满足？是用他的贡献——这贡献叫作外在价值。而他之所以能作出这样的贡献，固然离不开社会提供的物质和精神条件，以及集体和他人的支持，但主要还是依靠他的德性、知识和能力等——这些叫作内在价值（也就是人的本质力量）。人的外在价值是其内在价值在一定条件下的外化、对象化；换言之，外在价值来自内在价值，内在价值是外在价值的潜在形态。可见，从根本上说，要创造人生的最大价值就必须努力塑造自我，使自己有很高的内在价值。构成内在价值的因素很多，包括真善美的各个方面，它是社会的发展进步所需要的一切价值因素的内化，可以概括为德和才两个方面。提高自我的内在价值，就是努力从德和才两方面按照社会的需要塑造自己。所谓人才，也就是努力于自我塑造，在这两个方面成效显著，因而能够创造比较高的人生价值的人。"才"对于创造人生价值的巨大作用容易看见，因而为人们所重视；"德"对于创造人生价值的决定性作用不易看清，所以常被忽略。这样的认识误区使不少人未能很好地实现自己应有的人生价值。化学博士因研制冰毒危害社会而被判处徒刑，博士生导师因为剽窃别人科研成果而身败名裂。这类人不可谓无才，但因为缺"德"而为社会所不耻，还有什么人生价值可言呢？相反，张海迪则是以德取胜、创造辉煌人生的典范。她没有文凭，全靠自学成才；而且是高位截瘫的残疾人，没有常人具备的学习和创造的条件。但她意识到别

①《马克思恩格斯全集》第40卷，人民出版社1979年版，第7页。

人所具有的价值自己也应该具有，决心要使自己成为一个对国家对人民有贡献的人。她以惊人的毅力勤奋学习知识，全面提高自己的内在价值。她成了德才兼备的杰出人才，能给人治病，能翻译作品，能写小说，有多部著作出版。当她用这些服务于别人、服务于社会的时候，她创造了价值，成为一个很有价值的人。尤其重要的是，她这种服务于社会的顽强的价值追求，对广大青少年具有启迪和鼓舞作用，这种品德本身就是有巨大价值的精神财富，这又构成了她人生价值的另一个更为重要的方面。在她身上，生动地体现了自我发展与造福于社会的统一，这正是人的真正价值之所在。

中学作文教学，必须引导学生树立正确的人生价值观。因为中学生的作文，从价值观的角度看，就是他们价值观念的表达（其实一般文章亦如是）——表达他们对生活意义的感受、感悟，表达他们为社会作贡献的价值理想和为了提高内在价值而从各方面努力塑造自己，或者表达他们价值观念的觉醒，发展自我的各种价值需求，以及端正价值取向的心得体会，等等。这表达是必然而难以抑制的，因为人是追求意义（价值）的生物，不仅对意义的渴求比之于对其他方面的渴求更为强烈和迫切，而且人“完全能够为所信奉的理想和价值准则而生，甚至为此而死。”[①]因此，价值观念成了心灵的眼睛，时时都在盯着生活（包括内在生活与外在生活）中接触的一切，符合自己价值观念的就欣然接受，不符合的则坚决排斥，以保证所思所想所作所为都向着自己的价值理想行进。所以，人对关系到自己价值意识、价值理想的事实决不会无动于衷、漠不关心。他们与生活的对话受价值观念的左右，是价值观念的体现。所谓作文需要灵感，灵感是什么？不过就是对自己价值观念深深的触动，从而使自己难以平静，引起了种种想法。所以作文的内容必定是对自己价值观念的表达。

如曹辉同学的《冬天里的草兰》一文[②]，说春天，“每当眼前出现一片姹紫嫣红的时候”，他就会想到杨老师家窗台上那棵“冬天里的草兰”。这是

① 刘翔平：《寻找生命的意义——弗兰克尔的意义治疗学说》，第 42 页。

② 见高长梅主编：《中学生三好作文》，陕西旅游出版社 1999 年版。

一种“极普遍的花”；在这里，它“没有精致的花盆；只有一只搪瓷饭碗和半盆碎泥。”“尽管它十分清瘦，却显得精神矍铄”，看见它你就会觉得“纵使没有肥料，没有合适的温度，它也一定不会忘记献出自己仅有的一切”。而且，哪怕“窗外寒风呼啸”，只要你看一眼那盆草兰，它就会“带给你春的温暖”。作者觉得这盆草兰在“默默地向人们展示着主人平凡的生涯”：“年逾60”的杨老师每天就坐在窗台下那张旧桌子前备课改本子。他身体很虚弱，子女又不在身边，平时陪伴他的就只有这盆草兰。室内的陈设简单到跟草兰“竟如此协调”，他也跟草兰一样总是带给人们春的温暖。比如作者初二时他们班是“全校有名的乱班，很多老师都不愿接这个班”，杨老师却主动承担下来。他是“拼着老命把我们班搞上去的，成绩一跃为年级组第二名”，运动会上又获得“女子年级组冠军”，还夺得了“市先进集体”称号。文明班级的“一张张奖状，一面面奖旗”，使全班同学一次次“在心中升起的就是这种温暖”。文章的结尾是：

> 我崇尚身处困境，摆脱小我，将全部力量献给祖国的人。杨老师不正是这种人吗？虽然他平凡，其品格与这株草兰多么相似，没有惊天动地的勋业，只有默默无私的奉献……

草兰和杨老师的工作与生活之所以引起曹辉同学的关注，使他感动而成为他的作文题材，正如文章结尾所表明的：“我崇尚身处困境，摆脱小我，将全部力量献给祖国的人”。这就是他的价值观念，即认为人生的价值在于“摆脱小我，将全部力量献给祖国”。因为有了这样的人生追求，所以草兰的形象和杨老师的事迹使他受到感动。相反，如果他认为人生的价值只在于个人的物质生活享受，获得的物质享受越多人生越有价值，那么杨老师的清贫生活与无私奉献就不会被注意到，更不会使他感动，即使听到介绍杨老师的事迹也会很不以为然。在这种情况下，草兰和杨老师的工作与生活都不可能拿来作题材写文章。

又如颜畅同学的《同桌的笑》，[1]说她的同桌是一个“胖得略显一点憨的女孩”，手比一般女孩粗些，在运动场上，她也无法表现得灵巧。她的表情只有一种——笑，无论碰到什么她都笑。她的手被妹妹抓出一条条血道道，作者听了义愤填膺，可她只是笑。初三毕业那学期，大家拼命苦读，“她却傻傻地当上了劳动委员”；到大扫除时，“几个狡猾的男生甩下一大堆活留给她”，她结结巴巴地跟他们论理，“结果还是她笑着做完一切”。有同学故意“说她跟某某男生要好”，她听了还笑，这使别人说得更加肆无忌惮。她为此竟哭了两回，“可她过后却又对那些开玩笑的人笑起来”。她时时被人要弄和欺负，可她总是笑着。文章最后写道：

> 瞧，又是满教室的哄闹，她自然又成了哄闹的主题。她的脸在笑着，可我知道她的心正烦恼、苦涩着呢。多次感情的积淀使我终于站起来：“不要闹啦！”我发现这是我第一次如此正义如此大声地讲话。教室里静下来，她抬起头来看我，惊愕的脸上写满了感激。天哪，她没再笑了！她紧闭的嘴唇仿佛在诉说尊严和庄重。这就是她，我的同桌。

同桌总是被人要弄和欺负，作者再也忍不住了，义正辞严地加以干涉，帮助她讨回尊严和庄重，这表达了作者的价值观念，即她评价同学关系（人与人的关系）的标准是平等、友好，互相尊重，自己要有尊严。她之所以对一些人要弄和欺负同桌很反感，对同桌总是笑的表情也很不以为然，就因为这些都跟自己的价值观念相反，是她的价值观念不能容忍的，所以她破例地站起来大声干涉。这是她在帮同桌的忙，也是她在维护自己的价值观念。古人说“君子好辩”，孟子说他的辩论都是不得已而为之，也是这个道理。正因为这件事触动了颜畅同学的价值观念，所以它成了这篇文章的题材。——她不能不表达出来！常说对生活要敏感，这敏感是怎么回事？可以说它是由各人的价值观念决定的一个生活范围，凡是触及这个范围，就像我

---

① 见《语文学习》编辑部编《作文个例》。

们身体的任何一个部分被碰撞一样，我们是不会没有感觉的，这感觉就叫对生活的敏感。

所谓作者的价值观念被触动，进一步说，就是指某些生活事实对作者的价值观念起到了印证或丰富、深化、发展、修正、启迪等作用。那些写好人好事、英雄模范人物事迹的好文章，那些好的读后感、观后感和写景状物以及生活感悟的佳作，都是作者的价值观念受到触动之后写成的，否则那些人和事、景物和生活就不会成为题材被写成文章，只是作者的价值观念在有的文章中表现得比较明显、直露，在有的文章中表现得含蓄、隐晦一些，形态有所不同罢了。

再看强调内在价值和重视自我塑造的例子：

如四川李颖同学的《“红白榜”可以休矣》[1]一文，是针对一位教师期中考试后将班上50名同学的成绩按总分多少排名次，印成一表发给家长这件事写的评论。作者说，这使她想起《十六岁的花季》一书中的一个情节：“班长白雪在犹豫了许久之后毅然撕掉贴在墙上供家长们参观的‘红白榜’，以致老师和校长都目瞪口呆。”作者赞扬白雪撕得好，因为这种按分数多少排名次的“红白榜”，除了挫伤一部分同学的自尊心，造成他们的自卑感之外，根本达不到让成绩“差一些的同学奋起直追”的目的；这做法“实在是不高明的”。文章接着议论道：

> 学习主要在于掌握知识，学会本领，而不在于考试得多少分。现在的普遍观念只认分数，譬如高考不就只要分数吗？应该明确的是，学习的最终目标不是为了高考。当然能上大学深造固然好，但如果不能呢？那也不要气馁。社会是广阔的，学习是永无止境的，考试分数的多少决不能评定一个人的好坏！不是每一位伟人都是状元！丘吉尔中学时代成绩就不理想，但是他毕竟成了一个巨人……
>
> 我觉得，自信和自尊的培养比考试更重要。老师排名次的做法不明

① 见王学礼主编：《中学生分类议论文大全》。

智的地方就在于：它会伤害同学的自尊心，导致“厌学”情绪。

文章最后说：

但愿教育改革的春风能将千百张“红白榜”吹得无影无踪，让“名落孙山”者的自信心重新树立起来！

这篇作文对搞“红白榜”的做法提出的批评是中肯的，有说服力的。它的力量就来自对人的内在价值的重要性有足够的认识，因而十分明确地强调了这种价值的重要性。如前所述，外在价值是内在价值的外化、对象化，照理说，外在价值与内在价值应该是对应的，但事实上有时候却有例外，简单地说就是因为世间的事情太复杂了。就以中学生的考试成绩而论，知识和能力这一内在价值与分数所代表的外在价值应该是对应的。但有时也不对应。比如靠死记硬背有时也能得高分，但这就谈不到有真正的知识和能力了；至于靠非正常手段得到好分数，那更与知识和能力无关。反过来，真有知识和能力的同学有时又因为一时疏忽，或时间安排失当，或身体不适等原因而不能获得满意的成绩。至于自尊心、自信心等心理素质、思想道德品质等内在价值，更是一时的考试分数难以反映出来的了。搞“红白榜”的荒谬处就在于它排除了以上这些情况，片面认为分数就是一切。李颖同学的文章就好在充分肯定了知识、能力、心理素质等内在价值比分数这种外在价值更为重要，而且正确地指出了只要内在价值高，哪怕一时学习成绩不够满意将来也会有远大前途这一真理，伟人并不“都是状元”！所以，这篇作文的写作与成功，主要来自对人的内在价值有正确认识。

自我塑造方面，如福建李朝英同学的《成才，关键在于自己的主观努力》[①]。文章说，所谓人才，“就是在各个领域各条战线为国家、集体、人民做出了贡献、做出了一定成绩的人。”那么人要怎样才能成才呢？作者

① 见王学礼主编：《中学生分类议论文大全》。

认为，“客观条件对一个人的成才有相当的影响，但它决不是成才的主要因素。”比如：

> 生长在一个条件十分优越的高级知识分子家庭，就一定能成为有用的人才吗？生长在一个贫困如洗的穷乡僻壤就注定不能成才吗？反过来，生长在环境条件各方面都很优越的家庭就一定成为社会的渣滓吗？生长在条件环境各方面都很恶劣的穷乡僻壤就一定会成为“状元郎”“金凤凰”吗？在现实生活中，无数铁的事实都说明了未必如此。

然后，文章提到了大画家潘玉良：

> 她生长的环境是何等地令人哀叹，可是在那样悲苦的环境中她却能执着于自己钟爱的事业，潜心钻研实践，数十年如一日地寒窗苦学，付出了艰辛的劳动，终于成了中国当时最高学府的教授，成了世界艺坛上著名的艺术家。她靠的是什么？靠的是坚定的信念，靠的是顽强的意志，靠的是不懈的努力。

文章最后说：

> 正如一位作家所指出的，重要的不是自己所面对的环境的好坏，而是自己努力的程度。只要我们勤奋努力，并坚持不懈，那么成为一个人才的美好愿望就一定能够实现。

要使自己成为人才，“为国家、集体、人民做出贡献”，不能依靠客观条件，要靠自己“坚定的信念”“顽强的意志”和“勤奋努力并坚持不懈”，这一正确而鲜明的主题思想，显然是作者为了实现自己人生价值努力从这些方面塑造自己的深切体会。

价值观念是什么？就是权衡轻重，就是选择。所以朱光潜说“价值意识的应用范围极广。凡是出于意志的行为都有所抉择，有所排弃。在各种可能的途径之中择其一而弃其余，都须经这价值意识的审核。小而衣食行止，大而道德学问事功，无一能为例外。”[①] 不能说生活中的一切价值权衡与选择都值得写成文章，但正确的人生价值观念，会赐予我们许多值得写的东西则是无疑的——就像上面的曹辉同学，在追求享受与追求奉献之间选择奉献，所以写出了《冬天里的草兰》；在同学关系中，是以强欺弱还是相互关爱尊重，颜畅同学选择了后者因而写出了《同桌的笑》；在分数和知识、能力的权衡选择中，李颖同学选择了知识与本领，因而写出了《“红白榜”可以休矣》……有怎样的价值观念就有怎样的选择，这是必然的，也是自然而然的事情，而作文的题材就是一种选择。

① 朱光潜：《谈修养》，第 113 页。

第三章　培养健全人格（下）

接着上章讲，论述人生的需要、态度、审美与文章题材、内容的关系。

第一节　人生需要

什么是人生需要？生物学认为，需要是有机体偏离欲望状态的信号；心理学认为，需要是对某物的缺乏。对需要的一般解释是：“所要求或想得到的东西”，或“由于天性或由于社会生活而产生的要求。”[①] 所以，人生需要是人们根据一定的生活条件，对与自身生存和发展相关联事物的依赖与渴求，它体现为平日的兴趣、爱好、情绪、感情、欲望、希望、意愿、向往、追求、要求、自尊等多种多样的形态。需要是活动的内驱力，人的活动总是从需要出发，激发动机，诱导行为，通过发挥内在潜力以实现追求的目标。

需要具有主观性，它是人对特定目标渴望得到满足的一种内心状态；同时又有客观性，需要的形成和满足都离不开客观存在，如社会需要人才才会有成才的渴望，而要成为人才，又必须依靠种种社会条件才能达到目的。从纵向看，需要是分层次的：马克思主义创始人将它分为由低到高的三个层次；即生存需要，也就是为维持生命存在对物质生活条件的需要；享受需要，包括物质享受和精神享受，随着生活质量的提高和社会的发展，精神享受所占比重会越来越大；发展需要，包括充分实现体力和智力，全面发展才能以及创造和超越的需要。美国人本主义心理学家马斯洛又将人的需要由低到高分

① 薛克诚等主编：《人的哲学》，第 179 页。

为五个层次：一是生理需要，即衣、食、住、行和性的需要；二是安全需要，即对满足生命、财产、职业和心理安全的需要；三是社交需要，即与人交流、得到关爱、避免孤独的需要；四是尊重需要，即各方面能得到别人赞赏与较高评价，在集体中有地位和威望，能得到人们尊重的需要；五是自我实现的需要，即实现理想抱负，各种潜能充分发挥的需要。学术界认为，马斯洛需要层次论的基础是人道主义，有一定局限性，但它为马克思主义的需要层次理论提供了心理学依据，它的层次论内容有相当的合理性，有些可以为马克思主义所吸取。从横向看，需要可以分为几种类型：一是有物质需要和精神需要。这二者不能绝对分开，它们相互渗透——物质需要是精神需要的基础和前提，并渗透于精神需要之中；精神需要是物质需要的补充和发展，它高于物质需要，是人与动物的重要区别。精神需要的匮乏是物质的东西不能补偿的，在一定条件下，人们宁肯牺牲物质需要以满足精神需要。二是个人需要和社会需要。需要最能表现人的个性，各个人的情况不同，需要也不尽相同，社会上不会有需要完全相同的两个人。个人需要由社会来满足，因此社会需要由个人需要所组成，是全体社会成员需要的总和而又大于这个总和，因为它还包括个体需要相互联系、转化、协调的需要，等等。个人需要服从社会需要，与社会需要保持一致，社会需要为社会成员所接受和坚持，这便是二者的统一性。三是合理需要与不合理需要。凡是有利于促进社会发展和人的身心健康发展的需要都是合理的，反之，诸如损人利己，化公为私，贪污腐化，吸毒淫乱，聚众赌博，私欲膨胀，行为失范，绝对自由等等，有害于社会和人的发展的一切需要都是不合理的。四是显性需要和隐性需要。自觉的、意识到的需要都是显性需要，不自觉的、没被意识到的需要都是隐性需要。生活中，有时这两种需要会交织一处；这就是所谓目的转化为手段而非真正的目的，如暴富者有时大把花钱购物，其真正目的并非为了享受这些东西，而是希望以此弥补自己的社会地位低下，达到心理平衡；对这种购物冲动的真正需要他不一定很清楚。

人的需要即人的本性、本质。马克思说：“我的劳动满足了人的需要，从而物化了人的本质，又创造了与另一个人的本质的需要相符合的物品。”[①] 马克思在这里就是把人的需要与人的本质作为同一概念使用的。他在“巴黎手稿”[②] 中说的“激情、热情是人强烈追求自己的对象的本质力量。”表明人的本质力量即追求对象的力量、满足需要的力量。他还在“手稿”中指出，人的需要的对象是他的本质力量的表现、确证和对象化；又说人的“每一种本质活动和特性，他的每一种生活本能都会成为一种需要。”[③] 他与恩格斯合著的《德意志意识形态》一书指出：“在现实世界中，个人有许多需要”，“他们的需要即他们的本性。”[④] 需要是人的本质、本性，这就说明一个人有什么样的需要，便是一个什么样的人；说明人应该通过自己的需要去更好地认识自己，通过控制、调节、引导去提高、发展和丰富自己的需要，努力使自己成为“占有自己丰富性本质”的人，成为一个品行高尚、德才兼备、全面发展、充分实现潜能的人，一个“真正的人，纯粹的人”。

需要与作文题材、内容的关系，大体可以概括为一句话，即只有合理的、层次较高的、努力与社会需要保持一致的需要，才能与生活正确对话，达到有话可说、有文章可做，才能写好文章。因为文章虽然是作者需要的表达，但不是什么需要都可以写文章的。文章表达需要主要有如下三种类型，而要写好这几类文章都必须具备这一基本条件。

一类是表达需要的提升。如江苏黄煜同学的《伤口》[⑤] 一文，说放学回家，母亲把几个苹果放在桌上，笑着对她说，“大丫头了，该自己削了。”她正又渴又累，本想等母亲为她削好，听了这话就只得“亲自动手”了。不料小刀不听使唤，一下子在手上划了一道口子，她叫了起来。这下母亲着慌了，忙给她包伤口，又关切地问疼不疼。她想：“当然疼啊，‘早知如此，何必当初’！”在心里埋怨着母亲。次日是星期天，家里液化气用完了，爸

---

①《马克思恩格斯全集》第 42 卷，第 37 页。

② 即《一八四四年经济学—哲学手稿》的俗称，简称。

③《马克思恩格斯全集》第 2 卷，第 154 页。

④《马克思恩格斯全集》第 3 卷，第 31—32 页。

⑤ 见《语文学习》编辑部编《作文个例》。

爸又出差在外，母亲只好自己用空瓶去换气。煤气罐太沉，母亲在楼下喊她去帮忙抬上来，她不愿去，便在阳台上摇摇包扎着的手，母亲只好自己扛上来。晚上爸爸回来了，她在门外不经意间听到他们的谈话。

> “怎把腰闪成这样？那么沉的煤气罐也不叫孩子帮忙？五层楼呀，你倒挺得住！”……“她手弄破了，再说，也不能叫孩子拿那么沉的东西！”

作者说，她“站在门口，眼泪止不住掉下来。”她心头难以平静：

> 苦思一番，才懂得母亲的爱有增无减。细想千遍，才知道自己的伤主要不在手上，而是在心上——“公主”式的娇惯养成了我的慵懒与自私。我只懂得尽情地享受母亲过多的关爱，却对母亲吝啬地藏起我完全有能力付出的必不可少的一臂之力。我深深地自责：我为何如此缺乏爱心和孝心？对母亲尚且如此，将来我对他人对社会岂不更是冷漠与缺乏责任心？
>
> 深夜，我噙着泪花，在母亲闪伤的腰间轻轻地一遍遍擦着红花油，也为自己抚平心灵上的伤口。

这篇文章表达的就是“需要的提升”。它描写了作者从“慵懒自私”，只知道“尽情享受”母亲的关爱却不愿付出“一臂之力”，提升到需要对母亲付出“爱心和孝心”、需要对他人和社会具有责任心的一段认识过程。这是需要的一段提升过程，也是心理的发展过程，做人的一段成长过程。凡写自己或他人成长过程的作文，大概都可以归入这一类，只是表现形式多种多样而已。但即使是写他人需要提升过程，自己也必须达到比较高的需要层次才有可能。比如黄煜同学的上述经历，在一个只知道享受别人关爱而不愿意为任何人做出一点付出的人心中，就不可能得到正确理解，就会认为她那番“深深的自责”完全没有必要，因此也就不会用这件事写文章。

其次是表达高层次的需要。如甘肃郑小蕾同学的《沙漠红柳》[①]一文，说她在腾格里沙漠的边缘地带旅行了几天，在茫茫沙海中最吸引她注意力的是随处可见的红柳。初见它时，只认为“它宁愿干渴，也不稀罕平原大地的滋润；宁肯伫立在静谧莫测的沙漠中，也不眷恋风光旖旎的名山大川”。继而将它与“富有诗意的沙海、神秘的大自然”联系起来思索时，便发现它有“清高而脱俗的品质”：

你看它：棕红色的枝干，坚硬挺拔；深绿色的叶子，郁郁葱葱。夏天，枝叶茂盛，红绿交映，犹如一棵棵异彩缤纷的奇葩，在沙漠中生长、繁衍；又如一个个勇士，在贫瘠的土地上拼搏奋斗，世世代代抗拒狂风骤沙。它不嫌贫瘠，默默无闻地扎根在荒漠之中，为大自然创造绿色屏障；它不惧干旱，用生命的全部甘泉，滋润着人迹罕至的空间；它不惧沙暴，顶酷日，斗严寒，抗风沙，顽强地与恶劣环境抗争，为贫瘠的大地增添无限春色。红柳是多么平凡，而又多么伟大，其品格和精神是多么显见，而又是多么可贵!

这些，使作者对红柳“万分敬佩”。她“仿佛看到生活中那一个个像红柳一样的强者”：

华夏五千年，有多少志士仁人、英雄豪杰，在祖国危难，民族危亡之际，奋起保卫疆土，救国救民于水火之中，不惜把鲜血洒满大地。他们的这种品格精神，不正是红柳的品格和精神吗？做红柳样的人，学红柳的精神，不正是我们这一代跨世纪青少年所追求的志向吗!

这是一篇有感染力的咏物散文。很明显，作者之所以能写出这篇文章，是因为作者心中有像历史上的“志士仁人，英雄豪杰”那样“奋起保卫疆土，

① 见全国中学生作文大赛编委会主编：《中学生优秀作文大全》，中国少年儿童出版社 1998 年出版。

救国救民于水火之中，不惜把鲜血洒满大地”的追求，也就是有为祖国为人民贡献自己一切的高层次需要。不然，毫无思想意识的寻常红柳，哪会在大沙漠中“拼搏奋斗，世世代代抗拒狂风骤沙”，“为大自然创造绿色屏障”；哪会“不惧干旱，用生命的全部甘泉，滋润着人迹罕至的空间”；哪会“不畏沙暴，顶酷日、斗严寒……”？这些全是作者需要和人格的外化、对象化、形象化。《沙漠红柳》如此，一切好的咏物文章莫不如此；咏物散文如此，一切赞美英雄模范人物的文章莫不如此——都是作者高层次需要的一种表达。所以，作者如果没有较高层次或者高层次的需要，哪能赋予景物以美好的寓意，哪能感受和认识到英雄模范人物的优秀品质与崇高精神，因而也不可能写出这类文章。

写到这里，不能不提到《高考作文批判》一书中的一番奇怪议论。该书在批判高考作文“概念化写作”时，对象征手法表达了一种意想不到的愤慨。有两份作文分别赞颂了椰子树的“无私奉献，坚强不屈”和“爬山虎”的“奋发向上，英勇拼搏”精神。该书编者怒斥道：这是“矫揉造作，拿腔作调”，“让人反胃！”说“李敖所谓‘写文章是为了让读者得胃病’，就是说的这类文章和写作风格。”他们认为：“椰子树就是椰子树，爬山虎就是爬山虎，它们正常地自然地生长着，可有人偏偏让它们的生长从此成了有重大意义的事情，累不累啊？[①]”古今中外多少人用花草树木表达自己的情怀，写下了多少脍炙人口的佳作，可是该书编者却不准这么写，不准用象征手法！说“椰子树就是椰子树，爬山虎就是爬山虎”，自然界的事物就是自然界的事物，与人类何干，你偏要让它们“有重大意义”，“累不累啊！”“蚍蜉撼树谈何易”，象征手法是反得了的吗？反不了的东西偏要想把它反掉，这不光是“累不累”的问题，而且很愚蠢！那么象征手法为什么反不掉呢？因为它是作者内在需要的自然流露，是人类心理活动规律的体现。蚍蜉之所以妄图撼动大树，是因为不知道大树是它所撼不动的；该书编者之所以要否定象征手法，是因为他们不知道此法有心理根据，是写作的客观规律决定的，

① 孔有君主编：《高考作文批判》，第90页。

岂是几句自以为是的话就能使之烟消火灭，从此自然归自然、人事归人事，二者互不相干，再也没有象征手法了呢！正因为他们不懂得此法有客观规律的根据，以为“重大意义”“象征某种人或某种精神”之类，都不过是谁想唱谁就能唱的高调子（他们对作文与做人的关系一窍不通），所以把作者感受到的椰子树、爬山虎等花草树木的象征意义一概斥责为“概念化”“伪圣化”“矫揉造作”“拿腔作调”而深恶痛绝。对于这种“高论”，实在无须多费口舌争辩。

第三类是对不合理需要的否定。如上海郑镭亮同学的《节俭是一种美德》[①]一文，说在迈向小康的过程中，“人们渐渐遗忘了某些弥足珍贵的东西”：

> 一分钱甚至一角钱掉在地上，已不会有人弯腰去捡；勤捡持家已不再为人们所津津乐道，人们想得更多的是“潇洒走一回”；在青年人中，高消费更是越演越烈，几百元的CD，几千元上万元一桌的酒宴，已不是什么新闻……的确，生活水平是提高了，但这并不意味着从此就可以抛弃节俭，因为节俭不是一种形式，而是一种美德。

接着文章议论道：

> 节俭并不意味着贫穷，至少节俭的人在精神上是富有的。而那些一掷千金、挥金如土的暴发户们却只知一味用金钱堆砌起自己的一切，而他们的精神世界却是一片沙漠。一个真正富有的人，一个有优良品质的人，绝不会暴殄天物，相反，在他们所有的优良品质中，一定有节俭这一条。美国微软公司总裁比尔·盖茨是当今世界首富，其资产总额达150多亿美元。然而他的住所不仅不是最豪华的，而且还是最不起眼的；至于他平时的穿着、行为也绝没有所谓的气派，简直是普通得不能再普通了。可是，他创造了世界电脑史上的一个奇迹，使社会向前迈进了很大

① 见王学礼主编：《中学生分类议论文大全》。

的一步。从这位电脑大王身上，我们也许可以悟出点什么。所谓“君子忧道不忧贫”，对金钱的穷奢极欲只能是无知的表现，一个高尚的文明人，一定也是一个节俭的人。

文章还论述了节俭是“对劳动成果的珍惜”，是对“劳动的尊重”；“节俭能够降低人的占有欲，从而提高一个人各方面的道德水平”等观点。文章指出节俭“能够积累更多的资金支援国家建设”，特别是在“还有数以千万计的人生活水平处于贫困之中”的情况下，“我们更有责任提倡艰苦奋斗、勤俭节约的精神”。文章对“一掷千金、挥金如土”“穷奢极欲”的批判和对节俭美德的提倡，都讲得相当中肯、充分，有一定深度。写这样的文章，如果作者自己没有比较高的需要层次是办不到的。比如，自己就是一个追求高消费的人，必定体会不到“对金钱的穷奢极欲只能是无知的表现”，也一定体会不到“一个有优良品质的人，绝不会暴殄天物”的道理，更不会认识到节俭的种种好处。需要达到哪一步才会有哪一步的真切体会和认识，这是假不了的。

如果要进一步问合理的、较高层次的、与社会需要保持一致的人生需要为什么会对作文的题材、内容有这种决定作用，那么，可以从心理学的不随意注意、情感发生规律和哲学认识论的“主客相关律”那里得到清楚的解释。

写文章的人都知道，写作的题材常常来自偶然，来自无意之间。对于这种情况，从心理学上看，便是不随意注意的作用。所谓不随意注意，又叫无意注意，是指一个人在某种特殊情况下，既无预定的目的，也没经过任何的意志努力，完全是不由自主地对一定的事物注意起来。这“某种特殊”情况，心理学指出包括“迫切需要”“特殊感情”“直接兴趣”三种，其实如前边所提到，感情和兴趣也包括在需要之中，其实也就是需要，所以它们都是需要的一种表现形态。所谓对“一定的事物”发生注意，那“一定的事物”，也就是需要的对象、客体或与需要密切相关的事物。如饥渴者总会对食物、饮料或与它们相关的事物产生不随意注意。在那漫长的“吃不饱”的年代里，人们的话题总是一不留神就转到吃上去了，人们谈论最多的话题就是吃，其道理就在这里。这是需要所致，也可以说成是情感所系，兴趣所在，而根本的就是心中对吃喝的渴求。这个规律反映在作文中，就是凡是有较高层次的、有社会意义的需要的学生，与其需要有关的事物，都容易引起他的不随意注意，并可能成为作文的题材、内容。如曾经提到的广东陈伟恒同学的抒情散文《篝火·星星·心》一文，篝火的由热烈而变成冷灰，微弱的星光却默默地作着永恒的奉献，这一尖锐对比现象能被他于无意中注意到（即所谓“发现”）并作为题材写成文章，就因为这里边体现了他的需要——“我要想做的，不正要像一点星光么？”

至于感情发生的规律生理学和心理学各有自己的解释；而在心理学界，不同的学派又有不尽相同的说法。但如果从需要的角度看大家公认的规律就是：“需要得到满足，则产生愉快的、积极的情感；需要得不到满足，则产生不愉快的、消极的情感。愉快的情感，使人安于原来的需要并产生新的需要，不愉快的情感，会使人的需要有所改变。这就是说，需要同感情，有激发和反馈的关系，存在着相互的影响。”[①] 这一规律，反映在作文教学中就是语文教师经常对学生讲的那句话：“写感动过自己的东西”，或者说“写自己感触或感受最深的东西。”可见，作文的题材、内容，是需要通过情感这双“触手”抓到的。如江苏卫曦臻同学的《鞋》，[②] 写她母亲手巧，很会做布鞋，给她做的圆口布鞋是她最喜欢的样式，她是“穿着这种鞋长大的。”进城上中学了，穿着母亲做的圆口鞋，她感到很自豪；想到里边“渗透着母亲的心血”，她很激动，感到很幸福，于是写了歌颂母爱的《布鞋》一诗在校刊上发表。不料有一天她穿着布鞋过走廊，却遭到几个同学的嘲笑。一看她们的鞋子，不是“高级运动鞋”就是“‘咚咚’响的皮鞋”，“我的脸一下子涨红了，真想有个地缝钻进去，摆脱我的窘态。”从此她不喜欢布鞋了，觉得它是“土鞋”。天凉了，母亲送来一双棉鞋，她埋怨道：“老是让我穿土鞋，也不怕别人笑话！”母亲无奈，只好拿钱叫她自己上街去挑一双皮鞋，但叮嘱“天冷别忘了穿棉鞋”。可是她哪听得进去，有了皮鞋就把母

① 杨清主编：《简明心理学辞典》，吉林人民出版社 1985 年版，第 379 页。

② 见全国中学生作文大赛编委会主编：《中学生优秀作文大全精华本》。

亲做的棉鞋扔到一边，觉得要穿上皮鞋才“神气”。结果“脚上好几处都生了冻疮”。后来学校放三天假，她“只得穿着棉鞋回去”（为的是哄母亲）。“一到家，只见母亲躺在床上。听父亲说，母亲病得很重，前些时候，母亲还带病在床上赶制那双棉鞋。”原来，自己脚上这双棉鞋是母亲带病赶出来的！这次见到母亲，母亲用“低微的声音”问道：“穿着棉鞋没有冻着吧！”作者再也控制不住自己的感情，哽咽着哭了起来。第四天黎明，“我要回校了，母亲的身体刚有些好转，就又为我送行。棉鞋踩在弯曲的田间小路上，心里暖暖的，周身的血都在沸腾。母亲对我的爱是永恒的，我要永远记住这份母爱，实实在在地走好自己的路”。文章至此结束。这篇作文的主旨是抒发对母亲的感情，这段曲折变化的感情就是围绕需要的满足与否而展开的，即需要的改变引起情感的变化。开始，布鞋完全适应、完全能满足作者的需要，所以穿着它感到愉快、自豪、幸福。后来思想意识变了，布鞋不能满足她的需要，她需要穿皮鞋、高级运动鞋，她穿上皮鞋感到很“神气”，她讨厌布鞋土里土气，将它扔到一边。再后来，思想意识正确了，布鞋又成了她最爱、最需要的东西。穿上它“心里暖暖的，周身血液都在沸腾”。文章是抓住感情在写，但这感情的背后正是需要，是需要的满足与否，这些都由需要激发，并且是对需要的反馈。所以，那段感情是否值得写成文章，实质上是由需要决定的。《鞋》写了一种美好的感情——母爱，但它不是空洞的抽象之物，它就体现在对作者需要（物质和精神）的满足上，这双鞋既满足了她的生理需要，也满足了她心灵成长的需要，所以这需要的满足过程是值得写的。文章的题材、内容，一般都是激动过作者情感的，但是这情感有的在文章中直接地鲜明地表达出来，有些文章则字面上感情色彩比较淡。作者根本没有动过感情的文章很难写好，这也是一条规律。

再说哲学认识论的“主—客相关律”。这是说，在认识活动中，无论是认识的性质方面还是在认识所达到的范围、程度和采用的方式上，认识主体与认识客体之间都具有某种内在对应的相关性。比如对人的认识，幼儿、大学生、哲学家对“人是什么”的回答肯定各不相同，这各不相同就体现在对人的性质的把握上，体现在对人的认识所达到的范围、程度和采用的方式上；

而“人”也就正好向他们分别呈现出那样的性质、范围、程度和适应他们各自的认识方式。幼儿心中的“人”就是像他的爸爸妈妈。这是他用贫乏的生活经验认识人，认识的范围仅仅达到人的现象层面的一小部分，认识的程度只是人的极粗浅的现象。这时，“人”也就向他呈现出相应的性质、范围和程度，也适应他贫乏经验的认识方式，即“人”真的就是像他的爸爸妈妈。中学生认为“人”是会思想、会使用工具进行生产劳动的动物。这是他用书本上的常识来认识人，认识的范围是反映了人的一个方面的本质，认识的程度是把握了人类本质中最基本的东西。这时，“人”就向他呈现出相应的性质、范围和程度，也适应他知性的认识方式，即人真的就是会思想、会使用工具进行生产劳动的动物。哲学家则认为人是“无前定性”的、永远开放、不断创生的存在。这是用辩证思维的方式认识人，认识的范围达到了宏观的整体把握，认识的程度达到了更为根本和深层次的思考。这时，“人”也显示出与之相应的性质、范围和程度，并适应他的哲学思维的认识方式，即人的确就是“无前定性”的永远开放、不断创生的存在。先有客观存在的事物然后人才去认识它，从这一点说，人的认识活动是被动的、被迫的；但从另一方面看，在认识的实际进行中，人又是主动的、主导的，客体又是被动的、被认识的。其被动性体现在它是按照“主体的需要和把握客体的能力”来呈现自己的“性质、范围、程度和层次”①。至于它在主体面前呈现出这样的性质、范围、程度和层次，是不是它真的就是如此，那当然是另一回事。但在特定的认识主体面前，它就只能呈现出那样的性状，而不可能是别的什么。也就是说，在幼儿面前，“人”只能是像他的爸爸妈妈，而不可能是“会思想、会用工具生产劳动的动物”；在中学生面前，“人”只能是会思想、会用工具生产劳动的动物，而不可能是“无前定性的永远开放、不断创生的存在”；在哲学家面前，“人”只能是“无前定性”的永远开放、不断创生的存在，而不可能是像自己的爸爸妈妈。在认识活动中，客体性状的呈现刚好适应“主体的需要和把握客体的能力”，这就是认识论的“主—客相关律”。可见，

① 欧阳康主编：《人文社会科学哲学》，武汉大学出版社 2001 年版，第 131 页。

在认识活动中，客体并不是把它的全部性状（本质与现象）都真实地呈现在主体面前，而只是呈现出与“主体的需要和把握客体的能力”相适应的部分，其余的因为超出了“主体的需要和把握客体的能力”而不能成为他的认识对象，照格式塔心理学的说法，它们就沉入“图底”隐匿起来。马克思说：“对于没有音乐感的耳朵说来，最美的音乐也毫无意义，不是对象，因为我的对象只能是我的一种本质力量的确证，也就是说，它只能像我的本质力量作为一种主体能力自为地存在着那样对我存在。”[①] 马克思在这儿讲的就是认识论的“主—客相关律”。

客体在主体的“眼”里呈现怎样的性状，取决于“主体的需要”和他“把握客体的能力”，认识论“主—客相关律”的这个道理对我们认识作文题材的问题很有启发。且以曾经提到过的那篇《冬天的草兰》而论，里边有什么高深的知识？一点也没有。草兰的形象、特点，杨老师的工作与生活，统统都平常极了，哪一个中学生都会说“我都懂得，我都知道”，根本谈不到他们认识能力达不到的范围、程度、层次，也谈不到有中学生不具备的认识方式。但是，要写出这么一篇作文来却又不是每个中学生都能办到的。那么这是为什么呢？这就涉及题材要求的另一个条件——“主体的需要”问题了。也就是说，因为曹辉同学有“身处困境，摆脱小我”，将自己的力量“默默无私”地“献给祖国”的需要，所以草兰向他呈现出使他感动的形象，杨老师的工作和生活情况成了使他感动的非一般的事迹，因而这样以草兰和杨老师的工作与生活作为题材写这篇文章，就是必然的，也是很自然的事情了。相反，如果他追求的是物质生活的享受，没有高层次的人生需要，草兰形象就不会使他感到“春的温暖”，不会“为我所留恋”，他也不会感受到杨老师是“将最后一丝余力献给祖国的人”，这篇文章也就不能写了。需要决定与生活对话的性质和展开的方向，在这里体现得非常清楚。

至此，可以得出这样一个结论：合理的、较高层次的、与社会需要一致的人生需要对作文题材、内容的决定作用，往往是通过不随意注意、情感发

①《马克思恩格斯全集》第 42 卷，第 125—126 页。

生规律和认识论“主—客相关律”而发生作用的，由于有了这样的中介，这个决定作用不容易看清而常被人们所忽略；但要真正解决好中学生写作文有话说的问题，帮助他们确立正确的人生需要却是必须做好的工作，如果想绕过它则是行不通的。

第二节 人生态度

人生态度，指人对世界、对社会、对生活和对自己的态度。态度是个人对某一对象所持有的评价和行为倾向。它是主体在后天的生活实践中形成的，它必定指向一定的对象，不会有无对象的态度。态度一经形成，不会轻易改变，这是它的稳定性。态度是一种内在心理结构，是行为的准备状态（倾向于某种行为），所以不能直接观察，只能通过外显行为去认识，这是态度的间接性。人生态度，是人们在一定社会环境的影响和教育下，根据自我生活的体验所形成的较稳定的心理倾向，它既是对人生的基本看法，又是指导人生活动的一种心理定向和行为表现。

人生态度是人类所特有的。动物依照本能而生存、活动，在其生命活动中无所谓态度问题。人类有自我意识，他自觉地意识到自我的存在，他清楚地知道自己要干什么，自己能干什么，并且命令自己干什么或不干什么。人不是按其本能行动，而是按照他的态度行事，他的一切行为、活动、计划方案以及思想观念，“不论是否意识到，都是自我所拿定了态度的”，[①]都来自他的态度。不管本能以多大的力量驱使，对本能是否听从或听从到什么程度，都是由主体的人生态度决定的。人自由自觉的类特征，使他按照自己所抱持的态度来生存，而不受本能控制。人按自己的态度来生存，于是，人生态度如何也就对人生成败具有决定的意义。俗话说：“狭路相逢勇者胜”，狭路遭遇敌人，态度积极，勇敢进攻就能获胜，态度消级，应付、退避就必然失败。人生所碰到的问题，对于态度来说都是中性的，并不决定应取何种态度。

---

① 龚群：《人生论》，第 110 页。

取何种态度并不决定于客观事实，而是由人自己来决定，是主体自己作出的选择，而选择的不同，也就有了成功与失败的区分，即有了不同的结果。所以有人说："成功决定于态度，失败也决定于态度"，"客观环境固然重要，但它只能决定一个人暂时的成败"，"积极的态度就有积极的人生，成功的态度必然使人生走向成功。[①]"可见，以何种态度对待现实，将决定自己度过怎样的一生。

生活纷繁复杂，千头万绪，变化多端，人会经历各种各样的事情，碰到各种各样的情况。根据人们对待生与死、乐与苦、福与祸、善与恶、美与丑、真与假、荣与辱、顺境与逆境、光明与黑暗等的不同态度，便形成了积极或消极、正确或错误、乐观或悲观、奋进或保守等各种不同的人生态度评价。但是，人生态度尽管五花八门、多种多样，大体上却可以概括为两大类：一类是消极的、无所作为的、无益于社会的人生态度；另一类是积极的、有所作为、有益于社会的人生态度。对于前者，有些伦理学家又将它分为四个小类，即"看破红尘、得过且过、与世无争的人生态度"；"享乐、实惠的人生态度"；对社会、国家、他人总是予以否定的"批判主义人生态度"；"从极端的'自我'出发，为了满足私欲，不惜损毁他人、集体、社会"的"极端利己主义态度"。[②]我们不赞成消极无为，无益于社会的人生态度，因为它不符合人的生命与生活的客观规律，更不符合于人的社会属性。我们赞成积极有为和有益于社会的人生态度。其理由是：

积极有为的人生态度，是生命的本质或客观规律所决定的。朱光潜认为，"人性固然是复杂的，可是人是动物，基本属性不外乎动。从动的中间可以寻出无限快感。"[③]他把生命的本质特征归结为"动"，认为人生的快乐从"动"中来。又说："人生来好动，好发展，好创造。能动，能发展，能创造，便是顺从自然，便能享受快乐，不动，不发展，不创造，便是摧残生机，便不

① 中央教育科学研究所主办：《教育文摘周报》，2001 年 12 月 5 日第 8 版《成功决定于态度》。

② 王殿卿主编：《人生哲理》，第 107—109 页。

③ 朱光潜：《给青年的十二封信》，第 9 页。

免感觉烦恼。”这就是由“动”的特征认定生命的规律是“好发展，好创造”，并从中享受生命的快乐。积极有为的人生态度，正是由生命的这一本质和规律所决定的，而消极无为的人生态度则显然是对它的违背。《周易》说的“天行健，君子以自强不息”，也是从生命固有的本质和规律来强调人必须确立积极有为的人生态度。再者，积极有为的人生态度也符合生活的实践本质。马克思说过，生活的本质是实践的，也就是要干、要奋斗、要创造、要发展。为什么是这样？“因为生活中处处都有难题需要解决，有困难要去克服”；“我要从甲地到乙地去，这甲地到乙地的距离必须要有我的行走活动才能缩短。我要考大学，我现在的知识文化水平与大学考试要求的水平之间的距离就必须克服。我想把水稻的亩产量提高到某种水平，我目前的科学知识与这产量要求的科技管理水平有差距，我的科学知识水平就必须提高……”[①] 生活就是奋斗，就是实实在在地干，就是创造、发展，没有积极有为的人生态度怎么能适应？而人的本质既然是自由自觉的活动，那么积极有为、创造发展也就是“题中应有之义”。另外，从人的社会性方面说，还必须把“有益于社会”包括在积极有为的人生态度之内，使自己的人生态度体现时代精神，使自己的积极进取、创造发展不仅是个人的，而且是为社会的发展进步贡献一份力量。这就是把小我的利益放在社会这个大我的利益之中，在实现社会理想的过程中使自己真正有所作为，充分实现自己的人生价值。

要树立积极的、有所作为、有益于社会的人生态度，须注意正确地认识和对待人生痛苦。事实上，绝大多数人都会认为消极的、无所作为、无益于社会的人生态度是不好的，应该树立积极的、有所作为、有益于社会的人生态度，可是有些人却又没有做到这一点，这是为什么呢？其主要原因常常就是对人生痛苦没有正确的认识和处理。所以，在讨论人生态度的时候，有必要论及如何对待人生痛苦的问题。人的一生，会经历痛苦、烦恼、失望、忧伤、悲哀、绝望、得意、满足、欣慰、愉快、高兴、欢乐等体验，所有这些体验可以概括为两个字，即“苦”与“乐”。不用说，这种“生命的体验是

① 龚群：《人生论》，第 112 页。

自我意识到的生存感受”，它“直接影响到人对自我生存的态度”。[①] 因此，快乐的体验使人肯定人生，使人感到活得有意义，感受到生命的力量，自然地受到鼓舞，看到前途的美好，对未来充满信心；而痛苦的体验则使人感受到人生太苦，没有意义，从而容易使人对人、对事、对生活、对整个人生抱消极悲观，甚至绝望的态度。那么人生究竟是多痛苦呢还是多欢乐？俗话说，“不如意事常八九”。照这个说法，失意的事占八九成，如意的事只占一二成，显然是痛苦大大多于快乐了。叔本华的悲观主义哲学甚至认为生命的本质就是痛苦，因此人生只有痛苦。这两种观点都不够正确。叔氏的观点抹煞人生有欢乐的一面，明显地不符合事实；至于说“不如意事常八九”，这也显然是夸张。但是，这两种说法都揭示了一个不可否认的事实：痛苦的确是人生经常要碰到的一种体验，因此，如果不能正确地认识和对待它，人生就难免要陷入消极悲观之中。那么痛苦的体验究竟是怎么回事呢？简单地说，痛苦是在生活中有损失或所求不能实现造成的一种否定性体验，而痛苦的程度取决于所失之物或所求对象对于主体的价值，其价值越大造成的痛苦也会越大、越深。但这也是仅就对象方面而言，从主体方面说那就是另一回事了。如高考落榜，其事对主体意义（价值）之大毋庸置疑，但不同的人反应并不一样，有的人会痛苦万分，觉得一切都完了，前途一片暗淡，甚至产生轻生念头；有的人则并不怎么痛苦，觉得不上大学照样可以有光明的前途。所以，面对人生的曲折与坎坷，面对这样那样的损失，痛苦与否及痛苦程度的大小，主要取决于主体如何去看它们。这里，关键是不能执着于已经失去或追求不到的东西，而要超越它们。具体地说，要懂得“覆水难收”的道理，痛苦的追悔决不会有益于人生，不可自陷于痛苦之中，而要振奋精神，让生活重新开始；已经发生的事情就让它过去，今天却在我的手中，明天亦由我去安排、创造，只要积极进取，勇于拼搏，照样能够拥有美好的未来。再者，诸如“塞翁失马，安知非福”，“别在一棵树上吊死”，“东方不亮西方亮”，“条条道路通罗马”等等格言都有助于人们开阔思路，作多向思维，从而不去执着

① 龚群：《人生论》，第 114 页。

于某一对象，不为“打翻的牛奶哭泣”。第三，树立远大理想，将小我融进国家民族的大我之中，就会有“不以物喜，不以己悲”的广阔胸怀，而以天下之忧乐为念。这样，人生也就不再为个人的荣辱得失而烦恼，更不会因此而消极悲观，而能够铸成战斗的、刚健有为、壮心不已的光辉人生。

消极的、无所作为、无益于社会的人生态度与作文不相容。持这种人生态度者，其见闻、心思、作为，都不宜写成文章，他们与生活的对话是灰色的、失败的。如果这样的作者会写出有积极意义的文章来，那只能是讲假话；而“强哭者虽悲不哀，强怒者虽严不威，强亲者虽笑不和”[①]，假话不能动人，没有感染力，结果还是不能发生作用。所以，要写好作文，必须树立积极有为、有益于社会的人生态度，这又是由态度的如下两种作用决定的：

一、对认知的调节作用。心理学实验表明，当学习的内容和学习者原有的态度相一致时，学习的积极性就高，学习的内容就容易被吸收；反之，就会被遗忘或准确性降低。所以，“人对自己态度肯定的事物，易通过感知接受信息”，而对自己态度所否定的事物，则不容易接受信息。具体地说，这是因为：对某对象持肯定的态度，这态度会使人对该事物的“感知变得敏锐，记忆获得增强，思维更加灵活”，所以它的信息容易被接收；而对持否定态度的事物“则易闭塞接受信息的通道”，于是“往往会出现‘视而不见’‘听而不闻’的情形，还会抑制、干扰一个人的各种认知过程。”[②] 所以对它的信息接收不好。态度调节认知的规律反映在写作上就是，生活中有写作价值的题材容易被人生态度正确者捕捉到，而容易被人生态度不够正确者“调节”掉。如湖南张林同学的《进取》一文[③]：

每当我遇到困难，或是觉得自己就要失败的时候，我就会立刻想起举世闻名的潘德明。

中国青年潘德明用了7年的时间，终于在1931年完成了徒步走遍世

①《庄子·渔父》。

② 洪守义：《青年行为学》，中国青年出版社2004年版，第185页。

③ 见王学礼主编：《中学生分类议论文大全》。

界70多个国家的伟大壮举。

潘德明为什么要这样做？因为当时外国人称中国为“老大帝国”，称中国人为“东亚病夫”。他要用他的行动向世界证明我们的民族和人民是“有进取精神”的，不是“老大帝国”，不是“东亚病夫”。在整个行程中，充分体现了他的进取精神，他也一再向世界表明了中国人的这种精神：

在穿越无人烟的大沙漠时，干渴使他差一点丧生；在遮天蔽日的大森林里，他又几乎成了巨蟒的食物……面对这一切，潘德明没有丝毫的怯步，终于获得了巨大的成功。当到达印度的时候，他受到了大文豪泰戈尔的接见；当看到四大奇迹（之一？）泰姬陵时，他发出了“古人尚能创奇迹，今吾徒步走遍世界有何难哉”的感叹；他来到奥林匹克广场时，用几种文字豪迈地写下“中国人潘德明步行到此”。再没有比这更能激发人们进取精神的事了！后来，潘德明在《名人留墨集》中又写道：“德明必一往无前，以昭中国国民性于天下，必欲达目的而无退志！”这是多么可贵的进取精神！

接下去，文章又写到“鉴湖女侠”秋瑾“大陆浮沉人有责，救时无计愧偷生”的誓言和积极投身于雪国耻斗争的事迹；写到周恩来少年时就立志“为中华崛起”而读书，并与同学相约“愿相会于中华腾飞于世界之时”的壮举，等等，说明在我国历史上“具有潘德明这种进取精神”的人是很多的，“中华民族有这样的优秀儿女，还有什么困难战胜不了呢！”文章最后以屈原的名句“路漫漫其修远兮，吾将上下而求索！”表明自己积极进取的人生态度作结。

纵观全文，开头一段最值得注意：每次遇到困难都会“立刻想起举世闻名的潘德明”，说明作者自己正是一个积极进取的人，所以每次在困难面前他都不会采取消极的态度，而是用潘德明征服一切困难，把千难万险通通踩在脚下的大无畏精神来激励自己。也正因为自己怀抱了积极有为、有益于社会的人生态度，潘德明、秋瑾、周恩来等杰出人物的事迹才会引起他充分的注意，他们非凡的进取精神才深深地感动了他。所以，这篇文章既是在歌颂潘德明等杰出人物，也是作者在表达自己的人生态度，展示自己的“精神面貌”。但是，这一切对于持消极无为、无益于社会的人生态度者就会完全是另一回事，经他们人生态度的“调节”，要么视而不见，要么变形走样了。比如对潘德明历时7年走遍世界70多个国家的伟大壮举，他们要么视为一般的稀奇事，要么认为是出风头，是图某种名利，甚至会愚蠢地说是“吃饱了没事干！”他们哪能认识到这件事的意义和这种精神的可贵？更谈不到被他的事迹、精神所感动。对这些，无论在感官上还是心理上，他们都是“盲人”，这样一来，哪还谈得到抓住这个很有价值的题材写文章？

二、调节选择行为的方向与对象。态度是由心理向行为过渡的临界点，它可以引出行为，行为是态度的表现。所以，态度能促使人趋向或背离某种对象，影响人的行为选择。如生活中，人们喜欢选择跟自己思想观点，人生态度相近的人交朋友，即所谓“物以类聚，人以群分”。态度“规定了偏爱的是什么，逃避的是什么，可以选择的是什么。”[①] 写作是一种心理活动，态度的这种功能体现在写作中，就是对心理活动的方向和对象的选择、调节。具体地说，人生态度正确者，自然地将心理活动引向正确的方向，很可能因此获得写作的题材和内容；人生态度不正确者，自然地将心理活动引向不正确的方向，所思所想不可能有写作价值，因而不可能成为写作的题材和内容。如广东庞滇同学的《面对台历》一文[②]，说“面对台历，我悚然一惊，许多关于时光的语句便浮现在眼前”，是哪些语句呢？他提到了关于时间的三种说法，这里只看前两种说法及作者的评论：

一、“对酒当歌，人生几何？譬如朝露，去日苦多。”

这种感受流露了太多的无奈，像吃后悔药，实不可取。

其实对人生的看法，只须稍变角度，便可得出一个柳暗花明的乐观

① 洪守义：《青年行为学》第186页。

② 见王学礼主编：《中学生分类散文大全》。

结论。比如乘车出远门，当你面对家乡方向时，列车开得越快，离你朝夕相处的城市越远，你心里的牵挂就越多。而此时，你一旦换到对面坐下，发现列车正向那个诗里读过，人们叹过，你却从未去过的神奇的地方疾驰，你的心一定会被一种寻奇探胜的情绪攫获，感到自己的旅程除了快意还是快意。

回过头来，对人生的岁月亦应作如是解。人生每段均有自己的诗意，何苦之有？

这些论述表明，同样面对一刻不停地流逝的时光，不同的人可能会有很不相同的想法。而这不同想法的根源就在于对人生所抱的态度不同。对人生抱消极态度者想到的是人生短暂，随着年龄的老大，精力日衰，疾病袭来，还能干成什么事呢？在前边等着的就只有苦日子了！庞溟同学不这么看，因为他对人生是持积极进取态度的，认为“人生每段均有自己的诗意，何苦之有？”出于这样的态度和认识，他相信在前边等着我们的必定是一个“诗里读过、人们叹过、你却从未去过的神奇的地方”；人生旅程就是“寻奇探胜”的进程，“除了快意还是快意！”他的这番想法是否太天真了？不，的确“人生每段均有自己的诗意”，只要有积极进取的人生态度，即使到了老年，结合自己的实际情况，也可以做到“老有所学，老有所为”，而只要这么做就是日日在进步、发展，就是日日都在“寻奇探胜”，日日都是去到自己“从未去过的神奇地方”，从而享受到无尽的快意——岂止是“老有所乐”而已！在时间问题上，人生态度不同，想的方向就有如此之不同！那么哪个方向上的想法才有写作价值呢？这是不言而喻的。

再看第二种说法与作者的评论：

二、“来日方长，从长计议。”

它不过是一副毫无药效的“宽心丸”罢了。除了为你制造个临时从尴尬中解脱的假象外，对我们的人生并无多大益处。

“来日方长”，多长呢？“光阴者，百代之过客”，而你只有一代光阴，最听不得许愿说自己将来如何如何，只有懒人才会预支将来。一个对自己的现在都不肯负责的人更不可能对自己的将来负责。从前所结识的伙伴中，不乏壮怀激烈指天发誓将来大干一场以不负此生之士。可现在，他们中的许多人尚不曾到人生的大海中搏击风浪，就先已失去了往日的锐气和志气。

作者不是寄希望于将来，而是要紧紧抓住现在：

我对时光的理解是：过去的已经过去，它不再属于我；将来的尚未来，它也不属于我。只有现在才真正是我自己的。抓住一寸就是一寸，抓住一分就是一分。在时光面前，我是个吝啬鬼，能搜括的尽量搜括，能掠夺的尽量掠夺，斤斤计较，锱铢必较。我甚至贪婪地想，时间若是块牛皮糖该多好，我一定把它拉得长长的、细细的……

面对飞逝的时光，如何应对？对人生抱消极应付态度的人，今天得过且过，荒废大好时光，却去“抓住”将来，许愿说“自己将来要如何如何”，“指天发誓将来大干一场”；对人生抱积极进取态度的人则认为将来“尚未到来”，还不属于自己，自己能抓住的只有现在，要对现在“寸土必夺，分秒必争”，能将它无限拉长最好。是抓住现在还是去抓将来，不同的人生态度所选择的对象有如此之不同。至于哪一种选择才有写作价值，同样是不言而喻的。

事实上，人生态度不仅对文章的题材、内容有上述的决定作用，而且对整个写作学习的成败都是一个决定性的因素。学习写作，要多读多练，要掌握书面语言，要发展多方面的心理能力，要加强人文修养，提高人格品位，等等，哪一项都不是容易做好的。真正要获得写作能力，能够自由地表达自己的思想感情，如果不结结实实地下功夫，不经过较长时间的努力，那是很困难的。这就决定了学习写作必须要有严肃认真和积极进取的态度，不怕困难和挫折，在任何情况下都要坚持努力下去才能达到目的。现在的情况是，有相当一部分同学因教师引导失误（如片面强调写作的方法技巧等）而觉得作文越写越难写，越写越写不好，因此对作文产生反感、讨厌、害怕而抱敷衍应付的态度。要解决这个问题，教师必须更新写作观念，改进作文教学的内容与方法；同时，也必须引导学生端正对作文的态度，纠正这方面的种种问题。用何种态度对待写作，这将决定写作学习的成功与失败，而不仅仅是关系作文有无话说的问题。这样说虽然把话扯远了，但它使我们更充分地认识到人生态度教育对于中学作文教学的重要性，从而使我们更加自觉地去做好这项工作。

第三节　人生审美

人有感情，所以喜欢美。审美，即感知、欣赏、评判美和创造美的活动，又叫“审美实践”。马克思指出，“社会的进步就是人类对美的追求的结晶”，因为人总是“按照美的规律来塑造”①的。

那么什么是美呢？美是人的本质力量的对象化。所谓“人的本质力量”，即人类区别于动物的自由自觉的创造性活动力量；所谓“对象化”，是指这种本质力量在创造性活动及其成果中得到形象的体现。这里的“自觉”是指人类有区别于动物的自觉意识（动物只有本能）；这里的“自由”，则是指人类不被本能所局限，具有对本能的超越性，能够自由地创造。马克思说，“动物只是按照它的那个物种的尺度和需要来进行塑造，而人则懂得按照任何物种的尺度来进行生产，并且随时随地都能用内在固有的尺度来衡量对象；所以，人也按照美的规律来塑造。”②他在这里揭示了自由的本质是在于用内在尺度的同时能按照“任何物种的尺度”进行生产，并且明确指出这也就是美的创造规律。生产“按照任何物种的尺度”即所谓“合规律性”（符合客观事物的规律）问题；而“内在固有的尺度”，即所谓“合目的性”（符合人的目的）的问题。所以，美是合规律性与合目的性的统一。美是从客体方

① 马克思：《1844年经济学—哲学手稿》，人民出版社1979年版，第50页。

② 同上。

面对人的本质力量予以积极肯定，审美是主体从精神方面对人的本质力量进行自我观照。这种自我观照会触发情感，唤起记忆，激起想象与理解的活动，当饱和着情感的想象与理解活动达到和谐程度时便会进入某种境界，似乎有所发现和领悟。这时我们就会体验到全身心的感动，或者舒畅怡悦，或者动魄惊心，甚至达到“销魂”地步。柏拉图说的“迷狂”，歌德说的“半天堂式的快乐”都是指的审美愉快。审美就是在这种愉快中满足人类的感情需要，同时也达到情感教育的目的。

审美对于人的成长具有十分重要的意义。审美的基本特点是超功利而又含有功利。超功利是就个体而言，如我们被雷锋、孔繁森、任长霞等人物的英雄事迹所感动，这感动并不意味着我们获得了什么个人利益，所以车尔尼雪夫斯基把美感叫作“无私的快感”。但从另一方面看它又是含有功利的，即包含了群体的利益——被雷锋等英雄人物所感动，意味着我们热爱他们，向他们学习，心中的这种审美情感鼓舞我们前进，这些对群体、对社会当然是有好处的，这就体现了美与审美的“合目的性”。鲁迅说美感的根底里藏着功利，他说的这个功利就是对群体而言。至于对个体，审美则是对心灵的扩展与提升。人们在平时生活中往往被一己私利所局限，以个人利益判断是非，以实用态度决定长短，对我有利就关心，无利则不闻不问，甚至有对金钱、物质利益的病态追求。这样的心灵是片面的、单调的、残损的。在审美中的主体，则“走出了我的自我，与大自然、与他人、与‘人的世界’，即人类这个‘大我’结为一体，而进入所谓的‘忘我’境界，‘忘我’并非‘无我’，而是‘我’的自由解放。”① 这就是说，人在审美中摆脱了一己利欲的局限，与整个“人的世界”融为一体，使感知、想象、情感、创造等都获得了解放，整个心灵从单调、片面走向丰富和全面，成为真正“人的心灵”。所以“审美创造着具有人的本质的全部丰富性的人，创造着具有深刻的感受力的丰富的、全面的人。”② 正因为审美教育是按照美的规律来提高人、塑造人，所以在整个教育中它“占据着首位”，它把整个教育提高到培育真正

① 高尔泰：《美是自由的象征》，甘肃人民出版社 1982 年版，第 60 页。

② 马克思：《1844 年经济学—哲学手稿》，第 80 页。

人的高度——使德育不只是道德的生硬灌输，而是审美人格的培育；使智育不只是知识的枯燥接受，而是诗意思维的培育；使体育也不是简单的躯体锻炼，而是健美体格的培育。所以，“只有审美教育，才是真正人的教育”，而“没有审美教育就没有任何教育。”① 审美对人的教育，可以概括为三个方面：一是对心理塑造的楷模作用。凡审美对象都生动地体现了美好理想，是对人应该变得更好的启示，它以某种楷模的动人形象引导人向着人的全面的本质发展，激励人培养完美的个性。二是对心理影响的浸染作用。梁启超说“读《红楼》者竟有余恋有余悲，读《水浒》者竟有余快有余怒。”其实，不仅是读小说，一切审美都会产生类似的心理影响，这就是审美的浸染作用，它使你的整个心灵沉浸在美的境界、氛围、情调之中，久久不能释怀；“今日变一二焉，明日变一二焉，刹那刹那，相断相续”，久而久之，美好的思想情感“入灵台而据之，成为一特殊之原质、之种子”，② 审美就这样渐渐地优化、美化了人的心灵。三是对心灵的整饬作用。人的心灵世界是复杂的，常常是积极与消极并存，进步与落后同在，既有健康的成分也有病态的因素；纯粹一片光明美好或实实在在地满肚子丑恶的人兴许都没有。审美的一个重大作用就是救治人的弱点，帮助人们排除身上种种负面的东西。沉浸在审美意境中的主体，总有一种超凡入圣的神圣感觉，心中升腾起追求美好鄙弃丑恶的强烈愿望，希望生活变得更加美好，希望自己变得很更加美好，正是这种精神力量推动主体去做“一个高尚的人，一个纯粹的人，一个脱离了低级趣味的人，一个有益于人民的人。”

美的事物繁富无比，美的形态异彩纷呈，但可概括为三大类：一类是自然美，即现实生活中自然界的事物和现象的美；第二类是社会美，即社会生活、社会事物、社会现象的美；第三类是艺术美，即各种艺术作品的美。所谓人生审美，属于社会美的范畴，人生美是社会美的集中体现，这里着重讨论这个问题。

所谓人生审美，就是以人生、人类自身作为审美对象，就是对人生之美、

---

① 蔡正非：《美育心理学》，中国社会科学出版社 1999 年版，第 6—7 页。

② 夏晓虹编：《梁启超学术文化随笔》，中国青年出版社 1996 年版，第 172—173 页。

人的生活之美的感知、欣赏与创造。这里首先要回答的问题是：怎样的人生才是美的，也就是怎样的生活才是美的？人们通常认为生活过得愉快、幸福，就是美的生活，或者说一辈子吃好、穿好、玩好、享受得好就是美的人生。这样的理解当然是很片面、不正确的。既然美是合规律性（真）与合目的性（善）的统一，那么美的生活、美的人生，也就应该是合规律性与合目的性相统一的生活、相统一的人生，是真善美相统一的生活与人生。旧话说，“人生至境真善美”，讲的就是这个意思；创造这样的人生，正是人生审美的要义所在。

美的事物饱含了美的内容，又容纳在美的形式之中。人生之美也有相应的两个方面，即内在心灵之美与外在形态之美，是二者的统一。人的心灵美又叫人格美，是人最本质的美，体现在人的思想、感情、志趣、才学、道德、理想、节操等方面。如为共产主义奋斗终身的理想，对祖国赤诚热爱的感情，全心全意为人民服务的思想，对工作极端负责任的精神，关心集体关心他人的品质、尊敬师长遵纪守法的觉悟、艰苦奋斗勤俭朴素的作风，热爱生活健康向上的情趣，饱满的智慧、丰富的学识、善良的心地、诚实的品格、博大的胸怀、执着的追求、坚强的意志、无畏的气概，等等，都是内在心灵美的表现[①]。它们之所以是美的，因为都体现了合规律性与合目的性的统一。比如为共产主义奋斗终身的理想是美的，因为它符合社会历史发展的客观规律，是真理，同时也是人类的共同理想，通过艰苦奋斗它一定能够实现。又比如对工作极端负责的精神是美的，因为工作就是克服矛盾，解决问题，是一个复杂艰难的斗争过程，没有极端负责的精神就不能把工作做好，就会有漏洞，出偏差，不能圆满完成任务；所以极端负责的精神是工作的客观规律决定的，有这种精神就能把工作做好，也就能达到预期的目的。心灵美的任何一个方面都不是漂亮的摆设，都不是为美而美，都包含着客观的规律性与主观的目的性，都是二者的完美统一。反之，心灵之丑则达不到二者的统一。比如浮躁冒进情绪其主观目的也许是对的，但不符合客观规律，所以不美，是

---

① 参看王殿卿主编：《人生哲理》，第155—156页。

丑的。

人的外在美包括外表美和仪表美。外表美主要取决于先天的自然素质，表现为容貌美和体型美。仪表美主要体现在语言美、行为美和服饰美上，这些虽然属于外在之美，但在一定程度上反映了人的思想境界、精神面貌和道德观念等内在之美，是人们在长期的生活实践中自觉不自觉地养成的习惯。语言美包括内容正确健康、表达清楚、明白、用词造句规范、吐字清晰、语气适当、描述生动等。行为美包括举止文明、风度优雅、遵时守约、言而有信，等等，但首要条件是“行为的效果有利于社会，有利于他人，否则无美可言。”[①] 服饰美包括适合年龄、性别、身份、环境、有益于身体健康等。

外表美是人的美的重要方面，但决定人生美的主要还是内在的心灵之美。一个外表很美的人如果灵魂龌龊，他给人的美感也就消失了。相反，一个外表丑陋的人如果心灵美好，行为高尚，人们会渐渐忘记他外表的丑陋，还会亲近他。和内在美相比，外在美容易随着年龄的过去而消失，内在美却能征服年龄，甚至跨越历史长河；外在美一目了然，但也容易转瞬即忘，内在美一经发现，历久愈见光彩，具有震撼心灵的力量；外在美可以为内在美增光，但不能掩盖或抵消心灵的丑恶，内在美可使外在美更有光彩，能弥补外在美的不足。另外，对外在美的判断不要求主体必须具备外在美的条件，而对内在美的体验则需要主体具备内在心灵之美。[②] 这一点对学习写作特别值得注意。

美的人生是人生的顶峰，是人生的至境，我们应该在加强文化修养，广泛接受美的熏陶的同时，在生活的各个方面、在自己的整个社会实践中，努力“按照美的规律”来建造自我的人生大厦。塑造人生美是整个人生的任务，也应该是人生的唯一任务。从写作的角度说，写作也就是塑造人生美的一部分，它体现为创造文章思想内容之美和表达形式之美，以及乐于为读者为社会作出贡献之美。而这个过程同时也就是表达作者心灵之美的过程，因为文

① 参见王殿卿主编：《人生哲理》，第 156 页。

② 同上，第 157—158 页。

章之美来自作者的心灵之美，只有美的心灵才能写出美的文章；就文章的思想内容而言，它无非是作者以美的心灵感受世界的结果，无非是作者探索、体验人生之美的记录，或攀登人生美这座高峰留下的足迹，留下的经验与教训、收获与体会，等等。一句话，也就是以美的心灵与生活对话的结果。因此，在中学作文教学中，解决学生写作文“无话可说”的问题，归根结蒂就是引导他们努力塑造人生之美的问题。有美的心灵就能把文章写好，从解决文章的题材、内容方面说，这主要表现在以下几点：

一、对美的称颂。如江苏徐玲雁同学的《有这样一位好班长》[①]一文，写她读初二时的班长的几件事。这位班长“塌鼻梁，黑皮肤，小眼睛配一副大眼镜”，调皮同学称她为“丑”班长。可她的几件轶事却使作者“难以忘怀”。一件事是她平时花钱特别“小气”，比如买一个笔记本都不愿意，她的笔记本“是用旧笔记本重新装订而成的”，还“拿它当宝贝，并誉为复订本”。这事使一些同学瞧不起，给她加了个“小气”班长的头衔，她对此总是“付之一笑”。

但令人百思不解的是，当学校号召为“希望工程”献爱心时，她率先慷慨解囊，将自己“小金库”里所有的积蓄——65元4角8分献上了。

第二件事是不知从何时起，班上悄然地流行起一股“抄袭风”，作业、考试都有人抄袭。

班长不厌其烦地教育这个，帮助那个，说什么“抄袭是不文明之举”，“抄袭有百害而无一利”，“抄来的知识不属于自己”……可是他们几个就是执迷不悟，恶习不改。一天下午，几位“抄袭大王”被班主任“请”到办公室里去了。同学们心照不宣，都知道这是班长的“恩赐”。于是，“奸细”班长的美称在全班传开了。不过，打那以后，几位“抄袭大王”

① 见王学礼主编：《中学生分类记叙文大全》。

的"桂冠"也不翼而飞了。

第三件事是有天放学时正下大雨，作者没带雨具，"只能干等"老天收起威风，可是天公有意作对，一直下个不停。

> 天公无情人有情，突然我手里被塞进一把雨伞。是她——我们的"丑班长"，"小气"班长，我们的"奸细"班长！只听她笑着说："你家远，这伞你用吧！"不容我说什么，她已冲进茫茫雨帘之中。

对别人心灵美的发现，"要依赖审美主体的内在美"，这是审美的一条规律。这篇文章从勤俭节约、富有爱心、关爱同学、坚持原则等方面描写了班长美的心灵。毫无疑问，作者在这些方面一定也表现得比较好，至少与班长的心灵有相通之处，否则写不出这篇文章。道理很简单，"一毛不拔的铁公鸡"不可能打心眼里去赞扬把仅有的一点积蓄献给"希望工程"的行动，认为向老师反映真实情况是"奸细"的人也不可能由衷地赞美向班主任报告抄袭行为的做法……美的发现是心对心的发现，必须自己有美的心灵才能发现别人的心灵之美。

二、升华认识。如河北王哲同学的《无花果》① 一文，写他家大花盆中栽着一棵无花果，长得壮而矮，枝杈旁逸，像往上翘的伞；比之于仙人掌、含羞草、月季、牡丹等各有惹人关注的特点，它却不招人喜欢，被"冷落一旁，无声无息地生长着。"冬天，叶子被寒风括掉，显得粗糙难看。客人问是什么花，听说是无花果，都说养它干什么，难看，摆在屋里占地方，"不如养盆文竹，冬天也绿油油，屋里显得有生气，看了也让人舒心啊！"作者听了觉得说得对，"养它真是没用，还是养盆文竹的好"。春天，它长出了小叶儿，但遮不住那粗糙的枝干。客人问是什么花，听说是无花果后都说，"难看，要花没花，要叶没叶，不如养盆迎春，这时正是花开满枝，香气

---

① 见王学礼主编：《中学生分类散文大全》。

满屋了。”作者也觉得“养它真没用，不如养盆迎春的好。”夏天，无花果变得绿油油的，可是叶子粗糙不美，也无特点。客人问是什么花，知道是无花果后就说，“多难看，不如养盆君子兰，能看花又能赏叶，装点屋子最好不过了。”作者也觉得“养它真没用，还是养盆君子兰的好”。秋天，无花果变得丰满了，“叶茎与枝杈的相交处都有点微微突起。”几天后，那些突起的地方“长出了一颗颗绿色的水果。”

> 我诧异了，它没开花怎么就结果了呢？哦，明白了，顾名思义，无花果——不开花就结果。小果慢慢长大，成熟了。摘一颗尝尝，呀！好香好甜啊！可忽然间，我想起先前自己相信过几位客人对无花果的评价，不知不觉，脸上热烘烘的。

文章的结尾写道：

> 无花果不计较他人的误解、冷落，顽强地生长着，不像迎春、文竹、君子兰那样向人炫耀自己，却结出了丰硕的果实。这是一种多么朴实，平凡的美！而这种美，不也是伟大高尚的吗！

作者对无花果一直没有好感，认为它“真没有用”，不像迎春、文竹和君子兰那样有观赏价值。但作者最后改变了对它的态度和认识，是怎么改变的呢？是因为它结了果，而且果子“好甜好香”吗？有这层意思，但主要原因又不在这里。如果仅仅因为它能结果，果子“又甜又香”，那么对它的认识和态度纯粹是实用的，还没有上升到审美的高度。文章对它的赞美，完全是因为它象征了一种不计较误解、冷落、顽强生长、为人类作出贡献的朴实而又平凡的伟大高尚人格！由对它能结出又甜又香果子的实用性认识进到它是“伟大高尚”人格的象征，这就是认识的升华，有了这个升华文章就是对一种美好人格的歌颂，就有了动人的力量，无花果也就有了写的价值。否则，至多只是在说明无花果真的无花而能结果，果子还甜、香。这点意思就很难写成文章了，而且毫无新意。所以，这篇作文成功的关键在作者的认识由实用向审美的升华。美学家们说得好：当自然成了“确证人的本质丰富性的对象时，对象就焕发了美的光辉”[①]。这里，没有观赏价值的无花果变成了作者歌颂的美的事物，也正是因为它成了“确证人的本质丰富性”而“焕发了美的光辉”。但话又说回来，无花果又怎么会成为不计较误解、冷落、顽强生长、为人类作出贡献、朴实而又平凡的伟大高尚这一人格象征的呢？不正因为作者有美好的心灵，向往追求着这种伟大高尚的人格吗！

三、提高情感层次。人的情感有高低两种层次；低层次情感基本上是先天的，不受或少受教育的影响，如品尝美味的愉悦，睡眠受干扰时的愤怒，子女对父母的依恋，对事物的好奇等，这类情感与人的生物性需要和基本社会性需要相联系。高层次情感是后天的，是在社会环境中产生，发展起来的，主要是教育的结果，是人类所特有的情感。高级情感与人的高级社会性需要相联系，包括三种：与对知识和真理需要相联系的理智感，与他人和自己道德需求相联系的道德感，与对美的鉴赏、探索创造需要相联系的审美感。写作要求作者必须有高级情感，不宜以低级情感去跟生活对话，否则难以进入写作，勉强去写也不可能写出有意义的文章。审美具有超越个人狭隘功利的特点，能有效地提高主体的感情层次，使他能在与生活的对话中获得题材，写出较好的文章。如高建伟同学的《修车》[②]一文，写他的自行车脚蹬坏了，楼下一个年龄和自己差不多的少年在摆摊修车，便去请他修。见他沾满油污的双手，作者产生了一种优越感，故意打趣他“有经济头脑”“会挣钱”。对方笑笑而已，作者更得意了。一会对方自言自语地说，“里边的钢珠都快掉完了。”作者想，这是要多敲我几个钱呢，不屑地冷笑一声，表示不上他的当。车修好后问他要多少钱，回答说“不收钱”，作者感到很惊讶。对方又说：“我是高三年级的，我们是同校同学呢。我是抽空出来给社会尽点义务”，说完笑了笑。文章的结尾是：“我也笑了，不过，笑得很不自然。”为什么“笑得很不自然”？因为作者先前是把人家看得太低了，这时觉得不

① 蔡正非：《美育心理学》，第 180 页。

② 见高长海主编：《中学生三好作文》。

好意思。这篇作文是作者写感动过自己的一件事情——他被那位同学热心为社会服务的精神所感动。很明显，要抓住这个题材写文章，不用审美的态度去感知是办不到的。因为用带个人功利的一般感知去对待这件事，那么，给人修车不收钱将被看成是傻瓜；自己找人修车不花钱，将被看成是捡了个大便宜而十分高兴……这类俗陋的思想感情当然没有写文章的价值，这件事本来具有的社会意义也因此完全丧失，一个很好的题材，便从眼皮底下溜走了。反过来，高建伟同学能够抓住它，则完全不是出于修车者不收钱对自己有利的考虑，他纯粹是被对方热心为社会服务的精神所感动，这就是道德情感，一种高层次的感情。这种感情，只有抱着审美的态度对生活作超越个人狭隘功利的审美感知才会产生的。海德格尔有句名言，说“以审美态度观照生活，万物露出美的光辉。”这话讲得非常好，如果中学生都能做到这一点，作文还愁没有可写的吗？罗丹说的从生活中处处都可以发现美的那种眼睛，不是指的肉眼，而是说的审美态度。

四、批判丑的事物。如福建林点同学的《戒奢》[①]一文，说当今的中学生，很多人从小就背诵古人的《悯农》诗，知道不能暴殄天物，“要珍重农民伯伯的劳动”，可是长大后却忘了“古人之明训”：

> 每次在食堂用完餐只见满地抛却的是面包、馒头、大米饭。曾有这样一则报道：某次春游活动，一个学生买了一个五角钱的面包，只咬一口就扔掉了。事后还振振有辞地为自己辩护：“五角钱算什么？”口气大得很。

文章分析道：“尚俭”是中华民族的传统美德；这位同学哪里知道，这五角钱对于贫困山区的孩子来说，“可以买一本作业本、一块橡皮，或是一枝笔！”“他扔掉的不仅仅是面包，而是中华民族戒奢尚俭的美德！”接着文章以毛主席穿“满是补丁的睡衣”，周总理平时穿布鞋，“只有接见外宾

① 见王学礼主编：《中学生分类议论文大全》。

时才换上穿了多年的皮鞋”为例，驳斥“生活水平提高了，就可以大手大脚”的错误观念，指出节俭不是钱多钱少的问题，而是一种品德。毛主席周总理的简朴生活，体现了他们“以俭养德，以俭养志”的伟大胸襟。相反，“奢”却是败家亡国的祸根：“商纣王、隋炀帝、慈禧太后等人无不穷奢极欲，沉湎于声色犬马，最终都导致了王朝的覆灭。对于青年人来说，不知节俭，就会毒害自己的情操、意志和人格。”因此，文章号召“戒奢，请从小事做起，从自己身边事做起！”纵观全文，作者对节俭有比较深切的体会，因而对奢侈的批评是出自内心的反感和否定。这样的文章，如果作者不是一个向往节俭美德的人，而是一个生活奢侈浪费者，必定是写不出来的，因为他不可能有这样的思想感情。

第四章 发展智力因素

与生活对话的过程，是智力因素与非智力因素共同参与的过程。培养健全人格属于发展中学生的非智力因素，着重解决与生活对话的动力、定向、定性、调节等问题。但是要把与生活的对话很好地进行下去，圆满完成这个过程，还必须有较好的智力因素。所以要在发展非智力因素的同时努力发展中学生的智力因素，使他们与生活的对话具有足够空间，能深入、充分、正确地展开下去。这里谈关于智力因素方面的认识能力、创新能力和知识（经验）问题；鉴于这些因素起作用都有赖于主体性的发挥，所以对写作的主体性问题也在此作扼要论述。

第一节 认识能力

对事物的认识能力是与生活对话的基本能力，它的强弱直接影响到与生活对话水平的高低，因而也直接影响到中学生写作文有没有话说与说怎样的话。

认识能力，是对事物的属性、本质、特点、关系等的识别、判断能力。但对写作来说，它所珍视和强调的是对事物要有写作主体自己的认识，而不是只有一般的认识。因此，写作需要的认识能力，特别强调对事物有独立的见解，即古人说的“识”。比如，见到山便认识到它是山，见到水便认识到它是水，这也是一种认识能力，但它只是一般的认识，不能叫作“识”。因为这认识不是自己的，是社会文化的约定俗成，大家都这么说，我也这么说，如果人们不这么说，我也不这么认识。这里只有大家的共同认识，没有我个人的认识，没有体现我自己的认识能力，所以不能叫作“识”。又如，“学习刻苦就会取得好成绩”，“坚持锻炼身体能够提高对疾病的抵抗力”，“溺爱孩子是害了孩子”，等等，如果止于这样一些认识也不能算是“识”，因为这些都是一般的看法而没有主体个人独到的理解。曾国藩在解释“器识”的时候说：“智足以析天下之微芒，明足以破一隅之固，识之谓也。”[①]前句讲“识”是一种精深的认识能力，对一般人看不见（认识不到）的“微芒”之处都能剖析得清清楚楚；后一句说“识”是一种批判性的认识本领，对人们所坚持的偏见都能提出正确的看法来加以纠正。所以“识”不是别人怎样认识我就怎样认识，别人认识到哪里我就认识到哪里，别人没有认识到的我也认识不到。“识”是一种独立的认识能力，别人这样认识的我可能那样认识，别人认识错了的我可能会纠正过来，别人没有认识到的我可能认识到；或者我的认识虽然与别人相同，但深入了一层，有新的体会或新的角度。总之，我不是以别人的认识为限，我有自己的认识能力，因而有我自己的认识，有我自己的新东西，这就叫作“识”。古人说的“识度”“识见”“洞见”“独具慧眼”，今天说的“独立见解”“见解独到”“有识之士”，都是指的这个意思。梁漱溟说他不希望别人对他有多么高的评价，只希望朋友们说他“是一个有思想的人”就很好了[②]，所谓有“自己的思想”，也是说的这个意思。

作文写什么？不是“反映客观事物”，而是表达学生自己的思想感情，用新“课标”的话说，是学生“写出自己对周围事物的认识和感想”。这种“认识和感想”从何而来？它正应该是学生以“自己的”认识能力与生活对话的结果——它只能由此而来才能把文章写好。如河南周建国同学的《别让一切顺其自然》一文[③]，对生活中人们常说的“顺其自然”之类的说法发表了自己的看法，就颇有独到之处。他说，“该属于你的，躲，也躲不开；不该属于你的，求，也求不来。就让一切顺其自然吧”，生活中经常听到的这类说法，使“失意人乍一听挺受安慰”，其实“这只不过是无聊者的自我解嘲，

---

① 徐中玉主编：《才性编》，中国社会科学出版社 1999 年版，第 94 页。

② 连宝辉编：《梁漱溟箴言录》，中国文联出版公司 1998 年版，第 164 页。

③ 见高长梅主编：《三好作文》。

怯懦者的自我安慰罢了”，并不是正确的生活态度。文章分析道：

有时候，命运喜欢和我们开玩笑，往往将一些让我们无法接受的事实突如其来地降临在我们头上。对此，我们应当正确对待，努力抗争。可是，有些人却认为这是命中注定，于是，他们悲观失意，整天把自己埋在阴影里，不挣扎，不反抗，甚至连哼都不哼，任凭命运摆布。

其实，不是命运在戏谑他，而是他在戏谑自己，他的怯懦和懒惰使自己随波逐流，随遇而安，这能怪命运吗？其实，在我们变得坚强起来的时候，就会发现眼前的困难是多么不堪一击。

作者认为：

能不能“求”来，不全在于事物的难易程度，关键在于我们去不去“求”。对于一件事，如果我们连“求”的勇气都没有，那怎么会做好呢？不怕困难，只要我们争取了，就有成功的机会。如果我们只是坐等，那么永远也不会成功。……凡事伸伸手，我们就会发现有些事并不像想象的那样高不可攀。有些事之所以高高地在我们之上，是因为我们在地上躺着，假如我们站起来，就会发现看似高高在上的事还不及我们高，那时我们便会恍然大悟：所谓不该属于我们的，只要我们去求，也一定求得来。

文章的结论是：

很多事情，只要我们去做，去尝试，强加给我们的，我们能躲得掉，没有我们的，我们能求得来，那么，为什么还要让一切顺其自然呢？

这是一篇写得比较好的说理文章，对“一切顺其自然”这种说法的批评很中肯，使人心服口服。这篇文章的成功，完全得力于作者能以“自己的”

认识能力去跟生活对话，因此文章没有公式化、八股调等毛病。诸如“一切顺其自然”的说法是“怯懦和懒惰”者的“自我安慰”；“不是命运在戏谑他们，而是他们在戏谑自己”；所谓不该属于我们的，“只要我们去求，也一定求得来”等认识，都能给人新鲜感，是出自作者自己深切的体会，是只有他才能说出的。这就是“识力”，这就是“独到见解”，写作的个性化也就是这样达到的。

《别让一切顺其自然》是对事物的直接认识，再看一个间接认识事物的例子。如北京严京华同学的《青苔》一文[①]，说“那峭壁悬崖、山间小径、隐匿角落无所不在的青苔”，总使人想到“一片片绿色”，但人们“往往并不真正认识它”。那么青苔是怎样的呢？

它是那样热爱生命。顽强的小草尚需一点薄土，而青苔除了几滴雨水，甚至没有再想求一线阳光。但它生活得却永远那么旺盛，那么充实。

……一抹青苔微小得使人们意识不到它的存在，但成千上万的青苔紧挨在一起，就组成了一片绿色的整体，自豪地宣告着它们的存在。

青苔不会开花，甚至一朵小小的花；青苔不会结果，甚至一颗小小的果。它几乎被人们忘却了。但它自己并未轻视自己的力量。它默默地、执着地奋斗着，用自己整体绿色的生命渲染着块块岩石。有阳光和沃土，可以长出奇花异草，但在一块块岩石之上，除了青苔，又有谁能留下生命的颜色，开拓出茵茵的“绿洲”！

文章的结尾是这样：

啊，朋友，在你人生之路上，请多想想那岩石之上的蓬勃的绿色……

的确如作者所说，人们往往并不真正认识青苔，这篇文章的独到之处就

---

① 见高长梅主编：《三好作文》。

是“真正认识”了它，即认识了青苔不自卑、不奢求、顽强生存、执着奋斗等品质。但这是在写青苔吗？最后一段提示我们，是写青苔，但更是透过青苔写人，写人应该有这样的品质。作者直接认识的是青苔，认识到人应该有这样的品质则是间接认识，而他的写作目的正在这间接认识方面。文章的这些认识都是特色鲜明、个性化的，这正是作者以“自己的”认识独立地与生活对话的结果。

状物类文章一般都是表达作者对人的这种间接认识。比之于对人物事件的直接认识侧重于对其属性、本质、特点、关系的识别与判断，这类间接认识侧重于对人与物某种相似点的把握（传统的所谓拟人、象征、比拟等方法的精神即在于此），这是二者在认识上的不同之处。如果中学生对这两种认识都有较强的能力，与生活对话能够灵活地运用这两种方式，对话的本领就更大了，何愁作文无话可说？

按心理学的传统观点，人的心理过程分为知情意三个方面。与此相对应，人的认识也有三种：侧重于知的是科学认识，侧重于情的是审美认识，侧重于意的是伦理认识。这三种认识各有其特点，因此跟中学生作文的关系也各不相同。

科学认识。这是一种逻辑的、理性的、关于真伪的认识，其认识对象是自然、社会和精神，认识的目的是发现客观真理。中学生的作文虽然也涉及科学认识（如写说明文和写一般文章中的某些议论），但他们写作文并不以科学认识为主。反映科学发现的成果是学术论文的任务，对中学生一般都不布置写学术论文。尽管今后中学生的科研活动会增多，但作文不会要求他们写科研论文；即使偶然写一写也只是着眼于培养对科学的兴趣，而不会要求他们有独具只眼的科学发现。其道理在于，虽然他们有一定科学兴趣，但终究掌握的知识有限，要求他们在写作文时把自己研究自然或社会、精神的创造性成果表达出来基本上是不可能、不切实际的。所以讲“自己的认识”主要不是指的科学认识方面的见解。

伦理认识。这也是一种逻辑的、理性的认识，但它是关于善恶的认识。其认识对象是人与人、人与社会、人与自然的关系，是对这种关系中所体现出来的道德性质（善恶）的认识。伦理认识是中学生作文经常写到的内容，或者说中学生的作文主要就是写伦理认识。我们强调作文的“识”，也主要是指学生在日常生活的伦理关系方面要有独到的认识。如前面曾提到过的那篇题为《伤口》的作文，写作者削苹果小刀划伤了手指，便借口手上有伤不帮助妈妈抬煤气罐，使妈妈独自一人扛上五楼闪伤了腰，作者感到很内疚。晚上她“细想以后，才知道自己的伤口主要不在手上，而是在心上——‘小公主’式的娇惯养成了我的慵懒与自私。”深夜，她“噙着泪花，在母亲闪伤的腰间轻轻地一遍又一遍地擦着红花油，也为自己抚平心灵上的伤口。”文章不长，但很动人。作者认识到“自己的伤口主要不在手上，而是在心上”，并从这件生活小事上发现了子女娇惯会变得自私和无情义，这都是独具只眼的，整个思维过程也有特色，这就叫有“识”。文章写自己与妈妈关系中的一件小事，写自己在做人问题上的一种感受，这些就属于伦理认识的范畴。

审美认识。这是一种不脱离对象感性形式的非理性认识，它不是通过逻辑的理性思维达到认识对象的本质规律，而是通过直接感悟以实现审美把握，其中包括审美的感知、感受和审美判断。审美认识是特殊的认识，它不是客观地反映对象，而是在审美中包含了主体的想象、情感、体验、领悟等主观因素。审美认识在中学生作文中占的地位虽不及伦理认识那么重要，但它运用得相当多。我们强调“识”，就是希望中学生在写现实美或艺术美的时候有独到的审美感受和体验，能用准确生动的语言把自己独特的审美认识表达出来。如有个学生在《家乡景物记》这篇作文中对荞麦花的描写：

> 她们手拉着手，肩并着肩，密密地挨在一起。晴天，她们用娇嫩的身子承受着炎热的阳光；雨后，她们松开紧挽着的手，欣然接受霏霏细雨的滋润。你看，她们笑了，笑得那么可爱，那么迷人。她们在笑声中成长变化，逐渐地变成了一粒粒饱满的又黑又大的荞麦籽儿，这是她们献给人们的硕果[①]。

---

① 见全国中学生作文大赛编委会编：《中学生优秀作文大全精华本》。

这里对荞麦花的描写就是对庄稼地里真实荞麦花的一种艺术超越。这些描写想象新奇，很有情趣，表明作者对荞麦花有独到的审美体验和领悟。这就是审美认识。

认识能力是与生活对话最基本的能力、最基本的条件。如果认识能力低下，不能与生活正确地对话，难免导致写作的失败。朱熹在解释孟子的“知言”时说：“人之有言，皆出于心。其心明乎正理而无蔽，然后其言平正通达而无病；苟为不然，则必有四者之病矣。”[①] 所谓“明乎正理而无蔽”，是说有足够的认识能力才能对事物、问题有正确的认识而无毛病，从而达到写出来的文章正确、合乎事理，在思想内容方面没有错谬。反之，如果认识能力差了，文章就必定会有孟子说的那四种弊病：说片面的话（“诐辞”），说放荡的话（“淫辞”），说邪僻的和躲躲闪闪的话（“邪辞”和“遁辞”）。文章的内容如果有这些弊病也就无足取了，只能算失败之作。清代文论家叶燮进一步把认识能力低下对写作的影响概括为如下几点：一是无话可说，无题可写。他说，“中藏无识”，在纷繁复杂的现实生活面前会感到“浑然茫然，是非可否，妍媸黑白，悉眩惑而不能辨，安望其敷而出之。”缺乏认识能力，对生活感到一片茫然，分辨不清是非好坏美丑，因此不可能抓住什么来写文章，提起笔就没有话说。二是人云亦云，讲空话套话假话。他说，作文中“人云亦云，人否亦否”，“议论是非聋瞀于心中，而随世人之影响而附会之”，这些毛病都是“始于无识，不能取舍之故也。”既然无识就不能判断事物、事理，自己不能判断就只好跟着别人讲话。三是文章结构的问题多。他说“无识”则“笔墨不能自由”；比如“言已尽，本无可赘矣，恐方幅不够而不合于格，于是多方拖沓以扩之，是蛇添足也。”或者相反，“言尚未尽，正堪抒写，恐逾于格而失矩度，亟阖而已焉，是生割活剥也。”不能做到结构服从意思的表达，而是为了篇幅的够与不够强行增删。四是胆大妄断，胡言乱道。他说：“无识而有胆则妄，为卤莽，为无知，其言背理叛道”；即使“议论纵横，思致挥霍”，也是“是非淆乱，黑白颠倒”的“艰

① 朱熹集注：《四书》，上海古籍出版社 1995 年版，第 273 页。

僻妄诞之辞”。心中无识，讲话不凭事理，全仗着胆子大胡说一通。五是读书也无助于提高写作水平。他说“胸中无识之人，即终日勤于学，而亦无益。俗谚谓两脚书橱，记诵日多，多益为累，及伸纸落笔时，胸如乱丝，头绪既纷，无从割择。”[①] 自己没有见解就搞死记硬背，记诵的东西越多写作时脑子越乱，想抄书也不知从何处抄起。叶燮提示的以上五条，正说中了今天中学生写作文在思想内容方面普遍存在的一些毛病。其中第三条和第一条虽然离开了我们这里的话题，但可见出认识能力对整个写作活动的巨大影响。

所以苏轼说，写文章“以智术为后，而以识度为先。”[②] 倪士毅说，“作文第一要识得道理透彻。”[③] 袁宗道说，“器识先矣，而识尤要焉。”[④] 在古代作家、文论家、语文教育家的眼里，认识能力在写作中是处在“为先”、“第一”、特别重要的位置上，这一认识对我们今天的中学作文教学是很有启发的。

第二节　创新能力

创新能力，是创造具有社会价值的新观念或新事物的能力。

创造是人的主观能动性的最高发挥，是人的自我实现的最高境界。在信息时代的今天，人的创造能力受到空前重视，创新教育被公认为是素质教育的灵魂和核心；现代教育的最终目的就是使人充分意识到自身价值和创新潜能的存在，并为创新潜能的发挥提供知识培养和心理能量。美国哈佛大学认为，是否具有创造能力，是一流人才和三流人才的分水岭。日本政府提出，“创造力的开发是通向 21 世纪的保证”。

写作与创新、创造，从根本上讲是一回事，写作即创作；所以茅盾曾把写作叫作“创造性的劳作”。旧时候称会写文章的人为有“文才”，认为写

---

① 丁福保辑：《清诗话》（下册），上海古籍出版社 1982 年版，第 579—581 页。

② 徐中玉主编：《才性编》，第 254、253 页、256 页。

③ 同上。

④ 同上。

文章是创造，应该是有才华的人才作得来的，甚至称之为“文曲星下凡”。这虽然有些夸张和神秘化，但强调写作的创造性却是很对的。在现代写作教学中这方面明显减弱，它强调的是“心里怎么想就怎么写”，白话文是“怎么说就怎么写”，等等。这些说法虽然跟写作的创造性没有矛盾，创造性就包含于其中，但是，它突出的是写作的普及和大众化、口语化，其中的创造性容易使人忽略。因此，长时期以来中学作文教学对作文的创造性质都强调得不够，学生普遍不知道什么是文章的“新意”，文章的创新是怎么回事，什么是公式化、一般化、“八股调”，更不知道这样的文章为什么不好。

在这种情况下，中学生的作文很少有新颖独特的东西，一般化的思想内容比比皆是。直到20世纪90年代中期提出素质教育以后，研究性学习和培养学生的创新素质在语文教育中普遍得到重视，作文的创新问题才随之被凸显出来。新《课标》明确提出“发现·创新”、“有创意地表达”，近几年的高考作文评分标准分“基础”和“发展”两部分，这些都有力地推进了作文教学中的创新教育。如果说有无创造能力是一流人才和三流人才的分水岭，那么有无明显的创新特色则是区分文章好与不好、作文是否上路的主要尺度。作文的创新教育是决不可以忽视的，它同样是作文教育的灵魂与核心，当然也是对文章、对教学提出了更高的要求。

什么是作文的创新？作文的创新既不同于科技的创造发明，也不同于作家的文学创作，其实它是很简单的一件事情：只要学生把自己的思想感情、感觉、体会、想法、想象等等，如实地写出来，写得合于情理，对自己或读者的进步提高又有助益也就是了。平时说的文章“有新意”“有真情实感”“有自己的认识”，或“有独特感觉”“有独到见解”“确有心得体会”，这许多的说法都是创新的意思。这里边最重要的是“自己的”，思想、情感、感受等都必须是“自己的”，确实是“自己的文章”。只要真是“自己的”文章，它就必然是创新的，就自然地具备了创新的品格。因为“人心不同，各如其面”。既然一个人的心不同于另一个人的心，发而为文，那文章也就跟面貌一样决不会同于其他任何一个人的。创造学指出，创新的产品具有新颖、独特、有价值三个特点。这种“自己的”文章在纵向上比较必然具有“前所未有”的新颖性，在横向上比较必然具有“独出心裁”的独特性；如果它对自己或读者的发展进步有一定益处，也就具有社会价值。所以这样的文章是不折不扣的创新之作。当然，以“人心不同”的传统说法来解释文章的创新虽然简便，却未免粗略些。用通俗的说法则是，每个人的立场、态度、性格、兴趣、处境、知识、经验、文化水平等都不可能与别人完全相同，都必然有自己的特色。每个人都带着自己这一套特色鲜明的东西去跟生活对话，也就必然会产生各有特色的思想、情感、感受，等等。这就是明代诗论家谢榛说的“观则同于外，感则异于内”的道理①，即观察的事物大家相同，内心的感受却因人而异。各人将自己不于人的内心感受形诸笔墨，也就是具有创新特色的好文章。为了便于说明问题，这里不妨举一篇小学生的文章②来看：

踢　球

最近我看了一部叫《足球小子》的动画片，觉得非常好看。在欣赏这部动画片时，我也想自己亲自踢几下。后来，我踢了三场球，就对足球产生了浓厚的兴趣。

第一场球赛

今晚，我在院子里和几个哥哥踢足球，刚开始我踢球的技术很差，有三个哥哥耐心的教我，我很努力的学习。在抢球中，我小心的把对方的球抢过来准确的传了出去，然后，大家一个劲地夸我，我可高兴了。通过这球场赛，我的球技也提高了不少。

第二场球赛

今晚这场球赛和前一场球赛不同了，这场球赛更加激烈。今天我传出了许多球，特别是有一个球令我非常难忘，那就是“手球”。我在拦球中突然有一个球碰到了我的左手手背，有一个哥哥说：“手球！”我忙问：“我没有用手挡也算手球吗？”“因为碰到了你的手，所以算手

① 丁福保辑：《历代诗话续编》（下），第 1180 页。

② 见贵阳市南明区教育局主办《少儿天地》1999 年第 6 期，作者，贵阳铁五局二小三年级学生刘雨林子。

球。”“今天，我又学到了关于踢球的知识。”

第三场球赛

今天这场球赛给我留下了深刻的印象，因为今天我亲自踢进了一个漂亮的球，为我们队夺得了宝贵的一分，我高兴得一蹦老高。从那时起我就下了决心，一定要坚持这项运动。

女孩子也可以踢足球！

写足球赛的文章多得不可胜数，但这一篇却独具特色，从内容到形式都明显地跟所有这类文章的写法不一样。特别值得注意的是，作者仅仅是一个刚开始学写作文的小学三年级学生，关于写作文的知识和经验都谈不到，可是她却写出了一篇结构和行文都有鲜明特色的创新作文。这里没有什么窍门，她只是真实地写出自己踢足球的感受而已。她没有踢过足球，但受到动画片《足球小子》的感染就想踢足球，于是去踢了三场球。她兴趣高，努力学习，所以进步快，越踢越有趣味，越踢越有信心。文章把她的这些感受生动而又非常简练地表达出来了。这是一个初学踢球、也是初学写作文的小女孩特有的感受，所以真实地表达这种感受的文章也是独创的、不可重复；这就是说，即使是文章高手，因为没有她的那种体验，也是写不出这篇文章的。德国人类学家舍勒说得好：“精神只与个人相联系，通过个别人的言行表现出来”；“精神只能是特定时间和特定状态下的个人思想，每个人的精神都是唯一的”[①]。这篇《踢球》，正体现了精神的这种“唯一”性。

与生活诚挚地对话，将自己的思想、情感、感受等如实地写出来便是创新的文章，应该说，这是一件十分简单容易的事情，只有相反的情况——不写“自己的”，而去写别人的思想感情之类；不是如实地写自己，而是另外去凭空编造一套东西，那才是叫人很为难的事。因此，写有创新特色的作文应该是每一个中学生都能够做到，而且都能做得比较好的。所谓“自己的”思想、感情、感受云云，也就是个性化问题，即与生活的对话做到了个

① 尹星凡等编著：《现代西方人文哲学》，第236页。

性化，因而文章的思想内容是个性化的。这个个性化来自学生的自我意识和独立的个性人格，所以创新能力的发挥也就是学生个性的发挥。有人说“个性越突出，创造力越强，越可能出类拔萃；没有个性就没有人才，没有创造性”①，也就是这个道理。学生的个性被尊重，能得到自由全面的发展，会用自己的眼睛去观察，用自己的耳朵去倾听，用自己的脑子去思考，用自己的心灵去感受、去体验，并用自己的语言把这一切的结果如实地表达出来，文章也就必然是有创新特色的优秀之作。这时候，如果要学生跟别人一样地去思考，一样地感受生活，去写千篇一律、千人一面的文章，那反而是件很难的事情。

创造与想象密切相关。想象常常直接激发或转化为创新思维，催生创新方法；而想象力贫乏则很难有创造能力。因为创新的产品前所未有，它必须依靠想象才能形成，必须首先在想象中实现然后才能转化为现实。而且想象“是人脑在改变记忆表象的基础上创建新形象的心理过程”②，它的“创建新形象”这一本质特征也保证了创造成果的新颖性与独特性。在写作中，个人的知识、经验、思想、情感、个性等等，都影响着想象力，并转化为想象的内容与特色而表现出来。但在想象的展开上写作的创新与科技的创新有明显区别；科技创新围绕某种功能展开想象，如发明飞机围绕“飞”的功能展开想象，以求解决“飞”的问题，写作创新是围绕思想或情感展开想象，以求某种思想或情感得到较好表达。想象力支撑着创造力，于是想象力也就成了与生活对话能力的重要因素。如上海杨文捷同学的《走出自己的路》一文③，说生日那天，友人送给他一张别致的贺卡：上面的图像是一个很小的孩子跟在两个大人后边，走在他们的影子里；友人的题辞是：“为什么我们一生下来就在跟着别人的脚步，战战兢兢地踱？今天是你的生日，何不来一次小小的出轨，去走出自己的路？生命不必完全相同。”作者说，这张贺卡使他“产生了深深的思索”。他是怎么思索的呢？

---

① 田建国：《教育的真谛在于发掘个性》，《光明日报》2004 年 12 月 29 日。
② 杨清主编：《简明心理学辞典》，吉林人民出版社 1985 年版，第 351 页。
③ 见王学礼主编：《中学生分类散文大全》。

确实是这样，长久以来，我们都一直习惯于在旧有的规则里生活，在权威的话中失去自我……记得我们的数学老师曾经笑谈有一个学生试图证明哥德巴赫猜想，当时我们哄堂大笑。现在细想起来，对于一个初中生来说，这固然是一件荒唐的事，可他恰是一个有勇气、敢于向权威挑战的人。且不论其结果，就其精神而言，无疑是值得提倡的。然而，人们给他的，却只有嘲笑。

长此以往，人的创造力就会丧失殆尽。记得有这样一个故事：有一次，当时还是学生的许广平撰写了一篇名为《罗素的话》的论文，呈鲁迅指教。鲁迅读完后，写了如下评语："拟给九十分，其中给你五分（抄工三分，末尾几句议论，两分），其余的八十五分都给罗素。"实际上，鲁迅是在委婉地批评许广平没有创见。如今，这种"文抄公"式的毫无创意的文章又何尝少呢？在大洋彼岸的美利坚，教师要求小学生写论文分析美国经济状况，不求答案的正确与否，只求有创见。不同的人，不同的方式，目的却是一样的：要培养一种"知其不可而为之"的独创性。可见，创造力对人是多么重要。现代社会最需要的就是这种创造型的人才。

不仅如此，我们改革开放的大业同样是一件创造性的工作。

我们决不能盲目照搬国外现成的经验，以为国外引进的一定强过国内自产的，甚至于外国的月亮都似乎比中国的圆了。实际上，有些经验在彼时彼地适用，在此时此地却不一定适用。淮南的柑橘在淮北就只能结出味酸的"枳"。这样的事是常有的。因此，我们应该借鉴一切优秀的东西，走出一条属于我们自己的新的道路。

那张贺卡引起作者"深深的思索"，也就是使他想到了以上事实。想到这些事实又怎么样呢？文章说：

"走出自己的路"，这是朋友对我说的，或许也是鲁迅想对许广平说的，或许也是改革开放的实践告诉我们的，也正是我想对大家说的。

是的，走出权威的阴影，走出自己的道路。尽管它荆棘密布，尽管它曲折难行，可它将是属于我们自己的一片蓝天。

应该“走出自己的路”，这就是文章的结论。这个结论来自上边讲的那几个事实；那几个事实又从何而来？来自作者的想象（联想）。这就是说，没有上边的一连串想象也就没有这个结论，因此也就不可能写这篇文章。所以，如果想象力贫乏，创新能力和与生活对话的能力必然低下，写作文也就感到困难大，很吃力。

这里，有必要把“联想”与“想象”的区别说一下。说文中提到的同学们和数学老师一起嘲笑一个初中生要证明哥德巴赫猜想、鲁迅先生为许广平的论文评分等事实是作者的想象，把“事实”跟“想象”拉扯在一起，容易使人疑惑：想象与事实是对立的，既是事实就不能是想象，既是想象就不能称之为事实。怎么能说“事实来自想象”？对这个问题，且以初中生要证明哥德巴赫猜想一例说明之：这件事在作者原先的印象中是一个否定性表象，数学老师讲这个故事的目的是告诉同学们做事要实事求是，量力而行，决不可异想天开地去干荒唐的事，不可像这个初中学生那样才学了一点最起码的数学基础知识就要去证明世界著名的数学难题哥德巴赫猜想。他的这种想法太狂妄、太荒唐，所以遭到大家嘲笑。作者脑子里原先的这个否定性表象现在发生了巨大变化，变成基本上是一个值得赞美的肯定性表象了——这就是文章说的“对于一个初中生来说，这固然是一件荒唐的事，可他恰是一个有勇气、敢于向权威挑战的人。且不论其结果如何，就其精神而言，无疑是值得提倡的。”由一个否定性表象变成了一个肯定性表象，而这个肯定性的表象就是“前所未有”的创新形象，这就是心理学家说的想象“是人脑在改造记忆表象的基础上创造新形象的心理过程”。所以，同学们和数学老师一起嘲笑那个初中生的事实是“来自想象”，它出现于“在改造记忆表象的基础上创建新形象”的想象之中，它就是这番想象中的“记忆表象”；而“记忆表象”也就是客观事物的形象，即所谓“事实”。所谓“事实来自想象”就是指这个意思。须知，“人不能创造信息，创造能力是对已有信息的再加工过程”。[1]人既不能创造信息，想象的创造活动也就只能凭借已有信息（客观事实）予以加工改造了，或者干脆说创造就是在想象中改造事实（记忆、已有信息）。而一旦凭借了已有信息又容易使人将想象（创造性想象）与联想混为一谈，进而看不清创造性想象的存在，忽略其作用，以致在写作中不能自觉地展开想象，使创造力受到抑制。其实，联想属于记忆，是由一事物想到另一事物的心理过程，如由当前的某一事物回忆起不在当前的有关事物；它是客观事物之间相互联系在记忆中的反映，这跟想象是将记忆表象改造成前所未有的创新形象显然不同。但是，它们也有相关联之处，这就是想象必须依赖和利用“记忆表象”，而记忆表象往往与联想相关。比如在《走出自己的路》这篇文章中，说由于友人在贺卡上强调要“走出自己的路”，使他联想起了“数学老师曾经笑谈有一个学生试图证明哥德巴赫猜想，当时我们哄堂大笑”的故事（这是由要“走出自己的路”想到了“不准”“走出自己的路”，叫作对比联想），然后再联想到鲁迅给许广平论文评分的故事（这是从赞美那个初中生敢于“走出自己的路”想到必须“走自己的路”，这叫做接近联想）；接下去又联想到美国的教育特别重视学生要有创见，进而再联想到“我们改革开放的大业同样是一件创造性的工作”等（这些都是强调必须“走出自己的路”，都属于接近联想）——这样从联想的角度来理解作者与生活的对话也不能说没有相当的道理。但是，如上所说，联想属于记忆，仅是再现事实，而且局限于事实，这显然不符合这篇文章写作的实际情况，这是把它的创造性这个更为重要的方面忽略了。所以，在这篇文章中联想的确存在，但它是想象中的联想，作者与生活的对话在整体上说是想象的而不是联想的，是想象中包含着联想。在一般文章，特别是在重事实的记叙文、议论文、说明文写作中，因为想象与事实结合很紧，未能凸显出来，很容易被人忽略，所以这是值得注意的问题。凡写作都有创造性，凡创造都不可能没有想象，在这些文体的写作中也不可能不需要想象力。至于那些韵味十足的抒情诗文的创作，诸如“太阳恬静地悬在半山坳，大山涌动着健美的起伏

---

① 张浩：《右脑是创新的源泉》，《教育文摘周报》2001年10月3日第7版。

的线条，早稻在微风中扭动着苗条的腰肢”；从地上拾起一粒银杏的果实，便说“我已经拾到‘秋’了！它是我今秋收到的第一份礼物”……像这类描写与抒情，人们是不容易认为是联想而否认它们是想象的，因为这些都离事实较远，明显地属于想象的创造。

创新能力是与生活对话能力的一个极为重要的方面，中学作文教学必须突出创新教育。在这个问题上，有一种说法需要加以澄清。这种说法认为，“希望中学生写作能够写出自己的思想来，写出自己的创造性见解来”，是“要求过高”，“脱离了中学生的生活实际和认知规律”，这种“思想方法值得考虑”[①]。文章问道：

> 生活中哪有那么多的新道理、新思想、新观点让我们的学生去“创造、发现”呢？要求他们一张嘴一提笔便发表新观点、新见解、新主张，创造出新思想，不要说十几岁的中学生，恐怕就是那些下笔千言的作家，也要“穷乎其技”吧。

那么怎么办呢？作者赞成一种观点，叫作“真理是不怕重复的”。因为作者“从大量的写作实践”中看出，“许多文章尽管所反映的社会生活千差万别，所表达的思想感情各不相同，但它们所阐明的道理往往是人们公认的，或是与前人、他人相似的，但我们读起这些文章来常常觉得它们各有妙处。关键在于其作者能够以自己的独特感悟去阐述已有的‘道理’。”

> 因此，我们主张不必在“立意创新”上过于为难学生，对他们重复别人的正确思想，特别是一些为历史证明了的真理，网开一面，而更注重指导他们如何生动地、富有情感地、创造性地表述自己对真理的独特感悟，努力追求阐述方式的多样化和个性化。

① 蒋虹、高天友：《写作：不应拒绝“重复真理”》，《语文建设》2004年第1期。

这就是作者的结论。

以上认识看似颇有道理，其实在观念上是混乱的。这里的根本问题在于对二位作者所主张的指导学生“创造性地表述自己对真理的独特感悟”如何认识？在他们看来，这叫“重复真理”。在我们看来，如前边所说，“对真理的独特感悟”就是创造，就是创新；哪怕这真理不是新发现，而是已有的真理，已有的正确思想，只要对它有“自己的独特感悟”就是创造，就是创新。千万别小看“独特感悟”，它是人们结合一定的生活实际，由实际事物触发，通过联想和想象所获得的一种崭新的东西，即使这只是对已有真理的新领悟，也是创造，也是发现。毛泽东没有“创造、发现”马克思主义，但他把马克思主义普遍真理与中国的革命实践结合起来，把马克思主义成功地运用于中国的革命实践，这里边就有许许多多的“独特感悟”，这就是党的历史文献中多次指出的“创造性地发展了马克思主义”，而决不能称之为“重复马克思主义”。毛泽东思想就是马克思主义与中国革命实际相结合的产物，它是对马克思主义的发展，它是毛泽东和他的战友们共同创立的，是全党智慧的结晶，而决不能说它是对马克思主义的“重复”，决不能否认它是伟大的创造。也许有人会说，举这样的例子未免太大，中学生的作文哪能跟毛泽东思想相比。是的，就事情的大小论二者决不能相比，但在创新上，在“对真理的独特感悟”上，道理是一样的，是可以相提并论的。无数事实表明，如果把“独特感悟”排除在创造之外，世界上很难有什么称得上是创造了。瓦特发明蒸汽机来自壶中的水烧开后蒸汽冲开壶盖，难道这不是“独特感悟”？蒸汽机的发明莫非不算是创造？牛顿提出万有引力概念起自对苹果坠地的思索，难道这不是“独特感悟”？莫非提出万有引力概念算不得是创造？如果认为这些是创造发明，那么为什么中学生把自己的“独特感悟”写成作文就不能叫作创造了呢？同理，如果硬要把创造贬为“重复”，那么世界上也没什么创造了。古已有之的帆船即利用风力推动物体，瓦特以蒸汽推动机械，不是在“重复”风力的利用吗？牛顿的万有引力概念不是在“重复”“物体向下落”的老话吗？这是多么荒唐的解释！以写文章而论，照“重复”论的说法，无论多么富有创造性的思想都只是对“陈言”的“重复”，毛泽东“抗日战争是持久战”的光辉思想是对古人“持之以恒”或“有志者事竟成”的“重复”；刘少奇《论共产党员的修养》是对《大学》上“壹是以修身为本”的“重复”……任何观念都有其上位“概念”，照这种思维方法，一切文章都是对其上位“概念”的重复了，天下哪还有创造性的文章，写作哪还有创造性？该文作者哪知道“对真理的独特感悟”不是重复真理，而是对真理的具体化，是对真理的深化和发展，是把真理向前推进，这就是在创造、创新。古人说，文章学问都是“前人疏，后人加密”，说的就是这个意思。人类的思想认识就是这样向前发展的，个人的进步亦然，梁漱溟说：“人在思想上每有所开悟，都是一次翻新；人在志趣上每有所触发，都是一次向上。人生有所成就无不资于此。”[①] 总之，“独特感悟”就是创造，“重复”则是没有创造，二者是相对立的。可是该文作者既主张“重复真理”，又主张“对真理的独特感悟”，竟有如此矛盾的说法，其思想观念相当混乱。

既然“独特感悟”就是创造，既然能指导中学生“表述自己对真理的独特感悟”，希望他们“立意创新”，“写出自己的思想来，写出自己的创造性见解来”，不只是他们“跳起来就能摘到的果子”，而且是不少中学生已经摘到这个“果子”了吗？怎么能说这是“要求过高，脱离了中学生的生活实际和认识规律”，这种“思维方法值得考虑”呢？当然，如果要“一张嘴一提笔便发表新观点、新见解、新主张，创造出新思想”，的确“不要说是十几岁的中学生，恐怕就是那些下笔千言的作家，也要‘穷乎其技’”的，但是谁又在把创造看得如此容易，狂妄无知地要求中学生“一张嘴一提笔”便是创造成果呢？从新课标到专家学者，都没有谁提过这样的要求嘛。至于说“生活中哪有那么多新道理、新思想、新观点让我们的学生去‘创造、发明’呢？”作者以为问得很有道理，其实已经离开了认识没有终点、真理不能穷尽的常识。

总之，这篇文章的动机是好的，希望对作文的创新要求不要成了脱离中学生实际的过高要求，“过于为难学生”。但文章的整个论述不能成立，它

① 梁漱溟：《人心与人生》，学林出版社 1984 年版，第 21 页。

除了造成思想混乱，影响教师在作文教学中正确地、积极地实施创新教育，抑制学生创新能力的发展之外，很难产生积极的社会效果。

第三节 知识（经验）

解读的本质之一，是“需要‘结合头脑中储存的思想材料’”[①]；“读者与文本的沟通与遇合，是读者经验与文本结构互为揭示、相互生成的探究与创生。”[②]与生活对话需要一定的知识、经验，知识（经验）越丰富越好；空白的头脑是没法跟生活对话的。

知识不是能力，但凡是有用的知识都可以转化为能力，所以培根说“知识就是力量”。因此，讨论解读生活、与生活对话的能力，不能不论及知识。

什么是知识？这是当代知识论中颇多分歧的一个问题，但其中影响较大的还是柏拉图的老观点：知识是有关真理的认识，它蕴涵着真理；或者知识是理性认识。但对于写作来说，知识是不局限于理性认识的，知识在这里不折不扣地就等于经验。这个观点，毛泽东在《实践论》中有过明确的表述，他说：“一个人的知识，不外直接经验和间接经验的两部分。”这就是知识等于经验的说法。所谓直接经验，也就是感性认识或感性知识；所谓间接经验，也就是理性认识或理性知识。感性知识和理性知识不仅是一个人知识的两部分，人类的全部知识也可以分为这样两个部分，当代西方学者扎泽博斯基就是这么划分的。她把认识分为两类：一类是关于直接事物的知识，它是主体通过与实在对象进行直接的经验接触而产生认识，她称之为“认知”的知识，指出这类知识不仅包括有关外部的人与物的知识，而且还包括认识者自己心灵状态的知识。另一类是有关事物间接的知识，即所谓“命题知识”，“它是主体所认识的关于世界的真命题”。[③]扎泽博斯基的观点跟毛泽东《实践论》的观点一致，只是换了说法，称感性知识为“认知知识”，称理性知

① 曹明海：《文学解读学导论》，第 20 页、26 页。

② 同上，第 20 页、26 页。

③ 陈嘉明：《知识与确证》，上海人民出版社 2003 年版，第 29 页。

识为“命题知识”。《实践论》指出认识分为两个阶段：感性认识是第一阶段，所获得的感性知识“仅是片面的和表面的东西，这种反映是不完全的，是没有反映事物本质的。”因此，认识还须继续向前发展，要进到第二个阶段，即实现“从感性的认识到理性的认识之能动的飞跃”，以便获得理性知识。只有理性知识才是“完全地反映整个的事物，反映事物的本质，反映事物的内部规律性。”因而也只有运用理性知识才能“去能动地改造世界”。可见，就认识世界和改造世界而言，感性知识（直接经验）是大大逊色于理性知识（间接经验）的。但是，就学生写作文而言，二者的作用也许正好相反，感性知识明显超过理性知识，特别是写记叙性文章，基本上就是写出直接经验，亲身经历，虽然其中也不能缺少理性知识（如须把握记叙对象的本质）。因此谈论中学作文教学中的知识，它是同时包括感性知识和理性知识的，不能仅指理性知识。

文章的写作，文章思想内容的正确性以及文章能发挥社会作用，这一切都是以知识为基础，为支撑的。《中庸》下边这段话比较鲜明地体现了这个道理：

> 君子之道本诸身，征诸庶民，考诸三王而不谬，建诸天地而不悖，质诸鬼神而无疑，百世以俟圣人而不惑。[①]

说君子阐发的道理植根于他自己的切身体验，用人民群众的实践去验证没有差池，对照先王的礼法没有错误，树立于天地之间没有违背之处，对证于鬼神没有疑问，千百年以后的圣人出来检验也没有困惑的地方，所以这样的文章世世代代都是天下人行为的准则（“言而世为天下则”）。这就清楚地表明，君子的文章是以自身的直接经验，庶民的实践经验、历代礼法的知识、天地人文的知识为背景、为支撑的，[②] 所以才经得起上述诸方面的检查验

---

①《中庸》第29章。

②原文：“质诸鬼神而无疑，知天也；世以俟圣人而不惑，知人也。”朱熹注：“知天知人，知其理也。”

证，而成为世代天下人的行为准则。这里涉及的知识之广博，囊括了知识的所有门类和感性理性两个层次。当然，这是就写作足以为“天下则”的“顶尖级”文章而言，但那道理对一般文章的写作同样适用，即知识背景越深厚，写的文章质量越高。

这是讲的知识与整个写作的关系，单就与生活的对话而言知识越渊博与生活对话的能力越强；二者成正比例关系。因为在对话过程中，知识起着“眼光”的作用，并以联想和想象的形式拓宽对话空间，实现对生活的解读，即达到三个方面的目的：

一是对“善”的认识。人们的道德品质虽然通过行动表现出来，但要清楚地认识到它也不容易，特别是表现在寻常生活琐事上的时候更容易被忽略。这时，丰富的知识常常使我们能及时地发现它，并对它有充分的认识。如江苏丁小飞同学的《从科尔总理舔盘子谈起》[①]一文的写作就属于这种情况。文章提到的是科尔生活中一件很不起眼的事情：

> 德国总理科尔有次宴请朋友，快吃完时，发现盘子里还有些汤水，便用面包在盘子里擦了一下。他吃完面包后，发现盘子里还有点汤水，就毫不犹豫地拿起盘子，用舌头舔了起来……

这件生活琐事值得谈吗？文章写道：

> 科尔总理的这个轶事，使我想到了一句古语：“俭，德之共也；侈，恶之大也。”《资治通鉴》的作者司马光曾经以此训诫其子司马康。勤俭持家，勤固然重要，但就我国目前的国情来看，俭更不容忽视。中国古代，以奢靡丧家亡国者不乏其人。北宋的寇准虽然功劳盖世，但豪侈一时，子孙习其家风，家道也就逐渐衰败了。

---

① 见王学礼主编：《中学生分类议论文大全》。

这段话表明，作者从处理盘中汤水的轶事中发现了科尔很重要、也很可贵的一种品质——“俭”。作者是怎样发现的呢？是通过司马光训诫儿子的话和寇准家道衰败等事实发现的，也就是通过知识的比照发现科尔这一品质之可贵的。接下去，文章又以日本人在抽水马桶里放上一块砖以节约用水，这种节俭精神使他们赢得了战后的经济腾飞等事实进一步阐明科尔这种品质的宝贵与重要，也就是作者通过这些知识进一步丰富自己的发现和深化对这种品质的认识。当然，作者写这篇文章的目的是为了增强我们自己的节约意识，希望大家都学习科尔的节俭精神，这是再以对中国国情有关方面的了解揭示科尔这一精神的普遍意义。回顾全文，作者对这问题的认识从发生、发展、深化到结束，每一步都是以相关知识做支撑的。文章的这个发展脉络也正是作者与生活（科尔的特定行为）对话过程的反映。很明显，没有较丰富的知识是不可能完成这番对话的，也不可能有这样的对话。

二是对真的探索。认识事物的本质、规律、内在联系，需要一个探索过程，因为它们是隐藏在事物的背后、事物的深层，有时甚至被假象所掩盖，或者受到某种曲解的迷惑、干扰。探索须借助于知识。毛泽东有句名言：“我们的眼力不够，应该借助于望远镜和显微镜”，马克思主义“就是我们政治上军事上的望远镜和显微镜”。其实不光是马克思主义，一切正确知识都是探索真理的望远镜和显微镜，只有依靠它们我们才能获得真理，即使是中学生写作文也不例外。如湖北陈超同学的《有志不在文凭》[①]一文：作者说——

> 近几年“文凭风”盛行，许多人为弄一张文凭四处奔波，甚至不惜弄虚作假，而且一旦文凭到手，便万事皆休，高枕无忧了。

这就提出了一个问题：我们应该怎样对待文凭？为了寻找答案，作者开始了如下的探索：

① 见高长海主编：《三好作文》，陕西旅游出版社 1999 年版。

衡量一个人有没有知识，看他具有什么学历文凭，这是一个方面，但更主要的是看他的实际水平，看他运用所学的知识去解决问题的能力。如果不把知识转化为能力，则等于有了原料而不会做饭菜。随着科学技术的飞跃发展，传统的一次性教育已不可能终生受用，即使已获得了比较高的学历和文凭，也需要不断地更新知识，否则将会被日新月异的时代淘汰。

这是作者根据对知识与能力关系的认识，根据对时代在发展、知识须更新的认识——也就是根据自己这两方面的知识，探索出一个道理：有了文凭不能“万事皆休，高枕无忧”，要把所学的知识转化为“解决问题的能力”（“实际水平”），而且还要“不断地更新知识”才能跟上时代发展。这是探索出的一个方面的成果，接下去又探索了另一个方面：

同时应该看到，有真才实学的人并不一定都有学历文凭，古今中外名落孙山而有所作为的人不知有多少。唐末诗人罗隐连试十次不中，但他发誓要走自己的路，踏遍千山万水，刻苦求学，终于写出了许多脍炙人口的篇章。著名发明家法拉第、数学家华罗庚都是没有上过大学而靠自学成才的名人。近年来，广东从化农场又发现了一个好典型梁维国，他 1965 年高考落榜，被分配到农场当工人，长期坚持自学高等数学、外语等基础科学，查阅了大量的外文资料，结合自己的实际写出《果树栽培学》等专业书籍，为发展我国的水果生产作出了卓越的贡献。大量事实说明，没有文凭也可以干出惊天动地的事业。

这是对没有文凭这个方面的探索，即作者利用罗隐、法拉第、华罗庚、梁维国等人的经验（感性知识）得出了这样的认识：没有文凭其实也无所谓，照样“可以干出惊天动地的事业”来。这是探索出的第二个成果。作者再把以上两方面道理综合起来，把探索继续向前推进，认识到“四化伟业是干出来的，不是吹出来的”；“有志不在文凭，而在于水平，在于真才实学”，因此：

我们每个人都要为掌握社会主义建设本领而勤奋学习，立志做一名具有真才实学的四化建设者，不要片面地去追求文凭那一纸空文。

这就是作者面对生活中“文凭风”盛行，凭借上述多种知识，一步步深入探索，最后获得的关于如何对待文凭这个问题的“真知”，它揭示了问题的实质，也正确地揭示了文凭与知识、实际水平、四化建设的内在联系。

三是对美的发现。发现事物的美，常常也需要凭借一定的知识（主要是感性知识）。这从霍布士、洛克等经验派美学家用联想解释美感和狄德罗“美在关系”等说法中看得尤其清楚，因为由此及彼的联想和揭示事物间的某种关系，都是以相关知识为基础、为前提的，否则联想无从产生，相互关系无从揭示。所以，既然美在联想中，美在关系中，发现美就需要一定知识，知识越丰富发现美的能力越强，获得的审美感受也越丰富、越深入、越强烈。如河南王华同学的《雪花飘飘》[①]一文中对雪的描写：

从微暗的暮色里，飘来了一群白色的小精灵，都戴着半透明的六角帽，却各有不同的精巧图案，比新年里奶奶剪的窗花还要好看，一定是巧手的织女精心剪成，送给大地的贺年片吧！哦，美丽的小雪花……

像一群穿白纱裙的小舞女，伴着天宫传来的仙乐，轻轻盈盈地在空中飘舞着，旋转着，跳着比《天鹅湖》还要动人的舞蹈，那么轻快的身影，那么飘逸的舞姿。哦，神奇的小雪花……

雪花飘飘，轻轻落在树的枝桠上，亲亲地挨着它，是在安慰它不必为失去绿叶而难过？还是悄悄告诉它春天的信息？雪花飘飘，轻轻落在娇嫩的麦苗身旁，用自己的身体替他抵挡北风的侵袭……雪花轻轻地飘，轻轻地落，是怕惊醒我们的梦吗？哦，善良的小雪花……

---

① 高长梅主编：《三好作文》。

天空中雪花的队伍越来越大，白茫茫一片，就像春天里笼罩故乡的柳絮。雪花们呼朋唤友，紧紧抱成一团，从高高的天上“簌簌”地跳下来，还兴奋地打着旋儿。哦，勇敢的小雪花……

树儿穿上了银亮的衣服，楼房戴上了暖和的白绒帽，麦苗干裂的小嘴正吮吸着甜滋滋的雪水……这都是雪水赠给的礼物，瞧人们眼睛闪着的希望，嘴角流出的笑意，不也是雪花赠予的么？哦，慷慨的小雪花……

作者对雪的赞美使人耳目一新。他从多方面描写了雪的美：有外在的美丽形态，有内在的美好品质——它善良、勇敢、慷慨奉献。作者对雪花的审美感受是丰富的、强烈的，也是深刻的。这些感受从何而来？来自丰富的想象与联想（包括比喻、拟人等手法）。但想象与联想的基础是知识（经验），知识越丰厚，想象与联想的天地越广阔，知识越贫乏，想象和联想的空间越狭小；上述描写表明，作者的知识面是比较宽的，所以能从多方面发现雪花的美。如第一段写雪花的外在形象，通过“半透明的六角帽”、“精巧的图案”、“新年的窗花”、“织女的巧手剪成”、精美的“贺年片”等一系列新鲜比喻，那本来很平凡的形状一下子变得非常美了，令人难忘。雪花从天上飘落下来也很平常，但作者说这是穿着“白纱裙的小舞女”在跳着比《天鹅湖》还要动人的舞蹈，经这一比，那美好的情态也生动地呈现在读者面前。能够这么去比喻、这么去拟人，就说明作者拥有相关的知识。下面对雪花善良、勇敢、慷慨的描写也是同样的道理。比如不知道小麦在地里越冬，就不会讲雪花“用身体替她抵挡北风的侵袭”；不知道“柳絮”就不会说漫天的雪花“像春天里笼罩故乡的柳絮”；不明白“瑞雪兆丰年”的道理，就不会写在大雪天里“人们眼睛里闪着希望”等等。

知识越丰富，与生活对话的能力越强，其道理可以从接受美学的理论得到进一步解释。该理论认为文学作品的描写中包含有许多“意义的不确定性”，或者叫“意义的空白”，这个“不确定”或“空白”就构成了作品的“召唤结构”，它召唤读者把作品与自己的经验和自己对于世界的想象联系起来，以产生意义。解读作品的目的在于意义的创生，而意义就是这么产生的。解读文学作品是这样，解读生活这本大书、与生活这本无字之书对话的情形同样也是如此。生活也许都具有一定的完整性，但用接受美学的眼光看，它总是不完整的，同样充满了“意义的空白”或“不确定性”，因为至少还有许多当下无法直接感知的东西有待于补充。比如下雪了，雪落在树枝上，落在楼房上，落在地头，盖住了麦苗，就这么回事，可以说是“完整的”，但也可以说是“不完整的”，因为我们还可以问：接下去又怎么样呢？有什么影响、有什么意义？等等，这些就是它的“空白”和“不确定”之处，这就是它召唤解读者用自己的经验去填充、去完善的地方，所以王华同学写出了如下这段文章：

> 树儿穿上银亮的白衣服，楼房戴上了暖和的白绒帽，麦苗干裂的小嘴正吮吸着甜滋滋的雪水……这都是雪花赠给的礼物，瞧人们眼睛里闪着的希望，嘴角流出的笑意，不也是雪花赠予的么？哦，慷慨的小雪花……

这些话就显示了下雪的影响、作用、意义，这就是在回应生活的召唤，在填充、完善生活的空白并创生意义；这便是在解读生活，在与生活对话，从而获得生活的意义。描写自然景象的《雪花飘飘》如此，议论人间世事的《有志不在文凭》《从科尔总理舔盘子说起》也是同情的情形：四处奔走弄文凭，科尔请朋友吃饭时自己盘中的汤水也不剩一滴，这两件事及各自的“内部构成”也不完整，也有好些空白存在，也可以提出结果怎样？影响如何？意义何在？等一系列未明确的问题。陈超和丁小飞同学的文章正是对这些空白处的填充而使之完善，并由此创生意义。

从道理上讲，生活在写作学的眼光中都是不完整、多有空白因而能够引起对话而成为作文题材的。但事实并非如此简单。表面看这是一个什么样的生活才能引起作者情感、思绪、思考、记忆、联想、想象并因而创生意义的问题；其实问题不在生活方面，的确什么样的生活都是解读的对象，问题是在作者方面，是作者有没有解读生活的能力以及有多大解读能力，这就跟作者的知识大有关系：生活这本无字的大书有许多的空白之处，作者必须有足够的知识才能将它填充起来，并创生意义，所以知识越多解读能力越强，于是生活的诸多内容都可能因解读而转化为题材；否则，解读生活的能力低下，就难有可写的题材产生。题材不是现成的生活，它是在作者与生活的对话中产生的，它是解读生活的结果。正因为如此，写作才被称为“创造性的劳作”。

也许有人会说，写抒情和感想性质的文章，是抓到一点就发挥，的确需要用知识填充生活的空白，而写记实性文章如实记录人物事件，则无所谓填充空白的问题。其实写记实性文章的道理也是一样，只是填充的自由度小些而已。如湖北童军同学的《一堂体育课》[1]一文：

今天下午第二节课我们班上体育，训练的项目是跳箱，同学们一个个如猛虎下山，似蛟龙入海，操场上呈现出一派热气腾腾的景象。

你看，男同学那边闪过一个个人影。只见他们飞快地跑到跳箱前，两手一撑箱背，便像兔子般轻巧地落在垫子上。

女同学这边，一个个也毫不示弱地跳着。

肖老师站在面前，看着我们跳，不住地点头，微笑。

一个同学跳过去了，又一个跳过去了……不一会儿轮到我班最矮的同学雷福荣跳了。她紧张地盯着前面的跳箱，急匆匆地跑到踏板前，两脚往上一蹬，手一撑，就伏在跳箱上了。同学们都哈哈地笑了起来。她从跳箱上下来，那本来由于紧张而通红的脸，现在显得更红了，就像一个熟透的苹果。

这时，肖老师走了过来，告诉她怎样跳，同学们在旁边也七嘴八舌地说着。她聚精会神地听老师讲完后，眼睛眨也不眨地看着同学们跳。

不一会儿，又轮到她跳了。这回她沉着地看了看跳箱。似乎前面已不是那平常的跳箱，而是她前进路上的一块绊脚石。她眼里闪着一种坚

① 见姜维主编：“中学生 700 字”《限字作文》，内蒙古少年儿童出版社 2001 年版。

定的神情，她像在说这回我一定要跳过去。同学们也用信任的目光瞧着她。只见她先慢后快地跑到了跳板前，这时我们也都屏住了呼吸，注视着她的动作：她双脚朝踏板上用力一蹬，两手在箱背上使劲儿一撑，就像燕子般飞落在垫子上。“好！”“跳过去了！”同学们都兴奋地喊着。这时，她的眼里闪烁着喜悦兴奋的光芒，看着大家，好像在说：谢谢大家！

同学们互相鼓励，一个接一个地跳着。下课铃声响了，但是，同学们好像没有听见似的仍然在跳。

我看着这生龙活虎的情景，看着看着，眼前闪动的人影好像变成了一匹匹骏马，正在新长征的路上飞奔，越过一个个的障碍，飞跃向前！

这篇文章记叙一堂练习跳箱的体育课，写得比较具体，既有面的勾勒，也有点的特写，都是真实情况。但即使是这样真实的记叙也有作者对事实空白的填充。因为事实的性质、特征、意义、关系、影响……常常都不可能由事实本身直接地说明或体现，虽然为它所具有，却需要由作者来发现、来揭示、来渲染，然后才能鲜明地突出出来或展现于外。这就是原生态事实的空白之处，作者的解读、对话和以知识填充空白，也就在这里。这篇文章的情况正是如此，如第一段中说“同学们一个个如猛虎下山，似蛟龙入海，操场上呈现出一派热腾腾的景象”，这是作者对操场气氛的宏观把握和理解，写出了同学们上这堂课的特征。“如猛虎下山，似蛟龙入海”，明显地是作者对这气氛特征的渲染、夸张、强化，使之得到突出和美化。至于结尾处说“眼前闪动的人影好像变成了一匹匹骏马，正在新长征的道路上飞奔，越过一个个的障碍，飞跃向前”，更是作者为了展现同学们在这堂体育课上所表现的勇往直前精神的意义，在当下直接感知之外添加上去的描写。其他如写雷福荣同学第二次跳时“似乎前面已不是那平常的跳箱，而是她前进路上的一块绊脚石”；又说“她眼里闪着一种坚定的神情，好像在说这回我一定要跳过去”；她跳过去之后，“眼里闪着喜悦的光芒，看着大家，好像在说：谢谢大家”；等等，都明显是作者对生活空白的填充，对生活的解读。如果把文中所有的填充部分都删去，只留下生活的“本来面目”，那一定读来不知所云，不成其为文章，更不可能是一篇有意义的文章了。这又从反面证明生活不能照抄，生活必须解读，必须用知识去填补那些空白，然后才可能创生意义、写成文章；这是一条普遍规律，即使写纪实作品也不例外。

第四节　主体性

写作几乎纯粹是个人的活动：用自己的眼睛去看，用自己的心灵去感受，用自己的头脑去思考，表达自己的思想感情，独立地个性化地写作……用对话的观点看，与生活的对话是“主体间性”的对话，生活是主体，作者也是主体，二者互为主体，对话是相互的交流、沟通。这一切，归结为一句话就是，写作必须充分发挥主体性，鲜明的主体性是写作的基础，是发展与生活对话能力的根本条件。因此，中学作文教学不能不重视主体性教育，学生作文中的诸多问题都需要从这里寻求解决。

什么是主体性？主体性就是人作为实践主体的特性。主体是和客体相对应的一个概念，它们是在社会实践中同时产生并相互作用的。主体不等于人，只有在一定社会关系中从事认识和实践活动的人才是主体；客体也不等于客观世界，只有作为主体认识和实践的对象，与主体发生相互作用的客观存在才是客体。

在实践中，主体作用于客体，客体也制约主体。主体性就是以实践为基础，并在实践中表现出来的主体的特性，或者说作为活动主体在作用于客体过程中表现出来的特性。主体在实践中究竟表现出哪些特征呢？这就是主体性的内涵问题。概括起来，有如下几点：第一是“能动性”，也就是毛泽东说的“自觉的”能动性。人是“能动的自然存在物”（马克思），但人的“能动性”与动物的活动有本质区别，人的能动性是包含了自觉性的，动物却没有自觉能力。所以动物的活动只是本能地、消极被动地顺应自然，人却能根据自己的需要和目的积极主动地改变客观存在。同时，“动物和它的生命活动是直接同一的。动物不把自己同自己的生命活动区别开来。它就是这种生命活动。人则使自己的生命活动本身变成自己的意志和意识的对象。他的生命活动是有意识的。”[①] 能动的“自觉性”，就是实践活动的自我意识、自觉意识、主体意识；有这样的意识才能将主体自我与客体世界区分开来，明确自己在实践中的地位和作用，进而按照需要和目的改造内在自我和外在事物。这改造中的主体活动是按照需要和目的进行，这就决定了不可能是随意的、盲目的，必然具有选择性。所以主体活动是有选择的活动，从活动的目的到手段、方式，从“做什么”到“怎样做”，无一不是选择的结果，所以说“人生充满了选择”，“人生就是选择”。同时，因为活动是按主体自己的需要与目的进行，而客观世界不可能自然地符合和满足主体的目的与需要，所以这活动在本质上必然具有创造性，即改变客体、超越现实，使之能够满足需要，达到自己的目的。可见，主体在实践中的能动性包括了自觉性、选择性、创造性三个方面的含义。第二是自主性，即劳动主体对生产中的生产资料、生产过程及其产品的支配与控制，对自身劳动力的占有与支配。自主性体现了实践主体的主体地位和主体权利，使主体切实感受到自己是活动的主人，因而能产生活动的热情，关心活动的结果，迸发出想象力和创造力。自主与自由是一个问题的两方面：对客体而言是主体的自主，对主体自身来说则是主体的自由。所以自主劳动也就是自由劳动，主体对于生产力、生产关系和自身本质的占有，也就是主体对于自然、社会和自己本身的自由。“自由的人”也就是自主的人，自由度的大小与自主性的大小是一致的。当然，自由以遵循客观规律为前提，是化外在必然性为内心准则、内在要求的自由，自由不可能背离客观规律，否则活动将达不到预期目的，甚至造成严重后果。这又涉及责任问题了——自主自决的活动必然是自我承担责任的活动。第三是自为性。所谓“自为”，也就是为了自己，为了达到自己的目的，为了满足自己的需要。马克思说，“个人总是并且也不可能不是从自己本身出发的”。[②] 个人如此，集体、社会、人类也都是这样，是从“自己”出发。所以

①《马克思恩格斯全集》，第 42 卷，第 96 页。

②《马克思恩格斯全集》，第三卷，第 274 页。

马克思又说：“凡是有某种关系存在的地方，这种关系都是为我而存在的。”[①]这个“我”，可以是“小我”个人，也可以是“大我”（集体、社会、国家、民族乃至人类），人的实践活动都是自为的，为“我”的，自主是自为的前提，只有自主才可能实现自为；自为是自主的目的，自主是为达到自为的目的，否则自主即无意义。

写作是实践活动，作者是写作实践的主体。写作主体不等于“人”，能够从事写作活动的人才是写作主体。同样，写作客体也不等于现实生活，只有作为写作对象与主体发生相互作用的人物、事物、景物、现象、问题等才是写作客体。主体性就是作者在写作实践中与写作客体相互作用所表现出来的主体特性。由于写作是精神生产活动，比之于物质生产，它更需要发挥主体性，在实践中和产品上体现出来的主体性也更直接、更强烈、更鲜明。物质生产可以批量进行，可以许多人生产同一种产品，可以无数次地重复生产同一型号的产品；写作却是个体化生产，产品不可能相互雷同，也不能自己重复生产同样一篇文章。物质生产的方式、技能过程可以一直重复下去，直到出现某种革新为止，写作却很少有生产情况的重复——每篇文章的灵感来得不同，致思路向不同，思想内容不同、表达形式不同，写作的过程不同。物质生产的产品是生产者聪明才智的体现，是其劳动的结晶，是实践主体的对象化。但它是一般主体的对象化，不是个别主体的对象化。这双皮鞋是张三生产的，是他的生产热情和聪明才智的结晶，是他的对象化，但它跟别人生产的相同型号的皮鞋没有丝毫不同，人们不可能从它上面认识到张三这个特定的人，只能从这类皮鞋上认识到它们所有生产者的共同特征。而且物质产品对生产主体的对象化是不充分的，比如主体的思想情感、理想愿望、性格特征等就不可能直接从产品上清楚地看出来。写作则不然，“文如其人”，文章就是作者思想感情的直接表达，以致他的兴趣爱好、理想愿望、性格特征等都在文章里面，他的整个心灵世界都对象化了，所以“读其书（文）”可以“想见其为人”。写作这种精神生产的以上特点，可以用“言为心声”

①《马克思恩格斯全集》，第一卷，第35页。

四个字来概括。既然文章是“心声”的表达，心头有了想说的话就如“有梗在咽”，岂可不“一吐为快”？这就是主体性的“能动性”。既是“有梗在咽，不吐不快”，写作的自觉性之高亦可想而知。写作既是表达特定的“心声”，从题材、内容到文章形式的方方面面以及写作的每一步，都必须作严格精到的选择。哪怕一词一句的不确切也会造成表达意思的走样、走调、变味而不再是某一作者的“心声”。既然是表达特定的心声，这“特定”就是天下的“唯一”——作者与他人比较，他是唯一的，不可能有第二个人与他完全一样，因此他的“心声”也是唯一的，不可能有人与他完全相同；作者与自己比较，“人不可能两次进入同一条河”，生活不会重复，人生不可能走回头路，此时此刻，此情此景的“心声”决不可能与以往或以后的完全相同，它也是唯一的。表达的心声既然是唯一的，这就决定了文章必然具有唯一性，因而也就决定了写作的创造性，因为只有严格的创新才能有文章的独特性。主体性的自主性方面，在整个写作过程中，作者的主体地位、主体权利不会担心受到侵犯，相反只怕利用不够充分，甚至跟着别人走而放弃自主权利和把主体地位让给他人。作者不但可以完全自主地开发利用写作资源与写作条件，完全自主地支配自己的写作能力，而且开发利用得越充分越好，越能受到社会的欢迎和支持；不这样做反而不好，甚至会受到社会批评。写作活动的成果——文章，为作者所有，由他自己处理，这是自然的事情，更无须说。至于主体性的自为性方面，已自然地包含在“言为心声”的命题之中；写文章就是为了表达作者自己的“心声”，当然是“自为”的。顾炎武说“文须有益于世”，这话说得很好，文章应该有社会意义，写作应该为社会服务。但不是离开自己的“心声”去为社会服务，恰恰相反，它是以表达作者自己真实的思想感情为基础、为前提的，否则不可能为社会所接受、更谈不到为社会服务。具体地说，写作为社会服务，也就是作者认为自己某种思想感情的表达具有社会意义，于是写出来公之于世，贡献给读者。这既是为社会，也是为自己，而且首先是为自己（为了表达自己的心声），为自己是前提，是基础。鉴于以上种种，所以说写作是主体性体现最直接、最强烈、最鲜明的实践活动，它要求作者具有很强的主体意识，在写作活动中充分发挥主体作用。

在中学作文教学中主体性教育没有得到足够重视，中学生的写作普遍主体意识淡薄，主体性发挥不够，这是影响他们发展写作能力的重要原因。解决这个问题，有两点值得注意：

一是区分“生活之思”与“写作之思”。

作家、记者等从事写作的人都强调“思考生活”，提倡“多思”，这是很正确的。但是，这里需要区分两个概念，即“生活之思”与“写作之思”。生活之思是为了满足和适应日常生活的需要而作的思考，如办某件事，事前事中都要“多思”才能办好，有时事后还要总结经验教训。“写作之思”指在生活中有所感触时要抓住它多想一想，深入想下去，想清楚，使之明朗起来，弄清它究竟是怎么回事。这感触可能跟生活中办的某件事有关，也可能无关；即使有关，这番思考也不是为了办好这事，而是通过对此时感触的咀嚼，探寻事理，特别是探寻生活或人生的意味。它与“生活之思”的不同之处就在这里。所谓“思考生活”，所谓在生活中要“多思”，就是指的这种“写作之思”，而不是指“生活之思”。这也就是与生活对话；与生活对话的主体性，主要就体现在能否对生活自觉地作“写作之思”。如上海王琪玮同学的《瞬间》一文[①]，写了三件事引起的作者三次“一瞬间”的感触。第一件事写他背着沉重的大书包挤上公共汽车，车上拥挤得人都站不稳，周围的人对他的大书包怒目而视，正在不知如何是好时突然司机来个急刹车，他“重重地踩到了身边一个女孩子的脚上”，他一边忙说“对不起”，一边准备承受责骂。可是——

> 她抬头看了看我，然后目光又转向我背上的那个大书包，出乎意料地对我笑了笑说：“把书包拎在手里，这样可以省力些。”
>
> 于是，我发现原来她手里也拎着一个沉沉的书包。
>
> 那一瞬间，我一下子很感动。虽然我们素不相识，但也许因为我们

① 王学礼主编：《中学生分类散文大全》。

都背着书包，所以彼此之间便多了那么一份理解。

在那一瞬间产生的理解让我感到人与人之间的那份真情。

第二件事写冬天妈妈手上总要“裂出一道道口子”，她不在意，照样每天做那么多的家务事。于是作者在她生日那天买一瓶“美加净”护手霜送给妈妈，但心头又担心她不喜欢，会责备自己乱花钱。可是——

当我把这份礼物放在妈妈面前的时候，我看到了妈妈脸上从未有过的欣喜。

那一瞬间，她虽然什么也没有说，但我从她那欣喜的笑容里知道了我的关心给了她最大的感动与快乐。

在那一瞬间，我感到人世间的亲情是那么美好，它永远都是重要的感情。

第三件事写读高三以后“卷子与练习”永远做不完，大家被“压得喘不过气”，少了许多歌声、笑声和与朋友在一起的机会，生活忙而枯燥，心里有种失落感。一天早晨到校，作者发觉桌上有张小小的卡片，那笔迹很熟悉：

“不管我们有多忙，都不会忽略彼此之间的那份友情。在你寂寞与烦恼的时候，不要忘了有我这样一个朋友在你身边。高三的日子，我们同行。好友敬上。”

那一瞬间，我心里涌起了无法言表的感动。也许真正的快乐便源于那一瞬间的感动。

尽管高三的学习让我们的生活改变了许多，但身边的那份友情依然如此美丽。也许在往后的岁月里，身边的这个世界会不断地改变，但那一份份真挚的情谊却会永远不变地陪伴着我们，陪伴我们一起度过无论是快乐还是悲伤的日子。

三件事写完，作者以这样一段话结束全文：

> 生活是平平常常的，但那一个个瞬间却将生活点缀得如此温馨与美好，使瞬间在心灵深处天长地久。

上边这三件事，无论谁经历了大概都会感动的。但是有了感动之后怎么样呢？可惜往往都是作简单处理。比如经历第一件事，感动了，心里会想："她真好，没骂我！"经历了第二件事，也很感动，心里想："妈妈很高兴，我也很高兴！"经历第三件事，同样很感动，会在心里感叹道："够朋友！真是好朋友啊！""有感而发"，受到感动自然要发而为言，哪怕这"言"只是停留在心里，也是对感动的发表。感动了，这么发表了，事情也就完结了。不过，这儿的"言"实在太简单。因为太简单，缺乏思考，所以止于现象层面的自然表达，还紧紧地束缚在具体事情上面，没有什么意味。更主要的是习惯于以这种肤浅的感叹"了结此事"，思考正要启动就被堵塞住而无法展开，这样，生活中即使经历了感天动地的大事件也仍然没有文章可做。因为写作的"生长点"、文章的命根子就在对某种感动的咀嚼上，那种简单肤浅的感叹根本没有咀嚼，更谈不到咀嚼出生活的某种"味道"（有意义的东西）。如果做这样的处理，那就说明主体尚停留在"生活之思"上面，思考只是为了处理事情，事情过去了思考也随之结束。而对于"写作之思"来讲，他缺乏自觉能动性，他不能自觉地去思考在生活中受到的感动、触动；而不能自觉地思考自己受到的感动、触动，与生活对话的主体性也就谈不到。因为没有这一条，思考尚未运转起来，主体性中的选择性、创造性、自主自为等，都无从谈起。当前，中学生多半属于这种情况，他们与生活的关系是处于这种状态，所以他们写作文总是感到没有话说、无东西可写。与此相反，王琪玮同学因为能超越"生活之思"，善于抓住瞬间的感动自觉去咀嚼、思考，所以写出了这篇好文章。

二是充分认识"写作之思"的重要性。

对其重要性认识充分，才会自觉地去实践它。生活中有了感触就抓住它多想一想，弄清是怎么回事，这样的“写作之思”对于学生学习作文与做人都是非常重要的。把心中一团模糊的感动、感触弄清楚，这里边包含着从个别到一般、从现象到本质的提升、升华、作出准确的判断，揭示出生活的意味，人生的奥秘。完成好这项任务，自然需要充分发挥主体性。如《瞬间》一文，作者从个人的三次瞬间感动中体认到“人与人之间”真情的重要，“人世间”亲情的美好和真挚情谊“会永远不变”，都是在“写作之思”中完成了从个别到一般、从现象到本质的飞跃，从而真正弄清了三次瞬间感动究竟是怎么回事；这些体认是深刻的，它们各自从一个方面揭示了生活的意味和人生的奥秘。完成这段“写作之思”纯粹出于自觉，其中的体认是选择的结果（作最准确的判断与把握），也是创造的结晶（有鲜明的特色），同时也是自主和自为的表达，所以充分体现了、发挥了作者与生活对话的主体性，而且也使他的主体性得到了增强。凡能在生活中这样“多思”的学生，都有丰富的生活积累，都有一堆生活札记，无须教师布置，他们经常都在写文章，有时还在报刊上发表作品。这些同学是不愁没有话说、没有文章写的。

进一步说，自觉的“写作之思”，对于发展与生活对话的能力还有两个很重要的作用：

第一是学会感悟生活。与生活的写作对话不应该是平庸的对话，而应该是创造性的对话，也就是具有新鲜领悟的对话，即所谓感悟生活。什么是“感悟生活”？怎样才叫对生活有“感悟”？冯友兰先生在论“名言”与“经验”时说过的一段话对理解这个问题很有启发。他说：

> 如一广东人，虽常见书中说“风花雪月”，而实未尝见雪，及到北平见雪，忽然了解雪可与花并列，此种忽然豁然贯通底了解，即是所谓悟。此种了解是最亲切底了解，亦可说是真了解。用道学家的话说，此即是“体验有得”，陆桴亭说，“凡体验有得处，皆是悟”。[1]

---

① 冯友兰：《觉解人生》，第16页。

没见过雪的人虽然也知道“风花雪月”这说法，但不了解雪为什么可以跟花相提并论，这时他只知道有这说法，而对它的内容不明白。这话对他来说就只是“名言”，是没有内容的空话——“所谓空者，是就其无经验底内容说”[①]。现在这个人到了北京，见到了雪，知道雪也很美丽，于是懂得了在“风花雪月”这说法中人们把雪与花相提并论是很对的，因为雪也跟花一样美。这时，“风花雪月”这话对于他就不再是空的，而是很实在的了。因为他用自己实实在在的经验、体验补充进去，使它有了实实在在的内容。冯友兰说，这样把经验与“名言”豁然贯通地了解就叫作“悟”；陆桴亭也说，“凡体验有得处皆是悟”。在这儿的“得”，就是对“名言”得到了实实在在的理解，所以是悟。可见，所谓对生活的感悟或感悟生活，就是把生活中的体验、经验与某种一般说法突然接通，一下子联系起来获得了对这说法的进一步理解。对于普通写作来讲，这“一般说法”主要是指关于社会人生的一般道理、概念等理性认识。“写作之思”包含了从个别到一般、从现象到本质的认识飞跃，这里边主要也就是直接经验与社会人生的某种“一般说法”突然贯通。如王琪玮把那位女同学的谅解使他受到的感动与“人与人之间的真情”相联系等三次体认，也都是对生活的这种感悟。由个别“接通”一般，或由一般“接通”个别；由本质达到现象，或由现象达到本质，都是感悟；能在生活中自觉地做这样的思考，感悟生活的能力就得到了培养，就会发展起来。在与生活对话中，主体的创造性也主要体现在这里。

第二是有效的做人学习。学习作文就是学习做人，作文教学就是做人教育，这是大家的共识。但怎样学习做人？怎样实施做人教育呢？引导中学生与生活对话，引导他们在生活中作“写作之思”是最好的途径。因为做人的学习与教育主要不能只靠书本知识，只讲空洞的大道理和抽象的教条很难收到成效，还必须让他们在生活中接受实实在在的教育，在生活的教育中达到自己有所领悟。而这也正是“写作之思”自然产生的效果。如孝敬父母的道理讲上许多条，其效果都比不上王琪玮在妈妈生日那天送上她急需的护手霜

---

① 冯友兰：《觉解人生》，第 15 页。

后，她的欣喜使他在感动中体认到了“亲情是那么美好，它永远都是重要的感情”。为什么许多抽象的大道理比不上它的作用？因为那些大道理只是“名言”而已，只有到此时他有了最深切的实际体验，才使他对孝敬父母的“名言”有了“最亲切”的“真了解”；这时他不仅从理性上认识到孝敬父母的重要性，而且从感情上体验到这一点，进而促使在意志上决心这样做，也就是对它达到了“知情意”的统一。到这一步，在孝敬父母这件事情上他就走出了无知与幼稚，能够比较正确地对待和处理了。这就是精神的成长，做人的进步；如我们前边所论述的，这才是做好文章的根本保证，也是发展与生活对话能力的根本条件。学习写作即学习做人，作文教学即做人教育，这个道理也在这里得到最充分的体现。

另外，增强学生的主体性，还必须进行写作的主体意识与主体需要的教育。写作主体意识，即对作为写作活动主体的自觉意识。意识到自己在写作中的主体地位，自觉发挥主体作用，这是中学生克服思维一般化、公式化与生活对话中的种种缺陷，实现自主写作的基本前提。写作主体需要的教育：写作主体需要，即主体对于写作的需要；需要是一切活动的原动力，对写作的需要也是主体从事写作活动的原动力。必须让学生充分认识到写作对于自己适应生活与工作、成就事业、实现理想和人生价值的重要性；只有对写作的真正需要所激发的热情和创造力，才能使他们克服种种不足与困难，成功地与生活对话，发展写作能力。

第五章　倾听生活言说

文章不等于反映客观生活，但文章来自生活，生活是写作的源泉。记叙文的人物、事件来自生活，议论文的问题、材料来自生活，说明文的说明对象也来自生活。先有客观生活中的这些人物、事件、问题、材料、说明对象，然后才有作者主观的感受、领悟、思想、主张、认识、见解，而且产生的这一切作者又只有再凭借生活中的人物、事件、景物、事实、材料才能使之转化为文章，使读者实实在在地感受到它们，从而实现与读者的对话、交流。所以在与生活的对话中，写作主体首先须认真倾听生活，然后才有自己的言说；倾听得好才言说得好，表达得好。但是倾听不可能与言说截然分开。我们平时在生活中倾听对方讲话，为了弄清他说的意思，需要提问、质疑、补充等，这就是“言说”，这是为了倾听明白而言说，是服务于倾听的，但已自然地走向了对话。写作活动中的“倾听生活”更是必须有“言说”的配合。因为生活的言说往往都是“意在言外”，必须把握到这个言外之“意”才算真正听懂了生活的声音。所谓写作，简单地说，也就是表达生活的这个声音。可是这声音——生活的言外之意不是单靠倾听就能获得，而须辅以提问、思考、补充、延伸，等等，才会捕捉到，也就是要配合言说。于是，写作主体所听见、所发现的生活的声音，其实是他参与言说、在他与生活的对话中产生的，这是生活的声音，同时也是他心头的声音，也是只有他才能听见、才能发现的声音。所以在对生活言说的倾听中必然地包含着写作主体的言说，这是为了更好地倾听的言说，也是服务于倾听的言说。这样一来，倾听便不是消极被动地接受生活信息，而是有积极回应的言说，也就是与生活热情地对话，对生活的解读。

本章从观察、体验、思考三个层面论述对生活的“倾听”，最后再说一下“积累”生活的问题。

第一节 观察

写作离不开生活，与生活保持密切联系的“第一手段”就是观察。所以文论家说，“作家成功的秘诀之一，就是不倦地观察生活。要成为文学的内行，就得成为观察的内行。”[①] 海明威甚至说，“如果一个作家停止观察，那他就要完蛋了。”[②] 中学生不是作家，但观察生活对他们的作文也同样重要，我们完全可以说，不观察生活必定难有文章可做。

什么是观察？《说文解字》解释说：“观，谛视也”，“察从宀祭，祭祀必质天明；明，察，故从祭。”合起来，观察就是仔细地看，看明白。但这只是最基本的意思，在实际运用中它的含义明显地拓宽和深化了。首先，观察时人们不仅用眼睛看，而且把耳、鼻、舌、身诸种感官都用上了，它们也同时参与对客观信息的获取。所以孙绍振先生说，“观察事实上是一种‘官察’”即“并不限于用视神经接受信息，其中还包含着人的一切感觉器官对外表刺激的反应。”[③] 其次，在感官接受信息的过程中，起作用的不仅是感觉和知觉，还有思维和情感、想象的参与。如有学者说：人的大部分休闲活动，即是对周遭事物的观察。而一有文字，一有书本，观察的领域就有无限的扩张，因为时空所加于观察的限制都不存在了。我们可以观察现在，也可以观察过去与未来，可以观察身边，也可以观察天涯海角；可以观察宇宙之大，也可以观察苍蝇之微。[④] 这段话充分体现了观察不局限于运用视觉感官和感觉知觉，而是有多种感官参与，是包括了感知、思维、情感、想象在内的一

① 林建法、管宁选编：《文学艺术家智能结构》，漓江出版社 1987 年版，第 211 页。

② 同上，第 230 页。

③ 同上，第 212 页。

④ 叶圣陶、周予同、郭绍虞等合编：《开明新编国文读本》（甲种本下），经济日报出版社 2000 年版，第 60 页。

种综合性心理活动。不过，这儿说的通过文字（书本）对世界的观察我们放在后边去谈，一般说的观察都是指的直接面向实际生活，我们也只在这个意义上来讨论观察。这样的观察虽然是直接面对生活，却因为有思维、情感、想象的参与，所得信息也并不局限于感官的直接感知范围，同样能够突破时空限制，观察到“过去与未来”和“天涯海角”以及“宇宙之大”。

值得特别指出的是，观察中思维、情感和想象的参与是由心理活动的整体性决定的，带有较大的自发性质，因此活动程度有限。如果超出一定限度，感官信息被情感所同化，观察便成了感动：感官信息被想象所改变，观察便成为创新；如果感官信息成为思维的起点，观察便转化为思考了。但这些主观因素在一定程度上的加入十分重要。明代诗论家谢榛的名言“观则同于外，感则异于内”[①]，说客观存在的事物对于每个观察者都是相同的，但它所引起的感受却因人而异。刘勰说的“物有恒姿，思无定检”[②]也是这个意思。无论写诗还是作文，可贵的不在“观则同于外”，而在于“感则异于内”，把这“异”于人的内心感受形之于文便是好文章，好作品。但是，既然外在事物相同，感受何以因人而异？原因就在于“观察总是被理论‘污染’”，“没有中性的观察”[③]。对于写作观察来说，它不仅来自观察中的思维（理论），也来自观察中的情感和想象。当然，这时候思维、情感和想象的内容还不等于文章，它们还须进一步发展、深化和提炼。但是这因人而异的感受是来自观察中的思维、情感和想象；如果没有它们，只有感知的作用，观察就大概只能得到人人相同的感官信息。这就是说，观察同时获得了“同于外”的感官信息与“异于内”的个人初步感受；写作特别看重的虽然是后者，但它不能直接获得，它只能在观察中得到，这就是观察的可贵之处，就是观察最有价值的地方。鉴于有思维、情感和想象的参与，所以观察是写作主体与生活初始的也是最重要的对话，因人而异的感受便是这对话的成果。

根据性质、目的的不同，观察可以分为不同的种类。中学作文教学中的

① 谢榛：《四溟诗话》卷三。

② 刘勰：《文心雕龙·物色》。

③ 孙正聿：《哲学导论》，中国人民大学出版社 2001 年版，第 114 页。

观察，其直接目的是为中学生写好作文、发展他们的写作能力服务的，可以名之为“作文观察”。它与如下三种观察既有相同点，更有明显的区别：

与科学观察比较。科学观察用科学的态度、眼光看待事物，要求客观、真实、准确，目的是要了解它的实际情况与固有规律。作文观察重视客观真实，但更重视观察中产生的思想感情；因为文章不是对客观生活的抄录，而是表达作者思想感情的。所以中学生写作文需要做这种科学观察，但不占主要地位。如写题为《我的老师》的作文，文中记叙的事情要实事求是，也要说得有道理，这事实、这道理就来自科学观察；但是，文章主要表达的还是自己对教师的某种认识与感情。大体上说，除了写科技说明之外，作文教学不宜过分强调科学观察。否则，像“日出”“日落”“青山起舞”“河水欢笑”，这类最寻常的话都不能在作文中出现了，因为不科学。有学生写傍晚挑水，说“挑着两个月亮”，本来是一句很精彩的话，却被老师批为“瞎说”，这就是把科学观察强调过分，以致学生不能接受。

与文学观察比较。文学观察是作家为了创作文学作品对生活作的观察，一些文论家称之为艺术观察。写文学作品强调形象创造，要突出形象的独特性。因此，观察事物周密、细致，力求把握细节与特征；观察人物不仅追求外貌特点，而且要把握内在的独特性格，个性心理，对其兴趣爱好也要熟悉。而且，如高尔基所说，作家对生活与时代要“从未来的伟大目标和高峰来观察”[①]。中学生写作文也要生动活泼才好，因此也应该有一定的形象性，但他们不是创作文学作品，也不是为了公开发表（能发表自然更好，但这不是教学目的）；他们是进行记叙文、议论文、说明文等常用文体的写作训练，目的是培养驾驭书面语言的能力。因此，中学生对生活的观察与作家明显不同：虽然也注意外在形象，但在这上头用的功夫远不如作家们多，他们更注意生活的内在意义，以此判断对象是否值得拿来写文章。人物是作家观察的中心，也是中学生观察生活的中心，但中学生只对人物作一般了解，并不像作家们那样特别去观察人物的个性，去了解他的气质禀性、兴趣爱好、有何特点之类。

① 见林建法、管宁选编：《文学艺术家智能结构》，第253页。

观察的目的不同，观察的要求、方法、侧重点也就有所不同。注意中学生的作文观察与作家文学观察的上述区别是很重要的，有些人忽视这个区别，用文学观察来要求中学生，结果使他们的观察难以进行。因为中学生受到时间、精力、知识、经验、能力等限制，很难像作家们那样去观察生活。如许多谈论中学作文教学的人，论观察都强调把握对象的特征，这就是用作家的观察要求中学生，使他们难以做到。福楼拜论观察时说：

> 当你走过一个坐在自己店门前的杂货商面前，走过一个吸烟斗的守门人面前，走过一个马车站面前时，请你给我描绘一下这个杂货商和这个看门人，他们的姿态，他们整个的身体外貌，要用画家那样的手腕传达出他们全部的精神本质，使我不至于把他们和任何别的杂货商人，任何别的守门人混同起来。还请你用一句话就让我知道马车站有一匹马和它前后五十来匹是不一样的。[①]

这讲的就是作家观察要把握对象的特征，即观察到“这个杂货商和这个看门人”不同于“任何别的杂货商人，任何别的守门人”的地方，以及马车站里有一匹马“和它前后五十来匹”马都不一样的地方，而且是仅在从这两人和马车站前面走过的短暂时间里观察到。这当然不容易，但福楼拜认为作家就应该有这样敏锐的观察力，而且完全能够做到。要求中学生观察生活要抓住特点，虽然不要求这样敏锐，仍然太高了。特征只能在比较中见出，要认准对象的特征，不仅要有足够的相关知识，更要有对同类对象深入细致观察的丰富经验作比较。比如要看出福楼拜说的这位杂货商人在“精神本质”方面与“任何别的杂货商人”的不同之处，没有对许多别的杂货商人“精神本质”的观察了解是做不到的，中学生没有这样的积累，也没有时间和精力去做这样的积累。无论观察什么都要求把握特点，这是脱离实际的，中学生不可能对生活中各种各样的对象都有过相应的丰富积累供观察时比较，他们

① 见段宝林编：《西方古典作家谈文艺创作》，春风文艺出版社1980年版，第396页。

更没有那么多时间和精力去对各种各样事物做这样细致的观察，积累那么多的经验，所以这种要求难以实现。中学生的作文无非是以几百千把字表达出自己对生活的点滴感受而已，并不是创造独特的文学形象，观察生活不必硬要把握对象的特征，只要能抓住自己感兴趣的、使自己感动或引发自己情思的东西写也就很好了。当然，这里面也可能包含有对对象某些特点的把握，但那是不自觉的、自然而然获得的，并非刻意追求的结果。

与生活观察比较。生活观察的目的是满足生活需要，为生活的正常进行服务。日常生活的范围十分广阔，生活观察的内容也就极其多样，小到走路时须看清脚下的路，大到做事时要弄清楚环境、条件等等。生活中的“看”虽然不等于观察，但好些时候是仔细、认真地看，那就是观察，就是在有意无意地观察。正因为如此，我们才获得了丰富的生活知识，才有适应日常生活的能力。尤其是上边说的科学观察，对一般人（包括中学生）来说并不是另外的一套观察，它也就自然地包含在生活观察之中。而且，生活观察也是中学生写作文的基础。生活观察与作文观察的根本不同点在于，它是为自己的生活需要服务的，超出了个人的生活需要便不闻不问，视而不见，即所谓“事不关己，高高挂起”；而作文观察则服务于写作，说到底是服务于读者（包括作者自己）的。所谓“服务”，即给对方带来益处，对他有帮助（如果无益或有害，那就不叫服务了）。所以，作文观察实质上就是在生活中捕捉值得写的事物——将它写成文章能对读者思想感情的发展有所帮助的事物。生活观察的目的在自我，作文观察的目的是在读者。值得注意的是，作文观察一般并不需要离开个人的日常生活去另外进行观察。且看那些获奖作文，几乎每一篇都是写自己日常生活中的人物事件，很少有超出这个范围特意为写作去作观察的。说得宽一点，甚至作家的创作有时也是这样。如巴金的《家》所描写的生活就是以他早年的家庭生活为素材写成的，先前在家时他并没有想到以后要当作家，因此那时候他并没有对那个大家庭的生活作专门的写作观察，但他生活于其中，则必须对它作生活观察。巴金在法国留学时从一部法国剧作中受到启发，觉得自己曾经生活于其中的这个大家庭的生活也有写出来的价值，于是创作了《家》这部名著。这说明他从先前的生活观察所得的材料中发现了新的意义，发现那个大家庭的生活中包含有一种值得写出来告诉读者的东西。作家的文学创作尚且如此，中学生写作文的观察更可以不必离开日常生活去另外作观察了。因此，有些家长和教师先带学生参观某处之后再让学生写作文的做法推广价值很有限，它不反映写作的必然规律。这里，主要是对自己日常生活的经历和见闻要多从写作的角度去思考，看它是否有用来做文章的价值，这才是问题的关键。如果能够这样去思考；生活观察与作文观察便一致起来，上升为作文观察了。

在观察这个问题上中学生普遍存在的问题是什么呢？从作文找不到东西可写或对所写的题材展不开，写不具体、处理粗陋等情况看，他们的问题是两个：不观察和不会观察。

先说不观察的问题。跟任何人一样，中学生随时都在作生活观察，可是大部分中学生都不能自觉地进行作文观察，这是为什么呢？就因为生活观察的目的是为我，要使我的生活能够正常地进行下去，就必须观察；作文观察是为人，是捕捉有意义的题材，以便写成文章对读者有所助益。这样看来，他们不能自觉进行作文观察的原因，一方面是认识不到作文观察的重要性，另一方面似乎是“为人”的意识淡薄。但如上文所说，这里的“为人”不仅包括了为己，而且首先是为了自己，然后才是为人。天下的一切好文章都是作者在精神上追求发展、进步的文字表达，首先是作者自己在这方面有了心得、体会、收获之后，觉得它不仅有益于自己，而且对别人的成长、进步、发展也有益处，于是写成文章将它们贡献出来。这就是说，写文章决不是只对人不对己，而是在自己得益、受益之中推己及人，才将它写成文章使读者受益的。这样，追求精神上的成长与进步就把作文的为自己与为读者联系起来，统一起来。所以，作文观察在实质上也就是在生活中探索生命意义、人生价值，追求精神成长、进步的观察，通俗地说也就是在生活中学习做人的观察，一旦观察学习有得于心，形之于文便是文章。观察是一种活动，活动的动力是需要，正如有了适应生活的需要同学们就会自觉地进行生活观察并且有收获一样，他们真正有了精神成长的需要也必定会在生活中自觉地进行作文观察，并且也会有收获的。

再说解决不会观察的问题。帮助中学生学会观察，须侧重以下几点：

一、注意心灵透视。十多岁的中学生已有较丰富的生活经验，生活中一般事物他们知道那是怎么回事，已经引不起观察的兴趣。怎样才能使他们对观察生活有兴趣呢？应当侧重引导他们透视人的心灵——人物内在的心灵世界，事件后边的人物心理，以及自然景物象征的人的精神。他们对待生活多半见事不见人，只看生活的表面。而一旦进入人的精神世界，平凡的人物、事件、景物（人化）都会显得丰富复杂、异彩纷呈，很有看头。大街上围观两人因骑车相撞而引起的纠纷，这事多简单，有啥看的？看的就是当事人各自怎样对待和处理这件事，这个“怎样”是最个性化的，各自的心灵这时都充分展示，使观者看见了许多平时看不见的东西。围观纠纷不好，可是有些人就是喜欢看，可见人们对观察心灵状况的兴趣有多高。当然，引导中学生在生活中透视人的心灵决不单是为了提高观察兴趣，更主要的是发现生活的写作价值。因为对象是否值得写，常常就取决于人的心理状态、心理反应。如新版初三语文课本上的《送行》一文，对送行的描写就是典型例子。有了亲朋好友于昨晚为远行者“完美”的饯行，充分表达了大家的离愁别绪，今日车站送行就是多余的；可是按照习惯还得去送，于是事情就变得令人讨厌了：

“你东西都拿了吗？”我们中有人打破了沉默。“拿了，都拿了。”“你将要在车上吃午饭。”我说，尽管这个“预言”已经重复几次。“啊，是啊！”他坚信不移地应道，还补充说那趟车是直达利物浦的。这句相当奇怪的话使我们很吃惊，我们互相递着眼色。有人问：“它在克鲁不停吗？”“不停。”那位朋友简短地答道。他几乎变得叫人讨厌了。接着是长时间的沉默。我们之中有人强作笑颜，打了个哈哈。对方同样应一声，报之以点头和微笑。又一个人一阵咳嗽，打断了又一阵沉默。显然，那是故意作的，不过，也能挨点时间。

这就是车站送行的情景，多么令人难以忍受，难怪远行者和送行人都在巴望着“解脱”——火车启动！这说明什么？送行是表达感情的行为，它需要有真挚的情感；有这份真情，它就是件愉快的事，因为它满足了感情的需要，使感情得到表达；没这份真情，搞虚伪的应酬，那就是自找难堪，活受罪。生活需要真挚情感，不要虚假情意，这样才能使生活更加美好，这便是这篇课文的意义。这个意义不是凭空而来，它是从事实中概括出来的。于是，对送行中人物心理反应的观察，对这篇文章的写作起很大作用，它值得学习的一个很重要的方面也就在于作者对这类心理反应的认真观察。送行，就事情而言，简单到没有什么可写，那丰富有味的内容全在大家这时的心情和表达这心情的一言半语之中，那尴尬的难堪的情景——沉默使人难受，无话找话说同样使人难受，无法忍受也只能硬撑着，只能无可奈何地一点一点挨时间，这种心情没有细致的观察不可能充分把握住。作者正是由于这方面做得好，所以能深切地感受到生活需要真挚情感而不要虚伪应酬这个有意义的主题，将看似并没有写头的事情作为题材，写成了这篇精彩文章。

二、重视观察自我。对自我的观察指对自己内在心灵的观察。对别人的心灵世界只能通过他的外在形象和所作所为来观察，但是外在形象（如表情举止等）和所作所为并不就是心理，而只是某种思想或感情的反映。那么又为什么说某种形象或作为是某种思想或感情的反映，而不是别的思想或感情的反映呢？这样的断定有什么根据呢？这就涉及观察自我的问题。心灵不能直观，对别人心灵世界的了解只能由自我的心理活动规律去推测、推导。由我在某种心理状态下会有某种表情举止，推知他有这样的表情举止就是出于那种心理状态；由我在某种思想认识支配之下会做什么、怎样做，从而推知他现在这样的作为也是出于那样的思想认识，等等。此即所谓“人同此心，心同此理”也。对别人心理的观察了解，除了“推己及人”绝无另外的法子。老子说，“以身观身，以家观家，以乡观乡……”，这个“以身观身”就是以自身的心理活动规律去观察推断别人的心理活动。所以，观察自我，观察自我的心灵世界，是认识他人，观察他人心理的基础和前提。唯有观察自我才能获得内心活动的直接信息，并为观察他人他事提供心理参照，使观察得以深入。即使像这些高度概括的名言警句，也全都是从自我心理的体察而来，而不是对人们作普遍调查之后得出的结论：“性也者，与生俱生也；情也者，接于物而生也”（韩愈《原性》）。“宠过若惊，喜深生惧。”（刘禹锡《苏州谢恩赐加章服表》）“楚客莫言山势险，世人心更险于山。”（雍陶《峡中行》）“君子疾没世而名不称焉。”（《论语·为政》）“养心莫善于寡欲。”（《孟子·尽心下》）……观察自我的意义不仅是为了更好地观察理解别人的心理、行为和更好地观察理解社会世事；不少时候，将观察自我的收获直接展示出来也就是很好的文章，特别是抒情散文、散文诗以及杂文的部分作品，常常都是这样写成的。如朱自清的散文名篇《匆匆》，就是以一时的自我心理状态，仔细观察后的直接表达。其他如鲁迅《野草》中的《秋夜》《影的告别》《希望》《好的故事》等，都是这样的作品。扩大开来看，巴金的五本《真话集》、卢梭的《忏悔录》等以灵魂的自我拷问、批判著称的文学作品，都可以归入这种类型。揣摩别人的心灵可以做文章，观察自我的心灵当然也是可做文章的；而更普遍的规律则是二者结合、相互补充、相互促进，使观察更加深入，写出美妙文章。

对自我心灵进行观察并不是一件容易的事情。内在心理活动不像外在活动那样按预订计划有条不紊地进行，其来龙去脉、发展变化一眼就能看清楚，容易认清是怎么回事。心理活动不是这样，它随外在所遇之人之事之境而瞬息万变，应物而生，不应物亦生；不期而至，倏然而去；有周密的分析，有断续的思绪，有若明若暗的情感，有模模糊糊的体验，有不可名状的感觉，有难以言表的幽怀，有转瞬即逝的灵感，等等，要把这一切看清楚的确不容易。要有效地观察自我必须讲究方法，主要是：首先要认识自我观察的重要性，增强自我观察意识，提高观察自我的自觉性，这是进行自我观察的前提。其次是善于选择观察内容并及时观察。心理活动时时发生，不可能时时都集中注意于观察自我而影响外在活动；事实上也不是自己的一切心理活动都值得观察，只有出现了新鲜、有意味的思想、思绪、情感、情怀、感受、体验、感觉才有观察的价值。当有这样的心理活动出现，要善于及时观察：如果时间允许，便把握其内容，理出它的来龙去脉，认清其性质，并记录下来；如果此时注意力不能分散（如在课堂上听课），那么就用速记法抢记，在很短时间内记下它的大致轮廓，然后待有了时间再详细回忆，分析，认识，再记录下来。冰心《春水》中那些短诗的灵感、诗情，就是在听课时心中突然涌现，她立即用最短的文字记在笔记本空白处，于课后加以整理、提炼而成诗的。第三是闲空时与自我对话。人忙碌事情，应对世事，注意力是向外的，很少关注内心的自我。一天忙下来，或在有了空闲的时候，应该有一定时间让注意力回归自我，与自己的心灵对话，与内心的这个真我对话。古人说的“自省”“反省”“退而思之”，今天说的“静下来想想”，都有与自己心灵对话的意思。这时，摆脱了外在因素的干扰，心灵深处的自我会把对生活的种种真实感受和盘托出，也真正用自己的血肉与神经去深切地感受生活，如实地表达自己对生活的想法与追求。这是观察自我，认识、矫正、引领自我最好的时机。所以梁漱溟说：“人在世上生活，如无人生的反省，则其一生就活得太肤浅、太无味了”；要“使他反省其生活，领悟其生活”，这样才能“帮助人生向上”①。如苏轼关于“人不可以苟富贵，亦不可以徒贫贱。有大贤焉而为其徒，则亦足恃矣”的一段宏论（《上梅直讲书》），就是他考进士时得到欧阳修、梅圣俞的赏识提拔后，在“退而思之”的自我观察中得到的领悟。第四是丰富和美化心灵。这是做好自我观察和观察别人的根本条件。观察自我是对自己心灵世界的发掘，心灵世界贫乏，可供发掘的东西就少，只有充实丰富的心灵，才能为发掘提供丰富的资源；心灵世界低俗，发掘的东西少有价值，只有从美好的心灵中发掘才会有可贵的收获。“以心观心”，只有自己的心灵世界丰富、美好，才能充分地、正确地理解别人的心；如果自己的心灵世界贫乏、低俗，那么对别人的观察理解就会“门缝中看人——把人看扁了”，就会“以小人之心度君子之腹”。所谓“小人识其小者，大人识其大者”，是讲得有道理的；只有丰富和美化自己的心灵，才能很好观察自我与他人。

三、努力自己观察。罗丹在其名著《艺术论》中说：“所谓艺术大师，就是这样的人；他们用自己的眼睛去看别人见过的东西，在别人司空见惯的东西上能够看出美来”，而“拙劣的艺术家永远戴别人的眼镜”，谈不到有

---

① 梁漱溟：《我生有涯愿无尽》，中国人民大学出版社 2004 年版，第 317 页。

什么发现[①]。写文章要有新意，第一关就是要会“用自己的眼睛”观察生活，而不要戴着“别人的眼镜”去看。这样看的好处是，“在别人司空见惯的东西上能够看出美来。”中学生观察生活普遍存在的一个问题就是戴了“别人的眼镜”或“公共的眼镜”，因此不能在“司空见惯”的东西上看出美，而日常生活所接触的又只能是“司空见惯”的东西，少有奇异的事物。所以他们总是说没有什么可写，以为换个新的生活环境必定会有写不完的东西。解决这个问题的办法只能是取下别人的或公用的眼镜。学会用自己的眼睛观察。这就是说，观察生活的时候不要用别人的、流行的观念去看，而要用自己的“眼睛”看。这儿的“眼睛”指的什么？邵康节《观物篇》说：“夫所以谓之观物者，非以目观之也。非观之以目，而观之以心也……”[②]所以用自己的眼睛观察也是这里说的“观之以心”，即“心观”。不过，邵雍说的“心观”不是以整个的心去看，仅是指用心中“理”的部分。所以他接着说，“观之以心也，非观之以心，而观之以理也。”我们说的“心观”（“用自己的眼睛观察”）则是指整个的“心”，而不是仅指心中之理而已，这是跟他的不同之处。每个人因为家庭环境不同，经历、经验、知识水平等的不同，其“心”也就各不相同。所谓“心观”也就是各人以自己这样不同于他人的心去观察生活，略而言之为带着自己的思想感情去观察生活。所谓“努力自己观察”，也就是摘掉别人和公用的眼镜，学会这样去观察。

能够这样观察生活，对人们司空见惯的东西也会发现美，也能看出别人看不见的东西。如河南宋晓娜同学的《妈妈的唠叨》一文[③]，对妈妈唠叨的观察就是这样：妈妈整天在自己耳边唠叨不停，从早晨的“起床了，快7点了”，到吃早餐的“快点，吃饭，多吃点……”直到送出门口的“路上慢点，小心车……”；“从吃到穿，从身体到学习……”天天“唠叨个没完”。她认为这些全是多余的话，因此对这“永无休止的唠叨越来越感到不满”，不禁发出感叹：“唉，这令人心烦的唠叨啊！”这就是她先前对妈妈唠叨的观察所得。

---

① 罗丹：《艺术论》，人民美术出版社1978年版，第62页。

② 涂又光选编：《冯友兰选集》，第87页。

③ 见王学礼主编：《中学生分类记叙文》。

十四五岁这个年龄段的孩子有一大特征，就是“闹独立性”，觉得自己什么都知道，什么都行，甚至比大人还聪明能干，一切无须大人指点。因此对大人的关心一概视为多余的唠叨，对它抱反感态度。作者先前对妈妈在生活上给自己各方面的关心就是戴着这样的“公用”的或者说是别人的眼镜在观察。文章接下去写有一天妈妈突然住院了，爸爸也出差在外，自己清晨一觉醒来，时间已过7点，于是：

> 急急忙忙起床，洗漱，急急忙忙去食堂给弟弟打饭，自己来不及吃早饭，不得不急急忙忙背上书包……一路上，委屈之余，觉得心里好像失落了什么——哦，妈妈的唠叨。
>
> 中午回来，家里迎接我的还是出奇的宁静。弟弟安静地等我做饭，锅碗盆放了一桌。我手忙脚乱地收拾着，丁丁当当的声音伴着咕咕的饥肠演奏着“饥饿交响曲”。想着往常中午，妈边忙着做饭，一边不停地督促着：“先吃点点心，上了半天的课……”我心里很不是滋味——我多想再听见妈妈的唠叨。

有了这番经历，她才真切地体会到妈妈的唠叨是对自己无微不至的关爱，是她给自己的温暖和幸福。几天后，妈妈不放心姐弟俩，特地抽空从医院回来给姐弟俩做饭。作者放学后怀着“无依的心”，拖着疲倦的步子回家，在油烟朦胧中看见“妈妈熟悉的身影，我的心猛地涌上一股暖流，一下子扑向妈：‘妈……’不争气的眼泪一泻不可收拾。”

> 饭后，妈妈又开始唠叨：天冷了，多加衣服；晚上早点催弟弟睡觉，清早几点叫他；早饭吃点什么……我静静地听着，我第一次发现，原来这唠叨如此动听，如此亲切。

同样是妈妈的唠叨，现在怀着自己特有的思想感情去观察它、感受它，不但不使自己反感，原来它是“如此动听，如此亲切”——这是作者的“第一次发现”，也是她“用自己的眼睛”观察，在“司空见惯的东西上”“看出美来”了。

第二节 体验

上节讲的观察是从外边看清楚对象，体验则是进到对象里边去获得某种感受。如完成某项任务而体验到成功，这成功的味道便是置身于这件事中才体验到的，如果是局外人便感受不到。朋友家中遭到不幸，设身处地地替他着想，便体验到巨大痛苦，这是通过想象“置身”于事中才体验到的，否则也体会不到。体验和观察虽然都是直接从生活中获取信息，但比较而言，观察的信息侧重于客观，体验的信息有更浓厚的主观色彩。所以，作家体验生活，更强调“倾注主观精神”，要求将自己“幻化到对象客体中去，直至物我两忘的境界。”[①]所谓“以身体之，以心验之”，也就是直接或间接（想象）地置身于某种境地，以整个身体去感受、整个心灵去体会。

体验有如下特点：一是与情感密切相关。体验“以情感活动为显著特征和核心，因而一般被称为‘情感体验’”。[②]“‘体验’是情感和情绪的基本特色，离开了体验，就根本谈不到什么情感或情绪”。[③]这些都说明体验就是体验到了某种情感，产生了一定情感就会有某种体验，二者密不可分，但二者又不是一码事：感情作为一种心理过程，它“具有三个基本成分——主观体验、生理反应和表情行为”[④]，体验只是就情感过程中的心理感受部分而言，不涉及“生理反应”和表情行为。二是具有独特性。有人说，“每个人的体验都是其生存可能性的独一无二的展开”，海德格尔所说的“此在”之“此”，就是在“强调人的体验过程中的独特性。”[⑤]体验由主体的整个精神倾注于对

① 林建法、管宁选编：《文学艺术家智能结构》，第 257 页。

②《语文建设》2004 年第 3 期，第 26 页。

③ 杨清：《心理学概论》，第 411 页。

④ 卢家楣著：《情感教学心理学》，上海教育出版社 2000 年版，第 42 页。

⑤ 崔文良：《审美人生论》，中国人民大学出版社 2002 年版，第 4 页。

象所产生，一个人的精神不同于另一个人的精神，体验也就必然有鲜明的个体特征。三是不可言传。体验是不可言传的，美国哲学家罗伊斯在论述“体验世界”时说人可以“通过一个对象而体验欢喜与憎恶，在这个对象消失后，苦与乐的感觉成为一个价值而保留在体验中，但不能用语言把它描写出来”，所以不能“与他人的感觉交流比较”，它“没有客观性，只有主观价值”。[①]体验之所以不可言传，因为它是情感的一部分，具有情感的性质。情感不像认识活动那样需要有词语做载体，它只是内心的一种感受，是直接感受况味，并没有语言介入；无论苦与乐都只是人们从心理上感受到一种痛苦或愉快的况味，而无法上升到理性的层面将它用语言表达出来。古人说的“言不尽意”，我们平时说的“难以言表”，都是指的这个意思。四是追求超越。体验到痛苦便希望摆脱，远离它，永远不再有；体验到愉快便希望长期拥有或再次拥有，追求更多更大的愉快；体验到生命的短暂和有限，便追求永恒和无限，寻求人生的根本价值和终极意义。这些都说明体验中包含有超越的性质。所以狄尔泰说，体验就是对生命的反思，是生命体验，人生的智慧来自体验。教育家说，体验“引起反躬自问、检点自身”，促成“意义建构与价值生成”；“认知事物，在头脑中充满标准答案，同精神世界的成长与成熟是无缘的。唯有借助感知、情感总动员的全功能型、身心性的活动体验，才能触动、塑造人物的精神世界。”[②]

体验与写作的关系，简单地说就是一句话：写自己有体验的事物就可能写出好文章，写自己没有体验的事物，哪怕对它很熟悉，文章也难写好。为什么这样讲呢？这是由体验的以上特点决定的。具体地说，体验对写作有如下几方面的意义：

一、使文章有真挚情感。因为体验是情感的心理感受过程，表达体验也就是表达情感；体验是“置身”于对象中而获得的，其感情也必然真挚无妄。诚然，体验、情感都难以言表，但不能直接表达却可以间接表达。体验总有一定对象，即罗伊斯说的“通过一个对象而体验欢喜与憎恶”，于是，真切

①《哲学小辞典》，上海辞书出版社，第 201 页。

② 钟启泉：《现代课程论》（新版），上海教育出版社 2003 年版，第 441 页。

地写出那个对象，让读者于想象中走进它，便体验到了某种情感。“人同此心，心同此理”，只要价值观念相同，使作者从中体验到某种感情的事物，情境，把它写出来必然也会使读者产生相同的情感体验。这是抒发感情的窍门，是在记叙、议论文中抒情的窍门，尤其是写抒情散文的窍门。如云南江渝同学《红嘴鸥》[①]一文的这些描写：

那年初冬，一个阳光灿烂的日子，一群天外来客悄然降落到滇池上，为这颗镶嵌在云贵高原上的明珠平添了神奇色彩。喜讯传开，人们奔走相告，春城欢动。

这群天使时而翱翔于万里晴空，像一片片洁白的浮云；时而飘荡在万顷碧波，像簇簇晶莹的雪花。

……红嘴鸥来自遥远的西伯利亚——它们享受南国的温馨来了，它们领略春城的风光来了。

它们不远万里而来，经过艰辛跋涉，风尘仆仆，疲惫不堪。也许是拘于礼仪的缘故，开始几天，这些“贵宾”们一个个彬彬有礼，不敢接近游人，渐渐地，就入乡随俗，毫无顾忌了。它们在南太桥附近聚集飘游，寻觅食物；在文化宫广场上徘徊盘旋，竞现风采；在翠湖公园里玩耍嬉戏，无拘无束。……

小巧玲珑的翠湖，蓝天、白云、碧水、游人、浑然一体。楼台亭榭的风姿，翻飞盘旋的天使，都清晰地倒映在湖水中。红嘴鸥的婉转鸣啼和游人的欢声笑语汇成一支和谐的交响乐，赞美这“国泰民安”的大好时代。

红嘴鸥成群结队。轻盈潇洒，仪态端庄。洁白的羽毛，柔美的曲线，殷红的小嘴，纤巧的双脚、明眸顾盼动人，多像白衣红颜的仙女！

为了款待这些使者，春城人民显示了空前的慷慨，面包糖果、一袋袋，一把把，都用来奉献给这些“贵客”，像是显示改革开放的巨大

① 见王学礼主编：《中学生分类散文大全》。

成就……

红嘴鸥聚集春城，“带给春城人民无穷乐趣”。作者没有直接表达她的惊喜及对红嘴鸥的热爱，也没有说她为这些“贵客”能来家乡过冬而骄傲，但通过以上描写这些感情都得到了如实的表达。这就是说，阅读这些描写，读者也仿佛走进春城，看见这群“天外来客”，看见它们洁白的模样，看见它们玩耍嬉戏；也像走进了它们的心灵，感受到了它们的顽皮、乖巧、与人亲近，喜欢春城，不由得也很喜爱这些鸟儿，为它们聚集这里感到格外高兴。

二、使文章有创新特色。体验的独创性不仅因为主体对客体的精神倾注，也由于它的非逻辑性。主体进入客体作真实的整体的感受，这是微妙的心理活动，难以定向定性，不可能用逻辑思维加以分析、计算和设定。它具有无限的可能性、多样性，这就为创造提供了广阔的空间。这些，反映在写作中就是使文章富有创新特色。如天津王树义同学的《时间》① 一文对“‘时间’是什么”的回答：

时间，没有重量。但是，有所作为的人，都感觉它像千斤重担，时刻压在自己的肩上；而无所作为的人，都觉得它毫无分量、飘飘然，没有压力。

时间，没有体积。但是，同它热情拥抱的人，会充实、圆满；同它失之交臂的人，会空虚、残缺。

时间，没有色彩。但是，有的人因为真正利用了它，他的生命迸发出激情的火花，闪着金光；有的人轻易放走了它，他的生命长满了铁锈。

时间，没有标价。可是，有的人真正了解到时间的宝贵，用勤奋买了最廉价的时光；有的人百无聊赖，游手好闲，即使用黄金，也难买一寸光阴啊！

---

① 见王学礼主编：《中学生分类散文大全》。

文章又写道：

> 医学家说："时间就是生命。"
> 军事家说："时间就是胜利。"
> 农民说："时间就是粮食。"
> 商人说："时间就是金钱。"
> 常人说："时间就是日月。"
> 庸人说："时间就是月份牌儿。"

文章还说：

> 对于一个珍惜时间的青年，如果你问他，五分钟能干什么？他会告诉你，可以学十个单词。十分钟能干什么？可以阅读一篇名家的文章。一个小时呢？可以写一篇千字读书笔记。可是，不懂得珍惜时间的人呢？如果你问他，五分钟能干什么？他会告诉你，可以抽一支烟。十分钟，抽两支。一个小时，抽一盒。对于这种人，时间全都飘散在一个个烟圈儿里。

时间是人们最熟悉不过的，人人都经历，都谈论，古今中外也有不少关于时间的名言警句，但像这样描写时间的却只有这位同学，这就是它鲜明的创新特色。作家体验生活，走进人物心里，变得人我不分，按人物的思想感情言语行动，"处于他的地位，过着他的生活"（巴尔扎克语）；这位同学对时间有深切的体验，是他走进时间，走进时间与各种人物事物的内部联系中去了，因而能直接地、真实地感受到它的性质、特征、联系和种种情况，所以有如上多方面生动独特的描写。但体验的空间自由而广阔无限，人们对于"时间是什么"的回答，还可以有无数种同样富有创造性而又更加新鲜的描写。

三、使文章内容充实、深刻。体验总是凭借某种对象而产生，对象总是生活中的具体事物；体验又是以“最本己的方式发生”，即那对象是与作者“溶而为一”的。这样，成功地表达体验的文章不仅因为对对象展开来写而具体形象、有充实的内容，同时也因为融合了作者的想象、直觉、情感、意志、愿望等因素而使读者能真切地感受到作者脉搏的跳动，能触摸到他的心灵，因而觉得文章亲切有味，新颖生动，富有文采。这里，所谓对对象展开来写，常常不局限于具体地写对象本身，它同时也包括了写出与对象相关联的事物。因为写对象的目的在于表达体验，而深刻、充分的体验都是主体向对象倾注想象、联想、记忆而想到种种有关事物时产生的，所以写对象必然要写出与它相关的事物。如上边提到的《红嘴鸥》一文，如果只是表达对红嘴鸥的喜爱，虽然这体验也很美好，但毕竟太肤浅、太一般。文章的命意并不在这里。紧接着春城人民以各种好吃的东西慷慨地“奉献给这些‘贵客’，像是显示改革开放的巨大成就”，文章写道：

> 人们以特殊方式同“贵客”亲切交谈。欢声笑语，又激起多少人无尽的遐思。
>
> 据大人说，十几年前的翠湖，到处死气沉沉，哪来这笑声朗朗，鸟语花香？是改革开放之风抹去了往日的愁容，吹绿了翠湖，翠湖展开了笑颜。正是改革的大好形势吸引了这群远方“贵客”，它们又为春城增添了新的欢乐，翠湖真的“翠绿了”。
>
> 你看，粼粼波光之上，依依垂柳之间，成了款待远方“贵客”的宴会厅和游乐场。
>
> 啊，红嘴鸥，美的使者！
>
> 你可知道，春城人民对你如此厚爱，是因为你的到来，寄寓着我们的憧憬和向往！你从遥远的国度来，给我们带来了欢乐，带来了温暖；明春，你将满载而归，带去我们的友情。你是和平友好的使者，你是跨越南北的桥梁。
>
> 我多么希望自己也长上翅膀，随你而去，去传播友谊；我多么想像你那样勇敢，那么多情！

请记住，春去冬来，决不负约。明年你再度光临的时候，春城将会更美，春城人民将会用更丰盛的佳肴款待你！

来吧，可爱的红嘴鸥！

这就由红嘴鸥而连带写到了春城的美，春城人民的热情、改革开放的成就，中国人民对邻邦的友谊，等等，从而使体验更丰满、更深刻了。阅读这篇文章，读者也就能充分地体验到作者热爱家乡、热爱生活、热爱今天这个伟大时代，以及对邻国人民友好的真挚情感，并受到它的感染。

四、使文章有较强的思想性。在文学理论和写作学中，“思想性”并不局限于理性的思想认识，甚至主要不是指思想。它是跟“艺术性”相对的一个概念。艺术性指作品表现形式的艺术水准，“思想性”则指作品内容对社会产生的正面效应。文章的内容当然不仅是理性的思想认识，还有情绪、情感、心境、氛围、意境、意愿、理想等等，所有这一切（思想与非思想的心理内容）都称之为“思想内容”，都以其对社会产生的正面效应如何而有一个“思想性”强与弱的问题。所以，体验虽然属于情感，思想认识的因素间接而不明显，但表达它的文章仍然有一个“思想性”问题。说写体验的文章思想性比较强，不是说一切体验都是积极的、有价值的：事实上，诸如吸毒者对“腾云驾雾、飘飘然”的体验，赌徒对赢钱狂喜、输钱沮丧的体验等，都是负面的、有害的；也不是说中学生的生活体验都没有消极的、有害的东西；更不是说无批判地写这种体验（中学生也知道作文不能这么写）也有比较强的思想性。而是说“人是通过体验成长的”，[①]“唯有借助种种体验——生活体验、自然体验、社会体验、生产体验、文化体验（创作、鉴赏、演出等）才能形成学生的人格”，[②]中学生如果能抓住自己精神成长、人格形成过程中的种种体验去写，文章必定有比较强的思想性。而中学生的作文也正应该写这样的体验，或者说他们的作文内容可以用一句话来概括：即以不同的形式写自己的成长。这样的文章既能深化、发展自己的体验，帮助自己更好地进

① 钟启泉：《现代课程论》，第358页。

② 同上，第441页。

步，同时对读者的成长也有一定益处，其思想性自然比较强。这些，从上面提到的《红嘴鸥》《时间》两文中就可以清楚地看到。

中学生是怎样体验生活的？是怎样对待生活体验的？总的说来，他们尚未清楚地认识到体验对于精神成长和写作学习的重要意义，因而在生活中对体验重视不够，不能自觉地关注它。体验是“人在接触事物的过程中，由于事物的刺激作用在他的大脑两半球内所引起的神经过程，和其他已经发生的神经过程或有关的动力定型发生相互影响”，而“在主观方面”获得的感受[①]。从心理学的这个解释可以知道，体验是人们心中经常发生的现象，虽然有的强度低，被忽略，但足以引起注意的也不在少数。所以，中学生对生活的体验应该是丰富的、多方面的。可是，除了少数“作文尖子”之外，在他们的作文中一般都少有自己的体验，少有体验真切的记叙、描写、抒情、议论或说明。心中有过许许多多的体验却很少在作文中反映出来，主要原因就是对它们不重视，认识不到它们的写作价值，让它们自生自灭地消失了，不曾在脑子里留下痕迹。于是写作文的时候心中空无一物，即使父母亲对自己无微不至的关爱，到提笔写他们的时候却写不出几句体验真切的话来；他们也都热爱自己的父母亲，可是作文里却没有真情实感。教师布置作文任务，几乎没有不知道要扣紧学生“熟习的生活”的，可是无论写什么题目的作文，他们中许多人照样心中无物、笔下无辞，这是一个很重要的原因。

中学生体验生活的第二个问题是普遍层次不高。体验有强弱，也有层次；其层次是由情感的层次决定的。情感，按其心理内容（即它“以什么为联系对象”）可以分为一般感情和高级情感两个层次。所谓一般感情，是指与个体的生活性需要和基本社会性需要相联系的情感心理。人有衣食住行性等基本生物性需要，这类需要的满足或丧失都必然产生情感。如因美味佳肴的品尝而愉悦，因睡眠受到干扰而恼怒，因人身安全受到威胁而恐惧，都是与人的基本生物性需要相联系的感情。人也有对基本性社会交往的需要，这种交往也会使人产生情感，如对父母的依恋，对同伴的友好，对帮助自己者的感

---

① 参看杨清：《心理学概论》，第 413 页。

激，都属于与基本社会性需要相联系的感情。人的生物性需要和基本社会性需要虽然也受环境和教育的影响，但主要是先天性的；对这种感情的心理感受叫作一般性体验。高级感情是指与个体的高级社会性需要相联系的情感心理。人的这种需要是在社会环境中发生、发展起来的，特别是受教育的影响，是后天习得的社会性需要。与这种需要相联系的感情是道德感（如对祖国和人民的爱，对民族的自豪感、尊严感，关爱集体与他人等），理智感（如获得新知识、新发现的喜悦感，对奇异现象的惊讶感，等等）和审美感（对自然、社会和艺术中各种美的事物的愉悦感和对各种丑恶现象的厌恶感），统称之为高级情感。对这些高级情感的心理感受叫作高层次体验。由于应试教育等原因，中学生的高级社会性需要发展不够，他们的情感多属于一般性的，因此，体验也多半属于一般性体验。一般性体验对精神成长非常重要，它是基础；对于写作，一般性体验虽有一定作用，但意义不是很大，写作主要是对高层次体验的表达。高层次体验不多，这正是中学生写作文普遍感到困难的重要原因。

第三，中学生对体验生活的方法不够熟悉，不懂得需要“走进”对象中去才能获得。近年有关部门的调查表明，不少中学生感情冷漠，“七成孩子不知感恩反哺。”这固然说明他们“只关心自己”，但也跟他们不懂得“走进”对方的生活，不会设身处地为对方着想有很大关系。这使他们体验不到对方对自己的情感，所以不回应对方，不知道对父母、亲人应该“感恩反哺”。在生活中不会体验，写作文自然难有体验可以表达。

解决以上问题的途径，除了结合中学生的作文实际讲明体验与作文的关系，揭示体验对作文的重要意义，以增强他们体验生活的自觉性之外，主要是把对课文的体验与对生活的体验结合起来。从方法上讲，对课文的体验与对生活的体验大体上是一回事，对课文怎么体验对生活也就怎么去体验。因为课本与生活同是一样的书，课本是有字之书，生活是无字之书；课文来自生活，生活孕育课文；课文的解读、体验方法基本上就是对生活的解读、体验方法。新的《课程标准》颁布以来，体验在语文教学中受到很大重视，体验式教学已渐成风气。在阅读的体验式教学方面，已积累了不少好的经验，如“激趣以求体验”“美读以求体验”“连类以求体验”“联想以求体验”“描述以求体验”“声图以求体验”[①]等等。这些经验，对引导学生体验生活都有借鉴作用。而且，课文中的感情都是高级情感，对这种情感的体验，在提升学生感情层次的同时也就培养和发展了他们在生活中获得高层次体验的能力。另外，开发校内外语文教学资源的综合性学习，体验生活、体验生活中的高级情感，常常就是其中的一项主要内容。如《寻访家乡》传统文化的综合性学习[②]，使学生体验到对家乡的热爱；《纪念抗日战争胜利六十周年》综合性学习[③]，使学生体验崇高的爱国主义情感；《领略莲之韵——“莲文化魅力”综合性学习》[④]，使学生体验到莲之美，等等，都是发展学生体验能力、提高其体验层次的有效途径。

第三节 思考

思考是对观察与体验获得的材料作进一步的处理。

必须思考生活；对观察体验所得，必须通过认真的思考才可能写出好文章。思考就是思维，即平时说的“想一想”；科学地表达，就是对思维对象或作分析综合，或作同异比较，或批判其不合理之处，等等，以达到获得正确认识的目的。文章多种多样，并不只是表达理性认识，但即使是写抒情散文，其所抒之情也是用理性思考斟酌掂量过的。思考过程中运用的概念、判断、推理等思维形式，除了在议论文章中体现得较为明显之外，在记叙文和抒情文章中都不太明显，但这只是形式的不同，不说明作者不曾做过认真细致的思考。写作思考具体要达到的目标或解决的问题是什么呢？对生活可以从不同的角度去思考，如科学的、美学的、哲学的，中学作文教学中对生活思考所取的角度与这些都有一定关联，但又明显地与它们不同，这可以叫作写作角度。说到底，这种角度是要从生活（自己和别人的做人做事等生活

---

① 陈尚余：《阅读体验和体验式教学》，《语文建设》2005 年第 8 期。

② 同上。

③ 上刊，第 7 期。

④ 上刊，第 10 期。

现象）中探求怎么做人的问题，其目的是通过对生活的思考，在怎样对人处事，怎样做人，人生要怎样才有意义，应该拥有怎样的人生等问题上获得一定的领悟、启发、认识，使自己得到一定进步、提高。因此，写作思考大体可以归结为伦理思考。正如哲学家们所说，“由于人的未完成性和不确定性以及由此规定的不断超越的本性，使其不可能终止于某一特定的时刻和水平”①，因而要时时更新自己。为此，就需要不时地思考做人和人生的问题。这是一方面。另一方面，社会生活的“主观性、个别性，非确定性”所造成的纷繁复杂景象，常使人迷失前进方向。如说“勤劳致富”，可是勤劳者往往不“致富”，不勤劳者却有的能“致富”；说“诚实经商”，可是诚实者未见得能够发家，经商不诚实者却可能大发其财；说当官要德才兼备，“兼备”者固然有升官的，可是德才俱劣者亦有升官的；常说好人有好报，可是好人不一定得好报，恶人也未必不“享福”……千奇百怪的社会现象常使人产生疑问：究竟该怎么做人？人生究竟是怎么回事？人生到底该追求什么？等等。有疑问，有问题，迫使自己去寻求答案。中学生对生活的思考，亦是出于上述两方面的原因，只是不自觉而已，是不够自觉地在探索着做人和人生的意义，以便自己能够自觉地生活，健康地成长。正是在这一点上，学习写作与学会做人统一了起来，而且互相促进：作文促进做人，做人促进作文。就文章而论，无非就是以书面语言直接或间接地表达他们对怎样做人和人生意义的积极探索而已。无论是直接探讨人生的议论文，还是别的什么文章，大概都可归结到这上面来，只是形式不同罢了。如下面这篇题为《排骨之争》的短文②：

“哇噻！今天有红烧排骨！”这道菜可是我的最爱。

终于开饭了，爸爸端上了三碗红烧排骨，边走边说：“今天一人一碗，不准反悔。”我连忙睁大了眼睛，搜索有没有什么提示，但爸爸的那双大手把碗遮得严严实实，我就随便挑了一碗。“哈！”我如愿以偿，挑

---

① 欧阳康主编：《人文社会科学哲学》，第 287 页。

② 见贵州教育报刊社出版《初中生辅导》，第 366 期（2005 年 9 月）。

到最少的一碗，妈妈的比我多一些，爸爸的那碗就更多了。妈妈看自己吃了“亏”，忙夹一些红烧排骨扔到了我的碗里。我连忙说：“说好了的，不准反悔。”妈妈不在乎地说：“那是你爸爸说的，我可不承认。”这时，爸爸趁妈妈不注意，从自己的碗中夹了一些排骨扔进了妈妈的碗里。

瞧！我们这一家子是多么的“斤斤计较”呀！

在家庭生活中，应该怎样对待家人和自己？应该怎样处理自己和家人的关系？人生应该拥有怎样的家庭幸福？不同的人有不同的回答，因此，有各种不同的家庭关系、家庭生活，各人在追求着自己所向往的家庭幸福。那么作者是怎样理解这些问题的呢？这篇文章作了生动的回答。当然，作者（杨晓理）还只是一个初中二年级的学生，他对“排骨之争”这件事的认识不一定就上升到了这样的高度，但这不关紧要。重要的是，他从生活中充分体验和认识到，在家庭生活中就应该这样互相谦让、互相关爱，这样的家庭就是最温馨、甜蜜的，因此他非常喜欢这样的家庭。这样的思考、认识，就是不自觉地对做人和人生的一种探索，这篇短文就是他探索成果的书面表达（虽然没有用说理的形式），而这一成果对他的健康成长是很有好处的。

但就总体上说，中学生对生活的思考还显得很不够。他们忙于处理学习和生活等方面的各种事务，事务办完就过去了，不再去思考与此无关的问题。这也跟他们少不更事，涉世浅有相当关系，这使许多人还不懂得思考做人与人生意义的重要性和必要性。至于这种思考与作文的关系他们就更不清楚，因为我们的写作理论也一向很少涉及这个问题。但是，思考生活是促进中学生精神成长、成熟和发展他们作文能力最重要的途径，因此，语文教学、作文教学必须通过多方面的努力使中学生真正认识到思考生活的重要性，从而在生活实践中自觉地去思考、领会、领悟“做人之道”和人生的意义。当然，这仅是一方面的工作，另一方面也要教会学生怎样思考生活。

应当怎样思考生活呢？结合中学生的作文实际，从思维学的角度看，以下几点须注意到：

一、不可止于笼统模糊的了解。

中学生的作文中常有这样的现象：内容展不开，说上几句笼统的话就完了，总是五几百字了事。无论题目和他们的生活联系多紧，他们都只能写成这样，而且这五几百字也是费了好大劲才“憋”出来的。于是他们常为作文写不长而苦恼，为文章达不到老师要求的八百字或一千字而苦恼。而这样“憋”出来的三两段笼统空泛的文章，谈不到有切实的内容，只是几句一般化、人云亦云的话头。所有这些，根子都是对生活缺乏思考，对生活的认识只停留在笼统模糊的阶段上。

思维哲学认为，人们对事物的认识过程有三个阶段。第一阶段是通过观察看到事物的大体轮廓，形成笼统的、混沌的认识。毛泽东在《实践论》中举过一个例子，说比如外边的人来延安考察，头一二天，“他们看到了延安的地形、街道、屋宇、接触许多的人，参加了宴会，晚会和群众大会，听到了各种说话，看到了各种文件，这些就是事物的现象”。根据这些现象，他们对延安会形成一种笼统的、混沌的认识，也就是很一般的概念，如认为延安的生活是紧张而热烈的之类。这是在知觉基础上形成的很一般的感性认识，没有达到认识事物的本质和规律，于是认识继续发展，进到第二个阶段，对事物获得部分的、抽象的认识。如来延安考察的人，“当他参观了抗大、女大以及延安的各机关学校之后”，就会“用分析方法把延安的各部分有秩序地加以细细的研究和分析”[①]。所谓分析抽象，就是把事物整体中的某个部分或方面抽取出来单独地加以研究，分清其中的本质与非本质、主要与次要、真实与不真实，而抓住本质的、主要的、真实的东西，从而获得对事物本质的认识。来延安考察的人，把抗大、女大、延安的机关学校，分别从延安这个整体中抽取出来逐一加以研究，于是，认识到了它们各自的本质方面，比如认识到抗大承担着挽救民族危亡的责任，女大是一支战斗的队伍，延安机关是全心全意为人民服务的，等等。这些认识都反映了事物的本质，但这些本质的方面都是孤立的、抽象的，还没有联结起来，因此认识继续向前发展，进入第三阶段：获得全面的、具体的认识。在这个阶段，通过综合，把事物

① 毛泽东：《关于农村调查》，人民出版社 1978 年版，第 4 页。

各个方面的本质联结成一个有机的整体，揭示各个本质方面的内在联系，从而达到对事物具体的完整的认识，也就是对事物具体真理的认识。马克思说："具体之所以具体，因为它是许多规定的综合，因而是多样性的统一。"① 毛泽东说，来延安考察的人，"用分析方法把延安的各部分有秩序地加以细细地研究和分析，然后第三步再用综合法把对各部分的分析加以综合，得出整体的延安"，即对延安获得了整体的认识，如认识到"共产党的抗日民族统一战线的政策是彻底的、诚恳的和真实的"。他们"这时认识到的延安就与初来时认识到的延安不同，开始看的是整个的延安，现在看见的也是整个延安，但与开始的了解不同了，现在对延安就有了科学的认识和具体的了解。"② 对事物的认识达到了全面、具体，认识过程也就完成了。当然，认识事物是无止境的，它还需要继续深化、丰富、发展，但就思维达到具体真理而言，到了认识的第三阶段，这一思维过程也就暂时告一段落。中学生对生活一般都思考得不够，也就是指他们对生活中人物事件的认识还常常停留在最初的感性认识阶段上，没有分析与综合，没有达到本质的全面具体的认识。如果能进到第二和第三阶段，对事物的本质有一定的认识，那么文章就可以铺展开来写了，因为它有了可写的具体内容，而且这是有价值的、有一定深度的内容。

对生活的思考必须走完全过程，不可止于感性认识，不可半途而废。因为只有完成三个阶段，获得对事物本质、全面、具体的认识才能把文章写好，这是确定无疑的。但是，文章是思想感情的表达，不是认识过程的机械反映。因此，除了认识的第二个阶段对事物作分析抽象的认识在一般文章中都有明显的体现而外，第一和第三阶段的认识常常是省略或体现不明显的。但这只是根据表达需要做出的一种处理，并非作者不曾有过这样的思考，相反，对文章稍加推敲即可发现，作者当初的思维过程是完整的，虽然不一定都是自觉地这样去做。如浙江蒋倩同学的《怀念爷爷》③ 一文，开头写自己伫立在爷

①《马克思恩格斯全集》第2卷，人民出版社1995年版，第19页。

②毛泽东：《关于农村调查》，第4页。

③见王学礼主编：《中学生分类记叙文大全》。

爷的坟前，记忆中“关于爷爷的支离破碎的片断一股脑儿地涌了出来。”接下去文章写了三件事：一件事是爷爷总是随身带着个大烟斗，“每当它冒出浓浓厚厚的烟圈时，爷爷便显出十分悠然自得的神情，似乎惬意得很”，这使作者很向往，也想吸上一口，不料爷爷竟然同意。可是那味道又辣又涩又怪，难受极了。这时爷爷笑得很开心，告诉她：“记住，看着别人的好东西别眼红，说不定它对你根本没用处！”第二件事作者每次去乡下看爷爷都让她到田间劳动，“哪怕是赶赶羊，碰碰锄头，爷爷都会露出满意的笑容”，而作者也感到新鲜，好玩，是件乐事。这“对爷爷来说，他那娇生惯养的小孙女在他眼里也秉承了他勤劳的习惯，他自然是高兴无比的。”第三件事写他去世的前一年，爷爷曾“捧出 14 本家谱，将老祖宗的名字一一指给我看，把他们的事都说给我听。最后，他取出笔墨，端端正正地将我的名字也写了上去。”又对作者说：“好好读书，将来有了出息，也写在这上面。”“我踌躇满志地点点头。”文章的结尾是，作者回到城里，“心中总是充溢着这难以忘怀的祖孙之情。有那么一天，我会在家谱上添上浓重的一笔，敬献给爷爷看的。”

从思维过程看，作者写这篇文章，当初对生活的思考显然是这样：先是回想到爷爷在世时对自己生活、学习等方面的关心，感到爷爷很喜欢自己，对自己非常好。这就是认识的第一阶段，即从各种感性事实中得到最一般的认识。爷爷喜欢自己的实质是什么呢？作者的认识进入第二阶段，即从爷爷关爱自己的“整体”中抽象出自己印象最深，也是最典型的几件事（写出来的是三件事，当初思考时可能是四件、五件）来逐一分析研究：他让自己吸烟的事，说明他希望“我”做人不要片面地对“别人的好东西眼红”，要追求于人生有积极意义的事物；他让“我”“去田间劳动”，是希望“我”养成勤劳的品质；他让“我”看家谱，是希望“我”继承前辈精神，将来做一个有出息的人。在这里就把前阶段中主要的和次要的、本质的和非本质的东西区分开来，抓住了主要的、本质的东西，即通过分析研究，认识到了这三件事的本质。但这只是三件事各自的本质，还不是爷爷关爱自己的整个本质。于是认识进到第三个阶段，把这三件事的本质综合起来，揭示它们之间的内部联系，达到对爷爷关爱自己全面的、本质的认识，这就是：爷爷的关爱是对她精神成长的关心与帮助，希望她成长为有用的人才。至此，对爷爷关爱的思考已经透彻、成熟，整个思维过程已经完成，只待形诸笔墨了。但文章的构思与认识的过程并不是一码事；认识是思考生活，是与爷爷的关爱对话的问题，构思是与读者对话的问题，二者关系密切，但不相等，文章不是复制认识过程，它必须追求阅读效果。因此，就上文而言，第一阶段的感性认识被省略了，作者突出地记叙上述三件事（即集中反映第二阶段的思考所得）以表达怀念爷爷的主题。而第三阶段的认识，已自然地包含在行文之中，无须明确地点出来。但是在当初思考时这一步又是必不可少的，是它使作者对文章的意义有准确的把握，否则写作会带有一定的盲目性。

事实上，在写作中对认识三个阶段的处理大体也就是这样：感性认识因为意思不大，与必须反映事物的本质不太吻合，所以除了特殊情况（如需要反衬、铺垫之类）而外，一般都只略写，甚至删去；第三阶段的认识很重要，文章的主题正是建立在这上面，但除了议论文章常常需要直接写出来之外，在记叙文和抒情散文等文章中，都很少直露地表达；无论何种文章的写作，都是在认识的第二阶段上用劲，文章的充分展开，文章的主要内容，就是对特定事物的某些方面（或某些阶段、环节）写够，以写出这些方面各自的本质，使主题得以展开，能够得到鲜明而有力的体现。总的说来，对认识过程三个阶段的处理都是灵活的，随情况而变化，根本在于思考必须达到对事物（题材）本质有全面、具体的认识；做到了这一条，写起来自然就会运转自如，怎么安排都能处理恰当。当前中学作文教学必须引导学生完整地思考，不再停留于感性认识，能自觉地把认识引向深入，完成第二和第三阶段认识的任务；然后，以第三阶段的认识为依据确立文章的主题，再在第二阶段的认识上充分展开，这样就把握住了全文的基本内容。至此，作文酝酿、构思的任务已大体结束，只待抻纸落笔。至于文章的开头结尾，已经随着基本内容的明确自然地得到了解决——它们无非是为了表达好这个基本内容作出的一种随机的、妥贴的行文处理罢了，即使要费些斟酌也不是太难的事。文章的框架、基本内容，可以而且必须事先安排好；而文章的细处，则只能在行文过程中相机行事，是难以事先确定的。

二、掌握几种最常用的思维。

思维的种类很多，有一二十种。中学生思考生活时多少都会用到它们。这里，只就其中用得最多、也是最重要的几种略作论述。

一是经验思维。经验是在长期生活实践中积累起来，还没有上升到理论体系的知识。人们碰到要解决某个问题时，便有意识地去记忆中寻找、选择那些与问题相关、相似的经验作为解决问题的借鉴，靠它们提供解决问题的思路。这就是经验思维。换言之，解决问题凭经验，而不是从理论上寻求解决办法，这就是经验思维。中学生已经积累了相当丰富的生活经验，在生活中碰到问题时他们常常就是用经验思维来解决的；对生活的思考，在他们用得最多的思维中第一就是经验思维。自然，这也跟他们掌握的理论知识不多有关。但对中学生的写作来说，很多时候也不必正儿八经地从理论上去寻找解决问题的途径，以经验思维处理就非常好。如贵州岑仕艳同学的《哦，我长大了》[①]一文：

哦，我长大了，过去那个经常爱唱娃娃歌、整天哭鼻子的小顽童，现在已经长成了一个经常爱唱流行歌曲的女孩子。

哦，我长大了，过去那个搂着爸爸脖子要爸爸讲故事的“小牙刷”，长成了一个能够编故事并讲给小朋友听的“小点智”了。

哦，我长大了，过去那个只拿着小人书看的小女孩，现在能够通读一本本上百页甚至上千页的长篇小说了。

哦，我长大了。过去那个在商店看见一件好玩的玩具就赖着不走，死缠着妈妈买的小女孩，长成了一个看见玩具却无动于衷，不屑一顾的女孩子了。

哦，我长大了。过去那个整天歪着头，拍着小手唱着《大西瓜》的小女孩，长成了一个在没人的时候轻轻哼几句《两只蝴蝶》的女孩子了。

① 见贵州教育报刊社出版《初中生辅导》总第365期，2005年9月。

哦，我长大了。一切的一切都变了。

哦，我长大了……

人从婴幼儿开始，父母亲就希望他快快长大；到四五岁之后，自己也希望快快长大。人，为什么希望长大呢？成长、长大好不好呢？上文没有从道理上来解答这些问题，而是用自己的许多经验来作回答，它表明成长起来多么好，长大了多么令人高兴。这篇作文，生动地表达了少年儿童积极向上的健康心态，是写得相当好的；它用不着再去讲什么道理，凭经验思维已经足够了。当然，也有不少时候是以经验思维为主，又适当地辅之以议论的。总之，经验思维用得很广泛，即使写议论文章，在思考生活时也会多少不等地用到经验思维。如以事例说明问题，有的事例就是自己生活实践的经验，这就涉及经验思维。严格地讲，开始思维都是以经验思维为基础的。

二是理智思维。这是指排除情感等非理性因素的干扰，遵循客观规律和合乎逻辑地进行思维。理智思维追求的是认识的科学性，即正确的、科学的认识。文章虽然是“有情之物”，没有感情的文章必然枯燥乏味。但感情等非理性因素必须建立在正确认识的基础上才是读者所需要的，这样的文章才会有感染力。文章的理性认识就来自对生活不带偏见，不带个人意气、不感情用事的理智思考。如辽宁隋晓非同学的《一则新闻的启示》[1]一文，说从报上读到某单位购买并非工作需要的照相机，报销时竟填写为购买“技术信息资料保存仪”而顺利报账，这使他想到“而今社会上类似的智者也实在不少”。如明文规定上级来基层工作时吃的工作餐只能“四菜一汤”，智者就来个“四样名贵菜，一样名贵汤”，再加上“统统用特大号的碗、特大号的盘子装”，也成了“名副其实”的“四菜一汤”的工作餐！文章还举了一些别的例子，说这些“智者”为了个人或小团伙的利益，“就像蛀虫一样，不停地啃着社会主义大厦的支柱。如果听任他们胡作非为下去，社会主义大厦真是岌岌可危了。”“这是我们决不会答应的！”写到这里，作者把笔锋

① 见王学礼主编：《中学生分类议论文大全》。

转向了另一面：

> 话又说回来，那些“智者”何以能够“上有政策，下有对策”，胆大妄为呢？其原因之一可说是与某些领导的官僚主义作风有关。试想，假如上级领导能够深入实际，仔细查问一下“技术信息保存仪”究竟为何物，亲自去看一看的话，“西洋镜”不就拆穿了吗？如果上级领导能够调查研究，直接去了解一下“四菜一汤”的具体内容，或者规定每份菜和汤的最高价的话，那么“智者”们纵然有千方百计也不能瞒天过海了。

作者对“智者”们“啃社会主义大厦”支柱的罪行十分痛恨，但这种义愤并没有使他思考生活时理智受到干扰，他清楚地认识到，要解决这个问题，仅仅是“整治”那批“损公肥私”者是很不够的，同时还必须力纠“某些领导的官僚主义作风”。所以上边这段引文在整个认识中占有重要地位，它对提高议论的正确性、科学性有很大作用。文中的“其原因之一可说是与某些领导的官僚主义作风有关”一句中的“其原因之一”，也不可忽略过去，它表明作者明确地认识到“智者”们所以得逞，那原因是多方面的，领导的官僚主义仅是其中之一，有这五个字议论就更准确、更符合客观情况，因而也更有说服力了。作者思考生活的冷静、客观、周密、准确，在这里可以更明显地看出来。这些，正是理智思维的特点。

三是非逻辑思维。这是与逻辑思维相对立的一种思维。写作需要逻辑思维，即思维必须符合逻辑规律，在认识过程中运用概念、判断、推理反映现实，必须严格遵守这些思维形式的逻辑规则。但是，写作同时也需要非逻辑思维，写作以创新为贵，非逻辑思维就是创造思维，少了它文章难以出新。在这个意义上说，非逻辑思维显得更为重要。所谓非逻辑思维，也就是认识不经过严密的逻辑推理，不是从某个逻辑起点出发，循序渐进、水到渠成、一步步地得出结论，而是突然领悟到的；也就是在不经意之间突然出现、突然得到了某种认识，而且是一种新颖独到的认识。非逻辑思维表现有多种形式，主要的是三种：

一是灵感。这是一种来无踪、去无影、有如电光石火的突发性思维现象。如果戈理说他写小说《剃掉的胡子》之前，突然感到灵感爆发，思想感情活动开了，“像被叫起的群蜂，全身感到甜蜜的战栗。”契诃夫说：“平时注意观察人，观察生活，那么后来在什么地方散步，例如在雅尔达岸边，脑子里的发条就会忽然咔的一响，一篇小说就此准备好了。”[①]这“咔的一响”就是灵感爆发。第二种是直觉，就是从直接经验中直接觉察到事物的本质和规律的一种思维。如有次爱因斯坦爬上梯子去换墙上的一幅画，不小心摔了下来，全家人急坏了，忙扶他到床上护理。可他双目紧闭一声不吭，原来他在做“短程线”思想的实验：他直觉地观察一个人从高处往低处落下的情况，测量下落的轨迹，分析和总结这个“直觉实验”，他提出了一个绝妙的问题：“人为什么是笔直地摔下来？”他一骨碌从床上爬起来振振有词地说：“对了，物体总是沿着阻力最小的路径运动。”[②]这句使全家人摸不着头脑的话揭示了“事物是按短程线运动”这条物理学上的重要原理，这个发现为爱因斯坦稍后提出的广义相对论做出了巨大贡献。这原理就是他从自己摔下来的事实中直觉到的。第三种是顿悟。“顿悟”原为佛教语，指无须烦琐的仪式和长期修习，一旦把握佛教真理，即可突然觉悟；在佛学中，顿悟是与渐悟相对的一种思维方式。现在说的顿悟，是指久思不得其解之后中断了思考，然后又突然接通思路。如爱因斯坦在“追光”思想实验过程中，经过10年的深思而未解决，后来突然悟出“时间是可疑的”，这就是顿悟思维的表现。顿悟和直觉都是一种领会、判断，但直觉没有事先连续的思考，顿悟则是思考的延续。顿悟和灵感相同的是，它们都出现在思考之后，但顿悟没有媒介物，灵感却有媒介物，是由某种事物引发的。

这种在生活中偶然出现，转瞬即逝的非逻辑思维，因为径直地把握住了事物的本质，富有创造性，历来为文学创作家们所珍惜，只要一出现就及时地抓住。历史上唐求的“诗瓢”，李贺的“诗囊”，梅圣俞的“诗袋”都传为佳话，都是他们的随身携带之物，一旦有诗思爆发就赶快记下来装进去，

---

① 拙文《抓住“咔的一响”》，《贵阳晚报》1984年5月30日4版。

② 梁作民主编：《当代思维哲学》，人民出版社2003年版，第185页。

以免丢失。托尔斯泰和契诃夫都习惯于揣着小本子，时时记下心灵的火花；鲁迅有一组题为《马上支日记》的杂文，这是他及时抓住生活感悟“马上”就写成作品的典型例子；郭沫若的《凤凰涅槃》，冰心的《繁星》和何其芳早年的一些诗歌，因为都是在听课时得到灵感，所以草稿都写在听课笔记本的边上，是课后才修改整理而成的。中学生也不时地有非逻辑思维涌现，可惜能及时抓住它写文章的人不多，一般都对它的重要性认识不足，因而不重视，不及时将它抓住，这是写作上不小的损失，是需要认真加以解决的。这个问题下一节还将论述，不多说了。

第四节　积累

生活中随时注意观察、体验、思考，就会不断地有所收获；这是与生活对话的成果，这是生活的赠予，必须珍惜，要及时将它记下来，以免流失。这就是积累生活。

叶圣陶说：“写一篇东西，乃至一部大著作，虽然是一段时间的事，但是大部分是平时的积累的表现。平时的积累怎样，写作时的努力怎样，两项相加，决定写成的东西怎样。”[①] 文章写得如何，虽然决定于这“两项相加”，但他认为主要的还是取决于平时的积累。所以他又说：“写任何门类的东西，写得好不好，妥当不妥当，当然决定于构思、动笔、修改那一连串的工夫。但是再往根上想，就知道那一连串的工夫之前还有许多工夫，所起的作用更大。那许多工夫都是在平时做的”，即“平时的积累”。[②]

无论一篇文章还是一部大著作，写得好不好主要取决于平时的积累，这个观点很重要。不过，叶圣陶说的“积累”是广义的，非常宽泛，“是整个生活里的事”，即为了适应整个生活的需要平时所做的一切努力，所得到的各种经验、进步、提高、收获都在内，而不单是我们这里说的为了写作而以文字形式做的狭义上的生活积累；所以他说“那许多工夫都是在平时做的，

① 中央教育科学研究所编：《叶圣陶语文教育论集》（下册），第 471 页。

② 同上（下册），第 470 页。

并不是为写东西做准备的，一到写东西的时候却成了极关重要的基础。”的确，生活中的一切进步、收获，一切努力，都与写好文章有关系，都是写作所需要的生活积累；平时生活中一切方面都要努力做好，这就是在为写作打基础，作准备、作积累。比如“立场观点要正确，思想方法要对头，并不为写东西，咱们在社会主义社会里做公民本来应当这样。就写东西而言，唯有平时正确和对头，写东西才会正确和对头。平时正确和对头也就是平时的积累。”[①]写作积累就是平时在各方面正确地好好地生活；生活的目的不是为了写作，但写作却必须要有这样的生活积累。叶老这个广义的“生活积累”观点非常深刻，也很重要，这是讨论生活积累问题时首先应该注意到的。

但是，这里说的狭义的生活积累（文字形式的积累）对于写作也非常重要，是决不可以忽视的。部队著名作家李本深参军后发表了一些文章就埋头写长篇小说，由于缺乏生活积累，“三年的工夫全泡了汤，连个泡沫都没有翻起来。一再地起草，一再地重起炉灶，折腾得疲惫不堪，心灰意懒”。1979年他参加总政组织的部队作者深入广西、云南边防前线实地采访，他“浑身的血液都沸腾起来了，仿佛置身于一片神奇的土地上，置身在英雄之林里，置身在喷发、冲腾、沸滚的江河之中，真实而非虚构地听到了那气壮山河的英雄交响乐章。”他说，“从那一张张被硝烟熏黑的年轻的脸膛上，我看到了历史的延续，看到了我们民族振兴的希望之所在。也看到了中国当代军人的魂魄。”“在那次，我写下了一页页战地笔记和随感。”这就是他的一次生活积累，他凭着这些笔记和随感，回单位后“创作了二十多篇散文和报告文学。”创作这些作品因为有生活积累，“一切都是真实的，新鲜的，感人的”，写起来“不必向壁虚构，也不必为文而造情，一切关于创作的观念都隐退到看不见的地方去了，一任翻滚的激情在纸上铺泻。”[②]过后不久，他就将这“二十多篇散文结集出版了。”积累和写作的关系，积累对于写作的重要性，这个例子体现得再清楚不过了。可以说，没有积累也就很难有写作，尤其不可能有长篇的大部头作品的写作。所以，文学创作家们都没有不重视生活积

① 中央教育科学研究所编：《叶圣陶语文教育论集》（下册），第471页。

② 冉淮舟、刘毅然编：《三十五个文学梦》，解放军出版社1985年版，第8—9页。

累的，而且记录的内容十分广泛。如著名作家徐怀中说，他除了记下自己“头脑里常闪现出的一些成形不成形的思想火花”之外，也“俯拾带着露水的生活花瓣”。他说，“‘生活花瓣’所指很多，如对人物命运具体记述；对人物肖像、人物性格的细致观察；一些富有意味的逸闻趣事；富有表现力的生动的群众语言和哲理性的警句；也包括自己在酝酿写作时的一些随想片断，几句对话等等。这些很重要，是构成血肉之躯不可缺少的……要随时随地弯下腰来，拾取这些花瓣。也许随时记下的草草几行字，其实际作用并不在一份完整的故事提纲之下。”[①] 从这里可以知道，作家们之所以能不断地为社会贡献出读者欢迎的作品，其中一个很重要的原因就是他们随时都在积累生活。

文学创作需要积累生活，中学生写作文也需要积累生活吗？回答是肯定的。许多学校规定学生写日记或周记，这虽然是着眼于练笔，但也有点“积累生活”的意思。没有积累，“课标”要求的“学生易于动笔，乐于表达”也必然难以实现。诚然，任何人的脑子里都装了好多东西，中学生也不例外：他们凭着记忆中的东西对付几百千把字的作文或许也过得去。但是，这样写不但是搜索枯肠，“想”得很苦，而且极少有好文章。反过来，真正达到“易于动笔，乐于表达”，文章写得好的学生，大部分都重视积累生活。上海《语文学习》编辑部编的《作文个例》一书中共有 86 个“写作典型个例”，这些同学是全国各地的“作文尖子”；86 人中，单是在自我介绍经验或任课教师的评介里边，直接讲到以日记、札记等形式积累生活的就有 45 人之多。这些同学，有的从小学开始写日记，有的从初中或高中开始写，其中田大瑜（湖南）、颜畅（湖北）、林琳（上海）、刘潇潇（吉林）等同学都是从小学一年级就开始写的。这些同学一旦开始写就长期坚持下来，从不间断，积累了大量的生活素材。如徐好好（江苏）小学时期就记了十几本日记，周蒋锋初中三年写的笔记达 20 本，汪洋（四川）到高中时已写了日记 36 本，杨宁（天津）一学期写三大本笔记，达 30 万字，朱晨（江苏）到高三毕业时仍坚持“每日写 600 字左右”的日记。积累生活，不仅使这些同学拥有了丰富的写作素材，

① 路德庆主编：《作家谈创作》（上册），花城出版社 1983 年版，第 103 页。

写作文不再为“没有东西可写”而烦恼，而且日记、札记等的写作促进了他们写作能力的迅速发展，使他们的作文水平得到明显的提高。如林琳（天津）的语文教师在谈她的进步时说，初一上学期，她“每周的笔记总是一小段一小段的，多半不成文”；“后来当她的思路打开之后，她的笔仿佛有了灵性，许多精彩的小文从她的笔端汩汩而来。特别是到了初二，她的笔记不仅栏目增加，选材广泛，内容充实，而且幽默调侃的语言风格也愈加明显。她的散文随笔，不仅贴近生活，阐述对生活的新鲜感受，而且敢于将少年的情怀和心态坦诚地剖析出来，仿佛在轻松的氛围中，与久违的朋友侃侃而谈。”可见，仅仅一年的时间，她写作的进步有多大。又如叶轶尘（天津）的语文教师在评论她的作文时说，“她的课外笔记由第一、二本《露珠集》写到第三本《梦》，经历了一个由量到质的变化”，这变化就是“在不到三年的时间里有了长足的进步，成为在习作上初具特色的后起之秀。”在教师、家长评介这些“作文尖子”的文章中，这类说法并不少见。他们就是在积累生活的过程中使自己步入了写作的大门，不仅能在省内和全国性作文竞赛中获得大奖，而且在报刊上发表了不少文章，乃至于出版作品。

积累生活为什么有这样好的效果？因为积累生活对于中学生来说，那意义是多方面的，积累就是一种全面锻炼和提高自己的过程。从《作文个例》中几十位“作文尖子”的经验看，其作用主要有：

一、提供素材。这一点上文已提及，这里再作申说。作文的前提是有可讲的话，有积累就解决了这个问题，积累生活能为作文提供又多又好的素材。用作家徐怀中的话说，平时所记都是自己从生活中获得的“思想火花”，都是自己获得的“带着露水的生活花瓣”，因此它们大体上都是有价值的东西——无论就其思想意义看还是就其生动形象看，它们多半都有加工提炼的基础，甚至本身就是一篇较好的文章。上海陆文军同学的语文教师说他在生活中有所感触就记下来，先是在纸片上记片断，“想法比较完整了就写成随笔；如果一旦需要，再把它加工成一篇作文。这样，在他写作文的材料库里就有原材料、半成品、成品这么三种样式以备选用”，他的写作材料“源源不断”。无论平时作文还是考试作文，命题都不会超出中学生熟悉的生活（这是命题原则），所以那些长期坚持写日记、笔记的同学都说写作文“不愁材料”，“不怕没东西写”，下笔“无捉襟见肘之苦”。如上文提到的朱晨同学，说自己因为“平时积累了丰富的素材，写作时就有宝藏，取之不尽，用之不竭”。他说中考时“作文有两题，前一题我在‘札记本’上练过，后一篇我引用日记本上摘录的一些名言隽语”，这就使他的作文得了高分。他说这样写作文宛然“成竹在胸”。徐怀中说积累生活就像在大脑这部电子计算机里储入信息，“到时候一按电键，需要的东西自会跳出来”；朱晨说的“成竹在胸”，也是这个意思。

二、提供思想。思想与材料常联系在一起，提供素材常常也就提供了思想；但思想与材料一是主观的，一是客观的，毕竟两码事，所以须单独说一下思想。思想是文章的灵魂，文章贵有新鲜的思想。新鲜的思想靠平时积累，往往得自非逻辑思维，因此靠作文课上临时去想，靠逻辑思维去归纳推导，不大容易获得。最好的办法是在平时生活中注意捕捉种种感触、感悟、有意味的想法，新的认识，将它们保存在日记、札记等生活积累之中，这是很宝贵的精神财富，也是在为作文提供新鲜的思想。《作文个例》[①] 中的福建林肇泉同学，专设一本《灵感偶得录》“为自己的写作捕捉灵感”。他的语文老师说“他的身上总揣着一个本子，及时记下偶尔闪现在脑海中的写作灵思，作为以后写作的酵母”。“酵母”这个词用得很好。罗家伦说，“思想是不容易成立的，必须要经过逻辑的陶熔，科学的锻炼”；又说，“思想既是不易得到的真理，则一旦得到以后，就应该负一种推进和扩充的责任。”[②] 所谓“酵母”，也就是指从灵感中得到的思想将被“推进和扩充”，同时经受“逻辑的陶熔，科学的锻炼”。用“写作灵思”作文，也就是做这样的工作，这样的作文必然有新鲜思想，因为灵感不会雷同。自然，将“酵母”发酵的工作随时都可作，北京的于燕同学用“几句话写下感触最深的东西，然后慢慢咀嚼其味，每每如此，就又会有新的理解，新的体会，这样那瞬间的感受、想法就会慢慢变得充实、丰满”。这种思想已经比较成熟，作文时用起来会

① 下面引文未注出处者，均见该书。

② 罗家伦：《新人生观》，辽宁教育出版社 1997 年版，第 16 页、17 页。

更方便。

三、发展思维能力。“多思”是积累生活的一大特点。脑子跟人的任何器官一样，其能力也是在运用中发展的。生活中的用脑也能发展人的思维能力，只是这种发展十分有限。最能锻炼和发展思维能力的第一要数写作，学习中处理最复杂难办的事情、问题，也比不上它；至于日常生活中的用脑更是没法跟它相比。比如想上街，可是天下着雨，究竟去还是不去？这就有一番考虑、掂量。但是，这番用脑比之于写一篇小文章也实在是太简单、太不算回事了。哪怕是写几百字的短文，对其思考的要求至少也有五条：正确、全面、深入、细致、严密。这五条，少了一条文章就经不起推敲，就站不住脚；而且这五条必须严格地落实到每一个句子，每一个词，甚至每一个标点符号，以及行款格式的安排处理，等等。世间除了写文章，还有什么事情对思维有这么细、这么多、这么高、这么严的要求呢？少有了。正因为写作对思维如此苛求，所以它才能最有效地发展人的思维能力，所以发展思维能力最有效的办法就是多写。但对中学生来说，普遍地要求多写文章不可能，时间不容许，要求写日记或札记、周记，或者读书笔记，则是可行的。因为写这些篇幅可大可小；可以成文，可以不成文，或者是文章的半成品，非常方便。但即使是一二段文字或半成品，它对思维能力的锻炼都很有效，更何况积累生活对思维的锻炼在提笔之前就开始了。如安徽的张静同学说她的札记内容来自用心感受生活：“在学校受了委屈，别仅是掩面哭泣，怨天尤人，请静静地去剖析自己吧”；“看过了别人吵架，不要只会叹一声‘世风日下’！不妨仔细地谛听一下他们的宏论，考察一下他们的心理，品味一下他们的动作和神态，你会更深一步地了解社会。”这样地感受生活，包含了诸多的、颇有深度的探求，这对促进思维能力的发展必然也很有好处。

四、优化书面语言。中学生的写作水平普遍低下，其中最普遍最尖锐的问题又是对书面语言的掌握。一个 50 人的班里，真正掌握书面语言、能够运用自如的一般不过五几人而已，不会超过百分之十。大多数同学的作文离“文句清通”都有较大距离，病句、错别字、标点用错是普遍现象。作文，写作能力，就是用书面语言表达好思想感情，可是大多数中学生对运用书面语言还相当生疏，他们的书面语言毛病不少，写的东西“拿不出手”，用不得，不合用。解决的办法只有一个，就是在阅读和写作的书面语言实践中去掌握书面语言。在写作方面就要充分利用写日记、笔记、札记等积累生活的形式锻炼书面语言能力，因为这是最方便、最常用，也是最有效的途径。这些形式虽然不一定是正儿八经的文章，但如上文所说，下笔的一词一句都不是随便来的，都有斟酌、有考虑，这就是在锤炼书面语言，就是在培养书面语言能力。这样努力下去，语病自然会逐渐减少，运用书面语言的能力自然会得到提高。天津的陈瑶同学每篇笔记都写得很认真，而且每页留有空白，专门供“修改病句，纠正错别字之用”；由于这样下功夫，《丑小鸭》（她的笔记名称）里的文章越写越漂亮，她也成了“作文尖子”生。广东的陈初越同学说，作为“锻炼文笔的工具，日记不妨常记”。他说他写日记“虽明知是写给自己的，但总觉得会有人看见，便竭力雕琢自己的词句，要求在形式上美丽起来。”写日记时有这种感觉的人也许不多，但经常这么认真去写，语言的确会“美丽起来”，这却是普遍适用的道理。

五、培养创新能力。记录生活中的体会、领悟、感受、感触，是积累生活的主要内容，而这些内容的产生又主要决定于悟性。正如有的同志所指出的：“生活这位老师给人的教育，从来都不是滔滔不绝的说教和明白无误的结论，而是暗示。所谓悟性就是意会和接受生活暗示的能力”，也就是能够“从日常的普遍现象悟出生活的哲理，从多彩的自然现象联想到纷繁的社会生活”的能力。这就是一种发现能力，“世间没有‘赤裸裸’的道理，只有融合于现象和过程之中的道理”，必须去发现才能得到；这就是创新的能力，因为这里边有联想、想象、类推、引申、抽象、直觉、灵感、顿悟，这些就构成创新能力。“作文尖子”们对积累生活与悟性之间的关系深有体会，如天津的温梦婷同学说：“生动的素材就在我们身边，需要我们有独特的发现眼光。对于生活中细小的情节，只要是有意义的，有新意的，就值得你用脑子或用笔把它记下来……这种寻找素材的特殊眼光，是由自己对生活感悟的深浅来决定的。”从生活中悟得的东西，可以是系统的、成形的，也可以是零星的、琐碎的，都珍贵、都值得记下来，这是创新的产物，这是创造性的活动，创新的精神与能力就在这样的活动中得到培养、发展。

六、养成讲真话的文风。我们的文风是实事求是、讲真话的文风，也就是毛泽东《反对党八股》中说的，我们“是靠真理吃饭，靠实事求是吃饭，靠科学吃饭”。可是这些年来中学生写作文，不少人喜欢瞎编，编假故事，造假事实，说假话。这样一来，真话没有了，实事求是不讲了，真理与科学性也谈不到了。这是文风不正，必须予以纠正。怎么纠正？一个很有效的办法就是积累生活。因为无论用何种形式积累，都是写给自己看，自己对自己总是讲真话、不玩假的。中学生写作文为什么讲假话？是出于这样一种认识：自己的东西都没有写的价值，所以只能抛开它们另外编一套来写。为什么认为自己的东西没有写的价值？就是认为它的思想性达不到要求，或者叫缺乏思想性，写出来“没有意义”。作为生活积累，比如写日记、札记就没这问题，心里怎么想就怎么写，有啥感受就记啥，反正是给自己看的，思想性强也好，弱也好，有也好，无也好，只要自己愿意记，觉得需要记就记下来，完全是“实话实说”。所以在田大瑜的日记中有他抓金龟子，用饭粒喂蚂蚁，在路上追抓大老鼠等等之类的记载；林琳的周记有的“只是为了发泄一下”，颜畅有的日记只是描写抄黑板者的情状与心理……陈初越说，“有时我翻看自己的笔记，会面红耳热，真想不到那时心中会泛着许多粗鄙的东西。”朱光潜先生在论日记时说：“作者是在自言自语，为自己的方便或乐趣而写作，无心问世。唯其如此，他毫无拘束，毫无隐晦避讳……只须赤裸裸地直说事实或感想。”即使是心中的秘密也直接坦露出来。他甚至认为“日记的好处在泄露作者的深心的秘密，怕泄露秘密，那就失去了日记的好处。”① 像这样的记日记、积累生活，时间一长，写作讲真话的习惯就养成了。当然，这里不是提倡积累生活就是记录没有思想性的内容，而是强调写真话。内容的思想性是随着人的进步提高而发展变化的，中学生随着人的成长进步，他们生活积累中的思想性自然会增强起来。

七、除去畏难情绪。报载中学生对语文学习有“三怕”：“一怕文言文，

① 朱光潜：《艺文杂读》，安徽人民出版社 1981 年版，第 143、144 页。

二怕写作文，三怕周树人”，写作文排在怕的第二位。写作文怕什么？怕没写的，怕写不好。怕没写的，上文已说到，积累生活写真话，通过写日记、札记之类，有了积累就会逐渐得到解决。同时，这也就是解决怕写不好的最好办法。如黑龙江王昕然同学说，“写札记无拘无束，自由灵活，说心里话，没有任何精神负担，这种习惯为我的写作创造了条件。”这话就从内容到形式把写札记能破除写作畏难情绪的道理说完了。但又岂止是写札记如此？积累生活的其他样式，诸如日记、周记、随感、偶得录、灵感录等等，都是写心里话，都是实话实说，话少少说，话多多说，或长或短，意到笔随，意完即止，毫无拘束，自由得很的，否则就不能适应生活积累，就不是积累生活而是“做文章”了。这样的写作的确不会有“任何精神负担”，可以彻底消除对写作的畏难情绪。因为对于中学生来说，这里边事实上就没有存在什么困难，又何来畏难情绪？然而，就如天天挑担会增长力气一样，坚持这么积累下去，写作的能力也就增长了，就不再畏惧写作文了，而且可能进而会写散文，会写杂文，会写评论、诗歌，爱上了写作，走上了写作之路。《作文个例》一书中有的“尖子”就是这样走过来的。

八、促进精神成长。孙绍振先生说得好，“文章的精彩之处”，“与其说是对外界事物的发现，不如说是对自己内心的发现，在发现之后的升华”；“是观察触动了内心深处的信息的共鸣，是心灵。”①日记、札记等积累生活的形式，因为最便于讲真话，是“赤裸裸”地袒露心灵，文章虽然不一定都说得上精彩，却鲜明地体现了作者心灵的发现与升华，体现了写作“是心灵升华的过程”。如下面这则日记②：

10 月 2 日—3 日　晴转多云

吃饭时打开收音机，听到一个“大家谈国庆”的节目。几位中年人好激动，说话都结巴了。这时我才明白父辈的心情。

① 孙绍振：《直谏中学语文教学》，南方日报出版社 2003 年版，第 60 页。

② 见王学礼主编：《中学生分类记叙文大全》，题目为《节日的观察》，由四则日记组成，这里仅录其一。

他们都说，好感动好兴奋，祖国如此富强如此奋进，令人扬眉吐气。他们也谈了过去，五六十年代是以突出政治为主，大游行大阅兵，是从国强来体现民心的；而今从某种意义上讲，更注重突出大众群体的祥和欢乐，是从民富来体现国强的。

说者有意，听者有心，我连连点头。

亚运会正好开幕，中国举重女将“力拔山兮气盖世”，勇挫群芳，一天连夺8金，破7项世界纪录。

我为中国感到骄傲，这赤子之情，这金牌，都是儿女献给她生日的礼物。

人类最不了解的就是自我、自我的心灵。心灵究竟是怎样的状况，只有在自己接触事物中，在某种处境中才流露出来，而在日常生活中人们忙于处理事务，忙于应对外在事务，多半都对它视而不见，不大关注这应对时的心灵。只有在写作时才会好好静下心来，回归自我，仔细想想，仔细回顾有关情景，从而对自我心灵有所发现和升华。上文说的“这时我才明白父辈的心情”，就是对自我的一种发现。发现了什么？发现父辈们谈到祖国的今天就“好感动好兴奋”的心情，“我”也能够理解。换言之，平时并不知道自己能不能理解父辈们的这种心情，这时才知道“我”是能够理解的。这就是“发现”。能理解说明什么？在这里是说明“我”也为“祖国如此富强如此奋进”而感动、兴奋，也有“扬眉吐气”的感觉，所以他对父辈的话很感兴趣，“连连点头”。日记最后说“我为祖国感到骄傲”，这就由明白父辈的心情发展为爱国主义情感，实现了心灵的升华。实践证明，“人文科学知识需要在生活中亲历体验才能领悟，才能化为自身的素质”。[①] 写日记、札记等，常常就是把生活中的这种“亲历体验”明确起来，发展，提升，化为自身素质。

积累生活的作用是多方面的，远不只是为写作文准备素材的问题，它包括了作文所需要的各个方面。“欲学作文，先学做人”；准确地说，作文和

① 见2001年3月14日《教育文摘周报》第5版：《科学素质不仅仅来自读书》。

做人的一切努力，一切方面，都会在积累生活中体现出来，而生活积累又能促进这一切。积累生活之所以受到文章家、文论家、语文教育学者和语文教师们高度的重视，其原因也在这里。

生活积累的要求是：

勤奋努力。“日记”“日知录”“随感录”，这些名称都很有意思，表明日有所记，日有所知，有感受随时记下，这是一种勤奋上进、坚持不懈的精神。积累生活就是要有这种精神才行，这是搞好生活积累的首要条件，那些“作文尖子”能坚持多年，写了几大本、十几本，几十本，而且还将积累下去，正是体现了这种精神。没有这种精神，“三天打鱼，两天晒网”，则是做不好这件事的。

养成习惯。行为按照一定的规律重复多次即成习惯，积累生活亦然，如每天写日记，坚持二三个月即成习惯。一成习惯，再苦再累的事也习以为常，不觉其苦或累，不做这件事反而不自在。积累生活成了习惯也是这样，不做会感到有损失，深以为憾，这正是能长期坚持下去的重要原因。

由低到高。开始可能会觉得没有东西可记，写得勉强，记下的是生活的“流水账”，意思不大，谈不到有怎样的质量。这不要紧，很多作文高手都经历过这个阶段，随着时间的推移，经验的增加，逐渐学会用心去感受生活，带着自己的情感、理想、愿望、想象、联想去感受生活，生活的意味就会被发现，而且那意味会越来越丰富，值得记的东西就会越来越多，越来越深刻。

勿急功近利。这是指不可因积累的材料一时用不到作文中去就以为没有意义而中止积累。须知，生活积累不是热炒热卖，即使作家也不是有了积累就马上用于创作。作家赵燕翼说得好：“有备无患，装在荷包里的东西用不着，就让它闲着好了；而最怕的是，一旦想用某种东西，而伸手去掏荷包时却是空的！”①而且，如前边所述，积累生活的作用有很多方面，切不可因为材料一时用不上就放弃这件十分有意义的事情。

---

① 甘肃省文联《飞天》编辑部：《我是怎样走上文学道路的》，中国文联出版公司1984年版，第41页。

下编 — 与读者对话

传统写作学的读者意识淡薄，认为写作只是作者表达自己的思想感情，即所谓“率性而发，缘情而作”，很少从读者方面考虑；认为读者只是阅读文章，通过文章接受这思想感情，理解作者赋予文章的意义，而与作者的写作没有关系。这样的写作学是单向的，可以叫作单向写作理论。

现当代的对话理论、哲学阐释学与接受美学都启示我们，写作不是单向活动，文章的一切都在对话关系中，写作是作者与读者相互作用的对话过程。没有潜在的读者，文章不可能正确地写作；正是作者与潜在读者的对话、交流，推动和完成了文章的写作。所以，对于文章的写作，“读者就像作者一样重要”（伊格尔顿）。现代写作理论是双向的，即对话写作理论。

单向写作理论的作文教学强调学生表达自己，这是对的，也十分重要。但忽略读者对写作的影响，或者对这种影响重视不够，则是很大的缺陷。实践对话写作理论，纠正单向作文教学，对发展中学生的写作能力具有重大意义。

第一章　鲜明的读者意识

写作是作者与读者（潜在）的对话，必须有鲜明的读者意识。即作者心中一定要有读者，要时时想到他们、适应他们，满足其需要，并对他们有益。

读者意识包括三个层面：

一是酝酿构思中的读者意识。这是在写作前对拟写文章与读者的关系作大体的把握。传统的写作学读者意识淡薄，但有识的语文教育家都很重视培养学生的读者意识。如朱自清说："写作练习可以没有教师，可不能没有想象的读者。清末民初的家庭教子弟写作古文，假想的读者是一般的社会和考试官，中学生练习写作，假想的读者是全体同学或一般社会。"他指出，如果"学生写作不意识到假想的读者"，必然"只马马虎虎地写下去，等到实际运用，自然便不合式。"[①] 朱光潜说，一切文章"都是作者给读者的信"，是"作者借这个媒介，向不能对面的远方人或未来人倾衷曲"，所以心目中要"想着读信人"[②]。吕叔湘也说，"文章是写给读者看的，就得设身处地为读者着想"。[③] 毛泽东作为革命领袖，从文章的战斗作用出发，也很强调作者的读者意识。他在著名的《反对党八股》中尖锐指出："射箭要看靶子，弹琴要看听众，写文章做演说倒可以不看读者不看听众么？"只有党八股才"无的放矢，不看听众"，"下决心不要人看，不要人听。"[④] 他的这番话对写作

---

① 中央教育科学研究所编：《朱自清论语文教育》，河南教育出版社 1985 年版，第 22 页。

② 朱光潜：《艺文杂谈》，安徽人民出版社 1982 年版，第 161 页。

③ 转引自《语文建设》2004 年第 9 期，第 23 页。

④《毛泽东选集》（合订本），人民出版社 1968 年版，第 793 页。

学和作文教学论都产生了深刻的影响。但是，以上种种说法似乎都显得比较空泛、抽象，没有进一步说明有“假想读者”又怎么样？要“看读者”又是怎么个“看”法？据一位旅美学者介绍，西方英语国家的作文教学“十分强调对读者的意识和敏感，很多情况还有必要坐下来对所拟定或设想的读者认真分析，以期用最有效的方式和手段达到写作目的。”又说，“对作者与读者的关系——亲疏、上下、远近、买卖、主客——的清醒认识，对于把握文体、内容、结构甚至称呼等方面的得体和尺度，都有积极的意义。”[①] 西方人强调读者意识是为了处理好文章的文体、内容、结构等，以便“用最有效的方式和手段达到写作目的”，我们强调读者意识，自然也是这个意思。酝酿构思中的这种读者意识，使作者从读者实际出发，确定文章的题旨、大概内容、基本形式，也就是形成文章的大框架，完成文章的初步构想。这是从与生活对话进到与读者对话的过渡；从对话理论看，文章的这个大框架也是作者与“读者”对话的结果。如梁漱溟下面的一则“哲思”：

人禽之别：心为形役与形为心役。

我们必须晓得人与其他高等动物虽若类人猿之属极为相近，却亦划然有根本区别所在。此即它们——类人猿之属——仍然同于一切生物那样尽瘁于个体存活、种族蕃衍两大问题，而人类生活则超出于此一范畴。它们似亦具有头脑心思活动，但其作用既微弱暧昧，更且根本上是心为形役。人类却反之，上达于形为心役之境。人有形为心役之可能，抑且大有可能。此即是说，莫认为人类活动总在谋生之中，应知其间显著另有两大类型高尚活动：（一）理智方面的科学研究活动。（二）情感方面的宗教出世行为。这两大类的活动极大地吸引着人类生命力，显示出人类生命的特征，远非任何其他动物之所有。[②]

---

① 祁寿华：《西方写作理论、教学与实践》，上海外语教育出版社 2000 年版，第 90—91 页。

② 李凌己编：《梁漱溟学术文化随笔》，中国青年出版社 1996 年版，第 235 页。

从与读者对话的观点看，作者当初获得这篇短文基本构思的经过显然是这样——

作者：人和禽兽有相同之处，也有根本的区别。

读者：对，人不同于禽兽。

作者：但人与禽兽的根本区别在哪里呢？

读者：这方面说法很多。如有的说人是政治动物，有的说人会思想，有的说人会劳动，会制造工具，等等。人和禽兽的根本区别究竟在哪里，却弄不清楚。

作者：我认为这根本的区别就在于动物的心是为肉体服务，肉体支配心，而人却相反，是心支配肉体，肉体为心服务。

读者：是这样的？这说法倒新鲜。

作者：当然是这样。你看，人之外的其他高等动物用尽全身心之力就干两件事——自己活下来和蕃衍后代；这两件事都是出于肉体的需要。人类也要干这两件事，因为它能认识到这是必须干的，少不得；但更重要的是它的生活超出了这个范畴，而有两项更高尚的活动——理智的科学研究和情感的宗教出世行为。这两项精神的追求是其他动物所没有的，所以这是人与禽兽的根本区别。

读者：说得对，的确是这么回事。看来，要更好地做人，就应该明白这个道理，在肉体需要之外有更高尚的追求。

酝酿构思时与潜在读者的以上对话，能使作者了解到读者对于“人禽之别”这个问题的一些情况，从而明确发表自己对这个问题的观点（其区别在于“心为形役与形为心役”）的必要性与意义，文章的基本轮廓也因此明晰起来。当然，经验丰富的作者，对自己的读者有深入的了解，在构思时与读者的这种对话进行得很快，一下子就能抓住拟写文章最基本的一些东西，完全不必一板一眼地这样展开对话。但是，不管写作经验是多是少，在构思阶段都必须有这种读者意识，以保证构思的正确和文章的质量，避免盲目地写作。

二是内容表达中的读者意识。以往人们谈“想到读者”“为读者着想”之类，一般都局限于文章的题旨、题材、角度、表达方式等大的方面，只有巴赫金的对话理论把读者意识渗入到内容表达的整个过程中。如他在论述“双声语”时举过的一段话——这段话出自陀思妥耶夫斯基小说《穷人》中杰符什金写的一封信，原文是这样：

> 我没有成为任何人的累赘！我这口面包是我自己的，它虽然只是块普通的面包，有时甚至又干又硬，但总还是有吃的，它是我劳动挣来的，是合法的，我吃它无可指摘。是啊，这也是出于无奈嘛！我自己也知道，我不得不干点抄抄写写的事。可我还是以此自豪，因为我在工作，我在流汗嘛。我抄抄写写到底有什么不对呢！

这段话乍看起来是杰符什金的自言自语，但实际上它包含着一种对话关系，它是这种对话的结果。巴赫金把这番对话作了如下展示：

> 他人：应该会挣钱，不应成为任何人的累赘，可是你成了别人的累赘。
>
> 杰符什金：我没有成为任何人的累赘！我这口面包是我自己的。
>
> 他人：这算什么有饭吃呀！今天有面包，明天就会没有面包。再说是块又干又硬的面包！
>
> 杰符什金：它虽然只是块普通的面包，有时候甚至又干又硬，但总还是有吃的，它是我劳动挣来的，是合法的，我吃它无可指摘。
>
> 他人：那算什么劳动！不就是抄抄写写吗，你还有什么别的本事？
>
> 杰符什金：这也是出于无奈嘛，我自己也知道，我不得不干点抄抄写写的事，可我还是以此自豪！
>
> 他人：有什么值得骄傲的！抄抄写写！这可是丢人的事！

杰符什金：我抄抄写写到底有什么不好呢！[①]

通过这番对话使我们清楚地看到，杰符什金上边那段自言自语原来句句都有针对性，句句都是跟读者（读信人，“他人”）的对话；读者（“他人”）就是这样地走进作者（写信人）的写作，走进了他表达内容的过程中，直接地、实质性地影响他的行文。这就是说，作者写每一句话，一词一语的运用，都是想到读者，想到读者的接受，是针对读者的反应来的。写文章就应该有这样的读者意识，应该把读者意识体现在整个行文中，体现在每个句子，甚至一词一语的运用上。就文章表达思想内容而言，能做到这一步，读者意识的运用、发挥也就到顶了，文章就能很好地适应读者，满足读者需要，受到读者的欢迎。

三是表达形式方面的读者意识。作者与读者在表达形式上的对话与在思想内容方面的对话有明显的不同。在表达思想内容的过程中，读者时时有话说，无论那意思是他同意的还是反对的，是需要补充的还是不需要补充的，是有问题的还是没问题的，他都可能言说，都会和作者对话，表达自己的意见，感受。而表达形式方面的对话，却不是这样。只有作者的语言形式出了问题读者才会有“反应”，有话说；如果表达形式正常、恰当、很好，读者好像还没有注意到它就过去了。除了特别关注表达形式的人，一般读者在这时候不会有话要说，不会去跟作者对话。表达形式的这一特点来自语言的工具性，也就是庄子说的“得意忘言”。他在《外物》篇中把语言（包括运用语言的方法技巧）比作捕鱼的筍、捕兔的网，说人们运用筍和网的目的是捕鱼与捉兔，鱼和兔已经捕得就不在意于筍和网了；人们运用语言的目的在于表达意思，那意思已经明白，表达它的语言是怎样也就不在意了。事实上，人们对文章或说话，注意点也在它们表达的意思，而不是注意它用了怎样的语言。所以后来又有“但见性情，不睹文字”（司空图）等说法，说读优秀的诗文，只强烈地感受到它表达的思想感情，似乎没有看见文字。西方人也

① 巴赫金：《陀思妥耶夫斯基诗学问题》，三联书店 1992 年版，第 287—288 页。

有类似的观点，如德国文论大家莱辛在《拉奥孔》中就说过：“诗人还要把它想在我们心中唤起的意象写得像活的一样，使得我们在这些意象迅速涌现之中相信自己仿佛亲眼看见这些意象所代表的事物，而在产生这种逼真幻觉的一瞬间，我们就不再意识到产生这种效果的符号或文字了。”① 读者对表达思想内容的语言形式尚且“不再意识到”，自然不会就它与作者进行对话。可见，体现在表达形式上的读者意识，就是在行文中的一字一句，一言半语都要把内容表达好，别让读者产生疑惑，有什么问题，提出质疑或批评，提出补充或纠正之类。

但是，这只是问题的一个方面。另一方面，要达到这一步必然是作者对词句不时地推敲琢磨的结果，而这个推敲琢磨其实也就是在与读者对话。如有篇题为《除夕趣事》的作文中有这么几句需要修改的话：

> 大人们为除夕忙碌着。当你从他们身旁走过时，在他们脸上都会找到喜悦的笑容。这是他们这一年的丰收硕果，也是向下一年的丰收做着准备。

如果用对话的形式表达出来，这几句话的推敲琢磨将是这样：

> 作者：大人们为除夕忙碌着。
>
> 读者：……（无话可说，等待下文。）
>
> 作者：当你从他们身旁走过时，在他们脸上都会找到喜悦的笑容……
>
> 读者：什么？“喜悦的笑容？”多啰嗦呀，“笑容”有“不喜悦”的吗！
>
> 作者：好，把“喜悦的”删去，就说“在他们脸上都会找到笑容。”
>
> 读者：不行不行，什么“找到”呀。“喜悦”就挂在脸上，还用去“找”吗！
>
> 作者：那就换成“看见”或者“看到”——在他们脸上都会看到笑容。

① 莱辛：《拉奥孔》，朱光潜译，人民文学出版社 1982 年版，第 91 页。

读者：但是，是谁在他们脸上“看到笑容”呢？

作者：当然是“你”呀；前边不是说“当你从他们身旁走过时”嘛！

读者：这个“你”必须作主语；“当你从他们身旁走过时”却只是个介词结构，表明下面的“看到笑容”是在什么情况下发生的，其中的“你”不是主语，起不了主语作用。

作者：那么怎么办呢？

读者：把“当你从他们身旁走过时”中的“当”和“时”去掉，这时的“你”就成了全句的主语；或者在后半句前加个“你”字也行。

作者：好，那就这么改吧。“你从他们身旁走过，在他们脸上都会看到笑容”。

读者：……（等待下文）

作者：这是他们这一年的丰收硕果，也是向下一年的丰收做着准备。

读者：这是说的什么呀，都扯到哪儿去了，怎么没头没脑呢！

作者：没有呀，我不是接着讲“笑容”嘛……

读者：这儿的“这”字是“指代”“笑容”？

作者：对，没错。

读者：但“笑容”怎么会是“这一年的丰收硕果”呢……

作者：是想到这一年丰收了才会高兴嘛！

读者：那你就直接说“这是他们为这一年的丰收而高兴”，这样说别人才懂是啥意思。

作者：好，就改成“这是他们为这一年的丰收而高兴。”

读者：接下去又怎么回事？

作者：还是说的“笑容”。

读者：“笑容”怎么会是“向下一年的丰收做着准备”呢——太稀奇古怪了！

作者：不怪呀，如果对下一年的丰收没有充分的精神准备这时也笑不起来。

读者：“充分的精神准备”是啥意思？

作者：就是对下一年的丰收充满了信心。

读者：那就直接讲“也是对下一年丰收充满信心的体现。”这样多好懂——“笑容”不是信心，而是信心的体现、表明之类。

作者：行，就这么改：“也表明他们对下一年的丰收充满了信心”。

通过以上对话（推敲琢磨），上边那几句话最后成为：

大人们为除夕忙碌着。你从他们身旁走过，在他们脸上都会看到笑容。这是他们为这一年的丰收而高兴，也表明他们对下一年的丰收充满了信心。

这虽然不是对原意的最好表达，但总算能够过得去。同样，经验丰富的作者，表达形式上的对话会进行得比较快，能迅速找到表达意思的恰当形式，不必这么一板一眼地展开对话。但是，不管写作经验是多还是少，行文过程中这种表达形式的推敲琢磨都是存在的，决不会少。因为“在语言中只是一般的东西”（列宁语），运用语言表达个人独特的思想内容必须对它进行抽象，必须运用抽象思维，这个“抽象思维的过程，往往是由朦胧隐约、千头万绪、闪动跳跃而变得明朗、简练、连贯、稳定”① 的过程。这个过程需要探索与试错，“朦胧隐约、千头万绪、闪动跳跃”的意念不可能一下子上升为“明朗、简练、连贯、稳定”的书面语言。它的探索、试错得由作者的默语来完成，然后经过“确认”而成为书面语言；如果“确认”是“误认”，这书面语言就还须推敲修改。这整个过程是任何作者的写作都必须经历的，所以字斟句酌是写作的普遍规律，差别只在斟酌的多少、难易和快慢而已，没有斟酌是不可能的。这个斟酌过程也就是发挥读者意识的作用，作者与读者充分展开对话，使表达形式适应内容需要，达到二者尽可能完美的统一。

读者意识包括以上三个层次。严格地讲，高度的读者意识是渗入作者血

① 王运熙、顾易生主编：《中国文学批评通史·先秦两汉卷》，上海古籍出版社1996年版，第213页。

液之中的，他与生活的对话就已经受到读者意识的影响，甚至是被它所支配了。这在上编的论述中已有涉及，兹不赘述。这些都表明，读者意识就是作者把自己一分为二——让作为作者的我与作为读者的我就作者之我要表达的意思展开平等、诚实、相互尊重、信任的对话。写作不是作者单方面的表达思想感情，而是一方面要表达自己，另一方面同时要顾及读者的反应——写作是在这两方面作用所形成的张力场中进行的。所以写作的过程是对话的过程，文章是作者与读者对话的结果。树立和增强读者意识的必要性、重要性，正是由写作的这种对话性质所决定的。从对话的角度看，一切好文章都是成功地与读者对话的结果，而文章的一切缺点，不足，甚至于失败，都可以从读者意识缺乏，只管表达自己的意思，不管读者接受不接受，明白不明白，喜欢不喜欢，不尊重读者，不能认真听取“读者反应”上头找到原因，也就是不能很好地与读者进行对话造成的。

写作时作者与读者并不见面，作者无法得到读者对文章内容与形式的反馈意见，所以他只能通过假定自己是读者来揣摩读者心理，进而决定如何适应。那么作者如何揣摩读者呢？巴赫金提出了“统觉背景”这个概念，指出作者在写作时要揣摩读者的统觉背景。何谓“统觉背景”？简单地说：它就是读者的文化程度，理解事物时的背景知识，思维时脑海里所闪现的所有表象，也就是他阅读时的“期待视野、知识水平以及对具体语境的感受与理解。”① 写作就是作者在表达意思时以自己揣摩到的读者的统觉背景及对它的回应支配行文，组织话语、修改文句的；而读者也就以这样的形式与作者对话、参与了写作。

文章是作者与读者对话的成果。对话不仅应该有成果，而且应该是合格的质量较高的成果。为什么是这样？有两方面原因：第一，从写作中与潜在读者的对话看，他对作者“意思”及表达的要求，跟将要出现的现实读者对文章的要求是一致的，也就是说，此时作者的表达必须合格，如果不合格（如观点错误，事实虚假，表达含糊，别扭），潜在读者就会提出意见，在他这

---

① 董小英：《再登巴比伦塔》，北京三联书店 1994 年版，第 47 页。

儿就通不过，非逼你改过来达到合格不可。可见对话和潜在读者在这里实际上起着把关作用，保证写作的成功，保证文章的质量必须合格。第二，文章写成之后必将进入新一轮次的对话——现实读者对文章的解读；这是读者以文本为中介与隐在作者的对话。在这次对话中，文本以其意向与结构制约着接受活动；是文本驾驭着整个解读过程，所以有人称文本为“指令机制”；它要求文本能够激活读者的直观力、想象力、感悟力，能够促进其理解、体悟和创造，能够发挥感染、丰富、优化、提升读者的作用。这一切，都决定了文章的质量必须合格才行。对于中学生来说，这成果（文章）要怎样才是合格或较好的呢？要有这样的对话成果又该怎样努力呢？下面亦从文章的表达内容和表达形式两方面展开讨论。

第二章 较好的思想内容

文章的思想内容包括思想感情和事实材料。这两方面密不可分地结合在一起——没有事实、材料的思想感情是空的，难以向读者表达清楚，读者也不可能有切实具体的感受；没有思想感情的事实与材料则无意义，无须向读者表达。所以，思想内容并非仅指思想感情而已，更不等于“思想观点”。但“思想感情”也只是一种通俗说法，实际上它包括了意志、愿望、欲求、理想、意绪、观念、分析、判断、推理、感受、体验等心理成分，文章所体现的作者整个心灵及其活动的方方面面都在内。

通过与生活对话获得了准备用文章表达的“意思”，但这意思还须推敲提炼，使写出来的文章有比较好的思想内容。那么比较好的思想内容是怎样的呢？主要就是做到真实、正确、创新。与读者（潜在）的对话既然是在与生活对话的基础上进行的，那么，与生活成功的对话，对话成果的质量高，这儿要求的文章思想内容的真实、正确、创新等问题也就有了很好的基础；同时，这些问题上编已有所论及，甚至有专节论述。所以，下边所谈，只是换一种角度，或在另一个层面上作一些必要的补充。

第一节 真实

真实，即文章的思想内容符合客观的实际情况，也就是古人说的“修辞立其诚”。“诚者实也，真也。现代所谓真，古代儒家谓之诚。”[1]真、实、

① 张岱年：《学术文化随笔》，中国铁道出版社 1996 年版，第 245 页。

诚原是一个意思，只是说法不同。所以又有“诚于中，形于外”[①]的话，即写文章是把心中真实的意思表达出来，是说心里话，表达真情实感，亦即反映真实情况。文学创作需要想象、虚构、创造典型、不能囿于客观真实，但也必须表达作家真实的思想感情，追求艺术之真，符合生活的本质，反映生活的客观规律。

文章的思想内容之所以必须真实，因为只有思想内容真实的文章才能是好文章。这道理很简单，写文章的目的在于帮助读者正确了解客观事实，正确认识客观世界，如果内容失真，就背离了写作的宗旨，文章就失去了存在的价值。“修辞立其诚”，文章以“诚”而“立”，反映了真实情况文章就有了价值，就值得读者关注，就“立”起来了，就在社会的精神文化生活中站住了脚。所以古人说，“千古文章，传真不传伪”[②]。内容真实，值得阅读、能传播开去，文章就有生命力，相反，内容虚假的文章只是文字垃圾，是谈不到生命力的。同时，文章要产生感动人的力量也必须思想内容真实。这道理庄子讲得最透彻，他说：“真者，精诚之至也。不精不诚，不能动人。”感动人的真实话是心灵精诚的表现，心灵不精诚说的话不动人。他举例说，“强哭者，虽悲不哀；强怒者，虽严不威；强亲者，虽笑不和。”[③]假装的哭泣、震怒和亲近，样子虽像，却不能使人感到哀伤、威慑和亲切。相反，“真悲，无声而哀；真怒、未发而威；真亲，未笑而和。”真的“悲、怒、亲”因为发自内心，还没哭出声音别人已感到哀伤，还没发起怒来别人已感到威慑，脸上虽然没有笑容别人却感到他的和蔼可亲。文章感动人的力量也是这样产生的。如编进中学语文课本的李密《陈情表》一文，历叙“母孙二人，更相为命，是以区区不能废远”的实情，晋武帝览表深受感动，“嘉其诚款，赐奴婢二人，使郡县供祖母奉膳”。能收到这样的效果，用《古文观止》编者的话说，就是文章所叙情事，俱从实写出，“无一字虚言驾饰”，“至性之言，自尔悲恻动人”。正因为思想内容必须真实是文章的本性和写作的客

① 中央教育科学研究所编：《叶圣陶语文教育论集》第119页。

② 袁枚：《小仓山房文集》卷二十八《钱玙沙先生诗序》。

③《庄子·渔父》。

观规律决定的，所以“修辞立其诚”历来被认为是写作的“根本大法”，从孔子的“言语，立信”[①]，到韩愈的“文者，必有诸其中，是故君子慎其实”，[②]到刘熙载的“文惟其是，惟其真”，[③]再到鲁迅的“发出真的声音，而不是瞒和骗的虚假的声音”[④]，以及巴金把自己的散文集叫作《真话集》，历代的文章家教育家对写作都十分强调真实性原则。

新中国成立后，作文教学也坚持了这一基本原则。叶圣陶于1949年8月给华北人民政府拟订的《中学语文科课程标准》明确规定，学生表达意思要做到“不虚浮，不夸张，老老实实，诚中形外。”以后的中学作文教学就是按照这一原则实施的。但是进入新时期以后，随着应试教育的泛滥，真实性原则逐渐被人们淡忘。为了升学能得到高分，中学生练习作文常常不是从客观实际出发，不是从自己的真情实感出发，而是从流行观念出发，从摹仿《获奖作文》之类书上文章和《作文知识》上讲的技法出发，编造虚假故事，写内容虚假的文章。有一位家长说，他女儿的作文都是写的“假话、假感想，是假故事大全”。不光是她这么写，她说班上的同学写作文都是这样，大家都写过“扶老婆婆过大街，给老师送伞……那类的故事”。大家共同编着一样的故事，然后套上时间、地点、人物三要素这样的格式，去老师那儿领一个好分。[⑤]有一位记者在一次和中学生的交流会上，问与会的20多位同学“谁在作文中写过假话？”“几乎所有同学都举起手”。[⑥]1998年高考作文试卷要求考生从《战胜脆弱》和《坚韧——我追求的品格》两个题目中任选一个写，据有关资料讲，“竟有多达百分之几”的考生谎称“自己的父母死掉了”，以便“在这样一个假的背景下”体现自己能够“战胜脆弱”，证明自己在追求“坚韧品格”[⑦]。上海市有次作文比赛中有篇参赛作文写作者是

---

① 王运熙、顾易生主编：《中国文学批评通史》（第一册），第71页。

② 孔令仰编：《古代文论萃编》，书目文献出版社1986年版，第189页、210页。

③ 同上，第189页、210页。

④ 鲁迅：《三闲集》，人民文学出版社1981年版，第15页。

⑤ 王丽编：《中国语文教育忧思录》第9页。

⑥ 张双武、蓝燕：《作文里为什么不能说真话》，《中国青年报》2002年5月31日。

⑦ 孔庆东等主编：《审视中学语文教育》，汕头大学出版社1999年版，第18页。

个孤儿，洋洋洒洒地描述自己在贫寒家境中奋发图强的故事，阅卷老师读后留下较深印象，事后趁便打听，原来该生“双亲健在，家境殷实！”[①]

讲假话和胡编乱造的文章决不会是好文章，恢复讲真话的优良传统，坚持作文的真实性原则，已成为当前作文教学的一项重要任务。为此，须从多方面作出努力：

一是以诚信育人。表面上看，文章的思想内容不真实是表达方法问题，是表达某个主题或某个论点时为了表达得更好更生动就不用真实材料而编造事实；从根子上说则是做人问题——只有做人不诚者才会作出这样的选择。诚信的人是不会这么做的，他不可能有这种歪点子，他在这里只知道实实在在地说话，不会有什么真话假话的选择。从喷泉里流出来的都是水，从血管里流出来的都是血；“言为心声”，做一个诚信的人、真诚的人，写的文章内容必然是真实可信的。这是纠正“假话风”的根本办法、最有效的办法。

二是引导学生写自己。“言为心声”，不是指别人的“心声”，而是自己的“心声”；写文章就是表达自己的“心声”，就是写自己，这是作文的本质。说“写自己”，不是说只写自己，不写客观的人物事物；而是说不管写什么都要写出自己的思想感情，写出自己的感觉、感受、体验。或者说，不论写什么都要抓住自己问：我对它（他）的看法怎么样？认识怎么样？感觉如何？感受如何？等等。然后抓住这些思考、酝酿、组织、写文章，而不是抛开自己的这一切去抄录生活，更不是去拼凑事实，编织文章。这么抓住自己写，既符合文章的本质，又能“对付”题目——毫不夸张地说，对于任何作文题目都能用这办法予以妥善处理。比如做《坚韧——我追求的品格》这个题目，如果你有坚韧的品格，一向都能经受住挫折和失败，勇于跟困难作斗争，这当然好，实事求是，“有啥说啥”，选择典型事例去表达“坚韧是我追求的品格”即可。如果你很脆弱，一点也不坚韧，碰到挫折和失败就哭鼻子，就趴下，害怕困难，这该怎么办呢？还是实事求是，“没有啥就说

---

①《要让作文说真话》，《解放日报》2004 年 3 月 10 日。

没有啥”，选用典型事实说明你很脆弱，一碰到挫折和失败就哭算子，就趴下，不敢跟困难作斗争。不过，这只是文章的一层意思。现在你看到《坚韧——我追求的品格》这个题目，莫非不想一想过去那么脆弱到底好不好？为什么不好？根子何在？肯定会想的。同时，看了这个题目，知道了坚韧是好品质，莫非不想一想坚韧究竟有些什么好处？既然认识到它很好，自己会不追求它吗？不想想自己怎么坚韧起来吗？肯定会这么想的。等等，不同的脆弱者会有种种不同的脆弱表现，面对题目，在这些方面肯定也会有种种不同的想法。于是，将这些想法加以提炼、组织，也就构成了文章的第二层、第三层或第四层意思，也就构成了文章整个的思想内容，因而文章也就写成了，也就表达了“坚韧是我追求的品格”这个主题。面对任何作文题目无非是两种情况——有话说与没有话说。从这个例子可以清楚地看到，只要紧紧抓住自己，写有话说的题目固然不成问题，即使是写自己看似没有话说的题目，临时也可以产生出思想内容来的，哪用得着去瞎编、讲假话？前两年有文章提倡“本色作文”或叫“绿色作文”，主张学生“用心灵和真情实感去写文章，还学生心目中对事物最本色的认识”[①]，其精神也就是引导学生抓住自己写，写出自己心头的声音。

三是去掉作文框子。生活五光十色，中学生作文的内容也应该是丰富多彩的。可惜有的教师偏好单一的色调，人为地给学生的作文定下框子，不允许文章的内容超出规定的范围。如写《春天》这个题目，有个学生说“春天细菌繁殖旺盛，夏季蚊虫都在这个时候孳生；春天易流行感冒；春天雨水淅淅沥沥下个不停，很烦人，像个爱哭的小姑娘，总也止不住；春天冷热不均，忽冷忽热……”文章写出了作者对春天的真实感受，很有特点，是写得比较好的。可是这位同学遭到了老师的批评。他在班上不点名地批评道：“有的同学不停地在作文中写春天不好，是不听老师讲解，胡思乱想，跑了题的结果。古往今来，文人们都夸春天好，说春天不好是动错了脑筋。”[②]写春天只能“夸春天好”，不允许说春天不好，这就是一种框子。在这种情况下，确

①《学生本色作文异军突起》，《中国青年报》2002 年 2 月 11 日。

②《作文里为什么不能说真话》，《中国青年报》2002 年 5 月 31 日。

确实实感到春天不好，春天烦人，打心眼里就是不喜欢春天的同学，你非要他照你的“讲解”去夸春天不可，除了瞎编，讲假话，他没有第二条路可走。又如有个学生寒假中有次和家人外出旅行，在外省的一个小镇赶集时，他看到当地有几个税务人员戴着墨镜，对卖东西的农民又打又骂地要钱，十分生气，后来就把这事写进了作文。对以权压人的愤怒，对弱者的同情，这是多么可贵的感情，可是这样的思想内容被老师彻底否定了。老师把作文改得一无是处，并把这个学生找去谈话，严词责问“有那么多的好事你为什么不写？”恨铁不成钢地告诉他：“要是毕业考试时这样写，你就完了！”[①]写作文只能讲好事，不能写不好的事，这又是一种框子。如果写某个题目没有好事可讲怎么办呢？又只好瞎编，讲假话了。作文教学需要“讲解”，需要提出要求，但这些都只能是启发引导学生写出自己的真实感受才是正确的，必要的，千万不可使讲解、要求成为迫使学生讲假话的框子；如果有这类框子，那讲解、引导还不如没有的好。

四是命题忌偏狭。作文命题的基本原则是密切联系学生的生活实际，使题目能唤起他们的生活经验，特别是能触动他们的思想情感，从而使每个学生都有话说，而且能写出一番有意思的话来，这是保证作文内容真实的又一个必不可少的条件。有文章说，有的学生反映，他们从小学到中学，语文老师“出的作文题就是那么几个，像‘记一件难忘的事’，‘那一次我……’，‘雨中送伞’，‘师生情’，差不多每个同学都写过好几遍。”[②]他们认为，这些题目成了作文的一种框子，“老师就喜欢从一个框子套出来的作文。同一个题目的作文，如果不告诉你作者是谁，猛一看就像是一个人写的。”即使题目相同，说真话的文章是各有其特点；现在大家写成了一个样子，当然就是说的假话。从小学到中学，写作文就那么几个题目，这是很糟糕的事情，学生生活丰富多彩，作文题目重复一次都不好，重复“好几遍”就更不应该了。但客观地说，从小学到中学，语文教师更换多人，布置的作文题目难免会有重复。这不是有意重复，而是有的题目扣学生生活特别紧，很符合上述

---

①《作文为什么不能说真话》，《中华读书报》2002 年 6 月 26 日。

② 同上。

命题原则，很适合于学生写文章，教师难免会想到一块了。如这里的《记一件难忘的事》《那一次我……》《师生情》就是这样的题目。每一个中学生，都不可能没有经历过“一件难忘的事”，也不可能没有经历过对自己或是经验、或是教训、或是好、或是不好的“那一次”；已经受教于那么多的老师，也决不可能没有过师生情谊的感受。所以，单从命题原则看，应该说都是好题目，是不应该导致学生讲假话的；即使重复多次，至多是因无新的意思需要表达而使学生抄旧文章应付，而不会大家都讲假话以致文章一模一样。所以这里的问题是这几个题目不应该多次重复地做，而不是题目本身不好。说它们造成学生讲假话；未必是正确的看法。做这样的题目而讲假话，原因一定在别处（如为了更“典型”、更“生动”而添枝加叶之类），而不在题目本身。但是，其中的《雨中送伞》这个题目的确会造成一些学生讲假话，原因不在于题目重复做过“好几遍”，而是因为有些学生根本就没有给人送过伞。这是个记叙文题目，不可能用空发议论敷衍过去，必须要自己有过送伞经验才能写好，这就难免要讲假话。当然也可以写别人“雨中送伞”的故事，还可以写跟“雨中送伞”有关的故事，等等，这些写法都切题，但那些故事既难找也很少有，哪能比写自己“雨中送伞”的故事方便？可是他没有这种经历，于是只好凭生活经验去虚构。在这里，不讲假话就过不了关，没有这种经历的学生必然要做这样的选择。这些都说明这个题目太偏狭。学生自己命题时他有过这种经历，写这个题目可能会写出好文章；作为教师命题，让大家都做这个题目则不恰当。偏狭的题目会迫使学生讲假话，可是这样的题目时有所见，尤其是在一些农村中学会更多一些。

另外，真实性原则还要求文章有切实具体的内容，反对讲大话空话套话，反对文章公式化概念化一般化。真实的思想内容总是具体实在的，因为无论是真实的客观生活还是真实的思想感情，都是具体实在的，因而也是个别的、生动活泼的。文章固然不能是一堆材料，不能局限于个别的特殊事实，不能停留在现象层面，必须有升华、有概括，必须上升到理性认识，但这一切都要以具体实在的生活内容为基础，是从实实在在的内容中自然地引申出来的；如果不是这样，文章必然是讲大话空话套话，是公式化概念一般化的文章。

如下面这篇作文：

我的家庭

我的家在习水县。那里有一座山，我家就在山里。我从小就在那里生活，在那里长大。我永远忘不了那个地方，从离开家的那天起，我每天都在想早日回到家乡，回到我的家里。

我的家有九个人，有爷爷、奶奶，还有我的爸爸、妈妈，弟弟、妹妹、姐姐。我的爸妈什么工作也没有，只是在家做活，在外边打工，挣点钱让我来城里读书。家里的人都希望我好好学习，让我毕业后能有一份好的工作，将来日子好过一点。

在这样的家庭里，在这样的学习条件下，我要是不好好学习，第一对不起的就是家人，我浪费了家里这么些钱，使他们失望；其次就是对不起我自己。所以我一定要在这里好好学习，争取将来有好的前途。

我来城里读书；家里的人对我抱了很大的希望，我自己也抱了很大希望。

我的家庭，是一个很好的家庭。

这里除了家中有"九个人"之外，诸如生长在大山里，家境贫困，进城来读书不容易，要好好学习才对得起家人和自己，将来也才有好的生活云云，都是山区贫困学生共性的东西。这样的文章说是写他的家可以，说是写的别人的家也对，总之是写得太一般化公式化和概念化了。文章只停留在一般化的抽象说明上，缺少具体实在的记叙，个别的特殊的东西出不来，使人无法感受到他家的真实情况，无法感受到这是一个"很好的家庭"，也没法把他家与别的家庭区别开来。比如：只说爸爸妈妈"做活打工挣点钱让自己来城里读书。"至于做什么活？打什么工？怎么干活？怎么打工？挣钱是容易还是不容易，一字未提。只说家里的人"对自己抱了很大希望"，至于他们是怎么想的？怎么说的？表现在哪里？也没有说明。又说"自己要好好学习，不使家人失望"，但自己怎么想的？怎么做的？做得怎么样？有怎样的决心、信心？也都没有写出来，等等。因为没有切实具体的内容，尽管文章句句都不是假话，却是讲的一篇空话套话。曾国藩的老师、岳麓书院山长欧阳厚均说："立言之道，在于'有物'；惟'立诚'，故'有物'。"[1]认为只有反映出真实，文章才能做到"言之有物"；这话正确揭示了"有物"与"立诚"的关系，是说得很深刻的。空泛，空话套话，无病呻吟，内容简陋，展不开，该详的详不起来，该说话的地方没有话说，在当前中学生作文中也是很普遍而亟待解决的问题。解决的办法就是"立诚"，写出真实情况。

第二节　正确

正确的思想内容，是指文章有正确的思想、观点、情感、态度，亦即有正确的是非、善恶、美丑观念。

有正确的思想内容，是中学作文教学的又一基本原则。这项原则之所以必须坚持，有两方面的原因：

从文章的本质看，"文须有益于天下"（包括有益于自己，首先有益于自己）。葛洪说，文章是"人伦之首，大教之本也。"[2]指出文章是明确人与人之间关系的第一要素，是教育人的根本。正是出于这样的认识，王充认为"圣贤之兴文也"，"作有益于化，化有补于正。"[3]即圣贤写文章总是为了教育感化人们，使社会风气变得纯正。萧统评陶渊明文章，说陶文"有助于风教"，可以使人"驰竞之情遣，鄙吝之意祛"；使"贪夫可以廉，懦夫可以立。"[4]宋人胡应麟指出，古人文章，无论是"游戏笔端"，还是"纪述见闻"，也无论是"覃研理道"，都务求"有补于世，无害于时。"[5]清人顾炎武主张文章要有益于天下，有益于未来。他说："有益于天下，有益于未来"

---

① 罗益群《曾国藩读书记》，长江文艺出版社 2004 年版，第 41 页。

② 谭令仰：《古代文论萃编》，第 253 页。

③ 同上，第 252 页、254 页、264 页、269 页。

④ 同上，第 252 页、254 页、264 页、269 页。

⑤ 同上，第 252 页、254 页、264 页、269 页。

的文章“多一篇，多一篇之益矣”，越多越好；反之“有损于己，无益于人”的文章，“多一篇，多一篇之损矣。”要坚决予以抵制[①]。古代文论家认为，衡量文章的好与不好，根本就看它是否有益于教育感化读者。所以叶适说，“为文不能关教事，虽工无益也”[②]，指出凡与教化无关的文章，不管说得多漂亮，技法多高明，都不是好文章，都是没价值的。方孝儒说《三百篇》的价值在于“其化能使人改德厉行，其效至于格神祇和邦国，岂特语之工、音节之比而已哉！”[③]它的价值在于使人民有好的德行，邦国和谐有好的变化，哪只是语言好、音节美呢！毛泽东继承传统文艺观，在著名的《在延安文艺座谈会上的讲话》中提出“以政治标准放在第一位，以艺术标准放在第二位”，主张“政治和艺术的统一，内容和形式的统一”；政治内容不好，艺术性愈高“就愈应该排斥”。

诚然，文章要做到“有益于天下”，有益于读者，要把文章写好，这有多方面的要求，须做多方面努力，但是最起码的，也是最重要的一条，就是思想内容必须正确。如果不具备这一条，其他通通都谈不上。王蒙在谈创作时说：“当你拿起笔来的时候……你必须审视自己，你将宣传真理还是亵读真理？你将捍卫真理还是出卖真理？”“要使真理化为自己的血肉、自己的人格，也只有化为自己的血肉和人格之后，你的笔才有力量。”[④]指出写作就是“要与黑暗、与愚昧、与一切反动和保守的势力和思想、与一切虚伪和谎言作战。”[⑤]这些，都强调了文章的思想内容必须正确。

从语言的本质看，作文教学就是育人，使学生学会做人。作文教学培养中学生写文章的能力，也就是培养他们掌握和运用书面语言的能力；学生学习写作的过程，就是获得驾驭书面语言能力的过程。语言具有工具性，也就是说，它是人们表达思想感情的一种手段、工具。但语言工具不同于“锯子、

① 谭令仰：《古代文论萃编》，第 259 页、261 页。
② 同上。
③ 同上。
④ 王蒙《你为什么写作》，人民文学出版社 2003 年版，第 159 页、22 页。
⑤ 同上。

刨子、凿子”之类的工具，叶圣陶说语言工具跟这些工具一样，这说法是不对的[①]。语言不同于这些工具，在于它是人的精神活动，是跟人的思想意识、心理活动联系在一起的，它不像锯子、刨子、凿子这类一般工具那样外在于人，它是人内部活动的手段而又表现于外的。所以王尚文先生说语言“既在人之外，又在人之内，是我们人的一部分。”[②]这个特点使语言同时又具备了更重要的另一个特点——人文性。

说语言具有人文性，是因为它本身就是人的心灵、人的思想意识。这一点，马克思恩格斯讲得很明白，说“语言是一种实践的、既为别人存在并仅仅因此也为我自己存在的、现实的意识。”[③]这就是说，语言是人的“现实意识”；人的心灵怎么样，思想感情如何，看其语言就清楚了，它就是心灵、思想情感等的现实存在和外在形式。所以说“言为心声”，说怎样的话就是怎样的心理、心灵，其思想、灵魂就是怎样。一句话，怎样的语言就是怎样的人，“言如其人”，语言就是人。学校是培养社会主义事业接班人的地方，作文教学不能不关心人，不能不关心人的心灵。作文教学就是通过对书面语言的学习和运用学会做人，同时也获得驾驭书面语言的能力。要达到育人的目的，对学生运用书面语言（作文）就必须要求思想内容正确。文章的思想内容正确，也就是用书面语言正确地说话（这“正确”不是仅就“语修逻”而言）；能够用书面语言正确地说话，也就是思想意识符合社会规范，也就是学会做人，在思想素质方面符合社会主义接班人的要求。所以作文教学是做人的教育。如果以为语言就是锯子、刨子、凿子一样的工具，与人的心灵无关，对作文没有思想内容正确的要求，无论怎么写都行，什么样的思想内容都可以，只要写就达到了练习书面语言的目的，只要写就是在训练掌握语言这个工具，那样不仅不能提高学生的写作水平，也因为抛弃了语言的人文性，背离了语文教学的育人宗旨，作文教学也就失败。

---

① 叶圣陶说“语言是一种工具。工具是用来达到某个目的。工具不是目的。比如锯子、刨子、凿子是工具，是用来做桌子一类东西的。”（《叶圣陶语文教育论集》第138页）

② 王尚文：《语文教育学导论》，湖北教育出版社1994年版，第27页。

③《马克思恩格斯选集》第一卷，人民出版社1972年版，第35页。

那么怎样才能坚持思想内容正确这一原则呢？首先要澄清在这个问题上的一些模糊认识。具体地说，如下两种观点是应该认真加以讨论的：

一是“真实就是一切论”。如有文章提出，学生写作文“不要想着表达什么中心或主题，也不要想所写的事有没有意义，只要选取自己最感兴趣或喜怒哀乐过的事情来写……这样的作文，都蕴含着学生‘自我表现’的因素和探索自我的激情；都写得轻松流畅，真实感人；主题和中心也都自然而然地显示出来了。”[①] 作者认为，学生“只要选取自己最感兴趣或喜怒哀乐过的事情来写”，就能探索到和表现出真实的自我，而有了这个真实，一切也都随之解决：有激情，写起来“轻松流畅”，文章也“真实感人”，而主题和中心也自然有了。这种“非常成功”的写作前提就是“不要想着表达什么中心或主题，也不要想所写的事有没有意义”，也就是说根本不要去想文章的思想内容，自然更不去管思想内容是否正确。这个观点对不对呢？显然是错误的。正如王蒙同志所一再强调的那样，当你拿起笔来的时候，一定“要翻来覆去地想，到底在你要写的题材上，你有些什么话，有些什么意见、有些什么忠告或警告、感叹或者疑惑需要告诉读者，是不是真的肺腑之言，是不是真的对人民有益。”[②] 中学生写作文虽然跟作家创作不一样，只是练习，并不公开发表，但做事要于己于人于社会有益，这条原则却是相同的。因此，中学生写作文也应该临文以敬，文章不仅要真，而且要对读者有益，岂可不去想它的思想内容怎么样，究竟对不对？叫不去想这些，是把学生引上写作的歧途，是把学生培养成一种没有责任心的人，对读者、社会不负责任，也是对自己不负责任。至于说这样的文章会如何如何好，谁也不能打这个包票。如我们提到过的，诸如在作文中写自己最佩服的人竟然是受贿的爸爸，还“立志长大后也要做爸爸那样的人”；在参赛作文中满有兴味地介绍说谎、欺骗、吹牛、算命、作弊、扒窃的技能；或者“乞求自己成为一条乞讨肉骨头的狗”，或者幻想自己成为吸毒者，因为那时可以“腾云驾雾，如入仙境”，等等。所有这些文章，学生写的却是自己“最感兴趣”或者确实动过感情的事情，

①《以人为本的作文教学》，《教育文摘周报》2000 年 3 月 1 日第 6 版。

② 王蒙：《你为什么写作》，第 165 页。

确实“说出了自己想说的话”，也真的是他们对自我的探索和表现，但是，是好文章吗？有“感人”的力量吗？哪是这么回事，只是使人“惊诧”而已。说怎样的话，就是怎样的心灵，就是怎样的人；教师不应该允许、甚至提供条件去让学生说这样的话，去让学生对受贿者、说谎者、欺骗者、扒窃者、吸毒者……都“最感兴趣”，这样做会把学生毁了的！

这里有一个很重要的问题，就是如何理解和处理好真实与正确的关系。有的人显然是把二者对立起来了，认为有真实就没有思想内容的正确，有思想内容的正确就没有文章的真实性，而主张放弃正确性以保证真实性。把二者对立起来是不对的，为真实性而牺牲正确性更是大错特错。必须把二者统一起来。没有思想内容正确的真实性和没有真实性的正确思想内容，都是毫无意义的文章，这样的作文练习有害无益。只有二者相统一的文章才是好的，只有追求二者统一的作文练习才是正确的、有益的。数理化教师布置作业明知有的学生会把题做错，但仍然要求学生做正确，谁做错了就扣谁的分。只有这样要求，学生才会认真去做，有困难的学生才会下功夫克服困难，努力把题做好。如果因为学生可能会做错，就不要求做正确，放弃对正确的要求以顺应学生的“真实性”，学生怎么能认真地、努力地去做好，怎么能进步，怎么能把知识学到手呢？教师又怎么能达到教学目的、完成教学任务呢？同样的道理，语文教师布置作文题也不能因为在这个题目上有学生会有不正确的思想感情就不要求文章要有正确的思想内容，只有要求思想内容既真实又正确学生才会下功夫努力把文章做好，从而使自己得到提高和进步，教师也因此达到教学目的、完成教学任务。举个例来说，上边那个学生“立志长大后也要做一个像爸爸那样”受贿的人，如果不要求思想内容正确，或者要求了不予以重视，他也就这么“实话实话”地写了；如果要求思想内容必须真实而又正确，他对这要求又很重视，也知道受贿是犯罪（中学生不可能不知道这一点）但他最佩服的就是他的爸爸，别的人都不是他最佩服的，该怎么办呢？很简单，重新审视他的行为与自己对这种行为的认识、态度。不重新审视行不行？不行，因为教师要求作文的思想内容必须既真实又正确。这就是“要求”具有的强制性，这就是要求与不要求不一样的地方，学校教育就是这样通过种种正确的、必不可少的要求去引导学生学习做人的。那么这里的重新审视会给学生带来什么呢？肯定地说，该生对受贿行为的犯罪性质至少会有更深一些的认识，而不会像先前那样纯粹停留在口头上而心里想的是另一套。于是，对原先最佩服的人现在不佩服了，也不会学那种“榜样”。即使仅仅做到这一步，按这个思路写文章，不也照样是写爸爸，照样符合《我最佩服的人》这个题目，而且既真实又正确吗？为什么一定要把正确与真实对立起来，以牺牲正确性来达到真实性呢？更主要的，学生通过这样一番重新审视，不仅把文章写出来了，同时自己也成长了。这是作文教学最大的收获，也是教师出色地达到了教学目的，圆满地完成了教学任务。

二是“作文无禁区”论。这个“无禁区”不是说的题材，而是指的思想。这个观点是在谈2001年高考作文时有人提出来的。那年的作文试题是一则寓言，说在人生道路上，有人背了“健康”“美貌”“诚信”“机敏”“才学”“金钱”七个行囊，为了渡河的安全必须丢弃一个，他丢弃了“诚信”而保留了其余六个。请考生就他丢弃“诚信”一事谈自己的想法；立意自定，文体自选，题目自拟。有论者认为，试题虽然“在一定程度上提供了作文创新的空间”，但因为存在着“弥漫于整个社会的高度雷同的政治标准和价值取向，学生只能有一个腔调：歌颂诚信。”他提出，“实现‘真创新’的第一个要求是创新者有求真的权利和写真话的自由。否则，无论作文形式多么新巧，也只能是‘伪创新’。”这就是说，“高度雷同的政治标准和价值取向”剥夺了创新者“求真的权利和写真话的自由”，因而只有“伪创新”而不可能有“真创新”。所以，要“实现‘真创新’”就“应确立作文无禁区的观念”[①]，即不可有“高度雷同的政治标准和价值取向”，应该没有任何政治标准和价值取向的要求与限制。取消了政治标准和价值标准，一切事物的是非、善恶、美丑都无从衡量，也不必衡量，作文思想内容的正确与否自然也随之取消了。这番高论看似新鲜，其实是从王元化先生那儿来的。此前王元化已经说过：“教师都要求什么思想健康、中心突出等等，这比八股文还糟

①《“诚信”与作文创新谈》，《语文建设》2002年第1期。

糕。八股里面还有一定的空间，个人的见解还可以阐发出来，而现在这一套把思维也八股化了。”他说的没有发表个人见解的空间，不就是说的没有创新的空间、没有“求真的权利和写真话的自由”吗？他否定“要求思想健康”，不就是也可以思想不健康、不应该有衡量思想内容健康不健康的标准，“应确立作文无禁区的观念”吗？所以二者的意思是一样的。不过王元化还说了一句颇有“深度”的话：要求思想健康、中心突出的“这一套”，把学生的“思维也八股化了”。创新的前提是思想创新，思维都八股化了还有什么创新可言？可见要求“思想健康”确实很糟糕。

思想内容必须正确；“作文无禁区”和否定“政治标准和价值取向”的观点都是错误的。这里实际上是提出了如何正确理解和处理创新与政治标准、价值取向的关系问题。论者的错误在于把作文的创新与政治标准、价值取向对立起来，认为要实现创新就不能有政治标准和价值取向的要求，因为创新必须自由；要求政治标准和价值取向就不可能创新，因为它们是对自由的限制。这种高论委实难以苟同。文章不能没有思想性，没有思想性的文章只能是糊涂文章，正常人谁也不去写糊涂文章。而文章只要有思想性就必然有政治标准和价值取向，不是正确的政治标准和价值取向，就是错误的政治标准和价值取向。以为有脱离任何政治标准与价值取向的创新文章存在，那只是一种幻想。所以，否定“高度雷同的政治标准和价值取向”而提出所谓“确立作文无禁区的观念”，实质上是要表达相反的政治标准和价值取向：你要“歌唱诚信”，他说也可以歌唱欺诈；你说“以诚实守信为荣，以见利忘义为耻”，他说也可以“以见利忘义为荣，以诚实守信为耻”，否则就是有禁区，就是错的。照这个逻辑扩大开来，你说“以热爱祖国为荣，以危害祖国为耻”，他说也可以“以危害祖国为荣，以热爱祖国为耻”；你说“以服务人民为荣，以背离人民为耻”，他说也可以“以背离人民为荣，以服务人民为此耻”；你说“以团结互助为荣，以损人利己耻”，他说“以损人利己为荣，以团结互助为耻”又有什么不可，等等。安徽某考生那篇《丢得好》的作文遭到批评，他为此大抱不平，说这是“写真话没好报”；他欣赏那篇作文“立意上反弹琵琶有新意。”他的思想也就是这种“反弹琵琶”的思路，要反“整个社会高度雷同的政治标准和价值取向”，要弹奏刚好与此相反的那种“政治标准和价值取向”（如他赞美丢弃诚信是“丢得好”），要在这种相反的政治标准和价值取向中去写创新作文。这种吓人的“创新”谁敢要呢！

作文教学必须重视创新，但创新本身并不是目的，人类的一切创新活动都只是手段，都只是为了使生活变得更美好。人，人的生活，这才是一切创造活动的目的，这叫作“以人为本”。所以，为创新而创新，以为创新高于一切，创新就是一切，为了作文创新而可以抛弃“弥漫于整个社会高度雷同的政治标准和价值取向”，纯粹是胡说八道。政治标准是什么？是从政治上判断人们言论、行动的是非标准；我们今天的政治标准，也就是国家和人民对个人言语、行动提出的要求，它跟个人应有的人生追求、价值取向、道德修养是一致的。什么叫“弥漫于整个社会”“高度雷同”？是因为那政治标准和价值取向体现了民族文化的优良传统，适应社会发展的需要，顺民心合民意，能使人和人的生活变得更美好，所以社会的绝大多数人都能自觉地践行。这样的“弥漫于整个社会”，以至于“高度雷同”，又有什么不好呢？不正是国家和人民所希望的吗？写作文在别的问题上都可以“反弹琵琶”，在最根本的“政治标准和价值取向”上，在“底线道德”，在“公民道德规范”这些问题上是不允许“反弹琵琶”的。这是不是不给作文创新以空间、以自由，因而扼杀创新呢？不，提这样的问题本身就很荒唐。作文的创新是什么？我们说过，它不过是作者写出自己的真实感受，真情实感而已；有了这个“真”字，就有了创新，就是创新的文章。因为这个“真”反映了作者真实的自己，而那个真实的作者在世界上是独一无二的，也是个“创新”的存在。所以说到底，文章的创新来自作者是不同于任何其他人的独特存在。于是，作文的创新与政治标准、价值取向的关系也就是这样：没有任何政治标准和价值取向要求的人（社会人）是不存在的，因此也没有这种无政治标准和价值取向限制的创新文章，只有政治标准和价值取向正确的人才能写出正确地创新的文章；反过来，真正创新的文章没有不符合正确政治标准和价值取向的，它甚至就是对这政治标准和价值取向个人的独特感受，阐发与表达，因而这些文章能使人和人的生活变得更加美好。作这样的理解，那创新的空间和自由又在哪里呢？或者说，这样真的还能够创新吗？对这些问题的回答都是明确而且肯定的。将正确的政治标准和价值观念内化于心灵而自觉践行之，正是写作创新的基础与根本条件，这时创新的空间和自由就等于他心灵的空间和自由；他的心灵空间有多大（如海涅所说“比大海和天空还要大”）他创新的空间就有多宽广，他的心灵有多少自由（孔子说可以“从心所欲”）他的创新自由也就有多少。一切文章的“真创新”也就是这样产生的，古往今来，一切大文章家的创新也都是这样产生的，从先秦诸子到司马迁到唐宋八大家，再到鲁迅郭沫若茅盾巴金，哪一个不是践行“政治标准和价值取向”的光辉典范，他们谁也没有觉得政治标准和价值观念使自己丧失了创新的空间与自由。我们却排斥思想内容的正确性，说什么“思想健康”的要求，“高度雷同的政治标准和价值取向”使学生没有阐发“个人见解”的空间，没有“求真的权利和写真话的自由”，说什么这样只能产生“伪创新”而主张什么“作文无禁区”，这不是无稽之谈吗？

“作文无禁区”的说法是错误的，“确立题材无禁区”的观念则是对的。所谓题材，通常是指作品写的“生活现象或生活事件”，是“写什么”的问题。文章的思想内容不等于题材；必须要求文章有正确的思想内容，却不能也不必要求文章有“正确的题材”。而且“正确的题材”这说法也有毛病，因为我们不能说生活中好的东西是正确的存在，不好的就是错误的存在。无论好与不好，它的出现都不是偶然的，都有其根由，所以黑格尔说“存在的都是合理的”。不过，其存在虽有一定根据，好不好则是另一回事。“题材无禁区”，就是客观存在的一切事物、事实、现象，都可以写，无论其好与不好，不存在写某种题材正确，写某种题材不正确的问题。但是，不管写什么题材都要求对它有正确的认识，正确的情感、态度，这就是文章要有正确的思想内容，事物是怎样的，那属于客观存在，对它有怎样的认识、情感、态度则是主观的东西；要求文章有正确的思想内容，是对主观方面提出要求，而不是对客观存在提出的要求，不是要求作文要写“正确的”题材。我们批评“敬佩受贿爸爸”的作文，不是因为他写了爸爸受贿这个题材，而是批评他的主观态度（“敬佩”）是错误的，是这种错误态度造成了文章的思想内容不正确，而不是因为写了爸爸的受贿行为。我们批评“满有兴味地介绍说谎、欺骗、吹牛、算命、作弊、骂人、扒窃的技能”，不是因为这些作文以社会的这些丑恶现象为题材，而是因为作者们对这些现象抱了欣赏、肯定（“满有兴味”）的态度，因此文章的思想内容是不正确的。所以作文的题材可以、也应该“无禁区”，但文章的思想内容却必须正确。有些人不注意题材和思想内容的区别，把二者混为一谈。如有篇报道说：

> 南京市今年中考的作文题是：头儿、头等、头球……是搁在嘴边的词语，点头、摇头、埋头……是生活中常见的镜头。勇于创新，总不免“万事开头难”；面对失败，又何妨“从头再来”……一个“头”字，含义万千。请以“‘从头’说起”为题，写一篇文章，不少于600字，立意自定，文体自选。
>
> 一位不久前参加中考阅卷的语文老师说，他承担的是作文部分的阅卷工作，尽管学生写的内容五花八门，但其中一名学生的作文还是让他大跌眼镜。该生以初恋为题材，描写了自己和初恋情人相识、相知的交往过程，并由此展开，讲述了自己对爱情的理解和人生的向往。这位阅卷老师说，根据作文题的评分标准，思想内容有严重问题的作文必须交大组研究后才能判分，中学生写初恋算不算思想内容有问题？感到心里没底，他赶紧把卷子交给了阅卷组。阅卷组讨论后决定，只要文理通顺、语言流畅，照常判分。
>
> 据了解，以初恋为题材写中考作文的学生还不在少数。另一位参加此次作文阅卷的老师说，她也碰到了好几篇写初恋的作文，但她认为这个题材不应该影响考生的分数，关键是看考生写的是否切题。只要中心明确、内容具体、语言流畅，也不失为一篇好文章。她说现在的中学生思想活跃，知识面广，接受新事物的能力也强，以初恋为题材写作并不能说是“出格”。对恋爱的向往与憧憬是正处于青春期的青少年的正常

心理渴求，没什么了不起的，更谈不上思想内容有问题……[1]

试题是《从“头”说起》，初恋是婚恋的开头，做这个作文题而有少部分同学写初恋故事是自然的、切题的。初中生谈恋爱很不好，但这是平时教育的问题，现在有学生在作文中写这个题材，这既没有什么不好也谈不上好，题材无禁区，写了就写了。至于判多少分，那要看文章写得如何。判断文章好不好，当然首先要看思想内容怎么样。怎么判断这些文章的思想内容好不好呢？不能因为我们平时不赞成他们谈恋爱就因为他们写了初恋故事而判定文章的思想内容“有问题”。题材不等于思想内容，判断其思想内容好不好的根据不是他们写了初恋这件事，而是看他们现在怎么认识这件事，现在对这件事的看法、态度是怎么样的，是认为中学生（初中生）谈恋爱是对的、好的、值得赞赏、提倡，还是相反？题目是《从“头”说起》，不是仅仅把“头”（初恋）写出就完事，而是要对它加以评说的，文章的思想内容好不好，就要看他们评说得怎么样，是不是有正确的认识和态度；这些不仅展现在评说中，也体现在对初恋的描述里面。可惜，有关的阅卷教师都没有把注意力集中到这上边来，在判断这些作文的思想内容时，或因为是写大家平时不赞成的初恋的而认为“有问题”；或因为写了初恋而感到对思想内容的判断十分辣手，干脆不管这问题，“只要文理通顺、语言流畅，照常判分”；或者从“思想活跃、知识面广”，正当青春期等方面说明他们写初恋故事是自然的，“有理”，由此断定“说不上思想内容有问题”。这些看法、做法都不无一定道理，但都没有说到点子上。这说明不少语文教师还不能正确把握文章的思想内容，对思想内容与文章题材的区别和联系还缺乏明确认识。这个问题不解决会使学生的写作题材变得很狭隘：作文只能写正面的事物，不能写不好的、反面的东西，这既不符合写作规律，不利于学生发展写作能力，也不利于他们成长（成长离不开对反面的、不好的事物的认识批判与否定）。更严重的是，把文章的题材与思想内容混为一谈，还容易走向另一个

①《南京中考作文写初恋故事引争议》，《金陵晚报》2005年7月20日。

极端：将“题材无禁区”搞成“思想内容无禁区”，认为文章无论表达怎样的思想情感、观点立场、价值观念都可以，都该肯定，都是好的。如果成这样，作文教学的育人功能就会完全丧失。

另外，坚持作文思想内容正确，还须引导学生注意学习理论、丰富知识和把握科学的思想方法。

中学生写作文不是写科学研究论文，思想内容的正确性主要不是指对客观事物有科学上的正确解释，而是自己对所写的人物事物有正确的思想认识和情感态度。这正确的思想认识与情感态度主要不是来自理论修养和广博知识，而是由“正确地做人”决定的。从这个方面说，正确的思想内容其实非常容易做到。比如，对于说谎、欺骗、吹牛、算命、作弊、骂人、扒窃等，让一个受过正常家庭教育的小学生来写也一定不会抱“满有兴味”的欣赏态度，更不用说中学生能够正确处理这类题材了。当然，做人的教育、学习是没有止境的，但正常的学校教育，以及语文课文的学习，都能使学生健康地成长起来，作文有正确的思想内容不过是学生健康成长的反映而已。但是，理论修养和丰富知识虽然不是主要的，却也不可忽视。2002 年高考四川某考生的一篇题为《潘金莲的选择》的作文，因为“为潘金莲翻案，平反正名”，“最后首肯了西门庆，与传统观点格格不入，而在阅卷老师中引发争论。”[①] 这篇作文笔者没有见到，也不知道老师们争论的具体情况，别的不便于说什么，单就题目而论，真要成功地为潘翻案，给潘金莲一个公正的评价，没有一定的理论修养和比较丰富的知识肯定办不到。正确地做人使文章有正确的思想感情，但把这思想感情表达好却需要有一定理论和知识来支撑。写《潘金莲的选择》如此，写别的文章亦然，只是表现形式不同而已。另外，思想方法是否科学也会影响到文章思想内容的正确性。如有的同学看问题片面，常说过头话，《谈骄傲》就说“凡骄傲的人，没有一个有好结果。骄傲就是癌细胞，谁沾上谁就完蛋了。”似乎世界上没有比骄傲更坏的东西。如果做《谈虚心》《谈友谊》之类的题目，又把虚心、友谊等说成极端的重要，

① 《告诉学生什么是创新》，《新民晚报》2002 年 8 月 25 日。

似乎世界上没有比这些更重要的事物了。这些极端化的说法都不能使人信服。培养正确的思想方法，也是做到文章思想内容正确的一个不可忽视的方面。

第三节 创新

创新是写作的最高境界，创新的文章必定是好文章。写作能够自觉地追求创新，文章能够确实有所创新，也就算真正把握住了写作的奥秘，真正获得了写作能力，写作真的是入门了，上路了。创新虽然是写作的最高境界，看似难以企及，但也是中学作文教学应该提出的要求，中学生写作文应该努力的目标，事实上也是他们经过努力完全可以达到的。

文章的创新包括两个方面：表达形式的创新和思想内容的创新。前者如运用新的表现形式，有新的写法，新的角度，以及语言上的创新等。这里只说后者——思想内容的创新。什么是思想内容的创新？思想内容的创新分狭义和广义的两种，先说狭义的。

狭义的也是严格意义上的思想内容创新，它是指文章能给读者新的认识、新的体会，能把读者的思想感情向前推进一步或提高一步。平时说的文章有“新意”就是说的这种情况；所谓“作文贵有新意”，“新意”的可贵处也就在这里。思想内容的这种创新包括三个方面：

一是文章在认识上有新的深度。如贵州张旭瑶同学的《一次特别的惩罚》[①]一文，说自己“玩心特别重”，以致常常把老师布置的作业“忘得一干二净”，因此多次受到批评和惩罚，扫教室，抄课文，写说明书等，都被罚过，可就是改不过来。在老师心目中，自己已经成了“老油条”，成了“不进油盐的‘四季豆米’”。最近语文教师生病住院，临时派来一位高中年级的年轻女老师代课，这次又把她布置的预习作业忘记了。上课检查作业，“谎话还没编好”，老师就点到了自己的名字：

---

①陈仕儒主编:《春芽绿——“春芽奖”初中获奖作文专辑》,贵州教育出版社2001年版。

我忐忑不安地拿着本子（空的）走上讲台，不敢说话，更不敢翻开让老师检查，心里像揣着几只小兔，等待着老师宣判对我的处罚。老师看我这样，似乎明白了一切，她没说什么，只轻声让我回座位去。我不敢看老师的眼睛，赶快跑回自己的座位坐下，猜想着老师对我的惩罚方式，心里乱糟糟的。

检查完所有同学的作业后，老师宣布检查结果：今天大家的预习作业都做得很认真，只有张旭瑶同学没有做。她接着说："不做作业，就是没完成学习任务，同学们说该怎么办？"老师的话音刚落，同学们就七嘴八舌地嚷开了，有的说罚抄十遍生字，有的说罚扫教室一个星期。待同学们讲完，老师发表自己的意见，她说："罚抄生字太费时间，罚扫教室嘛，一个人也扫不干净。我看这样吧，听说张旭瑶的歌唱得不错，就让她给大家唱支歌，用自己的歌声记住不做作业的教训吧。"老师这么一说，同学们欢呼起来了，纷纷鼓掌，催我快上台演唱。平时班上搞活动，同学们让我唱歌，是我巴不得的。唱歌时是我最得意的时刻，我会投入地演唱，骄傲地倾听大家低声的赞语，自豪地享受悦耳的掌声。可今天不知怎么的，我却艰难地走上讲台，在众目睽睽下，颤抖着声音唱起了《国歌》，刚唱了两句，我就觉得眼睛发涩，喉咙哽咽，心里无比地难受，眼泪叭嗒地往下掉。

老师看到我这样，关切地问道："怎么了？我这样做伤害了你，是吗？"我赶忙抹去眼泪说："老师，不是的……是我不对，我不应该贪玩，忘了做作业。"老师谅解地让我回到座位，接着对同学们说："刚才张旭瑶同学哭了，说明她已认识到不做作业的错误，相信她以后再不会忘记做作业了，对吗？"热烈的掌声顿时响起……老师仍用她那娓娓动听的语调为我们上新的一课。这节课，是我有生以来听得最认真的一次。

说也怪，从那以后，我再没有忘记过做作业了。

学生犯了错误（没做作业）该怎么办？通常的做法就是"批评和惩罚"。

这样做自然有一定道理：批评重在讲理，使学生懂得了道理、提高认识以后去改正自己的错误言行；惩罚是使学生吃苦头，付出一定代价，从而使自己深刻体味到错误是犯不起的，以后不能再犯了。在学校教育中，批评永远少不了，惩罚，如果错误严重，恐怕也难以避免。批评和惩罚还有一个作用，那就是使人“脸上无光”，自尊心受到伤害；这种痛苦比肉体上的疼痛更严重，谁不害怕？所以能使人努力表现好一点，不犯或不再犯错误。但是，这篇作文告诉我们，“批评和惩罚”，并不是帮助学生改正错误的最好办法——至少对有些同学、有些错误来说这办法不是最好的。比如这位张旭瑶同学经常忘记老师布置的作业，“不知挨过老师多少次批评和惩罚”，错误仍然没有改正过来。为什么老是改不过来？就因为“批评和惩罚”对她已经不起作用：对一个中学生来说，作业的重要性她是知道的，老师布置的作业必须完成也是懂得的，批评她，给她讲这方面的大道理几乎是件多余的事；“罚扫教室，罚抄课文、罚写说明书（其实就是检讨书）”，于她已经无所谓了，因为已经成了“老油条”，成了“不进油盐的‘四季豆米’。”她也不怕伤害自尊心，因为在这问题上她的自尊心已经一再受到伤害，“疲了”，还怕啥？在这里，我们可以清楚地看到，对于教育学生、帮助学生改正错误，“批评和惩罚”的作用实在有限得很。但“老油条”“不进油盐的‘四季豆米’”，现在竟然把忘记做作业的坏毛病改正过来了。靠的是什么？靠的是老师对她人格的尊重、对她深情的关爱。这位临时来代课的年轻女教师，对这个经常不交作业的同学真是体贴入微，爱护周到，尊重有加：看见她上台交作业本检查时紧张、害怕的样子，就什么也不说，只轻声告诉她回座位去，生怕她再感到为难、难堪。她“没有完成学习任务”必须指出，必须“罚”，老师指出了，只轻轻点了一句；也罚了，但罚得十分特别——“让她给大家唱支歌”。唱歌是她的特长，她喜欢登台演唱，同学们也喜欢听她唱。所以“老师这么一说，同学们欢呼起来了，纷纷鼓掌，催我快上台演唱。”这哪是“惩罚”？这是“展示才艺”，是让她赢得同学们的喜欢和尊重。老师的这番用心她深切地感受到了，她感动得不能自持，颤抖着唱了两句就再也无法唱下去，“眼泪叭嗒地往下掉。”老师还以为是自己“惩罚”失当，又忙关切地问：

"我这样做伤害了你，是吗？"面对这样的老师，除了打心眼里说"是我不对，我不应该贪玩"，坚决改正错误，决心做一个使老师喜欢的好学生之外，恐怕再调皮的学生也很难有第二种选择。这就是尊重学生人格的效果，这就是爱的力量，这就是比"批评和惩罚"更加重要的教育方式。这篇文章在思想内容方面的创新之处就在这里：在怎样对待学生的缺点或错误方面，比之于通常的认识和做法，它更深入一层，达到了一种新的深度，能给读者新的认识和启迪。

二是认识事物新的方面。如下边这篇《马谡——读〈失街亭〉有感》[①]：

街亭一战，对蜀魏双方都至关重要。诸葛亮权衡再三，派马谡带兵去守街亭，谁知马谡却违背诸葛亮的战略战术，轻敌自恃，一意孤行，失去要路，致使蜀军陷入无法解脱的困境，终于丢失街亭。

自马谡拒谏失街亭，孔明挥泪斩马谡之后，一时议论纷纷："马谡言过其实""刚愎自用""徒有虚名""庸才"……真是众口烁金，马谡简直体无完肤了。但我认为，马谡虽然丢了街亭，他仍不失为一个铁骨铮铮的好汉。

街亭之战前夕，敌军来势凶猛，势如破竹，而街亭既无险隘可凭，又无城堡可据，要固守谈何容易！街亭失陷，蜀军必危。孔明惊呼："谁敢领军去守街亭？"帐下勇将却无人敢应，唯独马谡挺身而出，慨然一声："某愿往！"

马谡在大兵压境的紧急关头，不是明哲保身，而是挺身赴国难，并"乞斩全家立下军令状"，这是何等的胆略、何等的气概，又是多么的伟大！真可谓公而忘私，为国而忘家。

街亭失去后，马谡临危不惧，奋勇当先，生为蜀汉将，死为蜀汉鬼。这时马谡没有屈膝投降，求一官半职，也不是远遁他处，苟全性命于乱世，而是重整残部，突出重围，保存了部分有生力量，返回大营。

---

① 陈仕儒主编：《春芽绿——"春芽奖"初中获奖作文专辑》，贵州教育出版社2001年版。

莫非他不怕孔明按军法从事？非也，因为他是一个胸襟坦荡，光明磊落的大丈夫，不以个人生死荣辱而抛弃一片报国之心，马谡忠心可鉴，光照千秋！

败后的马谡，也不是死不改悔之徒，他知罪伏法，自缚于孔明帐前："某之死罪，实已难逃。"丝毫不强调客观原因替自己辩护，更没利用与孔明私交甚厚这一点徇私，而是堂堂正正受刑，没有一句怨言，而且托孤孔明，让儿子继承父志，报效国家，也就"虽死亦无恨于九泉！"多么宽广的胸怀，多么高尚的情操，多么忠贞的家国之志！

玉可碎而不改其白，竹可焚而不改其节，马谡为我们留下了白玉般纯洁的情操，翠竹般高尚的气节。

街亭之役，孔明事先布置周到，可谓万无一失。可是马谡引兵去守街亭，偏不听上将王平谏阻，自作主张，不按孔明安排扎营，"失却要道，占山为寨"。结果"魏兵大至，四面围合，断汲水道路"，蜀军不得食而大乱，很快就丢了街亭。若不是诸葛亮使空城计"弹琴退仲达"，蜀军将回不了汉中。吃这次败仗，责任全在马谡，他是犯下死罪的败兵之将。马谡的确是一个"言过其实""刚愎自用""徒有虚名"的"庸才"。但人都可"一分为二"，更何况马谡是跟随先帝与丞相多年、官至参军的一位智谋之臣，哪会没有值得称道的地方？只是这一仗损兵折将，失地陷城，罪过太大，掩盖了他的种种好处罢了。这篇作文独具只眼，以事实为根据，揭示出马谡"公而忘私，国而忘家"，"胸襟坦荡，光明磊落"的高尚品质，使读者看到了马谡被忽略的另一面，从而对《三国演义》中的这个人物有比较全面、比较客观的认识。这便是文章思想内容的创新之处，也就是这篇文章值得重视的地方。虽然文中的论述显得有些幼稚，但创新的特点鲜明，这种创新的精神是可贵的。

三是写新颖的题材。写事物新的方面是创新，写新颖的题材更是文章思想内容的创新。别人没有写过的题材，你抓住它表达自己的思想感情，这样的文章必然会给读者带来新的认识和感受，必然是富有新意的。如贵州罗希同学的《〈小小少年〉永记我心》[1]一文，写的题材就比较新颖：《小小少年》是一首旋律非常优美、深受青少年喜欢的歌，也是贵州音乐广播电台少儿节目的名称，这个节目办得很受少年朋友们的欢迎。而主持这个节目的雨葭姐姐，更以“温柔、和蔼的嗓音”和她“无限的柔情和爱心”赢得了广大少年的热爱与尊敬。但文章主要不是写这些，而是着重写作者自己与这个节目的一段关系：

第一次见到雨葭姐姐，是在音乐广播电台“小小少年”编辑部里。“呀，你……你就是雨葭姐姐？”一张亲切、美丽的脸映入我的眼帘。只见她点了点头，眼睛发出深邃的亮光，是那样亲切——热情与和蔼交织在一起。她问我：几岁啦？读什么学校？为什么想当“小记者”？接下来，我们便很随便地谈了起来。几天后，我参加了应聘考试，那紧张的场面是我永远忘不了的。当“录取”的通知发出来时，我更是激动不已，在那张红红的、仰慕已久的“小小少年记者证”上端正地写下了我的名字！

打那以后，小记者们每个星期六都会到广播电台去参加培训。在那些日子里，雨葭姐姐给我们讲了怎样采访、怎样写新闻、怎样主持节目的知识，令人入迷，使我获益匪浅。于是，在教室、在操场、在车站、在集市，我一次次去采访老师、同学，下岗工人，一次次把这些材料写成新闻，让雨葭姐姐告诉收音机前的少年朋友们。

一次培训结束后，雨葭姐姐叫住了我，要我在下周星期二与她一起主持节目。“要我扮演小嘉宾的角色？”我简直不敢相信自己的耳朵，眼里闪烁着激动的光彩。

我为这次主持节目做了精心的准备。

星期二下午，我早早地来到了编辑部，在外面的草坪旁焦急地走来走去，心里忐忑不安。平时一向感觉时间急如潮水的我，此时才体会到

---

① 陈仕儒主编：《春芽绿——“春芽奖”初中获奖作文专辑》，贵州教育出版社2001年版。

时间的漫长。当雨葭姐姐带着我，经过那长长的曲径和阶梯，来到直播间时，我激动的心情更是难以平静。白色的吸音壁上，无数圆圆的小孔，给人无数遐想，像是走进了未来世界。当我在立体声话筒前坐下来时，心狂乱地跳动着，我小心地戴上了耳机，努力使自己安静下来。“亲爱的朋友们”，我的声音发出微微的颤抖。但不久，在雨葭姐姐鼓励的目光里，我与她，还有无线电波连接着的无数的同学、朋友，在“小记者通讯网”“孩子王世界”“谜语长城”“点歌窗”里分享着知识的乐趣和成功的喜悦！结束时，雨葭姐姐夸奖我：“挺好，继续努力吧！”

后来，我又主持第二次、第三次节目，我与雨葭姐姐，也与“小小少年”结下了深深的情谊，成了最好的朋友。可就在这时，一件我们万万没有想到的事却发生了。

一个星期六的小记者集中日里，大家都到齐了，可雨葭姐姐却迟迟没来。就在大家议论纷纷时，雨葭姐姐迈着沉重的步子，走到了台上。她一言不发，久久地、久久地看着我们。大厅里鸦雀无声，只能听到我们急切的呼吸声。“亲爱的小记者们”，雨葭姐姐的语调又低又轻，完全失去了往日的风采。“在这些短暂而又漫长的日子里，我们大家朝夕相处；亲如兄弟姐妹，我们已经有了很深很深的友谊，我……我舍不得你们……”这是怎么回事？我越听越迷糊了。又过了好久，她才一字一字地说：“因上级指示，取消‘小小少年’，也就是说我们解散了！”我愣住了，“不会的，不会的！”我的眼泪夺眶而出，旁边几个小记者都呜咽起来。雨葭姐姐见我们心里难过，就劝我们。其实她比我们更难过呀！我们谁都不走，静静地坐着。这时，雨葭姐姐用她那嘶哑的嗓门叫道：“散会吧！”便抱着头，快步走出了大厅，在她身后的地板上，却留下了滴滴泪痕。

“小小少年”没有走，它永远珍藏在我心中，我永远不会忘记，不会忘记这段宝贵的经历，不会忘记我与雨葭姐姐共同度过的这段美好而又欢乐的时光……

作者是初中一年级学生，做“小小少年”记者和节目主持人时还是小学生。广播电视台的工作，广播电台的记者，主持人，这些对一般人来说都相当陌生，似乎还有几分神秘感；对于一般的中小学生，就更是这样了。所以，作文写这样的题材会给人耳目一新的感觉。自然，这篇作文的成功，主要还不在于广播电台记者和主持人工作给人的新鲜感，而在于作者经历的那段感情十分动人。经历不平凡的生活，就会产生不同寻常的思想感情。做广播电台的记者、主持人，对于中小学生会有多么巨大的诱惑力，能够做这样的工作是件多么重大的事情，是可想而知的。于是，随着文章的展开，我们和作者一道，很高兴地认识了美丽而热情和蔼的雨葭姐姐，经历了应聘“小记者”考试时那令人“永远忘不了”的紧张和拿到“录取”通知时“激动不已”的心情；我们也跟作者一道积极参加业务培训，在教室、操场、车站、集市繁忙而又兴奋地采访；我们也怀着新奇、激动、紧张的心情走进直播间，努力控制“狂乱跳动”的心向电波连接着的无数同学、朋友播音；当雨葭姐姐怀着无比沉重的心情宣布“小小少年”被取消的消息时，作者眼泪“夺眶而出”，读者也不禁淌下泪来。这段工作使作者与雨葭姐姐“结下了深深的情谊，成了最好的朋友”，读者也真切地感受到这段友谊的珍贵并为之深受感动。读到“‘小小少年’没有走，它永远珍藏在我心中”这最后一段文章时，读者感到作者的这些话也是自己心头的声音。就这样，读完全文，我们也随作者一道经历了一段日常生活中所没有的情感。情感的难得和新鲜，使这篇文章在我们心里留下了比较深刻的印象——这正是文章思想内容有创新的特点。

下面再说广义的思想内容创新。

这样的创新也就是上编第五章讲创新能力时说的真实地表达自己的思想情感。其理论根据是“人心不同，各如其面”：各人因为家庭环境、受教育程度、文化水平、个人经历等方面的差异，世界上找不出思想感情完全相同的两个人，因此，文章只要各人如实地表达自己的思想感情，内容就自有一定特色，也就是自有其创新之处。这样的创新，既包括认识有新的深度，新的侧面或写新的题材，也可以不具备这些特点，仅仅是如实地写出了自己的思想感情因而有一定特色而已。上编第四章论述这问题时以《踢球》一文为例，说明作文的创新能力人皆有之，并不神秘；这里再举《小米粑，慈母情》[①]一文具体说明广义的思想内容创新问题。这篇作文是写母亲给作者送小米粑到学校来的故事：

我饿得肚子咕咕直叫。

站在楼上看着路上的行人，希望有妈妈那背着背篓微驼的身影出现。但我等了很久很久，还是等不来妈妈和背篓里那香喷喷白生生的糯米粑。她不是说今天放早学的时候能到吗？这么久了，怎么还没来呢？妈妈也真是的……我开始埋怨起来。“也许妈妈正在包，正在煮，还是……”“当当”的上课钟再也不容许我想下去，我无力地背着书包上学了。

我以为放了晚学一定能看到妈妈在门口等我的，可是没有，我又一次地失望了。

第二天早晨，天下着大雨。我站在门口看着雨点打着墙面。我又埋怨了：“妈妈怎么搞的，总是不来，她一定是忘了我，非得……”好熟悉的身影啊！妈妈，难道是妈妈？隔着雨帘我真的不敢相信自己的眼睛，那身影渐渐地走近了，真的是妈妈。她没带伞，雨水顺着她的头发、衣服一滴滴、一串串往下淌。我的眼睛模糊了，不知是雨水还是泪水在我的脸上汩汩地流着。不知怎么的，我的眼睛又亮了，妈妈带着微笑站在我的面前。哦，原来是妈妈把我的眼睛擦亮了。“孩子，肚子一定很饿了吧？”妈妈低声问我。“不，妈，我不饿。”真的，我的饿意已被妈妈的一身雨水洗尽了。“怎么，还生我的气呀？都怪我，昨天看糯米桶没糯米了，才赶着舂小米。又连夜包、煮，今天早上才熟。还不知小米粑好不好吃呢。”“妈妈”，我失声地叫道，扑向妈妈的怀抱，雨水从她的衣服流到我的脸上，冰凉冰凉，但又很暖很暖。这时我好后悔，好后悔，我怎么能埋怨妈妈呢？“妈，小米粑一定跟糯米粑一样香的。”我再也

① 见陈仕儒主编《春芽绿——“春芽奖”初中获奖作文专辑》。

不忍心妈妈难过，安慰她说。妈妈放下背篓，解开几层塑料袋，从里面拿出一个个还微微冒热气的小米粑说："孩子，趁热吃。"看着妈妈脸上的微笑，看着金黄的小米粑，我又一次饿意袭身，从妈妈手中接过小米粑，大咬一口，"嗯，真香，比糯米粑还香呢。妈，你也吃吧！""不，我不饿，你吃。"妈妈看我没有埋怨她，摸着我的头，欣慰地笑了。

妈妈放好小米粑后说："多吃点，吃完了我又包些送来，我们没钱买早餐，但小米粑还是有的。我要回去煮猪食了，天冷，注意身体。"

泪，又淌下来。雨还在下。妈妈背着背篓的身影消失了，只有那饱含着慈母深情的小米粑还托在我的手上。

泪，晶莹晶莹，雨迷蒙迷蒙；小米粑，金黄金黄。

写出自己真实的思想感情，文章的思想内容必然有创新特色，这里的关键是"真实"二字。"真实"是真的、确凿无疑的事实。而事实或事件，属于现象层面，它总是"单一的"，"各有特点，永不重复"，"绝对重复的事件是没有的。"[①]思想感情是事件（或事实）的反映，事件不可能"绝对重复"；再加上人是变化的，个性化的，人心各不相同的这个因素，"真实的思想感情"就更是各有特点了。这些，就决定了写出自己真实的思想感情文章必然有创新的思想内容。以上文而论，一个山区的农家孩子，上学没有钱买早餐，每天早晨吃妈妈做的糯米粑，糯米粑吃完了妈妈没有按时送来，只好饿着肚子上学，直到第二天早上才送来，孩子怎能不在心里埋怨妈妈？但一见妈妈冒雨赶来，全身湿透，而且是一晚上没睡觉，赶着把小米粑做好就送来的，还担心做的不是糯米粑而是小米粑儿子嫌不好吃，此情此景，懂事的儿子哪还会生妈妈的气？只有深深的感动和自责（自责先曾埋怨过），只有给妈妈以安慰，使她能够开心。这样的一件事情，天下绝不会有完全相同的；与这件事紧扣在一起的这段起伏变化的母子之情，天下也绝不会有完全相同的。所以，这篇表达作者真实思想感情的作文，其思想内容是创新的。

---

① 陈先达：《漫步遐思——哲学随想录》，中国人民大学出版社2006年版，第144页。

有专家说，中学作文教学中的“‘创造性’，并非文学创作，则是指有没有自己的思想、自己的情感、自己的思维方式和表达方式，一句话，指是否做到了个性化”[①]，也就是讲的这个意思。

① 方智范:《高中语文必修课“表达与交流”目标解读》,《语文建设》2004年第1期。

第三章　恰当的表达形式

文章的表达形式，即文章内容的存在方式，包括结构、语言、表现手段、体裁等要素。

内容决定形式。文章的表达形式是由文章内容决定的，有怎样的内容就有怎样的形式，怎样的内容就要求怎样的形式，特定的内容要求与之相适应的特定形式。写作，在表达形式方面的任务，就是把特定的内容所要求的特定形式实现出来，这样，文章便有了恰当的表达形式。换言之，形式适合了这内容就是恰当的，否则再“好”也不恰当。莫泊桑说，福楼拜告诉他，无论描写的东西是什么，只有一个词可供他使用，作家的任务就是要把这个词找出来，而不是满足于“差不多”的表达。这是讲语言用词，其实表达形式的其他方面也一样，对于特定内容而言，恰当的结构、表达手段和体裁都只有一种，写作的任务就是要把这恰当的一种找到、实现出来。表达形式能做到这一步，文章的内容就能得到准确、鲜明、生动的表达，就是符合与读者对话要求的表达；否则内容就会受到程度不等的损害。这叫作形式对内容的反作用。

中学生的作文，内容有明显错误的只占少数；在形式方面则是没有明显错误的只占少数。大体上说，表达形式有明显毛病的要占百分之八九十。这是一个惊人的数字，这是中学语文教学“少慢差费”“高耗低效”最集中的体现，也是社会对作文教学反映最强烈的主要原因。但是，中学生的作文也不是在表达形式的各个方面都有好多毛病，比如在体裁和结构上处置失当的就比较少见，问题最多、最普遍的还是语言和思维方面。鉴于这种情况，也鉴于其他方面人们论述已多，这里只着重谈文理通顺、发展写作思维和正确对待作文方法的问题。

没有内容的形式和没有形式的内容都不存在，内容和形式是事物不可分割的两个方面。从这个意义上讲，在与读者对话中，文章的形式与内容同等重要，因此，作文教学对表达形式也必须予以同样重视。

第一节 重视文理通顺

在中学作文教学中，首先要重视的不是方法技巧、语言生动形象、主题深刻新颖之类，而是文理通顺问题。其理由是：

第一，文理通顺是作文教学的头等大事。叶圣陶说过："一个高中毕业生文理不通，脑子也不会清楚。这样的高中生即使考上大学，将来也很难做好任何工作。"[①] 文理不通的人不可能做好工作，毛泽东在1942年给《文化课本》写的《序言》中也讲过这个观点。他说"一个革命干部，必须能看能写……以为从事工作的基础与学习理论的基础；工作才有做好的希望，理论才有学好的希望"，否则，"虽然也能做某些工作，但要做好是不可能的；虽然也能学到某些革命道理，但要学好也是不可能的。"[②] 他说的"能写"，主要就是写文章能达到文理通顺。红学家周汝昌说："一个语言不通顺或拙劣的人，他能在工作和事业中做得优秀、良好，有所成就——我很难相信。"[③] 也是讲的这个道理。文理不通为什么只能"做某些工作"而不能"做好工作"？因为表明他"脑子不清楚"。做哪样工作不需要思维清晰？一个脑子不清楚的人又怎能把工作做好？任何工作都不能"做好"的人，也许可算作半个废人。如果我们的学生高中毕业还文理不通，我们为国家培养人才的目标也就落空，这将是作文教学的彻底失败。作文的生动形象、主题深刻之类，对于培养人才也很重要，但那是更高一些的要求，都没有文理通顺这么关系重大，所以，它是作文教学首先应该重视的，所以叶圣陶说文理通顺应该是"师生全力以

① 李杏保、顾黄初：《中国现代语文教育史》，四川教育出版社2001年版，第343页。

② 同上，第346页。

③ 王丽主编：《我们怎样学语文》，作家出版社2002年版，第41页。

赴之”的“标的”[①]。

第二，文理通顺是作文的基础。作文的目的是表达思想感情，中学生学习作文就是学习用书面语言表达自己的思想感情。学习用文章表达思想感情有两个层次的要求，最基本的要求是会用书面语言来表达；第二个层次的要求是要表达得比较好。文理通顺属于第一个层次，所以叶圣陶说“‘通’只是作文最低度的条件”，只要“通”了，文章就“拿得出去”，否则“文而‘不通’，就如一件没制造完成的东西，拿不出去的。”[②]两个层次各自的要求都有多个方面，但所有这些要求都以文理通顺为基础。也就是说，如果文理通顺达不到，其他一切都必然落空。因为文理通顺与否直接影响到意思能否得到清楚的表达。如果意思尚且表达不清，诸如主题的正确鲜明（第一层次）、深刻新颖（第二层次），结构的分段恰当、层次分明（第一层次）与严谨、有特色（第二层次），语言的准确鲜明（第一层次）与生动形象（第二层次），一概都无从谈起。再从文体方面看，“无论撰写文艺，作他类文章，固同以通顺为之基也。”[③]特别是各种条据、公文、应用文的写作，只要能做到文字通顺，更不必格外去学，按照格式写就行了。但如果文理不通，则无论什么文体的教学都不可能有好的效果。这又说明，文理通顺在表情达意和在整个写作中都起着决定性作用。所以，它理所当然地是中学作文教学首先要重视的问题。

第三，文理通顺是作文教学的真正难点。如文理通顺中的“语句通顺”就真正是个“老大难”问题。小学语文教学大纲就规定学生二年级写话要“语句连贯通顺”，三四年级作文要“句子比较通顺”，五六年级的作文要“语句通顺”[④]。可是绝大部分学生直到高中毕业也没有达到通顺的要求。据资料介绍，1979 年人民教育出版社派出两个调查组分别到四川和福建实地调查中学语文教学情况，回京后就中学生的作文和语文知识状况分别写出调查报

① 中央教科所编：《叶圣陶语文教育论集》，第 724 页。

② 同上，第 404 页、736 页。

③ 同上，第 404 页、736 页。

④ 戴宝云主编：《小学语文教育学》，浙江教育出版社 1999 年版，第 138—139 页。

告，其中作文调查报告说，调查中学生作文 300 篇，没有病句的只有 3 篇，仅占调查数的 1/100！在初中作文中，最多的一篇有 15 个病句，高中作文中，最多的一篇有 11 个病句。[①] 这是 1979 年的调查，20 多年过去，现今的情况并没有多大改变，这是从前几年语文教学大讨论的好多文章中可以看到的。本来小学就该完成的教学任务，到高中毕业都没有达到要求，在整个作文教学中还有什么比文理通顺更难做到的呢？没有了。所谓比它“高级”得多的种种方法技巧，如果不要求好，只就学会而言，其实都很容易掌握。什么描写呀、抒情呀、议论呀，那些方法教师讲授后只需练上一二遍学生就掌握了，甚至无须教自然会用，绝对不会像文理通顺这样学十年八年还达不到要求！

20 世纪 30 年代，著名语文教育家阮真指出，从单独设科起，“历来国文教学都没有很好的成绩。”[②] 在我看来，他这话可以理解为主要指作文教学都没有解决好文理通顺问题。为什么这样理解？因为在语文学习上，“社会对青年学生”的要求是两条，“第一条要写得通，其次要读得懂。”[③] 说“历来国文教学没有很好的成绩”，就是教的学生没有达到“写通”与“读懂”的要求。而从实际情况看，主要又是“写通”的问题特别大。所以阮先生的话主要是指历来没有解决好作文的文理通顺问题。

“写通”（特别是“语句通顺”）问题为什么一直解决得很不好？主要原因是解决的办法不对路，但同时也跟教师一向地普遍对此重视不够有很大关系，不少教师认识不到它的重要性，因而不在这上头下功夫，他们把力量用到了别处，认为别的方面比这问题重要得多。因此，学生作文“病句随处可见，教师并不指出或纠正”的[④] 这类现象决不是个别的。为什么会是这样？这涉及一种错误观点，这观点最初是梁启超提出来的。他在 1922 年写的《作文教学法》中说：“字句不当不好，但是‘末节’”，文章主要看“思想清不清，组织对不对。”这分明是一句糊涂话。字句当不当是思维清不清的体

① 李杏保、顾黄初：《中国现代语文教育史》，第 342 页。
② 同上，第 341 页、363 页、330 页。
③ 同上，第 341 页、363 页、330 页。
④《语文建设》2004 年第 12 期，第 7 页。

现，“字句不当”表明思维不清楚，思路不明晰，如此这般必然意思含糊混乱，哪还谈得到文章的“思维清”“组织对”呢！但是，由于他在学术界有很高的威望，这话被很多人所接受，其影响很不好，以致今天仍然有不少人这么看，仍然不重视学生作文中的文句不通问题。所以，要扭转当前这种局面，首先必须抛弃语句不通、文理不通是“细枝末节”的错误观念。

所谓文理不通，是指文章在道理上有讲不通的地方。这道理，对于句子而言就是语法之理，对于篇章（句以上的段落、层次、篇）而言就是逻辑之理、事物之理。这里分别说一下这几种情况：

不合语法之理。这是文理不通之中最主要的问题，也是最需要下大功夫去解决的问题。一个句子通顺与否，是用语法做衡量标准的，“文理”之“理”在这里就是语法之理。合乎语法者为“通”的句子，否则叫句子不通。在句子合乎语法方面，中学生为什么一直问题很多？归根到底是对书面语言不熟悉。作文是用书面语言讲话，书面语言虽然来自口语，但跟口语有显著区别。人们在生活中说的话总是不太规范，语句成分残缺，重复啰唆等是常见的毛病，因此表达意思常有模糊、错乱、烦琐等缺点，但这些并不影响人们交流思想感情。因为这些问题都可以通过当时说话人的手势、声调、表情以及现场情景等得到补救。书面语言没有这些补救条件，所以一定要规范，要符合语法，以便准确、清楚、完整地表达意思，否则妨碍思想情感的交流。可见书面语言是对口语的提炼和规范化，而不等同于口语，切不可认为写“白话文”就是用“纯粹”的口头语言写文章。中学生写作文用的是什么语言呢？他们意识到要用书面语言，但对它不够熟悉，所以用起来常出毛病。如一篇题为《除夕趣事》中的这句话：

在寒冷的冬天里，人们正在为新一年的到来准备着年货，然而，老天爷就是不向人们给予以晴天。

这句话的最后一个分句读起来别扭，似通非通，如果干脆讲“老天爷就是不给人们晴天”就没问题了，而且简单明确。作者为什么不这么写要写成上边那样？是不会讲“老天爷就是不给人们晴天”吗？肯定不是。生活中他一定会说“张三就是不给我书”，“我就是不给李四钢笔”这类的话；既然如此，他就必定会说“老天爷就是不给人们晴天”。那么他为什么不这样说而要写成“老天爷就是不向人们给予以晴天”呢？这就是在学书面语言。在书面语言中，“向……”，“以……”，“给予……”这类副词结构、介词结构的句子时有所见，作者对它们有一定印象，但对它们正确的用法又不甚清楚，结果写成了这个不通的句子。有篇作文在描写吃年夜饭时还说“同时也吃着他们下一年的希望”。这是一句更为离奇的话，但这表明作者在学习抒情散文的句法，希望将吃年夜饭这件事升华到诗意的高度（大概是想说吃年夜饭是在“品味希望”的美好之类），由于对这类说法太生疏，结果弄巧成拙。这些都表明中学生运用书面语言有比较高的自觉性和积极性，只是普遍都对它的用词造句不够熟悉，结果往往写成文理不通的病句。

不合逻辑之理。在句子以上的段落、层次等大的部分中学生为什么常有不通之处？主要是逻辑思维能力的问题，即运用逻辑的形式和规律进行思维的能力比较差，因而行文有时违背逻辑之理。写文章，行文必须适应语境，而语境的情况非常复杂，逻辑思维能力不足就很难适应周到，结果必然出现错漏。这方面最常见的情况又可分为三类：

一是上下文的关系不合逻辑。比如文章开头说“谈三点看法”，结果说了二点文章就结束了，或者文章实际上讲了四点，这在逻辑上显然是不通的。此外，文中某段开头的提法与该段的后文不相适应，以及文中这一句的意思与前面相关的某句或后边相关某句的说法有出入等等，都属于上下文关系有问题，违背了逻辑的同一律，都是于理不通。

二是表达题材时忽视逻辑。这里的“题材”是指文章的篇、章、层次、段落等各自写的对象。一篇文章的题材是统一的，只有一个题材，而表现这个统一的题材须通过一个个层次和段落来实现。这就是说，各层次各段落各个部分都各自只表现这个题材的一部分，于是相对地形成了它们各自的“题材”。写作中，无论处理哪个层次、哪个段落乃至哪个部分的问题，都不能离开那个级次的“题材”，多说一二句也不允许，否则就是“离题”，就是“东拉西扯”，就是不讲逻辑；少说了也不行，少说会出现逻辑的断裂、残缺、不充分。

三是随意概括事物性质。下的判断不符合对象的性质特征也是对逻辑的背离。如有篇作文在描写一个演员练功不怕苦之后说，“她的这种魅力受到了团领导和同事的赞扬。”练功不怕苦体现的是毅力、敬业精神和对艺术的热爱，而不是“魅力”，说那是魅力就判断错了，于逻辑讲不通。

不合事物之理。中学生的作文常有不合理之处，如有篇作文写上课时有两个同学互相逗笑，老师发觉后批评他们。作者说：“老师批评得对，但也不能使同学压抑”。挨批评不可能是舒服的事，心里不能不感到压抑，更不可能因此就不批评违犯课堂纪律的现象。“不能使同学压抑”的说法是没道理的。其他如写景中夏天有“青青的麦苗”，冬天有“金灿灿的菊花使人感到温暖”等不合节令的描写，也是对事理的背离。

上面探讨了中学生作文文理不通的三种情况。需要说明的是，这样分别论述只是为了表达的方便，事实上不可能将它们截然分开。比如句子不通并非只是语法的问题，常常就是逻辑问题，有时也是事理的毛病；而逻辑上的不通常常也是事理上的不通。

针对中学生作文文理不通的上述三种情况，问题该如何解决呢？不少人会说，很简单，不符合语法之理就加强语法教学，不符合逻辑之理就加强逻辑知识的教学，不符合事物之理则努力丰富知识与经验，这样努力下去就一定能达到文理通顺。这个回答虽有一定道理，但我的看法有些不同。

先说丰富知识经验问题。的确，知识经验不足会造成行文违背事理的毛病，因此中学生要努力丰富自己的知识与经验，我们平时讲写好作文须多读书，要搞好课外阅读，同时要读生活这本大“书”，也就有这个意思。但必须看到，这只是一个方面，甚至只是次的方面。主要的还在于要有严肃认真的作文态度，即写文章要说自己知道的、理解的东西，对自己不知道、不理解的东西暂时就不说，待学懂了再说。同时，说话要慎重，要想想是否符合生活的实情，不可信口开河。另外起草后要认真审查修改。有这样的写作态度就能避免或基本上避免事理错误的发生。在这个问题上主要应强调作文的态度，其次才是丰富知识与经验的问题，如果仅仅强调后者就从根本上否定了解决这个问题的可能性。因为中学生总是中学生，无论怎么努力，他们的知识和经验都是比较有限的，都说不上有多丰富。而且这样讲也不符合事实，比如小学生的知识和经验肯定比中学生更不“丰富”，可是有些小学生文章写得很漂亮，并没有说什么违背事理的话，他们的文章能在报刊上发表，能在全国性比赛中获大奖，能收进书中向全国读者推荐。相反，一个学富五车的人，如果马虎写作也必定会出错。所以，对这问题主要应该强调严谨的写作态度。

至于用加强语法逻辑知识的教学解决语法逻辑不通的问题，我一向不太赞成，下面谈谈理由，谈谈这个问题究竟当如何解决才比较恰当。

文理通顺是运用书面语言的能力，凡语言能力都是锻炼出来的，而不能通过学习语法逻辑知识来解决。俄国大教育家乌申斯基说得好，“语言能力是人的一种天生的精神力量，因此，它像一切体力和精神力量一样，只能靠练习来增强和发展……精通语法虽然可以丰富学生的智慧，但并不能发展他的语言能力。”[①]他只说了“精通语法”不能发展语言能力，其实精通逻辑知识也不能发展逻辑能力。因为逻辑能力本身就是语言能力的一个方面，而且是最主要的方面——没有逻辑的语言不可能完成表达意思的任务。所以乌申斯基在另一个地方又说：“理性的人所特有的言语基础，在于正确的逻辑思维”；“语法本身不是别的，正是语言的逻辑。”可见乌氏说的“语言能力”就包含了“逻辑能力”，它正像“一切体力和精神力量一样，只能靠练习来增强和发展”；精通逻辑知识同样也只能“丰富学生的智慧”，而不能发展他们的逻辑思维能力。

语言能力只能靠实际锻炼而获得，那么这“锻炼”是指什么？当然是指在阅读和写作的运用书面语言实践中去锻炼，而不是指在日常生活语言的实践中去锻炼。阅读和写作又是怎样锻炼和发展书面语言能力的呢？

先说阅读。鉴于中学语文教学对阅读重视不够，这里须多说几句。必须明确，所谓“锻炼”就是运用，就是活动。身体的某个方面我们运用了，

① 张佩珍等译：《乌申斯基教育文选》，人民教育出版社1991年版，第252—253页、137页。

活动了，也就锻炼了它，促进了它的能力发展。如体力不够就去干力气活，这就是锻炼体力，力气活干多了我们的力气就会渐渐大起来。正如乌申斯基所说的，锻炼和发展心理能力也跟锻炼和发展肉体能力的办法相同，心理的某种能力不够我们就去从事需要这种能力的心理活动，这样就锻炼了它，促进了这种能力的发展。运用书面语言的这一心理能力也是只能用这种办法来锻炼和发展的，即阅读范文就是在锻炼和发展我们的书面语言能力。因为范文的每句话、每个词、每个句子成分都是符合语法规则的，全部语法规则就在范文中。所以阅读范文就是一种正确运用语言的心理活动，也就是在锻炼我们的语言符合语法要求的能力，也就是在促进我们的书面语言能力的发展，经过一段时间的努力和发展，我们的语言能力就能达到符合语法要求的水平。逻辑思维的发展也一样。一般地说，范文从句子到篇章，没有一处是不符合逻辑形式和逻辑规律的，阅读范文就是一种正确运用逻辑的心理活动，也就是在锻炼思维符合逻辑要求的能力，就是在促进逻辑思维能力的发展，经过一段时间的努力和发展，我们的逻辑思维能力也就达到了符合逻辑要求的水平。毛泽东 1964 年在一次与外宾的谈话中说，“我国几千年就是没有语法这门课的，但是古人的文章有些写得相当好。”其实古时候也没逻辑这门课，书面语言所要求的符合逻辑与语法的能力，古人都是从阅读范文中获得的。

阅读之所以能够使人获得书面语言能力，这可以用乔姆斯基的生成语法理论来解释。乔氏认为，人脑中先天存在布洛卡区和韦尼克区这样的语言中枢，语言中枢中的神经网络又先天具有关于语法结构的记忆，但这些记忆必须不断地通过语言刺激才能被“记起”；而且“语言中枢神经只接受语言信号即第二信号系统的刺激”，所以幼儿的语言中枢“正是在与成人的语言互动中不断得到刺激和开发”①。同样的道理，中学生掌握书面语言的能力，也是在与书面语言不断接触中得到刺激和开发的。这问题我们还可以从当代内隐学习理论那里得到更明确的解释。内隐学习是指人们无意识地获得知识的过程。该理论指出，人类按照两种根本不同的模式学习。“凡需要付出努力、

① 梁作民主编：《当代思维哲学》，人民出版社 2003 年版，第 45 页。

采取一定策略来完成的学习活动都属于外显学习”；而“人们并没有意识到或者陈述出控制他们行为的规则是什么，但却学会了这种规则”[①]就是内隐学习。“不论有无学习目的，只要个体在行为上发生了改变，但却无法内省学习的过程，或者内省学习的产物，那么就可以判断发生了内隐学习。”[②]人们对语言的学习几乎纯粹属于内隐学习。三四岁的小孩就能跟大人交谈，他的语言大体上是符合语法和逻辑的（否则没法跟大人对话），他的语法逻辑规则是从哪里来的？就是通过内隐学习从开始学说话起从大人的语言中不知不觉地学习到的。内隐学习是人类的一种“适应性心理机能”[③]，生物的机体有一定的适应性，人类的肉体和心理都有一定的适应性，这是经过自然选择而被遗传保留下来的，这对个人在环境中的生存与适应具有重要价值。对语言的内隐学习正是这种适应机能的体现。所以幼儿并没有花大量的外显意志努力就掌握了自然语言。人们的口头语言能力由这样习得，人们的书面语言能力也应该这样去获得，即在阅读范文中通过内隐学习获得。比如古时候并没有语法和逻辑教学，那时的文章家们高超的书面语言能力就是在阅读中通过内隐学习获得的。

附带提一下20世纪20年代语文教育改革家沈仲九的《初中国文教科书问题》[④]一文。该文说以往没有语法，学子不明白“怎样写文句才能通顺，怎样写就不通，只好暗中摸索。摸索得次数多了总有碰到通的机会，但是已经够苦了。”照这个说法，古人要把文章写通，全靠瞎摸瞎碰，不知要吃多少苦头，要费多少年的功夫。其实这只是沈先生的想当然而已，事情并非这么难办。史称曹植十岁下笔成章，王充八岁作文令人称奇。南朝时到镜五岁能作诗，萧纲、谢瞻、陆琼、徐勉六岁能属文，王筠、刘孺、刘孝章、庾肩吾、任昉、丘迟、谢贞等七八岁时诗文即颇有名气。史料又载，明代的徐渭“十

① 张卫：《内隐学习及其特征研究》，《华东师大学报》（教科版）第19卷第1期。

② 郭秀艳：《内隐学习》，华东师大出版社2003年版，第49页、58页。

③ 同上，第49页、58页。

④ 见顾黄初、李杏保:《二十世纪前期中国语文教育论集》，四川教育出版社1991年版。

岁作文，轰动全城”；清末的梁启超“九岁能缀千言，文笔生动。”[1]这些人当时仅仅是几岁、十来岁的娃娃，在掌握书面语言上，决不会是吃尽苦头，经过长期摸索的。今天虽然有语法和逻辑知识，但很多人之所以能很快掌握书面语言，走的仍然是内隐学习（即阅读范文）的路子。如8岁的高清康写出8万字的童话《奇奇编西游记》，10岁的张蒙蒙已出版3部大作，12岁的蒋方舟发表了颇有影响的长篇小说《正在发育》[2]，数以万计的在全国各种儿童报刊上发表文章的少儿作者，以及在省市和全国性作文竞赛中获奖的几岁、十来岁的小作者们，他们都很少接触语法和逻辑知识，甚至对这两个名词都很陌生，全是从阅读中获得的书面语言能力。所有这些人都是通过内隐学习掌握书面语言的典型，“典型”是什么？就是体现某种客观规律最鲜明的例子。这些人的事实就告诉我们：掌握书面语言应该走这个路子才是对的，这是客观规律；而不是有的同志所理解的那样：他们是天才，可以这样去获得书面语言能力，对于一般的中学生则要走另一条路，即通过学习语法和逻辑知识去掌握书面语言。如果照这么理解，天下的一切典型都会失去社会价值，肯定和宣传任何典型也都毫无意义。

我们能通过内隐学习正确地完整地掌握书面语言的语法逻辑规则，是因为无意识能对“许多复杂的感知”进行“操作”“推理”和“编码”。1965年美国布朗大学完成的“人工语法的内隐学习”实验，充分证实了无意识对语言“探索复杂知识”的这种能力。内隐学习不仅能够使人从书面语言中无意识地学到语法逻辑规则，而且比外显学习学得更好。因为比之于外显学习，内隐学习具有“强有力性”（即一心可以“二用”“多用”，注意力可以分散）、抗干扰性（不受年龄影响，个体差异小，与智商无关）和“三高”（高选择力、高潜力以及高密度贮存）等特征。当前人们经常谈论的“语感”，研究内隐学习的心理学家明确指出，它“不是通过外显学习获得，而是通过内隐学习获得的，因为人们获得语感的过程是自动的、无须意识的努力去发现语

① 以上诸人事迹，见张隆华、曾仲珊：《中国古代教育史》，四川教育出版社2000年版，相关朝代的“写作训练”部分。

② 《虚拟“神童大国”》，《南方周末》2002年8月8日。

言结构的规则，却可以在语言行为中准确地使用它们”；它是“通过与刺激材料（书面语言）的不断接触，学生逐渐掌握其内在规则”而形成的。[①]内隐学习能力的确比外显学习能力强，但不能说学习可以只要前者而不要后者。问题在于有些知识必须通过内隐学习途径去学习，如果改用外显学习方法其效果反而不好。国外的实验[②]证明：“规则指导”语（即活动的相关知识）对于完成“简单任务”，成绩会有“很大的提高”，而对于完成“复杂任务”，则使“成绩下降”。为什么会是这样？这跟外显学习和内隐学习的两种学习机制有关：完成简单任务适于外显学习，“外显学习包含元认知过程，它通常是在计划、监控、决策任务中进行实施和操作的。外显加工有利于深思熟虑、系统性的决策和假设检验，能促进元认知过程。”所以“元认知能够使被试更灵活、更有意识地使用策略学习”。对于复杂任务则适于内隐学习，在内隐学习中，“元认知活动并不占主导地位”，所以认知知识对它并无多少帮助，“甚至还会削弱学习”[③]。“越来越多的研究指出，结构非常复杂，较具模糊性的学习材料或情境用内隐的方式习得比外显学习更有效，能更牢固地内化于个体的知识结构中。”[④]两岁幼儿能分辨“人们喜怒哀乐等复杂的面部表情”，没有多少文化的越剧演员能在实践中锻炼成为名家，当今一些青年演员出洋留学却“无法使越剧兴盛如先辈时代”[⑤]，这些都充分显示了内隐学习的巨大威力，和无可替代的作用。在这些复杂情况面前，外显学习要么软弱无力，要么毫无办法。语言学习也正是这样。语言学家曾明确指出，“语言知识从很大程度上说，不是一种自觉的知识。语言系统——语言、结构、意义、词汇，以及将它们合为一体的规则——都不是下意识地学会的。我们丝毫不会察觉到这些规则正在被我们所习得。正如我们察觉不到我们得以站立、行走、跳跃、接棒球或骑自行车的那些物理规则一样，我们对于那些

① 郭秀艳：《内隐学习》，第 341 页。

② 该实验较复杂，这里不便于介绍过程详情，请参阅郭秀艳《内隐学习》第 304 页和 305 页。

③ 郭秀艳：《内隐学习》，第 305、301 页。

④ 同上，第 305、301 页。

⑤ 同上，第 323 页。

使我们能够说话、理解、判断句子正确与否的语言规则也习焉不察。”[①] 这就明确指出了语言知识（包括语法和逻辑的知识）是内隐学习的对象。如果硬要用外显学习的方法去教学，以为这样会提高学习效率，结果必然适得其反；就像站立、行走、跳跃等一样，如果我们要通过学习有关的物理规则去掌握这些动作，必然会把本来两三岁的幼儿就会做的动作搞得极为复杂和烦琐，结果使我们反而做不好这些动作，不知要长大到什么时候才能学会。事实正是如此，幼儿学习口头语由于走的是内隐学习的路子，到三四岁的时候就能够跟大人对话，就掌握了口头语，被认为是人类一大奇迹。中小学生学习书面语言，由于一向强调外显学习的方法，以为传授语法、逻辑知识越多越好，结果如吕叔湘先生所指出的：中小学生“10 年上课，总时数是 9160 课时，语文 2749 课时，恰好是 30%。10 年的时间，2700 多课时，用来学习本国语文，却是大多数不过关，岂非咄咄怪事！”[②] 这里还须进一步指出：这个“不过关”的“大多数”中学生有相当一部分人考进了大学，他们通过大学学习，至少有一半人运用书面语言的能力仍然没有过关，仍然没有达到中学语文教学大纲对作文的要求！这是一个多么严酷的事实，这就是强调用外显方法学习书面语言的结果。这是极为沉痛的教训，在语文教育改革走向深入的今天，是不能不牢牢记取的。

当然，通过阅读学习书面语言不能是一般的阅读。特别是对于教材上的课文，主要不是“看”（默读），而必须是朗读、熟读，甚至是背诵[③]。

叶圣陶说：“以前的人学作文都注意朗读，往往说，只要把几十篇文章读得烂熟，自然而然地就能够下笔成文了。这个话好像含有神秘性，说穿了道理也很平常，原来这是锻炼语言习惯的意思。”[④] 诵读到烂熟之所以能收到

---

① ［美］维多利亚·弗洛姆金、罗伯特·罗德曼合著：《语言导论》，外语学院出版社 1994 年版，第 13 页。

② 李杏保、顾黄初：《中国现代语文教育史》，第 341 页。

③ 由于中学生课业繁重和多媒体课件的使用等原因，语文的课文诵读越来越不被重视，这方面的情况媒体偶有报道，最典型的例子如大连市竟然取消了中小学生的早读课（见 2005 年 11 月 1 日《新华每日电讯》：《“哑巴语文”令人揪心》）。

④ 中央教科所编：《叶圣陶语文教育论集》，第 419 页。

养成书面语言习惯的效果，第一，叶老讲的诵读是很讲究读法的。他与夏丏尊先生合著的《文心》一书中专门写了一篇《书声》来详细介绍这种诵读法。大体上说，该法强调每一句、每个句子成分和每个词，在声音的高低强弱缓急上都要做恰当的处理，这处理即是对它们的理解在声音上的表达，反过来又通过这样的诵读促进和加深了对它们的理解。在这样的诵读中，文句中的主眼、“前后的词彼此相关照应”、每个成分和每个词在句中的地位、作用等，都鲜明地体现出来，句中的语法逻辑关系有力地突出出来。第二，这诵读不是“只用眼和心”，而是“心、口、耳并用的一种学习方法。”这样，每读一句都能使书面语言的规则无形中在脑子里留下较深印象。第三，习惯都是由行为多次重复养成的，对每篇范文这样诵读到烂熟，而且是烂熟几十篇范文，这是运用书面语言的成百上千次这样去重复，一般地说，书面语言的习惯自然也就养成，作文也就能文理通顺了。

另外，以前的人除了强调诵读和熟读之外，还强调背诵。秦汉时期，背诵还是选拔官吏的基本条件。即任官“先用诵多者”，如能讽书（背书）九千字以上乃得为郡县史。东方朔上书自荐时，特别提到他能背诵四十四万言。以后，少见以记诵诗书多少为选用官吏条件的，但以背诵学习语文的方法却一直流传下来。比之于熟读，背诵对于学习和运用书面语言的作用自然更大。比如作文时对某个词、某种句子或某种句法关系弄不太清楚，这时脑子里马上会记起范文中有关的语句来，供自己摹仿、套用，这就保证了不会出错。

古人学写文章，在读范文上真是想尽了办法，下足了功夫。比较起来，现代语文教学、特别是当前的语文教学，对读是很不重视的，着重抓的是教师的讲解或师生一起分析课文的思想内容与写作特点，另外就是多得让学生十分头痛而又几乎毫无意义的各种语文知识练习。有人说，“在语文教学方面，现代人搞不过古代人”。[①] 为什么搞不过古代人？主要就是范文阅读没有古人做得好，功夫都花在读之外去了，在读之外想了不少点子，唯独把诵

① 李杏保、顾黄初：《中国现代语文教育史》，第363页。

读朗读背诵冷落一边。特别是运用书面语言的作文，不是突出学生阅读，不是让他们浸淫在书面语言之中去学书面语言，而是想通过语言知识（包括写作知识）来学习书面语言，这哪能收到好效果？人们当初学习口头语言，如果不是从口语实践中学习，而是去语言知识中学习，恐怕我们至今还不能用口语交流思想感情。到学书面语言时，我们不可抛弃这条成功的经验而去走一条实践已经证明是行不通的路。

再说写作对锻炼和发展书面语言能力的作用问题。这表现在两方面：

一是将书面语言能力实现出来，使之对象化，以便更好地认识和发展它。习惯和能力都是心理的，看不见，摸不着，通过阅读，通过内隐学习我们是否养成了正确的书面语言习惯，是否获得了良好的运用书面语言能力，只有通过写作才能很好地把它从心里实现出来，变成文字的东西，变成可以清楚地认识的对象，从而知道自己书面语言的习惯和能力究竟达到了什么程度，有没有什么问题，该怎么进一步努力。明确了这些，就能更好地前进，前进就会更快。

二是磨炼思路。这是更为重要的方面。写作是运用书面语言的活动，怎样运用？不是随便地堆砌书面语言，而是随着思路的发展自然地流出来。所谓思路，即思维展开的线路。我们心里有了一种意向，一种并不太清楚的意思，想要将它表达出来，于是就有了思维活动；而思维离不开语言，思维活动表现为语言活动。思维活动即思维按照一定的方向进行下去，这就是特定思路的展开过程。所以在写作中，思路的展开过程即书面语言的运用过程。语言学家张志公指出，“思维一要开阔活跃，二要细微严密。”[①] 大体上说，思路的开阔活跃涉及文章的题材和思想内容；文章的语言形式则与思路的是否细致严密相关。如句子的缺这少那、颠倒重复、配搭不当等语法上的不通和篇章上的前言不搭后语、照顾不周、以偏概全等逻辑上的毛病，都是作者思路粗疏简陋所致。那么怎样才能把思路锻炼得细致严密呢？不用说，范文作者的思路是细致严密的，多读范文有助于纠正自己思路的毛病。但清人唐

① 李杏保、顾黄初：《中国现代语文教育史》，第330页。

彪说得好：“多读乃藉人之工夫，多做乃切实求己工夫，其益相去远也。”[①]对于提高书面语言表达能力，他认为作文的收获远远超过读文的收获。又说：“盖常作则机关熟……不常做，则理路生。”[②]他说的“机关”，是指思路展开中的关节处；他说的“理路”，就涉及思路的严密细致问题。他是主张在写作实践中去发展思维能力的。曾国藩也有类似的观点，说要“常常作文。心常用则活，不用则窒；常用则细，不用则粗。”[③]他认定克服思路粗疏简陋而达到严密细致的最好办法就是“常常作文”。今人林语堂论作文时对此还有个生动的比喻，说“笔如鞋匠之大针，越用越锐利，结果如绣花针之尖利。”[④]这些意见都很值得我们重视。

我们强调学生多写，但不能因此加重学生的负担。我们不赞成有的语文教师要学生每天写一篇 500 字以上“随笔”的做法。中学生每天的作业本来就很多，再加上这篇五百字以上的随笔，结果每天晚上都要弄到 11 点以后才能休息。这是最不好的做法。我们提倡写作练习生活化。学生在生活中每天都要提笔，写作训练生活化就是要求学生凡提笔时都尽量像写作文那样认真对待，无论写日记、写信、留条，甚至是做作业时写一二句话的答案，都要努力做到文从字顺，没有语法和逻辑错误。在这样历练的基础上再认真做好规定的每学期的几次作文，达到文理通顺也就不难。

另外，内隐学习也需要一定的指导语，但这指导语不是讲授知识，而是引导学生“寻找感觉”。比如指导游泳，“比起讲有关如何控制身体肌肉运动的指导语”，不如讲“有关寻找‘浮起来的感觉’的指导语更易引发内隐学习无意识的探索过程，使被试更能无意识地习得并自动地运用肌肉运动的法则。”又比如教学生跳远，讲“一蹲下，二举双臂，三用力蹬地同时双臂后摆”的要领，不如告诉学生“多跳几次你一定会有怎样怎样的感觉”的效

① 南京大学等四院校编：《古人论写作》，吉林人民出版社 1981 年版，第 67 页。

② 同上。

③ 张隆华、曾仲珊：《中国古代语文教育史》，第 403 页。

④ 林语堂：《读书的艺术》，吉林摄影出版社 1999 年版，第 28 页。

果好，因为这能够引发他们的内隐学习，更能无意识地习得跳远技能[①]。同样的道理，使中学生作文文理通顺，也应该引导他们寻找相关的感觉。比如通顺的语言，表达的意思给人十分清楚、明白、妥帖的感觉，也是一种舒适的感觉；学生阅读课文时就应该从课文的语句中去感受这些。相反，病句总是给人意思模模糊糊、含混不清，别别扭扭、疙里疙瘩的感觉，有一种不舒服的感觉；学生写作文时要认真读自己的文章，如发现有这类感觉的语句，就应该知道有毛病，从而去推敲它、修改它，直到表达的意思清楚、明白、妥当、顺适为止。人们写文章都是感觉这么写是通顺的就这么往下写，感觉这么写不通顺就做修改，完全是“跟着感觉走”（跟着“语感”走），这时候很少有人用“语修逻”的知识去比照着推敲一句写一句（那将不胜其苦而没法写）。所以，要引导学生去体会句子通与不通给人的不同感觉，使他们通过内隐学习去无意识地掌握书面语言。又如不少中学生不能正确运用标点符号，这也是文理不通的一种表现形式。解决这个问题也应该运用“寻找感觉”的内隐学习方法。不同的标点符号有不同的意味，这也是在课文的阅读中可以分明地感受到的。如句号有圆满感，逗号有停顿感，顿号有稍停即起感，冒号有“下边有话”感，破折号有“进一步说明”感，叹号给人惊叹或振奋的感觉，等等。学生真切地感受和熟悉了这些感觉，作文表达自己的思想感情时，自然就能较好地运用各种标点符号，这也能反过来促进语言表达的通顺。

据说，内隐学习并不一概否定学习相关知识，但它是主张“内隐学习在先，而外显学习适当配合”，并认为这样能收到“最大的教育效果”[②]。这个观点在解决中学生作文文理通顺问题上也可以参考，可以酌情运用。如纠正作文的病句，在引导中学生寻找语句通不通的不同感觉这种内隐学习的基础上，再适当地点一下语法或逻辑知识来配合。如“突然，意想不到的场面发生了”，学生从语感上发觉“场面发生了”不对劲，改为“情景发生了”仍觉得未妥，推敲的结果改成“事情发生了”，再念一遍：“突然，意想不到的事情发生了”，觉得意思清楚、明白，这才算确定下来。这时教师可以

① 郭秀艳：《内隐学习》，第 333—334 页。

② 同上，第 334 页。

点一下，指出这叫作“主谓配合得当”，从而使学生懂得主谓配合正确句子才通顺，否则就成为病句的道理。这种以内隐学习为基础的语言知识，对他以后推敲、修改病句会有用处（语法逻辑知识对于写作的用处大概也仅在于此）。

第二节 发展写作思维能力

作文的过程是思维的过程，一篇作文是一段思维的成果。改进作文教学，提高中学生作文水平，必须发展他们的写作思维能力。

什么是写作思维?

心理学家从不同的角度把思维分作不同的类型。其中，美国的克雷奇等人将思维分为无声思维和传讯思维两类。所谓无声思维，是指人在自己脑子里思考，没有把它用语言表达出来。传讯思维则是指“通过讲述或书写出来正式表达自己的思想。”[①] 语言不是思维的唯一工具，聋哑人、裂脑人等丧失语言功能的人也有思维活动；但任何一个有语言能力的正常人的“所有较高水平的思维都有赖于语言。[②]”所以一般人的这两种思维都离不开语言，只是它们运用语言的情况有明显区别罢了。在思考时的无声思维中用的是“内部语言”。这种语言的特点，第一是“不连续、不完整”；第二是“任何思路中的事实和关系大都假定为‘自明’的”；第三是“较少语法限制。”[③] 这三个特点的核心是“假定为‘自明’的”，其他两个特点都由此而来。思考中的事实和关系“假定为‘自明’的”是什么意思？思考的实质是自己跟自己讲话，思考中的事实和关系是自己所知道的，所以作为说者的自己就不必原原本本地来告诉作为听者的自己，只需十分简略地自我提示一下即可。举个

---

① ［美］克雷奇等著：《心理学纲要》（上册），周光庚等译，文化教育出版社 1981 年版，第 215 页。

② 杨清著：《心理学概论》，吉林人民出版社 1987 年版，第 334 页。

③ ［美］克雷奇等著：《心理学纲要》（上册），周光庚等译，（北京）文化教育出版社 1981 年版，第 215 页。

例来说，如《阿Q正传》中阿Q听到革命党要进城的消息后，鲁迅对这个受尽屈辱和压迫、靠打短工度日的贫苦农民有这样一段描写：

“革命也好罢”，阿Q想，“革这伙妈妈的命，太可恶！太可恨！……便是我，也要投降革命党了！”

鲁迅用引号把阿Q当时想的内容引起来，这使我们能看到阿Q这段无声思维（想）运用内部语言的“真实情况”。不了解阿Q经历（没读过《阿Q正传》）的人不可能读懂这段话，因为里边省略的内容不少。如阿Q为什么觉得“革命也好”？他说的“革这伙妈妈的命”指的是哪些人？他们为什么“太可恶”“太可恨”？阿Q为什么说“便是我，也要投降革命党了”？所有这些内容都被省略了。中间省略太多，语言显得不连续、不完整，不太合乎语法。阿Q为什么把其中的事实和关系（如他与赵家、与地保的种种矛盾冲突）省略？因为这是他所遭遇的事情，用不着自己再来告诉自己，只要提醒自己这伙人“太可恶太可恨”就足够了。由此出发，自然得出“革命也好”“革这伙妈妈的命”“我也要投降革命党”的结论。内部语言不说自明的特点，充分体现了人类节约精力的本能。

在传讯思维中，总的说来，“语言的明确起较为重要的作用”“我们觉得自己的话不能仍然那样不连续，那样简略；而应该清楚地说明步骤，用词应该准确，应该注意语法结构。”因为这时的语言不是主体自己对自己讲话，而是在对别人讲话，“别人不能加入自己的主观世界”，不注意这些就难以实现思想交流。[①]但传讯思维在不少时候也要用不连贯、简略的、语法不够明确的语言，也会省略有关的事实与关系，只是没有达到无声思维内部语言的那种程度而已。这里的规律是看说听双方的关系如何。双方越投契、越在共同的处境中，“语言就愈简略、不连贯、不完整，语法上愈随便”；双方关系越疏远，心理距离越大，语言越是连贯、完整、清楚，语法上就越规范。

① 克雷奇等著：《心理学纲要》（上册），周光庚等译，第215页。

比如两个知心朋友交谈，常常是甲的一句话只说了一半乙就猜准了意思而接过话头说下去，可能没等乙的话说完，甲又理解了意思而打断他的话接着说。这样的谈话可以只有句子的开头或片断的词语、简略的赞叹等。这种情况下的交谈，即使是用含混的词语对方也不会误解。但不管多么知心的朋友，跟他谈话都不等于自己跟自己谈话，互相的了解都达不到自己对自己了解的程度。所以传讯思维的语言，即使在说听双方最投契的情况下也不会像无声思维的内部语言那样不连贯不完整少受语法限制和那样大幅度的省略。至于关系疏远、心理距离较大时的传讯思维，那语言就必须连贯、完整、清楚、符合语法规范了。这只要看一看教授们正式出版的讲义就会明白。讲义的内容也就是他们给学生上课时讲的内容，他们讲课时会有省略、错漏等语言上的毛病，但并不影响学生听懂他讲的内容，这是因为师生之间关系较近，心理距离相对较小。而出版的书则没有这些毛病，语言处处规范，符合要求，更不能省略有关的事实与关系，则是由于书是面向社会，读者与作者关系疏远，心理距离大，不如此就会造成接受困难。

“语言是思维的直接现实”（马克思），“语言是直接与思维联系的”（斯大林），作文是书面语言的运用，是学生思维水平的反映。为了便于说明中学生作文的情况，根据无声思维和传讯思维体现在语言上的不同特点，我们可以进一步把思维分为生活思维和写作思维两类。写作思维是指上边传讯思维中听说双方关系疏远、心理距离大、运用语言必须连贯、完整、清楚、符合语法规范，思路中必要的事实和关系不能省略的那种思维。所谓生活思维，就是上述传讯思维中其余的种种情况以及无声思维，其特点是运用语言“不连贯、不完整、语法随便”和“思维中的事实和关系假定为‘自明’”而省略，只是在这些方面都存在着不同的程度而已。毫无疑问，在实际生活中生活思维和写作思维是同等重要的，并无高下之分。在日常生活中如果也要像写作思维那样运用语言时时处处都必须做到连贯、完整、清楚、符合语法，不能省略事实与关系，人们将不胜其苦而又没有必要。反过来，如果在写作中也像生活中那样运用语言可以不连贯、不完整、语法随便，对事实和关系假定自明而省略，文章的内容也就不可能被社会所理解，从而失去其意义。所以两种思维不是谁高谁低的问题，而是各有自己的实用范围，不可混用，不能错位。

那么现在中学生的作文是什么问题呢？一言以蔽之，他们不是把两种思维用混了、用错了，而是写作思维能力没有正常地发展起来，他们这种能力普遍低弱，因此写作文程度不等地都用了生活思维。具体地说，诸如内容简陋，拓展不开，叙事不够清楚，议论道理讲不明白，结构上不顺畅，行文前言不搭后语，语言多病句怪句，标点不准确，甚至一逗到底等等，都是由生活思维造成的，如果他们的写作思维能力发展较好，这些问题就很难出现。在一个50人的班上，作文完全没有这些毛病，文章真正达到思维"清通"的，一般不过三五人而已，可见问题的严重程度。很久以来，人们的认识有一个误区，以为文章是用语言写的，文章的毛病就只是语言的毛病，解决的办法就是抓语言知识（语法修辞和写作技法）的教学，以至于这些年向中学生灌输的语言知识已经跟大学本科生学的差不多了。可是结果正如吕叔湘先生所说，"多数学生仍未达到合格水平！"这做法为什么难见成效？因为语言是思维的"直接现实"，语言的问题并不就在语言本身，其根子是在思维那里，只有写作思维能力发展了语言的问题才能从根本上得到解决，中学生的作文水平才能真正上去。所以，只有抓住发展学生的写作思维能力，才是抓到问题的根本。

那么他们为什么会缺乏写作思维能力而不缺少生活思维能力呢？如上文所述，生活思维能力是自己思考和与人交谈的思维能力，这是他们从小就从生活实践中逐渐培养起来的；更确切地说，是他们从幼儿开始学说话起就在自己听与说的实践中培养起来的。他们必须有这种能自己思考、能与人交谈的思维能力，不然他们的日常生活不可能正常运行，也就难以生存了。一般地说，在接受正规的学校教育之前，儿童也只有生活思维能力而没有写作思维能力。换言之，人的写作思维能力主要是由学校教育去培养的，对这一点语文教师必须有明确的认识，切不可因为每个学生入学前就有了思维能力，就会用脑子，就以为他们都有写作需要的思维能力，自己无须去培养和发展他们的写作思维能力了。不，他们已有的只是生活思维能力，他们缺少的正是写作思维能力，切不可把他们的生活思维能力误以为是写作思维的能力。必须明确地认识到，使中学生获得写作思维能力是作文教学的基本任务，忽视和放松了这方面的努力，中学作文教学就断难走出低谷，就绝对不可能改变写作文“多数学生仍未达到合格水平”的难堪局面。

应该怎样去培养和发展中学生的写作思维能力？思维学告诉我们，思维能力的发展“表现为思维品质的发展”，“思维能力是思维品质的实质”[①]。这就表明，思维品质发展了，思维能力也就发展了。所以，心理学家杨清指出：“我们为了要有效地发展自己的思维，首先必须详细地检查自己的思维品质，然后根据检查的结果来自觉地消除消极的因素和继续地增进积极的因素”。[②]心理学家们对思维品质的概括不尽一致，归纳起来有选择性、指向性、批判性、机动性、敏捷性、广阔性、深刻性、严密性、创造性、独立性诸种。所有这些品质都是发展写作思维能力所不可缺少的，这里分别作扼要说明：

选择性：指思维有特定的对象，只思考有关的问题，而不是思考任何问题或无关的问题。这体现在学生的作文中就是不说题外话，不说与主题无关的话，行文没有杂乱臃肿和重复啰唆之类的毛病。

指向性：指思维向着一定的方向和目标运行、展开。这体现在学生的作文中就是主旨明确、思路清楚，层次明晰，结构完整，行文干净利索，表达主题充分、适当，既无欠缺和紊乱的现象，也没有画蛇添足，不知如何结尾等缺点。

机动性：指思维灵活，能随机应变。写文章无论事先酝酿多么成熟，真正写起来都会碰到一些预想不到的困难和问题。学生写作文时间有规定，情况更是如此。他们思维的机动性品质表现在写作中就是能根据文章情境相机行事地处理好临时出现的困难与问题，使文章顺利发展下去，而不是半途而废，也不是虽然文章写出来了，但行文中有生硬、勉强、断裂、错位等毛病，令人难以卒读。

---

① 陈新夏等著：《思维学引论》，湖南人民出版社 1998 年版，第 30 页。

② 杨清：《心理学概论》，第 321 页。

敏捷性：指思维起动迅速，展开快。这体现在写作文上就是所谓“下笔快”，具体讲就是思维活跃，对事物敏感，想象和联想丰富，容易激活，因此文思来得快，汩汩涌流。与此相反是思维迟钝、笨拙，写作文面对题目文思久久不来，苦思冥想找不到话说；或者是露出一点话头，但展不开，难以为继，思维像枯竭了一样。

广阔性：指思维过程中能把各个方面都顾及到，既看到现象、细处、今天……也能看到本质、大处、未来……善于全面地广阔地考虑问题。写文章不需要面面俱到，但思维有广阔性品质下笔就不会顾此失彼、片面过头，能做到行文实在，论理中肯，一词一句都贴切有分寸，文章特别令人信服。

深刻性：指思维过程中善于抓住对象的本质、规律与必然性。思维的深刻性体现在文章的各个方面，凡是深刻之处都是文章精彩之处。哪怕是一个词，一句话，一段描写或议论，只要表达了深刻的感受或体验，深入揭示了事物的因果关系或本质规律，都显得光彩夺目，令人喜欢和难忘。如果一篇文章思想内容深刻，那就是有一定“才气”的好作品了。相反，思想肤浅的文章，由于把握事物止于现象层面，读来使人感到沉闷，感到淡而无味，言不及义，没有意思。

严密性：是指在思维过程中能保持严密的逻辑性，表达意思周密、确切、完善、鲜明。这体现在文章中主要是准确、周到、缜密、完美，全文统一协调为有机整体，如果增删一词一语都会使它不适或“流出血来”（托尔斯泰语）。总之，整篇文章从大处到小处都找不出漏洞，哪个地方作者都考虑到了，并作了恰当的处理。与之相反的是思维粗疏、粗陋：写文章上文不顾下文，句子前半句不管后半句，想到大处忘了细处，文章错落多，漏洞多，读来给人印象模糊，不知所云的感觉。

创造性：是指思维通过对已有经验和知识进行分解和组合后产生某种新颖、独特有社会价值的成果。新颖、独特和有社会价值是衡量成果创造性的三条标准。体现在文章中，新颖是纵向地跟已往的文章比较它有其新鲜之处，独特是横向地与同时的文章比较它有自己的鲜明特点；有社会价值是说它有益于读者的思想情感。思维具有创造性品质，写的文章必定会具有这三个特点，只是表现因人而异，或体现在构思上，或体现在取材角度上，或体现在记叙描写上，或体现在思想见解上，或体现在语言运用上，等等；有的体现在一二个方面，有的体现在比较多的方面。不论哪一种情况都是可贵的，哪怕是一个词用得新颖、独到，也是思维有创造性的体现。至于文章的思想内容有一定社会价值，只要思想情感正确、健康，同时包含了某种新的感觉、体验或理解即可。没有创造性的作文，则表现为公式化，一般化，八股调，随人脚跟，人云亦云，陈旧老套。

独立性：是指在思维过程中能独立地发现问题，独立地分析问题。对于作文来说就是能独立思考，对事物有个人的感受、看法和思想见解。思维的独立性品质与创造性品质是联系着的，它是创造性的前提，有独立性才会有创造性，否则只能人云亦云地思维。

批判性：该词源于希腊语，意思是“质询、认识、分析”；“批判”就是“怀疑及估量”，而不是“破坏性地用于诋毁他人的思想。”[①] 所以思维的批判性是指对事物的“真实性、精确性、性质和价值进行个人判断”，[②] 亦即对所接触事物的各个方面都应该作个人的判断。思维的批判性是突出怀疑精神，要求不迷信书本，不迷信权威，不盲从他人，要明辨是非，实事求是，养成一副智慧的头脑。思维具有批判性就能不受俗见和谬见的束缚，能够用自己的眼光看人看事，从而在生活中发现新鲜的意味，写出有新见解、新鲜感情体验的文章。而缺乏批判性的思维，必然是人之所是，非人之所非，戴着别人的眼镜看事物，用别人的思想代替自己的思考，写文章也就不可能走出平庸和老套。如果说处理日常的生活事务可以图方便省事而跟着别人学的话，写文章则相反，它最需要的是思维的批判性品质，对别人的一套都抱怀疑态度，予以重新认识、分析、估量，对事物作出真正属于自己的判断。

如果以上思维品质都能培养起来，中学生的写作思维能力就得到了较好

① [美] 约翰·查非著：《批判性思维》，姜丽蓉等译，山西人民出版社 1989 年版，第 61 页。

② 郑保章、周文杰：《如何培养学生的批判性思维》，《人民日报》2003 年 12 月 13 日。

的发展，他们的作文水平必然随之达到比较高的程度。因此这应该是中学作文教学的基本任务。

发展中学生写作思维能力的主要途径是：

（一）丰富知识。心理学给思维下的定义是“大脑两半球反映事物的一般特殊性和事物之间有规律的联系，以及以已有知识为中介进行推断和解决问题的过程。”[①]“以已有知识为中介”，这话充分表明了知识在发展思维能力中何等重要。思维不同于感知。感知的对象是事物的现象层面，“看得见摸得着嗅得出尝得到”，凭感官即可认知；思维的对象是事物的内在本质，内部规律，“看不见摸不着嗅不出尝不到”，感官无法把握它，唯一的办法就是凭借已有的知识作中介进行推断，以达到认识、解决问题的目的。如果知识贫乏，很多时候都会因为没有中介作为凭借而不能进行思维，思维的锻炼和运用受到限制，发展思维能力就很困难。同时，思维针对问题而来，有问题要解决才有思维，而问题的发现和解决都必须有一定知识才行。这些都说明丰富知识对于发展思维能力有重要的和多方面的作用。所以，发展中学生的写作思维能力，必须把他们从永远做不完的题海中解放出来，使他们在学好各门功课的同时有时间阅读课外书籍和报刊以开阔视野、丰富知识。语文教师还应该做必要的指导和督促，使他们的课外阅读收到更好的效果。

（二）修养书面语言。心理学揭示，“思维和语言的发展应视为高度相互依存的过程。”[②]又说“一个言语修养水平很低的人绝不可能具有高度发展的思维能力，凡是言语混乱的人，必然也是思想混乱的人”，明确指出“言语修养可以促进思维的发展。”[③]应该怎样加强语言修养呢？须知，所谓修养语言，也就是掌握好书面语言的问题。因为修养语言即“熟练地掌握某种语言和灵活地运用某种语言”，以达到“精确地、清晰地、系统地和生动地表达自己的思想和情感”的目的。而要达到这个目的，只能是修养连贯、完整、

① 杨清：《心理学概论》，第 321 页。

② 同上，第 405 页。

③ 克雷奇等著：《心理学纲要》（上册），周光庚等译，第 321 页。

清楚、符合语法规范的书面语言，而不能依靠有“不连贯、不完整、语法随便”等诸多缺陷的口头语言，这是不必说的。那么又怎样修养书面语言呢？很简单，就是积极进行书面语言的实践，即在读和写的过程中提高书面语言修养：

“读”是诵读，不是“看”。这诵读必须全神贯注，不仅要读准字音、读通句子，还要深入领会意思，用轻重长短急徐的语调把作者的思想情感传达出来，使诵读像作者在坦诚地说出自己的心声。书面语言不仅是作者思维的“直接现实”，而且体现思维的品质也最全面、最充分、最生动。这样的诵读，就是在接受书面语言精确、易解、系统、生动等特点的熏陶，使思维的各种品质都得到发展，从而使写作思维能力较快地发展起来。叶圣陶说的古人强调“只要把几十篇文章读得烂熟，自然而然地就能下笔成文”，其道理就在于待“几十篇文章”诵读到“烂熟”的程度，书面语言习惯养成了，写作思维的能力就发展起来了。“语言训练和思维训练是相通的，缺乏思维训练的纯技术语言训练是不存在的”[①]；“学习语言过程的本身……就是学习其中的感知方式、思维方式”的过程[②]，就是掌握思维的形式与规律的过程。

加强书面语言的修养必须多写。正如幼儿“修养”（学习）口语如果只是听大人讲而不自己开口说就一定达不到目的一样，中学生修养书面语言不提笔写也是绝对达不到目的的。写是结合读的写，在逻辑上读是写的前提：读是接受书面语言，写是运用书面语言。读写结合就是通过读而领悟出书面语言是怎么回事，同时在写的过程中逐步获得对它的运用能力，也就是获得写作思维的能力。写之所以能发展写作思维能力，有两个原因：

一是在思维过程中受到锻炼。发生在大脑黑箱中的思维过程究竟是怎么回事，至今人们并不很清楚。从当代神经语言学和心理语言学的研究成果看，思维形成和发展的情况大体是这样：思维最初或在其最深层次上不是以语言的形式出现的，它的最初形式是“语义录痕”。这种“语义录痕”仅仅是一种“有结构地联系起来的信号，它蕴含着多种可能的语言表达形式，因而既

---

① 《语文“思维——创新”型初探（下）》，《教育文摘周报》2006年6月14日。

② 王尚文：《语文教育学导论》，湖北教育出版社1994年版，第32页。

不是语句的内化形式，又不具备现成的语句形式。”作为思想，此时它“是不明确的，尚未确定的。[①]”所以索绪尔把它叫作“一团没有定型的、模糊不清的浑然之物[②]”；梅洛－庞蒂把它叫作“一个浮动的领域”，又称之为“意识中的某种空虚”或“一种瞬息即逝的愿望”[③]。随着思维的发展和深入，思维的内容才逐渐明确起来，并逐渐以语言的形式表达出来。这个过程极其复杂微妙，其中最关键的是语言编译机制的作用。该机制由“语义表象”[④]“意义模型”[⑤]和“结构模型”[⑥]组成，这三者“相互制约、共同确定语言的结构和含义，从而顺利地把思维内容转换为语言。”[⑦]但此时的语言还只是存在于心中的内部语言，由内部语言再转换为外部语言，就是用日常语言将内部语言的思维内容表达出来。我们已指出过，内部语言有不同于外部语言的诸多特点，其中突出的一个特点是它的简约性。即在量上它是简化、浓缩、跳跃和片断的。正因为如此，我们思考问题才有很快的速度，而将思考的内容说出来则要用比内部语言多得多的话，外部语言又包括口头语和书面语言，两种亦如本书前边指出的，这二者又有明显区别，口头语常有模糊、残缺、啰唆等毛病、书面语言是对口头语言的提炼、加工和发展，来得更准确、更完整、更明晰、更规范，是语言的最高形态，也是思维的最高层次。思维的产生和发展过程，就这样经历了从“语义录痕”到内部语言再到外部语言的几次变换，从而使思维内容越来越明确，越来越丰富和深刻；而外部语言包括口头语和书面语，对于作文来说，是由内部语言到书面语言，其间又经过了对口头语言的提炼加工和发展。所以，思维内容到用书面语言固定下来，其质量

① 王晓升著：《语言与认识》，中国人民大学出版社 1994 年版，第 135 页。

② 涂继亮著：《现代西方语言哲学比较研究》，中国社会科学出版社 1996 年版，第 232—233 页、第 231 页。

③ 同上。

④“语义表象”：语义在思维活动中所引起的能代表这个意义的感性形象。

⑤“语义模型”：以信息代码的形式表示和贮存、编译语言的系统。

⑥“结构模型”：表现语句的顺序和词语的配搭关系等。

⑦ 王晓升著：《语言与认识》，第 146 页。

又经过了一次提升[①]。这一系列的发展变换过程说明什么呢？从作文教学的角度看，学生作一次文就是经过一次这样的思维发展过程，过程中的几度变换就是思维几次克服困难和阻力向前发展。多写就是引导学生一次次地去经历这个过程，也就是让学生的思维一次次地去征服这一系列的困难和阻力。乌申斯基说精神力量和一切体力一样，“只能靠练习来增强和发展”。正是经过这样一次次地征服思维发展中的阻力和困难，中学生的思维能力才受到锻炼，因而得到了培养和发展。为了对这个问题看得更清楚些，不妨再提一下杜威的观点。杜威认为，在上述思维内容的发展和明晰过程中语言起着两方面的作用。一方面是选择、保存和运用个别意义的作用。他说：“对于个别意义，一个语言符号，（一）从一片模糊中抽选出一种意义来；（二）保存登记和储存这种意义；（三）需要时用它去了解其他意义。”另一方面便是语言组织意义的作用，即“语言不仅是个别意义的名称，而且还能组成语句，在个别意义之间建立起某种联系”。如说“那本书是一本词典”，便是把“书”和“词典”这两种个别意义联系起来了。[②]语言的这两方面作用清楚表明，在思维内容的形成、发展和固定过程中，思维的分析、比较、抽象、综合、概括等诸种能力都运用上了。在作文教学中引导学生多写，也就是让学生多次地运用思维的这些能力，从而使他们的书面语言能力和写作思维能力同时都受到锻炼，得到培养和发展。

二是在书面语言的运用中促进写作思维的发展。对于一般人来说，思维能力只能在语言运用中发展，写作思维既然是“运用语言必须连贯、完整、

① 借此机会作个说明：本书的一个基本观点是，“作者在与生活对话中获得某种需要表达的意思，然后提笔写作，在与读者对话中将这番意思表示出来。”上述思维发展过程清楚表明，从生活中获得的那意思主要是内部语言（有时也可能是外部的生活语言）的，文章的内容却是书面语言表达的意思，它虽然来自生活，但与生活中获得的那番意思比较，已经有明显差别，甚至出入较大。所以切不可将二者等同，不可认为写作就是将生活中得到的意思简单地用书面语言作等量表达。等量是不可能的，这里面必然有一定的发展，提升和创造——我们必须这样来理解平时常说的那句话：“写作就是把心头想说的话表达出来。”这两种“话”的差别就是内部语言和书面语言的差别。

② 涂纪亮：《西方现代语言哲学比较研究》，第230页。

清楚、符合语法规范”的那种传讯思维（可以叫作“标准思维”或“最高层次的思维”），如上所说，它就只有在运用书面语言中发展，因为内部语言和生活语言都不是“连贯、完整、清楚、符合语法规范”的。但这里说书面语言促进写作思维的发展还有另一层意思，这就是心理学家们所指出的，书面语言的“确切含义和严格的语法结构有助于把所思考的和所要表达的思想展开”；而且书面语言是一种以固定的物质形式存在于外的语言，它对主体有更好的反馈作用，从而使“思维过程更加明确和透彻，思考的问题能得到更好的开展和深化。”[①]这就是为什么有时候苦思冥想也弄不清楚的问题，一用笔写出来就容易找到症结所在的道理；相反，有时自己觉得想清楚了，而一旦形成文字又会发现里边有好些漏洞，其道理也在这里。再有，思维是和问题相联系的，有问题才去思考，所以发展思维必须独立地去处理问题，而写文章只要不是人云亦云，就是在独立地分析问题，解决问题。

写是最能锻炼和发展一个人的写作思维能力的。所以，要鼓励、指导、督促学生多写，不仅要完成好课堂作文，而且要养成写周记、札记、读书笔记等习惯，并把写信、留条等生活事项都当作运用书面语言的训练来认真对待。

（三）优化非智力因素。非智力因素是指智力之外的心理因素，包括动机、兴趣、情绪、情感、意志、信念、性格等，它们对思维能力的发展也有重要影响。如动机太强烈，脑子发热，不能冷静地思考，动机太弱，脑子转动不起来不能适应活动的需要，只有适度的动机才能使思维达到最佳状态。同样，情绪波动大或太低落了也不利于思维的展开。感情动荡、微弱、不健康会影响思维的效率、效果，甚至使思维混乱；稳定、强烈和健康的感情则能增进思维的主动性和创造性，使思维的目的性更加明确和正确，从而增进思维的效果。对思维对象有浓厚的兴趣，能有力地推进思维向着目标发展，对思维对象缺乏兴趣或兴趣经常转移，思维则难以深入。意志坚强，能克服思维过程中的困难保持思维的持续性，就能很好地实现思维目标；而意志薄弱则会畏首畏尾，避难就易，转移方向。实验表明，意志薄弱的思维常有独

① 孟昭兰主编：《普通心理》，北京大学出版社 1994 年版，第 317 页。

断专横、执拗任性和盲从被动等毛病。信念坚定能促进思维展开，增强探索事物的本质和规律的信心、力量，信念动摇或丧失，则会对思维产生种种消极影响。性格坚强做事百折不挠，勤奋勇敢，事情做得很好，思维也受到锻炼，得到发展；性格懦弱的人临事畏缩不前，难于成事，也因而抑制思维的发展。所有这些都是非智力因素影响思维能力发展的一般规律，写作思维能力的发展也不例外，也会受到非智力因素的巨大影响。所以，必须在作文教学和整个语文教学中加强素质教育，努力发展学生的个性品质和健全人格，使他们非智力因素中的消极面得到克服，积极面得到培养和发展。这样，发展中学生的写作思维能力和提高他们的作文水平就有了很好的保证。

第三节　正确对待作文方法

怎样正确认识和对待作文方法，是表达形式中一个很重要的问题，也是一个需要深入讨论的问题。

不少人认为，作文有方法，学写文章必须学习方法；中学生之所以作文能力低下，就是作文方法掌握得不多，不好，如果多教些方法，他们掌握的方法多一些、好一些，作文能力就提高了，作文就写得好了。出于这样的认识，他们大谈方法，追求方法的全面、系统。如有老师讲议论文的写作，单是议论方法就讲了归纳论证、排比论证、递进论证、正反论证、因果论证等十多种，要求学生一一掌握。有人指出，“即使精于议论文写作的名家大师也未必会把这些条条框框纳于胸中，又怎能要求莘莘学子？”[①] 报载：一个初中学生学习说明文的写作，念念有词地背诵道：“画比例图，下打分数。”母亲听了不知所云，一问才知道这是写说明文的七种方法：画图、比较、举例、下定义、打比方、分类别、列数字，说只要记住这七种方法，考试就能得高分。这位母亲的职业就是写作，“却从不知道写文章竟有如此口诀。”[②]

中学作文教学讲授了多少作文方法？很难统计。仅以高中而论，从《高

① 孔庆东等主编：《审视中学语文教育》，汕头大学出版社 1999 年版，第 91 页。
②《学语文也要背公式》，《中国青年报》2003 年 10 月 8 日。

中语文学习手册》[1]一书“写作篇”归纳的内容看，不仅囊括了大学中文系写作课关于技法的全部教学要点，而且有所超出。如记叙文写作部分，不但讲了大学中文系写作学记叙文写作部分中的“立意”“选材”“线索”“顺序”“表达方式”等各自的种种方法，而且另立“写人”“叙事”“咏物”三题，然后再对各自的方法又予以专门论述。这就比大学中文系写作课的记叙文写作教学讲得更细更多了。再者，有的教师不满足于课本和教参上讲的作文方法，又自己从一些文章中归纳出一套套方法来教给学生。如陈功伟的“表格模仿”法[2]，林永山的“作文套路”[3]，都是颇有影响的作文方法。

作文方法的教学既多且细，已经陷入烦琐哲学地步，可是中学生的作文能力却很难令人满意。有专家指出：“建国初期，初中毕业生的语文水平远高于现今的高中或大学毕业生。”[4]“语文水平低下”，自然包括了作文水平低在内。有教师说：“十年前，让咱们选几篇好文章往一些报刊杂志推荐，我觉得还能选得出来，一个班里还能选几篇。但是现在，要在咱们高三年级里边，选几篇好文章推荐出去，这就很难。”[5]北京航天大学社科系曾对新生做摸底调查，“让同学写个东西”，“病句、错别字先不说，关键是他们根

---

① 上海科技教育出版社 1996 年出版。

② 该法是将一篇比较标准的记叙文或说明文、议论文的主要框架（如开头、中间、结尾和主要“枝干”）保留下来，而把文章的血肉（具体的事实，描写的内容）去掉，从而形成有许多空白的文章架子。在这个架子的一旁，教师对各个空白处写着该填写什么的提示语。学生便根据这些提示去重新寻找新的事实来填进空白，使文章架子成为一篇新的文章——见马正平《中学写作教学新思维》第 77—78 页。

③ 这是关于记叙文、议论文、说明文“思路结构的模式”。如记人散文的套路有如下几种类型：一曰“引联式”：“睹物思人——联想回忆——睹物议人——总结全篇”。二曰“转情式”：“恨的产生——恨的淡化——爱的萌生——爱的发展——爱的深化”（或者反过来）。三曰“议证式”：“阐明中心——叙写事实——总结照应”。四曰“寻访式”：“寻访缘由——寻访经过——寻访结果——寻访感想。”五曰“纪传式”：“简介情况——重点记叙——今日概况或卒年，卒后有关情况——简要评价”。——见马正平《中学写作教学新思维》第 82 页。

④ 孔庆东等主编：《审视中学语文教育》，第 318 页、267—268 页。

⑤ 同上，第 318 页、267—268 页。

本不知道怎么写，往往就是列举一二三，内容特别干巴。”[①] 考上重点大学的中学生尚且如此，其他学生的作文水平可想而知。

一位语文教师说，“去问问中学生喜不喜欢写作文，大概有 90% 的人会说不喜欢。如果我们的学生接受了十年的作文教育，最后的结果是讨厌作文，教师埋怨学生写不好文章，只能说我们的作文教育是失败的。”[②] 这是整个作文教育的失败，尤其是作文方法教学的失败，它证明以“文章作法”来教会学生写文章是行不通的。

这条路为什么走不通呢？作文方法对提高学生作文水平究竟有没有积极作用？我们究竟应该怎样认识作文方法（包括所谓“技巧”[③]）？为了说明这些问题，不妨先看看清代著名文论家叶燮的一段论述——跟文论史上的许多文论家一样，他是反对搞什么文章作法的；出于儒家“天人合一”“人法天地”的哲学观念，他也跟文论史上的一些文论家一样，喜欢用自然现象来说明写文章的道理：

吾尝居泰山之下者半载，熟悉云之情状：或起于肤寸，或瀰沦六合；或诸峰竞出，升顶即灭；或连阴数月；或食时即散；或黑如漆；或白如雪；或大如鹏翼；或乱如散鬈；或块然垂天，后无继者；或联绵纤微，相继不绝；又忽而如黑云兴，土人以法占之，曰将雨，竟不雨；又晴云出，法占者曰：将晴，乃竟雨。云之态以万计，无一同也；以至云之色相，云之性情，无一同也。云或有时归，或有时竟一去不归，或有时全归，或有时半归，无一同也。此天地自然之文，至工也。若以法绳天地之文，则泰山之将出云也，必先聚云族而谋之：曰吾将出云而为天地之文矣，先之以某云，继之以某云，以某云为起，以某云为伏，以某云为照应，为波澜，以某云为逆入，以某云为空翻，以某云为开，以某云为合，以

① 王丽主编：《中国语文教育忧思录》，第 50 页。

② 同上，第 231 页。

③ 技巧可以包括在方法之内，它是方法运用得恰到好处，而且是自然地在无意识中做到的，是方法训练达到精熟的结果。

某云为掉尾；如是出之，如是以归之——使无爽，而天地之文成焉。无乃天地之劳于有泰山，泰山且劳于有是云，而出云且无日矣。苏轼有言："吾文如万斛源泉，随地而出。"亦可与此相发明也。[①]

叶燮这番话讲了两个意思：一是说"泰山出云"是天地之至文，是大自然最美妙的文章，它变化万千，神妙莫测，根本不可能用一定的方法去概括；第二是说，如果"出云"须按一定的方法，就得先把云召集起来给它们一一安排，某云如何，某云怎样……如果真的如此，恐怕泰山将忙不过来，没有时间"出云"了。他的结论是，写文章跟"泰山出云"一样，根本没有什么方法，完全是随内容而自然变化；苏东坡说他写文章如泉水涌流，"随地而出"，也就是这个意思。

比喻虽然不是直接论证问题，但也能说明一种道理，揭示出事物之间的某种关系。因此，对"泰山出云"这个比喻不妨作进一步分析：第一，泰山之云的种种"情状"，不是决定于一套方法，不是按一套方法去作出的安排，而是由这里的地形、地貌、植被、温度、气压、风向、风力等条件决定的，这些条件是怎样的泰山就有怎样的云出现，这些条件中任何一项的改变都会引起出云状况的相应变化。这些变化都是自然而然地产生的，跟着意安排毫不相干，也就是说，这里根本无所谓方法。第二，这里边本来没有什么方法，但如果硬要说有方法似乎也真的像有方法，不过事实并非如此。比如你认真观察泰山某天的"出云"后说，今天的"出云"方法是"先之以某云，继之以某云，以某云为起，以某云为照应，为波澜……"。事实似乎真的是这样，因为这天先出来的的确是某云，接着出来的的确是某云，某云真的是"起"，某云真的是"照应"，等等。但任何一个思维正常的人都知道，不仅是今天，泰山任何一天的"出云"都没有谁去按一定方法作安排，云的"情状"都是由当时的温度、湿度、气压、风向、风力等自然条件决定的，要说它是按一套方法作出的安排根本不符合实际，完全是错误的，十分荒唐。

---

① 王夫之等撰：《清诗话》（下册），上海古籍出版社 1982 年版，第 577 页。

同样的道理，作文也没有什么方法，某篇文章之所以写成那样而不是写成别的样子，那是由文章的思想内容决定的，由这样的思想内容要适应特定读者的接受决定的，或者说是就某个特定的话题与特定读者对话的结果，而跟某种方法并无关系。所以，会写文章的人写之前没想到要用何种方法，写的时候没有想到自己正在用什么方法，或者上边用了什么方法，接下去将用什么方法。他想到的只是努力把心中想说的话恰当的表达出来，适应读者的需要，根本没有分出心去想方法，所以写好后如果有人问他写这篇文章用了些什么方法，或者夸他的文章技法高明，他自己也一片茫然，不知从何说起。但是，如果硬要说写文章有方法，文章就是按一定方法写的，乍一看也真的像这么回事，不过这并不符合事实。说真像这么回事，只要读读那些谈论作文方法技巧的书和文章就清楚了，它们讲写文章应该怎么开头，怎么结尾，怎么写人，怎么叙事，论证的方法有哪些，说明的方法有那些，结构要怎样才严谨，描写要如何才生动，抒情要怎么才会感动人……无不举出实例来给你看，好像这些文章真的就是照着这些方法去写才写得这么好。于是你不能不相信这套方法的正确、管用；于是，你坚信学写文章必须学习这套作文方法，坚信学会这些方法就一定会写文章；于是，尽管文章作法历代都有人否定，可是总也否定不了，它的生命力越来越强大，鼓吹它的人越来越多，学习它的人越来越上劲，可就是作文水平不见提高！这套方法为什么不能提高作文水平呢？就像说泰山按某种方法出云，貌似有理，其实完全不是那么回事一样，这一大堆作文方法本来就跟作文的实情无关，作文根本就不是照这套方法写的，那些方法又怎么会管用呢？这就像有个笑话说的：高明的射击手是指哪儿打哪儿，笨拙的射手却是打哪儿指哪儿。写作技法迷信者就是这种“打哪儿指哪儿”的射手。他们指着范文说，“这么写文章就写得好，你看这篇文章就是这么写的！”就等于笨拙的射手指着弹着点说：“我不是打中这里了吗！”

为了进一步说明这个问题，我们再看一些实际例子吧：

清代学者章实斋在《文史通义》中说和州给事成性志死后，他作了一篇《成性志传》，传主在世时“以建言著称”，所以章作此文便“采录其奏议”。另外，传主“少遭离乱，全家被害”，“追悼先世”的情感常常表现在他的文章中，其中《猛省》一文尤其“沉痛可以教孝”，所以章在《传》的结尾处抄录了《猛省》全文。成的家乡有位知名人士很欣赏这篇《传》，对章说：你这篇文章“前载如许奏章，若无《猛省》之篇，譬如行船，鷁首重而舵尾轻矣。今此婪尾，可谓善谋篇也。”章听了反问道：“设成君本无此篇，此船终不行耶？”他说如果成性志生前不写《猛省》这篇文章，我这篇《传》也就没办法收尾了？作者之所以否定对方的说法，是因为他采录奏议与《猛省》，本来就不是从谋篇布局的首尾应称上考虑，而是因为成“以建言著称”和《猛省》“沉痛可以教孝”。章实斋把这类议论称为“塾师议论”（不懂写作的人谈论作文），说用这种理论去评论文章，“则如用象棋枰布围棋子，必不合矣。”[①] 是用摆象棋的棋盘去摆围棋子，必然是错误的。

章实斋又举了“非深知古文之人”评说古文的例子：史传中常收有古人文章，但那文章多是节选，已经史家删削，不是原文的全貌，评论家不知道这情况胡乱评说一气：“于引端不具，而截中径起者，诩谓发轫之离奇；于刊削余文，而遽入正传者，诧为终篇之崭峭。于是好奇而寡识者，转相叹赏，刻意追摹。”[②] 说对于从中间摘录的古文，论者却说它的开头“离奇”；对于删除了后边部分的古文，还说它的收尾来得“崭峭”。其实他根本没有见到原文的开头和结尾，更谈不到古人写文章时在追求这种“离奇”和“崭峭”，这不是胡说八道吗？可是追求奇特而又不懂写作的人却相信这种说法，以为古人真的就是这么写开头和结尾的，还用心去摹仿。章实斋把这种情况称为“误学邯郸”，新东西没学到，原来的本领也忘了，结果更不会写文章。

再如，叶圣陶在批判“偏于形式”的“八股精神”时说，有人讲李白的《春夜宴桃李园》这篇课文时，说文中的“古人秉烛夜游”一句是在点出题目中的“夜”字，“况阳春召我以烟景”一句是在点题目中的“春”字，“会

---

① 章学诚：《文史通议》，辽宁教育出版社 1998 年版，第 66 页。

② 同上。

桃李之芳园”是点“桃李园”，“开琼筵以坐花，飞羽觞而醉月”是点“宴”——就这样“逐字点明，题旨才没有遗漏。”讲苏轼的《喜雨亭记》这篇课文时，便说“亭以雨名，志喜也”，是“开门见山法”，直点“喜”字“雨”字和“亭”字；“既而弥月不雨，民方以为忧”是用的“反跳法”，衬托下文的“喜”；以下“乃雨”“又雨”“大雨”，是逐层点“雨”字；以下的“相与庆于庭”，是官吏“喜”，“相与歌于市”，是商贾“喜”，“相与忭于野”，是农夫“喜”；“这样反复点明，题旨才见得酣畅”。叶老批评道：“把作者活生生的一腔积蓄僵化为死板板的一套程式，便是这种讲法的作用。那给予学生的暗示，仿佛《春夜宴桃李园》和《喜雨亭记》并不是李白苏轼自己有话要说，而是他们的教师出了那两个题目要他们做的；而他们所以交得出那样的两本超等的卷子，功夫全在搬弄程式，既不遗漏又且酣畅的点明题旨。”[①]这跟李白当初写《春夜宴桃李园》和苏轼当初写《喜雨亭记》的实情不是相差十万八千里吗？所以叶老说：用这种教法“而望学生写作能力普遍地够得上标准，那便是缘木求鱼。”

这类例子还可以举出许多来。但不能再啰唆了，以上事实已足够说明：正如“泰山出云”的所谓“方法”与泰山出云的实际情况毫不相干一样，我们的一大堆作文方法技巧说起来头头是道、天花乱坠，似乎真有那么回事，其实都是牛头不对马嘴，跟写作文的实际情况没有关系，文章根本就不是那么写的，照这套东西去学写文章只能是有害无益，越弄事情越糟糕。所以，如果不抛弃那堆劳什子，中学生的作文注定是不会有长进的。

那么作者写文章时究竟用不用方法呢？或者说这里边究竟有没有方法呢？章实斋的这几句话值得注意：“文之法度，君子以谓可不学而能，如啼笑之有收纵，歌哭之有抑扬，必欲揭以示人，人反拘而不得歌哭啼笑之至情矣。”[②]这段话有几个意思：一是他认为作文方法很特殊，是不需要学习就自然会的；二是作者自己对这方法也不清楚，就如啼笑时面部肌肉虽然有收缩与放开，但究竟是怎么收缩与放开的，这里边是用的什么方法，当事人自己

---

① 中央教育科学研究所编：《叶圣陶语文教育论集》，第442页。

② 章学诚：《文史通义》，第59页。

也不明白；三是这方法勿须弄明白、明白了反而写不好文章，就像从啼笑时面部肌肉的怎样收缩与放开中找出一套方法来告诉别人，别人照这方法去啼笑反而不会啼笑，反而表达不了自己的感情；四是正如有了“歌哭啼笑之至情”，自然就有面部肌肉之收纵和声音之抑扬，文章有了切实的内容自然就有了表达它的方法。他这几点都讲得很好，其中特别值得注意的是，他虽然说了“文之法度”，好像写文章真的有方法，但又说那方法不学而会，而且是自己所不知道的（知道了照着办反而写不好文章）。这就是说，作文方法可以说有，也可以说没有。说有，因为可以从文章中找出一套方法来，就像可以从啼笑时面部肌肉的怎样收缩和放开中找出一套方法来一样；说没有，因为写文章时作者的确没有意识到在用什么方法，就像我们啼笑时根本就没有用过什么方法一样。当代科学表明，章实斋的这个思想是对的。作文是什么？是用语言表达思想感情，毫无疑问，会说话就会表达思想感情，或者说“会说话”就是指会用语言表达思想感情。语言分口语和书面语。书面语言是从口语来的，是生活中口头语言的提炼和完善。作文用书面语言写作，如果作文有方法，那方法也只能来自口头语言。那么口头语言在表达思想感情时是否运用了方法呢？如果没有（或者说没有自觉地运用），作文表达思想感情也不可能有什么方法。从考察幼儿学习语言的过程看，人类学习用口语表达思想感情的确没有自觉地去学过什么方法。语言学告诉我们，“3~5岁的幼儿已基本完成了语言发展过程……可以在社会环境中进行基本的语言交际[①]”，又说“五岁的孩子也能和他的父母在表达和理解方面不相上下”[②]。三五岁的娃娃有这样强的表达能力，他们就没有学过什么表达思想感情的方法技巧，说话时也不可能自觉地运用什么技巧、方法。但是，只要他说出了一番意思明白的话，正如可以从中分析出语法规则一样，也一定可以从中分析出表达方法来。从内容与形式的关系说，表达方法属于形式，既然表达了一种内容（一番意思），就不可能没有表达形式（方法），不存在有内容无形式的事物，有内容就必然有形式，就像只要有“啼笑之至情”必然就有面

① [美] 维多利亚·弗洛姆金，罗伯特·罗德曼著：《语言导论》，第 25 页、4 页。
② 同上，第 25 页、4 页。

部肌肉之收纵，只要泰山出云就必然有云之先后、云之起应一样，没有是不可能的。但是，语言的一切知识都是语言研究者总结出来的，对于说话人来讲，他并没有意识到这些知识，更谈不到自觉地去运用它们。语言的表达方法之类，都只是一种“内在能力表达”[①]。这“内在能力”对表达方法来说，就是思想力、情感力、想象力、创造力等等；所谓的表达方法，其实就是这些力量的自然表现。有学者提到一个事实：“一个不识几个字的农村妇女用‘半导体收音机’形容某一位在集体场合总爱说话的人，准确、鲜明、生动。其实，这个妇女根本不懂什么‘本体’‘喻体’，什么‘明喻’‘借喻’之类。”[②]这个毫无比喻知识的农妇为什么能这么出色地运用比喻方法呢？是由她的思想力、情感力等决定的。某人喜欢在集体场合中说话，不管人家愿不愿听，也不管是不是他说话的时候，他都要没完没了地讲话，这种好逞能、好出风头，就像打开的半导体收音机不管人家愿不愿听和该不该它讲话，它都要讲下去，都要发出声音一样。这个比喻体现了这个农妇的思想力。她认识到了这个人的特点与收音机的相似性，或者说，对这个人特点的把握使她在表达时必然要找到收音机这个比喻。同时，好逞能，好出风头，总容易使人讨厌，这人的逞能和好出风头体现于喜欢不分场合地在公众面前讲话，所以这农妇在表达自己的讨厌时很自然地找到了半导体收音机这个不太雅的比喻。这又是她情感力的表现。总之，思想情感等“内在能力”到了哪里就有了怎样的表达，必然而又自然地会有那样的表达，无须作安排，它们自会找到表达思想感情的恰当形式，就像需要表达啼笑之至情时，自然就会找到面部肌肉以什么方法收缩或放开一样。

再者，所谓“内在能力”，其实也就是“思维——语言”能力。文章是表达心中的某种意思，这意思的产生过程是一段思维过程，也就是思维内容（这番意思）的明晰过程。正常人的思维离不开语言，如前面所指出过的，在这段意思的明确过程中，经历了从“语义录痕”到内部语言再到

---

①［美］维多利亚·弗洛姆金，罗伯特·罗德曼著：《语言导论》，第29页。

②北京国际汉字研究会主办《汉字文化》1996年第2期，杜常善：《学习传统语文教育经验，提高作文教学水平》。

外部语言（书面语言）的复杂过程。毫无疑问，内容与形式相互依存而不可分割的原理告诉我们，在这个过程中无论思维内容发展到哪一步，都有相应的某种方法（形式）；换言之，意思明晰到哪一步，作为形式的方法也就进到哪一步，这里不可能没有方法，因为意思之所以能够明晰到这个程度，正是运用了特定的某种方法的结果。比如我们已经说过，最初的“语义录痕”只是“有结构地联系起来的信号，它蕴含着多种可能的语言形式”，作为思想，它是“不明确的，尚未确定的”。它怎么发展为意思极为简略的内部语言的呢？主要是由“语义表象”“意义模型”“结构模型”这三者“相互制约，共同确定语言的结构和含义”来实现的。可以说这就是方法；凡做事都有方法，这就是使意思从一片模糊的“语义录痕”变得意思比较明确一些（内部语言）的方法。但是，发生在大脑黑箱中最深层次上的这些情况我们毫无知觉，因此并不认为这里运用了什么方法。不过，人们只要感觉到心中有一点意念萌动，而且自觉不自觉地让它活动下去，这时就会自然地用到这一方法，你拒绝不了，也意识不到。所以，方法是必然地包含在意念（意思）的明晰过程之中的，或者说必然地包含在思维的发展之中，语言的运用之中。写作一般不宜去另外追求别的什么方法，方法就包含在思维和语言里边，这样就足够了。中学生写作文，即使在由内部语言向书面语言转换的阶段，虽然这时自觉意识处于强势，但对作文方法的运用通常仍然是无意识的（自觉地寻找方法只是个别情况和例外）。因为正常的写作都是自觉地把注意力放在思想内容的咀嚼、品味、丰富、深化、提炼上面，并不是专心地去寻找表达方法。而把思想内容思考成熟，表达方法也就自然地包含在这个“成熟”的过程之中了。所以茅盾说写作不是“有了主题以后拿出技巧来配合”，技巧“不可能是游离自在的，而是从属于他的挖掘现实的本领”[①]；“一篇作品思想上的成熟，同时也应该是技巧上的成熟”[②]，“思想与技巧是同时成熟的”，“未有思想不成熟而技巧先成熟的作品。”[③]柳

①《茅盾论创作》，上海文艺出版社 1980 年版，第 576 页、512 页、514 页。

② 同上，第 576 页、512 页、514 页。

③ 同上，第 576 页、512 页、514 页。

青也说：“技巧，只能孕育和成熟在作者感受生活、研究生活和构思谋篇的过程中。”①

作文方法（技巧）隐含在作者的思维和语言中，思维能力越发展，掌握的语言越丰富，作文的方法自然就越多，反之则越少。因此如果说学习写作真要掌握作文方法的话，那也只能通过发展思维能力和丰富语言去自然地获得，而不是直接去学习和背诵作文方法的知识条文。学习和背诵作文方法条文不但不能提高作文能力，反而会使写作变得更加困难。为什么会是这样？道理很简单，方法属于形式，形式是由内容决定的，有某种内容必然有某种形式，恰如有“啼笑之至情”必然有面部肌肉之收纵。这是一条铁律，谁也不能违背，如果有谁要反过来，以形式（方法）决定内容，那就必然要大吃苦头，办不成事。心中有一番话（内容）要说，把这番话准确清楚地表达出来文章也就写成了，形式、方法都不用说，自然就在其中，就像那位农妇一样，由于她对总爱在集体场合中出风头的某人有自己独特的感受，所以一张嘴就把他比成半导体收音机。这就是内容决定形式。如果我们轻视这条规律，偏要反其道而行之，来个形式决定内容，不是叫你按心头想说的话去写作，而是叫你按一定的方法写文章，这就把事情弄得非常难办。比如，要你用半导体收音机比一个人，你一定丈二和尚摸不着头脑。近日从刊物上读到一位语文教师写的《写好开头与结尾》一文②，把人们耳熟能详的七八种开头结尾再一次逐一举例说明。如果这位老师上课时给同学们讲了这些方法之后布置一个作文题，要求学生用其中的某种方法（如“落笔入题，点明缘由”之法）写开头和以某种方法如“总结全文，提示主旨”之法写结尾，毫无疑问，即使是作家来写文章都会感到十分头痛，更何况是中学生呢？比如那作文题是最容易写文章的题目——《我的同桌》，如果没有对开头结尾方法的要求，把自己对同桌印象最深，也比较有意义的一点写出来就行了。可是现在加了一个开头与结尾方法的要求事情就变得很复杂、很麻烦：不仅要考虑写同桌的什么，还要考虑那内容要适合这儿的要求。开头结尾不是可以随便决定的，

① 江溶、申家仁著：《创作例话》，中国青年出版社 1986 年版，第 201 页。
②《初中生辅导》2006 年第 3 期。

它决定于内容，你想说的话很可能就不适合于这里要求的开头结尾。怎么办？要么改变你原先想说的那番话的某些内容，要么就放弃原先的话题另外去找话说（也不一定就能找到合这个要求的内容）。总之，要去说你并不想说的话。无论属于哪种情况，都使你最想说的话改变了，不是或不完全是讲你最想说的话，这样的文章还是好文章吗？这样还能把文章写好吗？全部或部分不是自己想说的话，那是些什么样的话呢？它只能是假话空话套话。这样的文章怎么能算好？这样写又怎么能写好？形式与内容相互依存，开头和结尾方法的变化不只是形式的改变，它直接引起内容的变化，即不是原来想表达的意思了。所以章实斋说“如啼笑之有收纵，歌哭之有抑扬，必欲揭以示人，人反拘而不得歌哭啼笑之至情矣。”中学生的真情实感也就这样从写作中被挤出去了，这是他们说假话的又一个重要原因。章实斋的这个“拘”字用得好，这就是拘泥于方法，以作文方法决定文章内容，走上了牺牲内容、片面追求形式的形式主义道路，而且揭示了这种写作使学生处于难堪的境地；一篇文章是一个有机的统一体，一词一句都不能随便改动，开头结尾之类的方法更是直接影响全局的大事，开头结尾改变了文章的各部分都得做或大或小的改变。固定要用某种方法开头结尾，使学生不能顺顺当当、痛痛快快地说自己心里想说的话，这给他们带来了很大的麻烦，但又不能不勉为其难写下去。另外，如果说开头问题还可以在构思时经过努力去勉强凑合的话，预知用什么方法结尾是谁也做不到的。“到哪个坡唱哪个歌”，文章没有写到结尾处谁也不知道该怎么结尾，前边内容的种种变化都会影响到结尾的方法，甚至笔调、感情色彩都会影响到结尾方法的选择。这些都是不可能预先估计到的，而要求中学生做到不是为难人吗！哲学人类学家舍勒指出，精神的第一特征就是它的唯一性，即“精神只与个人相联系，通过个别人的言行表现出来”“每个人的精神都是唯一的”，所以精神是多元的，即每个人的精神在“本质上是不同的，是多种多样，丰富多彩的。”[①] 文章是精神产品，所以每个人的文章都不相同，每篇文章都有不可重复的一次性。可是形式主义教学却要求全

① 尹星凡等编著：《现代西方人文哲学》，第236—237页。

班几十个学生按某一个方法作文，这怎么行呢？违反客观规律还指望把事情办好，难！

林语堂说：“八股有法，文章无法。文章有法，便成八股。”[①] 追溯起来，作文方法的确与八股文有密切关系。在我们作文教育史上，从先秦两汉直至隋唐，都不以文章作法教学生，那时的作文教学被研究者概括为“以读代写”时代，学生的作文能力从读（诵读）中获得。所以，很少有讲文章作法的，即使像《文心雕龙》这种论写作的专著，都很少讲文章的具体作法。隋唐开始科举制度，隋朝主要以“策论”（关于经义及政事试题的议论文章）取士。唐朝科举考试的科目增多，但主要是“明经”和“进士”两科，其中，社会尤为看重进士。该科考诗赋，所以有研究诗歌作法的种种“诗格”“诗式”出现。这些论著就是适应士子们的需要而写作的，其特点是“注意于诗歌外部形式的烦琐分类及修辞造句的方法。”[②] 但这时期讲文章作法的书却没有，这种书是到宋朝才出现的。宋神宗即位后王安石改革学校贡举之法，提出“罢诗赋及明经诸科，代以经义、论、策取士”，规定考试“以经言命题”，并由他创立了“制义体制”“定格式”“立程式”。按照这种规定格式写的文章叫作“制义”或“时文”，也就是八股文。八股文“始于宋而盛于明”，直到清末结束科举而止。八股文跟通常写的一般文章很不相同，它不是表达作者自己的思想感情，而是“代圣贤立言”，宣扬孔孟代表的儒家思想，对试题（主要是“四书”中的话）的理解和阐发都必须以《朱子章句集注》为宗。八股文的程式规定得十分严格、具体：开头是“破题”，以两句话按朱子解释的观点说明题意；语句中的圣贤不能直呼其名，必须以“圣人”或“大贤”等词代之；句末要用虚词如“焉”“也”等。接着是“承题”，即用三句或四五句话接着破题进一步说明题意，句首句末都要用虚词，这里可直呼圣贤之名。然后就是“起讲”，用“若曰”“意谓”“今夫”之类词语，进一步发挥题意，用古人的语气开始“代圣贤立言”，但话不能多，几句即可，因为还不是正题。再下来是“入题”，即引入正题。是全文从提出问题到分

---

①《林语堂散文精编》，九州图书出版社 1997 年版，第 201 页。

② 李壮鹰：《诗式校注》，齐鲁书社 1986 年版，第 3 页。

析问题的过渡部分，只需三五句即可，不宜过多。以下是正题，全题分为两段，每段必须是四股，两段共八股，所以俗称八股文。“股者，对偶之名也”（顾炎武语）。每股之中必须一正一反，一虚一实，此起彼伏，此平彼仄，从而形成音调、字数、句式、词性的两两相对。这样阐释经义完毕，便加上几十字的议论作为结束。无论什么事物，变化不定就难以用固定的方法去制作，而一旦有了一个固定不变的样子，就可以用一种方法去制作了。八股文一反千变万化的文章常态，成了一种凝固不变的东西，于是就可以从中总结出一套方法来教人如何去编造。另一方面，这种文章“指事类策，谈理似论，取材如赋之博，持律如诗之严”[①]，是一种似驴似马而又非驴非马的“骈文和散文的混血儿”，很古怪，很难写，做起来别别扭扭，很多人耗费了几十年的心血也作不好，终生与功名无缘，连大文豪如蒲松龄等也遭此厄运。所以士子们需要有一套方法来帮助他们克服写作上的困难。在这种情势下，有“市场意识”的文人们便出来帮忙，写了不少讲写作方法的书，指导读书人学写八股文。谢枋得的《文章轨范》，李耆卿的《文章精义》，倪士毅的《作文要诀》，武之望的《举止卮言》，唐彪的《读书作文谱》，就是这时期教写八股文的“代表作”，这些书对八股文的作法都讲得很细。如讲“破题”的写法，先将它分为“明破”“暗破”“顺破”“逆破”“正破”“反破”“对破”等许多类型，然后讲各自的特征、作法、注意之处等等。但下大功夫学写八股文这种古怪文章只是为了获取功名，除此而外毫无用处。所以士子们只把它当作敲门砖，一旦目的达到就把它扔掉。像唐顺之、归有光、方苞、姚鼐、张惠言等人，八股文都做得很不错，“但他们引作看家本领的，都是古文，而不是八股文。”[②]回顾作文方法与八股文在历史上的这段关系，有助于加深我们对作文方法的理解，使我们认识到一般的正常写作是不怎么需要作文方法的，只有非正常写作才特别追求方法。严格地说，写八股文不是写，

① 江国霖：《制义丛话序》，转引自刘乾先《中国古代常用文体规范读本：八股文》，吉林人民出版社 2004 年版，第 22 页。

② 唐弢：《文章修养》，北京生活·读书·新知三联书店 1998 年版，第 40 页。

不是对心中积蓄的倾吐，而是在做，按严格具体的程式和作法去费力地精心地编织、编造、拼凑、组合。

写到这里，有必要提一下前人关于“死法”“活法”“规矩”的论述。说文章作法与八股文有密切关系，不等于说古人讲文章作法的论著都是讲怎样写作八股文。在研究八股文作法的影响下，也有不少人研究古文等其他文章的作法。如陈骙的《文则》、李渔的《闲情偶记》、刘大櫆的《论文偶记》、金圣叹的名著名篇评点等。但无论哪种谈文章作法的论著，都正如林语堂所说，“文章有法便成八股”，即扼杀作者的精神自由和创造性，导致写作的公式化和八股调。所以宋明以来，反对文章作法的文论家比比皆是，包括现当代的鲁迅、茅盾、林语堂、郭绍虞、叶圣陶、巴金、季羡林等一批大作家、大学者。但是，笼统地说他们否定文章作法是不确切的，这里边有个“活法”“死法”的区别问题。吕本中在《夏均父集序》里提倡“活法”，他解释道：“所谓活法者，规矩具备，而能出于规矩之外，变化不测，而亦不背规矩也。”[①] 可见，他讲的话法即写文章要有变化，但变化又不是胡来，是在合规矩的前提下进行。所以活法即变化，与之相对应的“规矩”不能变，这“规矩”即死法。他在《与吉甫论诗第二帖》中说的写文章“有定法而无定法，无定法而有定法”[②]，这个“无定法”就是指的活法，“有定法”就是指的“规矩”“死法”。叶燮进一步指出：“死法为定位，活法为虚名。虚名不可以为有；定位不可以为无”[③]。他说死法不能没有，活法则是个虚名，因为活法是“作者之匠心变化”，并不是一种确定的方法，这就说得更明白了。从吕本中和叶燮的话中可以清楚看到，古人强调掌握死法（即规矩），又提倡活法，而这“活法”实在很难说是什么法，因为这指的是“匠心变化”“变化不测”，只是个虚名，是“不可以为有”的。“活法”其实就是古人说的“文成法立”：这篇文章这样写把我想表达的意思表达得很好，写成了一篇

① 见赵则诚等主编：《中国古代文学理论辞典》，吉林文史出版社 1985 年版，第 31 页。
② 郭绍虞主编：《中国历代文论选》（第二册），上海古籍出版社 1980 年版，第 369 页。
③ 王夫之等撰：《清诗论》（下册），第 576 页。

不错的文章，这样写的方法就对了，这方法就可以成立，不管人们已往是否这样写过，它都能成立，都是对的，好的；我表达另外一种思想感情，还用这个方法去写，结果文章没写好，失败了，这方法就不对，不好，不能成立，尽管我写前边那篇文章用这方法收到了好的效果，它用在这篇文章中还是不对，不好，不能成立。于是，我只好用另外的方法来表达我现在需要表达的意思；用另外的方法结果文章写成功了，这另外的方法不管人们是否用过，现在它都是对的，好的，可以成立的。所以活法就是并不确定的方法，是切合于表达特定思想感情的方法；严格地说，思想感情是唯一的，一次性的，因此活法就是指运用恰切的一次性方法。上文说过“死法”是指“规矩”，但古人又用它来指另一种情况，即把“神明变化”的活法当作凝固不变的东西要人人遵循照办，把一次性的活法当成了普遍适用的死法——把活法看死了。如清人阮葵生《茶馀客话》中“诗的死法”一节说：“讲死法者，某处宜开，某处宜合，如长篇，则中间必另起一峰，结尾用飞帛法，一笔飏开，又或叙事一段，则又议论，论必归于忠孝节义，凡此皆死法也。”某文在某处开，某处合之类，对某文来说这是对的，好的，死法论者以为这是普遍规律，要每个作者都这么处理自己的文章，都在某处分，都在某处合，这就把本来的活法变成了不变的死法，变成了荒谬。所以他批评说：“死法之立，皆因旨趣卑下，识量浅狭，如制陶器，依模范而成。如演杂剧，啼笑行止，皆成铁板，哀莫大于心死矣。”说这是把千变万化的文章写作看成了陶器生产，以为件件产品都是从同一个模子里出来的。沈德潜说的死法也是这个意思。他说：“行所不得不行，止所不得不止，而起伏照应，承接转换，自神明变化于其中。若泥定此处应如何，彼处应如何，不以意运法，转以意从法，则死法也。”[①] 对于这种死法他是坚决反对的。可见，古人说的死法有两个含义，一是指固定不变的“规矩”，那是人人必须遵循的客观规律，二是指一次性的活法被当作了普遍适用的方法，这是对写作规律的谬解。为了区别起见，我们把前者叫作“规矩”，“死法”仅指后者而言。所以，古人对

① 王夫之等撰：《清诗话》（下册），第 524 页。

于作文方法的态度，准确的说法是三句话：强调规矩，提倡活法，反对死法。现当代语文教育界和写作学界的有识之士，对待作文方法的态度也是这样的。而现在流行着的一大堆作文方法，多半都在死法之列，所以遭到来自各方面的批评。

那么规矩是什么呢？俗话说，“不以规矩，不能成方圆。”这儿的规矩也可以说是制作方与圆的方法，少了它就成不了方和圆。但它不是具体方法，而是最一般的方法。具体的方法在实践中会有种种变化，最一般的方法却是不变的（所以古人又叫它“死法”“定法”；含有“原则”的意思，故又叫“大法”）。规矩是客观规律的反映，是普遍适用的方法，它不是对行为细部的具体规定，而是提出总体性、根本性的要求以保证行为的成功。人做事容易犯的一个大毛病就是只注意事情细部的怎么做，而不大管做这事在大的方面、在总体上的种种规矩。做事的种种具体方法常常是自然地学会的，规矩却需要自觉学习、需要经受教育才能学到、做好。如小孩在生活中自然地学会了说话，但要遵守不说粗话、脏话、假话、不随便骂人，要讲究语言美，等等，却是需要学习，需要教育的。不少人见别人怎样买进、卖出、获利过上好日子，也就懂得了做生意，但是诚实守信、讲究商业道德等凡经商都应该遵守的规矩，却是必须自觉地去学习和接受教育才能做到的。作文也一样，通过读书和写作实践就能掌握和运用书面语言，但要写好文章却必须遵守写作的规矩，这也是需要自觉地学习和接受教育才能知道和做好的。说话不懂规矩会带来麻烦，经商不守规矩会导致停业，写文章不遵守规矩，会使写作失败。这就是规矩的重要性。

那么，作文有哪些必须遵守的规矩呢？历来有不同说法。如《论语》说的“草创之，讨论之，修饰之，润色之”，被后人认为是“千古为文之大法”。《周易》上说的“言有文，言有物”，“言有序”和“修辞立其诚”，也是历代遵循的作文规矩。到清代、姚鼐、章实斋等人又把作文的基本规律概括为“义理”“考据”“辞章”三项；而叶燮则提出了“当乎理”“确乎事”“通乎情”三条原则；等等。现当代语文教育家提出的是写文章要“扣准自己的用意”，要“针对读者打动读者”，要“表达准确、通篇连贯、繁简得当”等几项必须注意的问题[①]。毛泽东作为一代文章大家，先是在《反对党八股》一文中把“言之有物”“实事求是”“要看对象”“语言生动”等八条作为马克思主义文风的基本要求提出来；50 年代又提出一切文章和文件都应“具有三种性质：准确性、鲜明性、生动性”。[②] 以上这些提法看似差别较大，其实大同小异，基本精神是比较一致的。据此，我们大体上可以将作文的规矩概括为这么几点：表达真情实感，贵有新鲜意思，“文须有益于世”，密切联系生活，人品决定文品，多读多练，认真修改，多为读者着想等。

“熟于规矩能生变化。”[③] 中学生遵循这些规矩去学习、去努力，就能做到“根本定，原则立，自能左右逢源，自由应肆”[④]，从而达到真正提高写作水平的目的。

① 中央教育科学研究所编：《叶圣陶语文教育论集》（下册），第 554 页。

②《毛泽东新闻工作文选》，新华出版社 1982 年版，第 207 页。

③ 南京大学等四院校编写：《古人论写作》，第 34 页。

④ 中央教育科学研究所编：《叶圣陶语文教育论集》（下册），第 344 页。